冷戰年代
的
世界與中國

叢書主編
沈志華

對抗與革命

冷戰與越南的印支戰爭

(1945–1991)

游覽

著

開明書店

本書係華東師範大學人文社會科學精品力作

培育項目（2023ECNU—JP002）成果

叢書總序

/ 沈志華

　　「冷戰」這個概念，在國際上已經流行多年，而在中國使用這一概念，基本上已經到了冷戰結束的時候。所謂冷戰，一方面是指美國和蘇聯兩個超級大國在相互對抗時期的外交戰略，即冷戰戰略；一方面是指人類世界進入了以美蘇對抗為標誌的兩極結構的歷史時期，即冷戰年代。

　　對於冷戰歷史的研究早在冷戰進行期間就已經在西方開始了。不過，這一研究真正全面展開和深入則是在冷戰結束之後。這不僅是因為作為一個有始有終的完整過程，冷戰此時已經可以納入歷史研究領域了，更重要的是蘇聯和東歐各國檔案的開放，為研究者提供了審視鐵幕另一邊歷史真相的豐富而不可或缺的史料。這就是人們常說的「冷戰史新研究」或「冷戰國際史研究」，而中國學者正是在這個時候加入國際冷戰史研究隊伍的。在新史料面前大家站在同一個起跑線上，這也是中國學者在冷戰史研究領域可以同國際學者對話的原因之一。

　　中國學者研究冷戰歷史十分必要。持續了近半個世紀的冷戰，不僅深刻影響着國際關係的演進，也對包括中國在內的許多國家的發展道路產生了深刻影響。中國雖然不像東、西歐國家那樣處於美蘇對抗的核心地帶，但也不像多數第三世界國家那樣處於冷戰的邊緣地帶。中國是一個大國，人口眾多，幅員遼闊，又處在美蘇兩個大國對抗的中間地帶，實在無法擺脫與冷戰的糾葛。一方面，美蘇之間的冷戰不斷影響着中國內政外交的發展演變，另一方面，中國內政外交的變化又反作用於冷戰的進程。從某種意義上講，中華人民共和國就是在冷戰的環境中誕生、成長、壯大的。

　　從對外部世界的認知、對外政策的制定和發展道路的選擇來看，中國與

冷戰的糾葛大致可以分為四個階段。第一階段，從 1949 年到 1950 年代末。中國加入社會主義陣營，向蘇聯「一邊倒」，全盤接受斯大林的社會主義模式。收穫是在蘇聯的大規模援助下，實現了現代科學技術向中國的第一次大轉移，建立了工業化基礎。責任是充當社會主義陣營的急先鋒，挑戰現存國際秩序，對抗美國和西方。第二階段，整個 1960 年代和 1970 年代初。中國脫離以蘇聯為首的社會主義陣營，高舉世界革命大旗，四面出擊，既反美又反蘇，還要打倒一切反動派。在國內大搞階級鬥爭和政治運動，寧要社會主義的草，不要資本主義的苗。這是共和國最孤立、最困難的時期。第三階段，1970 年代初期到 1980 年代中期。中美和解並建交，從策略協調到戰略合作，聯手制蘇，建立起「準同盟」關係。中國進入現行國際體系，放棄世界革命，結束「文化大革命」，以經濟建設為中心，走上改革開放的道路。第四階段，1980 年代中期到冷戰結束。中國奉行獨立自主外交和不結盟政策，與美國保持戰略合作，與蘇聯實現關係正常化。對內提出政治經濟體制改革的任務，着手建立社會主義市場經濟，對外全面開放，實現了現代科學技術向中國的第二次大轉移。可以看出，在冷戰年代，中國無論在對外交往還是在經濟建設方面，是一步一步走向成熟了。最重要的是處理國際問題和對外關係的理念發生了重大轉變，即對時代的看法從戰爭與革命轉向和平與發展；對外部世界的認知從破壞國際體制轉向進入並維護現存國際體制；外交理念從意識形態主導轉向國家利益優先；外交方針從同盟（陣營）外交轉向不結盟的全方位外交。顯然，這其中確有很多歷史的經驗和教訓值得總結，值得借鑒。

冷戰結束至今已經三十多年了。現在，由於中美關係惡化乃至形成對抗，人們都在熱議「新冷戰」。大國之間圍繞利益和權力展開的對抗，國際政治中出現的對峙和遏制，似乎重演着冷戰年代的是是非非。我個人不太贊成「新冷戰」已經形成的說法。如果說「新冷戰」就是冷戰在新的歷史條件下的再現，那麼應該看到，目前中美關係雖然已經處於對抗的狀態，但冷戰的基本特徵 —— 因社會主義和資本主義兩大陣營對壘而形成的世界兩極格局尚未出現。所以，說「新冷戰」已經出現或必然出現，為時尚早。當然，歷史

往往出現驚人的相似，當前中美關係的演變與當年美蘇走向冷戰的道路也確有許多相似之處，但是歷史究竟會走向何方還存在很大變數。正如恩格斯所說，「歷史是這樣創造的：最終的結果總是從許多單個的意志的相互衝突中產生出來的，……這樣就有無數互相交錯的力量，有無數個力的平行四邊形，而由此就產生出一個總的結果，即歷史事變。」[1]而目前國際社會的各種因素都在變化當中，尤其是美國和中國的政策取向，不僅取決於主觀因素，也會受到諸多客觀因素的影響。這些變化在目前尚未鎖定，尚待觀察，但是這種現象在已經結束的冷戰歷史中曾經出現，已成定數。歷史研究者的責任就是發現它們，讓人們了解它們，以為今天的借鑒。由於當代世界的結構性因素和重大國際問題的淵源都與冷戰時期密切相關，所以，冷戰史研究可以為理解和把握後冷戰時期的歷史運動方向、應對及管理現實的國際危機，提供必要的歷史借鑒和戰略性評估。這也是進一步全面、深入地加強冷戰國際史研究，並在學科建設方面將這一研究提高到應有地位的現實意義所在。

　　有鑒於此，香港中華書局與華東師範大學冷戰國際史研究中心策劃了這套「冷戰年代的世界與中國」叢書，期待着在重新描述歷史過程，重新構建歷史事實的過程中，拓寬中國冷戰史學者的思路，開掘冷戰史研究的新材料，以推動中國冷戰國際史研究的繼續拓展和深入，促進中國現代史、世界現代史、現代國際關係史和國際政治學研究的發展，同時也為中國參與國際事務、制定對外政策提供學術支撐和決策諮詢。

2024 年 5 月於上海

---

1 《恩格斯致約‧布洛赫》，《馬克思恩格斯選集》第 4 卷，人民出版社 1972 年版，第 478-479 頁。

導　論

一、研究背景

　　一直以來，在戰後國際關係史的研究敘事中，與印度支那地區相關的問題始終是一個無法迴避的重點。從冷戰爆發伊始，印度支那就已經被以美國為首的西方陣營視為遏制共產主義南下的重點防範區，由此扶植和支持印支各國非共產黨政府，打擊並遏制共產主義在印度支那的蔓延，成為了國際反共勢力在印支半島的政策核心。而隨着美國對印支戰爭的干涉不斷加深以及國際共運形勢的演變，以蘇聯、中國為代表的國際共產主義力量也先後捲入其中，並以各自的方式對印度支那共產黨人的鬥爭活動加以影響直至冷戰的終結。可以說 20 世紀下半葉在印支半島上發生的一系列衝突是貫穿於整個冷戰進程中最為典型的，也是持續時間最長的政治、軍事對抗。

　　那麼隨之而來的一個問題是，為何印度支那在冷戰時期被賦予了這樣一種特殊的地位？或者說，是何種力量促成了冷戰陣營各方不惜代價地介入印支地區的衝突？對此，以往的觀點更傾向於從大國間的戰略安全利益博弈中尋求解答，但這不免造成了一個結果：作為區域內冷戰進程的核心參與者 —— 越南的主觀意志（這裏的越南專指由共產黨人建立的越南民主共和國，或稱北越，與南越相區別，也包括統一後的越南社會主義共和國，下同）多少遭到了忽視。需看到，越南共產黨人從二戰後初期即有意識地藉助東西方集團的冷戰對抗格局以實現越南、老撾、柬埔寨印度支那三國掙脫法國殖民控制的鬥爭目標。此後，河內的領導人以引導、促進印支三國共同的民族解放運動為旗幟，將實現越南獨立統一的目標上升為印支各國共產黨人共同的首要任務。在此過程中，越南共產黨人逐步將整個印度支那劃入其軍事戰略的版圖，老、柬兩國共產黨人則被要求為越南國家和民族利益提供支持，

從而迫使美國在一體化的印度支那戰場愈陷愈深。其間，越南還在已趨分裂的國際共產主義運動中審時度勢，努力營造中、蘇競相援助印度支那反帝鬥爭的有利條件。隨着越美戰爭結束，越南南北統一以及老、柬共產黨人奪取政權的目標先後實現，越南在印度支那的戰略佈局正在接近其最理想化也是最富野心的目標，但在中蘇交惡的背景下，中國利用柬埔寨遏制印度支那整體越南化的意圖愈加明確，為此越南的決策層不惜軍事入侵柬埔寨，徹底站在中國的對立面上，從而將印度支那再次推上衝突對抗的最前沿，並使自身面臨着極為窘困的內外處境。而這也促使了越南領導層決心在冷戰的最後階段實施變革，重新調整在印支地區的政策目標。

從上述的歷史線索中不難看出，無論是抗法、抗美時期圍繞南越、老撾和柬埔寨這三個戰場的協調取捨，還是實現南北統一之後對印支國家間「特殊關係」模式的強化重塑，越南在冷戰時期國家戰略方針的主體始終着眼於整個印度支那，並且越南還特別注意利用國際局勢的走向及各大國間的政策交鋒為自己謀取更加穩定的在印支地區的支配地位，而這也在某種程度上可以解答上段文字一開始提出的問題。因此有關冷戰時期越南對印支地區政策的考察，不僅為這一階段本土性革命運動與國際性政治鬥爭之間的互動提供了一個典型的研究範例，而且它還是考察越南這樣一個地區性的共產主義政權處理黨際、國家間關係行為方式的理想視角。除此之外，該研究也將有助於了解越南黨和政府戰略思維模式演變的軌跡，從而可以為理解後冷戰時期乃至今天越南的外交戰略思路提供參考。

二、研究現狀

（一）國內研究現狀

關於冷戰時期越南在印度支那地區的政策演變，中國國內很長時間以來都缺乏系統的、專門的研究。需要說明的是，在 20 世紀 80 年代中越之間處於敵對狀態的情況下，相關的研究者和研究機構曾大量刊發和出版了渲染越

南「地區霸權主義」的文章和刊物，以揭露越南政府在印支地區的擴張政策。[1]
出於現實政策的需要，這其中的大部分文字都帶有濃厚的批判色彩，事實上
對於越南黨和政府在印支地區政策的演變特別是與冷戰時期國際格局間的互
動影響往往語焉不詳。而即便是在最近二十年國際關係史研究蓬勃發展的時
期，真正從歷史的角度對越南的決策過程從整體上進行考察的成果也十分罕
見，一個顯著的趨勢是絕大多數涉及到戰後越南以及其他印支國家的國際關
係史研究都把關注的重點放在了大國外交決策和大國間關係問題上，鮮有研
究者去集中討論越南決策層的政治、軍事和外交訴求。

　　儘管如此，還是有一些相關成果值得重點提及，這包括：早期張錫鎮的
《西哈努克家族》（北京：社會科學文獻出版社，1996 年版）以及郭明的《中
越關係演變四十年》（南寧：廣西人民出版社，1992 年版）。前者儘管帶有一
定的文學色彩且未能提供充分的文獻註釋，但作者在寫作時顯然收集利用了
當時所能掌握的各類材料對越柬關係的演變做了較為細緻的闡述。後者作為
「七五」期間國家重點研究課題的成果，得以觸及到一些中越兩黨、兩國關係
之間以往遭到忽略或迴避的細節，包括越南黨在印支問題上同中國發生的衝
突，具有一定的參考價值。而在 2000 年以後出現的著作中，必須提到的是由
李丹慧主編的《中國與印度支那戰爭》（香港：天地圖書有限公司，2000 年
版）。該書中收錄的若干論文在利用一些較為罕見的中文檔案文獻的基礎上，
對兩次印度支那戰爭期間中、美、（北）越、蘇之間的政策互動進行研究，特
別是在印支戰爭的一些關鍵節點上對越南黨和政府的政策方針的其所提出的
一些觀點和視角是極具啟發性的。

　　同學術研究著作相比，在大陸地區公開出版發行的文獻中，還有一部分
由新華社、外交部及一些地方研究單位編輯的資料彙編也為研究越南勞動黨
的印支政策及各方政治力量的互動關係提供了大量重要的參考信息。如：《現

1　例如景振國、申旭：《印支聯邦必然失敗》，《印支研究》，1983 年第 4 期；張萬生：《黎筍集
　　團推行印支聯邦必然自食惡果》，《印支研究》，1982 年第 4 期；廣西社會科學院印支研究所
　　編：《越南地區霸權主義問題》，1984 年版；雲南省東南亞研究會編：《越南柬埔寨問題討論
　　會文集》，1986 年版等等。

代中越關係史資料選編》（雲南省東南亞研究所、昆明軍區政治部聯絡部編，1984 年版）；《現代中越關係資料選編：1949.10 — 1978》（北京：時事出版社，1986 年版）；《中越關係大事記》（廣西社會科學院東南亞研究所編，1980 年版）；《印度支那問題資料　老撾問題大事記（一九五四年七月 — 一九七二年底）》（新華社國際部編，1973 年版）等等。除此之外，對於研究者來說，可以加以參考利用的還有一些以回憶錄、日記、傳記及實錄方式出版的官方史料。包括：《援越抗美：中國支援部隊在越南》（曲愛國著，北京：軍事科學出版社，1995 年版）；《一個外交官的日記》（胡正清著，濟南：黃河出版社，1991 年版）；《外交官回憶錄》（康矛召著，北京：中央文獻出版社，2000 年版）；《見證歷史：共和國大使講述．印支外交親歷》（李家忠著，上海：上海辭書出版社，2010 年版）等。這些書雖然不能劃歸嚴格的學術著作，但作者通過採訪、回憶或文獻查閱等方式仍在其中反映出一些頗有價值的歷史細節。

　　在中國大陸以外的華文地區，對於印度支那共產主義革命的研究也有成果面世。在台灣地區，冷戰時期出於意識形態敵視及地緣政治安全的考慮，對於國際共運同東南亞共產主義運動的聯繫相當關注。其中於 1952 年 10 月在國民黨黨務系統內成立的情報組織中委會六組出於反共宣傳的目的，出版發行了一系列針對東南亞各國共產黨活動的研究材料。其中涉及到印度支那各國共產革命的有：《東南亞各國共黨現狀》《泰共及寮共的研究》《越共與越南問題的今昔觀》《北越勞動黨研究》等。這些研究材料及著作的突出特點就是強烈的反共意識形態色彩，不過值得稱道的是，這些研究成果往往或多或少地都會介紹並引用同一時期西方學術界的相關論點，從這一角度來說，其中對西方學術觀點與視角的推介意義同樣不可忽視。同樣值得注意的還有在香港出版的一些回憶錄和研究著作，如周德高的《我與中共和柬共》（香港：田園書屋，2007）以親歷者的身份揭露了一些印支共產黨人與中共之間的祕密關係，其中也涉及到越南黨對柬埔寨局勢及柬共的相關立場。而程映虹所著《毛主義革命：20 世紀的中國與世界》（香港：田園書屋，2008）一書研究了中國的共產主義革命在國際共運史上的影響和作用，其中的一個重要部分

就涉及到了東南亞特別是越南共產黨人的活動。從學術意義的角度來說，這本書所做的嘗試是十分可貴的，不過略有遺憾的是書中各篇文章絕大部分使用的材料是二手文獻或已有研究成果及公開發行的報刊。

　　同專著相比，中國國內以期刊論文的形式發表的涉及到越南的軍事、外交決策及其與老、柬關係的研究也為數不多。目前可見的包括：杜成君、張維克：《共產國際與印度支那共產黨》（《青島大學師範學院學報》，1997年第1期）、曾曉祥、殷筱：《越、柬兩國共產黨關係研究（1960—1975）》（《江海學刊》2008年第3期）、代兵、何晨青：《論老撾在第一次印支戰爭中的重要地位》（《軍事歷史研究》2010年第一期）、代兵：《論巴特寮的起源及其與越南黨的關係》（《東南亞之窗》2013年第1期）等等。總體而言，從學術影響力的角度來看，目前國內對於越南地區性軍事方針及外交政策的研究，依然是十分薄弱的環節，特別是缺乏在綜合利用多國檔案文獻的基礎上，以國際史的視野對其進行考察的成果。

　　當然值得注意的是，在目前高校中的世界史及國際關係史專業的研究行列中，一批碩、博士生正在試圖對該研究領域中的一些問題進行深入發掘和思考。包括趙慧君：《1954年日內瓦會議研究》（碩士論文，上海：華東師範大學，2004）、邵笑：《越南統一戰爭研究》（碩士論文，上海：華東師範大學，2007）、劉子義：《從「印支共」到「印支聯邦」——試析越南在印支地區的擴張政策》（碩士論文，上海：上海師範大學，2014）、舒全智：《越老特殊關係研究》（碩士論文，南寧：廣西民族大學，2014）、代兵：《挫敗中立：1954—1964年的老撾與冷戰》（博士論文，南京：南京大學，2008）、邵笑：《美國—北越巴黎談判與越南戰爭的終結（1969—1975）》（博士論文，上海：華東師範大學，2010）等。這些論文或通過收集中文文獻，或利用新開放的英文檔案文獻或多或少對印支戰爭期間越南的地區軍事戰略和外交互動進行考察，在某種程度上反映出目前國內青年學人對冷戰時期印度支那問題的關注程度和研究趨勢。

（二）國外研究狀況

相對於中國國內的研究狀況，國外特別是美國學者在印度支那戰爭相關問題上的研究成果可謂是汗牛充棟。考慮到美越戰爭給美國的外交戰略、政治走向乃至整個社會帶來的巨大衝擊，因而美國人對於印支戰爭的關注是顯而易見的，研究者一直以來都在試圖不斷深入地從各個角度對這場令美國深陷其中的戰爭進行剖析和反思。但由此帶來了一個同中國的研究狀況相似的問題，就是絕大部分已有的相關研究著作都把注意力集中在了美越戰爭上，並且研究的角度也多從美國的決策機制出發，較少有研究者將關注的重點放在越南的決策過程上。

不過，隨着第三次印支戰爭的爆發，相關學者也意識到有必要對越南的地區性行為動機進行考察，由此陸續面世了一些針對越南主導下的印支共產主義運動及老撾、柬埔寨內部的政治演變所進行的研究。如麥卡利斯特·布朗（MacAlister Brown）的《學徒革命：1930 至 1985 年的老撾共產主義運動》（*Apprentice Revolutionaries: the Communist Movement in Laos, 1930-1985*, Stanford, Calif: Hoover Institute Press, 1986），克萊格·艾奇森（Craig Etcheson）的《民主柬埔寨的興亡》（*The Rise and Demise of Democratic Kampuchea*, Boulder, Colo.: Westview Press, 1984），本吉爾南（Ben Kierman）的《波爾布特如何掌握權力：柬埔寨共產主義的歷史，1930 — 1975》（*How Pol Pot came to power: a history of communism in Kampuchea, 1930—1975*, London: Verso, 1985），威爾福雷德·G·伯切特（Wifred G. Burchett）的《中柬越三角關係》（*The China-Cambodia-Vietnam triangle*, Chicago: Vanguard Books, 1981）等等。這些著作試圖討論的課題對於系統了解印度支那的共產主義運動及印支戰爭來說是十分關鍵和必要的，但存在的主要問題就是在當時的環境下，材料上的欠缺導致很多具體歷史細節難以得到詳盡的探究，從而也在很大程度上削弱了其學術價值。

為了突破這種限制，研究印度支那問題的學者一直以來也在努力試圖從越南、中國等地盡可能地發掘相關的文獻材料，從而為印度支那戰爭的研究提供另一個視角的解讀。這其中一個十分有意義的嘗試是以越南問題專家道

格拉斯‧派克（Douglas Pike）為代表的一些美國學者從 1980 年開始對一批越文檔案文件的整理公佈。這些材料多來自越南戰爭期間美軍在南越繳獲的南方民族解放陣線的文件，總量近 20 萬份，包括越南勞動黨及南方局的一些會議記錄、指示、情況彙報等等。這些文件被製作成縮微膠捲後被保存於美國國家檔案館，並於 1979 年解密。在經過研究者的遴選之後，1991 年美國大學出版公司將其以縮微膠捲的方式予以公開（*Vietnam Documents and Research Notes Series, Translation and Analysis of Significant Viet Cong/North Vietnamese Documents*, University Publications of America.1991）。而從實際情況來看，這批材料的確在一定程度上提供了印支戰爭過程中在一些關鍵節點上共產黨人的政策決斷，但總體上來說，來自勞動黨決策層的文件依然較少，特別是河內最高層的態度仍難以窺見。

不過來自檔案文獻方面的限制並不能完全束縛研究者的努力。從已有的成果來看，以越南共產黨人的政治外交方針作為出發點進行的相關研究包括威廉‧戴克（William J. Duiker）《共產主義在越南奪取權力的道路》（*The Communist Road to Power in Vietnam*, Boulder, Colo.: Westview Press, 1996）以及新加坡學者關安成（Any Cheng Guan）的《結束越南戰爭：越南共產黨的觀點》（*Ending the Vietnam War: The Vietnamese Communists' Perspective*, London: Routledge Curzon, 2004）。前者在利用越南公開文獻材料的基礎上考察了從印支共產黨的誕生到共產黨人奪取政權的經過。後者則通過使用勞動黨中央及南方局的指示、決議等討論了共產黨人應對巴黎談判的決策過程。另外，關安成在 2013 年的另一本著作《來自另一方的越南戰爭》（*The Vietnam War from the Other Side*, London: Routledge Curzon, 2013）中，把關注點放在了蘇聯和中國與越南的互動上，這也是有別於以往研究的新的嘗試。

除此之外，近些年來隨着中、越等國文獻材料開放及挖掘的程度不斷加深，可以看到，一些十分有價值的嘗試紛紛出現。這裏需要特別提到的是越裔青年學者阮氏蓮恆（Lien-Hang T. Nguyen）的《河內的戰爭 —— 一部越南戰與和的國際史》（*Hanoi's War: An International History of the War for Peace in Vietnam*, Chapel Hill: The University of North Carolina Press, 2012）以及美國學者皮埃爾·阿瑟林（Pierre Asselin）的《河內通向戰爭的道路：1954 — 1965》（*Hanoi's Road to the Vietnam War, 1954-1965*, London: University of California Press, 2013）。前者在利用越南公開出版文獻、國家檔案館並在一定口述採訪材料的基礎上，對於從 1968 年春節攻勢到巴黎和談（1968 年 5 月 — 1973 年 1 月）期間，越南最高領導人的決策機制以及與中、蘇之間的互動進行了考察，其中對以黎筍為核心的勞動黨高層內部以及與南方局之間的權力鬥爭和衝突的描述尤為引人注目。後者同樣是通過對越南公開文獻的利用，加之越南第三國家檔案館、越南外交部的若干材料，着重對從抗法戰爭到抗美戰爭爆發前夕越南勞動黨領導人的戰爭決策進行研究，同阮氏蓮恆的著作相比，此書在結構和內容上更為緊湊。不過這兩本書都可以算得上近些年來從越南共產黨人一方對印度支那戰爭進行研究的代表作。到 2018 年，皮埃爾的另一本專著面世，這本名為《越南的美國戰爭 —— 一部歷史》（*Vietnam's American War: A History*, Cambridge: Cambridge University Press, 2018）的書可以說是之前那本著述的延續，越南在整個抗美戰爭時期的決策活動自然成為了論述的重點。

最後，關於越南方面對於印支戰爭相關問題的研究，到目前為止所能看到的仍基本上集中於官方的歷史敘事及親歷者的回憶。但對於研究者來說，其中透露出的一些歷史信息依然是幫助理解共產黨人的戰爭視角的十分重要的依據，其中的部分文獻已經被翻譯為中文。如《越南人民軍歷史（第一集）》（昆明：昆明軍區司令部二部，1983）、《越南人民軍歷史（第二集）》（南寧：廣西人民出版社，1991）、《滄海一粟 —— 黃文歡革命回憶錄》，（黃文歡著，北京：解放軍出版社，1987）、《與河內分道揚鑣 —— 一個越南官員的回憶錄》（張如磉著，北京：世界知識出版社，1989）、《三十年戰爭的終結》（陳文茶著，北京：世界知識出版社，1984）、《春季大捷》（文進勇著，昆明：昆明軍區司令部二部，1979）。另外一些屬於規模較大的軍事史圖書，如《抗法戰爭歷史（1945 — 1954）》（Trịnh Vương Hồng chủ biên, *Lịch sử cuộc kháng chiến chống thực dân Pháp* 1945-1954（tập 1-2），Hà Nội: Nxb. Quân đội nhân dân, 2005）、《抗美救國戰爭歷史（1954 — 1975）》（Nguyễn Huy Thục chủ biên, *Lịch sử kháng chống Mỹ, cứu nước 1954-1975*（tập 1-9）, Hà Nội: Nxb. Chính trị Quốc gia, 2015）、《南部抗戰歷史》（Nguyễn Thời Bưng biên soạn, *Lịch Sử Nam Bộ kháng chiến, 1954-1975*（tập 1-2）, Hà Nội: Nxb. Chính trị quốc gia-Sự thật, 2011）。需要加以說明的是，由於在官方層面上同老撾、柬埔寨一直以來都宣稱維繫着所謂的「特殊關係」，因而越南國內的歷史研究者對於越老、越柬關係是比較關注的，代表性的研究成果包括人民軍國防部編撰的《援老軍越南志願軍和專家 —— 越老特別團結、聯合戰鬥的象徵》（*Quân tình nguyện và chuyên gia quân sự Việt Nam giúp Lào : biểu tượng tình đoàn kết đặc biệt, liên minh chiến đấu Việt-Lào. Hà Nội : Nhà xuất bản Quân đội nhân dân, 2010*）以及黎庭整的《越老全面合作的特別關係（1954 — 2000）》（Lê Đình Chinh, *Quan hệ đặc biệt hợp tác toàn diện Việt Nam-Lào trong giai đoạn 1954-2000*, Hà Nội : Nhà xuất bản Chính trị quốc gia, 2007）、《越柬特別關係（1930 — 2020）》（Lê Đình Chinh, *Quan hệ đặc biệt Việt Nam-Campuchia 1930-2020*, Hà Nội: Nhà Xuất Bản Thông tin và Truyền thông, 2020）。此外在 2011 — 2012 年間，越南政府還組織編撰了有關越老特殊關係的一系列文件集、大事記、領導人文章、圖片冊等等。而相比之下，考慮到第三次印支戰爭的歷史問題，對於越柬關係的研究，越南方面則相對低調，特別是最近若干年間公開出版的文獻材料較為罕見。

三、選題意義和研究目的

通過對以上學術史的回顧，不難發現，有關印度支那國際關係史的研究儘管經過數十年的積澱已是成果斐然，但存在的一個比較突出的問題是從越南決策層的視角展開的研究依然十分不夠。當然，這裏存在的障礙可能主要還是來自檔案文獻在收集和利用上的不便。不過隨着相關研究的深入以及資料利用國際化程度的提高，克服這些困難的方法終究是存在的。正因為如此，本書確定的研究目標是要從一批新的文獻材料入手，以冷戰進程中越南

的地區性戰略方針的變化作為主線脈絡加以研究，努力還原出越南黨和政府在印支問題國際化的背景下處理軍事外交事務的基本思路。

而之所以選擇這樣一個角度，一個顯而易見的事實是，在二戰後爆發的三次印度支那戰爭中，作為印度支那共產主義運動的既定領導者以及印支戰爭中的主要參戰方，越南自始至終所秉承的原則是，要使得整個印度支那的局勢始終朝着有利於越南國家利益的方向發展。從越南黨的角度來看，要實現這一目標，有兩個必不可少的保障，一是印支三國共產黨人的緊密合作，二是對國際因素的靈活運用。因此要考察越南在冷戰時期的地區戰略訴求，印支三國共產黨人之間的關係及活動以及與國際因素的互動是研究的主體對象。

從實際情況來看，在整個冷戰進程中，越南的地區性政策訴求，其實質就是鞏固動員實現印度支那整體能夠為己所用。其中，越南的首要目標是要考慮如何藉助國際共產主義力量來對抗西方陣營的干涉，並儘可能限制國際因素給自身的地區性特殊權益帶來的影響。另外，同中、蘇國際共產主義力量着力於爭奪意識形態話語權及路線方針的控制權有所不同，越南共產黨人更加關心的是自身的獨立統一與越南在印支的支配地位。因而越南黨所確定的越南革命優先性的原則同與老、柬共產黨人各自的鬥爭目標自然也存在着矛盾。可以說越南的上述訴求在印度支那戰爭的各個關鍵節點上都有明確的體現。從這個角度來說，以國際化背景下的越南的印支地區政策為切入點，可以更加精確地把握印支三國傳統地緣政治格局與冷戰格局相互碰撞給戰後國際關係秩序帶來的深刻影響。

因此，對本課題的研究，其價值意義首先表現在這是將印度支那戰爭中的越、老、柬三國聯繫起來系統加以考察的一次嘗試。從以往的成果來看，領域內的多數研究者所關注的重點仍是冷戰時期大國在印支戰爭問題上政策的互動或演變，其研究的落腳點往往仍是以越南為主，老、柬多是稍加附帶提及。但考慮到印支三國共產主義運動與生俱來的緊密相連的關係，因而從越南黨和政府決策者的角度進行的研究實際上是從另一面將冷戰背景下印支戰爭的全景結構系統而完整地展現出來。

　　其次，本書將有助於了解在整個印度支那戰爭期間，印支三國共產黨人之間的互動關係及其演變過程。一直以來，由於文獻材料方面的限制，對於越南極力推崇的越、老、柬三國、三黨之間的特殊關係，特別是在印支戰爭的各個重要時期的表現，相關的研究成果大多語焉不詳。本書在利用中、越文檔案文獻的基礎上，將此問題作為一個重點討論的內容加以分析，力圖對這一過程進行較為完整的闡述。

　　再次，在系統利用已有中、英、俄文文獻的基礎上，本書也有助於進一步了解中、蘇國際共產主義力量同印度支那三國共產黨人之間的關係與互動，特別是該因素給越南的對外戰略思路帶來的深遠影響，對於深入探究冷戰時期社會主義國家間關係中存在的制度性弊病具有重要的參考價值。

　　最後，本書的研究具有重要的現實意義。時至今日，越南黨和政府在處理印支國家關係時，仍強調所謂「特殊關係」這一說法。儘管今天印支國家間的「特殊關係」的定義與戰爭時期的性質相比已經有了很大變化，但這種頗具印支特色的國際、黨際關係模式無疑正是冷戰時期印度支那的共產主義運動與越南的地區性政策相互作用的產物。而通過對相關史實的梳理總結，無疑可以有助於理解和研究今天越南外交政策的某些特點。

四、研究思路與方法

　　本書在綜合利用越、中、美、俄等多邊檔案文獻的前提下將貫穿於整個冷戰進程的越南在印度支那的政策實踐與演變作為主線，重點考察在域外大國介入和相互間合作與對抗的背景下，越南的地區性軍事、政治、外交活動，嘗試從一個全新的視角構建印度支那戰爭的國際史。

　　其中，第一章着重考察共產主義運動在印度支那興起的背景以及越、老、柬三黨聯合抗戰局面的初步形成。同二十世紀共產主義運動在多數國家和地區發展的情況相似，印度支那的共產主義運動在一開始也只是以接受外來意識形態為前提所進行的本土性的政治活動。但在冷戰爆發的環境下，特別是隨着共產主義革命席捲亞歐大陸，印支共產黨人同法國人進行

的曠日持久的戰爭也隨之被打上了東西方陣營對抗的標籤。在這一時期，一方面由越盟領導的反法鬥爭開始呈現國際化的趨勢，另外一方面，以越南黨為核心，印支三國共產黨人聯合鬥爭的模式開始形成，特別是在印支共二大之後，儘管實現了三黨分立，但越南革命優先性的主導地位得以繼續維持下去。

　　第二章重點敘述印支三國共產黨人聯合抗法的局面以及日內瓦停戰協議對越南在印支地區政策的影響。由中國提供的軍事支持以及老、柬戰場的配合確保了共產黨人在越南戰場上佔據了優勢。但是在日內瓦的談判會場上，社會主義的盟友沒能全力支持北越的主張。迫於中、蘇兩黨的意見以及客觀軍事條件的限制，越南勞動黨不得不做出讓步，將南越地區的部隊撤往北方，同時要求老、柬抗戰部隊停止鬥爭，轉而準備接受與王國政府達成政治妥協。從越南戰略利益的角度考慮，巴特寮[1]的根據地得以保留，但對於高棉共產黨人越南只能選擇放棄。這也為日後柬越共產黨人關係的惡化埋下了伏筆。

　　第三章主要敘述在所謂「和平政治」的環境下印支三國共產黨人的活動及越南決心使用武力統一南方的經過。由於美國極力支持在印度支那遏制共產黨人的滲透，因而在《日內瓦協議》達成之後，南越、老撾、柬埔寨的共產黨人很快遭遇到各種形式的殘酷排擠和鎮壓。這一時期來自國際共運形勢的變化以及老撾危機等因素都在促使越南考慮重新在南方開展武裝鬥爭的可能。特別是在越南勞動黨第三次全國代表大會（簡稱三大）上，武裝鬥爭重新被列為統一南方的重要手段。但在老撾及柬埔寨，越南依然堅持共產黨人應當同王國政府合作，其中在老撾，越南繼續在軍事上支持巴特寮以確保根據地及中央運輸通道不受影響，在柬埔寨則對西哈努克政府的中立政策表示支持，由此帶來的後果之一就是一批對河內保持獨立意識的共產黨人開始掌控柬共的殘餘力量。

　　第四章關注的重點是國際共產主義的因素對越南在印支地區戰略方針的

1　編注：1950 年－1975 年的寮國自由民族統一戰線和寮國愛國戰線的統稱。

影響。儘管在中蘇兩國的干預下，老撾危機在 1962 年得到暫時的化解，但國際共運的分裂趨勢已經難以扭轉。在美國全面介入印支戰爭的跡象愈發明顯的情況下，加之中蘇兩黨在援助越南問題上迥異的態度，導致越南在蘇共二十二大之後逐步倒向中國，並開始將老撾和南越的鬥爭結合起來。為此目標，越南勞動黨決定攜同老撾黨同中共建立緊密合作。但這一局面隨着 1965 年蘇聯新政府調整了對印支地區的政策，加大了對越南的援助力度而發生改變，加之中國黨仍把意識形態及路線之爭擺在首位，這導致越南勞動黨開始偏離中共的路線，並加強對老撾人民黨的控制以排擠中國因素的存在。與此同時，由於西哈努克政府奉行的「反美親共」路線為南方越共的活動提供了可觀的幫助，因而越南繼續壓制柬共的武裝鬥爭。這也為柬共向中共靠攏的一個誘因。

　　第五章討論的是戰爭印度支那化背景下越南重建印度支那聯合抗戰陣線的意圖。儘管 1968 年的春節攻勢在心理上對美國政府的參戰意志造成了巨大衝擊，但共產黨人付出的軍事代價是極為慘重的。這也迫使越南不得不重視在巴黎的外交接觸。然而緊接着尼克松政府的戰爭越南化的方針並沒有使共產黨人在越南南方的軍事處境得到迅速改善，這迫使河內不得不把目光重新投向越南以外的印支戰場。此時，柬埔寨朗諾政變的發生成為越南扭轉戰略被動局面的關鍵，這促使勞動黨決定重建印度支那聯合抗戰陣線，以實現越、老、柬三國戰場的重新統一。然而越南黨需要面對的是中國對西哈努克的控制以及對越南久懷不滿的柬共。在聯合抗美的現實需要面前，越南決定恢復對柬埔寨共產黨人的支持並默認了中國在其間發揮的關鍵性作用。但很快中、美、蘇之間三角關係的互動對越南產生了巨大震動。為打破外交上的被動及巴黎談判的僵局，越南勞動黨於 1972 年再次發動規模空前的旱季攻勢。同時勞動黨也堅定了對老、柬履行「國際主義義務」的信念，以圖重新鞏固印支三國的「特殊關係」。

　　第六章的主要內容是越南完成統一，越、柬共產黨人奪取政權的經過以及越南黨「特殊關係」方針的延續及影響。隨着巴黎協定的簽訂以及美國人從印支半島撤退，越南清除了實現統一的最後障礙。在實現內部意見的統一

之後，北越開始積極籌備最後的統一戰爭。其間，為了避免南越戰局再遭干涉，越南希望老、柬共產黨人進行配合，分別舉行停戰談判。其中老撾人民黨遵循河內的旨意同王國政府再度建立聯合政府。而柬埔寨共產黨則拒絕接受越黨建議，堅持推翻朗諾政府，並迅速倒向中國。到 1975 年，越、老、柬三國共產黨人分別實現了國家統一和奪取政權的目標。但對於完成統一任務的越南來說，印支三國間的傳統合作關係卻未能得以完全恢復。在得到中國方面大力支持的情況下，柬共領導人亦強硬拒絕回歸越南黨的「特殊關係」框架。越柬之間爆發的戰爭已不可避免。

第七章主要涉及越柬戰爭的後果和影響，其中包括中越軍事衝突的爆發以及各方圍繞柬埔寨問題的軍事、政治、外交鬥爭，直至 1991 年中越關係實現正常化以及柬埔寨問題最終政治解決。從表面上看，越南顛覆民主柬埔寨政權的做法在較短的時間內初步達到了構建一個整體上對自己最為有利的印度支那格局的目標，但同時也逼迫中國在安全戰略方面做出最壞的判斷。中越戰爭的爆發及雙方敵對狀況的持續使得越南在印度支那的處境陷入困頓，柬埔寨戰事的久拖不決也在極大地消耗越南的國力。如何平息國際輿論的壓力並盡快實現與中國關係的正常化，成為越南決策層調整其在印支政策的出發點。但這一過程遠比設想要更加艱難和漫長。隨着 1980 年代中期以後蘇聯對華政策有了切實轉變，加之越南革新開放政策的逐步落實，河內領導層推動柬埔寨問題解決的步伐隨之加快。越南向外界展示的從柬埔寨撤軍計劃的落實以及通過各種途徑向中國的示好，表明越南對自身戰略利益的定位正在突破以往的區域框架，這也為最終印支地區國際關係的正常化做好了鋪墊。

最後，關於本書在寫作過程中所使用的文獻資料，在這裏稍做介紹。本文所使用的中文文獻除了公開出版的各類年譜、傳記、文選之外，主要來自中華人民共和國外交部檔案館，特別是其中涉及到越南、老撾、柬埔寨三國的材料較為集中，此外還包括有一批內部編寫發行的材料如《各國共產黨概況》《國際情況簡報》《各國共產黨動向》《資本主義各國馬列主義黨和組織概況》《國際共運大事記》《兄弟國家和兄弟黨報刊資料》《越南在蘇共新領導人

上台後關於國際共運的言論資料彙編》《柬共領導同志重要言論選摘》《自衛還擊作戰繳獲文件選編》等等。

　　本書在寫作過程中所使用的越南文材料主要為《越南共產黨文獻全集（1—50 冊）》（*Văn kiện Đảng toàn tập*）、《越南 — 老撾特別關係歷史（1930—2007：文件集）（1—5 冊）》（*Lịch sử quan hệ đặc biệt Việt Nam-Lào, Lào-Việt Nam, 1930-2007 : văn kiện, tập1-5*）、越南 — 老撾特別關係歷史（1930—2007：編年大事記）（1—2 冊）》（*Lịch sử quan hệ đặc biệt Việt Nam-Lào, Lào-Việt Nam, 1930-2007 : Biên niên sự kiện, tập1-2*）、《南方局中央文件（1945—1975）（1—18 冊）》（*Văn kiện Trung ương cục miền Nam giai đoạn 1946-1975, tập 1-18*）、《南部抗戰史（1954—1975）（1—2 冊）》（*Lịch Sử Nam Bộ kháng chiến 1954-1975, tập1-2*）、《南部抗戰歷史（1954—1975，編年大事記）》（*Biên Niên Sử Kiện Lịch Sử Nam Bộ kháng chiến, 1954-1975*）、《抗法戰爭黨的文件（1945—1954）（1—2 冊）》（*Văn kiện Đảng về kháng chiến chống thực dân Pháp 1945-1954, tập1-2*）、《抗美救國戰爭黨的文件（1954—1975）（1—2 冊）》（*Văn kiện Đảng về chống Mỹ, cứu nước 1954-1975, tập1-2*）等等以及包括《人民報》（*Báo Nhân Dân*）、《人民軍報》（*Báo Quân Đội Nhân Dân*）、《學習》（*Học Tập*）雜誌等在內的越南黨政刊物。這些材料文獻儘管多為官方主導編輯，但其研究利用價值不容忽視，並且從目前的研究現狀看，學術界對其進行利用的程度還很不夠。在越南國家檔案系統開放狀況還不十分理想的狀況下，這些材料可以在很大程度上彌補一些關鍵性研究的空白。

　　同時，本文在寫作過程中還使用了一系列中、英、俄文文獻集與材料彙編，如《蘇聯歷史檔案選編》（沈志華執行總編，北京：社會科學文獻出版社，2002 年）、《俄羅斯解密檔案選編：中蘇關係（1945—1991）》（沈志華主編，北京：東方出版中心，2015 年）、《中華人民共和國外交檔案選編（第一集）1954 年日內瓦會議》（中華人民共和國外交部檔案館編，北京：世界知識出版社，2006）、《中華人民共和國外交檔案選編（第二集）中國代表團出席1955 年亞非會議》（中華人民共和國外交部檔案館編，北京：世界知識出版

社，2007）、《中外領導人關於印度支那戰爭的 77 次談話》（*77 Conversations between Chinese and Foreign Leaders on the Wars in Indochina, 1964-1977,* Washington: Woodrow Wilson International Center，1998）、《美國對外關係文件集》（*Foreign Relations of the United States*, selected volumes, 1948-76 U.S. Government Printing Office）等等。以及一批數據庫與縮微膠捲。如《解密文獻參考系統》（Declassified Documents Reference System）、《數字化的國家安全檔案》（Digital National Security Archive）、《肯尼迪總統國家安全檔案》（The John F. Kennedy National Security Files）、《約翰遜總統國家安全檔案》（The Lyndon B. Johnson National Security Files）、《尼克松總統國家安全檔案》（The Richard M. Nixon National Security Files）。

目錄

叢書總序 /沈志華 ——————————————————— i

導　論 ——————————————————————————— iv

第一章 ———————————————————————————— 001

印支三國抗法鬥爭中
越南主導地位的確立（1945—1951）

第二章 ———————————————————————————— 042

和平道路的選擇及其
對越南印支政策的衝擊（1951—1954）

第三章 ———————————————————————————— 083

印支三國共產黨人的命運
與越南勞動黨統一南方的方針（1955—1960）

第四章 ———————————————————————————— 152

國際共產主義力量的影響
與越南對印支抗戰格局的考慮（1961—1967）

第五章 ———————————————————————————— 283

戰爭的印度支那化
與越南重建印支三國統一戰線的意圖（1968—1972）

第六章 ———————————————————— 378

　　三國共產黨人的勝利
　　與越南對印支國家關係的主張（1972—1978）

第七章 ———————————————————— 443

　　越柬戰爭的爆發
　　與越南地區政策的嬗變（1979—1991）

結　語 ———————————————————— 501

參考文獻 ——————————————————— 508

第一章　印支三國抗法鬥爭中越南主導地位的確立（1945 — 1951）

　　印度支那地區，又稱中南半島，意指印度次大陸以東與中國大陸以南之間、受兩地文明體系影響的東南亞大陸地區。從廣義上來說，該地區包括越南、老撾、柬埔寨、緬甸、泰國、新加坡和馬來西亞（西部）等七個國家，狹義上則專指曾為法國殖民地的「越老柬」三國。自 1893 年法國人建立第一個印度支那聯邦直至第二次世界大戰期間淪為日軍佔領地，該區域也一直被稱為法屬印度支那。在這一期間，在民族解放鬥爭的旗幟之下，印度支那地區的共產主義運動逐步興起並從一開始便形成了以越南為主體，老撾、柬埔寨為輔的格局。在這種情況下，印度支那共產黨（也即越南勞動黨的前身）所確定的爭取印支民族獨立的目標實際上是將越南的獨立統一擺在了首要位置。與之相應的是老、柬的民族解放鬥爭也隨之被納入越南共產黨人的統一領導之下。隨着戰後法國人的回歸特別是接踵而至的冷戰的爆發，由印支共產黨領導的民族解放戰爭的性質開始發生變化。特別是由於共產主義革命在中國大陸取得勝利，東西方陣營對印支戰事的介入，導致新生的越南民主共和國的領導人決定倒向以蘇聯、中國為首的社會主義陣營，加之業已確定的印支三國合而為一的方針政策，由此形成的一個結果就是整個印度支那被推向了冷戰對抗的前沿。

第一節　印度支那共產主義運動的發軔與戰後 初期印支半島的形勢

　　儘管在越南官方的歷史文獻中，共產主義者在印度支那地區的活動被認為正式始於 1925 年越南青年革命同志會（VNCMTN）的成立，[1] 但二十世紀二十年代世界範圍內的革命運動對於東南亞特別是印度支那地區的影響則是更早地體現在一批革命者的活動上。諸如阮愛國（Nguyen Ai Quoc，即胡志明）、黎鴻峰（Le Hong Phong）、陳富（Tran Phu）等人從俄國十月革命爆發以後就已經開始在不遺餘力地將馬克思主義的學說思想輸入越南。此時的共產國際也正是通過這些革命者來了解並對印度支那地區的革命運動做出指導。

　　以法國共產黨創始人身份被調往共產國際總部的阮愛國，顯然是傳達和執行共產國際決議的最好人選。毫無疑問，此時的阮愛國是一名接受莫斯科領導的共產主義者，但同時作為共產國際唯一一名來自殖民地的代表，他也表現出強烈的民族主義情懷。在法共工作時，他就屢次強調需要對殖民地民族解放鬥爭予以必要的關注，[2] 同時他也在不斷向共產國際彙報印度支那革命形勢的發展狀況。[3] 到 1924 年底，受共產國際東方部的委派，阮愛國來到中國廣州，並在隨後成立了越南青年革命同志會，成為印度支那地區第一個具有完善組織體系的宣傳馬克思主義的政治團體。不過在此後幾年中，印支地區亦陸續出現多個標榜共產主義的政黨團體，由此所帶來的組織上的分裂與混亂狀況引起了共產國際的注意，

1　越南中央黨史研究委員會編：《黨的四十年活動》，河內：越南外文出版社，1970 年，第 10 頁。

2　"Mấy ý nghĩ về vấn đề thuộc địa"(5-1921), Đảng Cộng sản Việt Nam: *Lịch sử quan hệ đặc biệt Việt Nam-Lào, Lào-Việt Nam, 1930-2007 : văn kiện* (vol I), Hà Nội : Nhà xuất bản Chính trị quốc gia-Sự thật, 2011-2012 , tr.10-13.

3　"Gửi Đoàn Chủ tịch Quốc Tế Cộng Sản vấn đề Đông Dương"(19-2-1925), Đảng Cộng sản Việt Nam: *Văn kiện Đảng Toàn tập* (tập 1), Nxb Chính Trị Quốc Gia, 2002, tr.10-12.

共產國際的領導人認為目前印度支那共產主義者們最為緊迫的任務是儘快建立一個布爾什維克的政黨。[1]

在此背景下，根據共產國際的安排，阮愛國於 1930 年 1 月取道暹羅抵達香港九龍，召集印支共產黨、安南共產黨等各方組織達成協議，組成了統一的越南共產黨。越南共產黨的出現結束了共產主義運動在越南各地各自為政的混亂狀況。當然，從其名稱上來看，越南共產黨的組織領導範圍似乎只包括越南人居住的北、中、南圻三個地區（也即法國人所稱的東京、安南和交趾支那），但由於長期以來印度支那地區民族、地理環境等因素的影響，越南共產主義者的活動已經滲透到老撾、高棉、暹羅等周邊地區。因此這些地區的革命條件及工作任務同樣也是越南共產黨向共產國際進行情況彙報的重要內容。[2]

正是考慮到越、老、柬三國同屬法屬印度支那聯邦的現狀，同時也為了儘可能鼓動殖民地半殖民地的革命運動，共產國際決定統一越南、高棉、老撾等地的革命活動，於 1930 年 2 月向越南共產黨發出指示，要求將越南共產黨改名為印度支那共產黨。[3] 但對於越南的革命者來說，把鬥爭的工作重點優先放在越南才是理所當然的事情。因為在整個印度支那，工農運動基本上都集中於中圻和南圻，而在其他地區，進行革命動員和鬥爭的條件遠未成熟。對於這一問題，一些越南共產黨的領導人也曾提出不同意見，希望在高棉和老撾的共產黨成立之後，再考慮合併的問題。[4] 但面對共產國際的指示，越南共產黨除了服從之外並沒有更多選擇的

1　"Nhiệm vụ cần kíp của những người Cộng sản Đông Dương" (23-11-1929), *Lịch sử quan hệ đặc biệt Việt Nam-Lào, Lào-Việt Nam, 1930-2007 : văn kiện* (vol I), tr.67-68.

2　"Báo cáo gửi Quốc Tế Cộng Sản"(18-2-1930), *Văn kiện Đảng toàn tập* (tập 2), Hà Nội : Nhà xuất bản Chính trị quốc gia, 2002. tr.18-19.

3　越南共產黨中央宣教部、黨史研究委員會編：《越南勞動黨三十年來的鬥爭》（第一冊），河內：越南外文出版社，1960 年，第 16 頁。

4　杜成君、張維克：《共產國際與印度支那共產黨》，《青島大學師範學院學報》，1997 年第 1 期，第 46 頁。

餘地。為了消除針對這一問題所產生的不同看法，越南共產黨不得不向黨內外進行解釋，稱將越南、老撾、高棉的無產階級力量統一起來是為了戰勝敵人的需要，同時越南共產黨所改變的只是一個名稱，而並非一個全新的政黨。[1] 越、老、柬三國雖然種族、語言、風俗、性格不同，但在經濟、政治上密切相連，「只有把印度支那無產階級的力量集合到印度支那無產階級領導的統一的戰鬥行列中來，才能抗擊敵人」。[2]

1930 年 10 月，阮愛國再次以共產國際代表的身份在西貢召開第一次中央委員會全體會議，決定將「越南共產黨」改名為「印度支那共產黨」，選舉陳富擔任總書記，通過了黨的政治綱領及條例。其中規定黨的組織系統有南圻、中圻、北圻、高棉和寮國五個區委員會，組織原則是「民主集中制」，並明確提出「打倒法帝國主義實現獨立」和「肅清封建殘餘」兩個主要目標。[3]

儘管以會議決議的形式宣告了法屬印度支那三國共產主義力量的聯合，但實際上根據此次中央會議的決定，老撾與高棉地區的黨組織仍只是作為形式上的支部而存在。印支共產黨事實上的工作重點仍放在北、中、南圻地區。特別是根據共產國際的指示，在印度支那共產黨人的動員和組織下，1930 — 1931 年間越南義安、河靜兩省爆發了聲勢浩大的反抗法國殖民當局的羣眾運動，甚至一度還建立了短期的地方政權 ——「義靜蘇維埃」。但在老撾和高棉地區的支部，此時仍處在吸收人員，培訓幹部的組織發展階段，並沒有建立正式的黨部。[4]

不過共產黨人在越南中北部倉促發起的這場暴動很快即被鎮壓。包括總書記陳富在內的大批黨員遭到逮捕和處決，從中央到地方支部的組

1　"Truyền đơn giải thích việc đổi tên Đảng", *Văn kiện Đảng toàn tập* (tập 2), tr.213.

2　陳輝燎：《越南人民抗法八十年史》（第二卷，上冊），北京：三聯出版社，1974 年版，第 46-47 頁。

3　"Luận cương chánh trị của Đảng Cộng Sản Đông Dương", *Văn kiện Đảng toàn tập* (tập 2), tr.89-92

4　"Những nhiệm vụ hiện nay của Đảng Cộng Sản Đông Dương", *Lịch sử quan hệ đặc biệt Việt Nam-Lào, Lào-Việt Nam, 1930-2007 : văn kiện* (vol I), tr.126.

織也悉遭破壞。在整個印度支那，共產主義的活動隨即陷入低潮，此後
印支共的剩餘力量在暹羅重建臨時中央，事實上處於暹羅共產黨的領導
之下，直至 1934 年才在法共及中共的幫助下逐步得以恢復。[1] 也正是由
於革命活動在越南的受挫，重建後的印度支那共產黨在高棉及老撾地區
的組織建設和羣眾運動反而有所發展，其支部地位在印支黨內也有所提
升。[2] 此後，在 1935 年 3 月於澳門召開的印度支那共產黨第一次代表大
會上，十名出席會議的人員分別代表了越南及老撾黨組織。在此次會議
通過的政治決議中，高棉和老撾地區的革命形勢與任務也得到了足夠重
視。[3] 應當說，正是從這一時期開始，共產主義運動才得以在越南之外的印
支地區有了實質性的發展，同時印支共中的越籍領導人也開始有意識地
推動越、老、柬的合作抗敵。

　　隨着 1935 年共產國際「七大」確定建立反法西斯統一戰線的戰略方
針，印支共產黨的行動路線也隨之發生調整。法國殖民者已不再是反帝
鬥爭的首要目標，革命的主體也不僅限於工人和農民。在黨內傳達的有
關指示中，甚至對那些只關心階級鬥爭，熱衷於工人罷工和分產反稅的
行為進行了批評。取而代之的是在爭取基本民主權利的前提下，通過廣
泛的「人民反帝陣線」進行合法和半合法的鬥爭。[4] 在這一過程中，印度支
那共產黨有意淡化了其階級色彩，要求共產黨人加強民族精神，以民族
影響力啟發各階層遭受壓迫的勞動人民。[5] 在此背景下，1939 年 11 月，印
度支那共產黨在中央委員會第六次會議上決定成立「印度支那反帝民族

1　越南共產黨中央宣教部、黨史研究委員會編：《越南勞動黨三十年來的鬥爭》（第一冊），第
　　29 頁。

2　1934 年 9 月 9 日，印度支那共產黨駐老撾地方委員會正式成立，對老撾部族的吸收和動員也
　　由此開始。

3　"Nghị quyết chính trị của đại biểu đại hội lần thứ nhất Đảng Cộng Sản Đông Dương", Lịch sử quan hệ đặc
　　biệt Việt Nam-Lào, Lào-Việt Nam, 1930-2007 : văn kiện (vol I), tr.155-156.

4　"Gửi các tổ chức của Đảng" (26-7-1936), Văn kiện Đảng toàn tập (tập 6), Hà Nội : Nhà xuất bản Chính trị
　　quốc gia, 2000, tr.75-80.

5　"Gửi các tổ chức của Đảng" (26-7-1936), Văn kiện Đảng toàn tập (tập 6), tr.74.

統一戰線」，並首次在「印度支那完全獨立」的目標下提出建立「印度支那民主共和國聯邦政府」和統一的「國民革命軍」的目標。[1] 而通過對比，不難發現，這是自 1930 年 10 月西貢會議以來，印支共時隔九年之後再次提出印支「民族獨立」的口號。但與前者效仿共產國際第六次會議綱領號召越、老、柬三國分別完成各自獨立不同，後者的目標已演變為實現以越南為主的「印度支那聯邦」的完全獨立。這充分顯示出印支共的越南領導人已從被動接受印支三國共產黨人的聯合發展為有意識地推進老、柬地區的鬥爭與越南民族解放運動的融合。

1940 年 6 月，隨着法國淪於納粹德國之手，其對印度支那的控制力被嚴重削弱。這一形勢的變化曾令印度支那的共產主義者頗感振奮，認為這是推翻殖民帝國的良好機會，[2] 但此時已佔領中國大半國土的日軍正計劃將中南半島及整個東南亞納入其控制之中。1940 年 9 月底，為配合「南進」方針，在迫使法國維希政權做出讓步後，6000 日軍迅即越過中越邊境陸續進駐印度支那的主要城市。局勢的突變，特別是日軍對諒山等地的轟炸，迫使印支共產黨即刻做出反應，號召擺脫對日本帝國的幻想，投入到新的反帝救國運動之中。[3] 10 月，印支共中央第七次會議提出應「建立印度支那和中國兩個民族之間的抗日統一戰線」。[4] 這是繼一個黨、一個政府、一個國家和一個軍隊的說法之後印支共進一步提出了印度支那是「一個民族」的觀點。儘管這一提法的初衷之一是鞏固抗日的需要，但無疑再次體現了越南共產黨人主動控制老、柬解放鬥爭的意圖。

二戰的戰火無疑延緩了印度支那各國獲取獨立的進程，但對於印度

1　"Nghị quyết của Trung ương Đảng"(6-11-1939), *Văn kiện Đảng toàn tập* (tập 6), tr.543-544.

2　"Tuyên ngôn của Đảng Cộng Sản Đông Dương", *Văn kiện Đảng toàn tập* (tập 7), Hà Nội : Nhà xuất bản Chính trị quốc gia, 2000, tr.13.

3　"Lời kêu gọi các dân tộc Đông Dương của Đảng Cộng Sản Đông Dương", *Văn kiện Đảng toàn tập* (tập 7), tr.84.

4　陳輝燎：《越南人民抗法八十年史》（第二卷，下冊），第 308 頁。

支那的共產主義運動來說卻存在諸多有利的條件。一方面，歐洲戰場的形勢使得共產國際無法再顧及印度支那共產主義者的活動，從而為印支共產黨的自身發展提供了較多自由的空間。另一方面，對日本佔領軍的鬥爭也使得印度支那共產黨得以繼續依靠民族主義的號召力擴充組織甚至是武裝力量。加之長期以來身處中國的阮愛國、范文同（Pham Van Dong）、武元甲（Vo Nguyen Giap）等人此時也相繼返回印度支那，一個以中國革命模式為拓本的印度支那共產主義運動領導集體逐漸形成。

1941 年 5 月，在回國三個月後，阮愛國於高平省主持召開印支共一屆八中全會，提出現階段的任務就是不分宗教、政黨、政治傾向或階級，團結所有的人將法國和日本驅逐出越南。同時也要幫助老撾和高棉建立相應的統一戰線，共同贏得獨立。[1] 為此，會議決定建立「越南獨立同盟會」（即越盟，Viet Minh），作為民族統一戰線的領導機構，儘可能去爭取中間力量。越盟的建立標誌着印度支那共產黨在民族主義化的策略上又進了一步。而為了確保越盟領導工作的順利開展，印支共甚至有意儘量隱蔽其實際領導角色。[2] 此外，越盟還作出政治承諾：未來的政府將由民選產生，賦予人民出版、言論、宗教等各項自由權利。[3]

值得注意的是，越盟在其政策綱領中明確提出，在驅逐日寇和法寇之後將成立越南民主共和國，同時越盟將竭力幫助老、柬分別建立老撾獨立同盟和柬埔寨獨立同盟，以便建立印度支那獨立同盟。[4] 這一突出越南民族解放鬥爭性質的決定與之前建立「印度支那民主共和國聯邦政府」的目標顯然有很大區別。其突顯了印支共領導人對越南革命優先性的強調，特別是在鬥爭形勢十分有利的情況下，老、柬地區的獨立自然要首

1　"Chương tình Việt Minh", *Văn kiện Đảng toàn tập* (tập7), tr.152-153.

2　John Mcalister, *Vietnam: The origins of Revolution*, New York: Doubleday Anchor Books, 1971, pp.129-130.

3　"Chương tình Việt Minh", *Văn kiện Đảng toàn tập* (tập7), tr.153

4　陳輝燎：《越南人民抗法八十年史》（第二卷，下冊），第 348-349 頁。

先讓位於越南的解放事業。

正因為如此，在接下來的一段時間裏，印度支那共產黨開始集中力量通過越盟發動鬥爭。從 1941 年底至 1945 年初，在全越境內特別是越北地區，羣體性鬥爭活動此起彼伏。[1] 而越北的混亂局面也使得印支共得以在北部山區逐步建立起自己的武裝力量及根據地。不過這一過程對於共產主義者來說並不容易，極其簡陋的裝備以及缺乏訓練的狀況迫使印支共只能依靠游擊戰同法、日兩個對手進行周旋，[2] 除此之外，印支共的領導人只能鼓勵追隨者們耐心等待時機，因為中國軍隊可能會進駐越南，而美國軍隊也有可能即將登陸。[3] 越盟和印支共的領導人顯然期盼着外部力量能夠介入印度支那的戰局，從而為革命形勢打開新的局面。因此，他們並不掩飾對美國的希望，儘管黨內的宣傳仍在告誡不能完全靠美國人爭取自由，但同時也表示如果美國有助於印支革命，將保證其享有在印度支那的權利。[4]

此時，在萬里之外的華盛頓，羅斯福（Franklin Roosevelt）政府的確正在考慮如何在戰後將印支三國從法國人的殖民體系中剝離出來。事實上，在 1943 年 11 月德黑蘭會議期間同斯大林進行的談話中，羅斯福就曾表示，法國的殖民統治沒有給印度支那的居民帶來任何好處，在這一點上法國人甚至還不如日本人。因而法國應當放棄印度支那並將其交與國際託管。[5] 而在 1944 年 1 月給國務卿科德爾·赫爾（Cordell Hull）的

1　陳輝燎：《越南人民抗法八十年史》（第二卷，下冊），第 354-363 頁。

2　"Sửa soạn khởi nghĩa việc võ trang các đội tự vệ phải thực hành cho sát", *Văn kiện Đảng toàn tập* (tập7), tr.354-355.

3　"Chúng ta học được những gì trong cuộc tranh đấu võ trang ở Thái Nguyên?", *Văn kiện Đảng toàn tập* (tập7), tr.360-363.

4　"Cuộc chiến tranh Thái Bình Dương và trách nhiệm cần kíp của Đảng", *Văn kiện Đảng toàn tập* (tập7), tr.241.

5　"United States Policy toward Indochina 1940-1953, Memorandum of Conversation", Nov.28,1943, Box1, General Records of the Department of State, Vietnam Working Group: Briefing Books, 1963-1966, RG59, National Archives, College Park, MD.

備忘錄中，羅斯福再次強調，法國壓榨了印度支那近一百年，「印支人民理應獲得更好的生活」。[1]

羅斯福的這一態度，一方面是源於其強烈的反殖民主義傾向，[2]另一方面則是由於法國維希政權拒不聽從美國建議，允許日軍進駐印度支那接管陸海軍基地。從而「觸及到了事關美國安全的關鍵問題」。[3]但對印度支那進行國際託管，不僅引起了戴高樂（Charles Marie de Gaulle）臨時政府及英國的強烈反對，[4]同時也令美國政府內部出現了政策上的分歧。1944年10月，戰略情報局（OSS）提出應當同在重慶的法國軍事代表團合作並向印度支那境內的法國及地方抵抗力量提供援助，[5]這一得到國務院首肯的建議卻在總統那裏遭到擱置[6]——羅斯福拒絕在軍事上支持法國重返印度支那，為此美國寧可不在印度支那的解放過程中發揮任何作用。[7]

不過來自內外的雙重壓力正在不斷動搖羅斯福的上述立場，因為戰後世界版圖的規劃還離不開法國和英國。1945年3月，在戰局走入頹勢的情況下，日軍統帥部為統制戰爭資源以準備決戰，決定終結同法國在印度支那的「共同防禦」的狀態。因而於3月9日在印支三國採取行動，

1　"White House memorandum for the Secretary", Jan.24,1944, Box1, General Records of the Department of State, Vietnam Working Group: Briefing Books, 1963-1966, RG59, National Archives, College Park, MD.

2　汪堂峰：《羅斯福政府印度支那政策評析（1941—1945）》，《世界歷史》，2007年第4期，第54頁。

3　"United States Policy toward Indochina 1940-1953, Department of State Press Release", Aug.2, 1941, Box1, General Records of the Department of State, Vietnam Working Group: Briefing Books, 1963-1966, RG59, National Archives, College Park, MD.

4　U.S. Department of State, *Foreign Relations of United State (FRUS)*, 1943, Vol.3, U.S. Government Printing Office, 1963, pp.37-38.

5　"United States Policy toward Indochina 1940-1953,Memorandum from Secretary to the Preesident", Oct.13, 1944, Box1, General Records of the Department of State, Vietnam Working Group: Briefing Books, 1963-1966, RG59, National Archives, College Park, MD.

6　"White House memorandum for the Secretary of State", Oct.16, 1944, Box1, General Records of the Department of State, Vietnam Working Group: Briefing Books, 1963-1966, RG59, National Archives, College Park, MD.

7　U.S. Department of State, *Foreign Relations of United State (FRUS)*, 1945, Vol.6, U.S. Government Printing Office, 1969, p293.

對法方軍政人員實行繳械關押，並以支持亞洲人自決的名義鼓勵扶植各地民族主義者宣告獨立。[1] 日本人突如其來的政變令法國猝不及防，而此時美國仍拒絕幫助法國向印度支那增兵。戴高樂由此於 13 日警告美國，不要將法國推入蘇聯的懷抱。[2] 兩天之後，羅斯福在談話中表示，如果能夠保證印度支那最終獲得獨立，他本人並不反對法國重新取得對這一地區的控制。[3] 四月初，針對印度支那抵抗人員空投口糧、輕武器及服裝的任務也隨之展開。[4]

　　應該說，羅斯福政府處理對印度支那政策的主要目的在於希望通過一種順應潮流的形勢來解決殖民地遺留問題，儘管它最終還是向法國做出了妥協。但從另一個角度來看，美國政府在相當長的時間裏對法國殖民政策的抵制客觀上為印度支那的共產主義者爭取了時間並創造了機會。「三九政變」發生之後，印度支那共產黨中央曾對形勢進行了分析，認為儘管政變致使法國殖民者陷入了政治危機，而日本也無法繼續鞏固其在印度支那的統治，但由於軍事實力並不佔據優勢地位且不清楚法、日之間衝突的真正緣由，因此發動起義的條件尚未成熟，此時工作的重點應是在團結法國抵抗力量共同抗日的基礎上做好準備等待盟軍的到來。[5] 此時的印支共顯然還沒有意識到，一個迅速奪取政權的良機正在眼前。由於美軍在太平洋戰場進展順利，特別是原子彈的使用，迫使日本於 8 月 15 日匆匆宣告無條件投降，加之「自由法國」軍隊遲遲未能運抵印支半島，此時處於權力真空狀態的越南對於印支共產黨來說無疑是天

1　包括越南的保大皇帝，老撾的西薩旺・馮國王，東埔寨的西哈努克及山玉成。

2　U.S. Department of State, *Foreign Relations of United State (FRUS)*, 1945, Vol.6, U.S. Government Printing Office, 1969, p300.

3　U.S. Department of State, *Foreign Relations of United State (FRUS)*, 1945, Vol.1, U.S. Government Printing Office, 1967, p124.

4　U.S. Department of State, *Foreign Relations of United State (FRUS)*, 1945, Vol.6, U.S. Government Printing Office, 1969, p306.

5　"Nhật-Pháp bắn nhau và hành động của chúng ta Chỉ thị của Ban Thường vụ Trung ương Đ.C.S.Đ.D"(12-3-1945), *Văn kiện Đảng toàn tập* (tập7), tr.369-372.

賜良機。

就在日本宣佈投降的第二天，8 月 16 日 — 17 日，印支共中央召開會議，迅速修正了之前的看法，提出日本政權的瓦解是極其有利的時機，由越盟總部成立的起義委員會應當立刻採取行動，及時將日本軍人繳械並擴大活動範圍。其中最為重要的任務是「奪取政權，在完全獨立的基礎上建立一個越南民主共和國」。[1] 依照該指示，河內郊區的越盟迅速組織游擊隊及武裝農民接管政權，至 19 日，起義者已輕鬆佔領河內市各主要機關。8 月 25 日，日本人扶植的保大（Bao Dai）皇帝宣佈退位，9 月 2 日在河內巴亭廣場，胡志明代表越南民主共和國（DRV）臨時政府宣讀《獨立宣言》，印度支那第一個由共產黨人主導的政權由此誕生。

越南北部政權的順利得手極大地鼓舞了共產黨人在印支各地的活動。在中部順化、南部西貢及其周邊省份各地區，越盟領導下的起義也隨之展開。僅僅十多天時間，就有六十餘省市轄區歸入越盟掌控之中。[2] 趁日軍投降出現的權力真空，印支各地的民族主義者也紛紛行動起來，10 月 12 日，在老撾萬象（Vientiane），以披耶・坎冒（Phagna Khammao）為首的「自由老撾」（Lao Issara）政府宣告成立，親越盟的蘇發努馮（Souphanouvong）親王在其中擔任國防兼外交部長。[3] 而在高棉地區，由日本人扶植的在柬埔寨王國政府中擔任首相的山玉成（Son Ngoc Thanh）在九月初也曾試圖與越盟進行接觸，以期共同應對戰後局勢。[4]

不過，法國的遠征軍此時已經踏上了印度支那的領土。根據波茨坦會議期間達成的協議，以北緯十六度為界，將越南分為南北兩區，分別

1　"Giành chính quyền toàn quốc và thi hành mười chính sách lớn của Việt Minh" (16-8-1945), *Văn kiện Đảng toàn tập* (tập7), tr.559-560.

2　陳輝燎：《越南人民抗法八十年史》（第二卷，下冊），第 551 頁。

3　"Chính phù nhân dân Lào thành lập"(17-10-1945), *Lịch sử quan hệ đặc biệt Việt Nam-Lào, Lào-Việt Nam, 1930-2007 : văn kiện* (vol I), tr.327-328.

4　Ban Liên Lạc CCB-TNQ Việt Nam ở Campuchia thời kỳ 1945-1954, *Quân Tình Nguyện Việt Nam ở Campuchia thời kỳ 1945-1954*, TP. Hồ Chí Minh: Nhà xuất bản Mũi Cà Mau, 2000, tr.44.

由英國和中國駐軍接管。[1] 而戴高樂也已經從杜魯門（Harry S. Truman）政府那裏獲得了關於美國不反對法國重返印度支那的承諾。[2] 因而英軍在 1945 年 9 月 8 日登陸峴港（Da Nang）接受日軍投降之後，很快即開始協助法國運送法軍登陸南越。10 月，法軍在接管越南南方之後，隨即向金邊投入傘兵逮捕山玉成，接管柬埔寨的主權和內政。1946 年 5 月 24 日，法軍攻佔琅勃拉邦（Luang Prabang），存在僅半年的自由老撾政府也宣告終結，其主要領導人流亡泰國。而唯一尚存的越南北方政權也在法軍的進逼下岌岌可危。這一切情況表明，印度支那共產黨人的鬥爭活動所面臨的將是更加嚴峻的現實。

第二節　印支戰爭國際化的開始與越盟對老、柬抗戰活動的支配

儘管對於法國回歸並重新佔據印度支那的意圖有所警惕，但印支共產黨中央在一段時間裏對於形勢的估計還是稍顯樂觀。特別是在戰後爭取民主和獨立成立世界潮流的情況下，新生的越南民主共和國更為關注的是能否迅速得到外部世界特別是各大國的承認和接納。為此，印支中央要求通過建立友好和睦的關係爭取來自各盟國的同情和支持。[3] 即便是法國，只要它放棄侵略印支的野心，也可以與之建立聯繫。因此應善待法

1　U.S. Department of State, *Foreign Relations of United State (FRUS)*, 1945, Vol.6, U.S. Government Printing Office, 1969, p312.

2　"United States Policy toward Indochina 1940-1953, From San Francisco, tel.4.," May 8, 1945, Box1, General Records of the Department of State, Vietnam Working Group: Briefing Books, 1963-1966, RG59, National Archives, College Park, MD.

3　"Giành chính quyền toàn quốc và thi hành mười chính sách lớn của Việt Minh"(16-8-1945), *Văn kiện Đảng toàn tập* (tập7), tr.560.

國僑民，保護他們的人身及財產安全。[1]

　　但在 10 月份法軍登陸之後，其咄咄逼人的攻勢特別是橫掃印支南部各獨立政權的現實很快令越盟及印支共中央感到形勢的危急。此時越南北方六省遭遇洪災，工農業生產停滯不前（VNCĐ）和越南國民黨（VNQDD）製造政治危機。[2]內外交困中的印支共產黨人一方面通過對外宣佈解散印度支那共產黨，代之以「印度支那馬克思主義研究會」，以試圖淡化自身意識形態色彩，饑饉流行，社會矛盾愈發突出，加之駐紮越北的中國國民黨軍因懷疑越盟與華南地區中共力量合作而支持越南革命同盟會除階級黨派之爭，打破國內外可能產生的誤解，儘可能地爭取同盟者和同情者。[3]另一方面則希望美、蘇、中各大國以及聯合國能夠介入印支事態，阻止法軍北進。[4]

　　令越盟領導人深感失望的是此時的杜魯門政府已經徹底拋棄了羅斯福時期將印支地區非殖民化的設想。隨着二次大戰的結束，如何抵禦蘇聯可能對歐洲進行的擴張已經成為美國政府需要首先考慮的問題之一。而印支地位問題已經成為之前美法之間矛盾的焦點，因而為恢復法國對美國的友好態度並保持及其在歐洲的穩定地位，杜魯門政府決定應當在殖民地問題上消除法國的戒心。[5]為此，美國已經向法國政府做出承諾，將毫不反對法方重建在印支的統治並對法國領有印度支那的主權深信不疑。[6]

1　"Nội nghị cán bộ Bắc Kỳ của Đảng Cộng Sản Đông Đương" (10-9-1945), *Văn kiện Đảng toàn tập* (tập8), Hà Nội : Nhà xuất bản Chính trị quốc gia, 2000, tr.4-5.

2　"Chỉ thị của Ban Chấp Hành Trung ương về kháng chiến kiến quốc"(25-11-1945), *Văn kiện Đảng toàn tập* (tập8), tr.25.

3　"Thông cáo Đảng Cộng Sản Đông Dương tự ý giải tán"(11-11-1945), *Văn kiện Đảng toàn tập* (tập8), tr.19-20.

4　"United States Policy toward Indochina 1940-1953, Telegram from Ho Chi Minh to the Secretary of State, undated, enclosure to desp.890 from Chungking, " Nov.26, 1945, Box1, General Records of the Department of State, Vietnam Working Group: Briefing Books, 1963-1966, RG59, National Archives, College Park, MD.

5　George Herring, *America's Longest War*, Philadelphia: Temple University Press, 1986, pp.8-9.

6　"United States Policy toward Indochina 1940-1953, US position on French sovereignty over Indochina. To Chungking, tel. 1622, " Oct.5, 1945, Box1, General Records of the Department of State, Vietnam Working Group: Briefing Books, 1963-1966, RG59, National Archives, College Park, MD.

　　隨着 1946 年 2 月 28 日《中法換防協定》在重慶簽訂，法國勢力重返越北幾成定數，[1] 越盟及印支共中央意識到依靠外部大國調停已不現實。1946 年 3 月 3 日印支共中央委員會經過權衡利弊後認為，目前擺在越盟面前有兩條路，一是同法國進行和平談判，二是武裝抗戰。儘管八月革命後越盟軍事實力已有顯著提升，但仍無法同美英支持下的法國抗衡。當務之急乃是利用談判的喘息之機保存並積累戰鬥實力。此外，允許法國人替代中國軍隊進駐北方也可以避免讓越南民主共和國同時遭受來自兩個方面的壓力。[2]

　　基於以上考慮，越盟於 1946 年 3 月 6 日在河內同法方代表經談判達成協議，法國承認越南為包括北、中、南圻的自由國家，屬於法蘭西聯邦成員，越南同意法軍接替中國軍隊進入北部，雙方宣告停戰。應該說，法越協議的簽訂對於越盟來說是有利的，因為作為共產黨人最為重要的成果的越南民主共和國得以保存了下來。但同時該協議也遺留下一個隱患，那就是關於越南南方的定論。3 月 9 日，也就是法軍進駐河內的同一天，印度支那共產黨中央發佈名為「和談即是為了進攻」的指示。在該指示中，印支共方面明確表示，同法國人達成的協議只是一個暫時緩和的手段，並且該協議只適用於越南的中部和北部，法國必須承認越盟在南方各城市的合法利益。為此，中央將祕密派遣幹部前往南方統一協調與中、北部的抗法運動。[3] 遵照該指示，5 月 25 日至 27 日，印支共中央於河內召開南方幹部會議，決定對由黎筍（Le Duan）、黎德壽（Le Duc Tho）等人負責的南部地委（Xu uy Nam Bo）進行改組分工，意圖通過整頓黨的組織以期增強印支共對越南南方抗法力量的控制力。[4]

1　王鐵崖主編：《中外舊約章彙編》（第三冊），北京：三聯出版社，1959 年版，第 1371-1372 頁。

2　"Tình hình và chủ trương" (3-3-1946), *Văn kiện Đảng toàn tập Văn kiện Đảng toàn tập* (tập8), tr.45-46.

3　"Chỉ thị của Ban T.V.T.W hoà để tiến"(9-3-1946), *Văn kiện Đảng toàn tập Văn kiện Đảng toàn tập* (tập8), tr.54-56.

4　"Các đồng chí xứ uỷ Nam Bộ hiện hoạt động trong nam"(30-5-1946), *Văn kiện Đảng toàn tập Văn kiện Đảng toàn tập* (tập8), tr.67-68.

　　印支共並未打算認真履行越法協定的另一個表現是關於老撾、高棉
地區工作的安排。實際上在 1945 年 11 月 25 日印支中央關於抗戰建國的
指示中，老撾及高棉區黨委就已經被要求立即投入武裝抗法的鬥爭中。
共產黨人在老撾地區的主要任務是加強在農村地區的宣傳和羣眾運動，
在擴大越老抗法戰線的基礎上通過游擊戰圍攻法軍在各地據點。而在高
棉，首要任務則是立刻建立一支越棉聯軍，將游擊戰擴展至柬埔寨境
內。[1] 因此根據越盟要求，越法協定對於老柬地區來說同樣是爭取時間鞏固
抗法力量的良機。[2] 印支共中央隨即指示在泰國的越僑黨組織成立「西部戰
線軍事委員會」，從西面支持柬埔寨和老撾前線，整個「西部戰線」從上
寮一直到柬埔寨西北部被劃分為五個特區，大批越僑幹部被調至此戰線
活動。在柬埔寨，印支共聯絡了一部分反法的高棉人，支持其建立高棉
民族解放委員會，並組織武裝部隊開入柬埔寨境內。[3]1946 年 6 月，以越
僑救國會為旗號的棉越混合抵抗指揮部在柬埔寨馬德望省（Battambang）
成立，一批高棉籍共產主義者如山玉明（Son Ngoc Min）、杜斯木（Tou
Samouth）等相繼加入越盟。[4] 對於流亡泰國的「自由老撾」政府成員，
印支共也着力進行拉攏，幫助老撾抗戰力量進行訓練，向其物資裝備。
1946 年 10 月，老撾區黨委也在越南榮市（Vinh）召開會議，成立老撾東
部抗戰委員會統一領導對法軍事行動。[5]

　　共產黨人在印支各地主動採取的對抗活動注定了越盟同法國之間達

1　"Chỉ thị của Ban Chấp Hành Trung ương về kháng chiến kiến quốc"(25-11-1945), *Văn kiện Đảng toàn tập Văn kiện Đảng toàn tập* (tập8), tr.33.

2　"Chỉ thị của Ban T.V.T.W hoà để tiến"(9-3-1946), *Văn kiện Đảng toàn tập Văn kiện Đảng toàn tập* (tập8), tr.53-54.

3　黃文歡:《滄海一粟 —— 黃文歡革命回憶錄》，北京:解放軍出版社，1987 年版，第 237-238 頁。

4　Ban Liên Lạc CCB-TNQ Việt Nam ở Campuchia thời kỳ 1945-1954, *Quân Tình Nguyện Việt Nam ở Campuchia thời kỳ 1945-1954*, tr.54-55.

5　"Hội nghị thành lập Uỷ ban giải phóng Đông Lào và thống nhất các lực lượng kháng chiến ở phía đông Lào" (10-1945), Đảng Cộng sản Việt Nam: *Lịch sử quan hệ đặc biệt Việt Nam-Lào, Lào-Việt Nam, 1930-2007 : biên niên sự kiện* (vol I), Hà Nội : Nhà xuất bản Chính trị quốc gia-Sự thật, 2011-2012 , tr.140.

成的妥協不會持久。7 月，越法代表在楓丹白露（Fontainebleau）就越南南方交趾支那歸屬問題進行談判。由於對通過談判解決問題未抱任何希望，越盟方面很快便以法國試圖通過另行召開大叻會議而強迫越方接受「臨時協議」為由宣佈退出。[1] 為避免談判徹底破裂，胡志明選擇繼續留在巴黎並於 9 月 14 日同法方簽訂了關於停止敵對行動的「臨時協定」。胡在 23 日離開法國時的公開發言中進一步表示無意與法國發生衝突並希望印支人民能以和平友好的態度對待法國，[2] 但在 10 月中旬，印支共中央以法國在南方屠殺革命幹部、士兵為由已開始向各省委、區委、總部傳達準備對法鬥爭的指示，其中特別強調尤其應注意在羣眾中鼓動反法情緒。[3] 在這樣的情況下，越法間的氣氛逐漸變得愈發緊張。這直接導致了 11 月 20 日法越之間在海防（Hai Phong）地區發生的流血衝突。至 23 日，法軍開始炮擊海防，造成大量人員傷亡。同時法軍還向越盟駐海防部隊發出通牒，要求立即進行無條件的撤軍。[4]1946 年 12 月 3 日，南部地委發出與法國殖民侵略者進行戰鬥的動員令和準備長期抗戰的指示。[5]19 日，越盟軍隊開始向東京及安南方向的法軍發起反擊，第一次印度支那戰爭全面爆發。

從越盟和印支共產黨的角度來說，同法國人的衝突還是來得早了一點。儘管印支共中央早已在內政、經濟、軍事、民運各個方面為可能到

---

1   "Tại sao cuộc đàm phán Việt-Pháp ở Fôngtenbờlô bị bỏ dở" (12-9-1946), *Văn kiện Đảng toàn tập Văn kiện Đảng toàn tập* (tập8), tr.115-116.

2   "Lời tuyên bố với quốc dân sau khi đi Pháp về" (23-10-1946), *Văn kiện Đảng toàn tập Văn kiện Đảng toàn tập* (tập8), tr.136-137.

3   "Các Đ.C.X.U và T.U. T.B" (11-10-1946), *Văn kiện Đảng toàn tập Văn kiện Đảng toàn tập* (tập8), tr.123-124.

4   U.S. Department of State, *Foreign Relations of United State (FRUS)*, 1946, Vol.8, U.S. Government Printing Office, 1971, p64.

5   "Chỉ thị của Thường vụ Xứ ủy Nam Bộ về chỉ đạo các cấp chuẩn bị chiến đấu chống thực dân Pháp xâm lược"(3-12-1946), Ban Chấp Hành Trung ương Đảng Cộng Sản Việt Nam Văn Phòng, *Văn Kiện Trung ương Cục Miền Nam giai đoạn 1946-1975* (tập1), Hà Nội : Nhà xuất bản Chính trị quốc gia-Sự thật, 2018, tr.18-19.

來的戰爭做好了計劃上的安排，並在宣傳鼓動工作中儘可能地堅定人們對全民抗戰的必勝信念，[1]但越盟無法從正面同法國人相抗衡仍是不爭的事實。實際上，即使是胡志明本人，對於同法國開戰的前景也沒有十足的把握，在他看來，這場戰爭注定要持續很長時間，最有可能的結果是越盟撤出城市，進入農村和山區打游擊戰。[2]而不管形勢如何惡劣，事實上越盟已經沒有再同法國政府達成協議的任何餘地。因為三月份越法協議已經引起一部分民眾及越盟成員的疑慮，甚至在印支黨內造成了思想組織上的混亂。[3]因而面對法國人咄咄逼人的態勢，印支共產黨及越盟唯有孤注一擲，以印支三國民族解放的旗幟和持久抗戰的信念爭取形勢可能出現的好轉。

　　此時在着力觀察印支地區態勢發展的美國政府儘管已經確認了法國對印度支那的控制，但始終不願表明自己對法軍在印度支那開展軍事行動的支持。按照助理國務卿迪安・艾奇遜（Dean Acheson）的說法，美國不反對法國對印度支那實施行政上的控制，但同時也不支持法國人使用武力重建在印支的統治。[4]杜魯門政府對於法國以武力兼併印度支那一事所持的似是而非的態度顯示出美國在印度支那問題上的矛盾心態。儘管胡志明在很早之前接受過共產主義的訓練並且其在共產國際工作的經歷很值得懷疑，但美國政府此時仍傾向於將越南民主共和國同法國之間的戰爭看作是民族主義者為求得獨立而進行的反抗。而這場衝突對於印尼、印度、緬甸、馬來亞等其他國家的反殖人士來說無疑具有極強的示範效應。因此美國迫切希望以和平的方法儘快解決印度支那的爭端，如

1　"Toàn dân kháng chiến" (12-12-1946), *Văn kiện Đảng toàn tập Văn kiện Đảng toàn tập* (tập8), tr.151-153.

2　"Công việc khẩn cấp bây giờ", *Văn kiện Đảng toàn tập Văn kiện Đảng toàn tập* (tập8), tr.142.

3　"Chỉ thị của Ban T.V.T.W hoà để tiến"(9-3-1946), *Văn kiện Đảng toàn tập Văn kiện Đảng toàn tập* (tập8), tr.52-53.

4　U.S. Department of State, *Foreign Relations of United State (FRUS)*, 1946, Vol.8, U.S. Government Printing Office, 1969, p313.

果繼續拖延下去，則很有可能會演變成為區域性的巨大麻煩。[1]為此，美國政府表示願意以調停者的身份在法越之間進行斡旋。[2]

　　但法國人此時顯然更急於將胡志明打上共產主義的標籤，從而便於將同越盟的戰爭進行到底。因為至 1947 年 2 月，法國方面相信形勢已經有了「極大的改觀」，越盟軍隊已經普遍遭到削弱，人員損失巨大，而只有徹底粉碎越盟的軍事力量才能保證談判的順利進行。[3]法軍的攻勢對於對越盟產生了巨大的壓力，在印支共於四月份召開的中央幹部會議上，胡志明承認目前戰場上臨陣脫逃的現象正在蔓延，國家正處在生死存亡的十字路口。[4]為了爭取喘息時間和輿論同情，從二月至四月，胡志明及越南民主共和國政府多次發出呼籲要求停戰談判。但法國方面提出了極為苛刻的條件，致使所謂的談判無果而終，並加劇了越盟對法國的敵對情緒。[5]剛剛完成組閣的法國總理保羅・拉馬迪埃（Paul Ramadier）強硬表示，除非目前的越南政府更換更加溫和的領導人，否則將不會與之談判。[6]同時，法國還拒絕了美國提供調停的建議。[7]

　　為了避免民族主義者繼續成為法國軍事行動打擊的對象，同時也為了在越南另覓一名法國人願意與之打交道的領袖，此時流亡香港的前安

1 "United States Policy toward Indochina 1940-1953, To Paris, tel.75", Jan.8, 1947, Box1, General Records of the Department of State, Vietnam Working Group: Briefing Books, 1963-1966, National Archives, RG59, National Archives, College Park, MD.

2 "United States Policy toward Indochina 1940-1953, To Paris, tel.6586", Dec.24, 1946, Box1, General Records of the Department of State, Vietnam Working Group: Briefing Books, 1963-1966, National Archives, RG59, National Archives, College Park, MD.

3 U.S. Department of State, *Foreign Relations of United State (FRUS)*, 1947, Vol.6, U.S. Government Printing Office, 1972, p73.

4 "Nghị quyết của hội nghị cán bộ Trung ương" (3-4-1947), *Văn kiện Đảng toàn tập Văn kiện Đảng toàn tập* (tập8), tr.176-177.

5 "Chỉ thị của T.Ư" (3-4-1947), *Văn kiện Đảng toàn tập Văn kiện Đảng toàn tập* (tập8), tr.207-208.

6 U.S. Department of State, *Foreign Relations of United State (FRUS)*, 1947, Vol.6, U.S. Government Printing Office, 1972, p66.

7 "United States Policy toward Indochina 1940-1953, Memorandum by John C. Vincent of conversation with Minister in French Embassy", Jan.8, 1947, Box1, General Records of the Department of State, Vietnam Working Group: Briefing Books, 1963-1966, RG59, National Archives, College Park, MD.

南皇帝保大再次引起美國及法國人的注意。之所以挑選保大作為替代越盟同法國進行談判的代表，一方面是為了利用其曾經的影響力將一大批越南民族主義者及宗教、保皇人士聚集在法國人的羽翼下，[1] 另外一方面則可以徹底斷開同胡志明的越南民主共和國政府進行接觸的必要，專心予以軍事打擊。其實質就是要把純粹的民族主義分子同胡志明集團區分開來，並利用其排擠和清除共產主義者。

應當承認，保大方案的出現暫時解決了美國政府之前最為頭疼的問題，也使得法國政府在形勢上佔據了十分有利的地位。因而該方案一經提出即遭到了越南民主共和國的強烈反對。在 1947 年 9 月 18 日保大於香港發佈聲明表示願意響應法國駐印支高級專員埃米爾·博拉爾（Emile Bollaert）提出的關於和平談判的新條件後，24 日印支共中央即向各區發出指示，號召通過政治和軍事的手段粉碎法國扶植保大傀儡的陰謀。[2] 在 10 月 5 日關於統戰工作的指示中，印支共中央要求在知識分子、政府官員、退伍士兵等羣體中迅速開展宣傳與聯絡工作，與保大傀儡政權爭奪潛在的支持者。[3] 而在 12 月中旬召開的各區區委代表會議上，印支共更是明確指出，法國的陰謀在於試圖利用「純粹的國家」來反對共產主義，因此當前的任務是堅決反對將二者分離。[4]

進入 1948 年，形勢對於越盟和印支共來說有所緩解，特別是 1947 年冬法國軍隊發動的旱季攻勢被認為並沒有取得預期的效果。[5] 越盟軍隊利

1　Ellen Hammer, *The struggle for Indochina:1940-1955*, Stanford, Calif: Stanford University Press, 1966, pp.209-211.

2　"Tuyên truyền chống âm mưu của Pháp và bù nhìn Bảo Đại về bốn điểm trong diễn văn của Bôla" (24-9-1947), *Văn kiện Đảng toàn tập Văn kiện Đảng toàn tập* (tập8), tr.305.

3　"Chi Thị của T.Ứ về vận Động các giới đối với chính sách phản động của thực dân phản động Pháp định lập chính phủ bù nhìn" (5-10-1947), *Văn kiện Đảng toàn tập Văn kiện Đảng toàn tập* (tập8), tr.306-309.

4　"Nghị quyết đại biểu hội nghị X.U" (16-12-1947), *Văn kiện Đảng toàn tập Văn kiện Đảng toàn tập* (tập8), tr.349-350.

5　U.S. Department of State, *Foreign Relations of United State (FRUS)*, 1948, Vol.6, U.S. Government Printing Office, 1974, p22.

用游擊戰和伏擊戰儘可能遏制住了法國人的進攻勢頭並保存了自己的有生力量。[1] 北方軍事形勢的好轉對於越南民主共和國來說至關重要，法國人在短時間內已無法再次組織大規模的軍事行動，在印支共中央看來，目前的戰爭已經從防禦階段進入到了相持階段，[2] 也就是說，黨和政府已經渡過了最為危急的存亡時刻。

與此同時，戰後冷戰形勢對印支產黨人的影響也開始顯現出來。在一月中旬召開的印支共中央擴大會議上，反民主勢力的帽子第一次被扣到了美國人頭上，會議指責美國利用馬歇爾計劃入侵他國，欺騙世界，越來越多地在扮演納粹德國的角色。[3] 實際上就在一個月之前，印支共中央召開的常務會議已經指出，美國對印度支那存在野心，應當清除親美、懼美的心態。[4] 對比 1947 年上半年印支共為爭取調停而對美國的示好，[5] 可以發現在這一時期越盟領導人的對美態度已經發生了顯著變化。而其中最主要的原因就是共產主義在東歐及亞洲已經或正在取得的勝利極大地鼓舞了印支共，在把自己歸入反帝民主陣營的同時，越南民主共和國已決心將戰爭繼續下去，不再需要任何人來調解對法和談的事宜。有跡象表明此時的印支共產黨人甚至流露出「希望」看到美國介入印度支那的情形，以求將越南的反帝鬥爭同中國共產黨的解放戰爭結合起來並由此獲得來自外界的支持。[6]

而對於西方各國來說，鐵幕的出現所帶來的不安和疑懼在 1948 年同

1　"Thông cáo về địch bại ở Việt Bắc" (10-1-1948), *Văn kiện Đảng toàn tập* (tập9), Hà Nội : Nhà xuất bản Chính trị quốc gia, 2001, tr.5.

2　"Nghị quyết hội nghị Trung ương mở rộng" (15-1-1948), *Văn kiện Đảng toàn tập* (tập9), tr.24-25.

3　"Nghị quyết hội nghị Trung ương mở rộng" (15-1-1948), *Văn kiện Đảng toàn tập* (tập9), tr16.

4　"Thông cáo của Thường vụ T.Ư. Triển vọng của tình hình chính trị Pháp và công tác tuyên truyền và ngoại giao" (12-12-1947), *Văn kiện Đảng toàn tập Văn kiện Đảng toàn tập* (tập8), tr.338-339.

5　U.S. Department of State, *Foreign Relations of United State (FRUS)*, 1948, Vol.6, U.S. Government Printing Office, 1974, p95, 109.

6　"Thông cáo của Thường vụ T.Ư. Triển vọng của tình hình chính trị Pháp và công tác tuyên truyền và ngoại giao" (12-12-1947), *Văn kiện Đảng toàn tập Văn kiện Đảng toàn tập* (tập8), tr.338.

樣沒有減退的跡象。隨着第一次柏林危機爆發後歐洲冷戰格局的確立，美國政府開始更加警惕地審視一些潛在的共產主義威脅，其中就包括胡志明及其領導下的政權。儘管只是一種猜測，但在冷戰的氛圍下，美國國務院寧可相信胡志明曾經的共產主義分子的身份就是他聽從莫斯科指令的證據。[1] 更令美國人為緊張的是，在 1948 年上半年，共產主義者在緬甸、印度尼西亞、馬來亞各地相繼掀起武裝暴動，大有席捲東南亞的燎原之勢。而這些共產黨人多以求得民族解放為旗號，通過擁護民族主義的立場來尋求支持。[2] 這一特徵顯然也很符合印度支那共產黨慣用的手段。

　　綜合以上原因，美國國務院於 1948 年 9 月 27 日發出了針對印度支那的第一個政策聲明，提出鑒於長期以來共產主義對民族主義運動的控制已經損害了美國在印度支那及東南亞的利益，因而美國在印支地區的長期目標之一是儘可能清除共產主義的影響並建立對美友好的民族主義政權。[3] 該聲明的出現意味着美國政府正式定義了胡志明同國際共產主義的聯繫，從這一刻起，印度支那共產黨人的所有活動都將被認為是共產主義國際陰謀的一部分。同時這也為美國介入印支戰爭做好了鋪墊。

　　儘管杜魯門政府決定支持法國人將同越盟的戰爭繼續下去，向法國出口軍事裝備的限制已被取消，大批已經封存的物資也得以重新裝船運往印度支那地區。[4] 但印支北部的軍事形勢在 1948 年並沒有好轉的跡象，越盟軍隊顯然在之前的旱季戰役中學到了更多有效的作戰技巧。游擊戰

1　U.S. Department of State, *Foreign Relations of United State (FRUS)*, 1948, Vol.6, U.S. Government Printing Office, 1974, p28.

2　U.S. Department of State, *Foreign Relations of United State (FRUS)*, 1948, Vol.6, U.S. Government Printing Office, 1974, p43.

3　U.S. Department of State, *Foreign Relations of United State (FRUS)*, 1948, Vol.6, U.S. Government Printing Office, 1974, pp.43-49.

4　U.S. Department of State, *Foreign Relations of United State (FRUS)*, 1948, Vol.6, U.S. Government Printing Office, 1974, p45.

的模式被廣泛推廣至各軍區，[1] 在對河內、海防等城市及法軍後方進行襲擾的同時，越盟軍也在抓緊利用雨季進行訓練整編，發動民兵，準備迎戰法國人在秋冬季節可能再次發起的進攻。[2]

事實表明，在意識到印支戰爭日漸國際化的對抗趨勢不可避免的情況下，印支共產黨已決定採取更為激烈的措施努力將共產主義革命與民族解放鬥爭結合起來。這其中一個突出的表現就是印支共中央在一月份的常務會議上決定沒收越奸及叛國者的土地分給農民，[3] 以激發農民參與抗法戰爭的積極性，並將此作為大範圍土改工作的開端。與此同時，越南民主共和國還以爭取自由獨立的名義在全國範圍內號召發動士、農、工、商、兵參加的愛國競賽。[4] 其實質就是以愛國主義為標榜，將各部門各行業的活動統一在印支共產黨領導之下。對比此時還在醞釀之中的以保大為首的越南新政府，北方共產黨政權所佔據的最大優勢就是它對法國的強硬立場。儘管並不是所有人都喜歡共產主義，但傀儡政權的稱號足以將印度支那的大部分民族主義者推向共產黨一邊。[5]

除此之外，印支共領導層決心全力投入抗法鬥爭的另一項重要舉措就是加大對老撾、高棉戰場的控制和支持。在 1948 年 8 月召開的第五次幹部會議上，印支共中央檢討了以往在老、柬地區只有政治基礎，缺乏軍事戰線的做法，提出必須要有明確的計劃並認識到，在高棉、老撾開闢第二戰場是實現戰爭勝利的一個重要保證。[6] 但考慮到此時印支共在

---

1 "Chi thị về đưa bộ đội chính quy để giúp đỡ phong trào du kích địa phương" (18-3-1948), *Văn kiện Đảng toàn tập* (tập9), tr.64.

2 "Chi thị về việc chuẩn bị đối phó với các cuộc hành quân thu đông của Pháp" (1-9-1948), *Văn kiện Đảng toàn tập* (tập9), tr.331-336.

3 "Chi thị gửi các Khu Uỷ về việc tịch thu ruộng đất, tài sản của bọn Việt gian phản quốc" (18-2-1948), *Văn kiện Đảng toàn tập* (tập9), tr.60-61.

4 "Chi thị của Trung ương phát động phong trào thi đua ái quốc" (27-3-1948), *Văn kiện Đảng toàn tập* (tập9), tr.70.

5 "Chi thị" (30-5-1948), *Văn kiện Đảng toàn tập* (tập9), tr.143.

6 "Kiểm thảo mùa hè và chuẩn bị thu đông năm 1948" (8-8-1948), *Lịch sử quan hệ đặc biệt Việt Nam-Lào, Lào-Việt Nam, 1930-2007 : văn kiện* (vol II), tr.16-17.

老、柬境內尚無多少可以直接控制的軍隊，因此當務之急是要盡快聯絡當地拒絕與法國合作的民族主義者，建立能夠配合越盟軍隊作戰的軍事力量。為此，針對老撾的情況，印支共一方面同「自由老撾」領導人佩差拉（Phetsarath）親王聯繫，允諾向以他為首的老撾自由統一臨時政府提供資助以對抗法國人，[1] 同時重點爭取蘇發努馮親王的合作，依靠他組建對抗萬象親法政府的民族解放陣線，另一方面則通過提供幹部及各類物資在老撾東、北部及越老邊境地區組織由老籍共產黨人出面掌控的抗法力量，包括富米·馮維希（Phumi Vongvichit）領導的老撾西北抗戰委員會、坎·代·西番敦（Kham Tay Xiphandon）領導的下寮抗戰委員會，以及凱山·豐威漢（Kayson Phomvihan）在上寮地區的桑怒省（Xamneua）組建的名為「拉沙翁」的武裝力量。[2] 在高棉地區，則進一步加強同在柬埔寨境內活動的多支「伊沙拉」（Issara）民族主義游擊隊的合作。由於之前法國軍隊已經切斷了泰國對「自由高棉」的援助，此時的高棉抵抗力量也亟需來自越盟的支持，這促使絕大多數高棉抵抗組織自覺接受了印支共的指揮。[3] 到 1949 年底，已經有至少六支棉越混合機動部隊活動在同越南接壤的東部地區。[4]

　　而隨着越盟對老、柬抗戰力量指導和控制力度的加大，一些潛在的問題也隨之逐漸暴露出來。包括負責援助工作的越僑幹部更偏重於考慮越南的利益，忽視在老、柬當地組織動員，建立根據地，訓練軍隊幹部；越盟幹部還把許多在越南的做法生搬硬套到老撾和柬埔寨，把越盟的綱

1　"Điện thư của Hoàng Thân Phếtxarạt gửi Chủ Tịch Hồ Chí Minh" (4-11-1948), *Lịch sử quan hệ đặc biệt Việt Nam-Lào, Lào-Việt Nam, 1930-2007 : văn kiện* (vol II), tr.20-21.

2　即最初的寮國戰鬥部隊。中共中央對外聯絡部編印：《各國共產黨概況》，1980 年 10 月，第 35 頁。

3　"Báo cáo của Thường Vu Xứ Ủy Nam Bộ về tình hình công cuộc kháng chiến ở Nam Bộ" (12-1948), Ban Chấp Hành Trung ương Đảng Cộng Sản Việt Nam Văn Phòng, *Văn Kiện Trung ương Cục Miền Nam giai đoạn 1946-1975* (tập1), tr.289.

4　Ban Liên Lạc CCB-TNQ Việt Nam ở Campuchia thời kỳ 1945-1954, *Quân Tình Nguyện Việt Nam ở Campuchia thời kỳ 1945-1954*, tr.71-72.

領和章程翻譯出來拿去訓練老撾和柬埔寨人，導致對方產生懷疑，逐漸對越方疏遠；同時一些越方軍政人員對待老、柬方舉止失當，甚至出現擅自剝奪老撾抗戰部隊武器，強令老、柬部隊入越作戰的情況。[1]

　　為徹底解決越、老、柬三地聯合抗法過程中出現的協調問題，1949年2月15日，印度支那共產黨中央召開老撾、高棉幹部會議，傳達了《老撾、高棉革命提綱》。該提綱具體分析了老、柬地區的革命性質和特點，提出了在根據地、武裝力量、羣眾運動等方面加強建設的意見，為兩地的政權建設也設立了目標。其中，《綱領》承認，三年以來，老、柬地區的羣眾組織、行政、抗戰機關還處於渙散狀態，人民武裝力量和主力部隊尚未形成，在老撾、柬埔寨戰線未能阻擋法帝國主義的推進，同時儘管在越、老、柬之間建立了友善的關係，但由於某些缺乏考慮的行動引起了老、柬方面的內部糾紛，破壞了越南與老、柬之間的關係。[2] 除此針對以上問題提出的改進措施之外，值得注意的是這次會議的重點依然是有關越南對老撾、柬埔寨革命力量進行支持的規定。按照印支共的說法，之所以需要越南承擔援助老撾、高棉地區革命鬥爭的任務，是因為越南與老、柬地區處於革命形勢發展的不同階段且越、老、柬三地目前為抗法戰場的統一體，而援助的重要方式將通過印支共向老、柬地區派遣幹部來完成。[3] 儘管提綱本身反覆強調越南派遣的幹部將始終把老撾、高棉的利益放在首位並在整個援助過程中遵循民族自決原則，給予老、柬人民充分的自主權。但同時也指出只有越南的反攻才能為老、柬創造反攻的機會，只有越南的獨立才能免除老、柬淪為奴隸的命運。[4] 在隨後對具

1　黃文歡：《滄海一粟 —— 黃文歡革命回憶錄》，第 238-241 頁。
2　黃文歡：《滄海一粟 —— 黃文歡革命回憶錄》，第 241-242 頁。
3　"Báo cáo tại hội nghị cán bộ Lào, Miên" (15-2-1949), *Lịch sử quan hệ đặc biệt Việt Nam-Lào, Lào-Việt Nam, 1930-2007 : văn kiện* (vol II), tr.31-33.
4　"Báo cáo tại hội nghị cán bộ Lào, Miên" (15-2-1949), *Lịch sử quan hệ đặc biệt Việt Nam-Lào, Lào-Việt Nam, 1930-2007 : văn kiện* (vol II), tr.50.

體工作的落實中，越方特別強調革命的領導權必須掌握在以顧問為名義的越南幹部手中，並且提醒要通過革命的道德和模範而不是命令主義來贏得高棉、老撾愛國者的擁護。[1] 這實際上即明確了越南具有統一印支三國投入抗法戰爭的義務，由此形成的以越南為核心協調三國戰場支持抗戰的局面也將深刻影響日後越南對印支地區政策的思維模式。

第三節　冷戰對抗的影響與越南革命主導地位的確立

一、冷戰因素對越盟戰略方針的影響

1949 年 1 月 14 日至 18 日，印度支那共產黨召開第六次幹部會議，對當前形勢和工作任務進行了分析和安排。會上，總書記長征（Truong Chinh）作了關於積極堅持準備總反攻的報告。在報告中，印支共中央承認，自 1947 年在越北遭遇失敗之後，法國方面的軍事方針發生了變化，從最初的積極進攻變為防禦態勢，不再強調要殲滅越盟的主力部隊，轉而依靠間諜特工的滲透以及小範圍的襲擾進攻，形成與越盟的對峙之勢。而此時越盟軍同樣不具備扭轉形勢，主動出擊的條件。[2] 在這種情況下之所以要提出總反攻的說法，是因為此時在北方，中國共產黨領導下的解放軍正在席捲南下，因而印支共產黨人急切盼望形勢由此發生有利於自己的劇變。[3]

1　"Nghị quyết của Thường vụ Xứ ủy Nam Bộ về công tác Miên" (17-6-1949), Ban Chấp Hành Trung ương Đảng Cộng Sản Việt Nam Văn Phòng, *Văn Kiện Trung ương Cục Miền Nam giai đoạn 1946-1975* (tập1), tr.363.

2　"Báo cáo của đồng chí Trường Chinh tại Hội nghị cán bộ Trung ương lần thứ sáu" (14-1-1949), *Văn kiện Đảng toàn tập* (tập10), Hà Nội : Nhà xuất bản Chính trị quốc gia, 2001, tr.38-39.

3　"Báo cáo của đồng chí Trường Chinh tại Hội nghị cán bộ Trung ương lần thứ sáu" (14-1-1949), *Văn kiện Đảng toàn tập* (tập10), tr.42.

　　越盟領導人對於共產主義革命在中國即將取得的勝利顯然寄予了極大的希望。在長征的報告中，印支共已經主動將鄰國的革命者稱之為「我們的盟友」，並表示中國革命的每一個勝利都等同於越南革命取得的勝利，雙方應當相互幫助和配合，共建新的民主政權。[1]但同時印支共也在有意識地保持自己的獨立性，因而告誡各位同志，不能完全把希望寄託在中國解放軍身上，必須抵制膽小、被動，只依靠中國人的進展的趨勢。[2]對於越盟來說，此時尚未完成全國解放任務的中國共產黨所能提供的最大幫助就是進軍華南的解放軍能夠在形勢上對越北的法國軍隊產生壓力，但印支共仍不確定來自中國人的壓力能否迫使法國人主動撤走北部的軍隊。因此越盟的軍隊仍需做好準備應付可能出現的任何變化。

　　至 1949 年 4 月底，隨着中共軍隊渡過長江，佔領南京、杭州等地，印支黨意識到中國共產黨的武裝鬥爭正在接近最後的勝利，因此命令越盟軍隊開始向北部的諒山（Lang Son）、高平（Cao Bang）方向移動，並對南定（Nam Dinh）、廣嚴（Guang Yen）等地發起進攻。[3]不過 1949 年上半年中國革命的進展速度還是大大超出了越盟的估計。到八月中下旬，解放軍已經抵至湖南、廣西交界處，與此同時，中共領導下的游擊隊也已佔領中越邊境地帶芒街（Mong Cai）至萊州（Lai Chau）一線三十餘城鎮。中國革命形勢的迅速發展迫使邊境地區的法軍在 1949 年夏普遍收縮兵力，轉入防禦狀態，[4]同時也促使越盟不得不匆忙採取措施組織邊防部隊、安撫羣眾、提防國民黨軍及土匪襲擾以及做好聯絡工作以迎接中共

1　"Báo cáo của đồng chí Trường Chinh tại Hội nghị cán bộ Trung ương lần thứ sáu" (14-1-1949), *Văn kiện Đảng toàn tập* (tập10), tr.31-32.

2　"Báo cáo của đồng chí Trường Chinh tại Hội nghị cán bộ Trung ương lần thứ sáu" (14-1-1949), *Văn kiện Đảng toàn tập* (tập10), tr.36.

3　"Chỉ thị của Ban Thường Vụ Trung ương về công tác truyền của ta sau những thắng lợi lớn của Quân giải phóng Trung Hoa ở Hoa Nam" (12-5-1949), *Văn kiện Đảng toàn tập* (tập10), tr.215-217.

4　越軍總政治局軍史研究委員會編：《越南人民軍歷史》（第一集），昆明：昆明軍區司令部二部，1983 年 8 月，第 311 頁。

軍隊的到來。[1]第一聯區在 9 月 1 日發佈的指示中為此特別指出，要避免同中國幹部在爭取羣眾的宣傳中發生矛盾，兩黨、兩軍、雙方政府應當以統一的意志和行動密切合作，站在共產主義者的立場上「絕對避免狹隘的民族病」。[2]

從印支共中央及地方各聯區的指示中不難看出，越盟曾設想過由中國軍隊趁勢南下進入越南境內以支持其抗法鬥爭。但隨着 10 月 1 日中華人民共和國在北京宣告成立，之後華南地區的解放軍在進抵中越邊境後也再未向南進軍，這一想法也因此並未得以實現。不過中共政權的建立和穩定對於越盟來說仍是一個極好的消息，儘管法國人暫時未被一舉逐出印支半島，但至少印支共產黨已經在北方獲得了一個可靠的支持者和大後方。

而中國共產黨決定對印支共的事業予以支持，在很大程度上則是其領導人意志的一個體現。自 1949 年 7 月從斯大林那裏獲得了由中國負責領導東亞各國革命的允諾之後，[3]特別是隨着共產主義革命在中國的勝利，在毛澤東等中共領袖眼中，中國作為亞洲革命領導者的地位愈加突出。[4]正如劉少奇所說的那樣，「用一切可能的方法去援助亞洲各被壓迫民族中的共產黨和人民爭取他們的勝利，乃是中國共產黨與中國人民不可推卸的國際責任。」[5]因此當 1949 年 12 月，印支共派遣的代表李碧山（Ly Bich Son）（即李班）和阮德瑞（Tran Duc Thuy）帶着胡志明的親筆信來到北

1　"Chi thị của Ban Thường Vụ Liên Khu Uỷ X về chủ trương biên giới" (6-8-1949), *Văn kiện Đảng toàn tập* (tập10), tr.415-416.

2　"Chi thị của Thường Vụ Ban Chấp Hành Liên Khu Đảng Bộ Ivề những nhiệm vụ cần kíp để cùng cố miền Đông Bắc Liên khu" (1-9-1949), *Văn kiện Đảng toàn tập* (tập10), tr.358.

3　中共中央文獻研究室、中央檔案館編：《建國以來劉少奇文稿》（第一冊），北京：中央文獻出版社，2005 年版，第 40-41 頁。

4　沈志華：《毛澤東與東方情報局：亞洲革命領導權的轉移》，《華東師範大學學報》，2011 年第 6 期，第 31 頁。

5　中共中央文獻研究室編：《劉少奇年譜（1898 — 1969）》（下卷），北京：中央文獻出版社，1996 年版，第 245 頁。

京，請求中共派遣軍事幹部以及提供武器裝備和財政援助時，[1] 很快得到了來自中共領導人的積極回應。此時尚在莫斯科的毛澤東明確指出，承認胡志明政府，並向其提供武器、彈藥、醫藥、物資和幹部幫助是必要的，可以先給一部分，然後逐步增加。[2]

由此開始，印度支那共產黨同以中蘇為首的國際共產主義力量間的互動陡然加強。1950 年 1 月，根據中共中央的指示，以中央軍委辦公廳主任羅貴波為首的聯絡代表被派往越南對印支共的情況進行考察，以決定後續援助的具體辦法。18 日，中華人民共和國政府率先宣佈承認越南民主共和國，蘇聯及東歐各國隨後亦先後表示支持胡志明政府。與此同時，胡志明亦取道北京前往莫斯科，同斯大林、毛澤東商討有關為抗法戰爭爭取援助的事宜。中蘇兩黨對印支共的支持與接納被印支共中央視為其政治上的偉大勝利，標誌着越南民主共和國已經在國際舞台上贏得了相應的地位。[3] 這也促使印支共在意識形態等方面進一步向社會主義陣營靠攏。在通過多種手段大力宣傳介紹中國和蘇聯黨的歷史和現況，謳歌中越、蘇越雙方友誼的同時，[4] 印支共中央亦對外宣告，決心站在蘇聯領導下的民主國家的行列中反對以美國為首的帝國主義集團，並將自己的角色定義為「在東南亞保衛民主反抗帝國主義的前哨，」[5] 宣稱「越南革命與中國革命的緊密聯繫將 …… 加強東南亞的民族解放運動和全世界的民主

---

1   Nguyễn Đình Liêm, *Quan hệ Việt Nam-Trung Quốc : những sự kiện 1945-1960*, Hà Nội : Nhà xuất bản Khoa học xã hội, 2003, tr.26-27.

2   中共中央文獻研究室編：《毛澤東年譜（1949 — 1967）》（第一卷），北京：中央文獻出版社，2013 年版，第 63 頁。

3   "Nghị quyết của Thường Vụ Trung ương về nhận xét tình hình các việc phải làm do Liên Xô, Trung Quốc và các nước dân chủ nhân dân thừa nhận Việt Nam đề ra" (6-8-1949), *Văn kiện Đảng toàn tập* (tập11), Hà Nội : Nhà xuất bản Chính trị quốc gia, 2001, tr.222.

4   "Chỉ thị của Ban Thường Vụ Trung ương về việc tuyên truyền gây thiện cảm với nước Trung Hoa Dân chủ nhân dân và Quân giải phóng" (1-1950), *Văn kiện Đảng toàn tập* (tập11), tr.2-5.

5   "Nghị quyết của Thường Vụ Trung ương về nhận xét tình hình các việc phải làm do Liên Xô, Trung Quốc và các nước dân chủ nhân dân thừa nhận Việt Nam đề ra" (6-8-1949), *Văn kiện Đảng toàn tập* (tập11), tr.222.

運動。」[1]

選擇與中蘇公開結盟對於印支共產黨來說既有意識形態上的考慮，同時也是抗法鬥爭的現實需要，而後者顯然表現得更為直接和迫切。在一月初尚未同中蘇建立外交關係之際，印支共中央就已經決心在西北部組織一場戰役，希望打開老撾北部的國際通道。[2]但由於越盟軍長期以來習慣以游擊戰為主，軍隊對於正規化作戰中武器和戰術的運用遠未達到完成戰略任務的需要，[3]因此要獨立完成戰役任務十分困難。在莫斯科期間，儘管斯大林拒絕了胡志明提出的關於蘇聯對越南進行直接援助的請求，[4]但中國黨欣然接過了這項任務，決定向越盟軍隊提供六個師的裝備並將廣西作為越南的直接後方。[5]隨後在 1950 年夏，越盟軍主力 308 師等部隊開始進入中國境內進行整編集訓和統一換裝。[6]

至 1950 年 7 月中旬，已組建完畢的以韋國清為團長的中方軍事顧問團開始向廣西南寧集結並於 8 月 9 日進入越南境內。中國顧問團到來後的首要任務就是幫助越盟將之前的戰役預想付諸實施。但在對態勢進行評估之後，考慮到人力、物力保障在西北部有諸多不便，因此雙方最終決定將主攻方向改為東北部的高平至諒山一線。9 月 16 日至 10 月中旬的邊界戰役是越盟軍首次投入全力發動的一場大規模進攻。儘管戰役進程並不輕鬆，但最終還是實現了最初的作戰目標。中越交通線的打開，使得越盟得以能夠進一步緊靠中國堅持對法作戰，而越南民主共和國對長

1 "Chi Thị của Ban Thường vụ Xứ ủy Nam Bộ về tình hình hiện tại và chánh sách chống Anh, Mỹ của ta" (30-1-1950), Ban Chấp Hành Trung ương Đảng Cộng Sản Việt Nam Văn Phòng, *Văn Kiện Trung ương Cục Miền Nam giai đoạn 1946-1975* (tập2), tr.127-128.

2 "Chi thị của Ban Thường Vụ Trung ương về mở chiến dịch Tây Bắc và chuẩn bị chiến trường Đông Bắc" (6-1-1950), *Văn kiện Đảng toàn tập* (tập11), tr.7-9.

3 "Hoàn thành nhiệm vụ chuẩn bị, chuyển mạnh sang tổng phản công", *Văn kiện Đảng toàn tập* (tập11), tr.54.

4 Qiang Zhai, *China and the Vietnam Wars 1950-1975*, Chapel Hill: The University of North Carolina Press, 2000, p17.

5 Nguyễn Đình Liêm, *Quan hệ Việt Nam Trung Quốc : những sự kiện 1945-1960*, u.37.

6 越軍總政治局軍史研究委員會編：《越南人民軍歷史》（第一集），第 307-309 頁。

達七百五十公里，擁有 35 萬人口的邊界地區的控制也使得印支共獲得了擴大組織規模和在北方農村推行社會主義性質改革的充裕空間。[1]

值得注意的是，隨着越南民主共和國在軍事鬥爭乃至政權建設方面對國際共產主義集團的依賴性不斷加深，印支共產黨對美國的排斥和疑慮也在不斷升級。印支共愈發懷疑美國干涉印支事務的可能。[2] 在關於1950 年上半年形勢的分析中，越盟已經將美國視為比法國人更加危險的敵人，認為法國軍隊只是美國的僱傭軍，美國政府的真實目的是想「驅逐法國人，扶植傀儡代表印度支那來奴役越、老、柬三國。」[3]越盟的上述觀點中可能包含了宣傳渲染的成分，但它反映出印支共領導人已經意識到自 1949 年以來美國政府正在愈發積極地試圖介入印度支那的事務，並很可能將取代法國成為更為強勁的敵人。

此時的美國政府也已經意識到印度支那的形勢正在朝着令人不安的趨勢發展。即便有馬歇爾計劃的支持，此時在印度支那每年近 5 億美元的開支仍在不斷消耗着法國政府的精力，而為了打擊越盟，法國已經付出了近 15 億美元和 16000 餘名傷亡者的代價。法國在歐洲安全體系被賦予的任務和角色也因此大受影響。[4] 如此困境迫使美國政府加緊向法國施壓要求其儘快達成同保大的妥協，儘管美國人並不喜歡後者。[5]1949 年 3 月8 日，法國同保大的談判最終以《愛麗舍協定》（Elysee Accords）的簽訂而告終。該協定允以保大為首的「越南國」建國，但同時又通過諸多限

1　包括效仿中國革命的模式在農村推行的減租減息、分產分地、劃分階級成份等等。"Chỉ thị của Ban Thường Vụ Trung ương về vấn đề sửa chữa những sai lầm, khuyết điểm trong việc thi hành chính sách nông thôn của Đảng" (5-11-1950), Văn kiện Đảng toàn tập (tập11), tr.527-533.

2　"Điện của Trung ương chỉ đạo đấu tranh phản đối sự can thiệp của Mỹ vào Đông Dương" (3-1950), Văn kiện Đảng toàn tập (tập11), tr.254-255.

3　"Báo cáo tình hình sáu tháng đầu năm 1950" (25-8-1950), Văn kiện Đảng toàn tập (tập11), tr.349-350.

4　Office of Joint History Office of the Chairman of the Joint Chiefs of Staff, History of the Joint Chiefs of Staff: the Joint Chiefs of Staff and the first Indochina War, 1947-1954, Washington, DC, 2004, pp.36-37.

5　"United States Policy toward Indochina 1940-1953, To Paris, tel.145", Jan.17,1949, Box1, General Records of the Department of State, Vietnam Working Group: Briefing Books, 1963-1966, RG59, National Archives, College Park, MD.

制迫使保大的政權緊緊依附在法蘭西聯邦的體系之內。

　　美國之所以迫切需要看到保大方案的落實，是因為它相信這是目前避免越南被共產主義的胡志明所侵蝕的唯一辦法。[1]但華盛頓同時也承認保大政權的傀儡性質使得其在越南無法獲得廣泛的支持，而法國在爭取印度支那民族主義者的問題上又做得太少並且已經浪費了不少寶貴時機。[2]因此美國不斷提醒法國政府應當儘快履行《愛麗舍協定》，爭取更多的民族主義者並要求保大政權必須通過自己的努力以顯示處理事務的能力來獲得廣泛支持。[3]但隨着6月14日保大在西貢登上皇位，越南國正式成立，美國政府卻又不得不面對這個新政權遭到民意拋棄的現實。[4]而此時，在西貢、河內等大中城市，共產黨人也趁機發動宣傳，在輿論上進一步打擊保大政權的聲望。[5]儘管如此，美國人仍在不厭其煩地勸說，無非是想敦促法國政府在印度支那問題上能夠再做出一些「積極」的讓步，儘可能落實對保大政府的承諾，從而避免「殖民地的斯大林主義者們」藉機重演在中國發生的一幕。[6]因此，可以確定的是至少在這個時候，美國政府的決策層還沒有下定決心直接參與到印度支那的亂局之中。

　　但中華人民共和國的建立顯然是一個影響美國政策走向的分水嶺。在杜魯門政府的看來，戰後美國在遠東地區安全利益遭受的最嚴重的一

1　"United States Policy toward Indochina 1940-1953, To Saigon, tel.77", May 10, 1949, Box1, General Records of the Department of State, Vietnam Working Group: Briefing Books, 1963-1966, RG59, National Archives, College Park, MD.

2　U.S. Department of State, *Foreign Relations of United State (FRUS)*, 1949, Vol.7, U.S. Government Printing Office, 1975, p31.

3　U.S. Department of State, *Foreign Relations of United State (FRUS)*, 1949, Vol.7, U.S. Government Printing Office, 1975, pp.28-30.

4　U.S. Department of State, *Foreign Relations of United State (FRUS)*, 1949, Vol.7, U.S. Government Printing Office, 1975, pp.58-59.

5　"Chỉ thị Ban Thường Vụ Trung ương về việc vận động chống bù nhìn Bảo Đại" (10-7-1949), *Văn kiện Đảng toàn tập* (tập10), tr.257-258.

6　U.S. Department of State, *Foreign Relations of United State (FRUS)*, 1949, Vol.7, U.S. Government Printing Office, 1975, pp.84-85.

個挫敗無疑就是共產主義勢力在中國大陸奪取的勝利。這促使令美國政府意識到，僅僅是給予該地區「特別關注」已經遠遠不夠了。中、蘇在1950年初對胡志明政權的承認使得美國有理由相信之前的判斷，印度支那已經成為國際共產主義關注的焦點。[1]2月1日，國務卿艾奇遜在國務院會議中指出，蘇聯對胡志明的承認已經打碎了胡意圖用民族主義來掩飾自己的企圖，揭示出胡才是印度支那實現民族獨立的凶險敵人。[2]美國由此可以確信，越南民主共和國的確已經接受了國際共產主義集團的庇護，那麼在遏制共產主義的前提下，加大對保大政權的支持自然也不會再有輿論上的顧慮。因此在2月7日法國國民議會批准《愛麗舍協議》五天后，美、英兩國即正式宣佈承認保大政權及柬埔寨、老撾王國，與此同時，美國亦根據法國政府的請求開始考慮向印支地區提供經濟援助的事宜。[3]

　　在這一過程中，有關中國向越盟提供軍事支援的情報進一步令美國政府感到形勢的緊迫。參聯會由此發出警告，鑒於印支局勢急劇複雜化，應當在利用《共同防衛援助法案》303條款提供的經費時優先考慮印度支那，因為那裏正在進行的戰爭事關當前美國的核心利益。[4]上述觀點在2月27日出台的國家安全委員會第64號文件再次得到確認。作為第一個針對印度支那局勢的政策文件，NSC64號文件的作用在於它將共產主義對印度支那的威脅具體化了，同時它還勾畫出了所謂「多米諾骨牌理論」的最初概念，按照它的邏輯，中共向印支共產黨人提供軍事援助的目的不僅在於助其吞併南方政權，實現民族統一，更重要的是在印度支那被

1　U.S. Department of State, *Foreign Relations of United State (FRUS)*, 1950, Vol.6, U.S. Government Printing Office, 1976, p710.

2　"United States Policy toward Indochina 1940-1953, Department of State Press Release No.104.", Feb.1, 1950, Box1,National Archives, General Records of the Department of State, Vietnam Working Group: Briefing Books, 1963-1966, RG59, National Archives, College Park, MD.

3　U.S. Department of State, *Foreign Relations of United State (FRUS)*, 1950, Vol.6, U.S. Government Printing Office, 1976, p732.

4　Office of Joint History Office of the Chairman of the Joint Chiefs of Staff, *History of the Joint Chiefs of Staff: the Joint Chiefs of Staff and the first Indochina War, 1947-1954*, p43.

完全共產主義化之後，其領國緬甸、泰國乃至整個東南亞都將隨之很快
落入共產黨人之手。而作為東南亞核心的印度支那目前正處在被共產主
義所湮沒的生死關頭。[1]

受到這一決策思路的影響，1950 年 6 月 25 日在東北亞爆發的朝鮮戰
爭成為促使美國下定決心介入印支事務的關鍵。兩日之後，也即 6 月 27
日，杜魯門政府在決定向南朝鮮派遣地面部隊並封鎖台灣海峽的同時，
亦提出加快對法屬印度支那提供軍事援助的建議。[2] 在 7 月 3 日依據「共同
防衛援助法」批准向法屬印度支那提供 3100 萬美元的軍事援助後，美國
政府即開始通過空運及海運馬不停蹄地向印度支那地區運輸軍事物資。[3] 至
7 月底，已經有十二個營的武器裝備在運往西貢的途中，此外包括一艘航
空母艦在內的數艘法軍船艦也在美國各港口等待裝載，F6 戰機、兩栖登
陸車、支援登陸艇等裝備在未來幾個月陸續運往印度支那。[4] 9 月 6 日，
在杜魯門總統的要求下，國會通過議案，準備從 1951 年財政預案中再拿
出 7500 萬美元用於「援助中國周邊地區」，其中留給印度支那地區的有
2750 萬。至 10 月底，1950 — 1951 財政年度用於印度支那地區的經費已
達到一億三千三百萬美元。[5]

美國政府如此迅捷地展開並不斷追加對法國的援助計劃，其擔心
主要來自於在朝鮮半島爆發戰爭的情況下，中國和越盟可能會裏應外合
趁機奪取印度支那。而從表面上來看，朝鮮戰爭並沒有給越盟的反法鬥

1　U.S. Department of State, *Foreign Relations of United State (FRUS)*, 1950, Vol.6, U.S. Government Printing Office, 1976, pp.745-747.

2　"United States Policy toward Indochina 1940-1953, White House Press Release.", June 27, 1950, Box1, General Records of the Department of State, Vietnam Working Group: Briefing Books, 1963-1966, RG59, National Archives, College Park, MD.

3　U.S. Department of State, *Foreign Relations of United State (FRUS)*, 1950, Vol.6, U.S. Government Printing Office, 1976, p835.

4　Office of Joint History Office of the Chairman of the Joint Chiefs of Staff, *History of the Joint Chiefs of Staff: the Joint Chiefs of Staff and the first Indochina War, 1947-1954*, p54.

5　Office of Joint History Office of the Chairman of the Joint Chiefs of Staff, *History of the Joint Chiefs of Staff: the Joint Chiefs of Staff and the first Indochina War, 1947-1954*, p54.

爭創造太多直接的有利條件。考慮到由於美國的參戰，原本計劃調往朝鮮戰場的法國軍團得以被派駐印度支那，[1] 並且中國對越盟的援助力度也勢必會受到出兵朝鮮的影響，因此東北亞軍事衝突的加劇對於印支共的鬥爭所產生的影響是難以預料的。但越盟依然表達了對北朝鮮「正義力量」的堅定支持。越南民主共和國的領導人所預料的是朝鮮戰爭很可能是以蘇聯為首的各人民民主國家同西方反動集團之間爆發第三次世界大戰的起點，而這一形勢將有利於利於印支半島的共產黨人進行總動員，將戰略對峙發展為戰略進攻，驅逐法國殖民勢力，挫敗美國干涉陰謀。[2]因而到 1950 年下半年，越盟黨、政、軍各部門開始更加頻繁地提及「總反攻」的計劃，[3] 在幹部和羣眾中有相當多的人認為法軍即將從北部平原地區撤退，而蘇聯和中國將出動空軍提供支援。儘管這些觀點遭到印支共中央的批評，被認為是過分樂觀的表現。[4] 但毋庸置疑的是，即便是越盟領導層，也普遍傾向於認為東西方陣營在東亞的對抗形勢將便於印支半島的民族解放戰爭獲得來自各社會主義和人民民主友邦的擁護和支持，從而成為總反攻不可或缺的制勝關鍵。[5] 而這一判斷在事實上更加堅定了越盟對共產主義陣營的依附性，在這種情況下，從印支共領導人的視角來看，作為印度支那唯一的共產主義政權，抗法戰爭在越南首先取得勝利的希望已大大增強，因而此時十分有必要對印支三黨合為一體的局面進行調整。

1　"United States Policy toward Indochina 1940-1953, Memorandum by Godley(EUR) of conversation with Daridan(French Embassy)", Oct. 24, 1950, Box1, General Records of the Department of State, Vietnam Working Group: Briefing Books, 1963-1966, National Archives, College Park, MD.

2　"Thông tri của Ban Thường vụ Trung ương về cuộc chiến tranh Triều Tiên" (4-8-1950), *Văn kiện Đảng toàn tập* (tập11), tr.454.

3　"Thông tri của Ban Thường vụ Trung ương về việc tuyên truyền nhiệm vụ hoàn thành chuẩn bị, chuyển mạnh sang tổng phản công" (21-12-1950), *Văn kiện Đảng toàn tập* (tập11), tr.567-568.

4　"Hoàn thành nhiệm vụ chuẩn bị, chuyển mạnh sang tổng phản công" (24-8-1950), *Văn kiện Đảng toàn tập* (tập11), tr.659-660.

5　"Hoàn thành nhiệm vụ chuẩn bị, chuyển mạnh sang tổng phản công" (24-8-1950), *Văn kiện Đảng toàn tập* (tập11), tr.652-653.

二、印支三國分別建黨局面的形成

根據越盟方面的總結，在過去的半年時間裏，法國人的主要戰略目標有兩個，一是鞏固中北部平原，控制中越邊界和北部海岸地區，二是將高棉和老撾同越南分割開來，形成兩個獨立戰場，並在泰國政府的支持下防守兩國邊境地區。其間，越盟所取得的主要戰果是守住了中越邊境地區，確保了一個可以依靠的後方的存在。而在柬埔寨和老撾地區，多是依靠游擊作戰持續牽制法軍在平－治－天地區的兵力。隨着總反攻計劃的提出，對老、柬地區擴充戰線，使其密切配合越北平原地區攻堅作戰的要求開始變得愈發迫切。[1] 1949 年 1 月底，在給黎筍和南部地委的信函中，印支共中央提醒，受中國革命的勝利趨勢和越盟抗戰力量壯大的影響，法國人可能會將軍事力量集中到高棉和老撾對越南構成威脅，因此即便越南抗戰結束，也必須領導高棉、老撾抗戰取得最後的勝利。[2]

事實上，自 1949 年 2 月老撾、高棉幹部會議召開之後，根據印支共產黨中央的安排，為配合越盟在越南境內對法作戰的需要，老撾和柬埔寨境內由親越力量領導的武裝鬥爭就已經逐漸開展起來。特別是在老撾北部地區，為策應發動總反攻的決定，印支共已經派遣出大批經過訓練的幹部進入上寮，以老撾部隊的名義開展軍事訓練，培養老籍幹部，發動地方羣眾，以圖建立若干根據地。[3] 1949 年 5 月 8 日至 10 日，印支共又召開越老幹部會議，以協調對法鬥爭為前提，將老撾東部抗戰委員會的領導權納入越盟的控制之下，以聯合指揮的名義，獲得了對老撾東部地

1　"Chúng ta đã làm gì và còn phải làm gì để chuyển sang giai đoạn mới" (24-8-1950), *Văn kiện Đảng toàn tập* (tập11), tr.661-663.

2　"Thư của Trung ương Đảng gửi đồng chí Lê Duẩn và Xứ ủy Nam Bộ về tình hình chung trong toàn quốc và nhiệm vụ của Nam Bộ trong thời gian tới" (28-1-1949), Ban Chấp Hành Trung ương Đảng Cộng Sản Việt Nam Văn Phòng, *Văn Kiện Trung ương Cục Miền Nam giai đoạn 1946-1975* (tập1), tr.875.

3　"Chỉ thị của Trung ương Đảng Cộng Sản Đông Dương gửi Liên Khu ủy 10 về công tác gây căn cứ du kích Lào Bắc" (18-3-1949), *Lịch sử quan hệ đặc biệt Việt Nam-Lào, Lào Việt Nam, 1930 2007 : văn kiện* (vol II), tr.57-58.

區抵抗力量的軍事指揮權。[1]

　　印度支那共產黨在老撾境內的滲透活動很快引起了自由老撾流亡政府絕大多數領導人的擔心 —— 他們既懷疑越南人的動機，也不喜歡共產主義。[2] 而此時法國政府也在以更大的自治權為條件致力於勸說自由老撾的民族主義者們返回老撾參與萬象的政權。[3] 這些因素加劇了蘇發努馮親王同自由老撾之間的矛盾 —— 前者一直以來主張保持同越盟的良好關係並願意接受來自印度支那共產黨的支持。[4] 1949 年 1 月，蘇發努馮選擇與自由老撾的同事們分道揚鑣，他在辭去自己在自由老撾的職務後，轉而帶領支持者將活動的重點轉移至靠近越老邊界的老撾東部山區，同那裏已經接受越盟領導的老撾革命者匯合。[5]

　　對於蘇發努馮親王決心投靠越盟的態度，印支共是十分歡迎的。在相當長的時間裏，越盟也的確希望有一位親越的老撾左翼民族主義領袖能將老撾境內分散的抵抗組織統一起來，而蘇發努馮顯然是一個最為合適的人選。[6] 此外，隨着中國革命勝利所帶來的有利條件，印度支那共產黨階段性的戰略調整此時也迫切需要老撾、高棉地區的革命活動能夠進行相應的配合。

　　在 1950 年 1 月召開的第三次全黨會議上，印支共中央特別提出有關在總反攻戰略中老撾、高棉戰線的意義。其基本觀點是，敵人目前依靠

1　"Nghị quyết hội nghị cán bộ Việt-Lào về phối hợp công tác Việt-Lào tại Đông Lào" (8-5-1949), *Lịch sử quan hệ đặc biệt Việt Nam-Lào, Lào-Việt Nam, 1930-2007 : văn kiện* (vol II), tr.62-63.

2　格蘭特．埃文斯著，郭繼光等譯：《老撾史》，上海：東方出版中心，2011 年版，第 81 頁。

3　Paul Langer, *North Vietnam and the Pathet Lao*, Harvard University Press Cambridge, Massachusetts, 1970, pp.38-39.

4　"Thư riêng của Hoàng thân Xuphanuvông gửi chủ tịch Hồ Chí Minh" (8-5-1949) , *Lịch sử quan hệ đặc biệt Việt Nam-Lào, Lào-Việt Nam, 1930-2007 : văn kiện* (vol II), tr.13-15.

5　Macalister Brown, *Apprentice Revolutionaries: The Communist Movement In Laos, 1930-1985,* Stanford, Calif: Hoover Institute Press, 1986, p45.

6　"Điện của phái viên chính phủ Việt Nam Dân Chủ Cộng Hoà tại Thái gửi chính phủ Trung ương tại bắc bộ giới thiệu về thành phần Chính phủ Trung ương Lào" (10-11-1949), *Lịch sử quan hệ đặc biệt Việt Nam-Lào, Lào-Việt Nam, 1930-2007 : văn kiện* (vol II), tr.74.

老、柬地區作為後方發動對越南北方的戰爭，因此從鉗制敵軍和配合越南戰線的目的出發，老撾、高棉必須成為總反攻戰略的一部分。但在當前階段，老、柬地區革命形勢並沒有完全成熟，羣眾基礎和武裝力量還沒有發展到可以獨當一面的程度。因此，中央認為目前在老撾、高棉地區的對策應當是支持其依靠「伊沙拉」組織分別發展民族統一戰線，在兩國積蓄革命力量，並以此為基礎實現越、老、柬三方的聯合。[1]

隨着印支共中央這一決定的傳達，1950 年 4 月 14 日，在越南黨南部地委委員阮青山（Nguyen Thanh Son）的主持下，柬埔寨境內的親越派「伊沙拉」運動領導人首先於同柬西南部接壤的越南薄遼省（Bac Lieu）該江（Cai Giang）地區召開高棉抵抗力量第一次全國幹部大會。南部地委書記黎筍到會並發表講話，決定在山玉明領導的高棉民族解放委員會的基礎上，建立高棉抗戰政府和「伊沙拉」聯合陣線。在領導該組織的中央常務委員會中，包括山玉明、江沙麥（Chan Samay）、暹亨（Sieu Heng）、杜斯木等人在內的中央委員此刻都已經成為印支共產黨黨員，因此在同越盟的緊密合作下，該組織很快成為高棉「伊沙拉」運動中勢力最大的一派。[2] 而在老撾，蘇發努馮親王也於 8 月 13 日在越南公強（Con Cuong）地區宣佈成立以他為首的寮國抗戰政府以及新的「伊沙拉」組織 ── 即「新自由老撾」（Neo Lao Issara）。在新政府成立的當日，其代議機構老撾國民大會即發佈有關抗戰政府的十二項政治綱領，表示要與越南、高棉團結一致，驅逐法國殖民者，推翻老奸叛國集團，並首次使用「巴特寮」（Pathet Lao）這一自稱。[3]

1　"Hoàn thành nhiệm vụ chuẩn bị, chuyển mạnh sang tổng phản công" (21-1-1950), *Lịch sử quan hệ đặc biệt Việt Nam-Lào, Lào-Việt Nam, 1930-2007 : văn kiện* (vol II), tr.84-85, 90-91.

2　Ban Liên Lạc CCB-TNQ Việt Nam ở Campuchia thời kỳ 1945-1954, *Quân Tình Nguyện Việt Nam ở Campuchia thời kỳ 1945-1954*, tr.126-127.

3　"Mười hai chính sách lớn của cách mạng Lào do quốc dân đại hội Lào đề ra" (13-8-1950), *Lịch sử quan hệ đặc biệt Việt Nam-Lào, Lào-Việt Nam, 1930-2007 : văn kiện* (vol II), tr.143-144.

　　老、柬地區在越盟的幫助下建立起來的「伊沙拉」陣線無疑都在事實上接受了印度支那共產黨的領導，但對於印支共來說，這種具有聯合政府性質的政治同盟並不能取代黨組織來完成越、老、柬之間的協調問題，況且在一些關鍵性問題上，越盟也不願意將自主權完全交予老、柬的「伊沙拉」組織。[1] 因此，完成在老撾、高棉地區分別建黨成為印支共下一步需要考慮的問題。

　　早在 1949 年 2 月份的老撾、高棉幹部會議上，有關老、柬黨組織的建設問題就已經被提出過。鑒於老撾、高棉籍的本地幹部日益增多，加之老、柬地區的親越抵抗力量實際上已經擁有了獨立的政權性質的組織，因而印支共中央已指示派遣越南幹部儘快幫助完成老、柬建黨任務。[2] 到 1950 年 7 月，印支共中央再次就老撾、高棉獨立建黨事宜發出指示，建議將印度支那共產黨分為越南、老撾、柬埔寨三方，以避免帝國主義和別有用心的人造謠污衊越南試圖控制老、柬，進而影響三個民族的團結抗法鬥爭。[3]

　　而隨着新自由老撾的成立，越、老、柬三方在民族統一戰線的基礎上對分別建黨問題進行討論的條件也已逐漸成熟。1950 年 11 月 22 日，越盟中央領導孫德勝（Ton Duc Thang）在越北森林營地召開越老柬三國統一民族陣線代表會議。蘇發努馮和暹亨分別作為老方和柬方的代表參加。這次會議一個公開的結果是決定應當建立「印度支那聯合統一戰線」，以便於三國抵抗力量在團結合作的基礎上驅逐法國侵略者和美干涉

1　而在新自由老撾的革命大綱中，並沒有涉及到武裝力量建設的內容，這部分工作是由越盟更為信任的擔任老撾抗戰政府國防部長的凱山・豐威漢所負責的。"Báo cáo tại Đại hội Quốc dân Lào về chính sách cách mạng Ai Lao" (10-1950), Lịch sử quan hệ đặc biệt Việt Nam-Lào, Lào-Việt Nam, 1930-2007 : văn kiện (vol II), tr.164-173.

2　"Báo cáo tại Hội nghị cán bộ Lào, Miên về việc đoàn thể ở Lào và Miên" (15-2-1949), Lịch sử quan hệ đặc biệt Việt Nam-Lào, Lào-Việt Nam, 1930-2007 : văn kiện (vol II), tr.51-52.

3　"Thông cáo của Ban Chấp Hành Trung ương Đảng Cộng Sản Đông Dương về việc đề nghị đổi tên Đảng" (7-1950), Văn kiện Đảng toàn tập (tập11), tr.367-368.

者。[1] 但實際上此次會議是在為老撾、高棉地區分別建黨做最後的準備，以確保在印支共產黨分解之後越南共產黨人仍掌控着對印度支那共產主義運動的領導權。

1951 年 2 月於宣光（Tuyen Quang）召開的印支共產黨第二次全國代表大會對於越南乃至整個印度支那的共產主義運動的發展來說都影響深刻。此時距離印支共一大已經過去 16 年，同時這也是以印度支那共產黨的名義召開的最後一次會議。這次會議一方面要求將馬列主義和毛澤東思想作為黨的思想基礎和行動指南，對越南革命基本任務和方向做出了規定[2]，另一方面則對印度支那共產主義運動接下來的發展進行了安排，決定改變自 1945 年 11 月以來印度支那共產黨的隱蔽狀態，改名為越南勞動黨並公開化，同時在老撾和柬埔寨分別獨立建黨，結束了越、老、柬三地共產主義運動在名義上同屬一黨的局面。

儘管承認了印支三國歷史及民族條件的現實差異要求分別建黨，但越南共產黨人並沒有放棄引導老、柬地區革命運動的職責。對於應當由誰來領導老撾、高棉革命這個問題，印支共二大會議明確給出了答案：「越南工人階級、越南勞動黨有任務幫助高棉、老撾的共產黨人及進步愛國人士來領導高棉、老撾的革命。」[3] 而幫助高棉及老撾同志按照社會主義的原則分別建立人民的革命黨，領導老撾、高棉民族抗戰建國則更是越南勞動黨的義務。[4] 按照印支共二大發出的上述指示，越南共產黨人很快開始組織實施對老、柬共產主義運動的幫扶工作。1951 年 3 月 11 日，孫德勝再次召集老、柬方面負責人參與的會議，決定根據 1950 年 11 月會議

1　"Tuyên cáo của Hội Nghị Đại Biểu của ba mặt trận dân tộc thống nhất của ba nước Việt-Lào-Miên" (22-11-1950), *Lịch sử quan hệ đặc biệt Việt Nam-Lào, Lào-Việt Nam, 1930-2007 : văn kiện* (vol II), tr.176-178.

2　中共中央對外聯絡部編印：《各國共產黨概況》，第 25 頁。

3　"Báo cáo tình hình Miên, Lào tại Đại Hội lần thứ II Đảng Cộng Sản Đông Dương" (2-1951), *Lịch sử quan hệ đặc biệt Việt Nam-Lào, Lào-Việt Nam, 1930-2007 : văn kiện* (vol II), tr.233-234.

4　"Quyết nghị của Đại Hội Đại Biểu lần thứ II Đảng Cộng Sản Đông Dương về cách mạng Lào, Miên" (1951), *Lịch sử quan hệ đặc biệt Việt Nam-Lào, Lào-Việt Nam, 1930-2007 : văn kiện* (vol II), tr.244.

的成果，建立「越棉老人民聯盟委員會」，以確保老、柬的民族統一戰線組織能夠緊密團結在越南黨周圍。[1]

在此基礎上，三月中旬召開的越南勞動黨一屆一中全會決定以組織、動員越僑的名義在老、柬境內分別建立越南勞動黨老撾、高棉支部，實則負責領導派往老、柬活動的各級越籍幹部的工作。[2] 與此同時，根據越勞中央的要求，在老、柬共產主義者中也建立起各自的「人民黨創建小組」以作為正式建黨的籌備機構。而這兩個小組則被明確規定在組織上隸屬於越南勞動黨老撾、高棉支部，越南黨方面將委派專人負責相關的聯絡和指導工作。[3] 除了組織關係上的改頭換面之外，越南勞動黨亦開始將派往老撾、柬埔寨境內的越南人民軍 [4] 改稱為越南志願部隊。按照公開的說法，這些志願部隊（也包括越南幹部）都是在友邦政府的要求和同意下進入老、柬境內活動的，儘管他們也被要求服從老、柬革命政府在政治、軍事上的路線，但實際上的指揮權仍掌握在越方人員手中。根據越南勞動黨公佈的數據，到 1951 年年底，僅在上、中、下寮地區的越南志願部隊人數就已達到九千餘人。[5] 而在柬埔寨東、西部兩個主戰場，越方幹部已陸續協助高棉人組建了五個有越僑參加的連級主力部隊，同時越方還抽調第九軍區的 302 師負責配合高棉境內的作戰。[6] 總的來看，在棉、老境內活動的越籍軍事人員已遠遠超過了寮國戰鬥部隊及高棉機動部隊的總和。

正如之前決定取消印度支那共產黨的稱謂一樣，印支三國分別建黨

1　"Tuyên ngôn của Hội Nghị Liên Minh Nhân Dân Ba Nước Việt-Miên-Lào" (11-3-1951), *Lịch sử quan hệ đặc biệt Việt Nam-Lào, Lào-Việt Nam, 1930-2007 : văn kiện* (vol II), tr.271-272.

2　"Nghị quyết của Hội Nghị Trung ương Đảng Lao Động Việt Nam lần thứ nhất" (3-1951), *Lịch sử quan hệ đặc biệt Việt Nam-Lào, Lào-Việt Nam, 1930-2007 : văn kiện* (vol II), tr.288.

3　"Nghị quyết của Hội Nghị Trung ương Đảng Lao Động Việt Nam lần thứ nhất" (3-1951), *Lịch sử quan hệ đặc biệt Việt Nam-Lào, Lào-Việt Nam, 1930-2007 : văn kiện* (vol II), tr.289-290.

4　越盟軍在 1951 年 2 月印支共二大後更名為越南人民軍。

5　"Nghị quyết của Bộ Chính Trị Trung ương Đảng Lao Đông Việt Nam về mấy vấn đề ở Miên, Lào" (27-11-1951), *Lịch sử quan hệ đặc biệt Việt Nam-Lào, Lào-Việt Nam, 1930-2007 : văn kiện* (vol II), tr.296-297.

6　Nguyễn Thời Bưng, *Lịch Sử Nam Bộ kháng chiến, 1954-1975*(tập I), Hà Nội : Nhà xuất bản Chính trị quốc gia-Sự thật, 2011, tr.556-557.

的決定同樣帶有鮮明的目的性，那就是首先應服務於越南抗法戰爭的需要。特別是在冷戰對抗的局面為越南的民族解放鬥爭提供了一個可靠後方的情況下，分別建黨以及老、柬分別建立抗戰政府的實際上更有利於越南革命集中獲得更多的外部支持。正如越黨官方歷史所承認的那樣，越南已經建立了人民民主政權，而老、柬普遍存在的仍是殖民地和封建社會，面對共同的敵人，處在世界戰爭與革命的新周期，「這一形勢要求每個國家需要有各自的工人階級政策，並有適合本國情況的革命綱領」。[1]但同時越南勞動黨中央又希望能夠充分發揮老、柬抗戰活動對越南革命的支持作用，既需要以共產黨的組織形式和各種援助加大對老、柬共產黨人的控制，同時也希望老、柬兩黨能夠暫時維持統一戰線的性質以便使儘可能多的人站在法國殖民者的對立面。這也就是為什麼在公開的場合，越南共產黨人更喜歡通過「越棉老人民聯盟委員會」來協調印支三方關係的原因。而這也決定了在事實上已經存在的「高棉人民革命黨」及「寮國人民革命黨」在此後相當長的時間裏仍處於所謂「籌建」的狀態。

但不管怎樣，到 1951 年下半年，印度支那共產主義運動的基本面貌已經形成。儘管從表面上看越南勞動黨領導人表示要尊重印支三國人民各自的革命意願，但從根本上來說，印支三國的共產黨人仍處在一個由越南主導的相對獨立的政治生態圈中。換句話說，已經決意倒向國際共產主義陣營的越南勞動黨同時還在維持着一個更小的以共同的意識形態和民族解放任務為標榜的政治、軍事聯盟。由此開始，以越南黨為領導核心，印支三國共產黨人統一抗戰的局面正式形成。而對印度支那共產主義運動的領導和掌控實際上將首先服務於河內領導人爭取越南自身完全解放的戰略方針。這一模式在此後的數十年中深刻影響着越南統一戰爭的思路及印支各國共產黨人的命運。

1　黃文歡：《滄海一粟 —— 黃文歡革命回憶錄》，第 276 頁。

第二章　和平道路的選擇及其對越南印支政策的衝擊（1951 — 1954）

　　進入 1951 年以後，以越南為中心，棉、老相配合的印支三國共產黨人聯合抗法的局面已初步形成，同時在中國的幫助下，越南勞動黨的武裝力量建設也大有起色。在經過越北、上寮等地一段時間的拉鋸作戰之後，越盟衛國軍逐漸具備了同法軍進行正面交鋒的能力。但事實表明，此時在印支戰場上，北越意圖發起「總反攻」的條件尚未成熟。由於作戰消耗巨大，越南勞動黨隨後不得不對軍事方針進行調整。一方面，採取一系列措施鞏固對新舊解放區的控制，整飭、提升人民軍的作戰能力，另一方面在中、南部平原地區着重開展游擊作戰，轉而將進攻的主要目標轉向西北及老撾境內。北越軍事方針的調整既是對現實的讓步，同時也符合越南勞動黨關於印支三國聯合抗戰的既定目標。事實上，這也成為在軍事戰略上挫敗法國的關鍵。在決定性的最後一戰中，社會主義盟友對北越的鼎力援助與西方國家間的嚴重分歧形成鮮明對比，但在美國介入印支戰爭的風險日益加大的情況下，中、蘇兩國並不主張北越將戰爭推進到底。在隨後召開的日內瓦會議上，客觀軍事形勢和來自社會主義陣營的外部壓力迫使越南勞動黨在老撾、柬埔寨以及南越問題上做出讓步。這也意味着北越在印支地區業已形成的「三國合一」的政策不得不屈從於現實，印支三國共產黨人的活動也由此出現分化，並為越老、越柬關係的演變埋下了伏筆。

第一節　印支三國的聯合抗戰與軍事相持局面的突破

一、越南支撐軍事鬥爭的舉措

　　1950 年 10 月結束的邊界戰役對於越盟及印支共產黨來說無疑是一個極大的鼓舞。全國都沉浸在「邊界大捷的歡樂氣氛中」。[1] 在越盟軍事領導人看來，乘勝追擊，擴大戰果是當前形勢的必然。12 月中旬，印支共中央常務委員會發出號召，要求加強準備和宣傳，在已有勝利的基礎上把總反攻的任務繼續推進下去。[2] 而關於下一步作戰計劃，越盟軍總部已經將目標鎖定在重要的兵源、糧食供給區越北紅河三角洲平原地帶。而鑒於前一階段戰事進展順利，越盟軍指揮層對於抗法戰爭形勢的估計都相當樂觀，認為法國人並非原先認為的如此強悍，如果再接連發動幾次大的戰役，越南戰局很有可能從根本上發生扭轉。[3]

　　在越盟方面急切求戰的同時，法國也在儘可能地挽救自邊界戰役以來的敗局。其中最重要的舉措就是任命原西歐聯盟陸軍司令戴·拉德·塔西尼（de Lattre de Tassigny）將軍出任印度支那法軍最高指揮官。久富戰爭經驗的塔西尼到任之後立刻針對越盟軍作戰特點制定計劃在北部平原地區採取加大戰略機動力量建設，修建鋼筋水泥工事等措施鞏固防線。[4]

　　從 1950 年 12 月底開始至 1951 年 6 月下旬，越盟集中了衛國軍團的

1　越軍總政治局軍史研究委員會編：《越南人民軍歷史》（第一集），第 329 頁。

2　"Thông tri của Ban Thường Vụ Trung ương về việc tuyên truyền nhiệm vụ hoàn thành chuẩn bị, chuyển mạnh sang tổng phản công" (21-12-1950), *Văn kiện Đảng toàn tập* (tập11), tr.567-568.

3　本書編輯組：《中國軍事顧問團援越抗法實錄 —— 當事人的回憶》，北京：中共黨史出版社，2002 年版，第 221 頁。

4　越軍總政治局軍史研究委員會編：《越南人民軍歷史》（第一集），第 329 頁。

幾乎全部主力向塔西尼防線陸續發動了陳興道、黃花探及光中戰役。通過這些軍事行動，越盟軍在指揮協調、作戰技巧及意志等方面的問題暴露了出來。儘管在一定程度上消耗了法軍力量，但越盟軍遭受的損失更大，根據美國方面的統計，僅在永安一地，參加作戰的 4 萬越軍的損失即超過 6 千。[1] 此外，塔西尼組織建設的無人區以及掃蕩襲擊也使得越北地區 90% 的敵後游擊根據地遭到摧毀。[2]

越盟軍隊在北部平原戰場未能再重演邊界戰役的勝利，主要應當歸結於塔西尼有效的防禦方針。除此之外，美國政府及時提供的援助也起到十分關鍵的作用。在數場戰役中，美製凝固汽油彈以及 105 毫米榴彈炮成為擊垮越軍大規模衝鋒作戰的利器。這些武器都是通過「共同防衛援助法」從麥克阿瑟（Douglas MacArthur）將軍的遠東司令部（FECOM）的庫存中調撥給法國的。[3] 而印度支那戰場形勢的好轉則進一步堅定了美國支持法國的信心。在 1951 年 9 月 11 日的會談中，艾奇遜鼓勵法國外長舒曼（Robert Schuman）稱法國應當繼續承擔在印度支那的主要責任，美國將盡其可能優先滿足法國對軍事援助的需求。但他同時再次強調，美國軍隊將不會被用於印支地區。[4] 與此同時，正在華盛頓游說爭取更多軍援的塔西尼將軍同樣獲得了美國的慷慨允諾。他關於「絕不能讓印度支那落入敵手」以及「朝鮮和印度支那屬於遠東同一場戰爭」的演說收效明顯。在艾奇遜作出全力支持法國乃是國務院職責的表態之後，華盛頓進

1　Office of Joint History Office of the Chairman of the Joint Chiefs of Staff, *History of the Joint Chiefs of Staff: the Joint Chiefs of Staff and the first Indochina War*, p70.

2　中國軍事顧問團歷史編寫組：《中國軍事顧問團援越抗法鬥爭史實》，北京：解放軍出版社，1990 年版，第 30 頁。

3　Office of Joint History Office of the Chairman of the Joint Chiefs of Staff, *History of the Joint Chiefs of Staff: the Joint Chiefs of Staff and the first Indochina War*, p70.

4　"United States Policy toward Indochina 1940-1953, Meeting of US-French Foreign Ministers", Sept.11, 1951, Box1, National Archives, General Records of the Department of State, Vietnam Working Group: Briefing Books, 1963-1966, National Archives, College Park, MD.

一步加大了向印度支那運輸軍事物資的力度。[1] 在 11 月份完成 25200 噸的貨運量後，這一數字在 12 月突破了 35000 噸，並且還在持續增長。[2]

　　而對於越盟來說，在付出較大代價之後卻仍未能達到最初作戰目標的現實無疑是一個極大的教訓。對此長征不得不承認，之前關於發動總反攻的指令有些操之過急。[3]1951 年 9 月 27 日至 10 月 5 日，越南勞動黨召開第二次中央會議，就前一階段作戰形勢進行總結和檢討。認為目前存在的主要問題是，主力部隊的質量建設亟待加強，敵後游擊區及其他戰場未能有力配合北部正面戰場的軍事行動。[4] 因此當前緊迫的軍事任務是在中國顧問團的幫助下加緊整訓，提高主力部隊質量，同時在北部敵佔區以及中部和南部各戰場大力發展地方部隊和民兵游擊隊，使游擊戰成為全國戰場的主要作戰方式。[5] 除此之外，越勞中央亦認識到在平原地區對法作戰的諸多不利條件，因此開始考慮將接下來的作戰方向轉向法軍力量較為薄弱的西北地區。[6]

　　不過就在人民軍對西北義路地區展開試探性進攻時，隨着雨季的結束，塔西尼也已開始實施其新的作戰計劃，通過 11 月 14 日投放傘兵作戰，法軍迅速佔領了連接越南北部和中部戰場的重鎮和平（Hoa Binh）。越方很快意識到和平的丟失意味着北方對南越運輸通道受到了極大的威

1　"United States Policy toward Indochina 1940-1953, Department of State Bulletin", Oct.8, 1951, Box1, National Archives, General Records of the Department of State, Vietnam Working Group: Briefing Books, 1963-1966, National Archives, College Park, MD.

2　Office of Joint History Office of the Chairman of the Joint Chiefs of Staff, *History of the Joint Chiefs of Staff: the Joint Chiefs of Staff and the first Indochina War, 1947-1954*, p84.

3　道格拉斯·派克著：《越南人民軍》，昆明：雲南省軍區政治部聯絡處，1986 年版，第 47 頁。

4　"Nghị quyết Hội nghị lần thứ hai Ban Chấp hành Trung ương Đảng Lao đông Việt Nam về tình hình và nhiệm vụ chung" (27-9-1951), *Văn kiện Đảng toàn tập* (tập12), Hà Nội : Nhà xuất bản Chính trị quốc gia, 2001, tr.575-576.

5　"Nghị quyết Hội nghị lần thứ hai Ban Chấp hành Trung ương Đảng Lao đông Việt Nam về nhiệm vụ quân sự trước mắt" (27-9-1951), *Văn kiện Đảng toàn tập* (tập12), tr.585-590.

6　"Chỉ thị của Tổng Bí thư về việc mở chiến dịch Tây Bắc" (4-9-1951), *Văn kiện Đảng toàn tập* (tập12), tr.562-564.

脅。在同中國軍事顧問對形勢進行分析之後，越勞中央和越軍總部決定在和平地區迎戰法軍。11 月 24 日，越勞中央執行委員會發出指示，要求趁法軍立足未穩之際粉碎敵人在和平地區的攻勢。[1]

　　在持續兩個多月的和平戰役中，儘管戰鬥減員情況仍十分嚴重，但越南人民軍的作戰技巧卻得到了明顯的改進。一方面，越軍不再像以往那樣一味強調對被圍困之敵發動攻堅作戰，而是更加青睞於在運動中伺機進攻，投入與撤出戰鬥更加迅捷。另一方面，越南黨及軍隊指揮層開始注意其他戰場的協同配合作用，要求紅河左岸地區各省應充分利用法軍佔領區的各種漏洞促進游擊戰爭的全面鋪開，恢復各游擊根據地。[2] 而在和平戰役期間對於越軍的另一個有利的情況是塔西尼的離職。由於身患重病，塔西尼在將指揮權移交給副司令拉烏爾・沙朗（Raoul Salan）後於 11 月 20 日飛回巴黎，並很快辭世。塔西尼的去世對於共產黨人來說意味着擺脫了一個強勁的對手，但同時也沉重打擊了法國駐印度支那遠征軍的士氣乃至法國政府的信心。面對越軍的攻勢以及游擊隊在紅河三角洲地區的大規模滲透活動，繼任者沙朗不得不在 1952 年 2 月下旬選擇從和平撤出。至 23 日攻佔和平，越軍已基本實現了戰役發動的主要目標，使越北平原地區的游擊區得以恢復，儘管此役的結果對於人民軍來說多少存在一些運氣的成分，且付出了相當的代價，但它至少扭轉了自北部平原作戰受挫以來人民軍所處的不利態勢，為下一階段戰役的開展積累了經驗，鞏固了士氣。

　　而此時印支戰事的久拖不決也正在動搖法國政府內部的看法。一些激進的社會黨人如孟戴斯－弗朗斯（Mendes-France）、愛德華・達拉第

1　"Chỉ thị của Ban Chấp hành Trung ương về nhiệm vụ phá cuộc tấn công Hoà Bình của địch" (24-11-1951), *Văn kiện Đảng toàn tập* (tập12), tr.595.

2　"Chỉ thị đặc biệt của Ban Bí thư về việc phối hợp chặt chẽ với chủ lực ở mặt trận Hoà Bình" (11-12-1951), *Văn kiện Đảng toàn tập* (tập12), tr.617-618.

（Edouard Daladier）等不斷表示反對將印度支那的戰爭繼續下去，建議同胡志明儘快達成政治協議。[1] 但法國政府始終不願以一個獲得自主權的越南政府取代殖民管轄的現狀。就像塔西尼所說的那樣，「（印支三國）不要指望能獲得同英聯邦成員國同樣的地位，因為法國承擔了保護它們的主要職責。」[2]

　　法國人在印度支那統治方式上的頑固態度實際上是把大部分機會讓給了共產黨人。1951 年 3 月 3 日，越南勞動黨中央召開會議，宣佈將越盟同聯越陣線（即越南國民聯合會，Lien Viet）合併為越南國民聯合陣線，從而加強了對民族統一戰線的領導，更便於共產黨同一切反殖反帝人士建立起合作的關係。[3]

　　越南國民聯合陣線的出現顯示出共產黨人要同保大政權爭奪支持者的明確意圖。實際上，胡志明政權也的確正在抓緊推進這項工作。包括一方面在新解放區糾正之前出現的隨意沒收財產、濫捕濫殺、破壞團結的嚴重錯誤，教育所有幹部和各級黨委要意識到勞動黨的政策是廣泛團結各階層，動員人們擁護和參加抗戰，[4] 另一方面，在保大控制地區，利用越南國民軍的建立，南方政權開始大範圍徵兵的時機，發出粉碎敵佔區抓丁活動的指示，要求應特別注意通過發動群眾，使敵人控制下的人力資源成為支持人民軍的儲備抵抗力量。[5] 更要使廣大青年認識到傀儡政權的

1　U.S. Department of State, *Foreign Relations of United State (FRUS)*, 1951, Vol.6, Part 1,U.S. Government Printing Office, 1977, pp.573-577.

2　Office of Joint History Office of the Chairman of the Joint Chiefs of Staff, *History of the Joint Chiefs of Staff: the Joint Chiefs of Staff and the first Indochina War, 1947-1954*, p72.

3　"Phát biểu của Chủ tịch Hồ Chí Minh tại buổi khai mạc Đại hội thống nhất Việt Minh-Liên Việt"(3-3-1951), *Lịch sử quan hệ đặc biệt Việt Nam-Lào, Lào-Việt Nam, 1930-2007 : văn kiện* (vol II), tr.248.

4　"Chỉ thị của Liên khu uỷ Việt Bắc về việc sửa chữa những khuyết điểm trong việc thi hành chính sách đại đoàn kết của Đảng trong những vùng mới giải phóng" (16-9-1951), *Văn kiện Đảng toàn tập* (tập12), tr.678-679.

5　"Chỉ thị của Ban Bí thư về việc đẩy mạnh công tác chống giặc bắt lính ở trong vùng tạm bị chiếm và vùng du kích"(29-12-1951), *Văn kiện Đảng toàn tập* (tập12), tr.624.

罪惡和陰謀，掀起反徵兵運動。[1] 按照計劃，越勞地方區委還需專門組織宣傳人員深入敵後儘可能地接觸羣眾特別是貧困的失地農民，揭露保大政府真剝削，假獨立及其與美國相互勾結的本質，鼓勵人們參與反徵糧、反徵稅、拒絕修築堤壩等等運動。[2]

儘管不願看到這一情形，但在從西貢向華盛頓發出的情況彙報中，美國人還是不得不承認胡志明的政府表現得比保大更加高效、勤奮且富於紀律性。特別是共產黨人憑藉其強有力的控制力，更好的宣傳手段以及共產主義的「集體意識」，可以強制或動員其人民繳稅及參軍。此外，民眾對殖民者的懷疑甚至是憎惡也為共產主義者的滲透提供了機會。而這些問題都是西貢政權及法國當局所無法有效解決的。[3] 共產黨人具備的上述優勢使其領導下的抗法武裝力量獲益良多。在和平戰役結束後，美國方面曾根據法國的情報認定遭受較大人員損失的越盟軍已無法在短期內再次發動大規模進攻。[4] 但到了 1952 年 6 月初，美國人發現越南人民軍在紅河三角洲地區的滲透、徵兵、徵糧活動變得相當活躍，其主力部隊數量已經恢復到同法軍和國民軍旗鼓相當的水平，並且還保持着較高的士氣。[5]

人民軍在數月之內完成的兵員補充顯示出越南勞動黨進行大規模政治動員的能力。但考慮到新補充的兵員中有三分之二是從保大國民軍中瓦解過來的軍人，其餘也多是新入伍的貧苦農民，因此對部隊進行整

---

1 "Chỉ thị của Trung ương Cục miền Nam về chống chủ trương 'tổng động viên' của giặc" (31-7-1951), *Văn kiện Đảng toàn tập* (tập12), tr.673-674.

2 "Nghị quyết Hội nghị lần thứ hai Liên khu uỷ III về việc tranh thủ nhân dân, củng cố phát triển cơ sở" (10-1951), *Văn kiện Đảng toàn tập* (tập12), tr.716-719.

3 U.S. Department of State, *Foreign Relations of United State (FRUS)*, 1952-1954, Vol.13, Part 1,U.S. Government Printing Office, 1982, p135.

4 U.S. Department of State, *Foreign Relations of United State (FRUS)*, 1952-1954, Vol.13, Part 1,U.S. Government Printing Office, 1982, p21.

5 U.S. Department of State, *Foreign Relations of United State (FRUS)*, 1952-1954, Vol.13, Part 1,U.S. Government Printing Office, 1982, p172.

訓，鞏固其素質隨即成為共產黨人面臨的緊迫任務。1952 年 4 月，越勞中央召開第三次會議，重點提出整頓軍隊，提高素質的任務，要求對全體官兵進行政治教育和思想改造。[1] 按照指示，從 5 月份起，根據中國軍事顧問團政治顧問們設計的方案，第五聯區以北所有主力部隊、地方部隊、機關和學校先後投入政治整訓工作。[2] 同時，在 5 月 20 日，越勞中央執行委員會發佈《主力部隊中黨委制度的決議》，規定了人民軍中各級黨委的職責權限以及軍政首長同支部領導之間的關係。[3] 通過這次人民軍建軍以來規模最大的、最為集中的政治整訓，越南勞動黨認為原先人民軍官兵中存在的一些「嚴重的思想疾病」得到了清除，基層連隊政工組織的初步構建則確保了黨對從上至下的軍事工作的完全領導和控制。除此之外，按照中方顧問團的建議，在政治整編結束之後，人民軍在這一時期還先後在編制、裝備、後勤等方面進行了規範化建設和培訓。儘可能地消除因長期進行游擊作戰而給主力部隊中遺留下來的弊端。

越南人民軍在 1952 年雨季停戰期間進行的大範圍整編工作是對抗法戰爭爆發以來累積的軍事體制問題的一個集中處理，同時也為接下來軍事行動的展開做好了充分準備。特別是在和平戰役後由於在北部平原地區已經同法軍形成對峙局面，因此越盟想要在越南境內尋求軍事進攻上的突破已變得十分困難，在這種情況下，老、柬戰場的戰略意義迅速提升。

二、越、老、柬共產黨人的聯合抗戰

自 1951 年 2 月印支共二大分黨決議實施之後，隨着越南人逐步撤出

---

1 "Mấy nét chính về tình hình và nhiệm vụ quân sự hiện nay", *Văn kiện Đảng toàn tập* (tập13), Hà Nội : Nhà xuất bản Chính trị quốc gia, 2001, tr.115-116.

2 越軍總政治局軍史研究委員會編：《越南人民軍歷史》（第一集），第 378 頁。

3 "Nghị quyết của Ban Chấp hành Trung ương về tổ chức Đảng trong bộ đội chủ lực", *Văn kiện Đảng toàn tập* (tập13), tr.189-190.

下層組織，高棉幹部和黨員開始接管原先印支共產黨的各級支部。由高棉人組成的抵抗部隊在越籍幹部的幫助下也自下而上地開始組建。[1] 但從越南黨的戰略方針考慮，無論是直接派出志願軍還是協助擴充高棉抗戰部隊，其首要目的是配合越南境內的抗法鬥爭。特別是在 1951 年 5 月，以黎筍為書記的南方局中央成立之後，高棉地區與越南南方地區的鬥爭工作開始統歸南方局管理。[2] 為指導高棉的軍事活動以配合越南南部抗法鬥爭，根據南方局中央的意見，在 1951 年 6 月 28 日於貢布省（Kampot）召開第二次全棉抵抗力量幹部會議之後，沿着越柬南部邊界，柬埔寨戰場被劃分為三個軍區，並分別成立了由越南幹部領導的西南、西北和東部三個幹事委員會，以便統一指揮高棉抵抗部隊和越南志願部隊的軍事行動。[3] 其主要目標就是通過在擴大柬境內的革命力量，實現柬東、下寮和南越解放區的聯動，反擊法國人在南方越柬交界地區進行的掃蕩並伺機進行交通破襲。[4]

　　根據越南勞動黨南方局中央的判斷，高棉戰場作為在法國人後方存在的一個據點在相當程度上支援了越南共產黨人在北方與法國人的作戰，儘管從軍事的角度來說，以游擊戰為主的作戰方式並不能改變法國殖民政府佔據的優勢，但柬越邊境若干游擊區的存在依然是一個有效的牽制因素。[5] 不過這也意味着在南方腹地戰鬥要面臨更大的壓力和更惡劣的環境。因此越南勞動黨向高棉戰場派出的幹部和志願部隊中存在消極懈

1　"Chỉ thị của Trung ương Cục miền Nam về căn bản của công tác Miên vận" (25-7-1951), *Văn Kiện Trung ương Cục Miền Nam giai đoạn 1946-1975* (tập3), tr.576-578.

2　Nguyễn Thời Bưng, *Biên Niên Sử Kiện Lịch Sử Nam Bộ kháng chiến, 1954-1975*, Hà Nội : Nhà xuất bản Chính trị quốc gia-Sự thật, 2011, tr.306.

3　Nguyễn Thời Bưng, *Lịch Sử Nam Bộ kháng chiến, 1954-1975* (tập I), tr.556-557.

4　"Điện của Trung ương Cục miền Nam về thông báo cho Ban Cán sự Miên ý kiến của Trung ương về việc nối liền Đông Miên và Hạ Lào, công tác giúp đỡ cách mạng Miên"(19-11-1951), *Văn Kiện Trung ương Cục Miền Nam giai đoạn 1946-1975* (tập3), tr.768-769.

5　"Nghị quyết Hội nghị Trung ương Cục Miền Nam về tình hình, nhiệm vụ cách mạng của Cao Miên" (22-9-1952), *Văn Kiện Trung ương Cục Miền Nam giai đoạn 1946-1975* (tập4), tr.499-504.

怠思想的人員不在少數，在實際中偏離越黨中央指示和路線的情況也時有發生。[1] 但由於「讓高棉人主導高棉革命」的口號始終難以落實，對高棉戰場的維繫依然主要依靠越籍幹部和柬泰越僑。[2] 根據越方的公開數據，在柬埔寨境內發展的黨員中，只有約四分之一是高棉籍，加上法國人也在極力向柬埔寨人渲染越盟的危險性，因而共產黨人在柬境內的處境並不如意。儘管高棉抗戰政府對外宣稱，到 1952 年九月份，已在柬埔寨全國 89 個縣中的 61 個縣建立了基層組織，「伊沙拉」陣線影響下的人口已達 150 萬，並在東部磅湛、柴楨等省建立了建立了若干解放區，[3] 但事實上，這些解放區並不是真正意義上穩固轄區，嚴格意義上來說更多是在敵後艱難維持生存的游擊區，其主要活動也僅限於對一些交通線和敵據點的襲擾。

而在老撾地區，由於巴特寮的活動區域更加靠近北部戰場，因而北越對寮國戰場的意義更加看重，所提供的援助也更加有力。自和平戰役之後，越盟軍從 1952 年起開始重新考慮在西北方向發動戰役的可能。越西北高原緊靠越北根據地以及上寮地區，戰略地位非常重要，且法軍駐防相對薄弱，但由於其地勢複雜，加之為少數民族聚居區，後勤補給工作遠比平原地區困難。因此儘管曾多次設想開闢西北戰場，但越南黨及越軍指揮層始終未能下定決心。相比較而言，密切關注着印支局勢的中國黨領導人更早就意識到西北老撾地區的戰略價值並曾特意提醒越南方面應當予以關注。[4] 因而在中國軍事顧問的堅持下，越南勞動黨於 4 月第三次中央會議上決定將主攻方向轉向西北地區。在此之後，越勞中央一方

1　"Mật điện của Trung ương Cục Miền Nam cho ý kiến một số vấn đề về chủ trương, đường lối cách mạng Miên" (7-3-1952), *Văn Kiện Trung ương Cục Miền Nam giai đoạn 1946-1975* (tập4), tr.259-260.

2　"Nghị quyết hội nghị Trung ương Cục Miền Nam về tình hình, nhiệm vụ cách mạng của Cao Miên" (22-9-1952), *Văn Kiện Trung ương Cục Miền Nam giai đoạn 1946-1975* (tập4), tr.513-514.

3　"Nghị quyết hội nghị Trung ương Cục Miền Nam về tình hình, nhiệm vụ cách mạng của Cao Miên" (22-9-1952), *Văn Kiện Trung ương Cục Miền Nam giai đoạn 1946-1975* (tập4), tr.506-507.

4　本書編輯組：《中國軍事顧問團援越抗法實錄 —— 當事人的回憶》，第 146 頁。

面指示成立西北大區，統一協調戰役籌備工作，[1]另一方面出台針對少數民族的政策，以期動員團結西北高地各少數民族支持反法抗戰。[2]

　　越方為西北戰役所做的充分準備很快在後期顯現出了效果。在 10 月中旬戰役正式展開之前，越勞中央就已經指示在中部各區防範法軍可能從背後發起的襲擊。[3]因而當 10 月下旬法軍發動所謂「洛林軍事行動」圍攻中部富壽省（Phu Tho），試圖吸引越軍主力，解圍西北戰場時，第三聯區已經根據指示做好了預防措施，以正規軍配合民兵、游擊隊不斷襲擾、牽制法軍的推進速度。[4]從而確保了人民軍的主攻方向作戰計劃未受到干擾。根據戰報，至 12 月初結束的西北戰役共殲敵一萬三千餘人，解放了約 2.8 萬平方公里的土地，因而被越勞中央認為是一場重大的軍事勝利，極大地振奮了士氣。[5]胡志明在西北戰役總結會議上也談到，把作戰重點從平原移至山區，曾在黨內軍中引發過異議，很多幹部熟悉平原的情況，不願意上山，直到西北戰役結束之後，幹部戰士才有了打勝仗的決心，堅定了對黨中央和政府的信心。[6]

　　不過需要指出的是，西北戰役所取得的殲敵成果中實際上大部分為保大政權的國民軍，法軍所固守的那產（Na San）和萊州始終未被越軍攻陷。這也就是為什麼美國方面會認為，共產黨人奪取西北地區只是具有潛在的宣傳價值，只要法軍主力未陷入其中，那麼法國及印度支那的

1　"Nghị quyết của Ban Bí thư về thành lập Khu Tây Bắc" (17-7-1952), *Văn kiện Đảng toàn tập* (tập13), tr.210-213.

2　"Chính sách dân tộc thiểu số của Đảng hiện nay" (8-1952), *Văn kiện Đảng toàn tập* (tập13), tr.259-282.

3　"Mật điện của Ban Bí thư gửi Liên khu uỷ III" (8-10-1952), *Văn kiện Đảng toàn tập* (tập13), tr.316-317.

4　"Chỉ thị của Ban Chấp hành Trung ương về địch đánh lên Phú Thọ và nhiệm vụ của ta" (12-11-1952), *Văn kiện Đảng toàn tập* (tập13), tr.340-343.

5　"Ban Chấp hành Trung ương Đảng Lao động Việt Nam về các bộ và chiến sĩ chiến thắng ở Mặt trận Tây Bắc", *Văn kiện Đảng toàn tập* (tập13), tr.372-373.

6　"Bài nói tại Hội nghị tổng kết Chiến dịch Tây Bắc" (29-1-1953), *Văn kiện Đảng toàn tập* (tập14), Hà Nội : Nhà xuất bản Chính trị quốc gia, 2001, tr.138-139.

士氣就不會受到影響。[1]當然，從此後印支戰場形勢的發展來看，美國人的上述看法似乎只注意到了表面的狀況。越南共產黨人奪取西北地區的目的已不再僅僅是為了打通與中國的邊界交通，而是有更加長遠的考慮。就像 9 月底，毛澤東在北京會見祕密來訪的胡志明時所分析的那樣，奪取西北，進而向老撾的上寮地區挺進，然後從側翼向越南南方推進，這應當是越南戰爭的總戰略。[2]

中國黨提出的上述意見極大地影響了越南勞動黨此後在印支半島的軍事戰略方針。避開中部蜂腰地帶，取道老撾、高棉展開對南方的滲透和襲擊很快將成為越南共產黨人的一個隱蔽而收效明顯的進攻手段。而與之相應的是，越南南方政府將不得不在其控制的領土上直面來自北方的軍事威脅。正如越勞中央所分析的那樣，西北戰局的影響將是全國性的，它不僅有利於中、北部游擊戰爭的發展，同時將對下一步在老撾特別是上寮的抗戰形勢產生深遠影響。[3]

在 1952 年底越軍發動西北戰役之際，法軍指揮層就已經意識到共產黨人在試圖將戰場移至老撾境內。為此沙朗曾計劃在奠邊府（Dien Bien Phu）地區實施反擊，阻止越南人民軍源源不斷地進入老撾。但從 1952 年 12 月至 1953 年 3 月間，人民軍在中部地區的襲擾作戰頻頻得手，令法軍機動部隊疲於奔命從而無暇顧及西北戰局。這使得上寮地區及越老交通地帶的法軍部署始終未能得到有效加強。因此當 3 月下旬，越軍主力部隊進入老撾境內後，幾乎未遭遇到太過頑強的抵抗。至 4 月底，越南人民軍已包圍琅勃拉邦及查爾平原（Plain of Jars）營地，控制了上寮的大部分地區。

1　U.S. Department of State, *Foreign Relations of United State (FRUS)*, 1952-1954, Vol.13, Part 1,U.S. Government Printing Office, 1982, p312.

2　本書編輯組：《中國軍事顧問團援越抗法實錄 —— 當事人的回憶》，第 60 頁。

3　"Thông cáo của Ban Bí thư về việc chúng ta thắng lớn ở Tây Bắc" (6-1-1953), *Văn kiện Đảng toàn tập* (tập14), tr.4-5.

　　作為西北戰役的延續，上寮戰役的目的之一在於鞏固擴大已有戰果。從另一個角度來說，這也是越南勞動黨一直以來所強調的「支援印支人民革命」的國際使命的體現。[1] 正由於此次作戰位於老撾境內，越勞中央表現出了特別的謹慎態度，強調與老撾抗戰政府之間的合作，派出武元甲、阮志清（Nguyen Chi Thanh）等人與蘇發努馮、凱山・豐威漢等老方領導人組成聯合戰役指揮部，並專門做出指示，要求參戰部隊必須牢牢把握越老團結及相關民族政策，嚴守紀律，尊重老撾的傳統，搞好同寮國抗戰部隊士兵的團結。[2] 胡志明還親自寫信給上寮地區執行作戰任務各部隊，希望大家認識到幫助友邦即是支持越南的抗戰，將弘揚愛國主義精神同國際主義相結合。[3] 除此之外，越南方面還在對外宣傳方面進行了嚴格規定。要求不得提及越南駐老志願部隊協助入老人民軍作戰事宜，而是要強調寮國抗戰政府及其抗戰部隊才是越方的合作者，同時在各種書籍、報刊及電台、通訊社報道中不得出現有關越南部隊或人民向老撾提供援助的字樣，而應說明入老作戰是越、棉、老團結性以及越、棉和世界人民同情老撾抗戰的體現。另外，在公開場合只能說法國殖民者是老撾人民的敵人，美國則需排除在外，並要突出老撾解放部隊獨立抗戰的意義。[4]

　　越南黨的上述決定反映出兩個意圖，一方面越方希望掩飾入老作戰的真實意圖，而寧可將其宣傳為越南共產黨人發揚國際主義精神的一種表現。另外一方面，勞動黨也不願讓外界（特別是美國）意識到老撾的抗法鬥爭同越南共產主義者之間的聯繫，避免過早地暴露老撾革命者的

1　"Nghị quyết tình hình và nhiệm vụ", *Văn kiện Đảng toàn tập* (tập13), tr.151-153.

2　"Thư của Ban Chấp hành Trung ương Đảng Lao động Việt Nam"(6-1-1953), *Văn kiện Đảng toàn tập* (tập14), tr.163-165.

3　"Thư gửi các đơn vị bộ đội ta có nhiệm vụ tác chiến ở Thượng Lào"(3-4-1953), *Lịch sử quan hệ đặc biệt Việt Nam-Lào, Lào-Việt Nam, 1930-2007 : văn kiện* (vol II), tr.338.

4　"Chỉ thị của Ban Bí thư Trung ương Đảng Lao động Việt Nam về việc tuyên truyền Chiến dịch Thượng Lào" (4-5-1953), *Lịch sử quan hệ đặc biệt Việt Nam-Lào, Lào-Việt Nam, 1930-2007 : văn kiện* (vol II), tr.339-340.

真實身份及其聽命於越南勞動黨的狀況。但不管越勞中央如何考慮，上寮戰役的結果的確改善了老撾共產黨人的處境。特別是對桑怒省的完全控制，使得其成為巴特寮在未來二十年間最重要的根據地。[1]當然，越南方面同樣從中獲益匪淺，對上寮的控制鞏固了北方解放區，同時也打開了老撾通道的出口，為下一步戰略進攻的實施奠定了基礎。

　　隨着 1953 年的雨季即將來臨，5 月初，越軍停止了對琅勃拉邦的圍攻，陸續撤回越北根據地。儘管未能完全實現最初的戰略意圖，但上寮戰役足以顯示出越南勞動黨關於印支聯合抗戰的方針已取得一個重大進展，這打破了法國人試圖將越、老分離，「以老制老，以戰養戰」的陰謀，也使得北越方面認識到老撾戰場的重要價值。[2]共產黨人在老撾的攻勢無疑令法、美方面感到了形勢的緊迫，特別是已經有情報分析相信共產主義者在老撾的軍事活動具有長遠的政治和戰略目的，[3]這迫使美國不得不迅速做出反應。

　　此時，共和黨人德懷特・艾森豪威爾（Dwight Eisenhower）已於 1952 年 11 月宣告就任美國總統。白宮的新主人同樣堅信，印度支那及東南亞倘若陷入共產主義之手，對於美國及整個自由世界都將產生災難性後果。在 1953 年 2 月 2 日於國會所作的國情咨文中，艾森豪威爾將印度支那正在進行的戰爭同朝鮮戰爭一併列為抵禦共產主義在全球擴張的鬥爭。[4]正因為此，新一屆美國政府對印支局勢表現出更為關切的意圖。面對老撾戰場出現的新戰況，艾森豪威爾政府起初打算將北越入侵老撾一事提交聯合國安理會討論，試圖將印度支那問題國際化，但由於法國擔心

1　Macalister Brown, *Apprentice Revolutionaries: The Communist Movement In Laos, 1930-1985*, p48.

2　Lê Đình Chinh, *Quan hệ đặc biệt hợp tác toàn diện Việt Nam-Lào trong giai đoạn 1954-2000*, Hà Nội : Nhà xuất bản Chính trị quốc gia, 2007, tr.24.

3　"Indochina, Probable Developments in, through Mid-1954", Jun 4, 1953, DDRS, Document Number: CK3100355724.

4　U.S. Department of State, *Foreign Relations of United State (FRUS)*, 1952-1954, Vol 13, Part 1, U.S. Government Printing Office, 1982, p377.

這樣做會將殖民主義的相關問題牽涉進來而作罷。[1] 緊接着，美國開始向老撾及泰國緊急提供援助，其中有六架包括機組人員的 C-119 飛機專門用於執行老撾境內的空運任務。[2] 與此同時，艾森豪威爾政府還告知法方，美國計劃從 1954 年的財政預算中撥出 4 億 6 千萬美元用於擴大對法國的軍事援助，其中的 6000 萬將被立刻投入解決老撾的緊張局勢。[3]

　　就在美國政府匆忙穩固印支戰場形勢的同時，法國方面也做出了一項重要決定。由於戰場上的失利，老撾境內戰事稍稍平定之後，沙朗即被調回國內。1953 年 5 月初，亨利·納瓦爾（Henri Navarre）被調任駐印度支那遠征軍司令，並很快擬定出一項更加強調進攻意識的方案。

　　所謂的納瓦爾計劃的基本精神就是要將目前在印度支那的法軍立刻從防守轉入進攻態勢，其核心內容是撤出分散在各個據點中的部隊，然後集中成主力集團在旱季來臨之際對紅河三角洲地區的共產黨軍隊實施打擊，其中尤其強調選擇敵人的空隙和後方發動進攻。此外，納瓦爾還極力主張大力發展越南國民軍並承認其獨立性，將更多的指揮權轉交給越南人，以督促其全力配合法軍的行動。

　　納瓦爾及其計劃鞏固了巴黎的信心，得到了法軍參謀長會議的高度評價。為支持該計劃，約瑟夫·拉尼埃（Joseph Laniel）政府分別從法國本土、北非和朝鮮抽調了十二個營支援駐印支遠征軍，同時保大政府也在全國範圍內展開大規模徵兵工作。[4] 在 8 月 6 日的第 158 次會議上，美

1　"United States Policy toward Indochina 1940-1953. Tripartite US-UK-French Meeting", Apr. 25, 1953, Box1, General Records of the Department of State, Vietnam Working Group: Briefing Books, 1963-1966, National Archives, College Park, MD.

2　"United States Policy toward Indochina 1940-1953. Robertson to Dulles, memorandum", April 28, 1953, Box1, General Records of the Department of State, Vietnam Working Group: Briefing Books, 1963-1966, National Archives, College Park, MD.

3　"United States Policy toward Indochina 1940-1953. To Paris, tel.", July15, 1953, Box1, General Records of the Department of State, Vietnam Working Group: Briefing Books, 1963-1966, National Archives, College Park, MD.

4　越軍總政治局軍史研究委員會編：《越南人民軍歷史》（第一集），第 418 頁。

國國家安全委員會也建議國務院、援外事務管理署（FOA）以及參聯會考慮支持納瓦爾計劃並在現有財政預算的基礎上追加 2 億美元的對法援助。[1]等到 9 月 30 日法美就援助協議達成一致時，美國最終確定的額外提供的援助為 3 億 8500 萬美元。[2]

　　從納瓦爾計劃本身的設計以及美、法政府的支持力度來說，該計劃是越法戰爭爆發以來法國方面意圖實施的規模及威脅性最大的一個軍事方案。但此項計劃的出籠卻生不逢時。此時的越南人民軍已不再是戰爭剛剛爆發時游擊隊性質的簡陋武裝，近八年來同法軍作戰積累下的經驗以及來自中國的不斷加大的援助，已經使得這支共產黨軍隊在正規化建設及戰略戰術上表現得日臻成熟。特別是隨着老、柬戰場的鋪開，從印度支那三國軍事格局的角度來看，納瓦爾計劃施展的時機和空間已經變得十分有限。此外，儘管法國政府對納瓦爾計劃表現出孤注一擲的支持，但實際上此時在巴黎內部對待印度支那戰爭的耐心正在被一點點消耗殆盡。在朝鮮停戰協定已經生效的情況下，法國國內要求和談的聲音愈發強烈。在這種背景下，納瓦爾計劃遭遇失敗的命運幾乎已經注定。

第二節　印度支那的協議停戰及其影響

一、越南勞動黨的政治軍事方針與印支和談的前景

　　就在法國人為挽救印支戰爭做最後的努力的同時，越南勞動黨在 1953 年也在盡全力鞏固自和平戰役以來所取得的勝利成果。一月中下旬，越勞中央召開第四次中央會議，重點研究下一階段軍事政策以及土

1　"Minutes of 8/6/53 meeting", Aug 6, 1953, DDRS, Document Number: CK3100203124.

2　"United States Policy toward Indochina 1940-1953. Exchange of notes, US-French supplementary aid agreement on Indochina", Sept.29, 1953, Box1, General Records of the Department of State, Vietnam Working Group: Briefing Books, 1963-1966, National Archives, College Park, MD.

地改革問題。關於如何對農村土地進行重新分配，是自 1945 年八月革命以來越南共產主義者始終強調的一項重要的政治任務。但在抗法戰爭前期的大部分時間裏，共產黨人只在其控制下的少數幾個解放區中推行過較為溫和的減租減稅運動。而到了 1953 年初，隨着北方解放區以及對法作戰規模的擴大，為爭取農民的支持以動員最大的人力物力供給前線，大範圍而深入的土地改革隨即被提上日程。在此次中央會議上，由總書記長征親自負責，就落實土改工作的方法、計劃和目的做出指示，要求將土地改革放在與武裝鬥爭、整黨整軍工作同等重要的地位予以認真執行。[1]

　　為確保土改工作的順利實施，越南勞動黨還向中共領導人請求派出富有經驗的幹部前往越南進行相關指導工作。為此，中共中央於 1953 年上半年分別從華南、華東、華北三區中各選調若干幹部作為援越政治顧問團成員赴越協助推進土地改革。[2] 但實際上在七月份中方土改顧問抵達越南之前，越南黨自行組織的土改工作已經陸續展開，其主要方法就是通過減租減稅和階級劃分動員農民參加分田分產，鬥爭地主、富農以及黨和政府內部出身不好的人員。[3] 儘管越勞中央曾頒佈過紀律要求注意避免打擊方式過於魯莽，[4] 但這種簡單粗暴的工作方法還是造成了一些嚴重的後果。在一些地區，受到煽動的農民自發組織起鎮壓地主惡霸的暴動，隨意毆打，濫用私刑的現象十分普遍，一些中農、僱農甚至學生都成為打擊的對象，自殺事件時有發生。此外對財產土地的瓜分也致使出現了牲

1　"Báo cáo của Tổng Bí thư Trường Chinh tại Hội nghị lần thứ tư Ban Chấp hành Trung ương Đảng(khoá II) về mục đích, ý nghĩa, phương châm, phương pháp và kế hoạch thực hiện chính sách cải cách ruộng đất", *Văn kiện Đảng toàn tập* (tập14), tr.55-57.

2　周星夫：《援越幫助土改的歲月》，《春秋》，2000 年第 3 期，第 5 頁。

3　Qiang Zhai, *China and the Vietnam Wars 1950-1975*, Chapel Hill, NC: The University of North Carolina Press, 2000, p38.

4　"Chỉ thị của Ban Bí thư về 10 điều kỷ luật của cán bộ trong khi thi hành chính sách ruộng đất" (22-4-1953), *Văn kiện Đảng toàn tập* (tập14), tr.171-172.

畜死亡、農作物荒廢，生產遭到破壞的現象。[1]

　　對於土改中出現的過激趨勢，勞動黨中央曾試圖採取一些措施予以限制，包括禁止農民自發開展鬥爭運動，對進步士紳及其家庭進行保護，謹慎宣傳死刑案件[2]等等。越勞中央政治局還於八月初召開會議要求對前一段時期土地改革運動中的動員發動羣眾工作進行整頓，糾正其中出現的各種亂象。[3]但隨着中國土改顧問的到來，越南的土地改革很快又進入到了一個激烈鬥爭的階段。中國顧問按照中共以往土改運動的經驗和模式為越南土改設計了階級宣傳教育、成分劃定、訴苦鬥爭大會、整頓建立農會組織四大步驟並迅速得以廣泛推行。[4]這也使得越南勞動黨中剛剛出現的試圖對土改工作進行「糾左」的過程遭到打斷。1953 年 11月底，勞動黨召開第五次中央會議，通過了關於土地改革問題的任務大綱，這也標誌着越南勞動黨正式確定了以中國模式為藍圖的土改方針。

　　中國顧問所帶來的較為激進的土地改革方案對越南勞動黨的黨內政治生活及統戰工作影響深遠，並由此埋下了中越兩黨之間的一個嫌隙。[5]但從 1953 年抗法戰爭局勢的需要來說，疾風驟雨般的土改運動的推行也使得越南黨在短期內爭取到了根據地農民的普遍支持，從而為軍事鬥爭的順利進行提供的必要的保證。加之在土改運動進行的同時，中國援越政治顧問團還協助越軍開展了大規模的政治整軍和軍事整訓工作，以階級鬥爭思想強化人民軍官兵的作戰意識，使得越軍整體戰鬥力和組織紀律

1　"Thông tri của Ban Bí thư về vấn đề tuyên phát động quần chúng" (29-6-1953), *Văn kiện Đảng toàn tập* (tập14), tr.246-247.

2　"Chỉ thị của Bộ Chính trị về việc lập danh sách các thân sĩ tiến bộ và cách xử trí với họ"(13-7-1953), *Văn kiện Đảng toàn tập* (tập14), tr.258-261.

3　"Nghị quyết của Hội Bộ Chính trị về chỉnh đốn công tác phát động quần chúng" (9-8-1953), *Văn kiện Đảng toàn tập* (tập14), tr.277-293.

4　周星夫：《援越幫助土改的歲月》，第 7 頁。

5　李丹慧：《關於 1950 — 1970 年代中越關係的幾個問題（下）—— 對越南談越中關係文件的評析》，《江淮文史》，2014 年第 3 期，第 48-49 頁。

性得以明顯提升。[1]

　　不僅是在政治整肅方面需要投入巨大的精力，越南勞動黨在 1953 年的印支戰場上面臨的挑戰還有納瓦爾令人捉摸不定的軍事活動。除了在諒山地區使用傘兵破壞越軍後方後勤基地，對寧平（Ninh Binh）、清化（Thanh Hoa）地區進行戰術襲擾外，納瓦爾最重要的舉措就是在八月份將駐那產的法軍祕密撤出運往北部平原。那產形勢的變化使得越軍一時失去了在旱季發動攻勢的目標。越南黨及軍隊領導層為此曾計劃將作戰方向轉至北部平原尋找戰機。[2] 但中國軍事顧問堅持認為，越軍應當繼續在西北發動戰役，經過上寮和查爾平原，繞過紅河三角洲，指向越南中部蜂腰地帶。[3]

　　1953 年 9 月越勞中央政治局召開會議討論冬春作戰方案，此次會議決定接受中國軍事顧問團的意見，避免在平原地區同法軍主力決戰，而是繼續將主攻目標確定在西原（Tay Nguyen）及老撾方向。[4] 在這一戰略設想的基礎上，會議通過了《1953 — 1954 年冬春作戰計劃》，決定在前期西北、上寮戰役的基礎上奪取整個西北高原，進佔老撾豐沙里省（Phongsali），進而將戰場擴展至中寮、下寮和高棉東部地區，打通印度支那南部交通線。[5] 越南勞動黨中央關於在老棉境內作戰的軍事方針顯然是納瓦爾所不願看到的，共產黨人並沒有如他所預料的那般將主力部隊的進攻勢頭轉向紅河三角洲平原地帶。為避免其計劃徹底落空，納瓦爾唯有在越軍的西北戰場上另闢一點集結法軍主力以企在扼制越老通道的同時吸引越軍來戰。到 1953 年 11 月初，納瓦爾最終將這個防禦的據點確

1　本書編輯組：《中國軍事顧問團援越抗法實錄 —— 當事人的回憶》，第 162-163 頁。

2　"Chỉ thị của Ban Bí thư về việc đối phó âm mưu của địch sau khi chúng rút khỏi Nà Sản" (14-8-1953), *Văn kiện Đảng toàn tập* (tập14), tr.312-314.

3　本書編輯組：《中國軍事顧問團援越抗法實錄 —— 當事人的回憶》，第 166-167 頁。

4　"Mật điện của Ban Bí thư về nhiệm vụ quân sự và xây dựng, củng cố vùng tự do và vùng mới giải phóng" (2-12-1953), *Văn kiện Đảng toàn tập* (tập14), tr.525-526.

5　越軍總政治局軍史研究委員會編：《越南人民軍歷史》（第一集），第 421 頁。

定在了奠邊府。

納瓦爾之所以要選擇奠邊府作為戰役的突破口，可能有多方面的考慮，但可以肯定的是他急需一場扭轉局勢的軍事勝利以壓下國內反對印度支那戰爭的呼聲。事實上，在 1953 年，關於通過和談來解決印度支那問題的觀點已不再是少數人的看法。隨着蘇聯政府領導層的更迭以及和平共處外交方針的提出，包括中國在內的社會主義陣營已經在考慮促進朝鮮停戰談判，儘快結束朝鮮戰爭。[1] 而在推進朝鮮停戰緩和的同時，蘇聯和中國方面也在不斷通過多種途徑釋放信號，表示應當努力促進其他國際爭端的解決。9 月 28 日，蘇聯政府照會法、英、美三國政府建議召開五大國會議來商討解決國際緊張局勢的辦法。10 月 8 日，周恩來代表中國政府聲明贊同蘇聯的建議，表示中方願為爭取全面緩和國際緊張局勢鞏固遠東和世界和平而努力。[2]

蘇聯與中國的上述態度表明，社會主義陣營的主要成員已經為通過談判解決朝鮮和印度支那問題做好了準備。而這一切也不可避免地影響到越南勞動黨的態度。11 月下旬，前往維也納參加世界和平委員會會議的越南民主共和國代表團首次表示，通過和平談判來結束越南戰爭是完全必要和可能的，越方贊成這一做法。[3]11 月 26 日，胡志明在接受瑞典記者採訪時也提出，只要法國政府從幾年來的戰爭中吸取了教訓，願意通過協商來實現停戰，以和平方式解決越南問題，那麼越南民主共和國政府將隨時接受這種意圖。[4]

胡志明的這一表態不可避免地會對法國政府產生觸動。拉尼埃總理

1　沈志華：《毛澤東、斯大林與朝鮮戰爭》，廣州：廣東人民出版社，2007 年版，第 402-403 頁。

2　中華人民共和國外交部檔案館編：《中華人民共和國外交檔案選編（第一集）：1954 年日內瓦會議》，北京：世界知識出版社，2006 年版，第 3 頁。

3　"Chỉ thị của Ban Bí thư về việc giải thích lời tuyên bố của phái đoàn Việt Nam ở Hội nghị Hội đồng hoà bình thế giới" (11-1953), *Văn kiện Đảng toàn tập* (tập14), tr.520.

4　"Chủ tịch Hồ Chí Minh trả lời một nhà báo Thụy Điển", (26-11-1953), *Van kiện Đảng toàn tập* (tập14), tr.517-519.

向美國承認胡的言論已經對法國和印度支那造成了很大的衝擊並且使得
法國的印度支那政策遭遇了相當的困難。但他同時也向艾森豪威爾總統
保證，他的政府不會尋求儘早同胡志明的代表進行談判，也不會改變目
前在印度支那的政策。[1] 拉尼埃政府堅持拒不和談的根本原因在於法國人仍
然相信他們可以把戰爭繼續下去。而實際上，和平談判也不是越南勞動
黨的真實意圖。在傳達越南代表團在世界和平委員會會議上講話內容的
同時，越勞中央特別提醒要注意向全體黨員幹部、各團體組織及羣眾解
釋清楚越南的真正立場，只有殲滅敵人及土地改革才是確保抗戰勝利的
兩個中心任務，要堅決打消對和平的幻想以及由此產生的思想波動。[2] 而針
對胡志明在接受採訪時所說的內容，越勞中央書記處也發出指示，稱胡
主席的聲明僅適用於對外宣傳，真實的情況是越方永遠不會主張協商，
唯有徹底消滅越南國土上的所有敵人，和平才會降臨。[3]

　　越法雙方顯然都將徹底擊垮對方的信心寄託在了接下來的軍事行動
上。11 月 20 日，法軍搶先行動，在奠邊府空降了六個營的兵力，接着
從中部地區調集部隊增援中寮並攻佔了連接上寮和奠邊府的南烏江地區
（song Nam Hu）。在對於法軍作戰意圖做出判斷後，勞動黨中央總軍委
亦決心在奠邊府地區發動一次抗法戰爭爆發以來規模最大的戰役。而為
了確保戰役的實施，越方估計需要至少投入 4 萬餘部隊及 1 萬 7 千餘民
工，此外還需要近兩百台車輛和 3000 輛自行車來運輸 300 噸彈藥、4200
噸大米以及各種食品、油料等。[4] 同時為牽制敵軍，配合奠邊府作戰計劃，

1　"United States Policy toward Indochina 1940-1953. From Paris, tel. 211.", Nov.30, 1953, Box1, General Records of the Department of State, Vietnam Working Group: Briefing Books, 1963-1966, National Archives, College Park, MD.

2　"Chỉ thị của Ban Bí thư về việc giải thích lời tuyên bố của phái đoàn Việt Nam ở Hội nghị Hội đồng hoà bình thế giới" (11-1953), *Văn kiện Đảng toàn tập* (tập14), tr.523-524.

3　"Thông tri của Ban Bí thư về lời tuyên bố của Hồ Chủ tịch với nhà báo Thụy Điển" (27-12-1953), *Văn kiện Đảng toàn tập* (tập14), tr.560-561.

4　"Báo cáo của Tổng quân uỷ trình Bộ Chính trị về phương án tác chiến mùa xuân năm 1954" (6-12-1953), *Văn kiện Đảng toàn tập* (tập14), tr.595-596.

越老聯軍於 1953 年底至 1954 年 1 月發動連續進攻，切斷了九號公路，進逼下寮地區，順勢解放了阿速坡（Attopeu）及波羅芬（Bolaven）高原等戰略要地。[1]

隨着 1953 年聖誕節前後北越軍重新發動了在老撾境內的攻勢，共產黨軍隊已在西北、中寮、紅河三角洲地帶相繼開闢戰場，迫使法軍機動部隊分散迎敵，始終處於被動防守狀態。[2] 與此同時，裝備着由中國援助的重炮和防空武器的越軍主力部隊也正加緊向奠邊府地區靠攏，意欲對此地實行合圍。在這種情況下，艾森豪威爾政府的各決策部門紛紛開始考慮法國退出印度支那的可能以及美國軍事力量參與戰爭的必要。一個顯著的趨勢是，美國對於法國政府在短期內調整其印支政策已不抱太大希望。實際情況正如國安會政策規劃小組委員會所觀察的那樣，美國應當繼續援助法國在軍事上堅持下去，這既是為了自由世界的利益和安全，同時也在為培訓印支本土抵抗共產主義的力量而爭取時間。[3] 換句話說，艾森豪威爾政府已不再指望通過法國的軍事行動能夠實現鏟除印支共產主義的目的，而是將這一希望寄託在對印支本土反共力量的培植上。

正是由於堅信戰勝共產黨人的關鍵在於本土軍事力量的參與，1 月16 日，艾森豪威爾召集國防部、中情局、參聯會等部門負責人統一協商，決定在接下來的時間裏每年繼續向法國提供 8000 萬美元軍事援助，同時委派陸軍中將歐・丹尼爾（O'Daniel）將軍常駐印度支那負責說服法國接受美國顧問官員，並配合外交壓力督促法國將越南武裝力量訓練項目移交給美國。[4] 艾森豪威爾政府的這一舉動表明，美國已經開始着手準備

---

1 Lê Đình Chinh, *Quan hệ đặc biệt hợp tác toàn diện Việt Nam-Lào trong giai đoạn 1954-2000*, tr.21-22.

2 "Điện mật của Ban Bí thư gửi Liên khu uỷ V" (26-1-1954), *Văn kiện Đảng toàn tập* (tập15), Hà Nội : Nhà xuất bản Chính trị quốc gia, 2001, tr.1.

3 Office of Joint History Office of the Chairman of the Joint Chiefs of Staff, *History of the Joint Chiefs of Staff: the Joint Chiefs of Staff and the first Indochina War, 1947-1954*, p137.

4 U.S. Department of State, *Foreign Relations of United State (FRUS)*, 1952-1954, Vol.13, U.S. Government Printing Office, 1982, p982

接管法國人在印度支那未能完成的任務。

　　華盛頓插手印度支那本土軍事事務的意圖也引起了共產黨人的注意。特別是自 1953 年以來，保大政權所掌握的越南南方國民軍正規部隊的數量已超過 20 萬，此外在地方上還有近百餘支自衛民團，[1] 而美國替代法國負責相關防務訓練顯然會明顯提升南方的軍事實力。1954 年 2 月 22 日，越勞中央政治局發出指示，要求關注美國對印支進行干預的新動作，認為美國向傀儡政權加派軍事教官的行徑正在將自己在印支戰場中的角色從援助者轉變為一個直接的干涉者。為應對美國人「以越南人打越南人，以戰養戰」的政策動向，勞動黨提出需將瓦解敵人陰謀的工作重點放在後方，着重打擊保大政權的欺騙宣傳和徵兵活動。[2]

　　不過在 1954 年春，共產黨人的上述活動同敵後進行其他游擊作戰一樣，實際上都是在為整體作戰方案所服務。在 1954 年的整個 2 月份，根據中國軍事顧問的建議，越軍主力對奠邊府都在實行圍而不打的方針。同時分別在上、中寮及印支半島南部地區組織一定規模的作戰，以游擊戰配合策反工作襲擾法軍後方及保大的基層政權。[3] 其目的就在於迫使法軍進一步分散其本已不多的機動部隊，從而確保奠邊府主攻方向的作戰行動不受干擾。

　　至 1954 年 3 月初，在奠邊府盆地 40 餘平方公里的地區已經猬集了十二個營，近一萬六千餘名法軍。對於納瓦爾的這一軍事佈置，艾森豪威爾總統曾表示過疑慮，[4] 不過歐·丹尼爾將軍在對奠邊府前線進行視察後

1　"Chi thị về chống địch bắt lính" (9-3-1954), *Văn kiện Đảng toàn tập* (tập15), tr.43.

2　"Chi thị của Bộ Chính trị về ra sức phá tan mưu mô đẩy mạnh chiến tranh xâm lược của đế quốc Pháp-Mỹ" (22-2-1954), *Văn kiện Đảng toàn tập* (tập15), tr.34.

3　"Chi thị của Ban Bí thư về đẩy mạnh chiến tranh du kích phối hợp với nguy vận" (20-2-1954), *Văn kiện Đảng toàn tập* (tập15), tr.27-28; "Bộ Chính trị gửi đồng chí Giáp" (23-2-1954), *Văn kiện Đảng toàn tập* (tập15), tr.35-36; "Điện mật của Ban Bí thư" (4-3-1954), *Văn kiện Đảng toàn tập* (tập15), tr.37.

4　德懷特·D·艾森豪威爾：《艾森豪威爾回憶錄》（二），上海：東方出版社，2007 年版，第 411 頁。

基本認可了法軍所進行的準備工作，認為只要越軍未裝備中程火炮，那麼守住奠邊府並沒有太大問題。[1] 更何況針對即將到來的戰鬥，美國已經盡其所能為法軍安排和運輸了充足的補給，因此美國決策層認為剩下的問題就是法國人如何利用手頭的資源來組織戰役了。但事實表明，美國人和法國人都低估了共產黨人在奠邊府贏得勝利的決心。人民軍此時已經將全部四個主力師在奠邊府附近集結完畢，同時不幸被丹尼爾將軍所言中的是，由中國援建的一個榴彈炮團、一個山炮團和四個迫擊炮連也已被投入戰鬥。

因此，當 3 月 13 日越軍突然收緊包圍圈，向奠邊府發動大規模進攻時，本已做好迎戰準備的法軍立刻感到了形勢的吃緊。3 月 20 日，法軍總參謀長保羅·伊利（Paul Ely）將軍飛抵華盛頓請求美國緊急供應 C-47 運輸機等軍事裝備，但他仍向美方表示對於奠邊府的局勢不必擔憂。[2] 不過就在兩天之後，人民軍攻克了法軍在奠邊府最堅固的兩個據點，結束了第一階段的進攻任務。局勢的突變促使美國政府內部相當多的一批人極力支持對在奠邊府陷入苦戰的法軍提供海空軍援助。但從 3 月 13 日戰役開始到 5 月 7 日越軍攻陷奠邊府，艾森豪威爾政府始終未能就採取實質性行動做出決定。在面對 4 月 4 日拉尼埃總理關於急需美國航母武裝介入奠邊府戰鬥的呼籲時，杜勒斯也只能無奈地表示在與盟國特別是英國達成一致意見之前，無法滿足法國方面的這一要求。[3] 一個顯而易見的事實是，美國政府內部及與盟國之間的分歧已經成為掣肘艾森豪威爾政府武力干涉奠邊府戰事的關鍵因素。

1　Office of Joint History Office of the Chairman of the Joint Chiefs of Staff, *History of the Joint Chiefs of Staff: the Joint Chiefs of Staff and the first Indochina War, 1947-1954*, p145.

2　U.S. Department of State, *Foreign Relations of United State (FRUS)*, 1952-1954, Vol.13, U.S. Government Printing Office, 1982, pp.1143-1144.

3　U.S. Department of State, *Foreign Relations of United State (FRUS)*, 1952-1954, Vol.13, U.S. Government Printing Office, 1982, pp.1236-1237.

　　與之形成對比的是，越南人民軍在奠邊府的拼死作戰則持續得到了來自中國盟友的毫不吝嗇的支持。到 4 月中旬，隨着越軍的攻勢進入瓶頸期，連續作戰所導致的疲勞和嚴重傷亡致使人民軍士氣出現波動。[1] 此時為鞏固越方將戰役堅持下去的意志，中共中央領導人決定在六個月內為人民軍增建並訓練四個炮兵團和兩個工兵團，為確保完成任務，中方甚至要求在必要的情況下，應從中國現有炮兵中抽調裝備，不惜將一部分解放軍炮兵變為徒手。[2] 同時，中共中央軍委也致電軍事顧問團，指出為全殲奠邊府守軍，要加速六管火箭炮兵的訓練，此外還提醒不要吝嗇炮彈的消耗，中方將保證炮彈及時充足的供應。[3]

　　由於戰損過大，4 月 5 日以後，越軍在奠邊府東線的攻勢已經逐漸停滯下來，但法軍的狀況同樣不容樂觀。儘管又得到了三個營的兵力補充，但大批傷員無法運出奠邊府盆地，同時人民軍防空火力的加強也使得空投物資補給變得愈加困難。而此時美國政府決策層中已經有相當多的意見傾向於接受法軍在奠邊府失利的現狀。國家安全委員會的確還在努力試圖說服國會批准出動美國志願飛行隊對陷入困境的法軍施以援手，但這一行動充其量只能延緩奠邊府防禦體系崩潰的速度。在艾森豪威爾等人看來，法軍繼續堅守奠邊府的唯一的軍事意義就是儘可能地消耗共產黨軍隊的有生力量，[4] 美國則沒有必要像法國人那樣固圍於某個據點，而應當集中精力應對共產主義對整個印度支那乃至東南亞構成的威脅。在 4 月 7 日的新聞發佈會上，艾森豪威爾第一次明確以「多米諾骨牌」的比喻表達了對共產主義積極滲透印支戰爭的擔憂，這一概念的

1　"Nghị quyết của Bộ Chính trị về tiếp tục thấu triệt phương châm đánh chắc, tiến chắc, đề cao quyết tâm tích cực giành toàn thắng cho Chiến dịch Điện Biên Phủ" (19-4-1954), *Văn kiện Đảng toàn tập* (tập15), tr.88.

2　中共中央文獻研究室編：《毛澤東年譜（1949 — 1967）》（第二卷），第 231 頁。

3　本書編輯組：《中國軍事顧問團援越抗法實錄 —— 當事人的回憶》，第 263 頁。

4　U.S. Department of State, *Foreign Relations of United State (FRUS)*, 1952-1954, Vol.13, U.S. Government Printing Office, 1982, p1253.

提出實際上是在告誡美國政府及西方各國，為阻止共產主義接管印支三國，盟國之間必須儘快達成一致，效仿對朝鮮戰爭進行的干預，通過將印度支那問題國際化，從而獲得武力干涉印度支那的先決條件。

　　與此同時，在中國軍事顧問團的督促下，越南勞動黨中央及人民軍領導層則堅定了不惜代價、決戰決勝的信念。從 4 月 20 日以後開始，越軍加緊動員民工和幹部對前線進行補給，並委派武元甲等六名中央委員前往越北、第四區及前線坐鎮督戰。[1] 隨着越軍分割包圍圈的縮緊，到 4 月底，法、美明顯感受到奠邊府持續惡化的形勢已經回天乏力。26 日，也就在日內瓦會議召開的首日，艾森豪威爾總統在白宮會議上告訴其幕僚們，奠邊府很有可能將在一周之內陷落。[2] 無法挽回的局勢加之盟國急切地堅持在印度支那實現「停火」，迫使國家安全委員會在 29 日的會議上作出決定：在獲悉日內瓦會議的結果之前，排除在印度支那採取軍事行動的可能。[3] 這也意味着，印支戰爭的陣營雙方最終都已表露了願意通過談判尋求解決印支問題的態度。

二、日內瓦的外交博弈與越南在印支三國問題上態度的轉變

　　對於北越政府來說，奠邊府一役無疑是整個抗法戰爭最為關鍵的轉折點，其結果很可能將為越南的民族解放乃至整個印度支那的革命鬥爭創造最有利的條件。因此在戰場形勢逐漸明朗的情況下，勞動黨中央從三月至四月下旬頻頻發出指令，要求全國各戰場趁機開展行動，配合奠邊府戰役的同時，利用敵人的困境消滅其有生力量，強佔城市，擴大解

1　"Thư của Ban Bí thư gửi anh Sáu" (21-4-1954), *Văn kiện Đảng toàn tập* (tập15), tr.92-93.

2　U.S. Department of State, *Foreign Relations of United State (FRUS)*, 1952-1954, Vol.13, U.S. Government Printing Office, 1982, p1410.

3　U.S. Department of State, *Foreign Relations of United State (FRUS)*, 1952-1954, Vol.13, U.S. Government Printing Office, 1982, p1440.

放區和游擊區。[1] 儘管有乘勝擴大戰果的想法，但由於中蘇主張談判且人民軍前期戰鬥損耗較大，加之美國武力干涉的可能性越來越大，[2] 因而北越對於日內瓦的談判也抱有十分慎重的態度，其首要目的是要促使印支三國共產黨人的合法地位及其業已取得的武裝力量、解放區等得到各方的承認。為此，從奠邊府戰役打響伊始，越黨中央即基於西方國家必將坐下談判的預判，要求長期處於「籌建」狀態的老撾、高棉人民革命黨即刻浮出水面，分別以抗戰政府代表的公開身份派團前往北京、莫斯科和日內瓦開展活動。[3] 此外還要盡力阻止美國取代法國成為印支事務的干涉力量，[4] 在越南勞動黨領導人看來，西方國家間特別是法美之間存在着一些意見分歧，這也是參加日內瓦談判的有利條件之一。[5]

正如北越方面做出的判斷，根據美國政府的設想，獲得盟國支持的法軍應當將軍事行動堅持到底，即使最終放棄據守奠邊府，只要通過聯合行動協調盟國之間的立場，依然可以加強西方國家在日內瓦同共產黨人進行談判的地位。但印支局勢的實際情況顯然是與美國人的想法背道而馳的。就在日內瓦會議進入討論印支問題議程的前一天，人民軍於5月7日攻陷了奠邊府的核心陣地。由此在士氣和意志上遭受沉重打擊的法國政府更加無心配合美國的集體行動，只是希望美國政府能夠以所謂軍事介入的壓力影響中國人在談判桌上的態度。[6] 而在會場上，英國政府的

1　"Chỉ thị của Ban Bí thư về nhân đà thắng lợi của ta, ra sức đẩy mạnh công tác ở vùng tạm bị chiếm" (26-3-1954), *Văn kiện Đảng toàn tập* (tập15), tr. 65-69; "Nghị quyết của Bộ Chính trị về các chiến trường toàn quốc phải tiếp tục quán triệt phương châm 'đánh nhỏ ăn chắc' và liên tục hoạt động trong một thời gian dài để phối hợp chặt chẽ với Mặt trận Điện Biên Phủ" (19-4-1954), *Văn kiện Đảng toàn tập* (tập15), tr.90-91.

2　"Chỉ thị của Ban Bí thư về đẩy mạnh tuyên truyền vạch rõ mưu mô can thiệp của Mỹ, tăng cường quyết tâm kháng chiến"(7-4-1954) , *Văn kiện Đảng toàn tập* (tập15), tr.75-76.

3　Ban Liên Lạc CCB-TNQ Việt Nam ở Campuchia thời kỳ 1945-1954, *Quân Tình Nguyện Việt Nam ở Campuchia thời kỳ 1945-1954*, tr.159-160.

4　"Điện của Ban Bí thư"(11-5-1954), *Văn kiện Đảng toàn tập* (tập15), tr.106-107.

5　Lê Đình Chỉnh, *Quan hệ đặc biệt hợp tác toàn diện Việt Nam-Lào trong giai đoạn 1954-2000*, tr.512.

6　U.S. Department of State, *Foreign Relations of United State (FRUS)*, 1952-1954, Vol.13, U.S. Government Printing Office, 1982, p1523.

代表則一如既往地希望避免挑動共產黨中國的神經，建議在印度支那劃
區而治，在越南北、南地區分別建立中國控制的勢力範圍及美、法監督
下的保護區。[1] 美國人對英、法的態度極其失望。在日內瓦勉強呆了五天之
後，杜勒斯返回華盛頓，向艾森豪威爾抱怨，「當共產黨破口大罵美國的
『帝國主義行徑』時，英國代表團卻在一旁悶聲不響」。[2]

　　美、英、法各國在日內瓦會議上的分歧是顯而易見的，共產黨人也
試圖利用這個機會在談判中分化瓦解對手。[3] 但這並不意味着西方陣營在日
內瓦的外交角力中完全呈一盤散沙之狀。5 月 8 日至 10 日，以范文同為
首的越南民主共和國代表團陸續提出邀請寮國及高棉抗戰政府代表參加
會議，交戰雙方從越南、寮國和高棉領土上撤出所有外國軍隊以及通過
普選產生統一政府的議案，[4] 此議一出，立即遭到美、英、法、越南共和國
以及柬埔寨、老撾王國的聯合抵制。按照杜勒斯的說法，越南人提出的
這一建議完全不可接受，因為共產黨人已經在德國、奧地利和朝鮮屢次
玩弄過這種先行建立聯合政權然後將其顛覆的把戲了。[5]

　　美國政府之所以對越方的方案反應強烈，主要是因為關於越南保大
政府及老、柬王國政府未來地位的安排觸及到了華盛頓的政策底線。在
艾森豪威爾政府的決策層中，包括參聯會及國務院的眾多官員所篤信的
一個觀點是，法國之所以在印度支那遭遇敗績，除了在軍事戰略上表現
得過於保守外，還有就是沒能在當地充分動員和建立擁有有效武裝力量
和控制力的民族主義政府。因此美國政府相信，建立東南亞集體防務體

1　U.S. Department of State, *Foreign Relations of United State (FRUS)*, 1952-1954, Vol.13, U.S. Government Printing Office, 1982, p1459.
2　德懷特·D·艾森豪威爾：《艾森豪威爾回憶錄》（二），第 434 頁。
3　潘一寧：《中美在印度支那的對抗 —— 越南戰爭的國際關係史（1949 — 1973）》，廣州：中山大學出版社，2011 年版，第 89 頁。
4　中華人民共和國外交部檔案館編：《中華人民共和國外交檔案選編（第一集）—— 1954 年日內瓦會議》，第 214-217 頁。
5　Office of Joint History Office of the Chairman of the Joint Chiefs of Staff, *History of the Joint Chiefs of Staff: the Joint Chiefs of Staff and the first Indochina War, 1947-1954*, p200.

系的前提離不開獨立的，非共產黨的印支三國政府的存在。[1]因此，在美國人看來，共產黨陣營提出的所謂印支三國方案實際上就是一種漸進式的擴張陰謀。

　　同樣無法接受將寮棉問題同越南捆綁起來的還有法國。5 月 18 日，在同中方代表舉行會談中，法國代表團軍事顧問吉勒馬茲（Guillermaz）表示希望中國能勸說越南放棄之前的主張，如果中國支持越方要求，即等於支持共產主義的擴張政策，如果那樣的話，美、英輿論將支持東南亞防務集團計劃，法國也只好參加這個組織。[2]法國人的這一表態並非危言聳聽。實際上，美國政府的確正在利用談判中出現的僵局努力推銷一度陷入停滯的關於東南亞集體防務的構想。為此，華盛頓一方面慫恿老撾、柬埔寨王國政府同泰國一道尋求聯合國和平監察委員會的介入，以圖將戰爭進一步國際化，另一方面則策劃召開美、英、法、澳、新五國軍事會議，研究成立東南亞防禦同盟的可能。[3]

　　對於美國意圖將印支三國政府納入軍事同盟的舉動，中國方面懷着強烈的戒心。需要指出的是，中共中央決定派團參加日內瓦會議討論有關印度支那問題的一個核心目標就是集中力量阻止美國通過軍事基地或軍事同盟的手段來插足印支事務。[4]在日內瓦談判過程中，急於達成停火協議的法方代表團也屢次利用中方的這一心態提醒北京的外交人員，中國的根本利益在於不讓美國干涉並阻止東南亞的反共條約，要實現這個目

1　Office of Joint History Office of the Chairman of the Joint Chiefs of Staff, *History of the Joint Chiefs of Staff: the Joint Chiefs of Staff and the first Indochina War, 1947-1954*, pp.214-215.

2　中華人民共和國外交部檔案館編：《中華人民共和國外交檔案選編（第一集）—— 1954 年日內瓦會議》，第 260 頁。

3　Nancy Beck Young ed.,*Documentary History of the Dwight D. Eisenhower Presidency*(vol 5), *The Geneva Conference of 1954*, Bethesda, MD : LexisNexis, 2007, p250,302.

4　李丹慧：《日內瓦會議上中國解決印支問題方針再探討》，《中共黨史研究》，2013 年第 8 期，第 35 頁。

標最好的辦法就是迅速停止越南戰爭。[1] 在這種情況下，中國在日內瓦會議上的立場不可避免地會受到美國操縱下的局勢的影響。

當然，把老、柬抗戰政府代表拉入日內瓦談判體系中既是中、蘇共產主義陣營一致協商的意見，[2] 同時也反映了越南勞動黨長期以來所奉行的領導印支三民族實現獨立統一的意圖。在范文同的方案提出後不久，老撾、高棉抗戰政府即公開表示將堅決擁護越南代表的聲明，要在越老柬團結的基礎上實現印度支那的自由和平。[3] 中國政府代表團在談判開始後的一段時間內也表現得十分強硬，表示絕不能同意將寮棉問題同越南問題分開處理。[4] 不過裹足不前的談判形勢以及美國在會場外圍形成的壓力使得共產黨人所堅持的立場沒能持續太久。5 月 30 日，周恩來在給中共中央的電文中承認，之前將問題看得過於簡單，「柬埔寨、老撾兩個王國政府在大多數人民看來仍然是合法的政府，並且是被世界三十多個國家承認的政府。」「必須嚴格地以三個國家來對待。」[5]

中國黨方面在老、柬問題上態度的轉變顯然對越南勞動黨中央產生了影響。6 月 13 日，河內方面向日內瓦的代表團發去電報，提出可以將越南作為爭取重點，在高棉、老撾酌情做出讓步，在柬埔寨不求劃區只求政治解決，而把寮國南北劃為邊區。[6] 在 6 月 15 討論印度支那和平問題

1　中華人民共和國外交部檔案館編：《中華人民共和國外交檔案選編（第一集）—— 1954 年日內瓦會議》，第 262 頁。

2　莫洛托夫與張聞天會談紀要：中共準備積極參加日內瓦會議（1954 年 3 月 6 日），АВПРФ（俄羅斯聯邦對外政策檔案館），ф.06，оп.13а，п.25，л.7.

3　"Chính phủ Kháng chiến Pathét Lào tuyên bố ủng hộ lời tuyên bố của đoàn đại biểu Việt Nam tại Hội nghị Giơnevơ" (13-5-1954), Lịch sử quan hệ đặc biệt Việt Nam-Lào, Lào-Việt Nam, 1930-2007 : văn kiện (vol II), tr.353-354.

4　中華人民共和國外交部檔案館編：《中華人民共和國外交檔案選編（第一集）—— 1954 年日內瓦會議》，第 132 頁。

5　中共中央文獻研究室編：《周恩來傳》（第三冊），北京：中央文獻出版社，1998 年 2 月版，第 1127 頁。

6　中共中央文獻研究室編：《周恩來年譜》（上卷），北京：中央文獻出版社，1998 年 2 月版，第 385-386 頁。

的第十四次限制性會議上，范文同提出了解決印支問題的新建議，首次
表示要尊重越、老、柬三國獨立統一和各自的內政制度。[1] 中方代表團在此
次會議上也正式表態認為印支三國的情況是不完全相同的，在解決老撾
和柬埔寨的問題時，應當根據各國的具體情況加以考慮。同時中方還提
出了包括越南志願部隊在內的所有外國武裝力量及軍事人員從老、柬撤
退的建議。[2] 不可否認的是，越南民主共和國代表上述立場的轉變在很大程
度上是一種策略上的應付。就在 6 月 20 日，越勞中央召集高棉及巴特寮
抗戰政府代表開會，通報目前日內瓦會議的形勢，意在告知棉、寮共產
黨人，為粉碎美國干涉者和法國殖民者的陰謀，必須擁護蘇聯和中國黨
的提議，但從原則上來說應當牢記必須反對將高棉、巴特寮問題同越南
問題相分離。[3]

　　越南勞動黨的這一指示暗示了印支共產黨人並不打算在未來認真
履行其在日內瓦會場上的承諾，但在當下，共產主義陣營形成的統一意
見的確迅速打開了日內瓦會議上的持續僵局，特別是 6 月中旬拉尼埃內
閣宣佈辭職之後，共產黨人在老、柬問題上的讓步在很大程度上幫助穩
固了法國新政府的基礎。6 月 23 日，新任總理兼外長孟戴斯－弗朗斯
在同周恩來進行的會談中不無感激地表示，中法之間的意見正在接近，
在老、柬問題上取得的進展大部都是通過中國代表團所做的努力而得到
的。[4] 孟戴斯－弗朗斯政府釋放的善意使中國黨進一步認識到拉攏法國的重
要性，按照周恩來的話說，目前的「策略重心應放在鼓勵法國的積極性

1　中華人民共和國外交部檔案館編：《中華人民共和國外交檔案選編（第一集）—— 1954 年日
　　內瓦會議》，第 225 頁。

2　中華人民共和國外交部檔案館編：《中華人民共和國外交檔案選編（第一集）—— 1954 年日
　　內瓦會議》，第 170-171, 176 頁。

3　"Lời tuyên bố của Hội nghị khối Liên minh nhân dân Việt-Khơme-Lào" (20-6-1954), *Lịch sử quan hệ đặc
　　biệt Việt Nam-Lào, Lào-Việt Nam, 1930-2007 : văn kiện* (vol II), tr.357.

4　中華人民共和國外交部檔案館編：《中華人民共和國外交檔案選編（第一集）—— 1954 年日
　　內瓦會議》，第 225 頁。

上，要使法國不完全聽美國的話，使英國對停戰也表示贊成。」[1]為此，從
7 月 3 日至 5 日，中共代表同胡志明等越勞領導人在柳州舉行了八次會
談，目的在於就停戰劃界問題統一越方的看法，以求儘快在適當的情況
下停止印支戰爭。儘管此時距離最終達成協議尚有一段距離，但中國方
面已經從法國代表團那裏得到了保證，只要停戰得以實現，那麼法國就
不會考慮建立包括印支三國的東南亞同盟，印支地區也不會與別國締結
軍事同盟或設立其他外國基地。而英國方面也表達了類似的看法。[2]從這個
角度來說，中國政府參加日內瓦會議解決印支問題的初衷基本上得到了
滿足。

三、日內瓦協議對老、柬共產黨人及越南戰略方針的影響

　　隨着 7 月 20 日孟戴斯－弗朗斯在就職時提出的達成印支和平協議的
最後期限的臨近，駐日內瓦的越南代表團仍在南北分界問題上同法方爭
執不休。為避免之前法、英做出的承諾受到影響，中國方面不得不考慮
加緊催促越南談判人員儘快實現同法國人的妥協。7 月 12 日，周恩來重
返日內瓦，向范文同介紹柳州會談的情況及中越兩黨間達成的共識。周
的意見是，要主動、積極迅速地進行談判活動和解決問題，要使問題簡
單化，避免使談判複雜化，要以法方為主要的對象，提出的條件要考慮
對方接受的可能性。同時他還向范文同轉達了毛澤東的意見，即為了達
成協議，只要不改變基本要點，在談判中可以接受與方案稍有出入的變
通辦法。[3]

　　來自中國的影響對越南代表團接受沿北緯十七度線劃界的方案起到

1　中共中央文獻研究室編：《周恩來傳》（第三冊），第 1129 頁。
2　中華人民共和國外交部檔案館編：《中華人民共和國外交檔案選編（第一集）—— 1954 年日
　　內瓦會議》，第 248，308 頁。
3　中華人民共和國外交部檔案館編：《中華人民共和國外交檔案選編（第一集）—— 1954 年日
　　內瓦會議》，第 190 頁。

了關鍵性作用。7 月 16 日，法越雙方就軍事分界線劃分最終達成妥協，20 日，有關在印度支那地區停止敵對行動的協定簽訂。主要包括在印支全境實現停火；劃分南北臨時分界線，雙方軍隊從對方集結區撤退；尊重越、老、柬的獨立、主權和領土完整以及三國分別舉行普選以實現民主基礎上的統一等內容。次日，日內瓦會議通過了《最後宣言》，確認並支持了與會各國達成的相關協定。至此，持續了近六年半之久的第一次印度支那戰爭宣告結束。

　　日內瓦協議的達成對於大多數與會國來說都是一種有利的選擇。特別是中國政府，儼然成為了此次會議最大的贏家。這不僅表現在其外交局面的打開及國際影響力的提升上，更重要的是，中國得以利用日內瓦協議暫時排除了美國軍事介入印支地區的可能，避免了越、老、柬三國政府被拉入東南亞反共體系的危險，消除了停戰後短期內美國對中國南部構成的直接威脅。

　　不過對於印度支那共產黨人特別是越南勞動黨來說，日內瓦會議最終的結果也包含了相當多的讓步成分。通過日內瓦協議，越南民主共和國獲得了包括河內、海防在內的整個北部紅河三角洲地區，其控制下的解放區的確得到了擴大和鞏固。但另一方面勞動黨在老、柬地區及越南南方的戰略意圖卻不可避免地遭遇到挫折。長期以來，越南勞動黨所強調的觀點是必須在越、老、柬團結統一的基礎上將印支民族獨立戰爭進行到底。因此儘管在奠邊府一戰之後，勞動黨及人民軍高層已經認識到很難將戰爭繼續下去，和談幾乎是不可避免的選擇，[1] 但在中下級幹部及普通群眾中，還是有很多人不理解為什麼要同法國人談判，不相信日內瓦會議能夠成功。這也迫使勞動黨方面不得不去做大量宣傳解釋工作。[2] 同樣的情

1　李丹慧：《日內瓦會議上中國解決印支問題方針再探討》，第 28-29 頁。

2　"Điện của Ban Bí thư"(11-5-1954), *Văn kiện Đảng toàn tập* (tập15), tr.106-107; "Nghị quyết Hội nghị Thường vụ Liên khu uỷ III" (14-5-1954), *Văn kiện Đảng toàn tập* (tập15), tr.548-549.

況在日內瓦會談接近尾聲時再次出現。1954 年 7 月 15 日至 17 日，越勞
中央召開由胡志明主持的二屆六中全會，目的在於向黨內外傳達當前國
內外形勢及任務，特別是要在新的戰略轉變的背景下統一全黨的思想認
識，避免在日內瓦協議開始執行以後可能出現的「左傾」盲目樂觀懈怠
或「右傾」悲觀絕望的心態。[1] 為此，由勞動黨中央宣傳委員會領頭，制訂
了嚴格的宣傳計劃，要求在幹部、工人、軍隊中進行教育和解釋，打通
羣眾的思想，並要及時進行情況反饋。[2]

　　越南勞動黨之所以格外強調日內瓦會議後宣教工作的重要性，是因
為共產黨人不希望看到由於需要對長期以來所奉行的革命路線進行調整
而產生思想上的混亂。而這其中的一個重要方面就是越南黨不能再公開
操縱老、柬共產主義運動與越南的解放事業合為一體。一直以來，越南
民主共和國只承認與之密切合作的老、柬抗戰政府，而將萬象、金邊及
西貢政權斥之為傀儡。但在日內瓦會議上，中國政府代表團不僅承認了
老、柬王國政府的合法性，與其代表進行了磋商，還同意老、柬可以從
除美國之外的其他國家輸入武器彈藥。[3] 而對於老、柬抗戰政府及各自領導
下的抵抗力量，日內瓦協議的相關規定是，巴特寮政府及其抵抗部隊集
結到上寮的桑怒、豐沙里兩省等待參加全國選舉，高棉抵抗部隊則實行
就地復員或加入王國軍。[4] 與之相應的是，駐老、柬的越南志願部隊及專
家、幹部也必須在規定的時間內撤離。從這個意義上來說，越南勞動黨
支持下的所謂老、柬抗戰政權即將陷入名存實亡的境地，以至於有相當

1　"Để hoàn thành nhiệm vụ và đẩy mạnh công tác trước mắt" (15-7-1954), *Văn kiện Đảng toàn tập* (tập15),
　　tr.178-179.

2　"Chỉ thị của Ban Bí thư về tuyên truyền về những Hiệp định của Hội nghị Giơnevơ, tình hình và nhiệm vụ
　　mới" (27-7-1954), *Văn kiện Đảng toàn tập* (tập15), tr.243-247.

3　中華人民共和國外交部檔案館編：《中華人民共和國外交檔案選編（第一集）—— 1954 年日
　　內瓦會議》，第 323, 335 頁。

4　中華人民共和國外交部檔案館編：《中華人民共和國外交檔案選編（第一集）—— 1954 年日
　　內瓦會議》，第 523, 531 頁。

一部分越方軍政幹部，特別是負責相關工作的領導對此難以理解，認為之前在老、柬開闢的鬥爭局面即將付之東流。[1]

　　對於這樣一個結果，自然也是越南黨所不願看到的。在日內瓦談判期間，越南民主共和國代表曾努力試圖使兩個抗戰政府的合法地位得到承認，但包括中國在內的與會國並沒有去仔細考慮老、柬共產主義組織同越南勞動黨之間的特殊關係。在七月份的二屆六中全會上，越勞中央承認，出現這一情況的主要原因還是由於老、柬革命組織的力量太弱，並始終被看作是越南共產黨人的附庸從而遭到忽視。而要改變這種狀況，使老、柬的革命鬥爭不至於因為執行日內瓦協議的相關條款而遭打斷，必須儘快鞏固加強兩國共產主義者各自的組織和軍事力量。[2] 從實際情況來看，越南勞動黨顯然也沒有打算坐視老、柬共產主義運動的前景化為烏有。1954 年 6 月底，駐上寮志願部隊司令部發佈指示，要求盡全力幫助老撾進行武裝力量及半武裝民兵力量的建設以應對日內瓦會議後出現的新形勢，具體包括徵兵、軍事政治教育、幹部培養、提供裝備給養等內容。目標是到 1954 年底基本完成建設計劃，使巴特寮戰鬥部隊具備獨立作戰的能力。[3] 此外，越勞中央還給駐上寮志願部隊政委兼老撾抗戰政府顧問阮康（Nguyen Khang）發去電文，要求暫緩撤離在老撾活動的越南幹部，而是要將他們集中派往中寮、下寮及琅勃拉邦進行解釋動員工作，並為老撾共產主義者的正式建黨做好準備。[4] 在越方的指示和幫助下，

1　"Báo cáo của Trung ương Cục Miền Nam về Hội nghị cán bộ P.L.K miền Tây để nhận định tình hình và nhiệm vụ mới" (8-1954), *Văn Kiện Trung ương Cục Miền Nam giai đoạn 1946-1975* (tập5), tr.930-931.

2　"Để hoàn thành nhiệm vụ và đẩy mạnh công tác trước mắt" (15-7-1954), *Văn kiện Đảng toàn tập* (tập15), tr.214-215.

3　"Chỉ thị của Bộ Tư lệnh Thượng Lào về việc đem hết khả năng giúp Lào xây dựng lực lượng vũ trang, bán vũ trang" (29-6-1954), *Lịch sử quan hệ đặc biệt Việt Nam-Lào, Lào-Việt Nam, 1930-2007 : văn kiện* (vol II), tr.484-488.

4　"Lương điện anh Khang thông báo kết quả Hiệp định Giơnevơ và chỉ đạo về công tác giúp đỡ cách mạng Lào" (30-7-1954), *Lịch sử quan hệ đặc biệt Việt Nam-Lào, Lào-Việt Nam, 1930-2007 : văn kiện* (vol II), tr.379-381.

1955 年 3 月 22 日，原印支共產黨老撾籍黨員在桑怒省舉行第一次全國代表大會，宣佈正式成立老撾人民黨，由深得越南勞動黨青睞的凱山・豐威漢出任總書記兼中央軍委書記和武裝力量總指揮。

　　與巴特寮的革命者相比，高棉抗戰政府並沒有從越南勞動黨那裏獲得同等規模的援助。其中最主要的原因是根據日內瓦協議，共產黨人沒能在柬埔寨境內獲得可供集結的領土，這也意味着在缺乏可供依託的根據地的情況下，越南勞動黨不可能給予高棉共產主義者充分的支持。此時的前高棉抗戰人員面臨着兩種選擇，要麼放下武器，參加諾羅敦・西哈努克（Norodom Sihanouk）政府將於 1955 年組織的普選，要麼跟隨越南志願部隊一同撤回北越。在這種情況下，1954 年 10 月底，原高棉抗戰政府宣告解散，其中有約 2000 餘人在山玉明的率領下撤往越南北方，由越勞中央負責對其進行培訓，參加北越的「社會主義建設」。另外一千餘人則繼續留在柬埔寨，越勞中央指定遲亨、杜斯木等人組成高棉人民革命黨臨時中央委員會，由遲亨擔任總書記。[1]

　　概括來說，日內瓦協議的達成在某種程度上限制了越南勞動黨在老、柬境內繼續培植由其控制的共產主義小集團的意圖。由於已經在遵循國際政治規則的前提下參與到了日內瓦談判中，越勞中央不得不考慮改變自己一直以來作為老、柬共產黨人庇護者和幕後支持者的身份。[2] 為此，在日內瓦會議後，越南勞動黨允許老、柬兩黨以公開合法的身份參與各自的國內政治。同時，為確保能夠繼續對「獨立」的兩黨加以控制，越方還成立了以黎德壽為委員長的寮棉中央委員會，以保證越勞中央關於老、柬問題的指示、決議能夠順利得以執行。[3] 不過，一個明顯的趨勢

1　中共中央對外聯絡部編印：《各國共產黨概況》，第 44-45 頁。

2　"Để hoàn thành nhiệm vụ và đẩy mạnh công tác trước mắt" (15-7-1954), *Văn kiện Đảng toàn tập* (tập15), tr.214-215.

3　"Nghị quyết của Ban Dí thư Trung ương Lao động Việt Nam về việc thành lập Ban Lào-Miên Trung ương" (10-8-1954), *Lịch sử quan hệ đặc biệt Việt Nam-Lào, Lào-Việt Nam, 1930-2007 : văn kiện* (vol II), tr.466-468.

是，在維持着對老撾人民黨的影響的同時，越南勞動黨對於留在柬埔寨本土的共產黨人的控制力卻在不斷削弱，這也是導致日後柬埔寨共產主義運動發生嬗變的一個重要原因。

當然，越南勞動黨支持老、柬共產黨人調整路線方針的根本前提是因為其本身也面臨着同樣的轉型任務。日內瓦協議的簽署，意味着在印支局勢沒有發生劇烈變動的情況下，越南民主共和國政府不能再公開將革命戰爭作為實現民族獨立統一的唯一途徑。外交及政治手段已經成為越南共產黨人必須學習和掌握的技巧。特別是在處理南方政權問題方面，勞動黨認為，從武裝鬥爭轉向政治鬥爭已經不可避免。至少在南方政權遵循停戰協定，承認人民民主自由的前提下，如果繼續採取激烈的鬥爭方法，要求南方迅速成為自由區，那麼不可避免地會引起親美派及頑固派的強烈反對，反而會加強南方政府。因而目前在南方的公開任務是以和平統一、民主獨立的口號及統一戰線的政策來擴大影響力和爭取廣泛同情。[1] 按照日內瓦協議的原則，在越南南方的黨員幹部、武裝力量及其家屬等大約有 10 萬人需要轉移至北方，不過，勞動黨顯然並不打算嚴格遵守這一規定 —— 事實上仍有一萬餘名革命者將繼續祕密留在南方開展工作。[2] 並且越南民主共和國也從未打算同吳庭艷（Ngo Dinh Diem）政府實現任何真正的合作。與老、柬共產主義者的策略同出一轍，越勞中央所確定在越南南方的基本方針就是要將合法與不合法的鬥爭結合起來，主要任務是以公開的政治組織及羣眾運動為掩護，通過宣傳鼓動和鬥爭教育在隱蔽的狀態下擴充黨的組織及戰鬥力量，最終實現推翻傀儡政權的目標。[3]

1　"Nghị quyết của Bộ Chính trị về tình hình mới, nhiệm vụ mới và chính sách mới của Đảng" (15-7-1954), *Văn kiện Đảng toàn tập* (tập15), tr.307-308.

2　Lien-Hang T. Nguyen, *Hanoi's War: An International History of the War for Peace in Vietnam*, The University of North Carolina Press, 2012, p31.

3　"Chỉ thị của Bộ Chính trị về tình hình mới và nhiệm vụ công tác mới của miền Nam" (6-9-1954), *Văn kiện Đảng toàn tập* (tập15), tr.271-282.

正是由於日內瓦協議確定了越南南北分治的格局，暫時打消了北方共產黨政權武力統一全國的念頭。因而在此之後，南部越南在越南勞動黨中央的戰略方針中的地位出現了變化。1954 年 9 月，為了爭取一切可以爭取的反美、支持和平統一的力量，適應日內瓦會議後的形勢，勞動黨中央政治局做出決定，撤銷南方中央局，恢復南部地委直接負責南方各區工作。同時規定中央將專門設立一個部門指導南方革命，而該部門需由一名政治局成員負責。[1] 10 月，黎筍再次當選為南部地委書記。數月之後，其副手黎德壽被調回河內的中央政治局。這也意味着指導越南南方革命的任務將主要由黎筍擔負。對於黎筍本人而言，日內瓦協議關於越南「南北分治」的規定是一個不得不吞咽的苦果，[2] 儘管十分不情願，但他還是不得不承認越南南方革命形勢還遠談不上成熟。[3] 更何況，正如勞動黨南方局中央向下傳達意見時所言：及時停戰，遏制美國的陰謀，不僅符合越南的利益，也是各民主國家的需要。因此即便對美國抱有懷疑，也不要完全否認停戰協定的可行性。[4]

同越南勞動黨勉強接受協議的態度相比，美國政府對日內瓦協議的牴觸情緒則表現得更加明顯。在 7 月 21 日日內瓦最後一次全體會議上，美方代表表示其政府不會參加會議的有關宣言，但美國將不會使用威脅或武力來妨害這些協定和條款的執行，並且將把違反協定的任何侵略行為都視為對國際和平安全的嚴重威脅。[5] 美國政府的上述立場意在表明，華

1　"Chỉ thị của Bộ Chính trị về tình hình mới và nhiệm vụ công tác mới của miền Nam" (6-9-1954), *Văn kiện Đảng toàn tập* (tập15), tr.280-281.

2　Lien-Hang T. Nguyen, *Hanoi's War: An International History of the War for Peace in Vietnam*, pp.33-34.

3　"Điện của đồng chí Lê Duẩn nêu ý kiến về đường lối chung và sách lược cách mạng của Đảng ở nông thôn và nhận định của Trung ương về Chính phủ Ngô Đình Diệm và chủ trương của ta" (25-10-1954), *Văn Kiện Trung ương Cục Miền Nam giai đoạn 1946-1975* (tập6), tr.28-30.

4　"Báo cáo của Trung ương Cục Miền Nam về tình hình và nhiệm vụ mới của cách mạng miền Nam" (1954), *Văn Kiện Trung ương Cục Miền Nam giai đoạn 1946-1975* (tập6), tr.125-129.

5　中華人民共和國外交部檔案館編：《中華人民共和國外交檔案選編（第一集）—— 1954 年日內瓦會議》，第 201 頁。

盛頓對於日內瓦會議及其達成的結果並不滿意，但又不得不承認最終協議的現實意義。

　　1954 年 7 月 22 日，也就是日內瓦會議結束後第二天，杜勒斯在美國國家安全委員會第 207 次會議上明確提出要在八月底之前儘快完成有關東南亞集體安全條約相關事宜的討論。[1] 隨後，美國政府開始加緊對英、法兩國進行政策游說，極力爭取來自盟國的支持。經過近五個月的談判，1954 年 9 月 6 日，美、英等八個國家在菲律賓馬尼拉簽署《東南亞集體防務條約》，正是藉助該防務條約，美國把防止南越被共產黨顛覆同東南亞條約組織的義務捆綁起來，而隨着日內瓦會議後法國勢力陸續撤出印支半島，美國也終於實現了同南越政府的直接接觸，得以在沒有殖民主義干擾的前提下同南方政權在反共事業上建立密切的合作。[2]

　　在這一過程中，篤信天主教的民族主義者吳庭艷逐漸被美國政府接受為一個可以合作的對象。1954 年 7 月中旬，在美國人的影響下，吳庭艷被保大任命為內閣總理，從此成為南越政權的代言人。對於吳庭艷本人的政治基礎及執政能力，艾森豪威爾政府內部普遍並不看好，但考慮到他堅定的反共立場，美國人寧可暫時忽視其治下政府的種種先天缺陷。更何況在日內瓦會議結束後的三個月裏，南越政府面臨的內外交困的局面使得艾森豪威爾政府已經無暇再去考慮其他人選。

　　1954 年底，前北約常務軍事委員會美國代表勞頓·柯林斯（Lawton Collins）將軍接受總統的委派出任駐西貢大使級特別代表。臨行前，柯林斯聆聽了艾森豪威爾的指示，承擔了前往西貢幫助穩定和加強吳庭艷

1　U.S. Department of State, *Foreign Relations of United State (FRUS)*, 1952-1954, Vol.13, U.S. Government Printing Office, 1982, p1869.

2　U.S. Department of State, *Foreign Relations of United State (FRUS)*, 1952-1954, Vol.13, U.S. Government Printing Office, 1982, p1953.

合法政府的緊迫任務。[1] 柯林斯的到任標誌着美國政府同吳庭艷事實上合作的開始。在此之後，柯林斯把主要精力放在了協調同法國軍方以及美國駐越南軍事顧問團（MAAG）進行合作的問題上，並着力為南越政府的內部安全和政治經濟穩定設計相關的解決方案。艾森豪威爾政府決定對南越政府進行扶植是美國深度介入印度支那的先兆。儘管這種隱蔽行為並未公然違反日內瓦協議的具體條款，但它無疑是同日內瓦的精神相牴觸的。同時也必然會引起北方政權的激烈反應。因為就在 9 月底召開的越勞中央政治局會議上，共產黨人已經指出，吳庭艷只是美國人手中的一張撲克牌，並提出要利用吳庭艷與國民軍總參謀長阮文馨（Nguyen Van Hinh）之間的矛盾以及美、法分歧調動南方反美反傀儡的力量，逼迫吳庭艷下台。[2]

而到了 11 月底，南北矛盾迅速激化的問題已經變得異常突出。這不僅表現在南越政府嚴格的輿論管制和對北越幹部及親共人士的殘酷捕殺上，[3] 更為嚴重是在北方人口中出現了大規模的移民運動。根據《日內瓦協議》的條款規定，在交戰雙方軍隊重新集結的過程中，越南南北居民可以進行自由遷徙。為增加總人口，使南方在 1956 年的選舉中處於有利地位，美國及吳庭艷政府通過渲染共產主義的報復政策，北方對教民的迫害以及基督已經來到南方等宣傳內容恐嚇、煽動了近九十萬北越平民南遷。其中大部分的人為天主教徒、公務員、教師或知識分子等。[4] 南方事

1　Office of Joint History Office of the Chairman of the Joint Chiefs of Staff, *History of the Joint Chiefs of Staff: the Joint Chiefs of Staff and the Prelude to the War in Vietnam, 1954-1959*, Washington, DC, 2007, p35.

2　"Điện của Ban Bí thư về nhận định tình hình và chủ trương công tác mới" (6-10-1954), *Văn kiện Đảng toàn tập* (tập15), tr.327-329.

3　"Chỉ thị của Bộ Chính trị về việc gây một phong trào rộng lớn và mạnh mẽ của các tầng lớp nhân dân toàn quốc chống các hành động trắng trợn của đối phương vi phạm Hiệp định Gionevơ" (26-11-1954), *Văn kiện Đảng toàn tập* (tập15), tr.377.

4　"Chỉ thị của Ban Bí thư về việc đấu tranh chống Pháp và bọn Ngô Đình Diệm dụ dỗ và bắt ép một số đồng bào ta vào miền Nam" (26-11-1954), *Văn kiện Đảng toàn tập* (tập15), tr.263-264.

態的變化引發了越南民主共和國的強烈不滿，共產黨人將其稱之為敵人對日內瓦協議明目張膽的違反。在 12 月中旬勞動黨中央執行委員會的指示中，美國政府首次被正式定義為越南人民的主要敵人，南北之間的緊張形勢被解釋為美帝國主義陰謀最充分的展示。越南勞動黨由此號召全黨、全軍、全體人民投入到反對美帝及吳庭艷走狗的運動當中，抵制南方政府計劃中舉行的選舉。[1] 到 1954 年底，在南越發生的事實已經清晰地表明，日內瓦會議結束僅僅數月之後，印支半島剛剛出現的所謂的和平局面幾乎就已經走到了盡頭。需要強調的是，在日內瓦達成的協議對於北越的長遠戰略來說只是一種暫時的束縛，事實上越南勞動黨從未打算徹底放棄自己在推進印支革命、爭取國家統一問題上的既定方針。正是為了保住抗法戰爭在北方取得的成果，北越才不得不對其在印支地區的固有政策進行調整，做出讓步。而一旦得到美國支持的南越反共力量拒絕遵守同北方達成的協議，北越必然會再次推動印支聯合抗戰的局面並加速勞動黨內部的強硬路線重新佔據上風。

1　"Chỉ thị của Ban Chấp hành Trung ương về tuyên truyền vận động đẩy mạnh đấu tranh chống đế quốc Mỹ can thiệp vào Đông Dương và phá hoại Hiệp định đình chiến" (17-12-1954), *Văn kiện Đảng toàn tập* (tập15), tr.409-411.

第三章　印支三國共產黨人的命運與越南勞動黨統一南方的方針（1955—1960）

在 1954 年日內瓦會議結束後的幾年中，印支三國的共產主義者分別面臨着不同的處境和前景。越南勞動黨為鞏固北緯十七度線以北的政權，加緊融入以蘇、中為首的共產主義陣營以爭取寶貴的援助，而在河內的支持下，老撾共產黨人得以憑藉上寮根據地的依託同老撾王國政府達成政治協議。失去外界支持的高棉共產主義者則在西哈努克政權的打擊下逐漸發生分化。而從整體上來看，無論是共產黨人一方還是積極反共的政治力量都存在打破《日內瓦協議》束縛的意圖。在中、蘇分歧漸顯的背景下，越勞方面隨着自身內部權力格局的調整變化逐步開始重新強調武裝鬥爭的必要性，同時得到美國支持的南越政府及老撾王國政府亦採取一系列以排斥共產黨人為目的的破壞《日內瓦協議》的措施。這些情況促使北越黨和政府基本確定了武力統一南方的方針。在這一過程中，由於把主要精力放在了鞏固北方社會主義建設，應對越南南方鬥爭形勢問題上，加之受到客觀條件的限制，北越對於老撾、柬埔寨地區共產主義運動的關注和控制力都有所減弱，這一方面表現在在處理老撾危機的過程中，中、蘇兩國發揮了更為關鍵的作用，另一方面則表現在，共產黨人在柬埔寨的活動開始出現擺脫河內控制的跡象。但同幾乎完全放棄對高棉共產黨人的支持相比，越南勞動黨依然維繫着對巴特寮的援助和控制，以確保不至於丟失寮國境內的兩省根據地而威脅到武力統一

南越的戰略方針。而這種狀況在此後相當長的時間裏將始終得以維持，直至柬埔寨的局勢發生突變。

第一節 「和平」政治中的印支三國共產黨人

一、越南民主共和國的恢復與鞏固

　　1954 年日內瓦協議達成之後，東南亞集體防禦體系的迅速建立以及南越政權的挑釁舉動在很大程度上衝擊了社會主義各國關於和平共處的主張，加劇動搖了越南勞動黨對於政治解決南北分治問題的耐心。但中、蘇兩國並沒有因此而改變爭取和平的態度。出於避免戰爭，爭取和平環境發展經濟實現工業化的考慮，中國領導人仍力主維持印度支那地區的和平，宣傳不同制度的國家可以和平共處。[1] 而蘇聯方面也支持通過執行日內瓦協議建立一個實行普選的政府，並提醒越南共產黨人應當以謹慎的態度處理同南越之間的關係，不要將吳庭艷及其政府冠之以「傀儡集團」「美帝國主義的走狗」等稱號。[2] 針對北方天主教徒逃離南下的問題，莫斯科還建議越南同志儘量不要阻撓個別的遷移行為，並且應在天主教徒中間多做解釋工作，對天主教會執行更加靈活的政策，避免在教徒移居南方問題上給敵對勢力的宣傳留下口實。[3]

　　來自中蘇兩黨的意見對於越南勞動黨的影響是明顯的。進入 1955 年 2 月份以後，越南民主共和國開始以更加懷柔的政策處理同南方政權的爭執。在南北方軍事分界線上，北方政府大力組織通信、經商、文體新聞

1　李丹慧編：《中國與印度支那戰爭》，香港：天地圖書有限公司，2000 年版，第 28-31 頁。
2　諾維科夫就范文同的聲明事宜致莫洛托夫的報告（1954 年 12 月 29 日），АВПРФ，ф.079，оп.9，п.6，д8，л.51.
3　關於同越南政府代表團進行談判的指示（1955 年 4 月 17 日），АВПРФ，ф.022，оп.8，п.117，д.30，л.12-21.

交流等等形式的和睦親善活動，一方面依據日內瓦協議精神宣傳推動和平統一，另一方面利用民族情和親情爭取民意。[1]此外，越勞中央政治局在2月中旬的會議上承認在之前工作中確實出現了一些嚴重的錯誤，諸如宣傳上的被動遲緩，對宗教的嚴格管制、農業稅徵收過高等都成為被敵人利用的把柄。[2]為徹底解決對南方政權工作中存在的問題，統一立場，3月3日到12日，越勞中央執行委員會召開第七次擴大會議，指出目前黨的根本任務是爭取實現停戰協定，防止和克服一切破壞停戰協定的企圖，從而有利於鞏固完成北方的土地改革和生產任務，同時不忘維護和促進南方的政治鬥爭。[3]二屆七中擴大會議的決議顯示出勞動黨中央對待南方局勢態度的軟化。特別是其中提到，如果敵人違反了日內瓦協議中一定數量的條款，應採取發動羣眾進行鬥爭以及加大國際宣傳力度的措施使對方改變態度。[4]這一表述同數月之前對美國及吳庭艷政府的嚴厲攻擊顯然大不一樣。此次會議結束之後，北越政府隨即對多項工作進行了糾錯整改，包括組織工作隊加大宣傳勸說力度，調撥糧食解決饑饉貧困問題，不再強制阻攔決心前往南方的人員，嚴厲懲處在宗教政策上違反規定的官員等。[5]為爭取天主教民對河內政權的好感和支持，勞動黨還特別規定在重要的宗教節日必須派出政府代表向教徒表示祝賀並為其宗教活動提供幫助。[6]

1　"Chỉ thị của Ban Bí thư về việc gây một cuộc vận động lập lại quan hệ giữa hai miền Bắc và Nam giới tuyến quân sự tạm thời" (29-1-1955), *Văn kiện Đảng toàn tập* (tập16), Hà Nội : Nhà xuất bản Chính trị quốc gia, 2002, tr.34-38.

2　"Chỉ thị của Bộ Chính trị về đẩy mạnh đấu tranh phá âm mưu mới của địch trong việc dụ dỗ và cưỡng ép giáo dân di cư vào Nam" (16-2-1955), *Văn kiện Đảng toàn tập* (tập16), tr.67-68.

3　"Kết luận cuộc thảo luận ở Hội nghị trung ương lần thứ bảy" (3-3-1955), *Văn kiện Đảng toàn tập* (tập16), tr.175-176.

4　"Kết luận cuộc thảo luận ở Hội nghị trung ương lần thứ bảy" (3-3-1955), *Văn kiện Đảng toàn tập* (tập16), tr.189.

5　"Chỉ thị của Ban Bí thư về tăng cường chỉ đạo, tích cực đấu tranh phá âm mưu địch cưỡng ép và dụ dỗ giáo dân di cư" (21-4-1955), *Văn kiện Đảng toàn tập* (tập16), tr.271-274.

6　"Thông tư của Ban Bí thư về việc tổ chức lễ Phục sinh cho đồng bào Công giáo và đề phòng địch lợi dụng dịp này để dụ dỗ cưỡng ép đồng bào di cư" (24-3-1955), *Văn kiện Đảng toàn tập* (tập16), tr.234-236; "Chỉ thị của Ban Bí thư về việc tổ chức lễ 'Linh hồn và Xác Đức Bà lên trời' cho đồng bào Công giáo" (5-8-1955), *Văn kiện Đảng toàn tập* (tập16), tr.463-465.

　　幾乎可以肯定的是越勞中央決定暫時放棄同南方進行尖銳對抗的「冒險思想」同樣也是審時度勢的策略性手段，因為此時的越南民主共和國政府的確需要把主要精力投入到經濟社會的恢復建設當中。經過抗法戰爭的破壞和損耗，此時越南北方經濟瀕臨崩潰，交通幾近癱瘓，特別是農業生產停滯所導致的糧食緊缺問題極為嚴重，加之南越切斷了向北方的稻米輸送，因而在 1954 — 1955 年間，越南民主共和國境內發生了波及近百萬人的饑荒，造成大量人口失去勞動能力，甚至在已經完成土改的地區也出現了餓死人的嚴重情況。[1] 而在工業方面，由於胡志明政府拒絕同法國人合作經營，因而在人民軍接管海防等城市後，法資企業大多已經變賣和搬遷，在北越境內留下的多為手工作坊及少量輕工業工廠。[2] 這一狀況對於共產黨政權的鞏固同樣極為不利 —— 因為在北方從日常生活用品到武器彈藥都無法實現自給。令形勢進一步緊張的是，由於社會秩序的失控，越南北方的匪患日益加重，特別在中越老交界地區，暗殺政府官員及工作人員等破壞活動變得十分頻繁。[3]

　　為幫助越南共產黨人儘快實現對政局的掌控，迅速撲滅各種不穩定因素，中、蘇兩黨在日內瓦會議結束後不久即展開對北越政權的援助行動。1954 年 12 月，中國政府決定向越南民主共和國提供一萬噸大米和五百萬米布匹用於緩解國內供應的緊張局勢。[4] 同時雙方還就交通、郵政、水利等具體事項達成援助協議，包括中方將派遣專家和技術人員到北越協助財經文教等部門開展工作。[5] 為尋求來自共產主義陣營的更大力度的支

1　"Chi thị của Trung ương về tăng cường lãnh đạo chống đói và giải quyết nạn đói" (9-4-1955), *Văn kiện Đảng toàn tập* (tập16), tr.241.

2　Office of Joint History Office of the Chairman of the Joint Chiefs of Staff, *History of the Joint Chiefs of Staff: the Joint Chiefs of Staff and the Prelude to the War in Vietnam, 1954-1959*, pp.101-102, 105.

3　"Chi thị của Trung ương về vấn đề tiếp tục phá âm mưu gây phỉ của đế quốc" (16-4-1955), *Văn kiện Đảng toàn tập* (tập16), tr.253-254.

4　Nguyễn Đình Liêm, *Quan hệ Việt Nam-Trung Quốc : những sự kiện 1945-1960*, tr.109.

5　關於越南要求中國派遣專家和技術人員協助越南工作的往來文件和照會（1954 年 12 月 26 日），中華人民共和國外交部檔案館（以下簡稱「外檔」），106-00019-01，第 5 頁。

持，1955 年 6 月，胡志明率領北越政府及勞動黨中央代表團訪問蘇聯、中國、蒙古諸國，通過此行越南民主共和國從中國方面獲得八億元人民幣的無償援助以及包括四項成套項目在內技術裝備供應。[1] 從蘇聯則得到了 3 億盧布的無償援助以及用於向人民軍供給物資用品的 3000 萬盧布的長期優惠貸款。同時中、蘇兩國還共同派出軍事專家和顧問幫助北越制訂初步的國防計劃。[2]

從中、蘇向越南民主共和國提供的援助貸款的使用分配來看，食品與日用品的生產加工以及資源開採佔據了其中的主要內容，這顯然是為了優先改善北越國民經濟和社會供應的緊張局面。在八月中旬召開的八中全會上，越勞中央表示，黨和政府的政策使人民感到了振奮，北方形勢正趨於穩定。不過共產黨人也承認，鞏固北方的目標仍遠未實現，糧食問題沒有得到根本解決，物價仍不穩定，人民、軍隊和幹部的生活也沒有發生顯著改善。為此，勞動黨還提出了加強鞏固北方的三大工作：努力實現經濟復甦、組織農民發展合作互助生產、加強公安力量鎮壓反革命分子。[3]

越南民主共和國在 1955 年為恢復經濟所進行的努力或許還需要一段時間才能收到成效，但共產黨人在社會動員和掌控方面顯然取得了更為明顯的進展。根據此時仍留在河內的美國領事托馬斯·柯克蘭（Thomas Cororan）的記述，越南共產黨人在接收河內這個法國殖民主義的堡壘之後，立刻實施了高效率的宣傳和動員。民眾被組織起來參加大大小小的游行示威，隨處可見宣傳黨的綱領和反美政策的旗幟、標語和海報，安全保衛人員、巡邏警察以及所謂的人民法庭無孔不入。斯達漢諾夫式的

1　中國和越南聯合公報（1955 年 7 月 7 日），外檔，106-00101-02，第 10 頁；中國和越南關於中國 1955 年援助越南的議定書及附件（1955 年 7 月），外檔，106-00101-05，第 61-62 頁。

2　關於同越南政府代表團進行談判的指示（1955 年 4 月 17 日），АВПРФ，ф.022，оп.8，п.117，д.30，л.12-21.

3　"Nghị quyết Hội nghị Trung ương lần thứ tám" (8-1955), *Văn kiện Đảng toàn tập* (tập16), tr.567-580.

勞動競賽、公務人員的批評與自我批評以及對政治犯們進行的洗腦構成了共產主義政治結構下的主要活動。[1]柯克蘭對於共產黨接管政權後社會政治生活的觀察似乎有渲染的成分，但他的描述卻又印合了北越政府對一些基本工作的要求和安排。而從河內一地的情況已經不難看出，越南勞動黨正在以強有力的手段加緊對新解放區的控制和管理。

　　除了努力消除內部因素可能對政局穩定造成的影響，越南民主共和國還被要求儘可能以友好合作的姿態鞏固自己在國際上的形象和地位。根據來自蘇聯的建議，北越不僅需要強化同共產黨國家之間的密切交往，還應當在和平共處五項原則的基礎上與老撾、柬埔寨王國政府建立正常的政治、經濟和文化關係，加強對這些國家民主力量的工作，特別是要利用萬隆會議的機會，與亞洲、非洲的國家廣泛建立並擴大政治、經濟和文化聯繫。[2]而之所以需要進一步改善越南民主共和國的外交環境，歸根到底還是要為解決南越問題創造條件。因為在社會主義陣營看來，越南南方在執行勞動黨的中央指示方面存在着嚴重缺點，特別是沒能充分利用南方形勢以及美法矛盾，團結一切必要的力量反擊美國的侵略政策。[3]

　　在蘇聯黨的催促下，越南共產黨人不得不擬定了同法國人達成協議的方案，意圖利用美國排擠法國在印支殘存勢力所引發的法美不和而拉攏法國建立反美統一戰線，以便有利於進行 1956 年 7 月的普選。為此目的，越南民主共和國政府表示，可以保證法國人保留他們在南越的經濟利益和文化利益，保證法國企業能在越南領土上在越南民主共和國法律

1　Office of Joint History Office of the Chairman of the Joint Chiefs of Staff, *History of the Joint Chiefs of Staff: the Joint Chiefs of Staff and the Prelude to the War in Vietnam, 1954-1959*, p107.
2　關於同越南政府代表團進行談判的指示（1955 年 4 月 17 日），АВПРФ，ф.022，оп.8，п.117，д.30，л.12-21.
3　莫洛托夫關於越南南方局勢呈蘇共中央的請示（1955 年 5 月 19 日），АВПРФ，ф.06，оп.14，п.12，д.170，л.1-2.

及雙方協議的範圍內無阻礙地活動。[1] 此後不久，越勞中央政治局發出有關南方工作任務的指示，提出當前的核心任務之一是充分利用美、法矛盾，通過建立最廣泛的統一戰線，確保日內瓦協議的落實以及選舉的順利進行。[2]

應該說，到 1955 年上半年，越南勞動黨政治局內部對於計劃中的全國普選是抱有希望的。[3] 但需要看到的是共產黨人期待中的選舉包含的一個重要目的是排除美國對印度支那的全面介入，因此北越多次強調絕對無法接受吳庭艷勢力的存在。勞動黨願意支持由不同政治派別參加的自由選舉，甚至可以允許南方存在比北方地區低一些的政治社會制度，允許法國和親法分子享有一定的特殊權利，但唯一的要求是需要吳庭艷下台，建立一個不是那麼親美，「較少反動」的政府。[4] 為實現這一目標，河內還曾於 1955 年夏指示黎筍同南方的和好（Hoa Hao）、高台（Cao Dai）等反吳叛亂力量聯繫，祕密建立南方愛國陣線委員會，以共同對抗西貢的政權。[5] 毫無疑問共產黨人的這一立場同樣不可能從美國及吳庭艷政府那裏獲得任何妥協的餘地，一個顯而易見的事實是，日內瓦協議關於越南普選條款的執行實際上已經變得遙不可及。

二、老撾、柬埔寨的形勢與共產黨人的處境

在各方密切關注着日益臨近的越南南北普選的同時，老、柬境內

---

1 蘇外交部就會見胡志明致駐越大使的電報（1955 年 5 月 18 日），АВПРФ，ф.079，оп.10，п.7，д.8，л.28.

2 "Chỉ thị của Bộ Chính trị về tình hình hỗn loạn ở miền Nam và nhiệm vụ công tác cụ thể của chúng ta ở miền Nam Việt Nam" (15-6-1955), *Văn kiện Đảng toàn tập* (tập16), tr.383.

3 "Chỉ thị của Xứ ủy Nam Bộ về đấu tranh đòi hiệp thương đi đến tổng tuyển cử" (1954), *Văn Kiện Trung ương Cục Miền Nam giai đoạn 1946-1975* (tập6), tr.451-452.

4 "Chỉ thị của Bộ Chính trị về tình hình hỗn loạn ở miền Nam và nhiệm vụ công tác cụ thể của chúng ta ở miền Nam Việt Nam" (15-6-1955), *Văn kiện Đảng toàn tập* (tập16), tr.390.

5 "Chỉ thị của Xứ ủy Nam Bộ về chủ trương tranh thủ hợp tác với giáo phái Hòa Hảo chống Mỹ-Diệm" (2-7-1954), *Văn Kiện Trung ương Cục Miền Nam giai đoạn 1946-1975* (tập6), tr.314-315.

的各方政治力量也在等待着執行日內瓦協議的相關規定。日內瓦會議之後，老撾王國政府即着手同巴特寮接觸就 1955 年舉行的選舉進行談判。但在涉及巴特寮武裝力量以及豐沙里、桑怒兩省的處置問題上，雙方分歧嚴重。特別是 1954 年 9 月卡代·敦·薩索里特（Katay Don Sasorith）首相上台之後，王國政府對待左派分子的態度愈加強硬，宣稱在老撾內部實現協商的前提是巴特寮放下武器並完全解散目前的軍隊。同時，老撾政府軍從 1954 年底亦開始對共產黨人實施集結的兩省發起軍事圍剿。[1]

　　卡代政府主動對巴特寮實施打壓，一個重要原因是其得到了來自美國政府的支持。第一次印度支那戰爭結束之後，艾森豪威爾政府對該地區在認識上的一個進步就是老撾及柬埔寨戰略價值的提升。特別是老撾呈三明治狀的地理位置，對於防範共產主義對泰國的滲透和擴張意義重大。同時，越南民主共和國在同法國人的作戰中已經顯示出共產黨人對借道老撾實施南下進攻戰略的濃厚興趣，這無疑也加強了美國政府通過鞏固老撾王國政府來保護南越安全的意識。[2] 這些因素促使美國在日內瓦會議後迅速行動起來繞過法國在老撾保留下的訓練團直接插手支持王國政府抵抗共產主義的任務。在 1954 年 12 月出台的 NSC5429 系列文件中，國務院政策規劃小組委員會提請美國政府「要盡一切可能阻止共產黨在老撾和柬埔寨的顛覆及影響」，加強美國同老、柬王國及南越政權的接觸和聯繫，鞏固這些非共產政權。[3]

　　對於美國援助的渴望以及對共產主義革命的恐懼促使以卡代為首的老撾政府「明確而堅決地決定尋求來自『自由世界』的幫助。」[4] 而作為回

1　Lê Đình Chinh, *Quan hệ đặc biệt hợp tác toàn diện Việt Nam-Lào trong giai đoạn 1954-2000*, tr.70-71.

2　U.S. Department of State, *Foreign Relations of United State (FRUS)*, 1955-1957, Vol.21, U.S. Government Printing Office, 1990, p700.

3　U.S. Department of State, *Foreign Relations of United State (FRUS)*, 1952-1954, Vol.13, U.S. Government Printing Office, 1982, pp.2412-2413.

4　格蘭特·埃文斯著，郭繼光等譯：《老撾史》，第 88 頁。

報，王國政府自然要按照美國人的意圖儘可能地削弱巴特寮的影響力，特別是要為巴特寮通過選舉參加聯合政府製造困難，以確保在老撾建立一個不包括任何巴特寮代表的親西方政府。[1] 為彰顯自己堅定的反共立場，在 1955 年 2 月 19 日東南亞條約集體防衛組織於曼谷成立之後，卡代立刻表示包括老撾在內的所有東南亞國家都應當成為其中的成員，並號召共同防衛共產主義對東南亞的威脅。[2]

　　卡代政府與美國的合作對於共產黨人來說是個不小的刺激。蘇發努馮親王在 2 月 23 日發佈談話，譴責王國政府與美國相互勾結違反《日內瓦協議》武力進攻解放區的陰謀，並將抗議信提交至老撾國際監察委員會。[3] 對於巴特寮根據地遭受的軍事圍攻，越南勞動黨方面給予了特別的關注。根據越南共產黨人的看法，在新的形勢下，老撾問題的解決已不僅僅是老撾的基本問題，而是同越南北方的社會主義建設事業及南方解放鬥爭密切相關。[4] 而作為在老、柬地區保存下來的最後的根據地，豐沙里和桑怒兩省的政治、軍事意義對於越南勞動黨來說極為關鍵。因此越勞絕不願坐視巴特寮被逐出上寮地區。

　　1955 年 8 月 1 日，越南勞動黨中央向老撾人民黨全國指導委員會發出指示，指出目前的主要任務之一是採取政治與軍事鬥爭相結合的方式，務必要牢牢掌控上寮兩省並將其建設成為老撾革命的根據地。[5] 而為了

1　溫榮剛：《美國干涉與老撾 1955 年選舉》，《南洋問題研究》，2011 年第 1 期，第 86 頁。

2　"Tuyên bố của Hoàng thân Xuphanuvông về lập trường của các lực lượng Pathét Lào đối với việc thi hành Hiệp nghị Giơnevơ" (23-2-1955), *Sự phát triển của tình hình Lào qua một số văn kiện chủ yếu của Neo Lào Hắc-xạt*, Hà-Nội : Sự thật, 1962. tr.13.

3　"Giác thư của Hoàng thân Xuphanuvông, đại diện các lực lượng Pathét Lào gửi Đại sứ Khốtsla, Chủ tịch Ủy ban Quốc tế ở Lào về các hành động vi phạm hiệp nghị Giơnevơ xẩy ra trên đất Lào, đặc biệt là xẩy ra trong hai tỉnh Phongxalỳ và Sầmnưa, nơi tập kết của Pathét Lào" (6-3-1955), *Sự phát triển của tình hình Lào qua một số văn kiện chủ yếu của Neo Lào Hắc-xạt*, tr.16.

4　Lê Đình Chinh, *Quan hệ đặc biệt hợp tác toàn diện Việt Nam-Lào trong giai đoạn 1954-2000*, tr.72.

5　"Thư của Trung ương Đảng Lao Động Việt Nam gửi các đồng chí trong Ban chỉ đạo toàn quốc của Đảng Nhân dân Lào" (1-8-1955), *Lịch sử quan hệ đặc biệt Việt Nam Lào, Lào-Việt Nam, 1930-2007 . văn kiện* (vol II), tr.458.

支持巴特寮抗擊卡代政府的壓力，越南黨方面亦進一步加大對老撾革命者的援助力度。先後成立指導黨政建設的西部幹事委員會（Ban Can Su Mien Tay）專家團以及直屬於人民軍總司令部代號為「100 團」的軍事專家顧問團在老撾境內幫助巴特寮鞏固對解放區的控制。[1]

　　越方對老撾共產黨人的支持很可能取得了一定的成果。同時對於老撾王國政府軍的戰鬥力顯然也不能高估。因為到 1955 年底，卡代的軍隊並沒能實現吞併巴特寮集結地的軍事目標。不過王國政府在另外一個問題上仍佔有優勢，那就是即將到來的全國普選。由於無法通過談判取得共識，致使巴特寮無法參加選舉，因此卡代政府有理由宣告共產主義者拒絕普選的舉動違反了《日內瓦協議》，並將巴特寮的武裝力量稱之為叛亂者。[2] 王國政府對選舉問題的操縱的確對巴特寮形成了輿論上的壓力。人民黨在內部傳達的指示中承認目前的形勢比較困難，並要求加強對兩省幹部、部隊和群眾的思想教育，以「揭露敵人的陰謀」。[3]

　　在 12 月 25 日如期舉行的選舉中，卡代的國民進步黨以及外交大臣培·薩納尼空（Phoui Sananikone）所屬的獨立黨毫無懸念地贏得了國民議會的多數席位。但出現的一個意外是，由於沒有達到憲法規定的三分之二的票數，卡代被迫交出首相的職權。持中立主義立場的梭發那·富馬（Souvanna Phouma）親王於 1956 年 3 月再次出任首相。由於富馬的中立立場加之他與蘇發努馮是同父異母的兄弟，因此在上台之後，他就立刻尋求同巴特寮之間達成諒解。很快，在 3 月 30 日，老撾王國政府代表團同巴特寮代表團就召開會議討論實現和平、獨立、民主和老撾民族

1　Lê Đình Chinh, *Quan hệ đặc biệt hợp tác toàn diện Việt Nam-Lào trong giai đoạn 1954-2000*, tr.75.

2　"Chỉ thị của Ban Bí thư Trung ương Đảng Nhân dân Lào về việc đối phó với cuộc tổng tuyển cử riêng rẽ của Chính phủ Nhà vua" (11-12-1955), *Lịch sử quan hệ đặc biệt Việt Nam-Lào, Lào-Việt Nam, 1930-2007 : văn kiện* (vol II), tr.469-470.

3　"Chỉ thị của Ban Bí thư Trung ương Đảng Nhân dân Lào về việc đối phó với cuộc tổng tuyển cử riêng rẽ của Chính phủ Nhà vua" (11-12-1955), *Lịch sử quan hệ đặc biệt Việt Nam-Lào, Lào-Việt Nam, 1930-2007 : văn kiện* (vol II), tr.470.

統一取得一致意見，蘇發努馮親王公開宣稱，巴特寮各方力量將積極認真執行《日內瓦協議》的規定以及同王國政府之間達成的解決各種問題的決議。[1]

7月31日，蘇發努馮抵達萬象同富馬舉行直接會談。8月5日，雙方達成了一個聯合宣言。其中同意巴特寮以合法性組織「新伊沙拉」的形式參加政府以及青年、婦女、工人等組織，保障巴特寮人員及前抗戰人員的公民權，關於通過選舉成立聯合政府問題將由雙方隨後研究，由巴特寮控制的兩省將移交給王國政府，由王國政府恢復行政權，巴特寮的軍隊將服從老撾王國政府總指揮部的指揮並在組織上劃歸老撾政府軍。[2] 從巴特寮的角度來說，為了同富馬政府達成上述交易所付出的代價是委實不小，共產黨人不得不放棄了最為關鍵的軍事權甚至是僅有的兩個根據地。但此時國際共產主義陣營特別是中國已經表明了自己的態度：為避免美國介入進來，寮國戰鬥部隊應當立刻停止同王國政府之間的軍事鬥爭，通過談判協商確保老撾的中立地位。[3] 在這種情況下，越、老共產黨人只得接受《日內瓦協議》的安排。

不過即便如此，美國政府對於富馬同巴特寮的接觸，特別是巴特寮代表進入聯合政府一事仍大為不滿。美方認為，老撾政府同巴特寮達成的協議是共產黨人展開滲透活動的第一步。更何況，富馬在8月21日至27日對北京進行的訪問中宣稱歡迎中國向老撾提供援助並表示老撾不需要東南亞條約組織的保護。為此，國務院指示駐萬象的官員向富馬傳遞信息：美國不希望看到共產黨人出現在未來的內閣當中，並以停止援助

1　"Diễn văn của Hoàng thân Xuphanuvông Trưởng đoàn đại biểu Pathét Lào đọc tại sân bay Viên Chăn" (31-7-1956), *Sự phát triển của tình hình Lào qua một số văn kiện chủ yếu của Neo Lào Hắc-xạt*, tr.34-36.

2　"Tuyên bố chung của cuộc đàm phán giữa đoàn đại biểu Pathét Lào và đoàn đại biểu Chính phủ Vương quốc Lào" (5-1956), *Sự phát triển của tình hình Lào qua một số văn kiện chủ yếu của Neo Lào Hắc-xạt*, tr.40.

3　中華人民共和國外交部外交史研究室編：《周恩來外交活動大事記：1949 — 1975》，北京：世界知識出版社，1993年版，第124-125頁。

相威脅。[1] 但富馬並沒有因此而中斷同巴特寮的合作努力。1957 年 10 月 22 日，老撾王國政府與巴特寮的代表簽署組成聯合政府的協議，以老撾愛國戰線（Neo Lao Hak Sat, NLHS）的名義，巴特寮首次取得合法地位。蘇發努馮與富米·馮維希分別在聯合政府中擔任建設與規劃大臣及宗教與美術大臣。一些愛國戰線的人員也被委派至各省擔任相應職務。巴特寮的抵抗部隊被編入老撾皇家軍隊，但僅限於 1500 人，其餘人員被要求復員。[2] 至此，自日內瓦會議後有關老撾局勢的安排終告段落。但可以肯定的一點是，美國政府對這一結果是十分不滿的，共產黨人在萬象聯合政府中的存在終究是一個令華盛頓感到不安的因素。而這也預示了老撾政局在未來依然存在着變數。

同老撾相比，在日內瓦會議結束後的較長時間裏，共產黨人在柬埔寨趨於低潮。在山玉明等人隨越南志願部隊撤回河內後，留在柬埔寨本土的共產主義者除一部分轉入地下外，1955 年 7 月，人民黨臨時中央還選派農蘇恩（Non Suon）、高米斯（Keo Meas）等黨員幹部，用前抗戰人員的名義，成立了公開合法的組織「人民派」，出版《人民報》，投入合法鬥爭。[3] 但在這一時期，柬埔寨的政治社會狀況並沒有給左派人士提供太多的活動空間。即使是美國人也認為，柬埔寨在印支三國中局勢最為穩定且遭受共產主義顛覆的危險性也最小。[4] 而這顯然應當歸功於西哈努克的執政方略。

根據《日內瓦協議》的規定，柬埔寨同樣必須在 1955 年舉行議會大選。而為了擺脫憲政體制對國王身份的限制，能夠參加選舉。西哈努克

1　U.S. Department of State, *Foreign Relations of United State (FRUS)*, 1955-1957, Vol.21, U.S. Government Printing Office, 1990, pp.803-804.

2　Macalister Brown, *Apprentice Revolutionaries: The Communist Movement In Laos, 1930-1985*, p62.

3　中共中央對外聯絡部編印：《各國共產黨概況》，第 45 頁。

4　U.S. Department of State, *Foreign Relations of United State (FRUS)*, 1952-1954, Vol.13, U.S. Government Printing Office, 1982, p2053.

於 1955 年 3 月突然宣佈退位，在將王位轉讓於其父之後，宣佈建立自己的政黨 —— 人民社會同盟（People's Socialist Community）參加政治角逐。該黨派的成員主要為親皇室的高棉貴族以及右翼人士。儘管在獲得朗諾（Lon Nol）、施里瑪達（Sisowath Sirik Matak）等人的支持之後，人民社會同盟已經在政治上取得絕對優勢，但西哈努克仍對不願依附自己的民主黨及人民派實施了威脅和鎮壓，並強迫選民投票支持人民社會同盟。最終 9 月份的選舉結果顯示，西哈努克的政黨獲得了 83% 的選票和議會全部席位，而人民派只得到 3% 的選票。[1]

除了在政治上打壓反對派外，西哈努克穩固自身地位的另一個方法就是在國際上利用柬埔寨的中立地位左右逢源。早在《日內瓦協議》簽訂之初，柬政府方面就同美國駐金邊外交人員進行接觸，表達了希望美國能提供援助的意願。[2]而作為對印度支那政策的一部分，艾森豪威爾政府自然也不會放過擴大對金邊施加影響的機會。特別是柬埔寨連接老撾及南越的戰略位置，令美國人相信向柬提供經濟、軍事援助是有效應對共產主義顛覆活動的必要投入。到 1954 年 11 月，美柬雙方已就經濟援助基本達成協議，華盛頓允諾幫助柬政府修建磅遜港（Kampong Som）以及相關配套設施，同時美國還在金邊設立援外事務管理署，專門負責對柬埔寨的經濟技術援助。[3]1955 年 5 月，美國同柬埔寨簽訂軍事援助協定，根據該協定，除提供武器裝備援助外，美國還向將金邊派駐軍事援助顧問團輔助援助計劃的執行。

柬埔寨同美國之間的密切接觸特別是軍援關係的確立無疑是同《日內瓦協議》的條款相違背的，自然會引起社會主義國家方面特別是中國

1　張錫鎮：《西哈努克家族》，北京：社會科學文獻出版社，1996 年版，第 109 頁。

2　U.S. Department of State, *Foreign Relations of United State (FRUS)*, 1952-1954, Vol.13, U.S. Government Printing Office, 1982, p1886.

3　韋宗友：《論日內瓦會議後美國與柬埔賽關係的演變（1954　1960）》，《東南亞研究》，2006 年第 2 期，第 37 頁。

的警覺和不安。在 4 月份於萬隆召開的亞非會議上，周恩來就提醒西哈努克要當心美國，因為它「比帝國主義還要帝國主義」，很可能會重新奴役剛剛獲得獨立的柬埔寨。[1] 面對中方的疑慮，西哈努克又迅速在周面前做出另外一番表態，稱柬埔寨獲得的美援很少且會保證遵守《日內瓦協議》，柬方將嚴守中立，不會同任何國家結成任何軍事同盟。[2] 應當說，西哈努克宣揚的所謂和平中立政策同此時社會主義陣營所倡導的泛亞非主義是相契合的，同時也為了拉攏這位年青的親王，因而中國並沒有對柬美軍事合作做出激烈的反應，相反，還盛情表達了對西哈努克的尊敬和邀請。這促使了兩國在尚未建交的情況下在 1956 年實現了互訪。在此過程中，中柬雙方於 6 月份達成協議，中國政府決定在 1956 和 1957 年內無償給予柬埔寨價值八百萬英鎊的物資和商品援助用於工農業及基礎設施建設並將在金邊設立經濟代表團負責設備材料的供應及專家、技術人員的派遣。[3]

正是得益於從東西方陣營兩邊分別賺取援助，加之國內政局相對穩定，從 1955 年開始柬埔寨進入經濟發展的黃金時期。金邊成為中南半島上屈指可數的繁華都市。這也進一步穩固了人民社會同盟在柬埔寨國內政治生活中的支配地位。但西哈努克本人仍不願看到存在任何能夠挑戰其政治權威的力量。隨着 1958 年大選的臨近，針對左派力量的政治打壓再次展開。特別是對於以人民派為首的共產黨人，西哈努克保持了格外的警惕。在大選舉行前夕，西哈努克公開發表文章攻擊高棉共產主義運動同越南共產黨人的關係並斷言共產主義根本不適合高棉社會。在他的授意下，柬政府軍警對人民派候選人進行了監視和恐嚇。到選舉結束

1　諾羅敦·西哈努克：《西哈努克回憶錄 —— 甜蜜與辛酸的回憶》，哈爾濱：黑龍江人民出版社，1987 年版，第 253 頁。
2　翟強：《中柬「特殊關係」的形成（1954 — 1965）》，《南洋問題研究》，2013 年第 1 期，第 3 頁。
3　中華人民共和國和柬埔寨王國政府關於實施經濟援助協定的議定書和關於經濟援助問題的聯合公報（1956 年 6 月 9 日），外檔，106-00180-03，第 17-18 頁。

時，公開活動的人民派成員已基本上被迫轉入地下。[1] 至此，高棉共產黨人試圖通過公開合法途徑參與政治的意圖徹底破滅。

由於無法得到來自外部力量的支持以及自身實力的屙弱，屢遭西哈努克打壓的柬埔寨本土共產主義者有關公開參政的呼聲在五十年代中期以後逐步趨於銷聲匿跡。但也正是在這一時期，包括沙洛特紹（Saloth Sar, 即波爾布特）、英薩利（Ieng Sary）、喬森潘（Khieu Samphan）等人在內的一批留法人民黨成員也陸續返回柬埔寨進入農村和叢林開展地下活動。這些在巴黎學習的左翼知識分子同越南共產黨人沒有直接的聯繫，因而在組織和思想上都不再受到來自河內的影響和羈絆。更重要的是，在他們看來，越南勞動黨為了聯合西哈努克政府，已經放棄了柬埔寨的革命鬥爭，將柬埔寨的革命者一腳踢開。[2] 這也為日後越柬兩黨關係的疏離和矛盾激化埋下了伏筆。

三、協議選舉的落空與南越反共堡壘的強化

面對越南南北大選商討期限的臨近，南越政府也已經做好了最後攤牌的準備。事實上，吳庭艷在 1955 年初就已經否定了同北方共產黨人舉行協商進而開展普選的可能。艾森豪威爾政府對於南越政府的這一決定並無異議，但唯有擔心此舉可能會招致來自國際輿論的壓力。在 5 月 17 日出台的 NSC5519 有關對越南普選進行指導的政策文件中，美國政府決策層建議吳庭艷做出參加協商的姿態，在提出一些共產黨人無法接受的條件後，將破壞選舉的責任推卸給胡志明政府。[3] 但有恃無恐的吳庭艷對於美國人的勸告不以為然，而是直接告訴美方，由於南越政府沒有簽署《日

1　張錫鎮：《西哈努克家族》，第 123 頁。

2　英薩利與孫浩大使談話記錄（1978 年 2 月 20 日），中共中央對外聯絡部二局編：《柬共領導同志重要言論選摘》，第 68 頁。

3　U.S. Department of State, *Foreign Relations of United State (FRUS)*, 1955-1957, Vol.1, U.S. Government Printing Office, 1985, pp.411-412.

內瓦協議》，因此完全沒必要同北越就大選問題進行任何商討。[1]

　　7月16日，吳庭艷發表廣播聲明，稱鑒於北方的共產主義獨裁政權不允許越南公民享有自由選舉的權力，因此將拒絕同北越政府商討大選事宜。吳的獨斷專行以及對《日內瓦協議》毫不掩飾的破壞令包括美國在內的西方各國深感窘迫。[2]同時也令北越共產黨人頗為震驚，特別是吳庭艷將拒絕協商的理由公開歸罪於共產主義制度，實際上是把輿論壓力的矛頭引向北越的政治體制。越勞中央書記處在7月21日發出的相關指示中表示，吳庭艷的宣言突顯出他的詭詐和狡猾，南方政府妄圖引導一些不明真相的人們把阻礙統一的原因歸結於越南民主共和國的民主制度。為此，勞動黨中央提出要立即結合當前政治鬥爭形勢開展宣傳教育，鞏固羣眾思想，堅決抵制詆毀共產黨和共產主義的反共戰術。[3]除此之外，北越外長范文同於8月17日亦向日內瓦會議主席莫洛托夫及艾登提交控訴信件，指出《日內瓦協議》的實施正在受到嚴重的威脅。[4]但同越南共產黨人相對克制的反擊相比，吳庭艷政府已決心破壞執行《日內瓦協議》的可能。在7月20日協定簽署1周年之際，西貢爆發了政府授意下的反共示威游行，國際監察委員會的駐地及人員遭到暴力圍攻。[5]針對南越政府挑釁行為，中、蘇兩國相繼發聲表示譴責，但仍強調當前最為關鍵的任務還是就普選問題進行協商，不可就此放棄。[6]

1　U.S. Department of State, *Foreign Relations of United State (FRUS)*, 1955-1957, Vol.1, U.S. Government Printing Office, 1985, pp.436-437.

2　Office of Joint History Office of the Chairman of the Joint Chiefs of Staff, *History of the Joint Chiefs of Staff: the Joint Chiefs of Staff and the Prelude to the War in Vietnam, 1954-1959*, p82.

3　"Thông tri của Ban Bí thư về bản tuyên bố của Ngô Đình Diệm ngày 16-7-1955, âm mưu phá hoại hoà bình, phá hoại thống nhất của Mỹ-Diệm hiện nay và công tác tuyên truyền giáo dục của ta" (21-7-1955), *Văn kiện Đảng toàn tập* (tập16), tr.459-461.

4　范文同致關於印度支那問題的日內瓦會議主席的信（1955年8月17日），外檔，106-00390-01，第59-62頁。

5　世界知識出版社編：《印度支那問題文件彙編》，北京：世界知識出版社，1959年版，第186頁。

6　Office of Joint History Office of the Chairman of the Joint Chiefs of Staff, *History of the Joint Chiefs of Staff: the Joint Chiefs of Staff and the Prelude to the War in Vietnam, 1954-1959*, p83.

　　鑒於國際輿論環境的要求加之對當前形勢的判斷，越南民主共和國在此之後繼續維持並鞏固了七中全會以來對鬥爭路線的看法。而這一態度集中體現在 9 月中旬政治局會議結束後出台的《關於爭取越南統一鬥爭的路線、策略和政策提綱》中。從這份提綱中可以看出，越南勞動黨對於南方鬥爭形勢總體上仍持樂觀態度。河內方面認為，儘管爭取和平統一的鬥爭充滿着艱苦性和複雜性，但也存在着取得最終勝利的基本有利條件。這包括南方人民強烈的愛國心，鬥爭積極性強，普遍對美、吳懷有憎恨，此外，美、法之間和親美分子與親法分子之間的矛盾也可以被用來分化瓦解敵人，以便孤立並打倒美國干涉者及吳庭艷。因此，目前在南方的工作方針就是要把南部地區人民作為反美、吳的主要力量，克服南部各階層人民還沒有被動員起來的弱點，「迅速地把南部的鬥爭轉向反對美、吳，擁護和平統一，要求協商，要求普選。」同時要加緊分化美法，爭取法國殖民者中在權利上與美國存在矛盾的一派，必要的情況下甚至可以在南方先建立一個以親法分子為主的政府再考慮統一問題。[1] 越南勞動黨的這份關於統一鬥爭的綱領文件至少在相當程度上反映出共產黨人對於通過政治手段顛覆吳庭艷政府的信心。但接下來南越政府所採取的一系列措施表明北越對於形勢的估計顯然是過於樂觀了。

　　客觀來說，吳庭艷政府在 1955 年面臨的最大挑戰不是共產黨人而是在南越地區活動的高台、好教、平川等宗派叛亂勢力。這些被共產黨人視為親法分子的反吳武裝力量多數同保大有着密切聯繫並且接受來自法國方面的援助。[2] 南越政府在同宗派分子的作戰中曾一度處於劣勢並危及到了政局的穩定。但在美國政府提供的祕密資金的支持下，到 1955 年底，

1　關於爭取越南統一鬥爭的路線、策略和政策提綱（1955 年 10 月），外檔，106-00390-03，第 8-18 頁。

2　Office of Joint History Office of the Chairman of the Joint Chiefs of Staff, *History of the Joint Chiefs of Staff. the Joint Chiefs of Staff and the Prelude to the War in Vietnam, 1954-1959*, p85.

吳通過離間分化和軍事進攻相結合的手段已陸續瓦解了數個叛亂勢力的組織，解除了對其政權構成的威脅。[1]吳庭艷對南越境內宗派力量的成功鎮壓首先徹底打擊了法國及保大的殘餘勢力。在得知親法的武裝力量徹底失敗後，法國政府方面隨即表示將考慮儘早撤離越南南方，以圖擺脫「已經具有強烈反法傾向」的吳庭艷。[2]到 1956 年 5 月，除少數軍官外，日內瓦會議後留在南越境內的法軍已基本全部撤離。在完全失去法國人的支持後，保大隨即成為吳庭艷需要清除的下一個對象。1955 年 10 月，吳庭艷發起所謂「徵求民意」運動，意圖通過單方面「公投」在南方成立國民公會然後對保大取而代之。10 月 26 日，充斥着舞弊行為的投票最終產生了結果：98.2% 的選民贊成廢黜保大，吳庭艷如願以償地成為越南共和國的領袖。

對於吳庭艷的上述舉動，最無法容忍的大概就是北越政府了，因為隨着南方反對派遭到鏟除以及法國的退卻，共產黨人關於建立聯合反美、反吳統一陣線的設想徹底化作了泡影。勞動黨堅定地認為，南越的變動是美國陰謀干預的一個重要步驟。南方政權清除法國影響的存在，驅逐法國勢力和親法分子，其目的就是要建立一個完全親美國的政府，在摧毀和破壞越南的統一及《日內瓦協議》之後，下一步將會加入東南亞軍事同盟，準備正式向共產主義宣戰。[3]越勞中央關於南越政府的行動預測在某些方面無疑是準確的。在清除了政治對手之後，吳庭艷終於得以騰出手來解決其境內的共產黨活動及通共行為。為此，從五月份開始，吳的政府發動了聲勢浩大的「控共反共」戰役。

所謂的「控共反共」就是要利用軍警憲特及保安團、別動隊等暴力機

1　時殷弘：《美國與吳庭艷獨裁政權的確立》,《歷史研究》, 1991 年第 6 期, 第 179 頁。

2　U.S. Department of State, *Foreign Relations of United State (FRUS)*, 1955-1957, Vol.1, U.S. Government Printing Office, 1985, p337.

3　"Chỉ thị của Ban Bí thư về chống âm mưu của Mỹ-Diệm về trưng cầu dân ý ở miền Nam" (18-10-1955), *Văn kiện Đảng toàn tập* (tập16), tr.640.

構通過恐怖脅迫、刑訊捕殺等殘酷手段清除一切共產黨分子以及具有親共通共嫌疑的人士。此戰役主要分為四個步驟，其一，號召自覺反共，用各種手段逼迫嫌疑犯說出自己過去做過的事，並檢舉別人過去的經歷；其次，控告前抗戰人員和贊成和平統一的人，列成名單；再次，逮捕名單中的人關入集中營進行整訓，逼迫其提供材料控訴共產黨並承認自己是前抗戰人員；最後，迫使被逮捕人宣佈脫黨，切斷同共產黨的聯繫。吳庭艷籌劃的這一整套反共戰役是在總結學習南朝鮮李承晚（Syngman Rhee）政權經驗的基礎上設計出來的，在實踐中「成果斐然」，使得勞動黨在南方的潛伏力量遭受沉重打擊。據統計，到 1955 年 7 月，已經有九千餘人被捕，482 人被殺，失蹤 194 人。[1] 更為嚴重的是，南方基層黨組織悉數遭到破壞，「悲觀、動搖情緒瀰漫」，在承天省（Tri Thien）省被逮捕的 485 名黨員中有 400 名投降，南部地區委員會的工作也幾乎完全陷入癱瘓。[2]

　　吳庭艷剛愎自用的個性及其對獨裁統治手段的推崇決定了他並不打算刻意去討美國人的歡心，他甚至直截了當地告訴華盛頓方面不要干涉南越政府內部的政治方案。[3] 但吳卓有成效的反共業績的確也沒令美國人失望。在七月份杜勒斯致吳庭艷的信中，美國人對自由越南政府在鞏固自由獨立，打擊共產主義事業上取得的成績表示祝賀，並保證將一如既往地提供支持和幫助。[4] 來自美國的經濟和軍事援助對南越意義重大。1955 － 1956 財政年度總量超過約 6500 萬美元的資助涵蓋了工農業、交通運輸、難民安置、軍事裝備及訓練等等各個方面，美方甚至承擔了南越國民軍的薪水

1　越南南方情況介紹（1955 年 12 月 3 日），外檔，106-00093-05，第 30-39 頁。

2　"Chỉ thị của Ban Bí thư về tình hình và nhiệm vụ của cách mạng miền Nam" (2-11-1955), *Văn kiện Đảng toàn tập* (tập16), tr.671-672.

3　Office of Joint History Office of the Chairman of the Joint Chiefs of Staff, *History of the Joint Chiefs of Staff: the Joint Chiefs of Staff and the Prelude to the War in Vietnam, 1954-1959*, p88.

4　U.S. Department of State, *Foreign Relations of United State (FRUS), 1955-1957*, Vol.1, U.S. Government Printing Office, 1985, pp.480-481.

發放任務。[1] 除此之外，隨着法軍撤退後向南越移交相關軍事指揮權以及若干軍事基地和物資倉庫，國民軍獲得了近 20 個師的武器裝備，其中包括 90 架 B-26 轟炸機及近兩百輛坦克，極大地擴充了其實力。按照計劃，到 1956 年 7 月，全部 15 萬 5 千餘名南越正規軍將完成整編訓練計劃。[2]

對於此時南越的現狀，吳庭艷十分滿意，在 10 月份同美方軍事顧問團團長歐·丹尼爾將軍進行的談話中，吳表示目前國家實現了政治穩定，內部安全和民族獨立，不再處於法國的經濟控制之下，掌握了自己的外貿和外匯流動，擁有了自己的國家銀行和貨幣體系，總之，越南已經成為一個獨立的民主共和國家了。[3] 吳庭艷的這一番表態意在感謝美國人的支持，並誇耀其治下的政府所取得的巨大成就。但他可能無法預料到的是，南越政府殘酷的剿共策略將不可避免地深深刺激那些原本就對《日內瓦協議》心懷不滿的共產黨人，隨着勞動黨內強硬派佔據上風並決定再次充分利用老撾通道的戰略優勢繞過非軍事區加大對南方的滲透力度，吳的「鏟共」事業很快即陷入困境，到那個時候，華盛頓與西貢之間的一些固有矛盾也將不可避免地突顯出來。

第二節　越南勞動黨鬥爭路線的轉變

一、內外形勢與勞動黨內權力格局的變動

進入 1956 年，越南共產黨人在南方遭受的慘重挫敗並沒有出現明顯改善的跡象。由於發生了嚴重的幹部及交通員叛變事件，越南民主共和

1　Office of Joint History Office of the Chairman of the Joint Chiefs of Staff, *History of the Joint Chiefs of Staff: the Joint Chiefs of Staff and the Prelude to the War in Vietnam, 1954-1959*, p120.

2　最近南越軍事動向一般情況（1955 年 11 月 24 日），外檔，106-00093-04，第 25-26 頁。

3　U.S. Department of State, *Foreign Relations of United State (FRUS)*, 1955-1957, Vol.1, U.S. Government Printing Office, 1985, pp.742-745.

國在北緯十七度線上同南方進行的交通聯絡工作大多遭到切斷，極大地限制了勞動黨中央對南方革命進行的指導和影響。[1] 儘管環境已經變得十分險惡，但此時在越勞中央政治局中，包括長征、武元甲等人仍堅持反對採取軍事對抗手段來扭轉局面。考慮到北方正面臨着三年恢復建設的繁重任務，軍費開支遭到削減，且有大量軍人復員參加生產建設，河內認為此時尚不具備進行軍事鬥爭的條件。[2] 因此，越南勞動黨中央指出，有必要繼續擁護《日內瓦協議》，通過更廣泛地動員國際輿論來尋求支持，將政治鬥爭作為主要手段，竭盡全力抵制破壞協議的任何行為。[3] 不過越勞方面同時也對前一階段南方工作中的一些嚴重失誤進行了檢討，認為最主要的問題是在南方發展黨的組織和動員羣眾的過程中追求盲目擴大，沒有把握組織上精簡、保密的原則，致使人員組成複雜，甚至混入了間諜和叛徒。雖然從表面看，黨的隊伍所有擴充，但實際上是暴露了自己，從而在敵人的攻勢面前顯得脆弱不堪。[4]

　　儘管仍在強調對吳庭艷政權實行政治鬥爭的必要性，但越勞中央對於南方工作的批評實際上是已經承認了之前大力鼓動組織反美、反吳統一戰線發動公開鬥爭的指導政策存在着嚴重缺陷。南方局中央在隨後有關鬥爭經驗的總結中也指出，經過九年多的艱苦抗戰，心生倦意的南方人民普遍傾向於和平，使得鬥爭活動更加難以為繼。[5] 而在 1956 年，越南勞動黨所面臨的緊迫形勢並非僅僅來自南方。另一個突出的問題是，越

1　"Điện của Trung ương gửi L.K.U 5, T.U Quảng Trị và T.U Thừa Thiên" (24-1-1956), *Văn kiện Đảng toàn tập* (tập17), Hà Nội : Nhà xuất bản Chính trị quốc gia, 2002, tr.21-24.

2　Pierre Asselin, *Hanoi's Road to the Vietnam War, 1954-1965*, London: University of California Press, 2013, p33.

3　"Chỉ thị của Ban Bí thư về chủ trương đòi họp lại Hội nghị Giơnevơ để bàn biện pháp thi hành Hiệp nghị Giơnevơ năm 1954" (17-2-1956), *Văn kiện Đảng toàn tập* (tập17), tr.56-57.

4　"Điện của Trung ương gửi Xứ uỷ Nam Bộ và Liên khu uỷ miền Nam Trung Bộ" (8-3-1956), *Văn kiện Đảng toàn tập* (tập17), tr.75-76.

5　"Báo cáo của Xứ ủy Nam Bộ về tình hình và kinh nghiệm đấu tranh" (1956), *Văn Kiện Trung ương Cục Miền Nam giai đoạn 1946-1975* (tập6), tr.880.

南北方的局勢也在變得日趨尖銳化。在這其中，影響北越局勢惡化的最突出的因素是在越南農村出現的一些令人不安的跡象。

　　從 1955 年 12 月到 1956 年 5 月，越南北方進入第五期也是最後一期土地改革。此次土改涉及 11 個省，近 600 萬人口，規模比前四期總和還大。更為複雜的是其中大部分為新解放區，天主教徒聚集區以及接近軍事分界線的地區，因此土改阻力很大，困難重重。[1] 為確保工作任務及時完成，越勞中央派出超過 3 萬人的工作隊和工作組，主要採取行政的方法強行推進土改運動。這導致勞動黨的農業改革路線在許多地方產生了嚴重的後果：由於成分的錯劃，許多中農和富農被剝奪了土地和政治權力，教堂、寺廟及其他宗教機構的土地也被徵收，同時進行農業改革的工作隊和工作組還被賦予摧毀反革命組織和現行反革命分子的任務，由此導致大批基層幹部和羣眾遭到逮捕和鎮壓。特別是在為配合農業改革而進行的農村黨組織整頓中，許多農民黨員被指責為參加反革命組織。各地縣黨委和省黨委的大多數工作人員，都受到了懷疑。到 1956 年 8 月，被審查的 15 萬名黨員中，有 8.4 萬名受到了包括開除黨籍、逮捕等形式的處罰。[2]

　　除了在農業改革和整頓農村黨組織的過程中出現急躁冒進的問題外，越南民主共和國國民經濟發展計劃的完成情況同樣不能令人滿意。儘管得到了來自社會主義各國的無償援助，但越方並未認真考慮國內的現實情況，而是給自己提出了在短期內建立重工業的任務，忽略了提高居民生活水平的迫切要求，以及與此相關的發展輕工業和手工業的問題。私營工商業和手工業開工不足甚至被迫停業，一方面造成了城市失

1　越南民主共和國第五期土改運動的特點及成就（1956 年 7 月），中共中央對外聯絡部編：《國際情況簡報》第 1 期，第 12 頁。

2　蘇聯外交部情報部關於越南國內局勢的調研報告（1957 年 1 月 5 日），АВПРФ，ф.5，оп.28，п.122，д.485，л.1-16.

業者的增加，另一方面也對日用消費品的生產和內貿的組織產生不良影響。由於消費品生產工業的恢復和發展速度緩慢，以及現有商品儲存量的枯竭，導致越南民主共和國在 1956 年下半年出現商品短缺局面。棉布、服裝、糖、藥品、紙張、自行車等消費品的供應嚴重不足，加之通貨膨脹的困擾，使城鄉居民的生活水平出現明顯下降。[1]

　　北越國家政治生活及國民經濟中出現的一系列問題不可避免地引發了諸多針對共產黨人的不滿情緒。特別是在波匈事件後，持不同政見的知識分子派別發起了所謂「擴大自由、民主的鬥爭運動」，不斷發表攻擊越南勞動黨政策的文章並積極鼓動要求擴大自由、民主，馬上公佈和實現「百花齊放」的路線，整頓黨的領導機構。[2]在義安省（Nghe An）天主教徒居住區，出現了大量教徒參加的游行示威，要求釋放因從事反革命活動而被判刑的天主教神甫。這一狀況在 11 月份演變成為大規模暴動，地方黨委及人民軍遭到襲擊，致使北越政府不得不動用武力進行鎮壓。[3]而尤其值得注意的是，南越政府也在竭力利用北方尖銳化的局勢，來宣傳越南民主共和國存在的大規模鎮壓現象。11 月 29 日，吳庭艷政府在第十一屆聯大全體會議上通過菲律賓代表團致信聯合國，要求對北越進行干涉，以保證北方民眾的民主權利。12 月 4 日，南越的立法會議通過了「指責」越南民主共和國「罪行」的決議，並且號召「自由國家的議會和政府」干涉越南民主共和國的局勢。此外，吳庭艷政府還打算提出開放北緯十七度邊界的問題，以便實施向北方派遣間諜和情報人員的計劃。[4]

1　蘇聯外交部情報部關於越南國內局勢的調研報告（1957 年 1 月 5 日），АВПРФ，ф.5，оп.28，п.122，д.485，л.1-16。

2　最近越南文藝界的情況（1956 年 11 月），中共中央對外聯絡部編：《國際情況簡報》第 9 期，第 8-9 頁。

3　關於越南義安省幾個鄉最近發生騷亂的情況（1956 年 11 月），中共中央對外聯絡部編：《國際情況簡報》第 12 期，第 9-10 頁。

4　蘇聯外交部情報部關於越南國內局勢的調研報告（1957 年 1 月 5 日），АВПРФ，ф.5，оп.28，п.122，д.485，л.1-16。

　　1956 年越南民主共和國境內出現的混亂情況對於勞動黨來說僅僅是來自內部的挑戰。此時在國際上，二月份蘇共二十大的召開以及赫魯曉夫（Nikita Sergeyevich Khrushchev）「祕密報告」的發佈對於越南共產黨人來說同樣震動巨大。在參加蘇共第 20 次代表大會的越南勞動黨代表團返回河內之後，越南勞動黨中央即於 4 月 19 日至 24 日召開二屆九中全會，研究並傳達蘇共二十大的決議。越勞認為蘇共提出的反對個人崇拜問題，對勞動黨是一個寶貴的教訓。越南勞動黨中央領導在會議上承認，越南黨內外同樣也存在着個人崇拜現象，黨的集體領導和黨內民主同樣不夠，從中央到地方都存在着這樣的問題，並提出了增強黨的集體領導和擴大黨內民主的四條建議。[1] 越勞二屆九中全會的主旨從表面上看是對蘇共二十大決議的擁護和響應，但實際上預示了越南黨的政治生活即將由此發生深刻變化。

　　根據九中全會後越方向蘇聯黨進行的情況彙報，全會在準備時決定只從整體上討論蘇共二十大的總結，不把個人迷信問題突出出來。但在會議進行的過程中，有關對領袖的尊敬以及個人迷信在越南黨和國家內部的表現依然成為討論的重點。不少人提出看法，稱在宣傳工作中經常誇大胡志明的作用，特別是文學作品經常把胡志明當成神去描寫，同時對黨和人民羣眾的作用卻強調不夠。一些工作人員使用胡志明的名字場合不當，有濫用的現象。在農村舉行的一些活動中，胡志明像如同神像一般被懸掛。此外，官方招待會往往也聚焦在胡志明身上。這些意見的出現使得會議的氣氛變得十分尷尬，胡志明本人甚至也做了自我批評。全會不得不決定立刻糾正這些行為，但同時也強調，胡志明同志是領袖，不能否認他對黨的作用。[2]

1　"Nghị quyết của Hội nghị Ban Chấp hành Trung ương Đảng Lao động Việt Nam lần thứ chín mở rộng họp" (19-4-1956), *Văn kiện Đảng toàn tập* (tập17), tr.167-172.

2　齊米亞寧與阮維清談話備忘錄（1956 年 4 月 27 日），АВПРФ，ф.079，оп.11，п.13，д5，л.84-95.

　　而全會重點討論的另一個問題就是集體領導對於黨的組織工作的意義。在學習蘇共二十大材料和赫魯曉夫關於不許出現不分青紅皂白迫害的指示後，勞動黨內有意見提出對在土地改革期間進行的鎮壓活動重新加以分析。在對黨組織進行的組織整頓工作中，許多黨員已經產生了恐懼心理。特別是土地改革的第四、五階段，鬥爭變得更加殘酷，一些黨組領導成員因為莫須有的指控而遭到處決，從而產生了很壞的影響。中央全會由此決定委託政治局採取措施，對整頓黨組織和土改情況重新進行檢查和評估。[1]

　　越勞二屆九中全會關於對黨和國家政治生活進行糾錯的決定實際上是長期以來越南黨內部累積矛盾的一次集中爆發，蘇共二十大只是一個外部的誘因。特別是根據赫魯曉夫的觀點，黨內發生如此嚴重問題的根源被歸咎於集體領導原則沒有充分得到落實，因此責任追究的矛頭也將直指黨內高層的一批領導人。

　　在全會結束後的幾個月裏，北越內部已經逐步顯現出發生變化的一些徵兆。包括胡志明的巨幅畫像被從河內劇院的正面取下，勞動黨及越南民主共和國政府的公文已不再以「胡志明主席」的名義簽發等等。[2] 從 6 月底開始，越勞中央書記處敦促主管部門加快審查和解決要求重新調查土改及組織整頓案件的人民來信，[3] 到 7 月份，越南勞動黨政治局已經就組織整頓和土改糾錯工作提出了具體的方案計劃。[4] 需要特別指出的是，1956 年 6 月在波蘭波茲南（Poznan）發生的流血騷亂對勞動黨震動頗深，這

1　齊米亞寧與阮維清談話備忘錄（1956 年 4 月 27 日），АВПРФ，ф.079，оп.11，п.13，д5，л.84-95。

2　Pierre Asselin, *Hanoi's Road to the Vietnam War, 1954-1965*, p36.

3　"Thông tri của Ban Bí thư về việc xéc và giải quyết các đơn yêu cầu và khiếu nại của cá nhân, đơn vị gửi Hồ Chủ tịch" (29-6-1956), *Văn kiện Đảng toàn tập* (tập17), tr.264-265.

4　"Chỉ thị của Bộ Chính trị về công tác chỉnh đốn tổ chức" (5-7-1956), *Văn kiện Đảng toàn tập* (tập17), tr.269-272; "Chỉ thị của Bộ Chính trị về việc tích cực phát huy thành tích và kiên quyết sửa chữa sai lầm của cải cách ruộng đất đợt 5" (7-1956), *Văn kiện Đảng toàn tập* (tập17), tr.326-332.

也促使越勞中央決定採取緊急的措施向地方派遣工作組優先解決幹部羣眾意見最大，最為嚴重的錯誤問題，以防止成為敵人歪曲利用的藉口。[1] 作為其中的一項重要措施，從九月初開始，勞動黨中央發出指示，要求各省立刻對從土地改革第一階段以來被拘捕的黨員、幹部、黨外人士等進行調查、甄別，釋放其中被強行錯劃成分的人員。其中還特別提出在恢復這些人的自由之前，將給予每人 26000 盾的補貼進行一個月的休養照料，確保其身體無恙，並安排專人對其家人進行探望、解釋。[2]

　　越南勞動黨所採取的這一系列措施實際上是在為中央的最後決斷鋪墊造勢。9 月中下旬，越勞召開第十次中央全會。此次會議的主要目的是檢查土地改革工作的貫徹情況，尤其是要從根本上對土改過程中出現的嚴重錯誤進行定性和糾正。十中全會承認土改中的失誤是思想上「左」傾的結果，在操作過程中已經脫離了越南的實際情況。加上土改指揮機構被賦予過大權力，壓倒了各級黨委和地方政權的權限，導致出現了普遍的、肆意妄為的原則性錯誤。對此，全會將糾錯工作的措施進一步細化為十二項綱領，力求照顧到因土改而遭受錯誤打擊的各方面羣體。[3] 除了關於土改糾錯細則的確定，二屆十中全會另一個值得注意的地方是它對於一些負有責任的中央委員和政治局委員的處理。儘管有跡象表明，關於這個問題的討論在越勞內部存在着分歧，[4] 但勞動黨仍決定需要有部分領導幹部代表中央來承擔相應的責任。在宣佈對中央土改委員會副主任胡

1　"Chỉ thị của Ban Bí thư về việc sửa chữa một số sai lầm khuyết điểm trong các công tác nhằm ổn định tình hình và ngăn ngừa âm mưu khiêu khích của bọn phá hoại" (3-8-1956), *Văn kiện Đảng toàn tập* (tập17), tr.374-375.

2　"Chỉ thị của Ban Bị thư về việc trả lại tự do cho những cán bộ, đảng viên, và tất cả những người ngoài Đảng bị xử trí oan trong phát động quần chúng giảm tô, cải cách ruộng đất và chỉnh đốn tổ chức" (2-9-1956), *Văn kiện Đảng toàn tập* (tập17), tr.408-410.

3　越勞中央政治局委員武元甲傳達越勞十中全會決議（1956 年 11 月），中共中央對外聯絡部編：《國際情況簡報》第 12 期，第 1-5 頁。

4　波波夫與阮維清談話備忘錄（1956 年 10 月 25 日），АВПРФ，ф.079，оп.11，п.13，д8，л.54-55.

曰勝（Ho Viet Thang）及內務部副部長黎文良（Le Van Luong）分別予以開除中執委和撤銷中央政治局委員職務的懲處後，[1] 對整個土改運動承擔直接領導責任的長征在此次會議上也被迫進行了自我批評並提請辭去總書記職務。[2]

長征遭到貶黜只是北越的土改糾錯運動中的一個標誌性事件，但對於勞動黨內的權力結構以及此後北越的路線方針造成的影響卻是深遠的。儘管保留住了政治局委員的身份，但長征在黨內顯然已不再居於決策地位，加之在這一過程中胡志明對勞動黨的影響力也不可避免地遭到削弱，因此在十中全會後產生的以胡志明為總書記，武元甲為執行第一書記的格局只是一種暫時的安排。考慮到同樣在這次會議上，黎筍在南方的親密戰友范雄（Pham Hung）以及阮維楨（Nguyen Duy Trinh）被進補為政治局委員，可以預見的是在越南勞動黨內部，對於南方革命優先性的強調將會逐步取代長征等人倚重北方的立場。越南民主共和國在南方問題的態度也必然會出現一個根本性的改變。

二、越南對南方立場的變化以及來自國際共運形勢的影響

根據《日內瓦協議》的最初規定，1956 年 7 月是越南南北正式舉行普選的最後期限。但從實際情況來看，由於吳庭艷政府的抵制，通過協商舉行普選已注定無法如期實現。越南勞動黨對於這一情況已經有所預計，因而事先做了一些準備，並在 7 月初召開幹部會議，傳達了「為繼續履行日內瓦協議，在獨立和民主的基礎上通過和平方式實現祖國統一而鬥爭」的決議。此次會議認為，過去兩年中對南方工作中出現的錯誤、

1　"Nghị quyết của Hội nghị Trung ương lần thứ 10 về việc thi hành kỷ luật đối với một số đồng chí Trung ương phạm sai lầm trong công tác cải cách ruộng đất và chinh đốn tổ chức" (9-1956), *Văn kiện Đảng toàn tập* (tập17), tr.576-577.

2　"Nghị quyết của Hội nghị Trung ương lần thứ 10 mở rộng về chức Tổng Dí thư của Đảng, về Bộ Chính trị và Ban Bí thư " (9-1956), *Văn kiện Đảng toàn tập* (tập17), tr.574-575.

缺點在很大程度是由於幹部對統一鬥爭的性質認識不充分，正是由於沒能對《日內瓦協議》做出正確估計，產生了依賴思想，認為一切事情都可以由《日內瓦協議》的決定來解決，才導致最終出現了被動局面。[1]

勞動黨在 1956 年着手從多方面對南方工作進行的反思，而在越勞黨內政治力量對比出現變化的情況下，這種反思必然會觸及到對南方鬥爭形式的重新思考。這其中一個最明顯的跡象就是 6 月中上旬越勞中央政治局作出的關於南方任務和工作的決議。在這份決議中，勞動黨指出，目前國內的鬥爭形式是政治鬥爭，而沒有武裝鬥爭。不過這並不意味着在一些特定情況下也絕對不採取武裝自衛的形式或充分利用反吳教派武裝。中央認為，應當維持和發展那些沒有投降的教派武裝力量，同時也必須鞏固黨領導下的武裝和半武裝力量，以根據地為支撐點，建立穩定的羣眾基礎作為保持和發展武裝力量的基本條件。[2]政治局的上述指示顯示出越南共產黨人在南方武裝鬥爭問題上態度的鬆動。除此之外，8 月份黎筍在其撰寫的《南方革命提綱》中進一步明確指出，要推翻「美－吳法西斯封建獨裁帝國政權」，和平政治的鬥爭路線是行不通的，南方革命的道路應當採取武裝暴力鬥爭的方式。[3]

為研究和貫徹北方政治局決議以及黎筍的革命提綱，1956 年底，南部地委召開了由黎筍及南部地委代理書記阮文靈（Nguyen Van Linh）主持的擴大會議，通過了關於武裝自衛力量的組織和活動方式的決議。確定在目前整個南方開展政治鬥爭的情況下，不宜立刻發動游擊戰爭，而

---

1   "Chỉ thị Ban Bí thư về việc phổ biến bản báo cáo về 'Cuộc đấu tranh tiếp tục thi hành Hiệp nghị Giơnevơ, thực hiện thống nhất nước nhà trên cơ sở độc lập và dân chủ bằng phương pháp hoà bình'" (27-6-1956), *Văn kiện Đảng toàn tập* (tập17), tr.237-244.

2   "Điện về tình hình, nhiệm vụ và công tác miền Nam" (6-7-1956), *Văn kiện Đảng toàn tập* (tập17), tr.226-227.

3   "Đường lối cách mạng miền Nam", (8-1956), *Văn kiện Đảng toàn tập* (tập17), tr.800-801.

應當通過武裝工作隊開展宣傳活動。[1] 有關建立武裝宣傳隊的方案是黎筍在《南方革命綱領》中提出的一項重要建議，意在效仿八月革命前越盟武裝宣傳工作的經驗，在避免暴露自己的前提下，以武裝小分隊的形式在敵佔區開展組織宣傳、懲惡鋤奸等工作。儘管從規模上來說，武裝宣傳隊的活動遠談不上正式的軍事行動，但它意味着越南勞動黨已經默認了在南方展開低烈度、小規模暴力鬥爭的可能。

　　不過此時在公開的情況下，北越政府仍必須堅持關於和平政治鬥爭的立場。在 7 月 9 日越南祖國戰線召開的羣眾大會上，副總理武元甲在其關於統一鬥爭的報告中強調，在目前情況下通過和平鬥爭的方式來爭取國家統一是唯一正確的主張，並且可以獲得勝利。[2] 越南黨這樣做的一個根本原因還是來自社會主義兄弟國家態度的影響。在蘇共二十大確認了赫魯曉夫的「和平共處」政策後，共產主義世界已經普遍接受了同資本主義陣營展開和平競賽的現實。特別是正專注於國內工業化建設的中國，更是希望能確保有一個穩定的周邊環境。1956 年 11 月，在對河內進行訪問的過程中，周恩來再次告誡越南黨領導人，有必要對人民進行解釋工作，要認識到越南統一問題的複雜性，而目前應當把主要精力集中在鞏固北方的人民民主主義制度上。其言下之意即是說，不應當急於實現越南統一問題的解決。[3]

　　客觀來說，來自中國黨方面的建議也不無道理，越南民主共和國此時所面對的內外形勢的確不利於勞動黨迅速改變在南方的鬥爭方式。一個值得注意的事實是，在 1957 年中，黎筍被徵召回河內出任中央書記處

1　越南國防部軍史研究院編：《越南人民軍歷史》（第二集），南寧：廣西人民出版社，1991 年版，第 37 頁。

2　越南勞動黨和政府在《日內瓦協議》規定的協商普選不能如期舉行的情況下所採取的一些措施（1956 年 8 月），中共中央對外聯絡部編：《國際情況簡報》第 6 期，第 2 頁。

3　蘇聯駐中國大使館 1956 年工作報告（1957 年 4 月 22 日），АВПРФ，ф.5，оп.28，п.103，д.409，л.1-252.

書記，但這一人事變動並沒有立刻改變「優先鞏固北方」的政策路線。勞動黨在 1957 年工作的重點仍是執行十中全會決議，繼續進行糾偏，同時要把糾偏工作同發展農業和輕工業，增加糧食和各種消費品生產等經濟恢復工作相結合。[1]另一方面，在國會第六次會議以後，越南黨明確提出了北方要逐步過渡到社會主義的口號，並且已經展開了宣傳工作。1957年 12 月，在勞動黨二屆十三中全會上，胡志明正式提出人民民主民族革命同社會主義革命齊頭並進的戰略，並闡明鞏固北方進入社會主義對於保障統一鬥爭取得勝利的現實意義。[2]而針對較多南方幹部對「以鞏固北方為主」方針的不滿情緒，勞動黨還專門組織進行教育，批判了對統一缺乏信心，憂慮自己前途的思想，動員他們積極參加鞏固北方的工作。為加以安撫，越勞還要求對集結北上的近十萬南方幹部及其家屬進行妥善安置。[3]

　　從 1958 年開始，越南北方進入社會主義改造和建設時期，同時也是北越實施三年建設計劃的第一年。這也意味着越南民主共和國需要來自社會主義盟友特別是中國的進一步的援助和支持。是年 1 月 20 日，北越政府派出以商業部部長潘英（Phan Anh）為首的經貿代表團抵達北京，商討新的援越項目事宜。到 3 月底，雙方簽署文件，中國政府批准幫助北越建設和改建第二期價值七千餘萬人民幣的 18 個工業企業項目。[4]在華訪問期間，越南貿易代表團前往上海等工業城市參觀，深受中國建設形勢鼓舞，因而進一步提出 28 項工業項目清單，請求中國予以裝備。在代

1　長征談越南人民 1957 年的任務（1957 年 2 月），中共中央對外聯絡部編：《國際情況簡報》第 28 期，第 5 頁。

2　"Thống nhất tư tưởng, đoàn kết toàn Đảng đẩy mạnh hoàn thành nhiệm vụ công tác trước mắt" (12-1956), *Văn kiện Đảng toàn tập* (tập18), Hà Nội : Nhà xuất bản Chính trị quốc gia, 2002, tr.800-804.

3　關於越南南北統一問題的一些情況（1957 年 8 月），中共中央對外聯絡部編：《國際情況簡報》第 84 期，第 7 頁。

4　關於簽訂援助越南建設 18 個工業企業項目協定的請示報告及附件（1958 年 3 月 16 日），外檔，106-00380-02，第 4-8 頁。

表團離京前，副總理陳毅告訴越方，對越南的幫助就像做自己的工作一樣，越南在前線，前線的工作做好了，後方才能鞏固。[1]

中方對越南援助請求的慷慨允諾並不奇怪，因為在 1958 年中共正在雄心勃勃地實施向共產主義邁進的計劃 ——「大躍進」及人民公社化運動。1957 年莫斯科會議後一直試圖在經濟建設上趕超蘇聯的中國領導人相信已經找到了向共產主義直接過渡的途徑，並且認為中國的模式將會比蘇聯更快更好。[2] 中國黨迫切希望自己的這條光明大道能夠得到兄弟黨的認同，特別是在蘇聯黨對中國的總路線方針表現出懷疑和反對的情況下，[3] 中國更加關注來自越南等其他社會主義國家的反應。

中國的共產主義實驗的確引起了北越方面的注意，在一開始，越南勞動黨內中下級幹部中還有許多人認為難於理解，對中國人取得的成績抱着半信半疑的態度。[4] 不過隨着在中國考察的胡志明於 6 月底返回國內以後，北越即開始掀起學習中國「大躍進」經驗的運動。從 7 月 1 日開始，胡以「陳力」的筆名在《人民報》發表專文，系統介紹中國工農業「大躍進」的情況。隨後勞動黨的官方報刊開始大量刊登有關中國「大躍進」情況的消息和文章。7 月上旬，胡志明在興安（Hung Yen）、山西（Son Tay）、北寧（Bac Ninh）三省考察時，每到一處就向當地幹部和農民介紹中國農村在水利、施肥和改進耕作技術方面取得的成就。[5] 受胡的影響，9 月到 10 月間，黎筍、武元甲、阮志清等中、高級幹部亦先後前往中國參

1　越南向我提出新的援助項目清單等情況（1958 年 5 月 5 日），外檔，106-00210-02，第 11 頁。
2　沈志華主編：《中蘇關係史綱 —— 1917 — 1991 年中蘇關係若干問題再探討》（增訂版），北京：社會科學文獻出版社，2011 年版，第 210 頁。
3　沈志華主編：《中蘇關係史綱 —— 1917 — 1991 年中蘇關係若干問題再探討》（增訂版），第 213-215 頁。
4　越南對我國大躍進的反應（1958 年 9 月），中共中央對外聯絡部編：《國際情況簡報》第 191 期，第 3-4 頁。
5　胡主席回國後對我大躍進的情況宣傳（1958 年 7 月 22 日），外檔，106-00443-07，第 45 頁。

觀訪問，學習經驗。[1]根據勞動黨中央的精神，自九月份以後，越南領導幹部一反過去認為合作化不能太快的論調，提出「必須加緊發展互助合作運動」，並指出過去訂的發展計劃太保守。各地在工農業生產中根據中央的指示效仿中國的做法紛紛訂出比過去速度快得多的發展計劃和產量指標。自胡志明以下所有黨政領導幹部亦分頭下放工地和農村參加義務勞動。在隨後召開的人民軍全軍生產會議上，范文同提出：「我們雖然還沒有條件像中國一樣躍進，但是我們必須跑得快，跳得遠，準備躍進，並且一定要躍進。」[2]

　　越南勞動黨在社會主義建設模式上向中國的學習和靠攏無疑是中國黨所樂於看到的。根據中共中央的相關指示，在適當的時機，向越南有關同志「下毛毛雨」，有目的地介紹中國對時局問題的看法以及貫徹執行總路線的做法，有意識地使兩黨兩國加深相互了解，步調立場趨於一致，是十分必要的。[3]而中共領導層的這種想法似乎也驗證了蘇共隨後得出的結論：中國共產黨正努力試圖「把一部分兄弟黨吸引到自己一邊，以便排擠蘇共並取得國際共產主義運動的領袖地位。」[4]

　　不過中蘇在 1958 年初現的分歧並沒有影響兩黨對越南南方形勢的共同看法。在給駐越使館的指示中，蘇聯仍堅持認為從整個社會主義陣營的利益出發，應當保持和鞏固越南的和平，而繼續鞏固越南民主共和國的內政和經濟地位，提高勞動者的物質福利才是越南勞動黨和越南民主共和國政府最重要的任務，因為只有這樣才能在事實上向南越居民顯

1　近兩月來越南的新氣象（1958 年 12 月），中共中央對外聯絡部編：《國際情況簡報》第 212 期，第 11 頁。

2　越南工農業等方面開始躍進（1958 年 11 月），中共中央對外聯絡部編：《國際情況簡報》第 203 期，第 6-7 頁。

3　1958 年越南基本情況和中越關係的基本情況（1959 年 1 月），外檔，106-00444-01，第 4 頁。

4　蘇聯駐華使館提供的中共與兄弟黨關係的資料（1960 年 9 月 10 日），ЦХСД（俄羅斯當代文獻保管中心，即現俄羅斯當代史國家檔案館），ф.5，оп.49，д.327，л.218-233.

示人民民主制度的優越性，促進和平統一國家任務的完成。[1] 而在 1958 年夏，中共中央在回覆越南勞動黨中央有關南方革命路線的意見時同樣也提出，在北方進行社會主義革命和社會主義建設是越南革命最根本、最首要和最迫切的任務，至於南方的任務，目前不可能實現革命變革，而只能採取長期埋伏，積蓄力量，聯繫羣眾，等待時機的方針。[2]

對於蘇、中兩黨的建議，越南勞動黨自然不會置之不理。但黎筍等人顯然還有自己的看法。在接收到來自中國黨方面的回覆後，7 月 29 日黎筍在同中國駐越大使的談話中表示，中國黨對越南南部情況不夠了解，目前國際形勢對南越的鬥爭很有利，南越政權內部上層人物對吳庭艷離心傾向有所增長，戴高樂（De Gaulle）上台後親法分子重新活躍，再加上南方革命力量日漸強大，因此在南越目前有可能由一部分資產階級領導政變，推翻吳庭艷政府，建立一個和平中立的政府。[3] 黎筍的上述表態，其用意之一是想向社會主義盟國證明北方政權目前還不打算通過暴力革命實現國家統一，另外一方面則是提醒中國同志，南越革命形勢實際上已經相當成熟，有必要採取一定措施對這一時機加以利用。

從種種跡象來看，由黎筍控制下的南部地委開展的所謂武裝鬥爭在相當長的一段時間裏都保持着高度隱蔽的狀態。越南勞動黨中央不僅沒有向兄弟黨和國家透露過這種做法，同時對黨內幹部也保守着祕密。當一些北上的南方幹部表示希望能將自己派回南方，參加當地的地下鬥爭，推翻吳庭艷政權並統一祖國時，黎筍安慰他們說，目前在南方的同志已經根據國內形勢的變化，大大改進了自己的鬥爭方法。但這些南方

1　蘇聯外交部關於越南問題致索科洛夫的電報（1958 年月 16 日），ABПPΦ，ф.079，оп.13，п.20，д.3，л.15-19.

2　郭明主編：《中越關係演變四十年》，南寧：廣西人民出版社，1992 年版，第 66 頁。

3　越勞部分負責同志對我黨中央所掲有關對南越鬥爭方針的意見有不同的看法（1958 年 9 月），中共中央對外聯絡部編：《各國共產黨動向》第 7 號，第 1-2 頁。

籍幹部並不完全了解當前在南方進行的鬥爭究竟呈何種狀態。[1]

　　實際上在 1958 年，共產黨人在南越的處境並非如同黎筍等人所預料的那般樂觀。一個典型的例子就是吳庭艷政府的情報部門於三月份在承天省破獲了南方共產黨的聯絡機構，致使西貢地區黨部遭到破壞，逾千人被捕。[2] 根據勞動黨方面之後做出的總結，出現這一慘痛教訓的主要原因是新近培養、發展起來的黨員、幹部嚴重缺乏對敵鬥爭經驗，保密意識不強，從而使得敵人有可乘之機。[3] 而從整體情況來看，1958 至 1959 年間，越勞在越南南方各省普遍遭遇到了最為慘重的損失。許多黨支部只剩 2 — 3 名黨員。在整個南部，大約只剩下黨員 5000 餘人，在中部地區，70% 的支部委員、60% 的縣委委員、40% 的省委委員被捕或被殺。而在第五聯區的平原地區，基層各鄉的黨支部幾乎已蕩然無存。[4]

　　共產黨人 1958 年在越南南方的嚴重挫敗表明，僅僅依靠南越境內黨組織的力量以及裝備訓練簡陋的武裝工作隊已經無法將南方革命工作繼續維持下去。加之此時勞動黨內對於中央南北方革命路線的意見和批評愈發激烈，[5] 黎筍等領導人已經有了充分的理由要求越南勞動黨中央重新修訂其對南方的政策綱領。

三、中蘇分歧背景下越南對南方政策的確定

　　1959 年 1 月 12 日至 23 日，越勞中央召開二屆十五中擴大全會，

1　卡迪莫夫與越南國家安全部工作人員蘇木談話備忘錄（1958 年 4 月 14 日），ABПPФ，ф.079，oп.13，п.20，д.10，л.202-203.

2　"Điện mật của Ban Bí thư gửi Xứ uỷ Nam Bộ về tình hình địch bắt cán bộ ở Thừa Thiên, chủ trương thay đổi cơ sở ở Sài Gòn để tránh thiệt hại" (18-3-1958), *Văn kiện Đảng toàn tập* (tập19), Hà Nội : Nhà xuất bản Chính trị quốc gia, 2002, tr.69-70.

3　"Điện mật của Ban Bí thư gửi Liên Khu uỷ X về một số nguyên tắc hoạt động bí mật" (29-3-1958), *Văn kiện Đảng toàn tập* (tập19), tr.79-80.

4　越南國防部軍史研究院編：《越南人民軍歷史》（第二集），第 38 頁。

5　越南黨中央高級黨校學員中的一些思想情況（1958 年 10 月），中共中央對外聯絡部編：《各國共產黨動向》第 35 號，第 2 頁。

主要目的是重新討論自 1954 年《日內瓦協議》簽訂以來黨在全國特別是統一南方問題上的革命路線。在此次會議上，來自南部黨委、第五聯區黨委、中部南方各省的負責人如武志公（Vo Chi Cong）、雙豪（Hai Xo）、陳良（Tran Luong）等人紛紛列席，黎筍本人也在會議上就南方鬥爭形勢和前景進行了彙報。黎告誡越勞中央各領導人，南方的起義在吳庭艷軍隊的鎮壓下正處於極度危險的狀態中，如果黨再不施以援手，那麼很有可能將徹底失去對北緯 17 度線以南的控制。之後，黎筍提出了源自其《南方革命綱領》的 15 項措施，建議以此作為推翻吳庭艷政權的行動方案。[1]

　　正是在黎筍等南方派系幹部的主導下，在十五中全會有關南方鬥爭形式問題的決議中，越勞中央的立場出現了明顯變化，提出革命的路線不排除使用暴力，應當「依靠羣眾的政治力量為主，根據情況需要或多或少地使用武裝力量。」特別是考慮到南方的起義可能轉變為長期的武裝鬥爭，因此必須有所準備。[2] 在會議最後的總結中，胡志明指出，「我們高舉和平旗幟，因為這對我們十分有利。但和平並不等於我們不再準備力量……如果我們把政治力量組織好，一旦需要武裝也不難。」[3]

　　越勞十五中全會的最後決議表明，有關通過暴力革命來解放南方的觀點已不再是河內政府避免公開承認的話題。黎筍等人一直以來所主張的「重視南方」的路線已經在勞動黨內獲得了響應。不過可以看出，在此次全會中，勞動黨中央仍十分謹慎地沒有完全否認政治鬥爭的可能。在 2 月份的總軍委會議上，黎筍向全軍幹部傳達了十五中全會的精神，並指出：「我們不採用戰爭統一國家。但如果美－吳集團採用戰爭，我們

1　Lien-Hang T. Nguyen, *Hanoi's War: An International History of the War for Peace in Vietnam*, p45.

2　"Nghị quyết Hội nghị Trung ương lần thứ 15 (mở rộng) về tăng cường đoàn kết, kiên quyết đấu tranh giữ vững hoà bình, thực hiện thống nhất nước nhà" (1-1959), *Văn kiện Đảng toàn tập* (tập20), Hà Nội : Nhà xuất bản Chính trị quốc gia, 2002, tr.83-84.

3　越南國防部軍史研究院編：《越南人民軍歷史》（第二集），第 43 頁。

也必須採用戰爭。」[1] 黎筍的發言似乎表明他還沒能使武力解放南方成為勞動黨內統一的看法，但他顯然相信吳庭艷政府必定會挑起戰爭，從而為北越提供統一全國的機會。而此次會議的宗旨即是在人民軍中進行動員，研究北方援助南方建設根據地及武裝力量的事宜。

在十五中全會結束之後，與會的各南方籍幹部迅速潛回南部進行傳達動員等準備工作。受北方中央政策形勢的鼓舞，從 1959 年 2 月起，沉寂已久的南方鬥爭活動重新浮現。特別是 1 月中旬在土龍木省（Thu Dau Mot）省富利（Phu Loi）集中營發生千餘名政治犯遇害事件後，使得勞動黨有充分理由鼓動對抗美－吳集團的「滔天罪行」。[2] 南方很多省市隨後出現了貼標語、請願和抗議活動，暗殺與伏擊事件也日益頻繁，僅在 1959 年前三個月，南越地區就有兩百多名村和區的官員被殺。對此，吳庭艷政府不得不宣佈南越處於「戰爭狀態」，通過「第 91 號法令」在西貢、順化（Hue）和邦美蜀（Buon Ma Thuot）設立特別軍事法庭，對越共分子有權當場審判執行。同時從 2 月底開始，南越政府還集結了一萬五千人對抗法戰爭時期越南勞動黨的老根據地進行了自和平恢復以來規模最大的掃蕩。[3]

面對南越政府的高壓舉措，南部地委在給河內中央的電報中急切建議在各老根據地盡快發動武裝鬥爭。[4] 而事實上，在 1959 年初，越南北方已在加緊研究開闢支援南方的運輸線問題。1959 年 5 月 5 日，越勞中央

1　越南國防部軍史研究院編：《越南人民軍歷史》（第二集），第 44 頁。

2　"Thông tri của Ban Bí thư về đấu tranh phản đối Mỹ-Diệm đầu độc, gây vụ thảm sát trên một nghìn đồng bào yêu nước ở trại tập trung Phú Lợi (Thủ Dầu Một-Nam Bộ)" (19-1-1959), *Văn kiện Đảng toàn tập* (tập20), tr.117-120.

3　越南勞動黨對統一鬥爭的方針有新的提法（1959 年 5 月），中共中央對外聯絡部編：《國際情況簡報》第 237 期，第 9 頁。

4　"Điện của Xứ ủy Nam Bộ gửi Trung ương Đảng về việc báo cáo tình hình địch, ta; đề xuất với Trung ương việc cần phát động đấu tranh vũ trang, mở rộng căn cứ địa, thành lập Trung ương Cục và tổ chức các đoàn thể, Liên khu V và một số vấn đề khác" (11-10-1959), *Văn Kiện Trung ương Cục Miền Nam giai đoạn 1946-1975* (tập7), tr.550.

總軍委交付任務組建「特別軍事工作團」負責研究支援南方工作，[1] 隨後代
號為「301」和「603」的陸地運輸營及海路運輸營分別成立。其中隸屬
於 559 軍事運輸團的陸地運輸部隊於是年夏季沿長山（Truong Son）山
脈東側邊開路邊設兵站，穿過南越軍重點佈防的非軍事區南側的九號公
路，到 8 月底將第一批軍用物資運送至第五聯區，初步打通了被稱作「中
央走廊」（也即西方國家所稱的「胡志明小道」的雛形）的南下運輸通
道。同時，沿着開闢的這條通道進入南方的還有大量喬裝為平民的指揮
幹部、特工人員、機要人員、武器修理人員等，截止到 1960 年初，已經
有近 3500 名經過正規訓練的北方幹部和軍隊技術人員通過這一渠道祕密
投入第五聯區和南部基層黨組織及武裝力量的組建工作中。[2]

目前還不清楚國際共產主義陣營是否在第一時間知曉越南勞動黨向
南方實施的祕密滲透活動，但考慮到中、蘇兩黨此時並不願意看到由於
印支局勢的緊張而招致美國的介入，因此北京和莫斯科似乎很難會支持
越南共產黨人的這種冒險行為。不過 1959 年國際共運形勢的變化正在悄
然改變這一局面。

此時的中蘇兩黨，在經過 1958 年長波電台、聯合艦隊風波以及第一
次台海危機的嚴重分歧後，雙方的矛盾已經從對內政策轉向對外政策。
而 1959 年夏秋，中國與印度之間爆發的邊境武裝衝突則進一步暴露了兩
黨在國際戰略問題上尖銳的對立。中方認為赫魯曉夫偏袒印度，在中印
衝突中採取中立和妥協的立場是為了確保美蘇和談的順利進行，而蘇聯
黨則認定中國對印度採取魯莽和偏激的政策，其目的就是為了破壞美蘇
首腦會談，干擾緩和的進展。[3] 實際上，從 1957 年莫斯科宣言開始，中蘇

1　Tổng Cực Hậu Cần- Bộ Quốc Phòng, *Lịch Sử Bộ đội Trường Sơn Đường Hồ Chí Minh*, Hà Nội : Nhà xuất
　bản Quân Đội Nhân Dân, 1994, tr.14.
2　越南國防部軍史研究院編：《越南人民軍歷史》（第二集），第 58-59 頁。
3　沈志華主編：《中蘇關係史綱 —— 1917 — 1991 年中蘇關係若干問題再探討》（增訂版），第
　275 頁。

兩黨已經出現了「左」和「右」的分化，蘇聯自蘇共二十一大以來，更加強調戰爭可以避免，強調可以實現同資本主義世界的和平共處及和平過渡，中共則在不斷強調戰爭的不可避免以及武裝鬥爭的重要性。中蘇兩黨都希望對方能夠改正錯誤，進而接受自己的立場和路線。這種爭執從本質來說是在爭奪意識形態的話語權，爭奪對馬列主義的解釋權，從而在國際共運活動中活動正統地位和實際領導權。[1]而對於中蘇兩黨來說，這種爭奪最直接的表現就是儘可能擴大對各共產主義兄弟政黨的影響。

正因為如此，蘇聯共產黨特別注意到中共從 1958 年開始正在積極物色同盟者，並把主要精力放在朝鮮、越南、阿爾巴尼亞等社會主義國家身上。在向這些兄弟黨推廣和宣傳自己在內政及當前國際形勢問題上的特殊觀點的同時，中共在處理與兄弟黨的相互關係中也越來越多地表現出民族主義的特點，其中最主要的就是要離間蘇共與各兄弟黨之間的關係。[2]

從實際情況來看，自從與蘇聯共產黨產生路線上的分歧之後，中國黨的確投入了更大的精力密切關注着各兄弟黨在中蘇分歧環境下的一舉一動並會有意在政策上加以引導。而對於中共來說，保持對越南勞動黨的影響是尤為重要的。這不僅是中、蘇兩黨最初對國際共運領導任務的分工要求，同時也是因為勞動黨一直以來都被認為是中國路線堅定的支持者。不過在 1959 年，越勞在中共一些最關注的問題上似乎並沒有選擇完全倒向中國一邊。這不僅表現在勞動黨中央領導人在一些重大問題上對於赫魯曉夫觀點的支持，[3]而且對於中印邊界衝突問題，越勞方面也態度

1　沈志華主編：《中蘇關係史綱 —— 1917 — 1991 年中蘇關係若干問題再探討》（增訂版），第275 頁。

2　蘇聯駐華使館提供的中共與兄弟黨關係的資料（1960 年 9 月 10 日），ЦХСД，ф.5，оп.49，д327，л218-233.

3　關於胡志明主席對赫魯曉夫觀點的態度（1959 年 12 月 23 日），外檔，106-00271-01，第49-50 頁。

曖昧，不願多談。[1]

　　這些跡象從一個側面反映出越南共產黨人並不打算在北京和莫斯科的爭執中表明自己的立場。自 1958 年 14 中全會以來，勞動黨已經把蘇聯和中國同時視為領導社會主義陣營趕超資本主義世界的中堅力量。在實踐中，越勞領導人多次表示中國的經驗要學，蘇聯的經驗也要學，應當「先學習中國的土辦法，然後再學習蘇聯的洋辦法。」[2] 同時越勞還認為，中國取得的巨大成功與蘇聯領導下的社會主義陣營的幫助是分不開的。[3] 這表明，至少在 1958 年，在越南勞動黨的意識中，中國的模式與蘇聯的路線之間還沒有孰優孰劣的區別。但到了 1959 年，隨着中共總路線方針種下的惡果逐漸顯現，勞動黨內對於「大躍進」及人民公社的懷疑聲音越來越多。在 9 月中旬召開的北方各省宣傳工作會議上，各省代表紛紛詢問：中國的「大躍進」和人民公社出了什麼問題？為什麼許多留學生和實習生寫信回來要家裏寄這寄那，說是連糧食、蔬菜、肥皂也變緊張了？對彭德懷、黃克誠的去職與當前的反右傾思想鬥爭有何關係？[4] 而另一個無法迴避的事實是，北越對中共總路線的模仿在 1959 — 1960 年冬春同樣也產生了嚴重的後果，特別是伴隨着農業合作化運動的大範圍推進，北方農村的農業種植指標普遍無法完成，大量耕牛遭到屠宰，農民生產情緒普遍不高，致使 1960 年的早稻產量比上一年下降 24%。糧食和副食品以及工業原料的供應亦陷入困境。[5]

1　越勞中央和高、中級幹部對八中全會等問題的反應（1959 年 9 月 21 日），外檔，106-00444-04，第 17 頁。

2　越南從各方面學習我國大躍進的經驗（1958 年 9 月），中共中央對外聯絡部編：《各國共產黨動向》第 201 號，第 6 頁。

3　"Báo cáo về tình hình thế giới và nhiệm vụ chung của chúng ta" (11-1958), *Văn kiện Đảng toàn tập* (tập19), tr.440.

4　越勞中央和高、中級幹部對八中全會等問題的反應（1959 年 9 月 21 日），外檔，106-00444-04，第 17 頁。

5　我駐越使館關於 1960 年第 1 季度越南政治外交情況綜合報告（1960 年 4 月 25 日），外檔，106-00531-03，第 22 頁；我駐越使館關於 1960 年 4、5 月份越南政治外交動態綜合報告（1960 年 6 月 10 日），外檔，106-00531-04，第 28 頁。

對於 1960 年上半年國民經濟出現的嚴重困難，越南勞動黨對內比較
強調的解釋是乾旱持續和氣候失常。但在實際工作中，越勞方面已經在
悄然採取一些措施改變原先高指標，不切實際的工作方針，比如不再提
「青年千斤肥」或「積肥健將」運動的口號，以避免「搞得太過火，影響
其他工作」。越方這種調整儘管低調，但仍被中方視為對羣眾的幹勁「起
到了消極限制的作用，羣眾的熱情受到了挫傷。」[1]同時引起中國方面注意
的還有在 1960 年的前幾個月中，越勞中央的官方報刊中一反常態地不再
集中刊發有關中國「大躍進」以及人民公社的相關內容，即便有也很少
再發表評論。[2]

　　越南勞動黨內出現的上述變化跡象對於中共來說並不是個好消息，
特別是在越勞第三次全國代表大會即將召開之際，這很有可能將會影響
新的勞動黨領導層對未來路線方針的選擇。而一旦激進的共產主義建設
模式失去了對河內的吸引力，那麼中國黨只能通過其他途徑來爭取和拉
攏越南勞動黨。考慮到中蘇路線衝突的一個核心性問題是關於戰爭與和
平的爭執，因此在 1960 年中蘇分歧已經公開化的情況下，明確表示支持
北越使用武力統一南方已經成為中國黨必然的選擇。

　　在 1960 年 5 月 U-2 飛機事件以後，中國方面注意到越南在公開場合
不再追隨蘇聯強調國際局勢的顯著緩和、和平共處等說法，而是代之以
集中矛頭打擊第一號敵人美帝國主義，揭露其備戰陰謀，中方相信越南
出現的這一新跡象是受到了之前周恩來訪越及中國黨和政府一貫立場的
影響。[3]藉助這一形勢，在 5 月底黎筍率代表團訪問北京之際，中國領導人
就南越鬥爭形式問題向越南黨方面提出，在南方城市裏需要以政治鬥爭

1　我駐越使館關於 1960 年 4、5 月份越南政治外交動態綜合報告（1960 年 6 月 10 日），外檔，
　　106-00531-04，第 29 頁。
2　越南對我人大會議的反應（1960 年 4 月 22 日），外檔，106-00522-06，第 42 頁。
3　我駐越使館關於 1960 年 4、5 月份越南政治外交動態綜合報告（1960 年 6 月 10 日），外檔，
　　106-00531-04，第 36-37 頁。

為主，而在農村地區的鬥爭要搞政治鬥爭和武裝鬥爭相結合，因為最後要搞垮美－吳集團，沒有武裝力量不行。[1] 對比 5 月 21 日勞動黨中央發出的有關南方對敵鬥爭形勢任務的指示，[2] 可以看出中國黨完全肯定了越勞中央關於在南方統一的問題上的相關決策，這也意味着中方對於北越的政策發生了一個巨大的轉變。稍後不久，中共中央再次向越勞中央表示，「過去我們沒有你們那樣了解情況，曾認為還不到暴露力量的時候。現在我們認為，你們主張在南方進行武裝鬥爭是對的，我們完全支持你們。」[3]

對於中國黨從主張協商談判到支持武力統一南方的變化，越南勞動黨自然是十分歡迎的。不過此時越勞更為擔心的問題是中、蘇之間不斷加深的分歧對於越南的統一大業甚至是眼前的越勞三大可能造成的影響。在 1960 年 8 月份，胡志明分別前往北京及莫斯科，意圖勸說中、蘇不再爭論。同時胡還向來參加越勞三大的各社會主義國家黨的代表團表示，希望他們在大會上避免談一些問題，特別是涉及到中、蘇分歧的問題，絕不能讓「越三大」開成「羅三大」（羅馬尼亞工人黨第三次代表大會，即布加勒斯特會議）那樣。[4]

不過胡志明的擔心總歸沒有變成現實。自 1960 年夏以後，迫於國內嚴峻的經濟形勢，中共不得不暫時擱置同蘇聯的意識形態爭執，做出緩和和讓步的姿態。這也確保了越勞三大沒有繼續成為中、蘇兩黨相互攻訐的論壇。九月份召開的越南勞動黨第三次代表大會距離上一次黨代會已過去九年，此次會議的一個主要議題是確定了越南革命的兩個戰略任務：「在北方進行社會主義革命」以及「把南方從美帝國主義及其走狗的

1　郭明主編：《中越關係演變四十年》，第 67 頁。

2　"Điện của Trung ương gửi X.U.N.B và L.K.U.V" (21-5-1960), *Văn kiện Đảng toàn tập* (tập21), Hà Nội：Nhà xuất bản Chính trị quốc gia, 2002, tr.334.

3　李丹慧：《關於 1950 — 1970 年代中越關係的幾個問題（上）—— 對越南談越中關係文件的評析》，《江淮文史》，2014 年第 1 期，第 80 頁。

4　我駐越使館關於 1960 年 8 月份越南動態綜合報告（1960 年 9 月 26 日），外檔，106-00531-07，第 76 頁。

統治下解放出來，實現國家的統一，在全國範圍內完成民族人民民主革命。」而關於南方鬥爭形勢問題，三大延續了之前已經形成的觀點，即南方的解放將是一個長期而艱苦的過程，在這一過程中，要結合多種形式的鬥爭，爭取一切可以爭取的力量反對美－吳集團。[1]除此之外，越勞三大的另一項重要任務就是對中央領導層進行的調整。經過此次會議，胡志明退至二線，長征被完全排除出核心權力層之外，而黎筍則當選為第一書記從而被確定為黨內的一號人物，書記處書記增加了黎德壽、阮志清、黎文良三人，范雄在政治局中的位置提升至第五位，同時還由黎德壽兼任了越勞中央組織部長一職。[2]從三大決議本身來看，武裝鬥爭只是統一南方的諸多手段之一，但在這期間發生的人事變動表明，黎筍已經在越勞中央建立起以他為核心的「南方同志的領導集團」，推進落實武力統一的方針對於勞動黨來說僅僅是時間上的問題。

隨着新領導集體的形成，越南勞動黨表現出的另一個趨勢是在政治上進一步強調其獨立性。能夠反映這一問題的最突出的表現就是越勞三大通過的黨章中刪除了「毛澤東思想」一詞。[3]此外中國方面還注意到，越方在 10 月份以極為隆重的規格紀念了 13 世紀抗元民族英雄陳興道，同時有意避免宣傳《毛澤東選集》第四卷的出版發行事宜。[4]除此之外，引起中國人關注的還有越勞在三大之後對所謂國際重大問題的態度變化，根據彙報上來的材料，越方一些高級幹部及領導人雖在表面上仍注意平衡對待，私下裏卻往往比較傾向於蘇聯，把中蘇分歧的責任歸於中國一

1　"Nghị quyết của Đại hội đại biểu toàn quốc lần thứ III của Đảng Lao động Việt Nam về nhiệm vụ và đường lối của Đảng trong giai đoạn mới" (10-9-1960), *Văn kiện Đảng toàn tập* (tập21), tr.915-920.

2　我駐越使館關於 1960 年 9 月份越南動態綜合報告（1960 年 10 月 12 日），外檔，106-00531-08，第 85 頁。

3　中共中央對外聯絡部編印：《各國共產黨概況》，第 25 頁。

4　我駐越使館關於 1960 年 10 月份越南動態綜合報告（1960 年 11 月 1 日），外檔，106-00531-09，第 101 頁。

邊，認為中國「有理無情」。[1] 不過儘管在涉及路線方針的問題上出現了刻意同中國黨的立場保持距離的跡象，但在經濟建設中和統一南方的鬥爭中，北越政府卻又必須把中國視為最主要的依靠對象。1960 年 10 月，越南民主共和國再次向中國政府提出請求並順利獲得了六億元人民幣的貸款用於執行第一個五年計劃的建設任務。[2]

　　同時在 1960 年 11 月 11 日，西貢發生了以阮正詩（Nguyen Chanh Thi）大校為首的傘兵部隊的嘩變。儘管此次未遂政變很快被吳庭艷鎮壓下去，但勞動黨由此意識到應當立刻利用南越政府內部的矛盾和混亂迅速鞏固並建立南方反吳力量的廣泛陣線。[3] 20 日，越勞中央書記處在其電文中指示南部地委，關於在南方解放區建立聯合政府的設想已經不再適用於當前的形勢了，為此中央同意南部地委的駐地不再固定於某處，並且建議應當以南方民族解放陣線委員會的名義來組織工作。[4] 1960 年 12 月 20 日，以阮友壽（Nguyen Huu Tho）為主席的越南南方民主解放陣線於西寧省（Tay Ninh）成立，中國黨和政府旋即表態予以承認，率先傳達了支持越勞南方政策的立場。[5]

　　正因為越勞三大確定的兩項戰略任務都離不開中國的支持，加之中、蘇兩黨之間在 1960 年底表現出明顯緩和的跡象，因此越南勞動黨在 11 月的莫斯科會議後亦開始再次強調毛澤東思想和中國的作用。認為「現在國際共產主義運動中不能忽視中國，我們不同意歐洲的兄弟黨只跟着蘇聯黨走的看法，歐洲一些兄弟黨對中國有錯誤看法，他們看到中國

1　我駐越使館關於 1960 年 9 月份越南動態綜合報告（1960 年 10 月 12 日），外檔，106-00531-08，第 90 頁。

2　關於越南總理范文同致周恩來總理請示我給予 6 億元人民幣貸款問題的請示及周總理復函（1960 年 10 月 26 日），外檔，106-00599-01，第 1-3 頁。

3　"Điện của Bộ Chính trị gửi Xứ uỷ Nam Bộ và Liên khu uỷ V"(12-11-1960), *Văn kiện Đảng toàn tập* (tập21), tr.1017-1022.

4　"Điện của Ban Bí thư gửi Xứ uỷ Nam Bộ" (16-11-1960), *Văn kiện Đảng toàn tập* (tập21), tr.1027-1028.

5　Nguyễn Đình Liêm,*Quan hệ Việt Nam-Trung Quốc : những sự kiện 1945-1960*, tr.516.

經濟落後，就認為馬列主義也不如別人。」在毛澤東六十七歲生日之際，越勞中央和胡志明均發去賀電，對毛及中國革命給予極高評價，並對中國從歷史上直到當前階段中給予越南的慷慨援助表示感謝。[1] 從這個角度來說，三大之後的越南勞動黨領導層已經意識到必須以更加靈活的方式來維繫自己在中、蘇兩個大黨之間的角色，而隨着對南越政策的徹底轉變，勞動黨及北越政府在今後的一切行動準則都將以支持統一南方作為首要目標，這也決定了此後北越在波譎雲詭的國際共運環境中處理其戰略方針的根本出發點。

第三節　老、柬形勢的演變與越南對印支鬥爭形勢的基本判斷

一、老撾政治危機的初現

自 1957 年底，老撾第一次聯合政府成立之後，在數月的時間裏，萬象的政局沒有出現大的波動，共產黨人與富馬的合作看上去沒有出現大的問題。這種情況一直維持到 1958 年 5 月初舉行的新議會的增補選舉。在此次選舉中，左派人士表現得十分搶眼，愛國陣線同自己的盟友拿下了總共 21 個席位中的 13 個。其中蘇發努馮獲得了最高的個人票數。這一結果令美國政府大為震動，華盛頓不由自主地聯想到 1949 年在捷克斯洛伐克發生的先例。艾森豪威爾在對此做出評述時表示，任何像老撾這樣的國家通過合法的選票而趨向於共產主義化，都將是極其嚴重的問題。[2] 為

1　我駐越使館關於 1960 年 12 月份越南動態綜合報告（1961 年 1 月 30 日），外檔，106-00531-11，第 122 頁。

2　U.S. Department of State, *Foreign Relations of United State (FRUS)*, 1958-1960, Vol.16, U.S. Government Printing Office, 1992, p450.

此，在五六月間，美國駐萬象的相關部門開始行動起來，試圖使用援助資金遴選老撾保守派的領導人組成排斥愛國戰線的反共政府。[1]6 月 13 日，卡代與薩納尼空的國民進步黨和獨立黨分別解散，合併組成所謂的老撾人民大會（Rally of the Lao People）。此舉意在形成對左派的選舉優勢，特別是要在下一屆政府的選舉中將愛國陣線的力量完全排擠出去。

在得到美國支持的情況下，由反共親美人士組建的名為「保衞國家利益委員會」（Committee for the Defense of National Interests）的政治組織為接下來的選舉所進行的積極籌備終於收到了效果。8 月 18 日，在經過投票之後，薩納尼空以 29 票對 21 票的優勢出任新政府總理，富馬被迫交出手中的政權。薩納尼空政府的出現是老撾由中立向右轉的信號。這也意味着 1957 年的萬象協議及聯合政府僅存不到一年之後就走到了盡頭。在對外政策上進一步向美國靠攏，極力爭取美國援助的同時，薩納尼空亦加大對巴特寮實施排擠、削弱的力度。12 月中旬，北越人民軍在靠近老撾沙灣拿吉省（Savannakhet）車邦（Sepone）地區的活動給右翼政府提供了一個藉口。1959 年 1 月 12 日，薩納尼空對議會發表演說，描述了同北越發生邊境衝突的可怕情形，並由此攻擊巴特寮正在策劃叛亂，進而要求議會批准採取一些非常措施以應對威脅。[2]

2 月 11 日，在得到美國方面的首肯之後，薩納尼空宣佈，老撾政府已經完成了《日內瓦協議》的職責，今後已不再受協議的約束。三月份，萬象政府下令查封了愛國陣線的報刊。到五月，薩納尼空藉口隸屬於巴特寮的兩隻戰鬥部隊拒絕被整編進入皇家軍隊，派兵包圍其駐地，並要求解除其武裝。其中駐琅勃拉邦附近的寮一營服從了整編命令，而在查

1　U.S. Department of State, *Foreign Relations of United State (FRUS)*, 1958-1960, Vol.16, U.S. Government Printing Office, 1992, p454.

2　U.S. Department of State, *Foreign Relations of United State (FRUS)*, 1958-1960, Vol.16, U.S. Government Printing Office, 1992, p496.

爾平原的寮二營約 500 人於 5 月 18 日夜向北出逃至北越控制的地區。薩納尼空政府隨即宣佈巴特寮部隊的行為是明確的叛亂，在萬象的蘇發努馮及其他三名愛國戰線領導人也由此被捕。[1]

　　老撾局勢發生的變動迅速引起了共產主義陣營的關注。特別是之前力促巴特寮與王國政府合作，努力保持老撾中立地位的中、蘇兩國不得不做出反應。5 月 25 日，中國外交部副部長張聞天約見蘇聯駐華大使尤金，討論老撾局勢的變化。期間，中方預測了老撾局勢發展的三種可能：一、老撾政府進一步投靠美國，參加東南亞集團，變成美國軍事基地；二、不敢公開參加東南亞集團，還有顧慮。對外政策維持現狀，雖然親美不太露骨，對內政策是加緊對愛國陣線的迫害；三、左派經過鬥爭和游擊戰爭，發動羣眾，給現政府造成很大困難，使它統治不下去，被迫進行改組，讓一些中間人物如富馬出來，雙方恢復談判，繼續協商。從張聞天傳達的中共中央的意見來看，中國最高領導人更加傾向於將局勢推向第三種可能，也即主張巴特寮應當採取一些反擊措施，但前提是要避免將美國人吸引進來，只要對薩納尼空政府造成壓力，迫使其讓步即可。[2]10 月初，在同中國領導人舉行的會談中，赫魯曉夫也表明了同中國人相似的態度，蘇方認為在老撾的軍事行動不能擴大，否則就會把美國人捲進來，導致美國的軍隊出現在越南民主共和國的邊界上。[3]10 月 5 日晚，毛澤東在北京接見了祕密來華訪問的凱山・豐威漢一行，明確表示支持巴特寮重新開始武裝鬥爭，但同時中國領導人也建議老撾黨目前隊伍不要太大，小一點好，活動不要太猛，避免引起敵人過分主義。毛同時還提醒凱山等人，現在美國正在造謠說中國和越南幫助老撾共產黨

1　中共中央對外聯絡部編印：《各國共產黨概況》，第 36 頁。

2　張聞天副外長會見蘇聯駐華大使尤金談老撾局勢等問題（1959 年 5 月 25 日），外檔，109-00873-04，第 31-32 頁。

3　沈志華主編：《俄羅斯解密檔案選編：中蘇關係（1945 — 1991）》（第八卷），北京：東方出版中心，2015 年 1 月版，第 419-431 頁。

人，聯合國也要派調查小組到老撾找證據，因此一定不能讓西方搞到這方面的證據。[1]

　　毛澤東這裏提到的聯合國對老撾局勢的調查，是在 1959 年 8 月薩納尼空向聯合國控告北越入侵，請求予以幫助後發生的。儘管調查的結果並未發現北越侵犯老撾的有力證據，但可以肯定的是越南勞動黨的確正在試圖扭轉聯合政府瓦解之後巴特寮慌亂被動的局面。考慮到年初勞動黨二屆十五中全會確定了武力解放南方的方針加之南下運輸通道正處在建設延伸的過程中，河內顯然不會坐視老撾局勢的持續惡化。5 月 11 日，也就在薩納尼空政府下令對巴特寮部隊進行整編的那天，越南人民軍總參謀部起草了《老撾革命鬥爭方針預案》。越方認為，目前在老撾存在開展武裝鬥爭的一些有利條件，包括巴特寮在羣眾中具備一定政治影響，大部分巴特寮幹部和人員經歷過軍事鬥爭，特別是地方上還有近 7000 名復員部隊。老撾王國軍事、政治力量分佈較廣但相對較弱，並且老撾多數省份同越南相鄰，從而方便越南提供援助。不過從整體來看，越方仍認為老撾的黨組織和羣眾基礎依然薄弱，因此總參謀部提出，當前仍應當以政治鬥爭為主，但軍事活動是支持和爭取政治鬥爭向敵人施壓的重要手段。關於付諸實施的具體方針，越方提出：一、效法越南抗法戰爭初期的做法，在老撾各縣和各省分別組建武裝宣傳隊和地方武裝單位並建立根據點。二、將豐沙里及桑怒省，特別是後者建設成為主要的根據地。為實現這兩條方針，越方將在政治、軍事方面對老撾進行幹部培訓，幫助寮方組建新單位並向其提供武器裝備。[2]

　　根據總參作戰局擬定的上述方案，越南勞動黨中央軍委在 20 日召開

1　李丹慧編：《中國與印度支那戰爭》，第 34 頁。

2　"Cục Tác chiến Bộ Tổng Tham mưu Quân đội nhân dân Việt Nam soạn thảo 'Dự án chủ trương đấu tranh vũ trang của cách mạng Lào" (11　5　1959), *Lịch sử quan hệ đặc biệt Việt Nam-Lào, Lào-Việt Nam, 1930-2007：Biên niên sự kiện* (vol I), tr.438-439.

會議進一步研究援助老撾革命的相關工作。總軍委認為，老撾反動政府追隨美帝，勾結南越反動政府陰謀撲滅老撾革命，將老撾變成美國新的殖民地和軍事基地，進而威脅越南北方。而在當前老撾革命力量遭遇損失和挫折的情況下，越南主張應繼續以政治鬥爭為主，同時積極準備條件在全國推進發動武裝鬥爭。具體來說，勞動黨將幫助愛國陣線鞏固政治鬥爭的羣眾基礎，統一全黨對老撾革命形勢和任務方向的認識，組建越南駐老志願軍的指導、指揮機關，準備解放老撾一部分地區作為老撾革命運動及指導老撾革命的根據地。[1]

在掩護逃出包圍的巴特寮第二營抵達越、老邊境地區後，六月初，越南勞動黨對老撾黨的幫扶工作正式展開。北越抽調幹部在萊州至廣治省（Quang Tri）一線邊境地區組織學習班集中對寮二營排以上幹部以及老黨內包括總書記凱山、中央委員坎·代·西番敦等在內的一批中、高級幹部進行培訓。[2]七月份，越、老兩黨確定相互配合在 1959 年雨季展開軍事行動，以寮二營為主幹，在全國範圍內將公開合法鬥爭轉為武裝鬥爭，加強游擊戰，奪取鄉、村一級政權，建設主力部隊並發展地方武裝力量，同時聯絡寮一營分散在各地區的部分士兵，爭取其返回根據地，以補充軍力。[3]

7 月 2 日，越南勞動黨中央就越南黨和人民援助老撾革命做出綱領性指示，提出積極擁護老撾革命是越南黨和人民極為重要的一項國際任務，這項工作對於越南北方的鞏固及全國的統一鬥爭具有重大意義。因此應當在全黨及全體幹部中統一思想，認清老撾革命的形勢和任務以及

1 "Tổng Quân uỷ Việt Nam họp bàn về tình hình Lào" (20-5-1959), *Lịch sử quan hệ đặc biệt Việt Nam-Lào, Lào-Việt Nam, 1930-2007 : Biên niên sự kiện* (vol I), tr.440-441.

2 "Tổ chức lớp học của cán bộ Lào ở Xuân Thành, Phù Quỳ" (6-1959), *Lịch sử quan hệ đặc biệt Việt Nam-Lào, Lào-Việt Nam, 1930-2007 : Biên niên sự kiện* (vol I), tr.444.

3 "Bộ Chính trị Trung ương Đảng Lao động Việt Nam và Bộ Chính trị Trung ương Đảng Nhân dân Lào quyết định phối hợp mở đợt hoạt động quân sự trong mùa mưa năm 1959" (7-1959), *Lịch sử quan hệ đặc biệt Việt Nam-Lào, Lào-Việt Nam, 1930-2007 : Biên niên sự kiện* (vol I), tr.444-445.

勞動黨對老撾革命的國際任務。[1] 由此開始，老撾革命的運行軌道正式被
完全納入越南共產主義革命的範疇。6 日，勞動黨中央決定成立由武元
甲領導的直屬於中央執行委員會的老撾工作委員會，專職關注和研究老
撾革命的各項活動，並及時向中央提出相關意見以便於落實相關的路線
方針。[2]

　　到七月中下旬，在北越提供的軍事顧問和武器裝備的支持下，巴特
寮方面新組建的三個營向桑怒一線發起進攻。聯想到六月底，剛剛同薩
納尼空政府達成一項旨在鞏固老撾皇家部隊的軍事訓練計劃，因此華盛
頓方面認為共產黨軍隊的攻勢正是對這一計劃做出的反應。[3] 也正是在此期
間，薩納尼空派出代表前往聯合國就北越的侵略行為進行申述。但即便
是來自美方的情報，此時也未能掌握北越軍隊出現在老撾的確鑿證據。[4]
這其中的一個重要原因就是越方在極其嚴格地限制對老援助的規模和程
度，避免給王國政府及美國留下證據。按照人民軍總參謀部在 9 月 3 日
發出的指示，除了總部指派參加援老工作的人員外，絕不允許其他幹
部、部隊、電台、武器從邊境地區流入老撾。參與援助工作的人員需確
保安全，得到周密保衛，避免接觸當地老撾人，限制接觸非一線作戰部
隊，禁止攜帶與越南相關的文件，包括火力支援、特工作戰單位在內的
幹部在沒有得到新的指令之前應撤回越南。[5]

1　"Bộ Chính trị Trung ương Lao động Việt Nam nhận định về tình hình Lào và đề ra chủ trương giúp cách
　　mạng Lào xây dựng, phát triển lực lượng trong tình hình mới" (2-7-1959), *Lịch sử quan hệ đặc biệt Việt
　　Nam-Lào, Lào-Việt Nam, 1930-2007 : Biên niên sự kiện* (vol I), tr.447.

2　"Nghị Quyết của Ban Bí thư Trung ương Đảng Lao động Việt Nam về thành lập Ban Công tác Lào thuộc
　　Ban Chấp hành Trung ương" (6-7-1959), *Lịch sử quan hệ đặc biệt Việt Nam-Lào, Lào-Việt Nam, 1930-2007
　　: văn kiện* (vol III), tr.33-34.

3　U.S. Department of State, *Foreign Relations of United State (FRUS)*, 1958-1960, Vol.16, U.S. Government
　　Printing Office, 1992, p546.

4　U.S. Department of State, *Foreign Relations of United State (FRUS)*, 1958-1960, Vol.16, U.S. Government
　　Printing Office, 1992, p559.

5　"Bộ Tổng Tham mưu Quân đội nhân dân Việt Nam điện gửi Quân khu 3, Quân khu 4, Quân khu Tây Bắc;
　　Tiểu đoàn 800, Sư đoàn 330 và 316" (3-9-1959), *Lịch sử quan hệ đặc biệt Việt Nam-Lào, Lào-Việt Nam,
　　1930-2007 : Biên niên sự kiện* (vol I), tr.453.

　　正因為北越進行了周密安排，因而九月中旬聯合國人員在老撾的調查幾乎一無所獲。儘管薩納尼空聲稱掌握了一些確鑿證據，包括北越人留下的八具屍體、一些武器以及若干目擊者。但美國方面對此並沒有給予特別注意。[1] 從中、蘇在公開場合做出的一些反應中，美國人已經得出較為準確的結論：共產黨人意圖將其軍事行為維持在一個較低的水平，而不是訴諸於大規模游擊戰，共產黨中國和蘇聯都在努力避免戰爭升級的危險，因此共產黨人將儘可能尋求利用外交、宣傳、顛覆行動及游擊戰來迫使西方讓步，如果他們認為美國將派遣大規模作戰部隊進入老撾，那麼必然會採取一系列激烈的對抗行為。比較而言，顯然目前的狀況是更有利於西方的。[2]

　　因此，到 1959 年年底，各大國在老撾局勢問題上均表現出克制的態度。在 12 月底，萬象政局再次發生變動，保衛國家利益委員會中極右的少壯派軍官富米・諾薩萬（Phoumi Nosowan）發動政變，強迫薩納尼空辭職。在新政府中，諾薩萬擔任國防部長，獨攬軍事大權。對於萬象發生的政權更迭，美國政府並沒有特別的反應，國務院認為，新政府依然有強烈的反共傾向，總體來看，是值得美國與之進行誠摯合作的。[3] 但對於共產黨方面來說，諾薩萬是比薩納尼空更加強硬和反動的人物，已經有傳言說被囚禁的蘇發努馮等愛國戰線領導即將被審判和處決，並且新政府的內外政策將朝着極右方向發生重大調整。[4] 但即便如此，共產主義各國仍堅持防止事態擴大的態度。到 1960 年初，中越兩黨已經就老撾問題達

1　U.S. Department of State, *Foreign Relations of United State (FRUS)*, 1958-1960, Vol.16, U.S. Government Printing Office, 1992, p623.

2　U.S. Department of State, *Foreign Relations of United State (FRUS)*, 1958-1960, Vol.16, U.S. Government Printing Office, 1992, pp.625-626.

3　U.S. Department of State, *Foreign Relations of United State (FRUS)*, 1958-1960, Vol.16, U.S. Government Printing Office, 1992, p728.

4　U.S. Department of State, *Foreign Relations of United State (FRUS)*, 1958-1960, Vol.16, U.S. Government Printing Office, 1992, p725.

成一致意見：老撾的鬥爭全靠老撾黨自己在長期鬥爭中得到鍛煉，中國和越南只能從政治上援助、精神上同情，一切要靠他們自己同反動派作鬥爭。中國和越南的軍隊決不能過界。因為一過界就會使整個東南亞都要受到震動，這對社會主義陣營不利。[1] 一月底，越南勞動黨領導人黎筍在同老黨領導人的談話中也告知對方，老撾革命目前的鬥爭方針應當是自力更生，準備面對長期艱苦的條件。越南的國際援助只能是在有限的範圍內起到輔助作用，應當教育幹部、戰士和老撾人民，使其領會自立根生的思想，樹立克服困難，忍受艱苦，堅持鬥爭的精神。[2] 至此，老撾革命的前景看似已經變得相當黯淡，形勢似乎更加有利於美國支持下的萬象政府。

　　不過這一局面很快就被打破了。1960 年 8 月 9 日凌晨，老撾皇家部隊第二傘兵營營長貢勒（Kong Le）以結束內戰，實現和平與中立為口號在萬象發動政變，推翻了在五月份剛剛成立的由富馬的表弟松薩尼特（Somsanith）親王擔任首相的政府，轉而邀請富馬重新出任首相職務，組建新的政府。15 日，諾薩萬在其控制的沙灣拿吉省建立反政變委員會，16 日以富馬為首相的新政府宣告成立。在貢勒宣佈將政權交予富馬政府之後，富馬聲稱將竭盡全力完成任務，執行和平中立政策。8 月 18 日，富馬分別接見了美、英、法三國大使，表示將尊重與法、美簽訂的協議，願意接受美國的援助。緊接着在 23 日，富馬又飛往沙灣拿吉與諾薩萬會談，就組成聯合政府事項爭取右派的合作。

　　貢勒政變使得老撾局勢在頃刻間發生重大轉變。在政變發生當日，老撾人民黨中央委員會即通電全國各省，指出此次政變是有利於老撾革

1　陳毅副總理接見蘇聯駐華大使契爾沃年科的談話記錄（1960 年 1 月 22 日），外檔，109-00934-01，第 2-3 頁。

2　"Đồng chí Lê Duẩn phát biểu về tính chất, phương châm và phương pháp của cách mạng Lào" (31 5 1960), *Lịch sử quan hệ đặc biệt Việt Nam-Lào, Lào-Việt Nam, 1930-2007 : Biên niên sự kiện* (vol I), tr.460.

命的政治事件，應當及時利用敵人的慌亂震動加強活動，發展力量，擴
大老撾愛國戰線的影響。採取一切辦法聯絡王國軍隊各單位，支持其反
對諾薩萬反動集團，在各地形成兵變風潮。加強在平原、城市地區發動
鬥爭運動，爭取實現萬象軍民的起義，同時堅決擁護政變委員會，宣佈
與其建立合作，支持成立進步政府，實現和平中立路線。[1] 隨後，巴特寮方
同貢勒迅速建立合作關係，貢勒表示願意接受寮方的領導，並多次給寮
方提供武器。巴特寮方用貢勒提供的武器和裝備在萬象組成了一個營，
同時還準備向貢勒部隊派遣政治委員。[2]

　　對於貢勒政變，北越方面也積極予以聲援。富馬組閣後，河內便致
電富馬，歡迎老撾王國政府的外交政策，表示願與老撾建立友好關係。
越方認為老撾局勢的發展，有下列幾種可能性：一、富馬組閣後，幾種
勢力進行鬥爭，最後又回到政變前的情況。二、建立一個不那麼親美，
但仍親西方的非真正中立的政府。三、建立一個真正中立的政府。四、
發生內戰，親美、親法、貢勒和寮方等幾種力量，各佔領和控制若干地
方，形成割據局面。在 8 月 23 日富馬去沙灣拿吉與諾薩萬會談並達成在
琅勃拉邦組建聯合政府的協議後，越方曾認為「富馬背叛了貢勒，向富
米和美國人投降」。[3] 但隨後事情再起變化，由於貢勒在萬象發表了反諾
薩萬的講話，因而在一怒之下，諾薩萬返回沙灣拿吉，拒絕再參加富馬
的新政府，並於 9 月 10 日在沙灣拿吉另立以文翁‧納占巴塞親王（Oum
Na Champasak）為首的右翼政府。

　　諾薩萬拒不合作的態度致使富馬不得不轉向巴特寮方尋求支持，在
文翁政府成立之後，富馬隨即宣佈老撾處於緊急狀態，並致電寮方，要

1　"Trung ương Đảng Nhân dân Lào họp Hội nghị Trung ương lần thứ tư ra nghị quyết về nhiệm vụ cơ bản và
　　nhiệm vụ trước mắt của cách mạng Lào" (6-1960), *Lịch sử quan hệ đặc biệt Việt Nam-Lào, Lào-Việt Nam,
　　1930-2007 : Biên niên sự kiện* (vol I), tr.463-464.
2　1960 年下半年老撾情況通報（1960 年 8 月），外檔，106-00558-02，第 64-65 頁。
3　1960 年下半年老撾情況通報（1960 年 8 月），外檔，106-00558-02，第 67-68 頁。

求共商老撾局勢，「反對富米的分裂陰謀」。此外，富馬還開會部署萬象地區的軍事防禦，商定萬象市區由貢勒負責，市郊由寮方負責。隨後，富馬便去琅勃拉邦見國王，向國王報告老撾局勢。期間在萬象舉行了萬人羣眾大會，要求實現和平中立，打倒諾薩萬－文翁政府，要求與蘇聯、中國及越南建交等等，國王聞訊，即令富馬趕回萬象控制局勢。富馬在羣眾大會上表示將實現和平中立政策，同日即指示其駐柬埔寨大使與蘇聯駐柬大使商談兩國建交問題。[1]共產黨人一方隨即決定利用這一時機，爭取富馬等中間派，以結成反美愛國統一戰線，同時在軍事上也可以趁機展開局部反攻，扭轉前一階段的被動局面。因而從 9 月 5 日起，巴特寮部隊在越南志願軍的配合下從越、老邊境地帶向桑怒省各據點發起進攻，至九月底，越老聯軍已完全攻佔桑怒全省，殲滅王國軍逾三千人。[2]

在貢勒政變發生之初，艾森豪威爾政府對老撾內部瞬息萬變的政局基本上持觀望態度，唯有希望各方能夠找到和平解決爭端的辦法，以共同應對老撾境內外共產主義力量的威脅。[3]為此，美國拒絕了諾薩萬關於向其提供一千萬美元援助以奪回萬象並阻止新政府成立的要求。[4]但隨着富馬同共產黨人接觸的增多，特別是十月初，萬象方面不但確定了同巴特寮進行談判的方針而且決定正式同蘇聯建交，這些情況令美國方面感到極度不安。為此，美國務院於十月中旬向駐萬象使館發去指令，要求繼續向富馬施加壓力促使其同意將政府以及國家銀行的全部款項遷往琅勃拉邦，以削弱貢勒的影響力。如富馬繼續同貢勒裏挾在一起，那麼有必

1　1960 年下半年老撾情況通報（1960 年 9 月），外檔，106-00558-02，第 74-75 頁。

2　1960 年下半年老撾情況通報（1960 年 9 月），外檔，106-00558-02，第 78-79 頁。

3　U.S. Department of State, *Foreign Relations of United State (FRUS)*, 1958-1960, Vol.16, U.S. Government Printing Office, 1992, p786.

4　U.S. Department of State, *Foreign Relations of United State (FRUS)*, 1958-1960, Vol.16, U.S. Government Printing Office, 1992, p796.

要向其表明美國有意更換另一個合法任命的首相。[1] 在 10 月 20 日召開的國家安全委員會第 464 次會議上，美國人明確表明目前對老撾局勢只關心兩個問題：其一，老撾需要一個統一的政府，因此美國將全力支持諾薩萬，其二，老撾政府需斷絕同巴特寮的談判。[2] 緊接着，從十月下旬開始，美國以恢復援老為名，公開對諾薩萬－文翁集團進行大規模援助，不僅通過泰國和南越給沙灣拿吉政權提供大量武器，而且幫助其訓練軍官，並派飛機運送蔣介石的部隊以擴充諾薩萬的隊伍，準備進攻萬象。[3]

在美國向沙灣拿吉運輸戰爭物資的同時，美國的泰國沙立·他那叻（Sarit Thanarat）政府的軍隊也對萬象實行經濟封鎖，切斷了大米和汽油的供應，給富馬政府製造困難。面對壓力，富馬開始進一步向巴特寮方靠近，雙方的談判很快獲得了進展。1960 年 11 月 17 日，雙方談判代表團公佈了談判第一號公報。公報稱：「雙方同意儘快成立包括老撾愛國戰線黨在內的聯合政府；同意在富馬政府管轄區立即停火，雙方歡迎王國政府宣佈的真正和平中立、民族和睦和國家統一政策，同蘇聯建交並接受蘇聯援助，並保證將接受中國和越南的援助，派一友好代表團訪問中國和越南；決定恢復同越南民主共和國之間的郵電關係，保證同中華人民共和國建立睦鄰關係」等等。[4]

關於向富馬提供援助事宜，蘇聯和中國在數月之前即進行了討論。中方表示將堅決支持老撾人民和富馬政府的政黨主張，但形式上的發展還要靠老撾人民自己進行鬥爭。如果富馬政府真的是要出蘇、中、越給予幫助，也是需要予以幫助的，但考慮到美國可能做出的反應，因而中

1　U.S. Department of State, *Foreign Relations of United State (FRUS)*, 1958-1960, Vol.16, U.S. Government Printing Office, 1992, pp.916-917.

2　U.S. Department of State, *Foreign Relations of United State (FRUS)*, 1958-1960, Vol.16, U.S. Government Printing Office, 1992, p920.

3　1960 年下半年老撾情況通報（1960 年 10 月），外檔，106-00558-02，第 85-86 頁。

4　1960 年下半年老撾情況通報（1960 年 11 月），外檔，106-00558-02，第 98-100 頁。

方認為社會主義國家如果有外交代表在萬象情況就會好些。特別是蘇聯同老撾建交，並立即派出大使，這樣就會使美、美干涉老撾感到困難。[1]而隨着十月份蘇聯同富馬政府外交關係的建立，中國的擔心隨之消散，中蘇雙方隨即確定了由蘇聯採取措施支持老撾愛國和進步力量的方案。[2]隨後從十二月初開始，蘇聯的運輸機先後開通河內至萬象以及河內至查爾平原的航線，為巴特寮及貢勒的部隊運送油料、糧食、彈藥等物資。中國方面也表示將盡力為蘇聯的空運行動提供便利，包括開放南寧機場用於蘇方飛機起降。[3]

　　從中國在援老工作中的態度可以看出，儘管已經意識到支持越、老革命鬥爭是不可推卸的責任，但此時中國考慮的重點依然是避免出現美國直接干預的風險。具體來說，就是對老撾的民族解放鬥爭，應在政治上道義上大力支持，物質上積極援助，但又應注意方式留有餘地。因而對老撾政府的公開援助，仍宜由蘇聯出面，對寮方的內部援助，均經過越南。使老撾戰爭局限於一國之內，不給美國以藉口而插手老撾內戰，以阻止局部戰爭的發生。這樣不但對老撾的革命鬥爭，而且對中國和越南的社會主義建設事業，對保衛印度支那地區與世界的和平都是有利的。[4]不過即便如此，共產主義各政權在 1960 年年底形成援助老撾革命的統一戰線依然是一個引人注目的信號，這似乎預示着日內瓦會議後印度支那地區陣營對抗的局面即將到來。

1　我外交部陳叔亮司長與蘇聯駐華使館參贊薩福隆關於老撾問題的談話記錄（1960 年 9 月 28 日），外檔，106-00557-01，第 22-23 頁。

2　羅貴波副部長接見蘇聯駐華大使契爾沃年科談話記錄（1960 年 10 月 7 日），外檔，106-00557-02，第 25 頁。

3　代兵：《老撾危機與艾森豪威爾總統的印支決策困境》，《史學月刊》，2014 年第 1 期，第 60 頁。

4　老撾政變四個月來的形勢（1961 年 1 月 24 日），外檔，106-00964-02，第 12-13 頁。

二、西哈努克的「左轉」及柬共新領導層的形成

　　進入 1957 年以後，一系列因素正在不斷動搖西哈努克對其中立政策的信心。一方面，在同泰國及南越發生的領土糾紛中，西哈努克本希望美國政府能夠約束其盟國對柬埔寨的侵犯行為，但遭到了美國方面的拒絕。美方警告西哈努克，美國提供的軍援只能用來抗擊共產黨侵略者，絕對不准用來打美國的東南亞條約組織盟國，並威脅稱一旦有人「向受美國保護的一方發射出一顆子彈的話，美國的軍援就會中止。」[1] 來自美國方面的態度令西哈努克憤怒不已，在他看來，目前不存在任何共產黨侵略的威脅，對柬埔寨邊界的唯一威脅來自南越及泰國。而此時儘管中國同柬埔寨尚未建交，但中國方面仍在柬領土糾紛問題上立刻做出支持西哈努克的姿態。1958 年 6 月 30 日，在出席柬駐華經濟代表團團長楊安（Yong Aun）舉行的招待會時，中國外交部長陳毅譴責了吳庭艷軍隊對柬埔寨的進攻，並指出最後勝利必定屬於柬埔寨人民。[2] 中國政府的態度同美國形成了鮮明對比，這促使了西哈努克在 7 月中旬決定立刻承認中華人民共和國並與之正式建立大使級外交關係。

　　金邊對於北京政府的承認令美國人極為不安。在 7 月 25 日進行的會談中，美國駐柬埔寨大使卡爾‧斯特洛姆（Carl Strom）提醒西哈努克，在承認共產黨中國的問題上，柬埔寨已經偏離了它一直以來所遵循的中立立場，這引起了東南亞條約組織內部成員國對金邊的一致批評。[3] 西哈努克則反駁認為，近兩年來南越持續不斷的侵略行徑證明所謂的中立政策並不成功，正是由於西貢對柬領土的蠶食才導致柬埔寨不得不調整在它

1　諾羅敦‧西哈努克口授，W.G. 貝鄰敵整理：《西哈努克回憶錄 —— 我同中央情報局的鬥爭》，北京：商務印書館，1979 年版，第 102 頁。

2　劉樹發主編：《陳毅年譜》（下卷），北京：人民出版社，1995 年 12 月版，第 743 頁。

3　U.S. Department of State, *Foreign Relations of United State (FRUS)*, 1958-1960, Vol.16, U.S. Government Printing Office, 1992, p241.

在東西方陣營間的角色。[1]8 月 5 日，美國國務院在經過討論後認為，鑒於柬埔寨承認中華人民共和國的現狀，應當逐步削減針對西哈努克政府的援助。[2]

　　同美國人的懲罰措施相比，中國政府則顯得要寬容和慷慨得多。周恩來在 4 月 4 日同楊安進行的談話中表示中方理解西哈努克處境的困難，認為親王奉行中立和獨立的政策是很不容易的，並相信在親王的領導下，柬埔寨可以克服目前面臨的一些困難。[3]在 7 月 24 日舉行的另一次會談中，周再次表示中國不僅在道義上，在物質上也願意給予支持幫助西哈努克渡過難關，幫助柬埔寨用最新的技術、最低的成本、最少的勞動力和最快的速度進行建設。[4]中共領導人的體諒與熱情令西哈努克倍感愜意。8 月 15 日至 25 日，他啟程對中國進行了第二次訪問。在這期間，毛澤東在自己的官邸接見了西哈努克並在游泳池旁與親王進行了交談，隨後在周恩來的陪同下，西哈努克又前往東北、天津、河北等地進行參觀訪問。中方甚至還安排他參觀了第一座實驗性原子能反應堆和迴旋加速器。[5]在 8 月 24 日兩國政府發佈的聯合聲明中，中國方面決定再贈送柬埔寨小型聯合鋼鐵廠和地質勘察兩個項目。[6]

　　對於西哈努克來說，同中國維持良好關係的主要目的不在於從北京獲得多少援助，而是因為在他看來，中共的領袖們有着偉人般的樸素本質，尊重一個小國和小國的領導人，完全不像「有些打着美帝國主義旗

1　U.S. Department of State, *Foreign Relations of United State (FRUS)*, 1958-1960, Vol.16, U.S. Government Printing Office, 1992, p241.

2　U.S. Department of State, *Foreign Relations of United State (FRUS)*, 1958-1960, Vol.16, U.S. Government Printing Office, 1992, p246.

3　周恩來總理接見柬埔寨經濟代表團楊安團長談話記錄（1958 年 4 月 4 日），外檔，106-00130-04，第 26 頁。

4　中共中央文獻研究室編：《周恩來年譜》（中卷），北京：中央文獻出版社，1998 年 2 月版，第 154 頁。

5　楊明偉、陳揚勇：《周恩來外交風雲》，北京：解放軍文藝出版社，2009 年版，第 102 頁。

6　關於簽訂中國和柬埔寨經濟技術援助協定（1959 年 3 月 21 日），外檔，106-00501-01，第 45 頁。

號而又趾高氣揚的小人」。[1]西哈努克這種對於西方世界特別是美國的排斥心態在 1959 年「桑‧薩里（Sam Sary）事件」及「達春（Dap Chhuon）事件」發生之後進一步加劇。由於事先得到了來自中國及法國使館的情報，這兩起分別由泰國及南越政府策劃的旨在顛覆西哈努克政權的武裝叛亂胎死腹中。但因為懷疑美國知情不報，因而這引起了西哈努克的憤怒。他在 4 月 13 日給艾森豪威爾的回信中以帶有些挖苦的語氣說：「我十分肯定，您偉大的國家為那些反對我們王國及政府的叛亂分子提供了支持。當然，總統先生，以您的聰明才智，您會覺得這是不可能的。」[2]

　　對比同美國政府之間不斷加深的隔閡，西哈努克同中共領導人之間的友誼繼續升溫。1960 年 4 月，西哈努克的父親諾羅敦‧蘇拉瑪里特（Norodom Suramarit）去世。本定於五月上旬訪問金邊的中國代表團決定仍按原定日期前往，以便親自參加老國王的葬禮。5 月 5 日，一身縞素的周恩來一行抵達波成東機場時，西哈努克親往迎接並組織了龐大的歡迎隊伍。當日下午周恩來等人即前往靈堂向蘇拉瑪里特國王遺體致哀。次日，在西哈努克的安排下，周恩來以主人的身份主持了柬埔寨皇家電台的開幕式。5 月 8 日，西哈努克還陪同周恩來乘坐柬皇家海軍的巡邏艇遊覽了南部風景勝地白馬灣。[3]

　　同中共領導人的交往的確給西哈努克留下了極好的印象，但這並不意味着他對共產主義已經產生了發自內心的信任。相反的是，西哈努克在外交政策上的左擺實際上是意圖向美國施壓，以確保在柬埔寨國家利益不受侵犯的情況下能夠繼續鞏固其中立地位。因此他也十分清楚同共產黨國家交往的底線。1960 年 9 月，西哈努克率領柬埔寨代表團出席在

1　諾羅敦‧西哈努克口授，W.G. 貝卻敵整理：《西哈努克回憶錄 —— 我同中央情報局的鬥爭》，第 220-222 頁。

2　U.S. Department of State, *Foreign Relations of United State (FRUS)*, 1958-1960, Vol.16, U.S. Government Printing Office, 1992, p308.

3　楊明偉，陳揚勇：《周恩來外交風雲》，第 103-104 頁。

紐約出席聯合國大會期間，同艾森豪威爾總統進行了會面。在這一過程中，柬方提出希望美國能夠繼續提供軍事援助以應對柬越邊境上的叛亂問題。[1] 而在西哈努克於 12 月份再次對中國進行的訪問中，中國外長陳毅曾主動提出願意向柬政府提供常規武器援助以幫助解決其國內安全問題，但卻遭到了西哈努克的婉言謝絕。[2] 這表明了西哈努克不願令其中立政策陷入困境的真實想法。不過隨着越南共產黨人的戰爭觸角不斷向南延伸，西哈努克的平衡遊戲注定將變得越來越難以掌控。

同老撾的遭遇相似，1959 年起越南民主共和國對南越地區實行有組織的滲透對於西哈努克中立政策也產生了巨大的衝擊。北越打通的中央走廊在穿過老撾東南部的狹長地帶後即進入柬埔寨東部地區，其在柬境內的總長度約 300 公里，在穿過臘塔納基里省（Ratanakiri）和蒙多基里省（Mondulkiri）後延伸至東部毗鄰南越邊境地區。在越南南方民族解放陣線成立以後，根據越南勞動黨中央的要求，為避免遭受南越政府突襲，民解陣線及其控制下的游擊戰指揮部的駐地也選在了靠近西寧省的柬埔寨東北部境內。對於北越共產黨人過境柬埔寨運輸人員和軍用物資並在柬境內設立集結點的情況，西哈努克是十分清楚的。而之所以對此事祕而不宣，並不是由於他對越南共產黨人的鬥爭抱有同情，而是因為通過拉攏北越可以在柬越邊界問題上形成對西貢政權的優勢，[3] 同時作為協議的一部分，越勞將不再支持柬埔寨共產主義者的武裝鬥爭，相關資金援助被切斷，武器彈藥被掩埋，同時也不會允許留在河內的共產黨人返回柬埔寨。[4] 而事實上，這一交易恰恰反映了西哈努克對於越南勞動黨的疑懼。在

1　U.S. Department of State, *Foreign Relations of United State (FRUS)*, 1958-1960, Vol.16, U.S. Government Printing Office, 1992, pp.382-383.

2　我告柬埔寨援柬武器原則不變（1962 年 10 月 10 日），外檔，106-00706-03，第 40 頁。

3　Nguyễn Thành Văn, Chính sách đối ngoại Trung lập của Campuchia giai đoạn 1953-1970, Hà Nội: Nhà Xuất Bản Thông tin và Truyền Thông, 2019, tr.162-163.

4　英薩利與孫浩大使談話記錄（1978 年 2 月 20 日），中共中央對外聯絡部二局編：《柬共領導同志重要言論選摘》，第 69 頁。

他看來，柬埔寨的共產主義者都是北越培訓出來的聽命於河內的「高棉越盟分子」（Khmer Viet Minh），這些人同柬埔寨本土的馬克思主義知識分子是有根本性差別的。[1] 出於防範北越遙控干涉金邊政局的考慮，西哈努克在吸收喬森潘、侯榮（Hou Youn）、符寧（Hu Nim）（這些人都掩蓋了自己高棉人民黨黨員的身份）等左派人士加入其人民社會同盟的同時，也在毫不留情地繼續對公開的柬共組織實施打擊。

這裏一個突出的表現就是柬埔寨人民黨總書記暹亨於 1959 年底發生的叛變事件。西哈努克政府趁機展開針對人民黨基層組織的破壞行動。很快，公開的「人民派」遭到取締，《人民報》也遭到查封，根據柬共 1970 年出版的黨史記載，「1959 年黨在農村地區損失了 90% 的幹部和黨員 …… 只有 10% 的革命力量還在活動。」[2] 西哈努克的剿共活動意在徹底摧毀共產主義者在柬埔寨存在的基礎，肅清來自外部特別是北越的滲透可能。但由於暹亨在人民黨內主要負責農村地區的領導工作，因此由杜斯木領導的城市工作委員會並沒有受到太大波及，[3] 而人民黨在組織上遭受的損失事實上也為新一批柬共領導成員走上前台提供了機會。

此時已在柬共金邊市委擔任重要職位的沙洛特紹及農謝等人在思想上已經表現出與那些前抗戰人員出身的共產主義者的明顯不同。他們認為柬埔寨革命的問題在於「沒有一條獨立自主、自力更生、英明而正確的路線」，「嚴重地依賴外國」，「有很大一部分領導機關掌握在機會主義分子手中」。主張「哪個國家的革命只能由那個國家的人民來搞，只能由那個國家的工人階級政黨來領導」，必須堅持「獨立自主，自力更生、自

1　Steve Heder, *Cambodian Communism and the Vietnamese Model, Volume1. Imitation and Independence, 1930-1975*, Whiet Lotus, Bangkok, 2004, pp.60-61.

2　波爾布特：《在柬埔寨共產黨正確領導下柬埔寨革命的偉大勝利》，北京：人民出版社，1978 年版，第 14 頁。

3　中共中央對外聯絡部編印：《資本主義各國馬列主義黨和組織概況》，1973 年 12 月，第 11 頁。

己掌握自己國家和人民的命運。」[1] 考慮到暹亨為越南勞動黨指定的黨內領導人，因而沙洛特紹等人的上述觀點顯然是想意圖抵制來自河內的控制和影響。也正是由於人民黨內出現的混亂狀況，加之山玉明等人長期滯留河內未歸，柬埔寨共產主義運動中的新生力量開始着手整頓組織和籌備召開全國代表大會，重新建立獨立的政黨。

　　1960 年 9 月 28 日至 30 日，也就是越南勞動黨三大結束後不久，柬埔寨的共產黨人在金邊火車站的一節車廂裏召開第二次全國代表大會。[2] 參加此次會議的 21 人中有四分之一為留法歸國人員，沙洛特紹、英薩利及農謝入選由九人組成的新的柬共中央委員會。但來自河內的影響在此次會議上仍然清晰可見：一直以來同北越方面保持良好關係的杜斯木被指定為新的中央書記，而為了顯示同越南勞動黨保持一致，柬共的名稱也由「柬埔寨人民革命黨」改變為「柬埔寨勞動黨」。[3] 會議通過的黨章及黨的政治路線也在很大程度上效仿或照搬了越勞三大的決議，提出黨的路線是與西哈努克合作，共同反對美國及南越政府。[4] 從這一點來說，柬共二大所確定的方針實際上是仍在為越南勞動黨的南方政策所服務。儘管該路線同沙洛特紹等黨內激進分子的意見相左，但從實際情況來看，此次會議之後，柬埔寨勞動黨仍然把工作的重點放在了在金邊等城市地區所進行的合法政治鬥爭活動上。包括重新出版報紙，建立羣眾團體，滲透入政府內部等等，按照計劃，黨的一些部門甚至還着手準備參加 1962 年的大選。[5]

1　中共中央對外聯絡部編印：《各國共產黨概況》，第 45 頁。
2　1975 年柬埔寨共產黨掌握政權之後，官方歷史將此次代表大會稱之為第一次黨代會，但實際上柬共第一次代表大會應是於 1951 年 2 月根據印度支那共產黨決議所召開的建黨會議。
3　中共中央對外聯絡部編印：《各國共產黨概況》，第 45 頁。
4　Steve Heder, *Cambodian Communism and the Vietnamese Model, Volme1. Imitation and Independence, 1930-1975*, p63.
5　Steve Heder, *Cambodian Communism and the Vietnamese Model, Volme1 Imitation and Independence, 1930-1975*, pp.77-79.

　　而在這一時期，儘管西哈努克在外交政策上繼續表現出「左轉」親共的姿態，但在國內他仍對共產主義可能對其政權造成的危害保持着高度警惕。隨着 1962 年大選的逼近，柬埔寨內部左派分子活動抬頭的趨勢已經引起了金邊政府的注意。因此西哈努克故技重施，再次撿起 1957 年對付人民派的手段，以充當國外共產黨情報員的藉口於 1962 年 1 月在磅湛省（Kampung Cham）逮捕了農蘇恩、高米斯等 14 人。[1] 更為嚴重的是，柬共中央總書記杜斯木也於 7 月中旬在金邊遭到西哈努克祕密警察的綁架並隨即遇害。[2]

　　杜斯木的失蹤曾一度引起柬埔寨勞動黨內的混亂，沙洛特紹及農謝等人也不得不開始擔心起自己的安全並提出停止參與公開政治活動隱蔽黨組織的建議。[3] 不過，恐怕連西哈努克自己也想不到，對這些較為溫和的老抗戰人員的清除同時也幫助了柬共內部年青的激進分子更快地掌握了黨內的實權。1963 年 2 月 20 日，部分柬共成員祕密聚會，意圖對當前形勢和工作進行總結。後來，柬共官方將此次聚會確定為「柬共第三次全國代表大會」。此次會議選舉了新的中央委員會和以沙洛特紹為書記的五人常委會。這也是柬共第一次在未徵求河內意見的情況下做出的人事安排，與之相映的是山玉明等留在河內的共產主義者則被完全排除於中央委員會之外，對柬埔寨勞動黨的控制權完全落入由沙洛特紹、農謝和英薩利組成的領導層手中。值得注意的是，此次會議並沒有就黨的路線問題提出任何新的建議，這也意味着柬共的新領導層將繼續遵循「二大」確定的方針。沙洛特紹等人並沒有立即着手對柬埔寨勞動黨進行改造，在某種程度上反映出柬共的新領導人還沒有決心切斷同越南勞動黨的聯

1　張錫鎮：《西哈努克家族》，第 137 頁。

2　中共中央對外聯絡部編印：《各國共產黨概況》，第 46 頁。

3　David Chandler, *Brother Number One: A Political Biography of Pol Pot*, Boulder: Westview Press, 1992, p63.

繫。同時金邊的形勢及柬共自身的實力也決定了尋求完全獨立鬥爭的可能性極小。

　　1963 年 3 月，金邊及暹粒省（Siem Reap）爆發了學生、工人及佛教徒參加的反對西哈努克獨裁政治的抗議活動，西哈努克由此再次動用了鎮壓手段，包括沙洛特紹、英薩利、符寧等人都被列入「顛覆分子」的名單。[1] 這一狀況迫使新的柬共領導層決定離開城市，把「黨中央」轉移至柬東北部與南越西寧省交界處的森林中，以尋求在那裏活動的南方越共的庇護。這也就是日後柬共歷史中所稱的中央決定走「農村包圍城市、武裝奪取政權的道路」，「從城市轉入農村，在山區建立革命根據地。」[2]

　　根據這一決定，1963 年 5 月，除在金邊留下部分未暴露的成員組建地下網絡外，柬共中央東渡湄公河，在靠近柬越邊境的磅湛省東部森林的一處越共軍事基地安定下來，建立了代號為「100 辦公室」的臨時營地，沙洛特紹也化名為「1 號兄弟」（Brother Number one），[3] 在隱蔽狀態下指揮着深入柬埔寨東部和東北部各省的中央委員開展宣傳鼓動工作並籌劃創建自己的武裝力量 —— 祕密自衛隊。在此後數年中，沙洛特紹的指揮部為躲避西哈努克的清剿以及美國飛機的轟炸，往返遷徙於柬越邊境一帶，但他始終未與河內進行過直接聯繫，越南勞動黨方面在很長時間裏也不清楚柬共內部出現的變動。唯一可以肯定的是，高棉勞動黨的領導者們一直在叢林中等待時機，他們與越勞之間沒有從屬關係，對北越的統一事業也沒有興趣，但他們需要藉助越南的統一戰爭來推進柬埔寨國內的共產主義革命，一旦時機成熟，這些共產主義者自然會主動浮出，以革命的名義尋求來自外部共產主義力量的支持。

1　Steve Heder, *Cambodian Communism and the Vietnamese Model, Volme1. Imitation and Independence, 1930-1975*, p87.

2　中共中央對外聯絡部編印：《各國共產黨概況》，第 46 頁。

3　Steve Heder, *Cambodian Communism and the Vietnamese Model, Volme1. Imitation and Independence, 1930-1975*, p88.

三、越南勞動黨對印支鬥爭形勢的基本態度

　　從日內瓦會議結束之後較長時間的情況來看，越南勞動黨對於在印支三國特別是老撾、高棉推進共產主義運動並組織聯合抗戰的熱情的確出現了相當大幅度的降溫。一個最為明顯的跡象可以從勞動黨三大通過的關於在新階段路線和任務的決議中看出。同印支共二大的決議相比，越勞三大將注意力完全放在了越南革命的總任務上，涉及指導老、柬革命鬥爭的內容被大幅削減。事實上，根據范文同在三大上所作的關於越勞國際任務的報告，有關支持印度支那民族解放運動的工作已經被視為越南民主共和國的外交方針的一部分，北越還提出在對待鄰邦問題上，工作的重點是希望在和平共處五項原則和尊重《日內瓦協議》的基礎上同柬、老王國建立、發展友好關係。[1]

　　越南勞動黨的上述態度是一個顯而易見的變化，這表明河內的領導人不得不接受日內瓦會議之後在印支半島出現的新形勢。就像黎德壽所說的那樣，自黨的二大以來，越南國內情況已經發生根本性的變化，這要求黨必須對政治任務和路線方針重新進行思考。[2] 而需要強調的是，勞動黨對既定方針政策的調整顯然是有選擇性的，在老、柬共運問題上做出讓步的同時，越南革命的核心地位並沒有發生絲毫動搖。一個明顯的分化趨勢是，北越黨和政府一方面在不斷提升越南革命的角色地位，另一方面則在改變關於老、柬鬥爭任務的一貫說辭。

　　1960 年 3 月 25 日，越《首都河內報》載文評介《俄國十月革命後的東方》一書，批評了書中輕視越南革命的一些觀點，稱儘管接受了中國革命的許多經驗，但越南革命實行自力更生，比中國革命還早取得了

1　范文同在越南勞動黨三大發言的國際部分（1960 年 9 月 12 日），《兄弟國家和兄弟黨報刊資料》，第 424 期，第 43 頁。

2　黎德壽談即將召開的越黨第三次代表大會（1960 年 4 月 8 日），《兄弟國家和兄弟黨報刊資料》，第 251 期，第 29 頁。

政權，從深遠根源來看，越南革命是俄國十月革命以後最重大的歷史事件之一，並接受了偉大十月革命的深刻影響。[1] 由此開始，在越勞三大召開之前，北越領導層以紀念列寧誕辰九十周年為契機，迅速掀起了廣泛的宣傳活動，包括《人民報》《學習》雜誌等連篇累牘地刊登評論及領導人講話，意在強調越南革命是國際共產主義運動和工人運動的重要組成部分，越南的局勢同世界的局勢有着密切關係。在此基礎上，勞動黨三大正式提出，無論是北方的社會主義革命還是南方的民族民主革命，都是在為世界人民的革命事業，為維護印度支那和東南亞及世界和平做貢獻，因而其共同承擔着反對美帝國主義及其走狗的責任。[2] 而與之相比，老撾、柬埔寨地區的鬥爭的重點在於支持越南革命的上述使命，特別是為了阻止美帝侵略干涉印支的陰謀，應當確保《日內瓦協議》在老、柬得到尊重和執行。[3]

　　正因為如此，通過越勞三大，北越政府基本上確定了對老、柬地區局勢的立場，也即對於在西哈努克領導下的柬埔寨王國所採取的和平中立政策表示歡迎和擁護，同時準備同老撾王國建立友好關係，前提是只要萬象政府能認真履行和平中立政策、尊重《日內瓦協議》和萬象協議。[4] 甚至在貢勒政變發生之初，河內也沒有將其視作把巴特寮推向前台的良機，而是認為政變並不具備革命性質，強調老撾局勢的理想前景仍是鞏固富馬政府，使老撾成為真正獨立、統一和和平中立的國家。[5] 而從本質上來說，這一立場的主要出發點還是為了繼續維持日內瓦會議後印支地區

1　越《首都河內報》載文評介《俄國十月革命後的東方》一書（1960 年 4 月 9 日），《兄弟國家和兄弟黨報刊資料》，第 252 期，第 20-21 頁。

2　"Nghị quyết của Đại hội đại biểu toàn quốc lần thứ III của Đảng Lao động Việt Nam về nhiệm vụ và đường lối của Đảng trong giai đoạn mới" (10-9-1960), *Văn kiện Đảng toàn tập* (tập21), tr.916.

3　"Đại hội đại biểu lần thứ III Đảng Lao động Việt Nam" (5-9-1960), *Lịch sử quan hệ đặc biệt Việt Nam-Lào, Lào-Việt Nam, 1930-2007 : Biên niên sự kiện* (vol I), tr.465.

4　"Đại hội đại biểu lần thứ III Đảng Lao động Việt Nam" (5-9-1960), *Lịch sử quan hệ đặc biệt Việt Nam-Lào, Lào-Việt Nam, 1930-2007 : Biên niên sự kiện* (vol I), tr.465.

5　Báo Nhân Dân, 22-8-1960.

的態勢，為越南北方局面的鞏固提供有利的外部環境。

　　當然，越南勞動黨在推進老、柬革命問題上表現出消極態度，另一個重要的原因就是要配合共產主義世界的和平攻勢。越勞三大結束之後，有關戰爭與和平問題以及支持莫斯科會議決議的討論層出不窮。勞動黨領導人及負責意識形態宣傳工作的高級幹部紛紛撰文表示擁護支持和平共處的方針，提出社會主義國家必須依靠自己的力量和世界人民的鬥爭力量主動地爭取通過和平協商的途徑來取得與帝國主義某些勢力之間的緩和，進而達成協議。[1] 即便是在越南南方鬥爭問題上，勞動黨領導人公開表達的基本態度也是，武裝鬥爭應當為政治鬥爭的目標服務，在當前的時代制止戰爭、保衛和平是有可能實現的。[2] 不過從實際情況來看，對於北越黨和政府來說，越南南方的鬥爭任務顯然是應當被區別對待的，至少在勞動黨領導人的解釋中，他們聲稱當前南越的社會性質是一個新型的殖民地和半封建社會，同時是美國人的軍事基地，這是同老、柬王國政府有所不同的，而鬥爭的方式正是由南方社會性質和政權性質決定的。南越當局當前的性質和行徑決定了北方不得不進行自衛。好比「當一條狗拚命地咬人的時候，卻要求人不要用棍子來自衛，如果人進行自衛，就說人不要和平，這只是畜生的邏輯」。[3] 更何況南方的革命同志已經等待足夠久了，已經到了對南方革命路線進行檢討的時刻了。[4]

　　正是遵循這一思路，進入 1960 年之後，在北越官方大談戰爭與和平

1　越黨中央政治局委員阮志清談和平共處（1961 年 2 月 3 日），《兄弟國家和兄弟黨報刊資料》，第 570 期，第 20-22 頁；越《人民報》總編輯黃松著文談戰爭與和平問題（1961 年 2 月 4 日），《兄弟國家和兄弟黨報刊資料》，第 571 期，第 27-30 頁。

2　武元甲作關於鞏固國防建設人民武裝力量的發言（1960 年 9 月 11 日），《兄弟國家和兄弟黨報刊資料》，第 423 期，第 5-7 頁。

3　阮文咏在越勞動黨三大談越南統一問題（1960 年 9 月 16 日），《兄弟國家和兄弟黨報刊資料》，第 428 期，第 20-21 頁。

4　"Điện của Xứ ủy Nam Bộ gửi Trung ương về một số ý kiến đề nghị với Trung ương về việc kiểm điểm đường lối, chánh sách của Đảng về cách mạng ở miền Nam từ ngày hòa bình đến nay" (18-8-1960), *Văn Kiện Trung ương Cục Miền Nam giai đoạn 1946-1975* (tập7), tr.897-898.

問題的同時，越勞南部地委卻發出了積極主動殲敵的號召。[1] 南越政府及美方顧問團逐漸發覺到，他們以往印象中的「越共」（Viet Cong）的含義正在發生變化。1960 年 1 月農曆春節前夕，一支約 300 人的共產黨武裝襲擊了南越政府軍位於西寧省首府靠近柬埔寨邊界的一處指揮哨所，造成七十餘人傷亡。美方注意到這些武裝人員裝備了輕武器、爆破器材以及燃燒彈。在摧毀五棟建築後，這些人迅速撤離，全身而退。[2] 而從接下來的情況來看，此次襲擊僅僅是個開端。根據來自情報部門的報告，類似的有顛覆分子及准軍事組織參加的游擊作戰在此後幾個月中呈不斷上升趨勢。[3]

　　南越政府和美國人不得不承認，越共的突襲行動同以前的作戰方式相比有了很大改變，其實力也得到了明顯加強，他們不再專注於暗殺綁架，而是越來越頻繁地主動對南越安全部隊發起攻擊。在若干次戰鬥中，這些武裝人員甚至已經打出了紅底藍星的民族解放陣線的旗幟，並把藏身之地都選在南越政府控制力最為薄弱的農村地區。[4]

　　面對共產黨游擊隊在越南南方發起的這種「全新的戰爭」，美國駐越軍事顧問團及其訓練下的南越政府軍顯然缺乏足夠的準備。因為一直以來，顧問團訓練南越國民軍的主要目標是為了防止北越及中共軍隊可能發動的大規模入侵，而很少把注意力放在如何應對游擊戰以及襲擾戰上。並且在很多南越軍官看來，美方顧問提供的訓練方法往往表現保守、刻板，並沒有考慮越南本土的實際情況。[5] 這些因素導致了南越政府軍

1　"Chỉ thị của Xứ ủy Nam Bộ về phương hướng công tác trước mắt" (8-3-1960), *Văn Kiện Trung ương Cục Miền Nam giai đoạn 1946-1975* (tập7), tr.698-699.

2　Office of Joint History Office of the Chairman of the Joint Chiefs of Staff, *History of the Joint Chiefs of Staff: the Joint Chiefs of Staff and the War in Vietnam, 1960-1968, Part 1,* Washington, DC,2011, pp.20-21.

3　U.S. Department of State, *Foreign Relations of United State (FRUS)*, 1958-1960, Vol.1, U.S. Government Printing Office, 1986, p279.

4　U.S. Department of State, *Foreign Relations of United State (FRUS)*, 1958-1960, Vol.1, U.S. Government Printing Office, 1986, p310.

5　John A. Nagl, *Counterinsurgency Lessons from Malaya and Vietnam: Learning to Eat Soap with a Knife*, Praeger Publishers, London, 2002, pp.122-124.

在 1960 年同南方共產黨的作戰中屢屢處於被動局面，根據來自南越政府公開承認的數據，僅在 1960 年的前六個月裏，政府軍及民防隊已經損失了超過 1300 人，這一數字甚至超過了前兩年的總和。[1]

針對南方安全形勢的惡化，吳庭艷在 2 月中旬同美國駐南越大使德布羅（Durbrow）的談話中表示他相信越共近來實力的增強是因為北越通過老撾及柬埔寨的通道向南方輸送了訓練有素的力量。[2] 此時的南越政府還沒有掌握確鑿的證據來證實吳庭艷的猜測，不過事實表明，這正是河內的戰爭方案的一個重要方面。而為了保證越南南方的武裝鬥爭能夠持續獲得來自北方的援助，確保老撾中部走廊地帶處於共產黨人的控制之下也是北越支持巴特寮的底線。

1960 年 12 月 13 日，諾薩萬部隊的五個營協同泰國、南越、菲律賓的軍事人員以及部分台灣國民黨軍進攻萬象，於當天下午攻入城區，在擊退了貢勒部隊和巴特寮方游擊隊的抵抗之後，諾薩萬於 17 日佔領萬象。富馬帶領七名部長逃至金邊，貢勒部隊除留下兩個連在萬象附近牽制敵人外，其餘部隊均撤到萬象和琅勃拉邦之間地區進行休整。在以文翁為首的新政府於萬象宣告成立之後，美國在第一時間予以了承認，並迅速建立起空運航線，向諾薩萬援助糧食、武器、彈藥和其他作戰物資。

面對萬象的失守及老撾境內運輸通道可能遭到的威脅，河內方面無法再保持克制。北越領導人一方面籲請各大國施加外交壓力，一方面則支持老撾愛國力量向中、蘇尋求援助。[3] 到 1960 年年底，中國與蘇聯已承

1　U.S. Department of State, *Foreign Relations of United State (FRUS)*, 1958-1960, Vol.1, U.S. Government Printing Office, 1986, p544.

2　U.S. Department of State, *Foreign Relations of United State (FRUS)*, 1958-1960, Vol.1, U.S. Government Printing Office, 1986, p283.

3　越南官員向我駐越使館通報蘇聯對老撾問題的態度（1961 年 1 月 14 日），外檔，106-00628-08，第 66-68 頁。

擔起向巴特寮方提供武器、彈藥、服裝、醫藥等各類物資的主要任務。[1]與此同時，北越方面則委派武元甲坐鎮指揮越方志願人員及軍事顧問協助巴特寮軍的作戰活動。12 月 17 至 18 日，北越援老軍事專家顧問團團長朱輝瑉（Chu Huy Man）同凱山進行了會談，就放棄萬象之後的作戰方針進行了磋商，決定將查爾平原－川壙地區作為老撾抗戰力量發動戰略進攻的新方向，使之同桑怒省連接起來，進而實現根據地的擴大。[2]為迅速扭轉戰場上的不利局面，河內方面甚至在未同中、蘇方面進行商議的情況下，即派出人民軍一部開赴查爾平原參戰，以代替寮方防守川壙，此外還有兩個連及一個營已做好準備隨時開撥前線。[3]

北越黨和政府如此急迫地試圖扭轉老撾局勢顯然是有其原因的。就在 1960 年 12 月，越南勞動黨及老撾人民黨代表在河內會晤。期間，老方表示完全贊同和擁護北越擴大長山西部通道的方案。越寮雙方共同表示，兩國之間的命運已經緊密交織在一起，「老撾人民將盡己全力為兄弟的越南人民的勝利貢獻力量」。[4]此次會晤首次明確了中、下寮地區對於越南南方抗戰的重要意義，這決定了在優先考慮越南南方鬥爭需要的前提下，北越將盡其可能維持老撾共產黨人的存在。儘管巴特寮的規模和實力尚不足立刻奪權，但河內目前的最低目標是保證老撾通道運行不受干擾，不管怎樣，服從於北越的戰爭目標是第一位的，而隨着印度支那戰爭進程的推進，越南勞動黨的這一意圖將變得更加明顯。

1　周總理接見蘇駐華大使館臨時代辦蘇達利柯夫談話記錄（1961 年 1 月 14 日），外檔，109-03754-02，第 17 頁。

2　"Chuyên gia Việt Nam và lãnh đạo Đảng Nhân dân Lào bàn các phương án rút khỏi Viêng Chăn" (17-12-1960), *Lịch sử quan hệ đặc biệt Việt Nam-Lào, Lào-Việt Nam, 1930-2007 : Biên niên sự kiện* (vol I), tr.476-477.

3　陳毅副總理接見蘇聯駐華大使契爾沃年科談話記錄（1961 年 2 月 13 日），外檔，109-03754-03，第 79 頁。

4　Bộ Quốc Phòng, *Đường Hồ Chí Minh-Khát vọng độc lập, tự do và thống nhất Tổ quốc*, Hà Nội: Nhà Xuất Bản Quân đội nhân dân, 2010, tr.1026.

第四章　國際共產主義力量的影響與越南對印支抗戰格局的考慮（1961 — 1967）

　　進入 1961 年以後，受到南方形勢的影響，越南勞動黨中央一度開始強調政治鬥爭方式的重要性，以圖為軍事「總奮起」贏得時間。在此過程中，儘管在中、蘇國際共產主義力量的堅持下老撾於 1962 年 7 月暫時達成了和平協定，但河內並未停止鞏固和強化南方武裝力量領導機關的努力，由此導致勞動黨不斷加大對南方及老撾戰場祕密支援的規模。在肯尼迪政府決定強化與吳庭艷的「有限夥伴」關係並以「特種戰爭」的方式應對越共滲透行為的同時，1961 年蘇共二十二大以後，中蘇兩黨之間持續加劇的分裂傾向亦令越南勞動黨愈發難以維持中立的地位，由於蘇共領導人拒絕向北越的戰爭方案提供實質性的支持，河內進一步向北京靠攏。此後，隨着中共對外政策的左傾化趨勢加之老撾、南越政治危機的浮現，越南勞動黨最終決定放棄政治解決南越問題的方案，並做出姿態歡迎中國黨不斷加強對巴特寮的影響與指導。但在進入 1965 年以後，隨着戰爭的升級以及蘇聯新政府對印支政策的調整，河內的領導人開始顯示出他們在印支地區戰略方針問題上的獨立傾向，除了拒絕再追隨中國黨介入中蘇之間的路線之爭，北越還努力重新加強對老撾人民黨的控制，將寮國戰場與南越的鬥爭進一步捆綁在一起。在柬埔寨地區則力圖勸說柬共停止武裝鬥爭，避免破壞西哈努克的中立政策。這樣做的目標只有一個，那就是優先為越南統一戰爭的推進創造條件。而由此產

生的後果之一就是在越老合作進一步加深的同時，柬共的鬥爭路線開始偏離北越的指導方針並逐步向中國靠攏。

第一節　老撾和平協議的達成與中、蘇分裂對越南勞動黨的影響

一、政治妥協與老撾和平局面的再次出現

　　1961 年 1 月初，約翰‧肯尼迪（John Kennedy）及其剛剛組建的「出類拔萃」的班子開始接過白宮的最高決策權。同前任相比，肯尼迪總統及其幕僚們在老撾問題上更傾向於採取合適的外交手段尋求同英、法盟國達成諒解並在東南亞條約組織內部採取可行的措施。[1] 一個普遍存在的觀點是，軍事介入老撾只能是「最後一步措施」。而美國唯一目標就是維持一個完全中立的不結盟的老撾。[2] 比較在越南積極遏制共產主義活動的必要性，新政府中更多的意見認為應當「儘可能安靜地解決老撾問題」。而支持這一立場的根本原因是，肯尼迪政府的決策部門相信，國際共產主義力量正試圖在中南半島上打開從中國至暹羅灣的通道，從而將觸角深入印度洋。為阻止共產主義上述意圖的實現，美國應儘可能避免老撾危機的擴大並促進其迅速得以解決，以此來遲滯共產黨人的南下行動。按照行動協調委員會（OCB）官員肯尼斯‧蘭登（Kenneth Landon）的說法就是，「我們必須讓老撾問題得到解決，只有這樣才能贏得時間用我們選擇的方式獲得立足之地。」[3]

1　"Memorandum for the Secretary of Defense, White House Meeting on Laos", Jan.23.1961, Box130, John F. Kennedy National Security Files, 1961-1963, Asia and the Pacific, First Supplement.

2　"Memorandum for the Secretary of Defense, White House Meeting on Laos", Jan.23.1961, Box130, John F. Kennedy National Security Files, 1961-1963, Asia and the Pacific, First Supplement.

3　"Memorandum for Mr. McGeorge Bundy", Feb.2.1961, Box130, John F. Kennedy National Security Files, 1961-1963, Asia and the Pacific, First Supplement.

　　在基本確定政治解決老撾問題的方向之後，在 2 月 2 日國務院老撾工作組的會議上，美國駐老撾大使溫斯洛普・布朗（Winthrop Brown）等人首次提出利用類似於 1954 年日內瓦會議的一個國際會議機構來緩解老撾的緊張局勢並實現老撾和柬埔寨中立化的建議。[1] 與此同時，美國政府一方面建議老撾王國政府籲請建立一個包括柬埔寨、緬甸和馬來亞在內的中立國委員會來研究解決老撾危機的可能，另一方面則以國務院的名義對外表示美國願意接受建立一個由富馬、諾薩萬以及目前同巴特寮結盟的貢勒組成的新老撾政府。[2]

　　在肯尼迪政府試圖儘快推進和平解決老撾危機的同時，包括越南民主共和國在內的共產主義各政權也在考慮尋找讓老撾局勢平靜下來的辦法。但與美國方面設想的所謂中立國委員會不同，各共產黨國家的看法是，談判需要重新回到 1954 年日內瓦會議的軌道上來。事實上，就在 1960 年 12 月中旬，諾薩萬部隊向萬象發起進攻的過程中，北越總理范文同即分別向中、蘇兩國發電，呼籲採取積極有效的行動，建議召開新的日內瓦會議來討論老撾問題，以便拯救老撾的局勢。[3] 隨後，對北京進行訪問的西哈努克在中國領導人面前也提出了類似的建議。中方遂要求由西哈努克出面進行呼籲。[4]

　　很快，在 1961 年 1 月初，西哈努克正式建議有關各方召開國際會議來解決老撾問題，會議的參加國可包括 1954 年日內瓦會議的七個簽字國，老撾國際委員會的印度、波蘭、加拿大三國，老撾的鄰國泰國、緬

1　"Memorandum for Mr. McGeorge Bundy", Feb.2.1961, Box130, John F. Kennedy National Security Files, 1961-1963, Asia and the Pacific, First Supplement.

2　Office of Joint History Office of the Chairman of the Joint Chiefs of Staff, *History of the Joint Chiefs of Staff: the Joint Chiefs of Staff and the War in Vietnam, 1960-1968, Part 1*, p44.

3　越南總理范文同 1960 年 12 月 15 日就老撾局勢致周恩來總理的電文（法文及中譯文）（1960 年 12 月 15 日），外檔，106-00156-01，第 8-9 頁；范文同給赫魯曉夫的電報（1960 年 12 月 15 日），АВПРФ，ф.079，оп.15，п.14，д.1，л.79-81。

4　周恩來總理同西哈努克談老撾問題（1960 年 12 月 17 日），外檔，106-00274-02，第 9 頁。

甸及南越，以及美國共 14 國。[1] 對於西哈努克的建議，中、蘇、北越政府
分別表示予以支持。1 月 3 日，周恩來在會見緬甸總理吳努時表示，解決
老撾問題最好的辦法是召開日內瓦會議，並吸收老撾的鄰國參加。如果
老撾執行和平中立政策，對於亞洲和平很有好處。[2] 赫魯曉夫在給西哈努克
的回覆中表示，同意召開類似日內瓦會議的會議，會議的目的應該是保
證老撾的和平中立，蘇聯將堅定不移地執行和平外交政策，遵守日內瓦
會議決議。[3]

　　儘管已經表態支持通過談判解決老撾問題，但隨着戰場形勢的發
展，共產主義各方對於迅速召開新的國際會議的迫切性的看法開始出現
分歧。1961 年 1 月間，寮國戰鬥部隊和貢勒部隊在作戰中取得了重大勝
利，拔除了將近 50 個敵軍據點，擊潰諾薩萬軍 5 個機動營和 20 個連，
殲滅和打傷敵軍 500 餘名。將近有 1,000 名敵軍官兵被俘和投誠，老撾王
國政府和寮國戰鬥部隊已經控制了從上寮到下寮的廣大地區，其中包括
桑怒全省，將近整個川壙省，琅勃拉邦省的大部分地區，萬象省、甘蒙
省（Kham Muon）、沙灣拿吉省部分地區和下寮將近一半地區。[4] 這一勝利
結果極大地鼓舞了越、老兩黨及中國黨的信心。

　　2 月 6 日，在會見黃文歡（Hoang Van Hoan）的過程中，陳毅向北
越方面陳述了中方的看法，認為老撾目前形勢很好。寮方武裝力量有很
大發展，解放區已聯成一塊廣大地區。武裝鬥爭已成為決定目前老撾局
勢的主要鬥爭形式。政治鬥爭是輔助形式，同武裝鬥爭互相配合。只有
在軍事上打出一個局面，才能在政治上更加主動，才能鞏固和發展民族
統一戰線，鞏固富馬政府的合法地位，才能爭取老撾問題達成有利的政

1　西哈努克在訪華期間同我領導人討論老撾問題的談話內容（1961 年 1 月 6 日），外檔，106-
　　01377-01，第 9 頁。
2　中共中央文獻研究室編：《周恩來年譜》（中卷），第 383 頁。
3　費留賓接見社會主義國家使節談話要點（1961 年 1 月 10 日），外檔，109-03055-01，第 1-2 頁。
4　1960 年下半年老撾情況通報（1961 年 1 月），外檔，106-00558-02，第 123-124 頁。

治解決。但中方仍強調不主張擴大老撾戰爭，而是認為將老撾戰爭局限在內戰的範圍是可能的，目前軍事力量對比是敵佔相對優勢，寮方和貢勒不可能完全失敗，但是要求速勝也不可能。改變敵我力量對比和轉為相對優勢須要一個過程，至少需要半年到一年或者更長的時間。在談話中，陳毅還提醒越方，應積極支持和爭取富馬，但在川壙和查爾平原失守或遇到其他困難，或在美、英勾引情況下，他有可能動搖。因此要提防着富馬，不要把寶都壓在他身上。[1]

在聽取了中方的上述意見之後，黃文歡隨即向勞動黨中央進行彙報。2 月 17 日，范文同給周恩來及陳毅發去電報，稱越南勞動黨中央委員會政治局對於中方關於老撾問題的意見非常重視，並將在決定工作方針時特別注意參考這些意見。[2] 從實際情況來看，中方的建議的確影響了北越高層的相關決策。從二月下旬開始，儘管越老聯軍在查爾平原－川壙以及中、下寮方向繼續維持着進攻的勢頭，但其總體作戰方針已趨向鞏固、防守已有戰果並提升巴特寮的獨立作戰能力。3 月 6 日，人民軍作戰局在對形勢的分析中指出目前越南的主張是，繼續加緊發展和鞏固武裝力量，爭取消滅一部分敵人有生力量，要把查爾平原作為中心加以建設和鞏固。[3] 三月底，人民軍總參謀部擬定了 1961 年巴特寮武裝力量建設計劃，重點是要幫助老方組建新的指揮機關和培養具有指揮能力的幹部，並根據蘇聯、中國的援助配合老撾戰場的條件提升巴特寮部隊的質量和兵力。[4] 31 日，勞動黨中央軍委指出，儘管在老撾已經取得一系列新

1　外交部致葉景灝電：摘告陳總向越方談老撾鬥爭問題（1961 年 2 月 10 日），外檔，106-00632-18，第 17-19 頁。

2　越勞中央給周恩來同志和陳毅同志的電報（1961 年 2 月 17 日），外檔，106-00597-01，第 4 頁。

3　"Cục Tác chiến Quân đội nhân dân Việt Nam nhận định tình hình và dự kiến chủ trương tác chiến, xây dựng lực lượng mùa mưa ở Lào" (6-3-1961), *Lịch sử quan hệ đặc biệt Việt Nam-Lào, Lào-Việt Nam, 1930-2007 : Biên niên sự kiện* (vol I), tr.499.

4　"Bộ Tổng Tham mưu Quân đội nhân dân Việt Nam lập đề án và kế hoạch xây dựng lực lượng Pathét Lào năm 1961" (24-3-1961), *Lịch sử quan hệ đặc biệt Việt Nam-Lào, Lào-Việt Nam, 1930-2007 : Biên niên sự kiện* (vol I), tr.501-502.

的勝利，但需要看到，巴特寮軍事力量和後方還不鞏固，補給線越拉越長還存在各種困難，其指揮體系尚不健全，因此目前考慮停戰是鞏固已取得的勝利並準備爭取新勝利的時機。為此，北越領導人認為，從現在到老撾實現停戰這段時間裏，應堅決鞏固和控制已有勝利並應爭取在軍事上新的勝利以作為政治鬥爭的後盾，並在中下寮地區積極發展游擊作戰和加強對偽軍的兵運工作。[1]

　　客觀上來說，河內的軍事領導層決定對老撾戰況有所限制，很自然是接受了中國方面的意見。在這一問題上中、蘇之間的觀點也是相近的。陳毅在 2 月 13 日同蘇方外交官員的談話中已經明確表示中國不贊成北越直接派兵參加巴特寮在查爾平原等地的作戰。因為越南派兵參加，會使老撾戰爭擴大，這在政治上對共產主義陣營不利，會受到世界輿論的指責，這一觀點也得到蘇方的贊成。[2] 但對於中國不斷拖延會談的做法，蘇方卻表現的愈發焦慮。蘇聯的基本態度是：越南和寮方應該避免敵對行動緊張化，使美國有所藉口進行批評，這不利於社會主義陣營的利益，並且應儘快恢復老撾國際委員會，該委員會只可同富馬政府合作。[3] 特別是 3 月 23 日英國政府向蘇聯提出照會，建議由英、蘇兩國以日內瓦會議兩個主席的身份，向老撾內戰雙方提出呼籲，立即就地停火；重開印度、加拿大、波蘭三國監委會以保證實現停火；然後考慮召開日內瓦會議或其擴大會議。稍後在同美國駐蘇聯大使湯普森的會談中，赫魯曉夫表示蘇聯歡迎和支持一個奉行中立政策的老撾，或者說是，一個奧地利式的老撾。這個問題不應當拖得過久，因為隨着時間的推移，這個問題

1　"Quân uỷ Trung ương nhận định tình hình và đề ra chủ trương công tác Lào đến khi có đình chiến" (31-3-1961), *Lịch sử quan hệ đặc biệt Việt Nam-Lào, Lào-Việt Nam, 1930-2007 : Biên niên sự kiện* (vol I), tr.503-504.

2　陳毅副總理接見蘇聯駐華大使契爾沃年科談話記錄（1961 年 2 月 13 日），外檔，109-03754-03，第 76-80 頁。

3　越南官員向我駐越使館通報蘇聯對老撾問題的態度（1961 年 1 月 14 日），外檔，106-00628-08，第 66-68 頁。

將愈來愈複雜，鬥爭可能會更加擴大起來。[1] 3 月 27 日，蘇聯外長葛羅米柯告訴肯尼迪，蘇聯政府初步認為英國的建議可以作為解決老撾問題的基礎，並表示在已具備解決老撾問題的現實道路的情況下，特別有必要保持穩重和忍耐，而不要採取任何招致局勢緊張的步驟。[2]

　　儘管蘇聯政府顯示出合作的態度，但三、四月間老撾的戰況依然令美國人憂心忡忡。為配合中國方面不要將戰爭擴大化的建議，從 4 月 5 日起，勞動黨中央軍委開始逐步從老撾的各主戰場將志願軍主力撤出。[3]但這一情況未能幫助諾薩萬－文翁政府部隊扭轉其頹勢，到四月中旬，寮國戰鬥部隊已逐漸逼近琅勃拉邦和萬象。4 月 17 日，肯尼迪接到彙報，老撾工作組認為目前的局勢十分危急，巴特寮仍在向中寮地區推進，缺乏訓練的諾薩萬軍很難防守湄公河沿岸城市。鑒於巴特寮部隊很快將抵達泰國邊境，東南亞條約組織理事會計劃提升警報級別。[4] 4 月 24 日，就在英國與蘇聯政府發出倡議邀請有關國家召開國際會議以立刻實現在老撾停火的同時，巴特寮對諾薩萬施加的軍事壓力仍沒有緩解的跡象。美駐老撾大使布朗致電華盛頓建議美空軍介入或出動東南亞條約組織的地面部隊進行干涉，否則老撾各主要城市即將淪入共產黨人之手。[5]由於擔心共產黨國家特別是中國可能做出的反應，加之在古巴豬灣對卡斯特羅政權的顛覆計劃剛剛遭遇慘重的失敗，肯尼迪拒絕了布朗的建議，他所做出的最壞的打算是在老撾完全淪陷後，立刻向泰國和南越邊

1　赫魯曉夫同志同美國駐蘇大使湯普森的談話記錄（1961 年 3 月 28 日），外檔，109-03753-03，第 10 頁。

2　駐蘇使館致中央並外交部電：葛羅米柯同肯尼迪會談記錄摘要（1961 年 3 月 31 日），外檔，109-03753-02，第 30 頁。

3　"Thường trực Quân uỷ Trung ương quyết định rút bộ đội tình nguyện Việt Nam ở Lào" (5-4-1961), *Lịch sử quan hệ đặc biệt Việt Nam-Lào, Lào-Việt Nam, 1930-2007 : Biên niên sự kiện* (vol I), tr.506-507.

4　U.S. Department of State, *Foreign Relations of United State (FRUS)*, 1961-1963, Vol.24, U.S. Government Printing Office, 1994, p136.

5　U.S. Department of State, *Foreign Relations of United State (FRUS)*, 1961-1963, Vol.24, U.S. Government Printing Office, 1994, pp.139-140.

境地區派駐部隊。[1]

　　對於美國政府的意圖，中國方面認為，肯尼迪政府不是不想對老撾進行直接的軍事干涉。只是他目前還不敢下這樣大的決心。最主要的原因是害怕中國出兵，老撾變成第二朝鮮；而老撾地形、天時、後勤、交通種種條件較之朝鮮又更不利於美軍作戰。其次，英法現在仍不願干涉，不願在老撾被捲入另一個朝鮮式的局部戰爭，且兩國亦無部隊可供調遣。此外，美國國內及西方世界輿論也都反對美國為老撾問題而打一個「時間地點兩都錯誤的戰爭」。不利於直接進行軍事干涉，美國就只得圖謀通過外交途徑來立即實現「就地停火」，先阻遏住寮國戰鬥部隊的軍事進展，再談其他。在這種情況下，老撾問題政治解決的時間和條件似已基本成熟。其中最重要的是寮方在軍事上已打出了一個有利的局面，時機已經成熟，政治上也更加主動。因此可以考慮宣佈暫停對萬象及琅勃拉邦及其周圍的軍事行動，利用時機反擊。[2]

　　不過共產黨人還希望能夠在最後的停火日期到來之前進一步鞏固自身的優勢地位，表示目前戰況下（游擊活動在多地分散進行，交通困難）實現停火是一件非常複雜的事，從各方原則達成停火協議直到真正的全面的停火，時間不能過於短促。同時，[3]根據中方的建議，從 4 月 11 日開始，北越人民軍配合寮國戰鬥部隊發動南寮 — 九號公路地區進攻戰役，目的是使巴特寮控制力能繼續向南延伸並為北越將中央戰略運輸線移向長山山脈西側創造條件。[4]到 5 月 3 日戰役結束時，越寮部隊順利攻佔車邦並重新控制薩拉蒲空，至此，通過老撾向柬埔寨和南越延伸的交通要道

1　U.S. Department of State, *Foreign Relations of United State (FRUS)*, 1961-1963, Vol.24, U.S. Government Printing Office, 1994, pp.142-144.

2　駐英代辦處致外交部電：目前老撾局勢（1961 年 3 月 26 日），外檔，109-03034-06，第 59-62 頁。

3　越南對蘇聯方面有關老撾問題備忘錄的答覆（1961 年 4 月 10 日），外檔，109-03755-03，第 18-20 頁。

4　越南國防部軍史研究院編：《越南人民軍歷史》（第二集），第 81 頁。

上的戰略重鎮已完全落入巴特寮和北越的控制之下。也就在這一日，老撾各方命令自己的軍隊宣佈停火，11 日，老撾三方面的軍隊代表團開始在老撾納門（Na Mon）展開會談，16 日，和平解決老撾問題的擴大的日內瓦會議在國聯大廈正式開幕。

儘管解決老撾問題的談判已經邁出了實質性的一步，但各方離達成妥協顯然還有很長距離。不僅是會場上兩個陣營之間在中立方案問題上爭執不休，而且在共產主義一方內部也存在着一些不同的看法。在中國方面看來，由於擔心老撾局勢的繼續緊張，會使美國鋌而走險，破壞未來的蘇美首腦會談，造成蘇美關係的尖銳對立，因而蘇聯促使老撾問題達成協議的落腳點是要將此作為和緩整個局勢的步驟和改善蘇美關係的起點。[1]，而中國則是要通過國際會議爭取老撾出現一個暫時和平的局面，將此看作是一種手段，目的是要鞏固和發展老撾的革命力量。[2] 正因為如此，在停火談判期間，中國仍在不遺餘力地提醒越、老黨領導人要繼續將革命鬥爭維持下去。

6 月 12 日，來華訪問的范文同同中國領導人舉行會談。其間，范告訴周恩來，現在停戰了，越方準備逐步從老撾撤出自己的人，使形勢逐漸穩定下來，援助工作逐漸制度化。周恩來的意見是，軍事人員可以留下來作顧問，往寮方派人是可以的。達成協議到執行，還有個過程，成營成連部隊的撤退可以逐漸進行，要照顧寮方和富馬，一下子走了，他們就沒有依靠了。在幫助他們方面要更積極一點，可以一步步撤。[3] 15 日，毛澤東向范文同指出，越南處在中國的南方前線和社會主義陣營的前線，因而任務很大，既要在北方建設社會主義，在南方領導革命鬥

1　蘇聯對老撾問題的態度（1961 年 5 月 8 日），外檔，109-03034-06，第 91-93 頁。
2　關於我參加 1961 年 5—12 月日內瓦會議情況及蘇聯對此會議的看法（1962 年 1 月 16 日），外檔，109-03217-01，第 71-73 頁。
3　周恩來總理與越南總理范文同會談記錄（1961 年 6 月 12 日），外檔，204-01445-01，第 1-15 頁。

爭，還要幫助老撾、柬埔寨、泰國和馬來亞發展革命的任務。毛表示相信越南黨會把任務做好，因為越南對那一帶的情況比較熟悉，由越南幫助他們比中國幫助他們好。越勞對南越對老撾擔當的任務大、犧牲大、貢獻大，這對中國、蘇聯、對社會主義陣營、對全世界無產階級和勞動人民都是有幫助的，因此，中國、蘇聯、整個社會主義陣營、全世界無產階級都要感謝越方。[1]7 月 3 日，在同蘇發努馮親王進行的會談中，周恩來建議，在日內瓦會議拖下去，納門會談也不能解決問題的情況下，重要的是做好自己的事，加強力量，發動羣眾，肅清土匪，加強敵軍工作，主要是準備力量，準備再打。逼近湄公河邊，逼迫他們接受我們的建議，逼迫他們來開會，逼迫他們同意成立聯合政府。在老撾搞出一個統一戰線的模範來，接受蘇、中、越的援助，西方國家的援助也接受，這個例子開了，這樣搞兩三年，泰國就會起變化，馬來亞也會起變化，東南亞局勢就會起變化。[2]

　　中國黨的態度對於越、老共產黨人來說無疑是極大的鼓勵。從 5 月31 日至 6 月 8 日，在人民軍顧問的指揮下，寮方集中戰鬥部隊和貢勒部隊的兩個主力營對巴東（Pha Dong）地區的諾薩萬軍及土匪武裝發動進攻，迅速拔除該據點。7 月 1 日，越南人民軍總參謀部作戰局對當前老撾政治、軍事形勢提出意見，指出由於老撾部隊仍較弱，為保障老方組織系統及武裝力量建設，防止敵人陰謀進攻以及王國部隊內部可能出現的一些突發狀況，不應完全撤出在老境內的志願軍，而是要在查爾平原、九號、十二號公路等戰略要地繼續留駐部分越軍。[3]與此同時，老撾人民黨

1　毛澤東主席會見越南總理范文同談話紀要（1961 年 6 月 15 日），外檔，204-01445-04，第53-56 頁。

2　周恩來總理、張宗遜副總參謀長等同蘇法努馮談話記錄（1961 年 7 月 3 日），外檔，106-00612-02，第 25-36 頁。

3　"Cục Tác chiến Bộ Tổng Tham mưu Quân đội nhân dân Việt Nam dự kiến tình hình chính trị, quân sự Lào" (1-7-1961), *Lịch sử quan hệ đặc biệt Việt Nam-Lào, Lào-Việt Nam, 1930 2007 : Biên niên sự kiện* (vol I), tr.522-524.

中央領導人也表現出異常積極的態度。七月下旬，凱山分別向中國和蘇聯提出了一個龐大的要求援助的清單，並計劃將寮國戰鬥部隊的力量擴展至兩萬人。

對於老黨事先並未徵求越勞中央的意見，直接向中、蘇提出援助請求，事後也沒有通知越方的做法，勞動黨方面是有所意見的。根據越方向中方的解釋，人民黨現在只有3500名黨員，要擔負各方面的工作，在部隊中的黨員就更少，甚至有的連隊沒有黨員。此外，指揮幹部的培養，部隊的物資供應等工作均趕不上部隊發展的要求。中央指揮機構和參謀機關尚未健全，故寮方對現有部隊，甚至對主力部隊都不能全部掌握起來。部隊再擴大，困難就會更多。因此，老撾只需要建立一支一萬人的精銳部隊即可。[1] 八月中旬，胡志明在莫斯科拜會赫魯曉夫時也談到了這個問題，並抱怨巴特寮的領導人相信，是越南勞動黨影響了他們與蘇聯和中國建立直接的關係。[2]

關於老撾人民黨與越南勞動黨之間的微妙關係，中國方面早已察覺到一些問題。根據中方人員的彙報，越方和寮方總體來說就是師生關係，越南幹部在尊重寮方的獨立性和培養寮方自力更生方面做的還很不夠，在寮方各領導機構中，無論軍、政工作都由越南人具體策劃、指揮。越方總認為寮方能力弱，對其工作很不放心。[3] 儘管並不認同越方的上述做法，但當前形勢下，更重要的任務是顯然是確保鞏固巴特寮同中立派的合作，以在日內瓦會議上佔據有利地位。

8月15日，周恩來與范文同、凱山在北京舉行會談。中方領導人指出，老撾的局面，重要的是靠巴特寮。巴特寮要加強武裝力量來配合

1　越方談寮國戰鬥部隊現有實力及對寮方武裝力量建設的意見（1961年8月3日），外檔，106-01372-01，第7-11頁。
2　赫魯曉夫與胡志明談話記錄（1961年8月17日），АПРФ（俄羅斯聯邦總統檔案館），Ф.3，Оп.64，Д.560，Л.140-165.
3　駐老撾記者李大達情況彙報摘要（1961年8月2日），外檔，106-00964-09，第64-65頁。

政治鬥爭。由於老撾戰場上的勝利來得快，巴特寮的武裝力量還沒有來得及鞏固，沒有形成拳頭。敵人還沒有被打痛，被殲滅的敵人還不多。再打起來，要把敵人打痛，他才會認真進行談。同時，如果富馬和諾薩萬合作，共產主義國家的援助就要受限制。從這一點來說，不能反對富馬，反對就要脫離多數。因此對老撾的援助要照顧老撾的雙方，要有利於雙方的團結。中方由此提議，以越勞為主，邀請寮方、中國、蘇聯在河內開會商量，就援助問題進行分工。[1] 同中國方面的觀點相似的是，此時蘇聯政府也把爭取富馬等中立派力量放在關鍵性位置。在同胡志明進行的談話中，赫魯曉夫指出，巴特寮還沒有能力團結所有愛國力量，並完全把政權掌握在自己手裏。在老撾的政策首先就是支援富馬。國際社會，包括美國、英國政府，還有老撾國王，都把他看作中立的角色。即便富馬是個動搖的人，暫時還是應該寄希望於他。如果給了巴特寮更多的武器，富馬很可能會轉向美國人。[2]

　　9 月 22 日，中、蘇、越、老四黨在河內召開會議，重點討論對老援助問題。在會上，越方代表就之前援助巴特寮及中立派的過程中出現的工作缺點進行了檢討，並提出要把對富馬的公開援助和對寮方的祕密援助分開，在公開援助富馬的項目中分配給寮方的部分，可按雙方現有的力量和團結的原則，由富馬和蘇法努馮商定。同時為避免再次引起老黨方面的不滿，越方表示，富馬和寮方都希望直接與各社會主義國家和各兄弟黨建立聯繫，越方仍願盡力協助，但應儘量避免經手處理對老援助。[3] 儘管中、越、寮同蘇聯方面在若干問題的看法上仍存在分歧，但在四黨會議結束之後，形成的一個局面是各共產黨國家對富馬的援助力

1　周恩來同范文同、凱山談話紀要（1961 年 8 月 15 日），外檔，106-01372-01，第 13-23 頁。

2　赫魯曉夫與胡志明談話記錄（1961 年 8 月 17 日），АПРФ，Ф.3，Оп.64，Д.560，Л.140-165.

3　"Phát biểu của đồng chí Ung Văn Khiêm, Trưởng Đoàn Đại biểu Việt Nam tại Hội nghị Đại biểu Bốn Đảng: Lào, Liên Xô, Trung Quốc, Việt Nam bàn về viện trợ cho Lào" (23-9-1961), *Lịch sử quan hệ đặc biệt Việt Nam-Lào, Lào-Việt Nam, 1930-2007 : văn kiện* (vol III), tr.60-62.

度大大加強。根據會談協議分工，中、越、蘇分別應富馬方面的要求承擔起相應的築路、開辦軍事學校、培訓軍事幹部、向親富馬的坎溫部隊（Kham Uon）供給軍事物資等任務。[1] 雖然這一局面並不是巴特寮最初所希望看到的，但在中、蘇、越黨的態度面前也不得不做出讓步。

到 1962 年年初，有關老撾問題的談判結果依然難見端倪。在 1 月 19 日蘇發努馮、富馬、文翁三方親王於日內瓦正式舉行會談後，各方又陷入相互攻訐之中。[2] 隨着會議繼續拖延，越南勞動黨在老撾形勢方面感到壓力越來越大。越方認為，自 1961 年停火以來，寮方力量發展不大，工作做得不多，缺乏幹部，許多人投入了兩個會議的工作。統戰工作成績不大，只爭取了一些上層人物，在中下層爭取的人很少。同時在解放區剿匪工作進展不大，富馬方面不重視此工作，寮方力量有限，不得不依賴越南，越南也很難包辦。總之，停火以來力量對比有變化，情況發展對革命不很有利。目前想迅速解決聯合政府並非易事。聯合政府是個急迫重要的問題，如獲解決，會推動日內瓦會議，適合人民願望，有利於寮方力量的鞏固，但從目前的形勢來看難度很大。[3] 加之經過 1961 年雨季的休整之後，從 10 月 5 日起諾薩萬集結了 13 個機動兵團的力量向塔通（Tha Thom）、巴東等地發起進攻，目標直指查爾平原，巴特寮前線狀況變得愈發緊張。在這種情況下，北越高層決定發起規模較大戰役，一則鞏固戰場形勢，二則配合推動日內瓦會議。

1962 年 1 月 29 日，越南人民軍總參謀部向相關各部隊下達指令，要求準備對南塔（NamTha）之敵發起進攻。3 月 28 日，勞動黨中央軍委正式確定了發起南塔戰役的決心。經過近一個月的戰役準備之後，4 月 24

1 何偉大使與范文同總理談話紀要（1961 年 11 月 17 日），外檔，106-01370-03，第 61-63 頁；關於老撾富馬親王授予坎溫全權問題（1961 年 11 月 21 日），外檔，106-00617-02，第 6-7 頁。
2 秦欽峙、孫曉明等編：《老撾戰後大事記（1945 年 8 月 — 1984 年 12 月）》，昆明：雲南省社會科學院東南亞研究所，1985 年版，第 62-63 頁。
3 越南官員向我駐越使館談老撾局勢（1961 年 9 月 4 日），外檔，106-00630-04，第 103-104 頁。

日，越老聯軍首先發起對南塔外圍的進攻。到 5 月 12 日戰役結束，越寮方勝利攻佔南塔、孟新（Muong Xinh），巴特寮在上寮地區的解放區擴大至 800 平方公里。[1]

越老聯軍對南塔的大舉進攻及其結果令美國政府大為震動。美方認為這顯示出共產黨人的戰略方針與之前有所克制的態度相比有了較大變化，其意圖通過擊敗諾薩萬的主力部隊而導致對手喪失作戰信心和能力，從而給文翁政府施加巨大壓力。[2] 為了對中寮地區的共產黨人實施威懾，美國政府迅速做出反應，決定立刻向泰老邊境烏隆地區增派海軍陸戰隊及一個空軍戰術中隊。[3] 不過，儘管做出了要進行軍事干涉的姿態，但這顯然並不是肯尼迪政府的真實意圖。就在此時於華沙舉行的中美大使級會談中，美方代表通過非正式交談的方式告訴中方代表，美國擔心老撾危機擴大，公開調遣軍隊只是一種姿態，實際上仍希望通過談判解決，並表示諾薩萬不夠合作，美國將對其施加重大壓力，停止財政援助迫他接受日內瓦會議的安排，只要中美雙方致力於和平解決，就可以避免局勢複雜化。[4]

針對美國出兵泰國的舉動，社會主義一方也做出了分析和判斷。越南勞動黨在同中國黨緊急磋商後認為，美國出兵泰國，這是準備直接干涉老撾的嚴重步驟，華盛頓陰謀鎮壓南越，試圖進一步控制東南亞局勢，這表明肯尼迪更具有冒險性和危險性，現在美國由於各種原因一般尚不敢公開進軍老撾，但要防止利用局勢採取各種方式進步入侵，目前必須盡力阻止美軍侵入老撾，最好的辦法就是組成聯合政府，結束日內

1　越南國防部軍史研究院編：《越南人民軍歷史》（第二集），第 97 頁。

2　U.S. Department of State, *Foreign Relations of United State (FRUS)*, 1961-1963, Vol.24, U.S. Government Printing Office, 1994, pp.742-744.

3　U.S. Department of State, *Foreign Relations of United State (FRUS)*, 1961-1963, Vol.24, U.S. Government Printing Office, 1994, pp.754-755.

4　與美大使非正式交談情況（1962 年 5 月 17 日），外檔，106-01032-04，第 32-34 頁。

瓦會議，同時寮方也需要一個暫時穩定的局面，以鞏固發展力量。[1]

6 月 4 日，在同到訪的老撾人民黨中央委員諾哈·馮沙萬（Nouhak Phoumsavanh）進行的會談中，陳毅指出，美國目前出兵南越、泰國，威脅老撾，是要把這三個國家搞成一條戰線，保住東南亞。美國是不會退出這些地區的，相反是要死守這些地區。如果超過這條線，美國就要打仗。對於這一點要有清楚認識，不能採取輕敵的估計，要嚴重地重視這一戰略行動。老撾同南越不同，可以爭取成立一個和平中立政府，中、蘇、寮、越都贊成這樣做。美國方面也覺得諾薩萬不行，想利用富馬組成聯合政府，這個聯合政府當然不能長久維持下去，但最近幾年內是可以維持的。老撾黨要統一祖國，要南進，這是好的，是應該的，但目前還不是時候。目前應該支持富馬組成聯合政府，爭取時間整頓內部，鞏固力量。要避免再打大仗，不要以為再打一兩次大仗，再打一兩次勝仗，就能解決老撾問題。如果這樣做，連現在的勝利也可能失掉。[2]

在各大國都試圖在短期內儘快解決老撾問題，避免危機繼續升級的情況下，相關的談判活動開始出現轉機。6 月 7 日，老撾三親王在查爾平原舉行了第五次會談，正是在此次會談上，有關組織聯合政府的協議正式達成。在以富馬為首相兼國防、社會活動大臣的臨時政府內閣中，蘇發努馮與諾薩萬分別以第一副首相兼經濟計劃大臣和第二副首相兼財政大臣的身份參與其中。隨後在 9 日同諾哈進行的談話中，陳毅再次鼓勵老黨領導人，關於聯合政府，不要着重形式，要看實際。聯合政府內決定問題的不在幾個部，而在於巴特寮的力量。老撾最好出現一個上統下不統，在聯合政府下的地方自治，各方軍隊保持獨立的局面。寮方可以利用這種局面，鞏固自己的力量，爭取羣眾，影響和分化諾薩萬集團

1　越勞對組織聯合政府的看法（1962 年 6 月 10 日），外檔，106-00695-03，第 99-102 頁。
2　陳毅副總理同老撾諾哈同志談話記錄（1962 年 6 月 4 日），外檔，106-01386-06，第 92-112 頁。

和他的軍隊，迫使美國軍事人員撤出老撾。聯合政府成立後，過一個時期，如諾薩萬不幹了，就可以掌握國王、議會和富馬，通過討伐叛逆來統一老撾。[1]

中國方面的態度很快也影響到北越的方針。在 23 日老撾臨時聯合政府宣告成立之後，26 日，越南人民軍總參謀部即發出指示，稱在目前老撾政治演變出現新形勢的情況下，越南在老撾境內繼續開展軍事行動將產生不利影響。因此要求第三、第四軍區各部隊立刻停止各種軍事活動。在給志願軍負責人黎掌（Le Chuong）的電報中，總參指示應停止在敵後及敵我接觸地區的主動活動，在敵後，應祕密保留部分武裝力量和基層政工人員，積極預防敵人的干涉，在解放區，實施積極剿匪、鞏固後方的政策，在前線應幫助老撾加強防禦，鞏固工事。[2] 關於老撾境內的北越志願軍問題，6 月 17 日富馬在河內同范文同會面時即已暗示，在美國軍事人員從老撾撤退的情況下，越南志願軍也應伺機撤出。同時越軍沿中央走廊南下，西方對此有所議論，唯希望越方予以處理。對此，范文同答應，關於越軍撤退問題不需討論，只要老撾政府願意，越方就可下令撤退。至於中央走廊問題，范表示由於老撾、南越都有戰爭，軍隊來往勢所難免。希望老方理解並承諾以後減少軍隊來往，儘量少麻煩老方。[3]

6 月 14 日—18 日，總參謀部在給第五軍區等單位的電報中指出，當前，敵人意圖利用老撾聯合政府遏制越南的南下運輸通道，越方的主張是應積極利用在老撾境內的走廊，但方式上應更加巧妙保密，依靠人民，堅決加強深入南方的運輸，同時積極在越南境內開闢新的走廊。[4] 30

1　陳毅副總理同老撾諾哈談話要點（1962 年 6 月 9 日），外檔，106-01386-11，第 10-11 頁。

2　"Bộ Tổng Tham mưu Quân đội nhân dân Việt Nam chỉ thị ngừng hoạt động quân sự ở Lào" (26-6-1961), *Lịch sử quan hệ đặc biệt Việt Nam-Lào, Lào-Việt Nam, 1930-2007 : Biên niên sự kiện* (vol I), tr.561-562.

3　范文同介紹富馬訪越情況（1962 年 6 月 17 日），外檔，106-01020-01，第 1-3 頁。

4　"Bộ Tổng Tham mưu Quân đội nhân dân Việt Nam chỉ đạo hoạt động trên chiến trường Lào" (14-6-1961), *Lịch sử quan hệ đặc biệt Việt Nam-Lào, Lào-Việt Nam, 1930-2007 : Biên niên sự kiện* (vol I), tr.559-560.

日，人民軍總參謀部再次就從老撾撤軍做出指示，要求除一部分要公開
展示給富馬看之外，大部分志願部隊應當祕密撤離。對老撾革命至關重
要的部門可以稍晚撤退。為確保走廊安全以及在必要的情況下有能力繼
續援助老撾革命，總參建議在下寮地區的越南志願部隊繼續保留並向湄
公河以東方向活動，將保衛老撾革命與走廊安全結合起來。[1]

　　7月9日，老撾臨時聯合政府外交大臣貴寧・奔舍那（Quinim
Pholsena）代表臨時政府發表中立宣言。23日，擴大的日內瓦會議舉行
最後一次全體大會，通過《關於老撾中立的宣言》和《議定書》兩個文
件。至此，有關老撾問題的日內瓦談判宣告結束，隨之告一段落的還有
持續了近三年之久的老撾政治、軍事危機。

二、越南勞動黨南方工作方針的形成

　　在確保巴特寮的活動及越南南方的鬥爭不受影響的前提下推進老
撾局勢趨於緩和的同時，北越促使南越鬥爭形勢好轉的努力也沒有絲毫
鬆懈。同老撾的情況相比，中、蘇國際共產主義因素介入越南南方衝突
的程度較小，這意味着越南勞動黨在處理南方抗戰問題上有着更多的自
主權和獨立性，因而在無需過多顧慮兄弟黨意見的情況下，河內的公開
態度也顯得更加強硬，以表明北方共產黨人同美吳集團之間幾乎不存在
任何妥協的餘地。勞動黨在指責肯尼迪的兩面政策比艾森豪威爾更加惡
毒狡詐的同時，還強調推翻美吳反動國家機器不僅是南方解放的主要環
節，而且也是全國完成民族民主革命的必要步驟。[2] 越統一委員會主任、國
防部副部長阮文詠（Nguyen Van Vinh）於1961年1月在《學習》雜誌

1　"Cục Tác chiến Bộ Tổng Tham mưu Quân đội nhân dân Việt Nam chuẩn bị kế hoạch rút quân khỏi Lào"
　　(30-6-1961), *Lịch sử quan hệ đặc biệt Việt-Lào, Lào-Việt Nam, 1930-2007 : Biên niên sự kiện* (vol I),
　　tr.563-564.

2　Báo Nhân Dân, 28-5-1961.

上撰文指出，在經歷了 1954 — 1959 年的困難階段之後，南越的革命運動自 1959 年下半年以來獲得巨大發展，其中 1960 年是轉折性的一年，而 1961 年將成為南方革命取得更大勝利，敵人遭遇更加慘重失敗的一年。[1] 北越高層對於局勢的上述判斷和預測表明共產黨人在越南南方的路線方針即將出現變化。

　　1961 年 1 月 31 日至 2 月 25 日，越勞中央召開有關軍事工作的會議，對未來五年軍事方針和南方革命的主要任務作出規定。其中在軍事方面，中央政治局決定從 1961 到 1965 年開始實施第二個五年軍事計劃，工作的重點除鞏固北方的國防建設，加大對巴特寮武裝援助力度之外，就是要在南方加緊組建集中的武裝力量，改變游擊作戰獨立、分散、戰鬥力較弱的狀況，建立從中央分局到各省、縣、鄉支部的軍事指揮系統。而為了進一步強化對南方鬥爭的領導，越勞中央政治局還決定將指導南方軍事工作的任務交由中央軍委負責。[2]

　　針對南方革命的方向和任務問題，越勞通過此次會議亦傳遞出意圖有所調整的信號。關於當前南方的鬥爭形勢，勞動黨中央認為，從目前的形勢來看，吳庭艷衰落的趨勢是不可避免的，傀儡政府內部的矛盾也在日漸激化。但吳顯然仍掌握着從中央到地方省、縣、鄉的控制權。特別是效忠於吳的各武裝部隊及間諜別動隊的活動正在使得南方革命運動的處境逐步變得惡劣。[3] 越勞承認，自南方武裝起義開展以來，除農村地區以及第五聯區的一部分山區以外，在大西貢區及第五聯區中部各城市的鬥爭運動始終很弱。儘管羣眾的政治力量在不斷增長，但武裝力量的發動仍不夠強大，鬥爭的戰術策略不足，幹部缺乏嚴重。此外，針對西貢

1　越統一委員會主任、國防部副部長阮文咏著文談 1960 年南越形勢（1961 年 2 月 28 日），《兄弟國家和兄弟黨報刊資料》，第 595 期，第 9-12 頁。

2　越軍總政治局軍史研究委員會編：《越南人民軍歷史》（第二集），第 69-70 頁。

3　"Chỉ thị của Bộ Chính trị về phương hướng và nhiệm vụ công tác trước mắt của cách mạng miền Nam" (24-1-1961), Văn kiện Đảng toàn tập (tập22), Hà Nội : Nhà xuất bản Chính trị quốc gia, 2002, tr.153.

政府的統一戰線建設也遲遲不見成效，兵運及交通聯絡工作陷入困境。這些情況極大地限制了南方根據地的建設以及黨在南方的領導機關相關工作的開展。[1]

中央政治局認為，南方鬥爭出現的上述問題根源在於忽視了二屆十五中全會提出的「以政治鬥爭為主，以軍事鬥爭輔之，」以武裝宣傳力量服務於政治鬥爭的要求。過分強調以武裝暴力活動為主，忽視了爭取南方地區特別是城市中的民族主義及反吳反帝力量，致使一些對共產主義存在疑慮的人對民族解放陣線產生了排斥心理。為糾正這一錯誤趨勢，越勞中央提出，應當視敵我力量對比及具體形勢牢牢把握在三個戰略地區的工作方針：在山區，應以軍事鬥爭為主，目的是消滅敵軍，建設和擴大根據地；在平原農村，軍事鬥爭和政治鬥爭應相輔相成，視情況權衡利用；在城市地區，則應以政治鬥爭為主，包括合法與不合法兩種形式。[2]

此次會議表明，勞動黨中央已經意識到需要對三大之後南方軍事鬥爭中出現的一些過急過猛的趨勢進行調整，同時也反映出河內的領導人對於南方鬥爭運動的發展程度在城市和農村地區表現出的差距十分不滿。在會議結束後不久，1961 年 2 月 7 日，黎筍在給負責南方工作的十菊（Muoi Cuc, 阮文靈的化名）等人的信中進一步闡述了中央的看法。黎告訴他的南方同志們，越南不能按照中國的模式走農村包圍城市的革命路線，這條路線耗費了中共近三十年的時間來奪取政權，而越南卻沒有這樣充足的時間，美國人隨時都有可能向越南派駐軍隊，阻攔越南國家統一的實現。因此越南必須確定自己的革命模式，在城市和農村地區同

1　"Chỉ thị của Bộ Chính trị về phương hướng và nhiệm vụ công tác trước mắt của cách mạng miền Nam" (24-1-1961), *Văn kiện Đảng toàn tập* (tập22), Hà Nội : Nhà xuất bản Chính trị quốc gia, 2002, tr.154.

2　"Chỉ thị của Bộ Chính trị về phương hướng và nhiệm vụ công tác trước mắt của cách mạng miền Nam" (24-1-1961), *Văn kiện Đảng toàn tập* (tập22), Hà Nội : Nhà xuất bản Chính trị quốc gia, 2002, tr.158.

時發動鬥爭。而目前在北緯十七度線以南，無論是人員還是物資上的準備都還遠未達到能夠向西貢政權發動軍事進攻的要求，在軍事「總奮起」的時機到來之前，應當把政治鬥爭放在更為重要的位置上。黎筍還特別指出，蘇聯、中國、古巴、老撾的經驗已經證明，革命勝利的根源來自於最廣大群眾的支持，而勞動黨在南方還沒能做到這一點，因此必須爭取充分利用目前的寶貴時間以改變這一狀況。[1]

　　從實際情況來看，對於政治鬥爭方式的強調依然只是黎筍等北越領導人希望打破南方鬥爭僵局的一個策略。勞動黨不願意看到共產主義暴力革命的標籤成為在南方尋求支持和擴大影響的障礙。同樣可以反映這一意圖的另一個表現就是 1961 年 11 月底南越共產黨中央委員會被正式更名為人民革命黨（PRP），根據來自高層的解釋，這樣做的根本原因是避免敵人在宣傳中渲染北方對南越的干涉與滲透，特別是南部黨委的名稱更容易讓人將其聯想為越南勞動黨的一個支部，而使用「人民革命黨」的名稱既有利於改善越南民主共和國在外交鬥爭中的環境，也可以在南方發動更多力量加入到對敵鬥爭的行列中。[2]同時，在對內傳達的文件中，越勞則要求務必要向黨員幹部解釋清楚，人民革命黨只在形式上是獨立存在的，實質上從北到南只有一個黨和一個領袖，就是越南勞動黨和胡志明。[3]而從另一個方面來說，軍事鬥爭的意義在越勞領導人的心目中也不可能有絲毫的降低，針對南方的武裝鬥爭的準備實際上無時無刻不在鞏固和加強的過程中。

　　根據越勞中央執行委員會 1961 年 1 月的會議決定，南方革命的領導

1　Pierre Asselin, *Hanoi's Road to the Vietnam War, 1954-1965*, p94.

2　"Chỉ thị của Trung ương Cục miền Nam về vấn đề đổi tên Đảng cho Đảng bộ miền Nam" (27-11-1961), *Văn kiện Đảng toàn tập* (tập22), tr.653-654.

3　"A study of the Communist Party of South Vietnam", Mar.1966, Vietnam Documents and Research Notes Series: Translation and Analysis of Significant Viet Cong/North Vietnamese Documents, University Publications of America.1991.

機關將不再使用「南部地委」的名稱，而是恢復了日內瓦會議之前南方
總局的稱號。1961 年 3 月 14 日，越勞中央致電南部地委及第五聯區，對
南方局的組織及任務重新進行了規定。作為中央執行委員會的一部分，
新的南方局將直接置於中執委的領導之下並有部分中央委員參與其中，
同時其日常工作也將由政治局直接負責。在涉及到南方以及全國的戰略
任務的關鍵問題上，南方局將遵照中央及政治局的指示執行。[1]這一調整
表明，南方局在越南勞動黨中央的角色和地位有了明顯提升，特別是在
軍事行動及指揮問題上，越勞中央更是賦予了南方局相當大的權限。在
面對一些緊迫形勢時，南方局甚至可以自行決定政策主張，然後再向中
央彙報。[2]在 7 月 11 日南方局第一次會議召開之後，勞動黨中央政治局及
中央軍委指示成立直屬於南方局的南方軍事委員會協助指導、指揮南部
和中部南端戰場各武裝力量機關，確保南方局能夠對各武裝力量實行集
中、統一的領導。[3]

　　在對南方武裝鬥爭的領導機關進行鞏固和強化的同時，勞動黨還在
進一步準備加大向南方及老撾戰場輸送部隊的規模。在 1961 年的上半
年，人民軍總參謀部組建了代號為「338」的特別訓練團，從集結到北方
的南方部隊和第五聯區部隊中抽調幹部和戰士集中起來進行技術戰術的
補充訓練和思想政治教育，隨時準備開撥前線。[4]而隨着向南方運送人員和
物資的規模不斷擴大加之老撾政治軍事形勢的變化，原先中央走廊的單
一通道已無法完全滿足對支援南方鬥爭的需要。1961 年 4 月中，在配合
巴特寮武裝發動戰役突破 9 號公路防線，攻佔車邦、芒菲（Muang Phin）

1　"Điện mật của Trung ương gửi Xu Nam Bộ, LKU V về tổ chức và nhiệm vụ của Trung ương Cục Nam"(14-
　　3-1961), *Văn kiện Đảng toàn tập* (tập22), tr.263-264.

2　"Điện mật của Trung ương gửi Xu Nam Bộ, LKU V về tổ chức và nhiệm vụ của Trung ương Cục Nam"(14-
　　3-1961), *Văn kiện Đảng toàn tập* (tập22), tr.264.

3　"Điện mật của Ban Bí thư gửi XUNB góp ý về nội dung Hội nghị lần thứ nhất của Trung ương Cục miền
　　Nam" (10-8-1961), *Văn kiện Đảng toàn tập* (tập22), tr.461-463.

4　越軍總政治局軍史研究委員會編：《越南人民軍歷史》（第二集），第 73 頁。

兩地之後，559 部隊立刻將運輸線從長山東側移至西側山坡，開闢了新的交通線。5 月 5 日，一個由 500 名高、中級幹部組成的旨在加強南方軍事指揮部和各軍區力量的軍事幹部團沿着長山西側新交通線進入南部和中部南端戰場。在此之後，更多的武裝人員亦由此通道開赴南方戰場。[1]

美國及吳庭艷政府顯然能夠直接感受到北越共產黨人對南方持續滲透所帶來的影響。根據來自情報部門的信息，越共的襲擊活動在經歷過 1960 年 9 月至 1961 年 3 月的低潮期後又重新變得活躍起來，其進行的破壞活動及造成的人員傷亡都呈上升態勢。[2] 為了表示華盛頓對於吳庭艷的信心，同時也為了安撫南越、泰國、台灣等盟友相信美國在上述地區的政策不會因為老撾的和平協議而發生變化。[3] 從 5 月 11 日起，副總統林登·約翰遜（Lyndon Johnson）開始對上述亞洲國家和地區展開訪問。在同吳庭艷會面時，約翰遜轉交了肯尼迪的親筆信，意在讓吳放心，表示美國將在反共鬥爭中繼續同南越政府站在一起，並將提供一切必要的經濟和軍事援助。[4] 到 8 月初，肯尼迪批准了由美國財政特別工作組負責人尤金·斯塔利（Eugene Staley）擬定的報告，同意南越國民軍可以維持在二十萬人的規模並且將為擴編的武裝力量提供裝備和訓練支持。[5]

面對吳庭艷政府同美國之間日漸密切的合作特別是美國軍事力量可能介入南越的跡象，北越共產黨人始終保持着高度警惕。從 5 月份約翰遜訪問南越開始，越南民主共和國在公開場合通過政治動員和宣傳發起的針對美國及南越政府的攻勢愈演愈烈。在這一過程中，勞動黨中央

1 越軍總政治局軍史研究委員會編：《越南人民軍歷史》（第二集），第 82 頁。
2 Increased Communist Strength in South Vietnam, Mar. 10, 1961, DDRS, Document Number: CK3100397206.
3 小阿瑟·M·施萊辛格：《一千天：約翰·菲·肯尼迪在白宮》，北京：生活·讀書·新知三聯書店出版社，1981 年版，第 422 頁。
4 U.S. Department of State, *Foreign Relations of United State (FRUS)*, 1961-1963, Vol.1, U.S. Government Printing Office, 1988, pp.136-138.
5 U.S. Department of State, *Foreign Relations of United State (FRUS)*, 1961-1963, Vol.1, U.S. Government Printing Office, 1988, p274.

強調要積極利用國內外輿論揭露美國軍事干涉南越的陰謀以及美、吳集團對南方同胞犯下的恐怖罪行，突出北方政權爭取民族解放及進行反帝鬥爭的色彩，特別是要利用祖國陣線、社會黨、民主黨及各團體組織向外界表明政府及人民進行和平統一鬥爭的立場以及執行日內瓦協議的意志，從而在外交上爭取同情，孤立美國。[1]

　　而此時在祕密的狀態下，越南勞動黨實際上正在積極組織對南方鬥爭實施的大規模援助計劃。9 月中旬，越勞中央政治局陸續通過了一系列決議要求北方黨政各部門做好援助南方革命的準備。與此同時書記處也向祖國統一委員會、中央組織部、中央軍委發出指示，要求三部門分工負責支持服務南方革命。[2] 在此背景下，9 月下旬，越勞中央軍委和政治局通過了由總參謀部起草的關於 1961 — 1963 年南方戰場武裝力量建設的方案，提出在發展地方武裝力量的同時，將從北方向南方派遣約 3 — 4 萬名經過正規訓練的軍人。為此，將對人民軍全軍內外所有家在南方或熟悉南方戰場情況的幹部、戰士進行登記，然後在政治、軍事和體能方面進行訓練，隨時準備開赴南方，各軍工企業也隨之加大生產力度，以滿足南方的作戰需要。[3] 與之相應的是，在長山山脈西側的運輸線上，行軍和運輸活動也隨之變得更加頻繁。在 10 月份到來之前，北越已經通過這條線路向南方輸送了 3 個滿員的步兵營以及大批軍官。[4] 此外在得到蘇聯空中運輸力量支持的情況下，數十噸包括無後坐力炮、山炮、迫擊炮和無線電通訊器材在內的物資也通過 559 運輸部隊轉送至南方。[5]

1　"Chỉ thị của Ban Bí thư về phát động đấu tranh chống âm mưu đế quốc Mỹ định đưa quân vào miền Nam Việt Nam" (11-5-1961), *Văn kiện Đảng toàn tập* (tập22), tr.325-326; "Chỉ thị của Ban Bí thư về mở đợt đấu tranh chính trị rộng lớn nhân dịp 20-7-1961" (4-7-1961), *Văn kiện Đảng toàn tập* (tập22), tr.367-368.

2　"Chỉ thị của Ban Bí thư về việc tích cực công tác giúp đỡ cách mạng miền Nam" (15-9-1961), *Văn kiện Đảng toàn tập* (tập22), tr.473-474.

3　越軍總政治局軍史研究委員會編：《越南人民軍歷史》（第二集），第 73 頁。

4　蘇聯外交部東南亞司關於越南南方局勢的報告（1961 年 12 月 22 日），АВПРФ，ф.079，оп.16，п.32，д20，л.102-108.

5　越軍總政治局軍史研究委員會編：《越南人民軍歷史》（第二集），第 104 頁。

在人員和裝備上得到極大補充和改善的「越南南方解放軍」很快於
9 月下旬發起了一次前所未有的進攻。這一次，越共的武裝力量沒有像往
常那樣採用打了就跑的游擊戰術，而是直接攻佔了距離西貢約五十餘公
里的福城省（Phuoc Thanh）的首府。儘管對城市的佔領只持續了數個小
時，但共產黨人毫不掩飾懲戒南越政府的意圖，在當地設立了「人民法
庭」，審判並處決了福城省長及其手下官員，而該省長甚至還是吳庭艷的
摯友。[1] 根據來自美國情報部門的評估，此時在南方的越共總兵力已經超過
16000 人，並且還在以每月 2000 人的速度不斷擴張。同時共產黨人的作
戰單位也普遍達到 500 至 1000 人，其發動襲擊的規模也有了明顯提升。[2]
一個明顯的趨勢是，南方越共的軍事方針正在逐步從戰術上的襲擾轉向
戰略上的進攻。

面對越南南方局勢的吃緊，肯尼迪總統在 10 月 11 日的國家安全
委員會會議上，決定派遣自己的軍事顧問馬克斯維爾‧泰勒（Maxwell
Taylor）將軍及沃爾特‧羅斯托（Walt Rostow）等人前往南越進行實地
考察，為美國對越南政策的決斷提供最後的參考。泰勒－羅斯托使團的
活動及其最終形成的報告對於肯尼迪政府在越南問題上的立場起到了關
鍵性作用。在經過十天的考察調研後，泰勒等人得出的結論是，西貢的
形勢並不令人樂觀，但也並非完全沒有希望，這取決於美國是否有決心
挽救東南亞以及吳庭艷是否能夠在同越共的作戰中佔據上風。關於吳本
人，儘管在政治上他並不討人喜歡，但作為「唯一合適的人選」應當繼
續維持與他的合作。至於美國政府的任務，泰勒和羅斯托提出了兩個主
要建議，一是以水災救援的名義派遣 8000 人的地面部隊進駐南越，以彰

1　U.S. Department of State, *Foreign Relations of United State (FRUS)*, 1961-1963, Vol.1, U.S. Government Printing Office, 1988, pp.305-306.

2　Bloc Support of the Communist Effort against the Government of Vietnam, DDRS, Oct 5, 1961. Document Number: CK3100385022.

顯美國軍事力量的存在，二則是要改變美國完全充當顧問的角色，更多地以夥伴和朋友的身份來幫助南越政府改變在戰場上的被動局面。[1] 泰勒－羅斯托報告中提出的有關在美國－南越之間建立「有限夥伴關係」的建議得到了肯尼迪的首肯。

從實際情況來看，肯尼迪並沒有打算貿然確定對越南的政策。他一直都試圖在主張派兵的強硬觀點以及訴諸於政治外交手段的溫和立場之間尋找最合適的對策。「有限夥伴關係」之所以能得到肯尼迪的認可，主要就是因為泰勒和羅斯托的這一建議提供了一個適度的方案，美國由此既可以以援助的名義將顧問派駐進南越的軍事與官僚體系中，又不必承擔直接的軍事干涉所帶來的風險。但即便如此，北越仍將肯尼迪政府的舉動視之為美國的干涉已經從提供軍事顧問形式轉向以武裝力量形式參戰的階段。[2] 事實上，北越方面也十分清楚，美國政府目前仍在為是否大規模介入南越戰爭而踟躕不定，而為了拖住華盛頓做出這一決定的進程，為南方武裝力量贏得準備的時間，有必要繼續製造輿論壓力，釋放緩和信號。為此，越勞中央書記處發出指示，一方面向日內瓦國際委員會及兩主席提出申述，要求採取有效措施制止美吳破壞《日內瓦協議》的行為，另一方面要求各外事、宣傳部門及祖國戰線等組織各類活動揭露美國武裝干涉越南南方的行徑。[3] 1962 年 1 月 8 日，胡志明在接受《加拿大論壇報》採訪時亦表示，越南民主共和國政府不變的態度是根據《日內瓦協議》以和平手段統一國家，儘管美吳集團正在破壞這一手段，但北越將堅持這一態度並正在為把它變成行動而進行大力的鬥爭。[4] 不過，北越

1　U.S. Department of State, *Foreign Relations of United State (FRUS)*, 1961-1963, Vol.1, U.S. Government Printing Office, 1988, pp.530-536.

2　越軍總政治局軍史研究委員會編：《越南人民軍歷史》（第二集），第 74 頁。

3　"Chỉ thị của Ban Bí thư về tiếp tục đẩy mạnh cuộc đấu tranh chống đế quốc Mỹ và tay sai Ngô Đình Diệm đưa thêm nhiều vũ khí và nhân viên quân sự Mỹ vào miền Nam Việt Nam" (22-12-1961), *Văn kiện Đảng toàn tập* (tập22), tr.616-620.

4　胡志明答加記者關於南越局勢、蘇共二十二大等問題（1962 年 1 月 12 日），《兄弟國家和兄弟黨報刊資料》，第 917 期，第 10 頁。

政府的宣傳戰和外交攻勢顯然並沒能給對手造成太多困擾，此時的肯尼迪政府正在加緊推進其在南越戰場上的新式作戰方案以挽救吳庭艷政府的頹勢。

　　從入主白宮開始，肯尼迪即對訓練和擴充特種部隊以及反游擊力量保持着濃厚的興趣。在質疑艾森豪威爾總統「大規模報復戰略」的有效性並對其忽視冷戰的新戰場即第三世界進行批評的同時，肯尼迪深信，增加有限戰爭的能力並發展應對游擊戰的特殊技能是對抗共產主義的新策略，保護自由世界的必然選擇。因而在進入 1962 年以後，肯尼迪政府對於南越的反叛亂工作給予了前所未有的關注和支持。根據肯尼迪總統的提議，美國國務院成立了由泰勒將軍領銜的反叛亂特別工作組專門負責審議研究越南、老撾、泰國的反叛亂工作。[1] 1 月下旬，也就在美國軍事援越司令部（MACV）正式成立之前，在美方軍事顧問以及空中力量的支持下，南越國民軍集中了四個步兵營及一個傘兵營襲擊了西貢以西柬越邊境地帶一處越共營地。此次行動是美軍指導下在南越實施的一次典型的「特種作戰」。其主要方法是首先實施空中打擊，隨後投放空降部隊，並由步兵在直升機和裝甲運兵車掩護下實施掃蕩。對於此次行動，美方觀察人員認為越共的武裝並沒有遭受到太大損失 —— 他們在空襲開始之前已經迅速撤離了，相反的是這次襲擊卻造成了包括數名兒童在內的南越平民的嚴重傷亡。因此，單單依靠軍事掃蕩顯然收效甚微，甚至會更有利於越共擴大其在基層的影響，必須輔之以其他收效明顯的反叛亂舉措。而從根本上來說，同南越地區同共產黨人的鬥爭就是對農村地區的爭奪，最為關鍵的是要切斷越共武裝力量在南越農村地區的生存基礎。為此，在參考英國在馬來亞「剿共」成功經驗的基礎上，一項關於將民眾遷徙到具有安全保衛功能和社會政治基礎的封閉村莊區域中的計

1　U.S. Department of State, *Foreign Relations of United State (FRUS)*, 1961-1963, Vol.2, U.S. Government Printing Office, 1990, pp.49-50.

劃報告得以出籠。[1]

　　從 1962 年初開始，以「戰略村」結合軍事掃蕩為主要內容的「特種戰爭」對於南方共產黨特別是其在中部平原地區活動的武裝力量構成的威脅愈發地顯現出來。在 2 月 26 日召開的南方革命工作會議上，越南勞動黨中央政治局已經認識到粉碎「戰略村計劃」的必要性和緊迫性，提出當前最好的辦法是把政治、軍事、兵運三種鬥爭結合起來，要重點研究對付敵人的直升機和空降部隊，用好突襲、夜戰、集中兵力和迅速分散的打法。[2] 儘管有所警覺，但從實際情況來看，北越勞中央及南方越共武裝都還沒有完全意識到美國人傾力打造的「特種戰爭」的巨大威脅。而在此後幾個月中，南方的游擊隊武裝在面對具有高機動性和具有強火力支援的掃蕩部隊時很快顯示出戰鬥力上的嚴重不對稱性。加之各「戰略村」已經同據點、哨卡、公路網、機場連成一片，形成嚴密的監控體系，使得南方游擊部隊的駐屯和活動面臨着嚴重困難。根據第五聯區的統計，僅在廣南（Quang Nam）、廣義（Quang Ngai）等沿交通走廊的平原地區，數月之間，敵人投入了兩萬五千餘人及八十架直升機，修建了 132個據點，「戰略村」的數目也從 179 個增加到 836 個，根據地損失了數千噸大米及上千頭耕牛，超過一千餘人遭到逮捕和殺害。[3]

　　到 1962 年底，吳庭艷政府已經在整個越南南方建立起近 2000 多個「戰略村」，控制了南方農村 900 萬人口中的 300 萬，南方越共部隊處境普遍變得更加困難，一些鄉、村的游擊隊被迫轉移到其他地區或根據地。幹部、黨員白天被迫在野外躲藏，等到天黑才敢進入村莊活動。同時由於不具備打擊工事、裝甲車輛以及直升機的能力，游擊隊在面對南

1　"Hilsman Report", Feb.2.1962, Box195, John F. Kennedy National Security Files, 1961-1963, Vietnam.

2　"Nghị quyết của Bộ Chính trị họp về công tác cách mạng miền Nam" (26-2-1962), *Văn kiện Đảng toàn tập* (tập23), Hà Nội : Nhà xuất bản Chính trị quốc gia, 2002, tr.157-159.

3　"Nghị quyết Hội nghị Trung ương Cục miền Nam về nhiệm vụ quân sự" (5-1962), *Văn kiện Đảng toàn tập* (tập23), tr.916-917.

越軍裝甲車配合直升機的戰術時往往束手無策，部隊時常需要轉移，對付掃蕩及別動隊的戰鬥效率很低。此外由於生產不穩定，倉庫、莊稼和糧食遭到破壞，部隊後勤補給十分困難，甚至已經出現了消極畏敵情緒的蔓延。[1] 在四月底至五月初召開的有關當前南方革命形勢的工作會議上，勞動黨南方局中央承認，領導層低估了美國介入南越的手段和能力，缺乏長期鬥爭的意識和準備，沒有認識到戰略問題的重要性，一味幻想南越的鬥爭已處在「總起義的前夜」，「勝利的條件已經具備」，因而在目前的鬥爭中發生了一些嚴重的錯誤。[2]

　　為應對南方「解放戰爭」出現的被動局面，6 月初，根據中央軍委的指示，南方局中央發出當前武裝鬥爭的六項緊迫任務，其核心目標就是要在保存和發展己方力量的前提下殲滅敵人，應儘量做到速戰速決，重新恢復以小規模偷襲、騷擾為內容的游擊運動作戰。[3] 針對南越政府的「戰略村」及鄉社自衛據點計劃，南方局中央亦發出號召要求根據各地區民族、宗教、人口特點結合政治、軍事、經濟措施抵制、瓦解敵人的封鎖。[4] 而與此同時，北越政府還需要解決的另一個問題是北方以及中央運輸線面臨的安全保衛問題。因為在南方大舉推行反叛亂反游擊戰的同時，美－吳軍事情報部門還頻頻利用飛機偵察、投放間諜、特工別動隊等手段，實施情報收集、反滲透等活動，並伺機破壞胡志明小道上的人員、物資輸送工作。

　　從 1962 年初開始，越勞中央發佈指示要求在三大以來的鎮壓反革命運動的基礎上着重開展反間諜鬥爭，挖出隱蔽狀態下的敵人，確保邊

1　越軍總政治局軍史研究委員會編：《越南人民軍歷史》（第二集），第 101、103 頁。

2　"Biên bản Hội nghị anh Trọng nghiên cứu và đặt kế hoạch thực hiện Nghị quyết anh Tư về công tác trước mắt của cách mạng miền Nam" (4-1962), *Văn kiện Đảng toàn tập* (tập23), tr.876.

3　"Nghị quyết Hội nghị Trung ương Cục miền Nam về nhiệm vụ quân sự" (5-1962), *Văn kiện Đảng toàn tập* (tập23), tr.910-912.

4　"Chỉ thị của Thường vụ Trung ương Cục Miền Nam về vấn đề đấu tranh chống, phá ấp chiến lược, xã tự vệ và gom dân của địch" (8-8-1962), *Văn Kiện Trung ương Cục Miền Nam giai đoạn 1946-1975* (tập8), tr.871-873.

境、城市、交通線以及國防、經濟等關鍵領域的秩序和安全。[1] 由此河內一方面指出必須加強公安力量建設以應對間諜特工和反革命集團的猖獗活動，[2] 另一方面決定在各機關、企事業單位、武裝部隊中拉開「保密防奸」運動的序幕。通過廣泛的宣傳教育，提高羣眾的愛國主義和革命警惕意識，發動羣眾積極參與鎮壓反革命的鬥爭，保衛革命成果，保障生產，保護國家機密。[3] 6 月 21 日，在由黎筍主持的，安全及公安部門各負責人參加的會議上，中央書記處提出要把對美－吳間諜別動隊的監控落實到每條街和每個家庭，在全國範圍內逐區清查，特別要注意防範敵人在天主教區及山區的活動。[4]

在鞏固越北後方穩定的同時，勞動黨中央也在努力尋求扭轉南方鬥爭困境的方法。1962 年 12 月 6 日，政治局召開會議，研究目前南方革命的具體任務和方向。提出從戰術的角度考慮，為克服當前困難主要還應當依靠更加廣泛的、全民參加的游擊作戰，並且要注意研究敵人的活動規律和技術、戰術上的弱點，避開不利的作戰條件。而為了支撐「南方解放軍」將游擊戰堅持下去，中央認為必須立刻擴充南部武裝力量，改善其裝備供給，使南方集中部隊的數量在三年內達到並超過南越軍主力及保安部隊的數量，在裝備、戰術訓練、思想政治各方面提升主力及地方部隊的質量。力求到 1963 年，在各省活動的營級單位及各縣的中隊、大隊實現人員、裝備的充足供給。[5] 在此次會議之後，北越即開始着

1   "Nghị quyết của Bộ Chính trị về việc tăng cường đấu tranh chống các bọn phản cách mạng để phục vụ tốc công cuộc xây dựng chủ nghĩa xã hội ở miền Bắc và đấu tranh nhằm thực hiện hoà bình thống nhất nước nhà" (20-1-1962), *Văn kiện Đảng toàn tập* (tập23), tr.38.

2   "Nghị quyết của Bộ Chính trị về vấn đề cùng cố và tăng cường lực lượng công an", (20-1-1962), *Văn kiện Đảng toàn tập* (tập23), tr.56-59.

3   "Chỉ thị của Ban Bí thư về việc mở cuộc vận động 'bảo mật phòng gian' trong các cơ quan, xí nghiệp, đơn vị vũ trang", (23-3-1962), *Văn kiện Đảng toàn tập* (tập23), tr.208.

4   "Thông báo của Ban Bí thư về Hội nghị Ban Bí thư bàn việc tăng cường đấu tranh chống các bọn phản cách mạng" (21-6-1962), *Văn kiện Đảng toàn tập* (tập23), tr.628-630.

5   "Nghị quyết Hội nghị Bộ Chính trị họp về tình hình, phương hướng và nhiệm vụ công tác trước mắt của cách mạng miền Nam" (6-12-1962), *Văn kiện Đảng toàn tập* (tập23), tr.831-832.

手實施向南方派遣更大規模的作戰部隊。到 1963 年年底，通過「中央走廊」交通線進入南部的武裝人員已經達到四萬餘人。1962 年下半年，隨着中國援助南越武裝力量的九萬餘件可供裝備 230 個步兵營的輕武器到位，[1] 大量武器彈藥及其他軍事裝備亦由 559 運輸部隊運送至南方戰場。同時，在 10 月中旬，海上運輸線也被重新組織起來，從北方至金甌省（Ca Mau）的海上戰略運輸線的打通，確保了武器裝備能夠運抵 559 部隊陸路運輸所達不到的南部南端地區。北方支援力度的加大以及在南方本地進行的徵兵，使得南方武裝力量在數量、組織、裝備規模等方面在短時間內出現了明顯的改觀。到 1963 年，南方集中部隊的數量比 1961 年增長了 1.5 倍，同南越國民軍的兵力比從 1961 年的一比十發展為 1963 年的一比五。除主力部隊以外，各省、縣地方部隊甚至也裝備了迫擊炮、無後坐力炮、12.7 毫米高射機槍等攻堅裝備。[2]

在北越政府加大援助南方力度的情況下，南越政府在掃蕩作戰中一邊倒的優勢正在悄然改變。這裏一個突出的例子就是 1963 年 1 月初，在對據西貢西南約 35 公里處湄公河三角洲一處名為北村（Ap Bac）的越共電台收發站所在地實施的突襲中，南越軍首次遭遇到兩個營建制的越共武裝的反擊，同時共產黨人也展示了其改進的防空火力，是役造成五架美國直升機墜毀，三名美國顧問陣亡，同時南越軍隊也損失了八十餘人。

北村戰鬥的結果令北越政府極為振奮，越方認為這證明了美－偽軍利用新戰術和新武器的作戰方式並非是不可戰勝的，標誌着敵人「直升機」「裝甲車」戰術的失敗，預示着美帝國主義「特種戰爭」的破產。[3] 與此同時，美國政府則在努力消除此次作戰失利在輿論上形成的壓力。

1　郭明主編：《中越關係演變四十年》，第 106 頁。
2　越軍總政治局軍史研究委員會編：《越南人民軍歷史》（第二集），第 105-106 頁。
3　越軍總政治局軍史研究委員會編：《越南人民軍歷史》（第二集），第 105-106 頁。

1963 年 1 月 7 日，參聯會授權成立了一個高級別的調查組重新評估越南的形勢。在兩周之後，調查組通過報告宣佈，有關北村失敗的說法完全是子虛烏有，只是報社記者們根據一些情緒不穩定的美方顧問的錯誤描述所得出的結論。[1] 在否認軍事行動遭到挫敗的同時，調查組認為目前南越的形勢正處於勝利的前夕，美國應當繼續維持對南越的援助勢頭。為此，應當將援越司令部提出的南越綜合計劃（comprehensive plan for South Vietnam）付諸實施，以確保南越的武裝力量在 1965 年底之前能夠獨立掌控局面。[2]

　　對於形勢過分樂觀的判斷使得美國政府及軍方忽略了一個事實，到 1963 年初，南方越共已經度過了最為危險的生死攸關的階段，南越政府在十八個月內平定南方的計劃並沒有實現。相反的是，南方越共的游擊活動繼續呈上升趨勢。1963 年 4 月 8 日，南方號召發起「同北村競賽，殲敵立功」運動，要求在整個南部推廣北村戰士「深入、立穩、清掃、解放農村」的經驗。[3] 儘管從戰報上來看，南方共產黨武裝的損失每個月都在激增，但「老撾走廊」的存在確保了南方解放軍能夠得到源源不斷的兵員補給，同時更為關鍵的是此時受到激進化意識形態驅使的中國正在逐步加大援助北越支持南方鬥爭的力度，而正是這兩個因素在事實上構成了北越支撐南部抗戰的根本前提。

三、中蘇分裂背景下越南勞動黨的選擇

　　1961 年 10 月 17 日至 31 日召開的蘇聯共產黨第二十二次代表大會

1　U.S. Department of State, *Foreign Relations of United State (FRUS)*, 1961-1963, Vol.3, U.S. Government Printing Office, 1991, p89.

2　"JCS Team Report on South Vietnam.", Jan. 1963, Box197, John F. Kennedy National Security Files, 1961-1963, Vietnam.

3　"Chỉ thị của Thường vụ Trung ương Cục Miền Nam về phong trào thi đua Ấp Bắc" (25-3-1963), *Văn Kiện Trung ương Cục Miền Nam giai đoạn 1946-1975* (tập9), tr.251-252.

是國際共運史上一個標誌性事件。在此次會議之後，中、蘇兩黨之間友好、緩和的局面徹底結束。圍繞對阿爾巴尼亞勞動黨的批判以及新的蘇共綱領問題，中共與蘇共之間新一輪的意識形態鬥爭即將展開。對於蘇共二十二大，越南勞動黨的態度存在着一個明顯變化的過程。可以確定的是，自 1960 年底 81 個共產黨、工人黨莫斯科代表會議以後，越南黨對於中蘇之間暫時的和解是極其歡迎的。越勞中央在 1961 年 1 月三屆三中全會上對莫斯科聲明給予了極高評價，認為它是兄弟黨交換意見和民主討論的美好結果，是各國共產黨和工人黨的共同綱領，是國際共產主義運動團結和勝利的旗幟。[1]

　　在此之後，勞動黨一直在努力避免中、蘇兩黨間的矛盾再次激化。胡志明於 1961 年八月間對莫斯科進行訪問的一個重要目的就是希望蘇聯黨能夠以更加寬容的態度處理與阿爾巴尼亞黨之間的問題。但赫魯曉夫明白，所謂阿爾巴尼亞黨的立場就是中國黨的立場，中共實際上正是阿黨背後堅定的支持者。因此胡志明的調解目的並未達到。[2] 不過這並未影響越南勞動黨對蘇共及其路線的推崇和期望。一個明顯的例子就是在過去的一年中，作為勞動黨喉舌的《人民報》對赫魯曉夫的活動、裁軍問題和火箭、人造衛星的成就等涉及蘇聯內容進行了不遺餘力地宣傳，相比之下，平均數量超過宣傳中國的一倍以上。有關中國總路線和「大躍進」的報道幾乎已不見蹤影。[3]

　　而對於即將召開的蘇共二十二大，越南黨內外及全國上下更是在很早之前就表現出極大的關注和重視。從 9 月 14 日起，越勞中央書記處指

1 "Nghị quyết của Hội nghị lần thứ ba của Trung ương Đảng Lao động Việt Nam về Hội nghị Đại biểu các Đảng Cộng sản và Đảng Công nhân tháng 11 năm 1960 ở Mạc Tư Khoa", (5-1-1961), *Văn kiện Đảng toàn tập* (tập22), tr.104-105.

2 赫魯曉夫與胡志明談話記錄（1961 年 8 月 17 日），АПРФ，Ф.3，Оп.64，Д.560，Л.140-165.

3 越南《人民報》對我國和蘇聯的宣傳情況（1961 年 3 月 24 日），外檔，106-00940-03，第 35 頁。

示各地開展為期一個月的競賽運動，以生產成績迎接蘇共二十二大。隨後越南北方各省市，幾乎所有工礦企業都已行動起來，成百萬農民、國營農場、學習、部隊、醫務部門都響應了河內的這一號召。在組織各種大型的報告會和慶祝大會的同時，越南各報紙、雜誌對有關蘇共二十二大的報道文章也日漸增多。《人民報》連續大篇幅發表閱讀蘇共綱領草案的筆記。[1]

但隨着會議的進行，特別是 17 — 18 日，赫魯曉夫在蘇共中央總結報告和有關蘇共綱領草案的報告中再次嚴厲批判了斯大林，並點名批評了阿爾巴尼亞勞動黨領導人，緊接着在 19 日，中共代表團團長周恩來在會場上不指名地指責蘇聯黨將兄弟黨、兄弟國家間的矛盾公開暴露在敵人面前是親者痛、仇者快的行為後，[2] 越南勞動黨的態度立刻變得謹慎和緊張起來。

據反映，越方對於蘇共二十二大中出現的狀況感到十分嚴重和複雜，越方報刊在組織二十二大的報道時，對於赫魯曉夫報告的處理頗感為難。後根據越勞中央宣傳部的指示，決定不提及阿爾巴尼亞問題和有關反黨集團的具體人和事，同時在刊登周恩來的發言時，將其暗含批評蘇共中央的話語也一概刪除。[3] 而在蘇共二十二大結束之後，越方的相關宣傳工作進入了第二階段，即在內部開展學習討論。在這一過程中，蘇共中央報告中有關反阿爾巴尼亞、反伏羅希洛夫以及遷走斯大林墓等等決議首次為部分黨員幹部所了解，這立刻在越南黨內引起了一定範圍的思想波動。一些越勞幹部認為，周恩來在蘇共大會上的發言合情合理，是非常正確的，阿勞黨並沒有違反社會主義的原則，蘇聯的做法只會使敵

1　越迎接蘇共二十二大情況（1961 年 10 月 16 日），外檔，109-03023-06，第 204 頁。

2　沈志華主編：《中蘇關係史綱 —— 1917 — 1991 年中蘇關係若干問題再探討》（增訂版），第 338 頁。

3　關於二十二大情況反映（1961 年 10 月 23 日），外檔，109-03023-06，第 208-209 頁。

人高興。還有不少人認為赫魯曉夫把斯大林、伏羅希洛夫等老革命家徹底打倒是為了抬高自己。[1]

在這種情況下，11 月初，越勞中央下發通知，要求全黨對二十二大不要亂議論，要等中央參加蘇共黨代會的代表團返回後再作解釋。[2]同時越方開始嚴格封鎖蘇共二十二大反斯大林、反黨集團、蘇阿關係的消息，電台停播，越通社，甚至內部參考消息都不予登載。從兄弟黨那裏翻譯過來的材料，只能大校、局長以上負責人才能看。[3]由於對消息的封鎖，越南黨內外議論紛紛，很多人爭相看外國報紙，中共的《人民日報》到後，很快即被搶購一空。中下層幹部中很多人感到迷惑，辨別不清誰是誰非。[4]

越南勞動黨領導人對於二十二大上發生變故同樣震驚不已。根據黎筍的說法，越勞代表團在參加蘇共二十二大之前，並不知道蘇共要把蘇阿關係公開化，同時越勞對蘇阿關係情況的細節知道得很少，中央也沒有討論，因而表態不能不慎重。越方領導人對於蘇聯領導人的發言及決議深感意外，因而在大會最後一天通過會議決議時，勞動黨代表團只是起立而沒有鼓掌。[5]另據情況反映，胡志明在莫斯科期間情緒不好，按照他的話說，就是高興而來，掃興而歸。胡認為，遷斯大林墓的事很突然，做得不好，同時他原本打算在代表大會後去阿爾巴尼亞，現在蘇聯如此攻擊阿黨，也不能去了。胡志明在臨上飛機回國前，對越南在蘇高級負責幹部說，事情確實緊張而艱巨，蘇阿問題實質是中蘇關係問題。蘇聯是老大哥，中國是姊姊，當大哥欺侮小弟弟（指阿黨）時，姊姊表示同情是可以理解的，但應切記兩條：蘇聯是不能忘記的，直接的更不能忘

1　越對蘇共二十二大反映（1961 年 11 月 2 日），外檔，106-00661-02，第 35-36 頁。
2　越中央決定要求全黨不要亂議論二十二大（1961 年 11 月 3 日），外檔，106-00661-02，第 37 頁。
3　關於蘇共二十二大的反映（1961 年 11 月 27 日），外檔，106-00661-02，第 48 頁。
4　越文教界對蘇共二十二大的反應（1961 年 11 月 19 日），外檔，109-03023-06，第 221 頁。
5　越南勞動黨中央第一書記黎筍關於蘇共二十二大的一些反映（1961 年 11 月 4 日），外檔，106-00661-02，第 39 頁。

記中國，要知道越南抗戰時的大米武器是中國給的，奠邊府的勝利和中國的幫助也分不開，到底中蘇誰對現在還不清楚，應當安靜，要多觀察。[1]

　　胡志明的這一番話基本上反映出越南勞動黨在蘇共二十二大後一段時間裏的看法和立場。從實際情況來看，越勞在官方的公開口徑中，仍將蘇共二十二大稱之為一個偉大的勝利，認為其間通過的有關建設共產主義的綱領為「社會主義陣營十億人和全人類指出走向光明未來的星星。」[2]1961 年 11 月 30 日至 12 月 2 日，越勞召開三屆六中全會，研究了有關蘇共二十二大的問題。儘管在其公報中，越方避開國際問題和蘇阿關係問題，大談綱領中的共產主義建設，但在會議上越勞中央領導人表示，對於目前共產主義運動中的幾個問題，越南黨不同意蘇聯的觀點而是和中國的觀點接近。黎筍還特別提出，越方將始終一貫忠實於斯大林，將繼續懸掛斯大林像。對於蘇阿關係，勞動黨領導層認為阿爾巴尼亞仍然是一個社會主義國家，蘇聯的做法不符合 1960 年莫斯科宣言的精神。關於不公開表態的原因，越勞的觀點是，傳達中央精神是為了使全體黨員在思想上明確，至於對外表態，要從越南的政治經濟情況出發，前提是要使越南的處境更有利。[3]而根據一些渠道消息，在六中全會上，越勞所有中央委員都確認了赫魯曉夫的修正主義觀點，並表示支持中央的決定和立場。此次會議之後，越勞中央還將自己的觀點通過長信的方式告知蘇共中央。[4]

　　鑒於六中全會已經形成了統一的意見，越南黨內的多數幹部在同中

1　越南學生談胡主席在蘇期間的幾點情況（1961 年 11 月 15 日），外檔，109-03023-06，第 219 頁。

2　越南勞動黨理論刊物對蘇聯共產黨二十二大的反應（1961 年 12 月 27 日），外檔，106-00661-05，第 64 頁。

3　對二十二大的一些反應（1962 年 1 月 6 日），外檔，106-00661-02，第 68-69 頁；"Báo cáo của Đoàn đại biểu Đảng Lao động Việt Nam dự Đại hội lần thứ XXII của Đảng Cộng sản Liên Xô do đồng chí Lê Duẩn trình bày tại Hội nghị toàn thể lần thứ sáu của Ban Chấp hành Trung ương Đảng Lao động Việt Nam" (11-1961), *Văn kiện Đảng toàn tập* (tập22), tr.596-598.

4　越方人員對赫及二十二大的反應（1961 年 12 月 12 日），外檔，109-03023-06，第 240 頁。

方人員的接觸中已不再不介意對赫魯曉夫提出直接的批評。12 月 10 日，越《人民報》社長黃松（Hoang Tung）在和中國駐越使館人員談話時表示，赫魯曉夫的做法肯定是錯的，而現在情況正在向更壞的方向發展，赫在國內和國外誰都容納不了 …… 在國際共產主義運動中，從來還沒有出現過這樣的事。黃還提出，赫魯曉夫的做法現在已經引起了共產主義運動的分裂，一邊是蘇聯和支持他們的東歐國家，一邊是反對攻擊阿爾巴尼亞的兄弟黨。雖然越勞的做法與中國黨不同，但在反對赫的做法這一點上是一致的。[1] 而在 12 月 11 日蘇聯政府宣佈同阿爾巴尼亞斷交之後，一些高級外交人員亦紛紛表態認為蘇聯處理與兄弟國家關係的態度和方法十分不妥。[2] 與此同時，對於蘇聯黨的不滿情緒亦開始影響越方對另外一些問題的看法。在蘇共二十二大期間，蘇越間曾就南越形勢進行過接觸，越方告訴蘇方南越情況嚴重，美國有派兵登陸的可能，請蘇方注意並希望得到蘇聯的支持。但蘇方並不同意越方對南越形勢的估計，拒絕了越方的請求。此外，蘇聯方面單獨援助老撾梭發那・富馬，不願援助蘇發努馮親王的做法也令越方非常不滿。[3]

　　儘管越南勞動黨極不願意看到社會主義陣營內部出現的分化波及到自身，但在阿爾巴尼亞問題上（實質上是中、蘇路線衝突）一直以來所持的態度已經在無形中將其推入了同蘇共意見相左的隊伍中。胡志明在1962 年 1 月初同中國使館官員的會面中表示，目前在國際共產主義運動中，已經形成了兩派，（雖然不是願意這樣，也不是有意地造成這樣），一邊是蘇聯、東歐各國和法、意、伊拉克、突尼斯等共產黨，一邊是中

1　越人民報社長談蘇共二十二大的一些看法（1961 年 12 月 10 日），外檔，109-03023-06，第237 頁。

2　越南駐蘇聯大使阮文竟對蘇同阿爾巴尼亞斷交的反應（1961 年 12 月 9 日），外檔，106-00661-03，第 52 頁；越南駐古巴大使對蘇聯與阿爾巴尼亞關係的看法（1961 年 12 月 12 日），外檔，106-00661-04，第 57-58 頁。

3　報越記者對我談之情況（1961 年 12 月 4 日），外檔，109-03023-06，第 231 頁。

國、朝鮮、越南、印尼等東方的黨。這些黨不願追隨蘇共罵阿爾巴尼亞。[1] 胡的言論表明越勞領導層已經不得不接受北越在共產主義陣營中選擇「站隊」的這一事實。但同時，越南勞動黨也還在試圖通過內部協商解決兄弟黨之間不斷擴大的分歧。在 1962 年 1 月 10 日致蘇共中央的信中，越勞仍表達了對恢復兄弟黨之間團結關係的期盼，呼籲停止相互攻訐，召開一個由 12 個共產黨、工人黨參加的會議專門討論解決蘇聯和阿爾巴尼亞及其他一些兄弟黨之間的齟齬。[2]

不過，在中蘇兩黨意識形態分歧和鬥爭迅速發展的大環境下，越南黨的調和努力很快即湮沒於日益激烈的口誅筆伐之中。1962 年四、五月份伊塔事件的發生加之這一時期中共黨內總結「大躍進」運動的教訓時出現的否定毛澤東路線的傾向，都促使中共最高領導人決心同蘇聯決裂。在 1962 年 10 月古巴導彈危機及中印邊界衝突發生之後，中國黨對於蘇聯黨及其領導人的定性已經發生了根本性變化，赫魯曉夫已經從「半修正主義者」變成了「叛徒」「資產階級的代言人」，同時中國的外交政策也發生了持續性的「左」轉，更加突出鬥爭的一面，要求在中蘇鬥爭中保持「積極的、主動的、進攻的」姿態。[3] 特別是在中共看來，國際共運隊伍中已經出現了一批支持中國黨觀點和毛澤東思想的新的左派力量，中國黨在國際共運中的威望越來越高，這也促使中共要做世界革命領袖的意識大大膨脹。正是基於這樣的認識，中共領導人在 1962 年 11 月召開的全國外事工作會議上正式提出了「同修正主義在國際鬥爭中爭奪領導權的問題」。也即在反對赫魯曉夫修正主義的同時，積極支持左派黨的

1　越南勞動黨中央委員會主席胡志明對蘇聯共產黨二十二大的看法（1962 年 1 月 4 日），外檔，106-00661-06，第 66 頁。

2　"Thư Ban Chấp hành Trung ương Đảng Lao động Việt Nam gửi Ban Chấp hành Trung ương Đảng Cộng sản Liên Xô" (10-1-1962), *Văn kiện Đảng toàn tập* (tập23), tr.22-23.

3　沈志華主編：《中蘇關係史綱 —— 1917—1991 年中蘇關係若干問題再探討》（增訂版），第 363-364 頁。

發展，集中進行反對美帝國主義和支援民族解放運動的鬥爭。[1]

　　而在 1962 年上半年，蘇聯針對越南勞動黨的報復和打壓仍在持續。這一時期，赫魯曉夫政府聯合東歐各國在貿易談判等問題上向越南施壓，催促越南早歸還欠款。答應提供給越南的油料及鋼材數量都有大量削減。根據 1961 年蘇越協定，蘇聯將向越南提供六億盧布的貸款，從 1962 年開始支付，但蘇方提出要求越方先償還原來借的四億盧布後再予以考慮。對於越南提出的購買軍火以及供應拖拉機的請求，蘇聯方面分別以不利於順利解決南越問題以及路途遠運輸不便和蘇聯國內自己不夠用為理由予以拒絕。同時蘇方還告知越方，越南軍事留學生在蘇聯學習的各項費用須由越南償付。[2] 蘇聯方面的上述做法對於越南勞動黨來說是個不小的壓力，特別是存在阿爾巴尼亞先例的情況下，越方十分擔心蘇聯會對其採取類似的行動，因而越勞一方面強調要艱苦奮鬥、自力更生，制訂了在正常年景、蘇聯取消援助、遇到特大自然災害三種不同情況下使用的三個國民經濟計劃，另一方面就是希望中國能夠進一步予以幫助和支持。[3]

　　對於正欲同蘇共爭奪國際共產主義運動領導權的中國黨來說，此時向越方提供支持和幫助，是「鞏固越南這個馬列主義陣地」，密切中越兩黨兩國關係的必然要求。1962 年 6 月，在胡志明與阮志清前往北京尋求軍事援助以支持南越武裝鬥爭時，中方領導人就已經表示，中國願意援助越南，只要條件許可，中國將盡力幫助。6 月 24 日，越總理范文同在拜會中國駐越經濟代表處時，再次提及中國政府的承諾。不過范也委婉地表示，越方知道目前中國有困難，凡是實在需要的，越方一定會說實

1　沈志華主編：《中蘇關係史綱──1917─1991 年中蘇關係若干問題再探討》（增訂版），第 365-367 頁。

2　駐越使館關於最近蘇聯及東歐國家對越南做法的情況報告（1962 年 1 月 13 日），外檔，109-03222-05，第 59-60 頁。

3　1962 年第 1 季度越南國內情況綜合報告（1962 年 4 月 5 日），外檔，106-00994-02，第 17 頁。

話，凡是會給中國加重負擔的，越方也將盡力避免。[1] 范文同的態度反映出一個問題，在 1962 年中國自身經濟狀況稍有好轉，但困難仍然很大的情況下，對越援助工作實際上也面臨着很大壓力。6 月 26 日，越副總理黎清毅（Le Thanh Nghi）在同中方代表的談話中提及了目前在執行中國援越項目計劃上遇到主要問題是中方安排的材料、設備供應時間同越南安排的開工進度不相銜接。特別是有的項目越南正在抓緊建設，但中方的材料設備遲遲不能交付，從而造成了項目無法開工或延遲。黎表示這可能是由於越方提出的要求不夠及時造成的，但他還是希望中方對這個問題能夠予以重視。同時他還提出，越南在 1962 年計劃建成投產 23 個項目，其中太原鋼鐵廠、首都機場等五個為重點項目，希望中國能按計劃供應設備、材料，儘可能按施工進度交貨。[2]

正因為要從政治的高度處理和完成援越工作，因而對於越方提出的意見及要求，中國方面給予了高度重視。同時考慮到國內的實際情況，通過與越方協商，中方提出優先完成重點項目，特別是要把太原鋼鐵廠作為重中之重、急中之急，向太鋼重點集中供應材料、設備，力爭到 1962 年年底出鐵。為顯示對越援助的認真負責，中方還承擔了向已投產的各項目提供備品備件，對設備進行修補更換的全套任務。[3] 此外，從 1962 年開始，越南為了節約投資和發展自己的設計力量，又提出把中國援越項目的非生產性建築設計統歸越南自己負責，對於河內紡織廠等七八個項目，中方已投入人力物力設計完畢或正在設計，但仍同意改由越南自行設計，並按原協議供應材料。[4] 在整個援助過程中，中方不計

1　越南范文同總理同我代表談我國援助越南問題（1962 年 6 月 27 日），外檔，106-00664-01，第 5 頁。
2　越南副總理黎清毅與我代表談我援越項目問題（1962 年 6 月 27 日），外檔，106-00664-02，第 7-8 頁。
3　1962 年我援助越南成套項目總結（1963 年 1 月 31 日），外檔，106-01077-03，第 18-20 頁。
4　1962 年我援助越南成套項目總結（1963 年 1 月 31 日），外檔，106-01077-03，第 21 頁。

成本，處處為越方着想，對於越方意見幾乎做到言聽計從，儘量滿足，這其中的一個重要目的是要同修正主義者的援越活動形成鮮明對比。例如對於越方提出的壓縮各兄弟國家專家人數的要求，蘇聯、東歐各國強調要按合同辦事，予以拒絕，中國則積極支持，帶頭響應，以此表明中方能夠體諒越南的困難，援助是無私的，而修正主義者的援助是有條件的，是為自己考慮的。[1]

　　從中方的角度來說，盡心盡力地處理好對越援助工作不僅是要使越南黨進一步堅定同北京保持一致的立場，同時還要儘可能拉開北越同蘇聯之間的距離。而從 1962 年以降的實際情況來看，越南勞動黨方面在一些場合的確流露出冷淡蘇聯的跡象，不再強調「以赫魯曉夫為首的列寧主義的蘇聯共產黨中央委員會」，而是更加強調馬列主義必勝，強調自力更生以及加強國際主義與真正的愛國主義相結合的教育。[2]同時對於中國黨在援越問題上及處理兄弟黨關係問題上的做法則不吝給出論調很高的評價。不過總體來說，在公開的情況下，北越更多地還是在中蘇之間尋求平衡。在 9 月初越南國慶節之際，越方有意將中、蘇兩國友協代表團安排在一起活動，越勞中央同時接見，共同前往海防等地參觀，在同一個會上安排中蘇雙方講話，藉以在越南民眾面前顯示中蘇團結，同時也表明越南對中、蘇是一視同仁的。在紀念十月革命四十五周年活動期間，蘇聯將派一些代表團訪越，並將在越舉辦大型展覽會，越南則要求中國人大代表團在中國國慶期間訪越。同時因為武元甲、長征等越方領導人將應邀赴蘇度假，越方也主動向中方提出黎筍和范文同將去中國度假。[3]這些情況表明，越勞領導人一直在小心翼翼地維持在中、蘇兩黨、兩國之

1　1962 年我援助越南成套項目總結（1963 年 1 月 31 日），外檔，106-01077-03，第 21 頁。

2　越勞中央書記處關於紀念十月革命的指示（1962 年 10 月 22 日），外檔，109-03222-05，第 102 頁。

3　1962 年第 3 季度越南情況綜合報告（1962 年 11 月 7 日），外檔，106-01009-09，第 76 頁。

間的平衡。

　　越南黨在國際共運兩條路線鬥爭中採取的中間態度令中共並不滿意。中國黨認為，從布加勒斯特會議以來，越勞就把國際共運中的原則分歧說成是中蘇兩黨所處的條件不同而發生的「誤解」和「成見」，認為要「多加糖，少加辣椒」，對於阿蘇分歧，越勞雖然對蘇共持批評態度，但認為阿勞黨的態度也有問題，實際上是「公說公有理，婆說婆有理」，越方主張應當「兄友弟恭」，企圖進行調解。到了 1962 年底，在中、蘇公開論戰的序幕拉開之後，越勞繼續採取調和的方針，「不發表雙方爭論的文章，不分是非，不讓大家討論，不允許對中蘇分歧表示態度，已引起幹部和羣眾思想上的混亂」。[1]

　　而將中蘇路線鬥爭推入新階段的還有從 1962 年冬到 1963 年 1 月，歐洲五個共產黨、工人黨相繼召開的代表大會，蘇聯共產黨在各黨會議上再次組織了對阿爾巴尼亞黨的圍攻，並對中共進行了直接攻擊和影射批判。2 月 10 日，越勞又發表了《關於國際共產主義運動團結問題的聲明》。該聲明對兄弟黨之間發生「不和的現象」表示遺憾，強調不應當讓「意見分歧來損害我們各黨之間的兄弟團結」，聲明中稱中蘇的團結是「社會主義陣營團結的支柱」，越勞將「始終如一地保衛蘇聯、保衛中國、保衛社會主義陣營其他各兄弟國家」，不遺餘力地位加強中、蘇團結，加強國際共運的團結作出貢獻，並表示歡迎和重申停止爭論和召開兄弟黨會議的建議。[2]在這一期間，越方開始進一步限制介入中蘇爭論，甚至從 2 月 1 日起，越南電台已停止轉播北京電台和莫斯科電台的越語節目。[3]

　　越南勞動黨應當十分清楚在中蘇兩黨衝突上升至路線鬥爭後仍保持中立態度的困難與危險。而之所以要冒着可能同時得罪兩個大黨的風

1　越勞對國際重大問題的看法和態度（1963 年 3 月），外檔，203-00477-01，第 46 頁。

2　越勞對國際重大問題的看法和態度（1963 年 3 月），外檔，203-00477-01，第 45-46 頁。

3　越台已停止轉播中、蘇台越語節目（1963 年 2 月 13 日），外檔，109-03351-03，第 20 頁。

險，繼續在表面上維持着不偏不倚的姿態，主要原因還是由於越勞對自身角色和任務的定位。根據越方對中方人員透露的一些情況，越勞高層領導的一個根本觀點是認為，越南的處境特殊，南方有鬥爭，北方建設也有困難，「不能不考慮自己民族的利益」，「越南是個小國，我們一向是在大國之間求生存，這就是我們民族的特點」，「不便指出誰是誰非」、「以便爭取更廣泛的同情和支持」；同時越方強調的另一點是，勞動黨並不打算在指導思想上依附任何一方，「大家不要以為我們站在這一邊或那一邊。我們有我們的看法，我們有我們的馬列主義觀點。」[1]

　　因此，在這一時期，儘管從立場或傾向上來說，越勞同中國黨靠攏得更近一些，甚至於中共已經將越勞視作左派隊伍的一個重要成員，[2] 但越方對於所謂反修鬥爭的支持同中國黨的理解大不一樣。在北越的官方口徑中，修正主義專指以鐵托為首的南斯拉夫黨，但越勞始終不願將這頂帽子正式扣在蘇共頭上。河內對蘇聯流露出的不滿更大程度是緣於赫魯曉夫對兄弟黨的專橫作風，特別是蘇共對阿爾巴尼亞黨的做法令越勞深切感受到作為小黨的壓力。這並不意味着北越強烈支持中共在路線問題上同蘇共一爭高下乃至取代莫斯科成為國際共運的領袖。相反的是，在越勞一直以來的觀念中，蘇聯在國際共產主義運動中的領導地位是不可撼動的。按照武元甲的話來說，就是越勞一直以來「非常重視以偉大蘇聯為中心的社會主義陣營各黨的團結一致」。[3] 除此之外，不同於此時社會主義陣營中各國的現狀，北越在南方的解放鬥爭仍處在艱苦鏖戰的環境中，對於越南勞動黨來說，民族解放大業遠比路線鬥爭要重要得多。因而越勞對於蘇聯有所疏遠的另一個根源就是莫斯科一直以來不願對越南

1　越勞對國際重大問題的看法和態度（1963 年 3 月），外檔，203-00477-01，第 46 頁。

2　沈志華主編：《中蘇關係史綱 —— 1917 — 1991 年中蘇關係若干問題再探討》（增訂版），第365 頁。

3　越南領導人武元甲就國際共運問題發表文章（1963 年 2 月 21 日），外檔，106-00734-02，第168 頁。

南方的革命鬥爭予以明確的支持。

　　1962 年 12 月 14 日至 29 日，以蘇軍第一副總長、華沙條約國武裝力量參謀長巴托夫大將為首的軍事代表團訪問越南。在此過程中，越方向蘇方提出了援助北、南的具體要求。蘇代表團對援助北方國防建設，只說「待回國報告後再定」，對南方鬥爭，僅表示「支持」，再無具體意見。在 15 日的招待會上，巴托夫說：「不撲滅火堆而火上澆油的政策不是我們的政策」，意在影射中國，批評越南。同時，越方希望蘇方能夠發表公報，支持南方鬥爭，也遭到了拒絕。[1] 同月底，越南南方民族解放陣線代表黃文心（Hoang Van Tam）在蘇聯時，曾要求蘇方召集一次記者招待會，蘇方當面答覆表示同意，但到舉行招待會時，除黃文心和兩個越南記者外，無人參加。越駐蘇使館認為，這是越南外交工作上遭受的最嚴重的一次打擊。[2]

　　蘇聯政府在支持越南南方鬥爭問題上表現出消極迴避的態度，根本原因在於赫魯曉夫不願使蘇聯捲入印支半島的複雜局勢中，從而影響他與西方世界的緩和政策，特別是在古巴導彈危機所引發的熱核戰爭陰影尚未完全散去的情況下。[3] 由於此時中國領導人已經把爭奪國際鬥爭領導權的途徑確定在了反對美帝和支援民族解放運動上，也即要通過反帝鬥爭進一步揭露修正主義，使反帝反修兩個目標緊密結合起來。[4] 因此赫魯曉夫政府在支援南越抗戰問題上的態度同美國政府在南越的干涉一道成為了中共兩個拳頭同時打擊的對象。而對於北越來說，在關乎自己切身戰略利益的問題面前，向中國靠攏幾乎也是不可避免的選擇。

1　蘇聯軍事代表團訪問越南情況（1962 年 12 月 29 日），外檔，109-03351-03，第 16 頁。

2　蘇對越的不友好做法（1962 年 12 月 24 日），外檔，109-03222-05，第 119 頁。

3　Mari Olsen, *Changing Alliances: Soviet-Vietnam Relations and the Role of China, 1949-1964*, New York: Routledge, 2006, p144.

4　沈志華主編：《中蘇關係史綱 —— 1917 — 1991 年中蘇關係若干問題再探討》（增訂版），第 370 頁。

第二節　印度支那形勢的變化與中、越、老三黨合作局面的形成

一、從老撾新危機到南越佛教徒危機

自 1962 年 6 月老撾聯合政府成立後，老撾三種力量由軍事鬥爭為主轉入以政治鬥爭為主，出現了一個暫時和平的局面。老撾各種力量圍繞着執行日內瓦協議、實施停火和撤退外國軍隊、聯合政府的組成及其內外政策以及統一軍隊的和警察等重大問題，進行了緊張、複雜的鬥爭。但通過雙方妥協讓步而建立起來的聯合執行的局面顯然是極其脆弱的。

根據來自中國的情況彙報，自日內瓦協議簽訂以來，美國加緊援助諾薩萬集團，鞏固和加強其武裝力量，同時對中間派則竭力拉攏富馬和貢勒、文翁等，並圖謀削弱、孤立以至消滅巴特寮的力量。到 1962 年年底，諾薩萬軍隊除補充了南塔戰役的損失外，還增加了一萬人，其軍隊總數已從 5 萬增至 6 萬人。部隊的機動性、裝備和訓練，均有所加強。諾薩萬一方面在下寮等地建立軍事基地，力圖割據下寮作為將來進攻寮方的準備條件，一方面將部分軍隊撥歸富馬方面藉以進行拉攏。

與此同時，蘇聯方面也在不斷對越、寮方施加壓力，力圖把老撾的鬥爭納入其「和平共處」總路線的軌道。為此莫斯科的領導人採取了同美國、諾薩萬集團妥協，以富馬為主要對象，而拒絕給寮方以祕密援助的方針。在美、蘇之間的接觸中，肯尼迪政府多次向蘇方提出所謂越軍未全部撤出老撾、寮方協助越南進入南越和美機在老被擊落等問題，要蘇聯「施加影響」，並「採取必要步驟」。蘇共中央將其對老撾局勢的看法通知了寮方並認為，如果寮方「不看到不履行日內瓦協議的危險，仍然保持戰爭時期的態度，則內戰行將再起」。說寮方「將對戰爭再起負責」；「如內戰再起」，「蘇聯將不能幫助」寮方，而且「將不負擔一切義

務」。蘇方還強調，現在寮方應進行和平的政治鬥爭，並應盡力鞏固與富馬中立派的團結合作，如「這樣不能勝利，這是因為本身實際條件尚未成熟」，但無論如何，寮方「不應當使用武力來達到自己的目的」。蘇聯還決定不再向寮方提供祕密援助。[1] 而更為嚴重的是，在這一期間，富馬和貢勒明顯右擺，中間派內部的矛盾鬥爭和分化日益明顯。在豐沙里地區，中間派武裝為了爭奪當地的軍權、政權，發展到武裝衝突。在川壙地區，貢勒部隊內部右派，在富馬和貢勒的指使和支持下，發動了一個大規模和迫害進步分子的運動。這些情況導致中間派的力量受到明顯削弱。[2]

在這種情況下，老撾聯合政府的處境開始變得岌岌可危。到 1963 年 2 月間，有關對聯合政府不滿的軍人要發動政變的謠言傳得沸沸揚揚，一時間萬象的氣氛變得十分緊張。而危機的真正出現是 4 月 1 日凌晨，中間派親巴特寮的外交大臣貴寧‧奔舍那在萬象家中被自己的衛兵暗殺。隨後，中立派軍官敦（Duon）、鐵（Than）等人的部隊在巴特寮方的支持下在康開（Khang Khay）、查爾平原等地與貢勒部發生交火。貴寧遇刺被中、越、寮黨視為一個十分危險的信號。4 月 5 日，中方即要求約見蘇發努馮和諾哈並提醒老方，美國和諾薩萬集團在老撾製造了一系列謀殺進步分子的事件，貴寧的被刺是這一系列事件的一個高峰。反動派氣焰十分囂張。殺害貴寧是美帝和諾薩萬集團經過周密策劃的一個政治事件。這種情況說明，在當前的老撾局勢中，鬥爭是嚴重的。[3]

4 月 8 日，中方指示相關部門負責人迅速將擬定完畢的「關於目前老撾形勢和鬥爭方針的若干意見」遞交越、老兩黨。在其中，中方指出，巴特寮要抓住貴寧遇刺一事，對富馬多做工作，曉以利害，指出自從聯

1　目前老撾的局勢（1963 年 1 月 24 日），外檔，106-01110-01，第 5-6 頁。

2　目前老撾的局勢（1963 年 1 月 24 日），外檔，106-01110-01，第 6 頁。

3　關於貴寧被刺問題（1963 年 4 月 5 日），外檔，106-01417-07，第 9-10 頁。

合政府成立以來，美國和諾薩萬集團竭力在中間派內部製造矛盾，分化中間派，現在中間力量已經受到較大的削弱，希望他提高警惕，採取措施，扭轉這種局面，否則對他本人、對中間派都是不利的。如果富馬拒絕，要對他施加壓力，進行堅決鬥爭。貢勒目前日益反動，巴特寮除對他的武裝挑釁給予必要的回擊外，要向他提出警告，指出老撾人民當前的主要敵人是美帝國主義和富米集團，如果他繼續追隨右派，同進步力量和巴特寮鬧下去，必將逐步削弱自己的力量，最後走向毀滅。總之，同富馬的關係既要爭取團結，也要堅持原則，進行必要的鬥爭。沒有鬥爭，就沒有團結。在當前的形勢下要強調鬥爭的一面，不要怕鬧翻。只有這樣，才能穩定中間派，分化中右同右派的勾結，打擊反動派的氣焰，使局勢朝向有利於革命方面的發展。[1]

　　在此意見的基礎上，4月14日，周恩來再次親擬電報，指出要力爭避免出現中右完全合流與寮方完全分裂的內戰局面，同時中越雙方將準備支援寮方和中左力量的武裝和軍需，越南武裝還需準備再度進入老撾作戰，以對右派實施更大打擊。[2]對於中國黨的建議，巴特寮方面表示完全同意，認為必須堅守查爾平原，給敵人幾個沉重的打擊，才能暫時穩定這一地區的局勢。打的方式，第一步是使用巴特寮的部隊，如局勢發展，再請越南派一部分部隊協助。隨後，凱山即向越方提出請派一個營協助作戰。[3]

　　4月15日，北越國防部及勞動黨中央軍委決定成立代號為「463」的軍事專家團幫助巴特寮防守查爾平原－川壙軍區並爭取中立愛國力量。[4]4月18日至24日，由黎筍率領的越南勞動黨代表團同老撾人民黨領導人

1　關於老撾鬥爭方針的意見（1963 年 4 月 8 日），外檔，106-01421-02，第 7-13 頁。

2　我對老撾局勢的看法和意見（1963 年 4 月 14 日），外檔，106-01417-03，第 24-25 頁。

3　同凱山談老撾局勢問題（1963 年 5 月 7 日），外檔，106-01417-06，第 94-96 頁。

4　"Quyết định thành lập Đoàn chuyên gia quân sự 463" (15-4-1963), *Lịch sử quan hệ đặc biệt Việt Nam-Lào, Lào-Việt Nam, 1930-2007 : Biên niên sự kiện* (vol I), tr.578.

舉行會談。其間，北越領導人指出，老撾革命的方針應當是通過堅持鬥爭穩固和平，以繼續執行日內瓦協議，應以政治鬥爭為主，將軍事鬥爭作為政治鬥爭的後盾。當務之急仍是爭取富馬、貢勒並保住聯合政府。同中國方面更為強硬的反擊要求相比，勞動黨此時的態度值得玩味。

　　事實上，老撾新危機的出現對於勞動黨高層特別是黎筍來說可以算得上是一次心理上的挫折。1962 年有關老撾問題的日內瓦協議的達成曾一度增加了勞動黨領導人對於政治解決南、北越之間衝突的希望。在當年 7 月 18 日致南方局中央的信中，黎筍指出老撾中立化的結果對於越南南方革命的重要意義，儘管他承認老撾與南越的情況有着很大不同，特別是老撾與中國擁有共同的邊界，這個有利條件迫使帝國主義做出了讓步，但是黎筍依然相信，老撾聯合政府的建立得益於正確的鬥爭方式，也即通過政治和軍事鬥爭相結合的方法將戰爭限制為老撾的內戰，避免有外部大國力量的直接介入。而勞動黨最高領導人由此得出的經驗是，只要能夠排除美國大規模介入南越戰場的可能，效仿老撾日內瓦協議的模式最終達成政治解決南越問題的可能依然存在。[1]

　　正是遵循這一思路，因而當 1963 年老撾中立的聯合政府再次面臨嚴重危機之時，勞動黨高層依然強調希望巴特寮方面能夠將聯合政府繼續維持下去，以避免美國的武力介入老撾可能對越南南方鬥爭形勢造成衝擊。畢竟此時在南越內部，由於佛教徒對吳庭艷政府的不滿而產生的社會動盪，正在給共產黨人提供所謂擴大羣眾性政治鬥爭的良機。特別是 5 月 7 日，南越政府下達在公共場所嚴禁懸掛佛教教旗的命令，這直接導致 8 日在順化市發生大規模抗議活動，吳庭艷的軍警在鎮壓過程中導致數十人傷亡，上百人被捕，由此引發了規模更大的抗議浪潮。直至 6 月 11 日高僧釋廣德（Thich Quang Duc）在柬埔寨駐西貢大使館門前自焚，

---

[1]　"Thư của đồng chí Lê Duẩn Bí thứ nhất Đảng Lao động Việt Nam gửi Trung ương Cục miền Nam về cách mạng miền Nam" (18-7-1962), *Văn kiện Đảng toàn tập* (tập23), tr.708-710.

南越的佛教徒危機達到了頂峰。

　　對於西貢愈演愈烈的亂象，肯尼迪政府不得不以最嚴厲的口吻警告吳庭艷，美國對於南越處理佛教徒危機的反應非常不滿，「事態已經臨近崩潰的邊緣」，國務院甚至覺得有必要重新考慮美國同南越政府之間的關係。[1] 而吳庭艷一方則始終堅持，整個動亂事件的前後都是共產黨人的陰謀所致。[2] 實際上，儘管在 5 月 8 日順化槍擊事件發生後不久，南方民族解放陣線即開始發動針對吳庭艷政府的輿論攻勢，河內也從 5 月 19 日起以胡志明的名義連續發出聲明抗議美－吳集團迫害南方佛教徒的罪行。但直到 6 月 1 日，南方局中央才就一些具體工作發出指示，要求各級黨委要重視宗教運動工作，加大宣傳教育，擴大對教民的團結，以加強羣眾團體建設，鞏固黨的基礎。[3] 6 月 29 日，南方局中央在給中央統一委員會的報告中檢討，黨對當前佛教徒危機中一些工作的領導存在缺點。比如沒有對南方革命的可能性及羣眾的革命精神進行充分評估並適時對運動的方向和目標提出具體建議，有關團結爭取政治權力的口號十分籠統，特別是沒能及時牢牢控制城市運動。[4]

　　共產黨人在 1963 年上半年沒有能夠充分利用南越內部的政治危機可能有兩種原因，其一是由於一直以來，受到客觀條件的限制，南方鬥爭的重點不得不放在農村地區，而在西貢、順化等大、中型城市，鬥爭形勢始終處於低潮狀態，極為艱難的處境削弱了共產黨人在城市地區發動政治鬥爭的能力，其二則是因為在越南勞動黨高層中對於是否需要立刻

1　Office of Joint History Office of the C hairman of the Joint Chiefs of Staff, *History of the Joint Chiefs of Staff: the Joint Chiefs of Staff and the War in Vietnam, 1960-1968, Part 1*, pp.314-315.

2　U.S. Department of State, *Foreign Relations of United State (FRUS)*, 1961-1963, Vol.3, U.S. Government Printing Office, 1991, pp.362-363.

3　"Chi thị của Thường vụ Trung ương Cục Miền Nam về phá âm mưu mới của địch lợi dụng tôn giáo chống cách mạng miền Nam" (1-6-1963), *Văn Kiện Trung ương Cục Miền Nam giai đoạn 1946-1975* (tập9), tr.339-342.

4　Nguyễn Thời Bưng, *Biên Niên Sử Kiện Lịch Sử Nam Bộ kháng chiến, 1954-1975*, tr.680-681.

在南方發動全面軍事進攻的看法依然存在分歧和爭執。[1] 河內領導人最為擔心的兩個問題無非就是武力統一南方是否會引發美國的全面介入以及能否得到社會主義陣營的全力支持和援助。而一旦這兩個顧慮被徹底拋棄，那麼北越醞釀已久的戰爭方案將很快變得清晰起來。

二、南越、老撾鬥爭局面的結合

自有關老撾的新日內瓦協議達成以來，蘇聯政府所期望看到的是和平共處政策在老撾的巨大勝利能夠對印支半島的其他國家特別是南越的衝突產生示範作用。[2] 因此儘管中立化等政治解決問題的手段從 1963 下半年以後已經逐漸為印支共產黨人所拋棄，但赫魯曉夫政府仍始終堅持將和平共處作為蘇聯處理印支問題的一個總方針。在 1963 年初，針對法國、波蘭等提出的「暫時停戰六個月」「雙方撤退軍隊」和「實現南北越中立化」的三點方案，蘇聯政府就曾做出積極響應的姿態，頻繁與越方進行接觸，提醒越南黨「美國在南越遇到了很多困難」「爭取南方革命的勝利」，並且勸告河內「目前條件已具備，應抓緊時機和平解決」，「如果美軍能夠撤退，這是件好事」。「整個越南的中立，並不保證在南方吳庭艷政權的存在」，「也不影響到北方的政體」。意在動員越方同意「南北越中立化」方案，並建議越蘇兩黨就此舉行磋商。[3] 對於蘇聯黨的建議，越勞於 3 月 15 日給出答覆，在其中委婉地表示，越方並不反對通過對己有利的協商來解決當前各項衝突問題，但同時也認為需要對美方的意圖進行慎重的考慮，懷疑是否具備了通過日內瓦會議式的國際協商來解決

1　"Điện của Thường vụ Trung ương Cục Miền Nam về tóm tắt ý kiến của Ban Thống nhất Trung ương về cuộc đảo chính ở Sài Gòn và chủ trương của ta" (4-11-1963), *Văn Kiện Trung ương Cục Miền Nam giai đoạn 1946-1975* (tập9), tr.767-768.

2　老撾國王訪蘇情況（1963 年 3 月 1 日），外檔，109-03352-03，第 3-4 頁。

3　駐越南使館關於現修在南越問題上的陰謀活動情況報告（1963 年 10 月 10 日），外檔，109-03351-03，第 49 頁。

問題的條件，並且越勞中央提出，有關國際協商的問題，還需要同中國等兄弟黨同志進行詳盡的討論。[1]

到 1962 年四月初，隨着老撾新危機的不斷加深，越勞已經意識到，通過外交手段與西貢及華盛頓打交道的可能性已經幾乎不復存在。[2]特別是在美國國務院證實肯尼迪政府公開向老撾政府運輸武器裝備之後，對於越勞來說，華盛頓在解決南越問題上的信用同樣已經喪失殆盡。[3]而此時，中共已經迅速在老撾問題上做出了明確表態：必須抓住美國及諾薩萬集團謀殺進步分子的事件，展開攻勢，才能打擊反動派的氣焰。[4]同時，中方急招駐老撾經濟文化代表團鄧崑山回國彙報寮方對軍事形勢的看法和在軍事方面的具體安排，以了解中方需要承擔的具體援助工作。[5]但對於老撾局勢發生的變故，赫魯曉夫政府仍態度隱諱，對老撾的真實情況採取封鎖消息的辦法。在一個多月期間，蘇共中央報紙不僅未發表一篇有關老撾局勢的評論，而且對寮方的重大行動也少有關注。同時對富馬和貢勒等中立派的右擺不予理睬，仍堅持一切通過富馬，排擠寮方，並贊同中立派對「老撾和平、和睦和嚴守中立的努力」，呼籲三方立即在富馬建議的地點會晤。[6]

蘇聯在南越及老撾問題上的態度進一步拉開了河內同莫斯科的距離。1963 年 5 月上旬，在劉少奇對越南進行訪問的過程中，黎筍告訴中共領導人，越方已經看出，赫魯曉夫是一個極端危險分子，他可能會幹出冒險的事情來。劉同時也告訴越南黨領導人，中國支持越南南方的鬥

1　越南勞動黨中央就越抗美鬥爭策略問題致蘇聯共產黨中央的覆信（越文）（1963 年 3 月 15 日），外檔，106-01409-09，第 5 頁。

2　Pierre Asselin, *Hanoi's Road to the Vietnam War, 1954-1965*, p142.

3　越南政府關於美國非法向老撾運送武器和裝備的聲明（1963 年 5 月 21 日），АВПРФ，ф.079，оп.18，п.18，д.2，л.12-13.

4　關於貴寧被刺問題（1963 年 4 月 5 日），外檔，106-01417-07，第 7-8 頁。

5　鄧崑山同志回國彙報事（1963 年 4 月 29 日），外檔，106-01107-03，第 22-23 頁。

6　蘇聯對老撾局勢的反應（1963 年 4 月 27 日），外檔，106-00749-02，第 38 頁。

爭，不怕鬧出亂子，不怕引起世界大戰，不怕原子彈落下來。[1]同時在這一時期，中、越、寮三黨的合作與互動也顯得愈發密切，頻繁就老撾局勢進行溝通和磋商，其間中國黨的意見和表態儼然成為影響越、寮兩黨決策的重要依據。[2]此時，越南勞動黨對於立即支持巴特寮武裝實施反擊或由越軍助戰存在顧慮，擔心授人以柄被指責為破壞《日內瓦協議》或被蘇聯方面指責為單方面行動，因而一再強調需要蘇、中、越、波、老五黨一致協議，越軍才能行動。[3]但實際上，越、寮方在五黨會議上的意圖是要向蘇聯闡明老撾局勢的惡化，責任在美國和富米集團以及富馬、貢勒的右擺，而不是由於寮方方針有什麼錯誤；而對於寮方今後的鬥爭方針，不管蘇方是否同意，越、寮方都要堅持下去。根據黃文歡透露的情況，寮方在這次會議上的發言主要是說給蘇聯聽的。至於中國和越、寮之間關於老撾的鬥爭，相互之間已經達成了完全一致的意見。[4]由此可以看出，此時在印度支那共產主義革命問題上，蘇聯已經被完全邊緣化了。

1963 年 6 月 4 日，應中共邀請，黎筍、長征、阮志清等人抵達武漢商討國際共運總路線問題。在同毛澤東進行的會談中，越南黨領導人被鼓勵不要懼怕在南越問題上給蘇聯找麻煩，毛還以總攬全局的姿態告訴黎筍等人，目前老撾革命的重任已經「落在蘇發努馮、凱山、你們和我們身上了。」[5]在此次會議後不久，中國黨已進一步確認蘇聯對於老撾的根本政策，是要使老撾局勢固定化，企圖通過美蘇合作解決老撾問題，創造一個所謂「和平共處」的範例，並且把老撾問題當作美蘇交易的一個籌碼。[6]同時，為更好地幫助寮方的基本建設和當前鬥爭，根據周恩來的指

1　劉主席同黎筍同志談話紀要（1963 年 5 月 14 日），外檔，203-00571-01，第 15 頁。
2　馮維希對我對老局勢看法的反應（1963 年 4 月 14 日），外檔，106-01417-03，第 23-25 頁。
3　黃文歡談老撾情況（1963 年 5 月 5 日），外檔，106-01417-06，第 96 頁。
4　中方參加五黨會議（蘇聯、中國、越南、波蘭、老撾）的方案和發言稿（1963 年 6 月 28 日），外檔，106-01426-01，第 91 頁。
5　毛主席接見越南勞動黨代表團談話記錄（1963 年 6 月 4 日）。
6　老撾形勢和我們的方針任務（1963 年 7 月 5 日），外檔，106-01421-03，第 41 頁。

示，中方還決定加強駐老代表團，增派軍事和政治文化幹部。[1] 同樣在這年七月份，時任越南人民軍總參謀長的文進勇（Van Tien Dung）率軍事代表團訪問中國，在此期間，羅瑞卿同文進勇就美國擴大戰爭後，中越兩軍如何協同作戰交換了意見，並根據兩黨中央的指示，簽署了兩軍協同作戰的有關文件及中國向越南提供軍事援助的協議。[2]

此時，在南越的政治和宗教危機仍沒有緩和的跡象。到七月下旬，吳庭艷政府對佛教徒的鎮壓和迫害並未停止，這導致在八月份以後出現了更多的殉道者，同時從順化到西貢，越來越多的民眾特別是知識分子加入到反對吳庭艷的隊伍中。美國情報部門的分析認為，對吳政權的不滿正在南越境內蔓延，同時來自美國方面的警告和壓力也使得吳庭艷政府對華盛頓的厭惡與日俱增。不過儘管在政治上美國對吳庭艷集團正流露出越來越多的不滿和排斥的心態，但肯尼迪政府依然對南方清剿越共的戰爭深感滿意。根據國防部反叛亂專家克魯拉克少校（Victor H. Krulak）的報告，「佛教徒事件」雖然使南越的政局陷入了可怕的困境，但並沒有對廣大鄉村地區的軍事行動產生影響，「戰略村計劃」仍發揮着核心作用。來自南越軍方及美軍援越司令部的數據顯示，越共平均每月因傷亡和叛逃造成的減員人數達到近 2000 人，其非常規部隊的數量已從十萬下降至八萬。[3]

來自越南方面的材料同樣表明共產黨人在 1963 年正在努力扭轉南越的戰局。在七月份有關對抗「戰略村計劃」的指示中，南方局中央承認，從年初至今儘管在某種程度上牽制打擊了敵人，但最近以來對於戰略村的破壞不夠均衡，不夠有力，在一些地區由於得不到地方羣眾的支

1　關於加強我駐老代表團問題向寮方徵求意見的請示（1963 年 7 月 20 日），外檔，106-01420-02，第 1-4 頁。

2　李丹慧編：《中國與印度支那戰爭》，第 82 頁。

3　Office of Joint History Office of the Chairman of the Joint Chiefs of Staff, *History of the Joint Chiefs of Staff: the Joint Chiefs of Staff and the War in Vietnam, 1960-1968, Part 1*, pp.315-316.

持，黨組織始終得不到恢復，從總體來看，南方抵抗力量只能處於對峙守勢，無法阻止或限制敵人的進攻，儘管敵人的力量和以前相比已經有所削弱。[1]根據越南南方民族解放陣線傳來的信息，此時南方鬥爭處在十分艱苦的環境中，在山區的部隊不得不用樹葉熬水以代替食鹽，儘管北方傾其所能購買並提供藥品，但阿司匹林及盤尼西林等仍嚴重缺乏，目前南方武裝力量的減員已經超過了抗法戰爭時期的損失。[2]

在河內苦苦支撐南方戰局的同時，蘇聯共產黨仍沒有放棄拉攏勞動黨的企圖。九月初，根據蘇共的建議，越勞派出文進勇及阮文詠赴莫斯科談判。在談判中，蘇方希望越南黨能夠在國際共產主義運動的分歧中保持所謂「中立」地位並勸說越方認識到目前美帝正在注意了解蘇越關係，如果蘇越不團結，美帝將要利用機會加強對南越的進攻。同時，為向越南顯示支持其民族解放運動的立場，蘇方還主動提出將向越南提供四萬餘支舊式武器和數十萬發子彈，並表示願意代為教養南越幹部的子弟。[3]

而此時在老撾，9月9日凌晨，萬象的政局再次出現變數，諾薩萬的部隊包圍了在萬象的巴特寮代表團的住宅，並且向保衛住宅的老撾黨警衛部隊開火。當日，薩納尼空代表沙灣拿吉集團通過國際委員會轉向寮方一封信，要求寮方把其在萬象的大臣和其他所有人員全部撤離萬象，先撤部隊後撤大臣。由此觀之，此舉實則為貴寧遇刺的延續，意在逼迫老撾愛國陣線退出中立聯合政府。突襲事件發生後，駐萬象的寮方代表富米‧馮維希深感局勢危急，急於撤退，並主動聯繫蘇、越方面請求提供空運支持。但中國方面認為，寮方人員如果全部從萬象撤走，而且又

1　"Nghị quyết của Trung ương Cục miền Nam về công tác chống, phá khu, ấp chiến lược gom dân"(7-1963), *Văn kiện Đảng toàn tập* (tập24), Hà Nội : Nhà xuất bản Chính trị quốc gia, 2003, tr.913-914.

2　越記者介紹蘇代表團訪越等情況（1963年1月23日），外檔，109-03351-03，第76頁。

3　駐越南使館關於現修在南越問題上的陰謀活動情況報告（1963年10月10日），外檔，109-03351-03，第49、51頁。

用越南飛機接到河內，這樣會使原來有利的鬥爭形勢變得不利。因此至多只能有馮維希一個人離開萬象較為合適。[1] 在這個問題上，越勞再次顯示出同中國黨的緊密配合。9 月 10 日，黃文歡、春水（Xuan Thuy）等人在同中方人員的談話中表示，關於老撾局勢的看法和做法，越、中兩黨將時刻保持一致。越方認為，寮方從長久計議，應保全自己的軍事和政治力量，繼續堅持原先軍事鬥爭與政治鬥爭同時並進、長期鬥爭的方針。[2] 根據中、越兩黨的意見，目前如果寮方馬上就從萬象撤出，將在政治上產生不利，意味着丟掉在萬象的一切工作基礎、放棄合法鬥爭，以後很難回萬象，同時會使萬象中的中立力量遭到逮捕。因此，桑怒的寮方中央最終決定，除馮維希撤回外，其他所有人員仍然留下，依靠社會主義國家的支持堅持鬥爭。[3]

　　同中、越在巴特寮問題上的合作相比，蘇共的態度依然是漠然視之，堅持老撾應當實現「奧地利式的中立」，並且必須要以富馬、貢勒的力量為主，要求寮方一再做出讓步。9 月 15 日，老撾國際委員會波蘭代表向寮方轉達了蘇聯對九・九事件的態度：一是指責寮方反對美帝的態度太硬，多次在信件和廣播中提到反美，但並未能阻止美國干涉，反而使美帝更加干涉老撾，破壞日內瓦協議。二是諾薩萬製造的萬象事件，不是美帝整個陰謀的一部分，同美大使也無聯繫，可能只是諾薩萬的計劃，牽連到部分美國人，而寮方把美帝和富米並提，致使未能分化敵人。而跟據越方情報，九月九日的事件是薩納尼空等人發動的，得到了美國中央情報局和富馬的同意，也得到諾薩萬的部分支持，美方情報局人員是不受美使館指揮的，所以存在分歧。但波蘭代表始終認為美方不

---

1 周恩來總理同越南大使談馮維希撤離萬象事（1963 年 9 月 11 日），外檔，106-01418-03，第 28 頁。
2 黃文歡、春水談對老撾局勢的看法和作法（1963 年 9 月 10 日），外檔，106-01084-01，第 40-41 頁。
3 武文清來告情況（1963 年 9 月 9 日），外檔，106-01084-01，第 38 頁。

會支持諾薩萬並堅持美駐老撾使館方面不能直接負責。[1]

　　事實證明，蘇聯黨的上述態度和立場加速推動了越、老兩黨進一步向中共靠攏的趨勢。就在 1963 年 9 月下旬，中國、越南、老撾、印尼四國共產黨領導人聚集廣東從化溫泉舉行會談。與會者包括周恩來、胡志明、黎筍、阮文靈、阮志清、凱山、艾地等人。會議就東南亞的現狀和即將出現的局勢進行了全面的估計。周恩來指出，美國很想在越南和老撾直接參戰，但它在世界各地出兵太多，猶如十個手指頭捉十個跳蚤，動都動不得。因此，只要美國發動戰爭，等待它的只能是失敗。東南亞各國只要樹立必勝的信心，一定可以打敗美帝國主義。他說，東南亞革命的基本任務是反帝、反封建、反買辦資本主義，要實現這一任務，首先要爭取羣眾，擴大統一戰線；其次要深入農村，準備武裝鬥爭，建立根據地；再是要加強黨的力量和對各方面的領導。東南亞各國共產黨要加強聯繫，互相支持。中國作為東南亞革命運動的大後方，責無旁貸，義不容辭，將會以最大努力來支持東南亞各國的反帝鬥爭。[2]

　　從化溫泉會談後的一個顯著趨勢就是中國對印度支那共產主義革命領導者地位的確立。儘管沒有任何一方明確指出這一點，但越、寮兩黨顯然已在事實上接受了中共對東南亞革命形勢的判斷以及毛式革命鬥爭路線。不過中國黨方面也十分清楚，越勞始終不願與現代修正主義者劃清界限和堅決地站在直接反修的行列中，越方的對外政策，基本上還未超出不袒護任何一方的作法，一方面他們知道赫魯曉夫慣用的打壓手法，提防着可能遇到的更大困難，另外一方面也始終不放棄從蘇聯、東歐各國繼續爭取「援助」。[3]越勞中央在 8 月份向全黨傳達的關於國際共運中一些問題的指示中也指出，黨對於當前國際共運問題的態度仍是要努

1　越參贊告我情況（1963 年 9 月 21 日），外檔，106-01084-01，第 55-57 頁。

2　童小鵬：《風雨四十年》（第二部），北京：中央文獻出版社，1996 年第 1 版，第 219 頁。

3　中蘇對越貿易政策的對照（1963 年 8 月 26 日），外檔，109-03337-03，第 58 頁。

力克服分歧，幫助各兄弟黨和共產黨加強團結，因此有責任使黨內外幹部羣眾領會到我黨目前的立場，注意糾正和預防不利於國際團結的錯誤態度和論調。[1]

中國黨方面相信，哪個是朋友，哪個是叛徒，越南同志已逐漸識破了。只是出於經濟方面的需要，在受欺受壓的情況下，越方仍在忍氣吞聲求助於現代修正主義者。致使「在越南的各個方面都出現馬列主義與修正主義鬥爭的錯綜複雜局面」。因而中共認為必須下定決心防止現代修正主義將越勞從馬列主義左派的隊伍中拉出去，「用毛澤東思想的紅線」，將對越南的每一個幫助和解決每一個具體的困難問題都視作「對越南同志的政治鼓勵，是給他們為支援南方革命鬥爭和反對現代修正主義增加一顆炮彈。」[2]為此，根據中方領導層的指示，對越南的援助和支持必須體現大公無私的國際主義精神，無論是軍用品還是民用品，在越方提出要求的情況下，都將在能力的範圍內甚至是壓縮國內需求的情況下優先安排解決。為幫助越方獲得緊缺的裝備部件，中方甚至還必須動用有限的外匯儲備在西歐及日本市場進行洽購，此外，中國還為積極為北越在香港、日本等地開闢市場，通過出售農副、輕工產品賺取外匯，用於購買南越作戰所必需的物資。[3]

關於對老撾革命者的支持和幫助，在從化中、越、寮三黨會談期間，凱山就已經表示，寮方已不再指望能夠從蘇聯獲得更多援助了。蘇方對於巴特寮提出的援助要求，即便是吃穿用品也始終不予答覆，蘇聯這種態度也是導致美國和諾薩萬方面對寮方愈加囂張和強硬的原因。因

---

1 "Thông tri của Ban Bí thư về một số vấn đề về quan hệ quốc tế trong tình hình trước mắt hiện nay" (27-8-1963), *Văn kiện Đảng toàn tập* (tập24), tr.610-611.

2 中蘇對越貿易政策的對照（1963年8月26日），外檔，109-03337-03，第58頁。

3 中蘇對越貿易政策的對照（1963年8月26日），外檔，109-03337-03，第47-50頁；李班副部長談支援南越的幾個困難問題（1963年5月7日），外檔，106-01078-02，第61-62頁；關於越南要求我1964年增加棉花和棉紗供應的請示報告（1963年9月18日），外檔，106-01078-04，第72-73頁。

此寮方必須寄希望於中、越兩黨。而之前寮方提出的援助要求，大部分是軍援，對經濟、基本建設包括公路基建和文化教育方面的需要沒有給予充分注意。從目前的對峙局面來看，為改變老撾三方力量對比，使之更加有利於向革命的方向發展，加強解放區和根據地建設，培養羣眾的潛力顯得更為重要。因此除了軍援以外，寮方還需要來自經濟、文化方面的援助，以便改善人民的生活，鞏固根據地。[1]

　　很快，在從化會議後不久，巴特寮方面正式提出要求希望中方能夠派遣一工作組到桑怒，主要負責掌握根據地的建設工作，其中包括政治、軍事、經濟、生產、民族工作、社會調查等方面。工作組可以隨同寮方負責人員或直接下到上、中、下寮的任何地方去了解情況，做社會調查工作。[2]在徵詢越勞中央同意之後，十月下旬，中方決定選調一名具備根據地武裝鬥爭經驗的少將級別幹部擔任組長，同時抽調若干軍事和軍隊政治、後勤工作幹部，地方財經、民族工作幹部共同組成赴桑怒工作組。考慮到老撾鬥爭的長期性和複雜性，中方還決定，今後老撾公開的外交和政治鬥爭由外交部負責處理，萬象大使館、豐沙里總領館和川壙代表團由外交部直接領導。除由駐桑怒工作組負責組織調研工作、傳達中、老兩黨中央意見外，還需由總參謀部、外交部、中聯部共同組成一個專門小組負責處理幫助寮方進行革命建設的相關祕密任務，包括寮方建黨、建軍、根據地建設和祕密物資援助等等方面的工作，該小組將協助中央綜合、研究各方有關情況並向中央提出建議。另外，中央還建議成立一個由總參謀部領導的辦公室協助小組統籌處理日常工作。[3]

　　駐桑怒工作組的出現，意味着中國黨可以對老撾人民黨施加更為直

1　凱山同志介紹老撾情況第四次談話記錄（1963 年 9 月 24 日），外檔，106-01425-01，第 81頁。
2　凱山談我加強康開代表團成員事宜（1963 年 10 月 8 日），外檔，106-01420-03，第 13-14 頁。
3　關於籌我駐老撾桑努機構的請示報告（1963 年 10 月 21 日），外檔，106-00751-03，第20-21 頁。

接的影響。中共十分清楚，老撾的情況複雜，越南勞動黨又處於支援老撾革命的第一線並在老撾派有顧問團，因而指示駐桑怒工作組，必須採謹慎態度，從搞好同老撾人民黨、越南勞動黨的關係出發，尊重對方，絕不容許有指手畫腳的現象。[1] 但從客觀形勢上來說，由於中國黨已經承擔了引領、支持越、老共產革命的關鍵性任務，因此老黨向中共的學習和靠攏幾乎是不可避免的。在 10 月 18 日慶祝老撾獨立日之際，蘇發努馮等老方領導人一再強調中國革命的經驗和援助，對老撾的革命鬥爭及其他被壓迫民族的革命鬥爭有普遍的意義。特別是武裝鬥爭和政治鬥爭相結合的經驗，對老撾和似老撾那樣的亞非拉受壓迫國家是非常適宜的。「目前亞洲、非洲、拉丁美洲的人民都要求革命，都要求學習中國革命的經驗，目前不學習中國的經驗，學習誰的經驗呢？」[2] 儘管越南勞動黨承認，同南越的局勢一樣，當前來自中國的指導對於老撾革命也是必不可少的，但隨着中方對老工作的加強，這一趨勢必將會對業已存在的越、老特殊關係產生衝擊。

　　但不管怎樣，到 1963 年底，越、老兩黨選擇與中國黨同處一條戰線已經是不爭的事實。不過需要強調的是，產生這一結果的根本原因並非是由於越、老兩黨承認中共在國際共運的路線鬥爭中更勝一籌，而是因為中共的領袖對於印度支那形勢的判斷和決策顯然更加符合越勞、巴特寮對自身革命前景的認識。特別是在南越和老撾問題上，中共在堅決支持北越擴大在南方作戰的同時，主張維持老撾當前僵持的局面，即要利用「拖」的辦法，在政治、軍事鬥爭上積極爭取主動，壯大自己的力量，以促使局勢向着更加有利於寮方的方向發展。[3] 儘管這一方針中也包含了中

1　老撾問題專門小組第二次會議紀要（1963 年 11 月 27 日），外檔，106-01420-01，第 30 頁。
2　蘇發等所談情況（1963 年 10 月 11 日），外檔，106-01084-01，第 67-68 頁。
3　對老撾當前政治軍事鬥爭的幾點建議（1963 年 12 月 7 日），外檔，106-01417-02，第 118-119 頁。

國政府對自身安全利益的考慮，但它實際上更有利於越南勞動黨在老撾及南越的戰略計劃。而這也正是蘇聯長期以來批評越勞在老撾問題上總是從南越利益出發的一個重要根源。[1]

就在中、越、老各共產主義力量出現前所未有的緊密團結景象的同時，吳庭艷政府同美國之間矛盾在 1963 年下半年持續發酵。8 月 21 日，在罔顧美方勸誡的情況下，根據吳庭艷的授意，其弟吳庭儒（Ngo Dinh Nhu）的祕密警察部隊突襲了西貢的寺院，逮捕了近 1400 名僧人。在實施高壓政策的同時，被稱作「儒夫人」的第一夫人陳麗春（Tran Le Xuan）繼續大放厥詞，肆無忌憚地對佛教徒甚至是美國駐南越使館進行攻擊。這些情況的出現正在不斷消磨美國人對吳政府的耐心。美駐南越使館在發往國務院的電文中稱：儒夫人已經完全失去控制了 —— 無論是她的父母還是吳氏兄弟。[2] 同樣對吳庭艷失望至極的還有南越軍人集團。由於吳庭艷傾向於將政治危機的責任推卸給軍方，致使南越國民軍內部的反吳力量從八月底開始密謀策劃推翻吳庭艷的政府。

10 月初，以南越陸軍司令楊文明（Duong Van Minh）為首的將軍們再次就推翻吳庭艷事宜試探美方的態度，並稱，如果再不採取行動，迅速惡化的形勢將無法阻止越共接管政權，因為吳的政府已經徹底失去了人民的支持。楊還表示，軍人集團的行動不需要美方給予幫助，只希望美方不要加以干涉。[3] 楊文明關於南越政府的更迭與反共戰爭之間聯繫的陳述顯然對肯尼迪政府產生了觸動。四天之後，來自中央情報局的指示稱，美國政府不希望出現政變，但如果政變能夠加強南越軍事行動的效果，

1　蘇聯駐越南大使就 1960 年莫斯科會議後越動向的報告（1961 年 10 月 17 日），АВПРФ，ф.079，оп.16，п.31，д.3，л.35-57.

2　U.S. Department of State, *Foreign Relations of United State (FRUS)*, 1961-1963, Vol.3, U.S. Government Printing Office, 1991, p561.

3　U.S. Department of State, *Foreign Relations of United State (FRUS)*, 1961-1963, Vol.4, U.S. Government Printing Office, 1991, p365.

能夠幫助南越贏得戰爭，並強化美越合作關係，那麼美方也不會阻撓政變或暫緩在經濟軍事上對新政府的支持。[1] 美方透露的這一信息無疑已經預示吳氏政權的命運。

　　毫無疑問，肯尼迪政府最終決定拋棄吳庭艷的根本原因還是為了避免南越的政治危機威脅到反共軍事行動的前景，特別是在軍方將領已經普遍表達了清除吳氏集團的強烈意願的情況下，華盛頓不得不考慮如果干涉的話可能會導致南越軍方對美產生排斥和不信任感。而在剿共軍事行動進展順利的情況下，目前將是發動一場成功政變的最佳時機。[2] 美國政府的這一判斷顯然是對的，在 11 月 1 日政變軍人處死吳庭艷、吳庭儒兄弟之後，儘管西貢一時間處在混亂、矛盾的狀況之中，但南方戰場特別是大西貢區附近的共產黨武裝並沒有呈現出「奮起」的狀態。越南官方的解釋是，這主要是因為南方戰場主力部隊尚未準備完畢，其組織水平、裝備和作戰能力尚不足以應對新形勢的出現。[3] 但仍有跡象表明，南方共產黨人對於西貢發生的政變並未做好充分的心理準備，有關採取軍事行動的選項依然排在政治鬥爭的後面。[4]

　　11 月 22 日，也就在肯尼迪遇刺的同一天，越勞三屆九中全會召開。由於此次會議的祕密性質，因而相關的討論內容至今仍未悉數公佈，不過已有材料顯示，勞動黨內主張溫和路線的觀點在此次會上受到了嚴厲排斥和打擊。以至於胡志明在會議期間曾至蘇聯使館表示準備完全退出政治，因為在中央全會的討論中他的權威一再受到打壓。[5] 三屆九中全會

1　U.S. Department of State, *Foreign Relations of United State (FRUS)*, 1961-1963, Vol.4, U.S. Government Printing Office, 1991, p393.

2　U.S. Department of State, *Foreign Relations of United State (FRUS)*, 1961-1963, Vol.4, U.S. Government Printing Office, 1991, pp.463-464.

3　越南國防部軍史研究院編：《越南人民軍歷史》（第二集），第 111 頁。

4　"Điện của Thường vụ Trung ương Cục Miền Nam về nhận định, tóm tắt sơ bộ tình hình và chủ trương sau khi đảo chính xảy ra" (4-11-1963), *Văn Kiện Trung ương Cục Miền Nam giai đoạn 1946-1975* (tập9), tr.771-772

5　Pierre Asselin, *Hanoi's Road to the Vietnam War, 1954-1965*, p163.

通過的決議包括兩部分，分別是「黨的國際任務和世界形勢」以及「全力以赴進行鬥爭，在南方進一步取得若干勝利」。在前一份決議中，越勞首次以中央全會的名義將現代修正主義定義為與帝國主義同等危險的敵人，並指出美帝正在利用社會主義陣營內部的修正主義力量分化瓦解甚至在意識形態上俘虜一些社會主義政權。勞動黨的通篇決議只將南斯拉夫稱之為修正主義的典範，但其中有關現代修正主義者「阻止革命運動」和民族解放運動的描述，顯然是在暗指蘇聯黨和政府。[1] 在有關南方戰場的另一份決議中，勞動黨中央認為在解放南方的革命戰爭中，應當繼續採取政治鬥爭和軍事鬥爭相結合的方針。但武裝鬥爭起着根本性和決定性的作用。特別是在當前美帝有可能將「特種戰爭」升級為「局部戰爭」的情況下，關鍵性問題是全黨、全民要加倍努力，迅速加強軍事力量，使南方敵我力量對比發生根本性轉變。因此，在武裝力量建設方面，在發展游擊隊和地方部隊的基礎上，必須把重點放在主力部隊建設上。此外，需要認識到，解放南方是一項全國性的任務，因而需要在北方進行總動員，在各方面加大對南方的支援。[2]

三屆九中全會的結論標誌着勞動黨對形勢及任務的看法進入到一個全新的階段。儘管仍在避免對蘇共進行指名道姓的攻擊，但有關對現代修正主義的批判表明越勞並不打算遮掩在意識形態方面同中國黨親近的趨勢。同時，提高保衛北方的戰鬥力，發展南方的主力部隊和加強集中作戰的指示則意味着，北越決心要將搶在美軍地面部隊大規模介入之前擴大在南方的作戰規模，取得對南越政府在軍事態勢上的優勢。在三屆九中全會之後，胡志明及武元甲等傾向於政治解決方案的中央領導人被

1　"Nghị quyết của Hội nghị lần thứ chín Ban Chấp hành Trung ương Đảng Lao Động Việt Nam", (12-1963), *Văn kiện Đảng toàn tập* (tập24), tr.711-712.

2　"Nghị quyết của Hội nghị lần thứ chín Ban Chấp hành Trung ương Đảng về ra sức phấn đấu, tiến lên giành những thắng lợi mới ở miền Nam" (12-1963), *Văn kiện Đảng toàn tập* (tập24), tr.907-908.

徹底架空，另有一部分持較為溫和態度的越勞中央幹部則遭到清洗，[1] 而包括黎筍、黎德壽、阮志清及范雄等人在內的領導層的鞏固則使得擴軍備戰的氣氛在勞動黨內外迅速蔓延。

很快在此次會議結束之後不久，越勞中央軍委及國防部做出決定，對總部及各軍區主力部隊實施戰時編制，到 1964 年末使北方常備軍數量擴充至三十萬。同時，從 1964 年起，開始向南方戰場派遣編制滿員和裝備齊全的部隊。其中甚至包括 308、314 等在抗法戰爭時期組建的機動主力師。同時，人民軍後勤、技術部門也開始按照戰時要求調整生產和服務方向，着重為開赴戰場的部隊提供物資技術保障。[2] 從 1964 年 3 月份開始，越南北方各地亦進入戰時狀態，各機關、工廠、學校、醫院及各條街道紛紛構築人防工事，組建民兵防空自衛隊並組織進行戰鬥警報演習。[3] 這些跡象表明，從 1964 年開始，北越已經不再將武力統一南方的希望寄託在規模和強度有限的游擊戰上，而是在積極準備可能出現的規模空前的正規作戰。在老撾方向，勞動黨及軍方高層同樣意圖採取策應行動，在鞏固巴特寮根據地的同時確保老撾南下通道的安全。在 1963 年 10 月 21 日人民軍總參謀部會議上，越南志願部隊再次被要求做好準備進入中寮地區作戰。[4] 到 12 月，政治局與中央軍委已經做出決定，一方面要進一步加強向巴特寮派遣軍事顧問和專家，另一方面先行派出 929、927 兩營人民軍改換巴特寮武裝力量裝束，祕密進入中寮，協助抵抗諾薩萬軍

1　Pierre Asselin, *Hanoi's Road to the Vietnam War, 1954-1965*, pp.170-172.

2　越南國防部軍史研究院編：《越南人民軍歷史》（第二集），第 114-115 頁。

3　"Chỉ thị của Ban Bí thư về công tác phòng không nhân dân" (3-3-1964), *Văn kiện Đảng toàn tập* (tập25), Hà Nội : Nhà xuất bản Chính trị quốc gia, 2003, tr.70-72.

4　"Hội nghị các đồng chí thủ trưởng Bộ Tổng Tham mưu Quân đội nhân dân Việt Nam bàn về tình hình Lào" (21-10-1963), *Lịch sử quan hệ đặc biệt Việt Nam-Lào, Lào-Việt Nam, 1930-2007 : Biên niên sự kiện* (vol I), tr.597-598.

隊對川壙解放區的進攻。[1]

　　從 1963 年底以後印度支那的形勢來看，北越強化武力對抗的意圖已經非常明顯。促成這一趨勢的外因顯然離不開中國方面的影響和指導，其內因則源於勞動黨對統一南方形勢的判斷。特別是在中、越、老緊密合作的局面下，即便美國政府在印支問題上表現出更為強硬的態度，北越也已經具備了將戰爭推進下去的底氣和信心。

三、中、越、老的密切合作與印度支那「有限戰爭」的升級趨勢

　　在 1963 年 12 月肯尼迪遇刺之後臨危受命的約翰遜（Lyndon Johnson）試圖努力保持美國外交政策的延續性。因而他選擇保留了肯尼迪班子中制訂外交政策的顧問們。在 11 月 26 日簽署的國家安全行動第 273 號備忘錄中，這位新總統表示將按照肯尼迪時期確定的方針，繼續履行「從南越到西柏林的義務」。[2] 從這個角度來說，白宮的新主人及其幕僚們將繼續從「多米諾骨牌」的視角觀察和處理東南亞及印支事務。但約翰遜的執政風格以及對危機的處置方式儼然與他的前任有着很大區別。一個突出的表現是，在面對令人困擾不堪的印支局勢時，約翰遜總統不願看到美國政府的行動受到過分謹慎和軟弱的羈絆。

　　能夠反映新政府強硬傾向是想從根本上解決北越對南方的滲透入侵，也即將打擊的目標移至北越境內。1963 年 12 月由參聯會、國防部及中情局等部門聯合擬定了針對北越的祕密突襲方案「34-A 行動計劃」

1　"Thường trực Quân ủy Trung ương thảo luận và thông qua chủ trương tăng cường chuyên gia quân sự cho Lào" (12-1963), *Lịch sử quan hệ đặc biệt Việt Nam-Lào, Lào-Việt Nam, 1930-2007 : Biên niên sự kiện* (vol I), tr.603-604; "Bộ Tổng Tham mưu Quân đội nhân dân Việt Nam chỉ đạo Quân khu 4 chống địch lấn chiếm ở Trung Lào" (12-1963), *Lịch sử quan hệ đặc biệt Việt Nam-Lào, Lào-Việt Nam, 1930-2007 : Biên niên sự kiện* (vol I), tr.604-605.

2　U.S. Department of State, *Foreign Relations of United State (FRUS)*, 1961-1963, Vol.4, U.S. Government Printing Office, 1991, pp.637-640.

（OPLAN34-A），並迅速得到了約翰遜的批准。「34-A 行動計劃」主要包括情報收集、心理戰、針對十八個軍事和工業目標的破壞行動三個部分。正因為該計劃的行動目標已經延伸至北越境內，因此美方格外強調其保密性質，並要求由南越政府在名義上對這些行動負責。[1]

約翰遜對於將戰火燃燒至越南北方的考慮源於多方面的因素。一則是由於在新政府的顧問中，羅斯托等人的觀點在很大程度上左右了新總統的立場。在羅斯托看來，戰爭升級的目標就是要讓北越停止通過老撾對南越進行滲透，並從南越和老撾撤軍。而美國的轟炸威脅或行動之所以會產生效果，是因為越南民主共和國的領導人不希望其剛剛建立起的工業基礎遭到破壞，同時越南勞動黨也不願看到美國的進攻將逼迫其增加對中國的依賴性。此外，羅斯托還認為，出於對戰爭升級的擔憂，蘇聯和中國也會出面阻止北越持續升級的對抗行為。[2]

另一個促使約翰遜政府決定突破南越作戰範圍的原因是南越政局的持續變動加之北越滲透規模的升級正在使得原先對於越共的軍事優勢在不斷喪失。1 月 30 日，西貢再次發生政變，阮慶上校（Nguyen Khanh）取代楊文明成立新的軍人政府。在不到兩個月內，南越發生的兩起政變所引發的政治混亂直接影響到其軍事行動的進展。特別是對於大片遭到越共武裝力量破壞的戰略村，軍人政府無力也無心加以重建，到 1964 年初，越南南方民族解放陣線控制下的農村解放區面積已經恢復到了 1960 年時期的水平。[3] 與此同時，越勞強化南方作戰的力度也沒有絲毫減緩的跡象。3 月中旬，南方局中央召開會議研究當前的作戰任務，再次強調務必要在南方敵我力量對比上佔據優勢地位，特別是在一些戰略要地，應確

1　Office of Joint History Office of the C hairman of the Joint Chiefs of Staff, *History of the Joint Chiefs of Staff: the Joint Chiefs of Staff and the War in Vietnam, 1960-1968, Part II,* p.9.

2　U.S. Department of State, *Foreign Relations of United State (FRUS)*, 1964-1968, Vol.1, U.S. Government Printing Office, 1992, pp.75-77.

3　越南國防部軍史研究院編：《越南人民軍歷史》（第二集），第 110-111 頁。

保主力機動部隊能夠圍殲或粉碎敵人的成建制部隊。[1] 而隨着中央走廊部分路段已開通機動車運輸線，1964 年運入南方戰場的物資數量已激增至 1963 年的四倍，同時還有成營、團建制的近九千餘武裝人員沿交通線南下。[2] 加之越、老共產黨人在老撾境內的活動以及共產黨中國做出的威脅姿態，美國方面將這些情況視之為極其危險的信號，並認為南越及老撾正處在一個崩潰的邊緣。

出於對以上形勢的考慮，同時面對大選的迫近，約翰遜越來越確信將越南軍事態勢升級的必要。在 2 月 20 日的白宮會議上，總統正式提出針對北越應急情況的壓力應當逐步升級，其中應確保對河內產生最大限度的威懾力。[3] 3 月 17 日，以麥克納馬拉報告 12 項建議為藍本的國家安全行動第 288 號備忘錄得到約翰遜總統的批准。美國政府由此正式確認了將對北越施加「逐步的、公開的軍事壓力」。與此同時，由參聯會、國安會及援越司令部聯合擬定的代號為「37-64 行動計劃」（OPLAN37-64）旨在穩定南越形勢的軍事行動方案也於 3 月底浮出水面。在其中，對越共實施打擊的行動被分為三個層次，包括在老、柬邊境對越共活動的限制，對北越海岸設施實施的報復打擊，以及對北越境內 98 處已選目標實施戰略轟炸。[4] 因而該計劃本身即體現了軍事行動不斷升級的趨勢。

不過從實際情況來看，在接下來的幾個月中，約翰遜政府各職能部門有關對北越作戰方法進行的磋商仍沒有停止的跡象，並且除了為應對巴特寮的進攻，從五月起，來自南越基地及航空母艦上的美方飛機在老撾的狹長地帶及中北部查爾平原上空展開的代號為「揚基隊」（Yankee

---

1　"Nghị quyết Hội nghị lần thứ hai" (3-1964), *Văn kiện Đảng toàn tập* (tập25), tr.725-726.

2　越南國防部軍史研究院編：《越南人民軍歷史》（第二集），第 115 頁。

3　U.S. Department of State, *Foreign Relations of United State (FRUS)*, 1964-1968, Vol.1, U.S. Government Printing Office, 1992, pp.93-94.

4　James S. Olson, Randy Roberts, *Where the Domino Fell, America and Vietnam, 1945-1995*, Hoboken : Blackwell Publishing, 2008, p110.

Team）的偵察飛行任務之外，[1] 第 288 號備忘錄及「37-64 行動計劃」中其他各項方案均未變成現實。約翰遜政府對於迅速升級印支戰事的猶豫可能來自於多方面的考慮，包括對南越政局穩定性以及國際社會反應的擔憂，以及需要謹慎應對的總統大選。除此之外，美方推遲實施「37-64 行動計劃」的另一個意圖就是靜待共產主義集團內部出現的變動。根據一些白宮幕僚的看法，中、蘇之間的分歧正在給越南共產黨人的統一戰爭帶來兩難的困境，北越已經發現幾乎不可能在中蘇之間保持完全中立，從近期看中國的支持和援助對促使河內同北京越走越近，但從長遠來看，北越應當十分清楚依附於中共的風險，因此貿然擴大在印支的戰爭很有可能會引起中國的軍事干涉，甚至會促使中、蘇雙方放下分歧，共同支持北越抗美。因而約翰遜認為，美國應當繼續等待，在中、蘇徹底攤牌之後，「對北越採取大規模軍事行動會比在此之前動身更加現實一些。」[2]

約翰遜政府關於印度支那問題與各共產主義政權間親疏離合關係的判斷在 1964 年上半年或許還是有說服力的。在這一時期，越勞的確在各個方面都表現出親中遠蘇的跡象。在越勞中央三屆九中全會期間，蘇共中央即向越勞遞交一封信件，要求越黨同過去一樣，對國際共產主義運動問題採取「中立」立場。越勞全會在對此信進行討論之後，認為目前絕不能再採取「中立」立場，在不對蘇共所謂援助再抱幻想的情況下，越勞要維護馬列主義的正確立場，因而中央決定給蘇方回信，並將派出代表團前往莫斯科同蘇共舉行會談，目的是闡述越勞對國際共運問題的立場。方針是爭取團結，反對分裂。即便出現分裂，責任也應當由蘇共方面承擔。[3] 1964 年 1 月底，由黎筍帶隊的越勞中央代表團抵達莫斯科

1　Debriefing of Yankee Team reconnaissance flight. May24, 1964, DDRS, Document Number: CK3100276245.

2　潘一寧·《中美在印度支那的對抗 —— 越南戰爭的國際關係史（1949 — 1973）》，第 197 頁。

3　阮壽真同志談話內容（1964 年 1 月 5 日），外檔，109-03480-01，第 1 頁。

同蘇共領導人接觸。在 2 月 8 日的會談中，越勞代表團意圖根據九中全會的精神強調反帝，加強國際共運，社會主義陣營同蘇共之間團結等觀點，但很快赫魯曉夫、蘇斯洛夫即輪番展開對越方進行攻擊，指責越勞近來改變了立場，認為黎筍講話中所說的對帝國主義要採取「積極進攻戰略」是「冷戰策略」；既包含「冒險主義的危險」，又包含「投降主義的危險」；攻擊黎筍批評蘇聯沒有恰當評價民族解放鬥爭的意義，不肯全力支持民族解放鬥爭是「毫無根據」的，是「幼稚」的，同時攻擊中共分裂國際共運，挑撥離間中越關係。最後赫魯曉夫還當面稱越勞是教條主義。[1]

　　蘇、越兩黨二月會談從表面上看是雙方矛盾的一次公開爆發。越勞在援助巴特寮以及蘇聯撕毀援華合同等問題上同蘇共領導人進行了面對面的爭辯並一度拒絕發表兩黨共同聲明。[2] 但以黎筍為首的越勞中央依然秉承了沒有徹底翻臉的底線。勞動黨方面感覺到，雖然意識到越南在反修，但蘇共對待越勞的態度還是同對待中共及阿勞黨的態度有很大區別。越方認為，這是由於蘇方從反對中、阿的做法中得到了經驗教訓，不僅得不到好處，反而遭到很大損失，所以對越南則竭力爭取。因此黎筍等人認為，維持表面的團結，即使不是建立在馬列主義原則基礎上的團結，也是好的。這總比公開分裂要好。按照黎的另一種說法就是，反修鬥爭好比是在一個玻璃瓶裏打臭老鼠，一定要把臭老鼠打死，但要打得巧，不要把玻璃瓶也打破了。[3] 越方這一態度的直接結果是會談結束後兩黨發佈了一份完全體現蘇共意志，迴避黨際分歧的聯合聲明。關於這份聲明越方向中方給出的解釋是，這是蘇共趁越代表團離境前在時間緊迫的情況下迫使越方接受的。中共則認為越方被蘇共所利用，上了大當，

1　越蘇兩黨會談情況（1964 年 2 月 20 日），外檔，106-01161-04，第 11 頁。
2　越南留蘇學生反映越蘇兩黨會談情況（1964 年 2 月 18 日），外檔，106-01161-04，第 6 頁。
3　越蘇會談軼聞二則（1964 年 3 月 3 日），外檔，106-01161-04，第 17 頁。

以至於發表了一個對蘇修起粉飾作用而對越勞不利的聯合公報。[1] 而根據黃文歡日後的敘述，黎筍在莫斯科機場擅自同蘇聯簽署共同聲明明顯帶有政治交易的性質。[2]

　　儘管出現了這樣一個波折，但中國黨依然認為，自越勞九中全會結束以來，中越兩黨、兩國關係步入了一個全新的時期。中方注意到，首先，越南報刊、領導人的講話、文章等對中國的報道一反過去的做法，大大超過了蘇聯。有關中國領導人活動的消息多刊登在頭條位置並往往配發社論和評論。連《人民軍報》也改變了以往偏重宣傳蘇聯的做法。同時，越南領導人在各種場合亦開始重新給予中國革命、中國共產黨和毛澤東極高的評價。如黎筍在九中全會上即指出，「中國共產黨和毛澤東同志對馬克思列寧主義無產階級革命力量有最傑出的發展和創造」，「這些理論不再限於中國範圍內，而已經成為具有國際性質的理論」，「中國革命的策略，是亞洲、非洲和拉丁美洲許多共產黨人在策略方面的範例。」越勞中宣部副部長黃松也表示，「毛澤東思想，即是創造性的馬克思列寧主義思想。」「中國共產黨已經把中國革命引導到勝利，並為馬克思列寧主義的理論寶庫作出了巨大貢獻」。這些說法和提法是 1960 年以來很少再公開場合中見到的。

　　其次，這一時期在兩黨兩國交往中，越南各級幹部對政治問題、反修問題已不像過去那樣迴避了，不但願意談，而且主動談，有時還談得很深，甚至在人多的情況下、在宴會上也毫無顧忌。中方有些人認為這是近幾年來和越南同志交往中在心情上感到最舒暢的時候。越南人員對中方同志也顯得特別親切，有時簡直把他們當作自己人看待。越南有些內部會議也請中國記者參加（無其他國家記者）。越軍方向中國武官談防空問題，把全部的底都交出來，表現出極大的信任。

1　越蘇聯合公報的問題（1964 年 2 月 18 日），外檔，106-01161-04，第 7-9 頁。
2　黃文歡：《滄海一粟 —— 黃文歡革命回憶錄》，第 295 頁。

　　再次，越方在這一時期對中國代表團的接待提高規格。許多代表團到前越方一再催問，來了以後表現異常親切、熱情。李天祐訪越時，武元甲多次出面，並解釋羅瑞卿來訪時他身體不好，因此只呆了五分鐘。甚至廣西一個縣委的代表團到達河內時，其市長也設宴招待。同時，越南方面到中國參觀、旅行的風氣也大為增加。向中方提出到中國學習、考察和參觀的人很多。許多高級幹部及家屬都想方設法要到中國看看，以到過北京為最大的幸福，如果能夠看到毛主席則視為生平最光榮的事。

　　還有就是越方此時開始再次強調在政治上學習中國經驗的必要性，認為需要在羣眾中開展一個像中國的「大躍進」、朝鮮的千里馬那樣聲勢的運動。越勞中央已經宣佈將大力推行胡志明提出的「一人做兩人事」競賽運動。《人民軍報》則以大量篇幅轉載林彪的《打殲滅戰》的文章，南京路上好八連的「艱苦作風永放光芒」和介紹解放軍進行階級教育的文章。越外貿系統也頻繁要求中方介紹外貿部門學習解放軍的政治工作經驗。

　　以上林林總總各種跡象使得中國黨及政府得出結論，越勞九中全會之後，是越南近幾年來政治態度最明朗的時期，也是中越兩黨兩國團結友好、互助合作關係最密切的時期。因此必須充分利用這一有利形勢，認真協助越南進行經濟、文化和國防建設，大力配合和支持越南的對外鬥爭和統一事業，促使越南在國際反修鬥爭中繼續前進。[1]

　　在此背景下，中國對北越的援助和支持在 1964 年上半年又達到一個高潮。從 1963 年底到 1964 年初，應越南黨和政府請求，中方派出以李天祐為首的軍事勘察組對越南北方各戰略要地進行認真勘察和反覆研

1　駐越使館關於 1964 年第一季度中越兩國關係的報告（1964 年 4 月），外檔，106-01175-01，第 20-24 頁。

究，為越方設計了應對侵略戰爭的北部國防設防方案。[1] 在此之後，《人民日報》代表團及商業部代表團先後到訪河內，旨在促進和支持越方進一步開展國際反修鬥爭以及滿足越方在商品和原料方面的一些要求，協助其穩定市場和貨幣回籠。更為重要的是，1964 年 2 月 25 日至 28 日，鄧小平、康生等中共領導赴河內參加中越兩黨會談。鄧在 25 日的會談中指出，最近中國在考慮國家建設計劃時也設想了中越兩國配合進行經濟建設的問題。中國將支持越南在可能的條件下建設一套相當完整的自主經濟體系。中國過去幫助越南搞的，只是在經濟建設初期，為滿足當時需要的一些項目。今後中國將對越南提供更多的有系統的援助。[2] 為此，從解決越南北方 1700 萬人民的吃穿問題着想，中方主動建議再向越南提供包括 33 個項目在內的工業援助任務。[3]

　　越勞及北越政府對於中國方面主動提出的援助計劃極為關注。特別是包括氮肥廠、磷肥廠、尼龍廠及機械製造業等在內的 33 個項目，對於正在編制第二個五年計劃草案卻有苦於資金匱乏的越南民主共和國來說無疑是雪中送炭。越勞中央政治局經過會議研究認為，這 33 個項目全部建成後，北越將建立起比較完整、獨立自主的經濟體系，有可能對整個北方及南方解放後進行技術改造。為此，越勞要求從速組建以國家計委副主任阮昆（Nguyen Con）為首的越勞中央赴華研究中國援助 33 個項目代表團，儘快啟程赴北京洽談細節。[4] 在 5 月 15 日同中方負責人的談話中，阮昆轉達了越政治局對中國慷慨無私援助以及中國黨在政治、路線和思想上經驗的高度評價，稱越勞中央對這種恩惠時刻感念，兩黨對

1　劉天野：《李天佑將軍傳》，北京：解放軍出版社，1993 年版，第 381-382 頁。

2　中央文獻研究室編：《鄧小平年譜》第三卷，北京：中央文獻出版社，2020 年版，第 466-467 頁。

3　駐越使館關於 1964 年第一季度中越兩國關係的報告（1964 年 4 月），外檔，106-01175-01，第 18-19 頁。

4　關於我援越問題（1964 年 3 月 19 日），外檔，106-01150-01，第 1-2 頁。

世界革命的路線、越南革命的路線，對馬列主義思想，在認識上是一致的。阮還一再表示，勞動黨把經濟技術是放在政治基礎上來考慮的，越南雖與蘇東國家有些貿易，那只是在互相需要的範圍內進行的，而中國的幫助則使越方有了依靠。[1]

北越向中國的不斷靠攏顯然是令中國黨十分滿意的。這促使中共相信自己在同莫斯科爭取越南勞動黨的過程中已完全佔據上風。在同越南外貿部副部長嚴伯德（Nghiem Ba Duc）進行的會談中，副總理李富春提出，在 33 個項目中，有些是蘇聯已經答應幫助越南建設的，越方可以做個比較，考慮一下誰的速度快，誰的更便宜，考慮好再作選擇。李還表示，33 個項目，越南需要建哪些，哪些緩建，增加些什麼項目，都可以考慮。33 個項目需要多少錢，只是記一筆賬，還不還都是次要問題。「中國共產黨還能向越南勞動黨去討債？這是國際主義」。針對李富春的講話，嚴伯德表示，越勞政治局從不認為中國是從蘇聯那裏攬事情幹。其中央會議認為，如果越南繼續接受蘇聯貸款，越南國民經濟會更困難和惡化。蘇聯過去幫助越南搞的項目不便宜，今後也不會便宜，工業也不是最先進的。但越方也考慮到蘇聯過去的情分，過去幫助過越南，現在蘇聯不主動撤，越方也不提，如蘇聯主動撤出，越方也歡迎。貸款方面，政治局確定，今後只接受中國貸款，不接受蘇東貸款。如他們主動提出，越南也可以接受，但無論怎樣困難，也不宜過多。越方對中國和蘇聯的援助，考慮的是方針和國家關係，不是設備好壞和貴賤。[2]

在有關向越南民主共和國提供進一步援助的會談中，中國方面除了要繼續淡化蘇聯的角色和影響之外，另一個意圖是希望越方能夠把越南

1　國家計委副主任方毅同越南勞動黨中央幹部代表團團長阮昆會談記錄（1964 年 5 月 15 日），外檔，106-01150-02，第 19-20、29 頁。
2　李富春副總理會見越南外貿部副部長嚴伯德談話記錄（1964 年 4 月 27 日），外檔，106-01150-06，第 65-67 頁。

的建設同印度支那局勢和世界局勢結合起來考慮。在 6 月 29 日同阮昆的會談中，中方國家計委副主任方毅提醒越方要認識到印度支那是目前世界鬥爭中最尖銳的焦點，要預測到美帝國主義可能發動的戰爭，要一手準備建設，一手備戰，在建設方面，最好能像中國三線建設那樣，將工廠等分散建在越西北山區。[1]7 月 1 日，周恩來再次告誡越代表團，要從準備戰爭的角度安排工業等方面的建設。[2]

　　從中共的視角來說，進入 1964 年以後，隨着中蒙關係破裂以及中蘇邊境形勢的緊張，在美國從南方對中國大陸構成的威脅依然存在的同時，毛澤東等領導人已開始考慮蘇聯對中國國家安全的影響。在這種背景下出現的「三線」劃分及建設反映出中共防修防帝，兩面作戰的戰略思路。[3]因此對於越南民主共和國大力援助特別是工業佈局的建議反映出中國正在盡全力鞏固北越作為屏障以抵禦美國對中國南部產生的安全壓力。加之越勞在反修問題上立場愈發明確，因而可以確定，中共已經把北越視為其反帝反修戰略佈置上的重要一環。

　　而這一時期巴特寮方面的種種表現也沒有令中方失望。根據駐川壙代表團的彙報，最近一年以來，人民黨在反對美帝和老撾反動派的鬥爭中態度堅決，對美帝及其走狗的本質認識明確，不抱幻想。在九·九事件後，進行了堅決自衞的鬥爭，對諾薩萬部隊向寮方的挑釁和進攻給予了有力的打擊，挫敗了敵人的進攻，保住了解放區，還解放了一些地區。同時，老方對中國革命經驗日益重視，人民黨領導不斷強調，中國領導同志對老撾局勢的分析判斷很正確，完全符合實際情況，對於指導老撾

1　國家計委副主任方毅同越南勞動黨中央幹部代表團團長阮昆會談紀要（1964 年 6 月 29 日），外檔，106-01150-03，第 46-47 頁。

2　周恩來總理會見越南勞動黨中央幹部代表團談話記錄（1964 年 7 月 1 日），外檔，106-01150-08，第 80、82 頁。

3　沈志華主編：《中蘇關係史綱 —— 1917 — 1991 年中蘇關係若干問題再探討》（增訂版），第 378-379 頁。

的革命鬥爭起到了重要作用，此外，近幾年來自中國的援助，使老撾革命得到了迅速的發展，並且中國在武裝鬥爭，統一戰線，反帝反封的鬥爭中有着豐富的經驗，這對被壓迫、被奴役的落後農業國家的鬥爭有重要的意義。人民黨為此還專門組織領導幹部學習毛澤東的軍事政治著作以及中國黨發表的反修文章。而面對國際共產主義運動的分歧，老黨也頂住了赫魯曉夫集團的壓力，堅持了革命的路線，認識日益明確，特別是在從化會議以後，態度更加明朗化。其中央領導對蘇聯在南越及老撾問題上的言行表示憤慨，一致同意中國黨的觀點。在毛澤東七十壽辰之際，凱山代表人民黨中央在祝壽時說：「兩黨在國際共產主義運動中堅持馬列主義、堅持莫斯科宣言和聲明的革命原則，在反修的鬥爭中，取得共同的勝利」。[1]

1964 年 1 月中旬，以段蘇權為首的中國駐桑怒工作組取道河內祕密進入老撾。在抵達桑怒之後，工作組即展開始展開實地調查，同寮、越方交換情報；並請了人民黨的一些負責幹部和越顧問團就軍事、民族、財經、根據地建設等問題作了綜合的專題的介紹和座談；分別深入巴特寮控制區的村寨、前線、學校、後勤機關等對社會狀況、軍事工作、民族工作等進行了深入調研。[2]4 月 19 日，萬象再次發生軍事政變，一批右派軍官組成所謂「國家軍隊革命委員會」，宣佈推翻原聯合政府，取消中立派的軍隊，把貢勒軍隊和諾薩萬軍隊合併為「國家軍」，調整軍官，任命貢勒為查爾平原軍區司令。在右派挾持下，富馬下令撤換兩名中間派大臣，並指定兩人代替了寮方的兩名大臣，這就破壞了三方協議組成的民族團結政府，新的聯合政府實際上已變成全部由右派控制的政府，而富

1　一年來老撾人民黨在反美鬥爭和國際共產主義運動中的態度（1964 年 1 月 13 日），外檔，106-00811-03，第 53-58 頁。
2　駐桑怒工作組三個月來工作情況的報告（1964 年 5 月 7 日），外檔，106-00806-02，第 9-12 頁。

馬則處於同寮方對立的右派首領地位。

針對萬象「四 • 一九」政變後的老撾形勢，中方於 5 月 14 日向寮方提出了「關於老撾當前局勢和鬥爭的幾點意見」，認為自 1963 年年底以來，寮方的力量不斷增長，右派的軍事進攻接連遭到失敗。在法國的影響和推動下，富馬的態度有了明顯的變化，主動訪問了中、越，並準備去法國訪問，而隨着中間派和右派的矛盾不斷加深，富馬同寮方之間出現了某種緩和的趨勢。與此同時，美國在南越愈陷愈深，軍事上的優勢不斷喪失；在柬埔寨，美國繼續遭到抵制和反抗；加上法國積極向印度支那插足，法美在這一地區的矛盾日益尖銳和表面化。萬象軍事政變的目的，即是在於打擊法國和親法的中間派，阻止老撾的中立趨勢，迫使富馬同右派合流，共同對付巴特寮。因此中方建議寮方應採取「邊談邊打，打打談談，堅持團結，不怕分裂」的策略，大力加強左派力量，開展爭取和團結中間力量的工作，孤立和打擊老撾反動派及緊緊追隨他們的中右分子。積極爭取中間派大臣、官員和部隊，對貢勒和富馬應繼續採取以鬥爭求團結的方針，如果他們不願回頭，只有堅決反對，促其醒悟。關於軍事鬥爭方面，中方提出，「目前老撾的形勢，非常有利於我在軍事上繼續發動攻勢，因為敵人破壞了日內瓦協議，破壞了聯合政府和三方一致的原則，我發動攻勢師出有名」，「中間派正在向兩極分化，我繼續進攻有利於促進中間派部隊向我靠攏。我方現在兵力比較集中、士氣高漲、態勢機動，正式乘勝擴張戰果的大好時機。假如現在把攻勢停下來，敵人就會得到喘息，中間派可能更向右擺，不僅軍事上不利，對政治鬥爭也不利」。[1]

中方提出的上述觀點很快得到越、老兩黨的贊同，凱山表示「完全同意中共中央對老撾目前局勢的分析」，並認為應「主要利用當前有利時

---

1 中央就老撾局勢和鬥爭的幾點意見同越、寮方交換意見（1964 年 5 月 14 日），外檔，106-01457-03，第 8-9 頁。

機開展軍事鬥爭，當把敵人打痛了時，才能夠在有利於我的條件下進行談判」。[1] 據此，五月中下旬，在越軍的支持下，巴特寮武裝對查爾平原－川壙地區的諾薩萬和貢勒部隊展開了一次大規模進攻，殲敵 2500 餘人，打通了連接越南的 7 號公路，使得查爾平原同桑怒根據地及中寮地區連成一片。[2] 中方認為，此次勝利扭轉了在該地區的敵我態勢，但也告誡越、寮方，敵我力量對比還沒有發生根本變化，今後的鬥爭，仍將是邊打邊談、軍事與政治鬥爭交錯進行的局面。寮方仍需特別注意加強對中間派的工作，鞏固他們和寮方的團結和合作，對於富馬和貢勒，鑒於他們同右派之間的矛盾仍然存在，因而在同富馬和貢勒反動言行進行堅決鬥爭的同時，也要留有餘地，不放棄對他們的爭取利用工作。[3]

由此可以看出，中方在老撾問題上仍堅持有限而謹慎的進攻原則，着力鞏固和擴大上寮解放區，避免美國可能進行的武裝干涉。事實上，巴特寮在五月份發起的此次攻勢已經引起約翰遜政府及美國軍方的擔憂，從五月下旬開始，白宮認為有必要採取預防措施，包括出兵泰國、對查爾平原上的巴特寮部隊以及老撾境內的北越交通線實施空襲。[4] 隨後，「揚基隊」的任務從情報偵察擴展至對地面目標實施打擊。在這一過程中，甚至中國駐老代表團也遭到了轟炸，造成數人傷亡。[5] 這些情況使得中方感覺到，美國軍事冒險的可能性正在加大，應當避免在老撾國內引起更大規模的戰爭，不使美帝國主義利用目前的局勢擴大事態。[6] 對於此時巴

1　越寮方對我黨中央關於老撾目前局勢和鬥爭的幾點意見的反應（1964 年 5 月 15 日），外檔，106-01460-01，第 1-2 頁。

2　"Bộ đội Pathết Lào và quân tình nguyện Việt Nam tiến công giải phóng Cánh đồng Chum"(27-5-1964), *Lịch sử quan hệ đặc biệt Việt Nam-Lào, Lào-Việt Nam, 1930-2007 : Biên niên sự kiện* (vol I), tr.621.

3　關於就當前老撾局勢和鬥爭問題同越寮方交換意見（1964 年 6 月 9 日），外檔，106-01461-03，第 89-90 頁。

4　U.S. Department of State, *Foreign Relations of United State (FRUS)*, 1964-1968, Vol.28, U.S. Government Printing Office, 1998, p110.

5　我駐康開代表團被轟炸後我政府發表的聲明及陳毅外長致兩主席的函（1964 年 6 月 12 日），外檔，106-01450-01，第 30-31 頁。

6　目前老撾形勢和一些外交接觸（1964 年 7 月 6 日），外檔，106-00811-04，第 86-89 頁。

特寮在政治和軍事上取得的明顯優勢，越南勞動黨同樣有所顧慮，黎筍在 6 月份同中方人員的交談中也表示，目前在老撾的方針是：第一、不再繼續推進，以免使局勢更加緊張；第二、如敵人進攻，必須堅決頂回去。[1]6 月 6 日，越軍總參謀部發出指示，要求接下來在政治上應當繼續着力保衛三方聯合政府，落實《日內瓦協議》，粉碎美國擴大戰爭的陰謀。[2]

　　中、越、老三黨在「四 ‧一九」政變後一致對外立場的形成進一步強化了中國在處理印支局勢中的角色及其對越、老鬥爭活動的引導作用。也正是得到了越、老兩黨的堅定支持和配合，中方在隨後即否決了波蘭、蘇聯提出的關於召開由兩主席、國際委員會的成員國和老撾三種政治力量參加的六國磋商的建議。並於 6 月 9 日發表政府聲明，強調只有召開日內瓦十四國外長會議才是和平解決老撾問題的唯一出路，並指出撇開主要的有關國家，由一部分日內瓦會議參加國舉行協商，是不能解決問題的。[3]從隨後的情況來看，由於中國的反對，波蘭、蘇聯、法國等方面陸續表示同意通過十四國會議來和平解決老撾問題，同時接受了通過老撾三方政治勢力在老撾以外的地方舉行會晤作為十四國會議舉行之前的一個步驟。[4]這無疑顯示出，中國在老撾局勢中所處的主導性地位。同時也表明，同北越一樣，巴特寮正在融入中國的戰略意圖成為在印支半島北部抗拒美國威脅的一個重要屏障。

　　中共與越、老兩黨緊密合作關係達到頂峰的一個重要標誌是 1964 年 7 月 5 日至 8 日在河內召開的中、越、寮三黨研究老撾及南越局勢的會

1　越南領導人黎筍談對南越和老撾形勢的看法（1964 年 6 月 27 日），外檔，106-01146-05，第 37-38 頁。

2　"Bộ Tổng Tham mưu Quân đội nhân dân Việt Nam chuẩn bị kế hoạch động và xây dựng ở Lào trong mùa mưa năm 1964" (6-6-1964), *Lịch sử quan hệ đặc biệt Việt Nam-Lào, Lào-Việt Nam, 1930-2007 : Biên niên sự kiện* (vol I), tr.623.

3　關於當前老撾局勢和波蘭建議（1964 年 6 月 9 日），外檔，106-01461-03，第 82-84 頁。

4　關於波蘭 6 月 28 日建議同越、寮方將換意見事（1964 年 6 月 28 日），外檔，106-01454-04，第 111-113 頁；目前老撾形勢和一些外交接觸（1964 年 7 月 6 日），外檔，106-00811-04，第 86-89 頁。

議。在此次會議上，三黨協商一致確定了接下來應對印支戰爭形勢的方針和原則。在越、老兩黨領導人分別就南北越、老撾的各方面情況進行介紹之後，中方領導人周恩來表示，美國試圖把南越、老撾、泰國作為一條戰線，以「特種戰爭」來對付社會主義國家，破壞緬甸、柬埔寨的中立政策，當前美國在印支的軍事行動有兩種可能，一是強化「特種戰爭」，二是把「特種戰爭」擴大為局部戰爭，但不管美國採取哪種辦法，中國都將出面支持印支各國的鬥爭。[1]

關於南越鬥爭的前景和策略方針，越南勞動黨領導層在會議上表現出的比較樂觀的想法是希望南方的戰爭不要超出南越的範圍，也即限制在特種戰爭的範疇內。黎筍等人認為只要北方做好準備，中國做好準備，老撾的工作做得好，南方打得好，打得正確，就能夠既不使戰爭擴大，而又能取得勝利。越方甚至認為，今後在南越將繼續取得軍事上和政治上的勝利，可能不必打象奠邊府那樣的大仗，就能取得更大的勝利。在各城市中，可能出現更大的羣眾運動，在偽軍中，可能出現大規模的起義和瓦解。同時還要利用帝國主義之間的矛盾，以及修正主義者想與帝國主義攜手的意圖來掩飾南方不斷增強的政治和軍事力量，這樣，將會有條件限制和反對各種對抗，就可以把戰爭保持在南越特種戰爭的範圍內並取得勝利。[2] 針對越南黨的想法，周恩來提醒越、老方應做好進行長期艱巨鬥爭的準備，以革命的兩手對付反革命的兩手，將政治鬥爭與軍事鬥爭密切結合起來。在政治上要堅持兩次《日內瓦協議》，不斷揭露美國破壞協議的陰謀，並利用美國於法國的矛盾，廣泛建立統一戰線，軍事上要搞好軍隊，鞏固根據地，打殲滅戰，爭取用三到五年或更長時間解決問題。周認為，從目前的鬥爭方針來看，的確應當盡一切可能把戰爭限制在「特種戰爭」的範圍內，但同時也要積極準備應付戰爭

1　童小鵬：《風雨四十年》（第二部），第 220 頁。
2　越南領導人黎筍談南越的政治鬥爭問題（1964 年 7 月 6 日），外檔，第 42-44 頁。

大規模升級的可能。[1]

　　通過河內三黨會談，中共最大限度地實現了越、老兩方在反美鬥爭中保持與中國協同一致的步調，在此次會議結束後不久，中共領導層即做出批示，要進一步加強對老撾的軍事物資援助，把老撾愛國戰線部隊的後勤供應包下來，老撾需要多少，中國就幫助多少。同月17日，中共中央軍委召開會議，傳達中央批准的支援老撾、越南鬥爭的方案，指示為應付局部戰爭必須立即着手準備援助越、老的各項工作。[2]27日，在會見越南駐華大使陳子平（Tran Tu Binh）等人時，毛澤東做出承諾，稱不用怕美國干涉，無非就是再來一次朝鮮戰爭。中國軍隊已經做好準備，如果美國冒險打到北越，中國軍隊就開過去。[3]這些跡象表明中共已決心獨自承擔起援助印支革命的重任。不過需要注意的是，同越南黨將國家統一鬥爭擺在一切工作首要位置的做法有所差別，中共對印支政策的落腳點在於更加宏觀的對外戰略方針，這決定了中方在對印支形勢做出判斷之前需要以更加審慎的態度考慮帝國主義和修正主義者的意圖。這種差異的存在意味着中國同北越的印支戰爭政策必然存在着某種程度的分歧，只不過在美國政府決意升級印支戰爭以及赫魯曉夫政府拒絕施以援手的情況下，這種分歧得以降低到最低程度。八月初北部灣事件發生後的情況即證明了這一點。

　　約翰遜政府藉口美海軍驅逐艦在東京灣遭到北越魚雷快艇的襲擊，並於8月4日下令對北越的四個海軍基地及榮市的儲油設施實施轟炸後。中蘇兩黨即刻分別表態。按照中方的說法，美國對越南民主共和國的武裝侵略，是一次全世界的政治大檢閱。[4]在「八·五」空襲之後，中國

1　童小鵬：《風雨四十年》（第二部），第220-221頁。
2　《楊成武年譜》編寫組：《楊成武年譜》，北京：解放軍出版社，2014年7月版，第403-404頁。
3　李丹慧編：《中國與印度支那戰爭》，第42頁。
4　關於越南局勢和蘇聯的反應（1964年8月15日），外檔，106-00788-07，第26頁。

政府即刻發表強有力的聲明，全國人民立刻掀起了一個聲勢浩大的支援越南反美鬥爭的羣眾運動。但赫魯曉夫政府不僅不支持越南，反而在塔斯社聲明中引用美方材料，替美散佈謊言。在五日，美方要求安理會討論北越襲擊美艦問題時，蘇聯方面不僅不加反對，反而主動提出一項提案，要「越南政府把同美國控訴有關的必要情報急速告知安理會」。這種行徑實質上是肯定美國的「原告」身份，置越南於「被告」地位，使得美帝得以用聯合國干預北部灣事件。在這一過程中蘇主要報刊及其領導人極力淡化這一事件，在其報道及發言中找不到半個支持越南的字眼。[1]

為了讓中、蘇之間形成的鮮明對比能夠更加暴露赫修的真實面目，突顯中國真正無私的支持。在美軍發動空襲之後，日本、西歐貨船延遲來越，蘇聯、波蘭貨輪不等滿載而立即離港的情況下，中方即主動向越方表示，願提供越方所需的各種物資。以期表明中國才是越南可以信賴和依靠的兄弟和盟邦。[2]中方相信，中國在北部灣事件中給予越南的支持已經產生了巨大的、深遠的政治影響，中國黨和政府特別是毛澤東的威望在越有了更進一步的提高，赫修在越的影響和地位已大大削弱。一個明顯的跡象就是越軍方已停止向蘇駐越使館武官處介紹越軍內部情況，相反，越軍方對中國同志表現了極大的信賴，向中國軍事代表團介紹情況時毫無保留，連最機密的國防建設和作戰計劃都如實相告，越軍總參作戰局對中方提供的意見和情報非常重視，並將其作為分析情況和研究問題的依據。[3]

北部灣事件促使中、越兩黨兩國進一步靠攏在一起的趨勢是毋庸置疑的。中國政府在 8 月 6 日的聲明中已經發出警告，稱美國對越南民主共和國的侵犯，就是對中國的侵犯，中國絕對不會坐視不管。在此之

1　關於越南局勢和蘇聯的反應（1964 年 8 月 15 日），外檔，106-00788-07，第 27-29 頁。
2　五個月來的中越關係（1964 年 9 月 10 日），外檔，106-01175-01，第 27-28 頁。
3　五個月來的中越關係（1964 年 9 月 10 日），外檔，106-01175-01，第 27 頁。

後，中方高層將援助越南列入目前的頭等任務。[1]緊接着，中國雲南、廣西、廣東各省的海、空軍力量相繼進入備戰狀態，數個高炮師和空軍師進入中越邊境地區，做好入越準備，防空師及地空導彈部隊也進入雲南各機場。[2]同時，北越政府也迅速召回在中國學習訓練的921殲擊機團，投入戰備值班，由中國培訓的高炮、雷達部隊也紛紛進場，集中至第四軍區西部駐防。[3]

但在向北越傾力提供援助的同時，中國領導人依然希望能將抗美戰爭的規模維持在一定的程度範圍內。8月13日，在北戴河同黎筍進行的會晤中，毛澤東表示，直到現在，美國還沒有派出陸軍，看來，美國人不想打，越南不想打，中國也不想打，幾家都不想打，所以打不起來。至於美國為什麼不想打，毛認為是因為美國的問題太多了，有日本、朝鮮、拉丁美洲、菲律賓等等問題，「手伸得長，管得太多。」因而毛澤東告訴越南領導人，「你們最好在今後十年到十五年內，只打像現在這樣的仗，不打大仗，只打小仗，像南越那樣。」[4]

面對中共領導人的形勢判斷，越南勞動黨方面顯然有自己的看法。9月，越勞中央政治局召開情況分析會研究當前形勢。在會上，越勞中央認為，派遣遠征軍進入越南南方，使用空軍擴大對北方的破壞是約翰遜政府正在考慮和加緊準備的方向。但世界和美國國內情況不允許美國馬上動用最大的軍事力量介入越南戰爭。美－偽集團在南方戰場上已經逐漸陷入失敗和被動的境地，西貢偽政權已被嚴重削弱，因而目前在南方正面臨着有利的時機。為此，政治局決定，動員全黨、全民、全軍集中一切可能的力量，發展戰場上的主力部隊，大力加強戰役規模的集中作

1　中共中央文獻研究室編：《周恩來年譜》（中卷），第663頁。
2　李丹慧：《一場三者互動的智力游戲：引進「批判口述歷史學」觀念 —— 關於協助越南防空作戰問題的訪談錄、檔案文獻與學者研究》，《國際政治研究》，2002年第2期，第65-66頁。
3　越南國防部軍史研究院編：《越南人民軍歷史》（第二集），第121-122頁。
4　中共中央文獻研究室編：《毛澤東年譜（1949 — 1976）》（第五卷），第385-386頁。

戰，爭取在兩、三年內取得決定性勝利。隨後，以阮志清為首的一批中高級幹部被派往南方主持主力部隊建設以強化對集中作戰的領導和指揮。[1]

　　隨後於 10 月 5 日，以范文同為首的越南黨政代表團再次抵達北京徵求中國領導人對於南方抗戰問題的意見。在同毛澤東的會面中，范表示，越勞認為美國存在着很大困難，擴大戰爭並不容易。因而越方會設法把戰爭限制在「特種戰爭」的範圍之內，力爭不讓美國人把南越的戰爭變成局部戰爭，力爭不使戰爭擴大到北越。越方將會採取很巧妙的做法，不去惹到美國，政治局認為，這樣是可以做到的。對於越南領導人提出的看法，毛澤東表示同意，同時提醒越方既要準備，又要謹慎，不要那麼急躁。[2]

　　然而事實表明，范文同向中方做出的謹慎行事的保證並沒有阻礙越勞放手實施在南方的作戰計劃。1964 年 10 月，越勞中央軍委指示南方各武裝力量開展 1964 — 1965 年冬春攻勢，意在重創南越軍主力部隊，摧毀戰略村，沿西南束越邊境及中央高地擴展解放區。而在此前後的近兩個月的時間裏，共產黨人在南方的各後勤團已經在集中力量和設備，抓緊從各根據地將槍支、彈藥、糧食運抵戰役集結區。[3] 美軍援越司令部的情報顯示，越共的主力正規部隊數量在 1964 年下半年已迅速增長至 4 萬，沿胡志明小道南下的滲透部隊中出現了越來越多的北方人，同時南方越共亦接收到大量新式迫擊炮、重機槍、反坦克火箭發射器，更令美國人吃驚的是，越共武裝力量甚至已經開始大量列裝在性能上比南越政府軍的裝備更為優異的 AK-47 自動步槍（實則為中國制 56 式）。[4] 由此帶來的結果是，在北越人民軍替代游擊隊成為南方作戰主力的情況下，共產黨

1　越南國防部軍史研究院編：《越南人民軍歷史》（第二集），第 125 頁。

2　中共中央文獻研究室編：《毛澤東年譜 (1949 — 1976)》（第五卷），第 414-415 頁。

3　Tổng Cực Hậu Cần- Bộ Quốc Phòng, *Lịch Sử Bộ đội Trường Sơn Đường Hồ Chí Minh*, tr.86-87.

4　Office of Joint History Office of the Chairman of the Joint Chiefs of Staff, *History of the Joint Chiefs of Staff: the Joint Chiefs of Staff and the War in Vietnam, 1960-1968, Part II*, p148.

人已經有能力發動殲滅南越軍主力營級單位的戰役。1964年底至1965年初巴地省（Ba Ria）平也（Binh Gia）作戰的結果即證明了這一點。不過值得注意的一點是，南方共產黨武裝在冬春攻勢中並沒有像范文同所說的那樣試圖避開美國人。11月1日凌晨，南方人民解放武裝力量的一個炮兵團在游擊隊的掩護下向美軍位於邊和（Bien Hoa）的空軍基地主動發起攻擊。致使美方七十餘人傷亡，數架飛機損毀。越共主動對邊和發動的襲擊顯示出共產黨人的攻勢並沒有因為美國人的存在而有所顧慮，這似乎表明河內並不在意「特種戰爭」是否會升級至「局部戰爭」。從北部灣事件後中國做出的承諾來看，越南民主共和國已經解決了獲取援助的後顧之憂，畢竟毛澤東在同范文同的會面中也已經表態，認為即便打「局部戰爭」，也沒什麼了不起，並且可以打勝，毛還鼓勵越領導人，只有把敵人打的越徹底，越狠，敵人才越舒服。[1]

　　但不管北越是否將中方領導人的講話視為一種保證，從此後的情況來看，南方共產黨武裝力量的進攻勢頭的確出現逐步升溫的勢頭。按照勞動黨中央的觀點，必須在戰略上貫徹全民全面長期作戰的方針，對敵連續發動進攻，在戰術上爭取多打殲滅戰，以逐步達到全部瓦解敵軍的目的。[2]北越這一軍事方針的確定無疑在很大程度上來自於中國這個靠山。然而隨着1964年底蘇聯新領導人決定調整對印支地區的政策，國際共產主義力量對印支戰爭的介入開始進入一個新的階段，越南勞動黨決策層關於統一南方的前景和軍事方針的看法也將很快出現明顯的變化。

1　毛澤東與范文同，黃文歡談話記錄（1964年10月5日），Odd Arne Westad, Chen Jian, Stein Tonnesson, Nguyen Vu Tung and James G. Hershberg ed., *77 Conversations Between Chinese and Foreign Leaders on the Wars in Indochina, 1964-1977*, Woodrow Wilson International Center for Scholars ed., Cold War International History Project Working Paper, No.22, May 1998, Washington D.C.。

2　第一亞洲司姚廣司長接見越南駐華使館參贊黃北談話記錄（1965年1月16日），外檔，109-02858-03，第97頁。

第三節　國際共運的新趨勢及越南對老、柬抗戰格局態度的分化

一、中蘇徹底分裂與越南勞動黨立場的變化

　　就在北越政府在中國的支持下一刻不停地為南方的軍事行動積蓄力量的同時，1964 年底蘇聯內部發生的權力更迭顯示出印支形勢更加複雜化的演變趨勢。隨着 1964 年蘇共中央十月全會解除了赫魯曉夫的職務，在對外戰略思想上發生重大變化的蘇共新領導人已經意識到有必要調整在印度支那的政策，既要避免美國的軍事干涉致使北越政權出現危機，也要防止越南勞動黨徹底倒向中共一邊。1964 年 11 月 5 日，范文同率代表團赴莫斯科參加紀念十月革命 45 周年活動。蘇聯領導人柯西金（Alexei Kosygin）在與之進行的會面中表達了向河內提供合作和幫助的意願，隨後雙方就軍事援助問題達成了原則上的協議。蘇聯新政府答應恢復赫魯曉夫時期被砍掉的三千七百萬盧布的援助，並同意將越南拖欠蘇聯的貸款推遲到 1980 年償還。緊接着在 27 日，塔斯社發表聲明，稱蘇聯絕不會對一個兄弟的社會主義國家的命運坐視不管，將盡全力幫助滿足兄弟國家的一切需求。[1] 12 月 3 日，在迎接捷克黨政代表團的羣眾大會上，蘇共中央第一書記勃列日涅夫（Leonid Brezhnev）再次強調，將採取一系列行動應對美國在越南、古巴及剛果的挑釁。[2]

　　蘇共新領導層對北越共產主義革命態度的巨大轉變無疑對越南勞動黨的南方鬥爭方針產生了觸動。1965 年 1 月，南方局祕密召開第三次中央會議，對當前南方革命的形勢及任務進行了分析判斷。越勞南方局中

1　Nguyễn Thị Hồng Vân, *Quan hệ Việt Nam-Liên Xô, 1917-1991: những sự kiện lịch sử*, Hà Nội: Nhà xuất bản Từ điển bách khoa, 2010. tr.214-215.

2　Nguyễn Thị Hồng Vân, *Quan hệ Việt Nam-Liên Xô, 1917-1991: những sự kiện lịch sử*, tr.216-217.

央認為，赫魯曉夫的去職雖然不意味着蘇聯的修正主義問題得到了完全解決，但它至少是修正主義的一個挫敗，標誌着馬列主義的勝利，有利於社會主義陣營的團結一致。同時，美國在印支的政策趨勢表明，世界革命形勢的發展正在使美帝的戰略遭遇嚴重的困難和矛盾，因此儘管在經濟、財政、軍事上仍擁有雄厚的實力，但在目前它很難實施其陰謀詭計。這些因素促使越方相信，1964 年以來的國際形勢對於自己是十分有利的而美國則面臨着重重困難。因此南方局提出，全黨、全軍、全民應利用時機，爭取時間，團結一致、集中力量，堅決抗敵，使 1965 年成為取得對敵力量優勢的轉折一年，獲取決定性勝利的一年。[1]

　　南方局中央第三次會議得出的一個重要結論是，受到多種因素的制約，美國在事實上缺乏向北越發動大規模報復行動的信心和意志。因此越方認為當前應當繼續把主要精力放在挫敗美帝及其走狗的「特種戰爭」的基礎上，保持和發展主動進攻態勢。根據這一指導精神，同時也作為冬春攻勢的一部分，1965 年 2 月 7 日（西貢當地時間），南方民族解放陣線的武裝再次主動出擊，利用一個特工營襲擊了位於波萊古（Pleiku）的美軍機場及營房，造成八名美國人死亡，一百餘人受傷，近二十餘架飛機損毀。

　　波萊古襲擊事件立刻引起約翰遜政府的強烈反應。在次日晚召開的國家安全委員會會議上，除了參議員曼斯菲爾德提醒應當慎重行事外，幾乎所有與會者都一致要求立刻對北越實施報復性打擊。約翰遜總統在此次會議上也表示不能再有所遲疑，他提出必須對波萊古發生的事情做出反應，否則的話就等於告訴河內、北京和莫斯科，美國對南越政府的命運漠不關心，而南越政府也會由此認為遭到了拋棄。[2] 2 月 7 日，根據

1　"Nghị quyết Hội nghị Trung ương Cục lần thứ ba về tình hình cách mạng miền Nam năm" (1-1965), *Văn kiện Đảng toàn tập* (tập26), Hà Nội : Nhà xuất bản Chính trị quốc gia, 2003, tr.657.

2　U.S. Department of State, *Foreign Relations of United State (FRUS)*, 1964-1968, Vol.2, U.S. Government Printing Office, 1996, pp.189-190.

參聯會的指令，美軍太平洋司令部開始對北越境內永靈（Vinh Linh）、廣平（Quang Binh）等地的數個目標執行代號為「火箭」（FLAMING DART）的空襲行動，同時為預防北越及中國可能做出的反擊，參聯會還要求駐越司令部等部門在未來12個小時內協助撤離在南越的美國僑民並從沖繩增派一個海軍陸戰隊防空導彈營駐防峴港。美國在波萊古襲擊發生後做出的上述反應被約翰遜政府中持強硬態度的人士視為戰爭的一個轉折點。

2月18日，美國國家安全委員會第549次會議形成了對北越發動新一輪打擊的統一意見，兩天之後，參聯會向太平洋司令部下達了執行代號為「滾雷」（ROLLING THUNDER）的報復性襲擊的指示。同時，在2月16日，南越海軍在南方富安省（Phu Yen）附近海面捕獲一艘北越用於運輸武器的武裝鐵船，在其中發現大批來自中國的輕武器裝備。據印記顯示，這些軍火都是在1964年底剛剛出廠的。這一情況立刻引起了美軍高層的關注，從二月底開始，太平洋司令部授權第七艦隊配合南越海軍從十七度線至暹羅灣沿南越海岸線展開代號為「市場時間」（MARKET TIME）的巡邏任務，意在切斷北越的海上滲透路線。隨後在3月2日，第一階段的「滾雷」行動也按計劃付諸實施，110架美軍飛機襲擊了寨邦（Xom Bang）的軍火庫，另有19架南越空軍飛機轟炸了廣溪（Quang Khe）的海軍基地。根據對轟炸效果的評估，此次空襲有效摧毀了75%的目標，但北越部隊也顯示出其不俗的防空火力，在整個行動中，有五架美軍飛機和一架南越飛機被擊落。[1]

北越防空能力的增強表明來自中、蘇等社會主義國家的援助正在發揮作用。自柯西金結束在河內的訪問之後，蘇聯即宣佈開始執行蘇越就加強越國防力量達成的協議，同時蘇方還同東歐國家制訂了向北越提

1　Office of Joint History Office of the Chairman of the Joint Chiefs of Staff, *History of the Joint Chiefs of Staff: the Joint Chiefs of Staff and the War in Vietnam, 1960-1968, Part II*, p227.

供武器的緊急計劃，到二月底，蘇東國家已開始準備向河內空運高射機槍、地空導彈以及培訓越方操縱武器的人員。[1] 而在此之前，北越國防部副部長、副總參謀長陳森（Tran Sam）於 1965 年 1 月 8 日率軍事代表團訪問北京期間，中越雙方已經簽訂了《關於中國對越南北方提供軍事裝備和主要的後勤物資援助的補充協議》《關於中國支援越南南方軍事裝備和主要器材的協議》等數個文件，[2] 中國對越南民主共和國不間斷的軍事裝備援助工作由此已經正式展開。而在柯西金訪越途徑北京的時候，嫌隙已深的中、蘇雙方甚至還就合作運輸援越軍事物資達成了協議。[3]

　　儘管已經獲得了來自兩個社會主義大國的支持和安全保證，但三月份美國對越南北方空襲活動的驟然升級以及向南方增派海軍陸戰隊兵力的做法還是令北越政府及越南勞動黨深感意外和壓力。就在 1 月下旬越南軍事代表團在中國訪問的時候，周恩來還告訴越方，只要不斷殲滅敵人的主力部隊，在年內摧毀敵人的大部分戰略村，再加上敵人在政治上的破產，勝利可能比預期的來得更快。[4] 但在美國政府不斷突破「特種戰爭」界限的情況下，勝利顯然已再次變得遙不可及。3 月 25 日至 27 日，越勞中央召開三屆十一中全會，重點研究新形勢下的對策。在此次會議中，勞動黨中央指出，美帝在南北方製造兩個戰場的新的陰謀活動給全黨、全國人民提出了新的問題。特別是目前在南方的「特種戰爭」現在已經具備了「局部戰爭」的特徵，並且美國人還在努力將其擴展至北方。這意味着自三大以來確定集中精力在北方進行社會主義建設，積極支援南方革命，幫助老撾革命的方針要有所調整。具體要求是從現在開始，北方的建設計劃和經濟活動將被納入戰時生產軌道，發揮北方作為南方

1　關於蘇聯對越南武器援助的新情況（1965 年 3 月 3 日），外檔，109-02850-01，第 123-124 頁。
2　《楊成武年譜》編寫組：《楊成武年譜》，第 414 頁。
3　關於斥「中國阻蘇援越」談話提綱的外交通報（1965 年 4 月 6 日），外檔，109-03972-02，第 11 頁。
4　中共中央文獻研究室編：《周恩來年譜》（中卷），第 703 頁。

前線大後方的作用。在新形勢下，北方要邊生產、邊戰鬥，抵禦美國空軍的破壞行動，確保向南方輸送人員、物資交通線的通暢。而南方各武裝力量則要繼續掌握戰場主動權，保持戰略進攻姿態，以殲滅偽軍有生力量為主要目標，務必要使美－偽軍陷入被動局面。[1]

　　三屆十一中全會的結論表明勞動黨意識到必須接受「局部戰爭」已經出現的事實，儘管這意味着在南方戰場推翻傀儡政府，實現統一的時限要大大後延，但越勞認為最終取得勝利的條件是具備的。包括抗法戰爭勝利後十年來北方建設所積累的力量、蘇、中等社會主義國家的支援以及美國對印支政策在國內外環境中所受到的制衡等等。[2] 不過北越方面對於自身是否已具備同美軍發生正面衝突的能力顯然還沒有充足的信心。十一中全會提出的軍事方針中作戰的主要對象是南越政府軍，其目標是儘可能削弱西貢政權可以依靠的力量，而對於美軍，十一中全會提出，首先要從思想上做好與之作戰的準備，既不能有畏敵情緒，也不能主觀輕敵，以免臨陣出現思想慌亂震動。[3]

　　正因為認識到「局部戰爭」條件下尚不具備同美國「硬碰硬」的條件，逐步逼近的緊迫形勢迫使北越轉向蘇、中兩國尋求更大規模的援助。4 月 8 日至 9 日，黎筍及國防部長武元甲率黨政代表團北上在北京停留時正式提出希望中國能向越南派遣志願飛行員、志願部隊以及包括公路、橋樑工程等其他方面的人員，劉少奇表示只要越方提出需要，中方

1　"Đề cương báo cáo tại Hội nghị Ban Chấp hành Trung ương lần thứ 11 về kịp thời chuyển hướng việc xây dựng và phát triển kinh tế quốc dân phục vụ đắc lực nhiệm vụ cách mạng cả nước trong tình hình mới" (25-3-1965), *Văn kiện Đảng toàn tập* (tập26), tr.57-59; 越南國防部軍史研究院編：《越南人民軍歷史》（第二集），第 131-132 頁。

2　"Nghị quyết Hội nghị Trung ương lần thứ 11 về tình hình và nhiệm vụ cấp bách trước mắt" (25-3-1965), *Văn kiện Đảng toàn tập* (tập26), tr.97-99.

3　"Nghị quyết Hội nghị Trung ương lần thứ 11 về tình hình và nhiệm vụ cấp bách trước mắt" (25-3-1965), *Văn kiện Đảng toàn tập* (tập26), tr.104-105.

就盡力援助，請哪一部分就去哪一部分。[1]緊接着在 4 月 10 日至 17 日，越代表團訪問莫斯科，力求使蘇共領導了解越方的立場和主張，尋求蘇聯在政治、道義上的支持以及在軍事經濟上的援助。[2]在會後公佈的越蘇聯合聲明中，蘇聯表示將盡力支持北越的鬥爭，並且在必要的情況下將同意一些蘇聯人民支持越南人民正義事業的願望，向越南派遣志願人員參加戰鬥。[3]受到蘇聯黨的影響，東歐、西歐、蒙古等各黨亦陸續表態支持北越抗美救國鬥爭。在離開莫斯科之後，19 日至 22 日，越勞代表團一行返回北京，就中國援越部隊進入越南協助作戰問題舉行進一步協商。

　　5 月下旬，北越再次向中國派出經濟代表團，商談物資和成套項目的援助要求。越方提出希望中國能夠在 1965、1966 兩年內提供價值一億盧布以上的七大類物資。同時還要求中方再援助三十六項成套設備項目。其中有包括輕重機槍廠、迫擊炮彈廠、噴氣式飛機修理廠等在內的 12 個國防項目，包括蓄電池廠、醫療器械廠等在內的 21 個經濟項目以及包括 12 條國防公路在內的三個交通項目。[4]對於越方的上述要求，中國黨和政府決定以 1964 年鄧小平訪越期間提出的十億元人民幣的援款全部作為無償援助。[5]為適應這一大規模援越工作的需要，五月底，中共中央還決定成立中央援越領導小組，負責統一掌握援越的方針政策，決定重大支援任

1　劉少奇與黎筍談話記錄（1965 年 4 月 8 日），*77 Conversations Between Chinese and Foreign Leaders on the Wars in Indochina, 1964-1977*.

2　越南傳達其黨政代表團訪問蘇聯和兩次途經中國情況（1965 年 5 月 11 日），外檔，106-00860-02，第 32 頁。

3　Nguyễn Thị Hồng Vân, *Quan hệ Việt Nam-Liên Xô, 1917-1991: những sự kiện lịch sử*, tr.225-226.

4　對外經濟聯絡委員會關於和越南政府經濟代表團商談援助問題的請示報告（1965 年 5 月 28 日），外檔，106-01295-01，第 4 頁。

5　北越方面對於中國要求其轉向蘇東求助的要求表現顧慮，遲遲不願提出，而是反覆要求由中方承擔。後經批示，中方決定將其中五個和軍援有關的項目承擔下來，其他項目，在中方的壓力下，越方將四個項目劃分為七個小項目和一小部分物資向蘇東方面提出。對外經濟聯絡委員會關於同越南政府經濟代表團談判結果的報告（1965 年 7 月 10 日），外檔，106-01295-03，第 16-18 頁。

務，審批新增支援項目。[1]

　　除中國之外的各社會主義國家從 1965 年夏開始對北越的援助也陸續到位。除蘇聯的地空導彈業已運抵河內，正在進行基地建設外，波蘭的卡車和船隻，羅馬尼亞的機械和醫療器材，捷克、匈牙利的輕重武器及彈藥，朝鮮的化肥與鋼軌，古巴的食糖等都已處在裝載和待運的狀態。截止到九月中旬，蘇東國家及蒙古、朝鮮等國對越援助價值總額已達近 6300 萬元。[2] 比較而言，可以明顯看出，正如越方所承認的那樣，中國對北越提供的是「最真誠、最大、最有效的援助，任何一個國家的援助也不能同中國的援助相比。」[3] 能夠反映這一點的還有中國在人員上對北越的大力支持。從 6 月初到 9 月，根據中越雙方已經達成的協議，總數近 10 萬人的中方鐵道兵部隊、築路工程兵團、民工總隊、高射炮兵部隊陸續進駐越北地區分別從事鐵路搶修、搶建、國防公路修築、協同防空作戰等任務。[4] 中國援越部隊的存在，極大地減輕了北越在國土防空及後勤保障運輸方面的壓力，使得北方能夠抽調出大批人力開發南越和老撾戰場，拓寬中央走廊的運輸通道。[5]

　　得益於此，從 1965 年 4 月北越頒佈戰時兵役法開始，人民軍的規模不斷得到擴充，所有部隊均按戰時編制補充滿員，許多新番號部隊相繼成立，僅在 5 月份就有 15 萬人被動員入伍。到 1965 年底，北越主力部隊已增至 40 萬，形成了 10 個機動主力步兵師。其中一些人員、裝備滿員的戰鬥單位已做好準備隨時被調入南方戰場。[6] 由於等待進入南方部隊數量激增，加之需要南運的來自共產主義各國的大量物資裝備，越勞中

---

1 《楊成武年譜》編寫組：《楊成武年譜》，第 420 頁。

2 我分社翻譯所供情況（1965 年 9 月 13 日），外檔，106-01312-05，第 29 頁。

3 越大使談中蘇、匈援越問題（1965 年 5 月 14 日），外檔，106-01312-05，第 21 頁。

4 《楊成武年譜》編寫組：《楊成武年譜》，第 421-424 頁。

5 毛澤東與胡志明談話記錄（1965 年 5 月 16 日），*77 Conversations Between Chinese and Foreign Leaders on the Wars in Indochina, 1964-1977.*

6 越南國防部軍史研究院編：《越南人民軍歷史》（第二集），第 158 頁。

央在 4 月決定擴充長山運輸通道的規模，將 559 運輸部隊建成軍一級編制的戰略後勤部隊，使其運輸方式逐步擴大到以機械化運輸工具為主，形成以汽車部隊為核心的合成兵種運輸組織。同時，以抗美救國青年突擊隊的名義，北越還組織了數十萬青年男女開赴長山交通線和第四軍區一些重點地區進行築路和執行交通保障任務。[1] 在 1965 年間，經過 559 部隊運往南方的物資相當於 1959 至 1964 五年間的運輸總量，同時還有包括步兵、特工、炮兵在內的 7 個團、20 個營近五萬餘名軍人南下開赴前線。[2]

在盡全力支援南方戰場的同時，12 月底越南勞動黨召開三屆十二中全會。在此次全會上，黎筍作了「提升南北方人民鬥志，全力戰勝美帝及其走狗集團」的發言，勞動黨首次正式提出「抗美救國是全民族神聖任務」的口號，明確表示必須集中南北兩方的力量，在兩個戰場爭取決定性的勝利。越勞中央同時也承認，美帝國主義具有強大的經濟和軍事實力，但它的弱點表現在政治方面，因此抗美戰爭將是一場持久性戰爭，這也要求在鬥爭策略上應採取軍事鬥爭與政策鬥爭相結合的方針，綜合外交、兵運等手段決心戰勝所謂的「局部戰爭」。[3]

越南勞動黨三屆十二中全會至少反映出北越在兩個方面的態度，首先，在得到各共產主義政權支持的情況下，越勞已決心傾全黨、全國之力應對美國大規模參戰的現實，其次，越方認識到，想要在軍事上取得對美國壓倒性優勢的可能性幾乎不存在，而爭取戰爭形勢有利於己方的唯一辦法是通過軍事鬥爭在政治上施加壓力迫使美國做出讓步直至從印支半島撤退。南方局中央在 12 月底傳達十二中全會精神時進一步強調了

1　Nguyễn Thời Bưng, *Lịch Sử Nam Bộ kháng chiến, 1954-1975* (tập II), tr.421-422.

2　越南國防部軍史研究院編：《越南人民軍歷史》（第二集），第 163 頁。

3　"Nghị quyết Hội nghị lần thứ 12 của Ban Chấp hành Trung ương về tình hình và nhiệm vụ mới" (27-12-1965), *Văn kiện Đảng toàn tập* (tập26), tr.616-620.

這一點，指出儘管現階段軍事鬥爭仍發揮着決定性作用並將變得愈發關鍵，但軍事鬥爭的最終結果是要有利於政治鬥爭。[1] 越南勞動黨在十二中全會上對形勢的判斷及決定表明北越已做好準備以民族解放的名義和總體戰的方式承受巨大的國民犧牲，並要以軍事上無限制的消耗戰迫使美國人在政治上做出讓步直至最終退出印支半島。北越最高領導層之所以在此時下定決心傾力投入全面抗戰，來自蘇聯的支持不可不謂之關鍵。儘管中國提供的援助仍是最主要的，但莫斯科的援越行動在共產主義各國乃至世界範圍內所產生的影響顯然也是極為寶貴的。

12 月 11 日，《人民報》發表社論稱，從今年年初以來，蘇共、蘇政府和蘇人民就站在越一邊，同情、支持和幫助越反美鬥爭，兄弟的蘇聯人民的巨大支持和幫助將鼓舞北越軍民，不論美帝冒險「升級」到什麼地步，都將堅決把抗美鬥爭進行到底。[2]19 日，在河內巴亭禮堂舉行的慶祝越南南方民族解放陣線成立五周年的集會亦通過決議，熱烈感謝蘇聯、中國和其他社會主義兄弟國家的真誠支持。[3]

北越領導人無疑期望看到共產主義各政權緊密團結以支援其抗美鬥爭的局面，但事實是，在蘇聯新領導人上台之後，中、蘇之間圍繞援越問題而形成的相互競爭、排斥的局面進一步加劇。同赫魯曉夫時期拖延、壓縮援助甚至是提供已淘汰舊武器的做法相比，蘇聯新政府不但願意主動援越，而且提供的裝備質量也有了很大提高，其中防空導彈、噴氣式飛機、裝甲及自行火炮等重武器在 1965 年的交貨數量就已經達到或超過自 1954 年以來援越裝備的總和。[4] 越南勞動黨領導層對於蘇聯軍事援助的重要意義和作用顯然也是十分清楚的。在 1965 年 3 月會見訪越的蘇

1　Nguyễn Thời Bưng, *Biên Niên Sử Kiện Lịch Sử Nam Bộ kháng chiến, 1954-1975*, tr.798.

2　Báo Nhân Dân, 11-12-1965.

3　河內集會慶祝越南南方民族解放陣線成立五周年（1965 年 12 月 20 日），《兄弟國家和兄弟黨報刊資料》，第 2387 期，第 6 頁。

4　蘇聯對越南的軍事援助（1966 年 10 月 6 日），外檔，109-02853-06，第 38-40 頁。

聯軍事代表團時，胡志明等人即已表示，越南民主共和國的軍隊基本上裝備的是蘇聯的武器和戰鬥技術設備，蘇聯供應的這些軍事裝備，大大加強了越南的軍事力量。[1]

　　而越南勞動黨對於蘇聯新領導層的態度和觀點無疑是中國黨最為關注的。在 1964 年 10 月赫魯曉夫下台伊始，中國方面就在積極通過各種途徑了解勞動黨方面的反應。在 10 月 16 日同中國駐越大使朱其文的談話中，越勞中央政治局委員黎德壽表示，赫魯曉夫的下台是修正主義的一次大失敗，但現代修正主義還有社會基礎，還有勃列日涅夫集團，還有一整套統治機構，因此赫魯曉夫下台並不意味着修正主義的結束。黎還認為，中國黨有力地揭露了赫魯曉夫，這是國際共運中極大的功勞，是對各兄弟黨巨大的幫助。兩日之後，在越方的一次外事宴會上，長征再次向中方談到，赫魯曉夫雖然倒台，但蘇修的統治集團仍然存在，所以還需要繼續進行鬥爭。[2]越方對於蘇聯新領導人的看法，還反映在 23 日越勞統戰部長黃國越（Hoang Quoc Viet）同朱其文進行的談話中，黃認為，由於赫統治時期造成了蘇聯人民生活上極大的困難，勃列日涅夫等上台後執行了一些向人民討好的政策，使人民的生活得到某些改善，以爭取民心，但在政治上仍是在繼續執行修正主義路線。[3]

　　從以上情況可以看出，至少在以勃列日涅夫為首的蘇聯新領導層執掌政權之初，越南勞動黨內總體的傾向還是要在路線方針上保持同中共的一致，在反修問題上不能含糊。不過在這一時期，仍有一些跡象表明，越勞對蘇聯黨的新領導人已經流露出一些期盼改觀的想法。根據阮文詠向中方通報的信息，在 10 月 20 日左右，越勞中央專門召開會議研究赫魯曉夫下台後的有關情況。越方提出，必須把反修鬥爭進行到底，

1　李丹慧編：《中國與印度支那戰爭》，第 142-143 頁。
2　越南對赫魯曉夫下台的反應（1964 年 10 月 16 日），外檔，109-03518-06，第 79-81、89 頁。
3　赫修下台的反應（1964 年 10 月 24 日），外檔，109-03518-06，第 97-98 頁。

同時在策略上可以作些適當的改變。關鍵是要從外部對蘇共領導施加壓力，進行分化，迫使其做出改變。胡志明在 30 日會見中方體育代表團時也坦露了自己的想法，認為目前的蘇共領導人站在中間，需要首先穩定局勢，從近來蘇聯公開發表的材料看，情況有了一些好轉的跡象，不過要在短時間內有大的變化也不可能，所以越方不能希望蘇方突然來一個大轉彎，只能希望他們逐漸改變。[1]

　　對於蘇共態度的轉變以及中國黨的態度，越南勞動黨表現的十分謹慎。特別是當一月底，柯西金確定訪越之後，越勞意識到，此次蘇聯領導人訪越，有積極的一面，也有消極的一面。積極的一面是越方可以利用蘇聯對南越的支持、對北方的援助，使南方解放鬥爭更加有利。消極的一面是，在國際上可能會引起一些社會主義國家的誤解和懷疑。因此越方在第一時間將有關蘇代表團訪越事項通知了中國、朝鮮和阿爾巴尼亞。[2] 在同中國方面的進一步接觸中，越方承諾將根據九中全會決議確定的基礎和方向，本着一貫的對外對內路線，堅決反對蘇方分裂共運、破壞民族解放運動、堅持赫魯曉夫路線，並表示越黨完全同意中國的觀點，認為蘇聯領導人的本質沒有變，蘇聯在國際共運中的基本路線沒有改變。但同時越方也試圖向中方解釋，越南在策略上與中國有所不同。中國是堅決鬥爭，「我們是注意方法，爭取他們向好的方向轉變，發揮他們的積極因素」。越南的實際情況不同於中國，方法上也應不同。[3]

　　越南黨的上述表態意在安慰中國，使中共相信蘇越之間的接觸不至於影響越南黨一貫的方針政策。但隨着柯西金在訪越期間做出一系列的承諾，直至蘇越聯合聲明的出現，中方開始察覺到越勞方面的一些態度已經出現了偏離。這其中一個最直觀的表現就是越幹部羣眾普遍對蘇代

1　對赫下台的反應（1964 年 10 月 26 日），外檔，109-02679-01，第 2-3、5-6 頁。
2　越勞對柯西金訪越的看法和應注意事項（1965 年 2 月 3 日），外檔，109-02875-02，第 13 頁。
3　越建委委員談柯西金訪越問題（1965 年 2 月 5 日），外檔，109-02875-02，第 16-17 頁。

表團訪越的積極作用估計較高，對越蘇聯合聲明頗為滿意。特別是一些高級幹部認為柯西金此次來越說的一些話還不錯，聯合聲明也不錯，超出了越方原來的要求。在河內，已經流傳出許多美化蘇聯的說法，用來證明蘇聯代表團表現的確不錯，說明蘇修的確有所轉變。[1]另據情況彙報，越勞中央領導在 2 月 12 日專門召開關於蘇聯代表團訪越和越南局勢的會議，在會上黎筍等人指出，在柯西金這次訪問過程中，越勞動黨通過對蘇聯所進行的工作，完成了對越南民族的義務，並且也在國際義務方面作出了貢獻，這是個很大的勝利。通過談判，蘇聯代表團接受勞動黨對越南南方的政策路線，承認在南越拿起武器進行鬥爭是必要的。這是一個大轉變。同時在談判中，蘇代表團基本上也贊同只有對美帝進行鬥爭才能保衛和平的觀點，這也是蘇聯的一個大轉變。因此，蘇共新領導有消極的一面，也有積極的一面，積極的一面正在發展。「蘇聯對越南的支持，明確反帝，這是一個很大的勝利。有些人有些錯誤的看法，他們沒有結合當前的實際。越南當前是千鈞一髮的嚴重時刻，目前越南的一切正常都應該是保衛祖國和救亡的正常。有人認為勞動黨是受騙了，這是不對的，勞動黨是不會受騙的，這次訪問對越南是十分有利的。」[2]

由此不難看出，越南勞動黨決定接受蘇聯新領導人的示好，其考慮的重點是在當前抗美救國戰爭壓力下爭取援助的需要。而關於意識形態路線問題，在柯西金此次訪問過程中，越勞仍較為堅定地選擇了同中國保持一致的立場。在同蘇聯人的會談過程中，越勞領導人曾直率地提出一些對重大問題的觀點，批評了蘇共對待阿爾巴尼亞勞動黨（阿勞黨）、中共、日共以及在中印邊界問題等重大問題上的錯誤，還批評了蘇共對美國侵略越南北方所持的錯誤態度。對於蘇代表團希望越南參加 3 月 1

---

1 越幹部和群眾對柯西金訪越的反映（1965 年 2 月 18 日），外檔，109-02857-04，第 57-58 頁。
2 報黎筍作蘇代表團訪越和越南局勢報告摘要（1965 年 2 月 14 日），外檔，109-02833-02，第 20-22 頁。

日 26 國共產黨會議的建議，越方回覆稱，在蘇、中兩黨和其他兄弟黨未就此會議達成協議前，越勞絕不參加。另外，春水等人還提醒柯西金，蘇共對社會主義陣營和國際共運的團結負有責任，如果造成分裂，蘇共應承擔責任。[1]

　　儘管如此，蘇越之間的此次接觸還是被外界解讀為莫斯科重建對越南民主共和國和東南亞影響的一個舉動，特別是共產主義世界以外的觀點普遍認為，蘇新領導人要抓社會主義國家的團結，反擊中國離間蘇同亞非各國關係的企圖，進而「成功地在毛的思想陣線中打入了楔子」。[2] 而這種看法無疑也正是中共所最為擔心的。駐越使館在 2 月 13 日的彙報中分析認為，柯西金訪越，特別是蘇越聯合聲明基本滿足了雙方的要求，也是近幾年來蘇聯發表或參加簽署的文件中反美調子最高的一個，同越捷公報相比有很大區別。正因為這樣，它也就具有相當的欺騙性，已經並將繼續使部分越南幹部和羣眾中對蘇新領導產生不切實際的幻想，甚至在亞非拉地區也將產生不良的影響。[3]

　　中國黨認為柯西金訪越僅僅是蘇修欺騙伎倆的一個重要理由是中方認為蘇共的真實目的是要取得代表越南和社會主義陣營的身份從而獲得同美國討價還價的資本。柯西金在北京和河內期間，就曾提出過各社會主義國家發表支持越南、反對美國的聯合聲明問題。到 2 月 16 日，蘇方又向中、越兩黨發出通告，再次提出了召開關於印度支那問題的新的國際會議問題的建議。關於後一個提議，越南勞動黨認為在美國強化南越戰爭及侵犯北方的時候，提出召開日內瓦會議是不妥當的，但對於聯合聲明的問題，越方認為在當前形勢下，各社會主義國家表示強有力支持越南南北反美鬥爭，是很切合實際的，因此越方準備積極研究和準備這

1　越外長春水談柯西金訪越情況（1965 年 2 月 19 日），外檔，109-02857-04，第 61-62 頁。

2　丹報對柯西金遠東之行的看法（1965 年 2 月 19 日），外檔，109-02857-06，第 114 頁。

3　對柯西金訪問的分析及看法（1965 年 2 月 13 日），外檔，109-02857-03，第 49-50 頁。

一聲明並請中方儘快提供意見。[1]但中共並不打算在這個問題上給予蘇方任何支持。北京方面在經過考慮之後認為，一旦發表了聯合聲明，美國就可以把蘇聯當作打交道的對手，搞政治交易，而把越南和中國晾在一邊，更何況蘇聯還要召開 3 月 1 日的分裂會議，在這個時候提出由各社會主義國家發表聯合聲明，蘇聯就可以把它同 3 月 1 日會議聯繫起來，騙大家去參加會議，這是中國絕對不能同意的。[2]中國黨的態度迫使越勞不得不對聯合聲明問題進行重新考慮。在 28 日給中方的答覆中，范文同表示，中國同志認為發表聯合聲明有困難，我們可以進一步考慮和研究，由於各社會主義國家已經分別發表聲明，不再發表聯合聲明也是可以的，雖然沒有聯合聲明，各社會主義國家仍可以按照自己的態度，繼續支持越南。范還特別強調，越方毫不懷疑，中國的支持是極其強而有力的，也是最基本的。[3]

儘管在國際會議及聯合聲明問題上聯合越勞黨抵制了蘇聯黨的提議，但中共並不能阻止三月初莫斯科共產黨和工人黨代表協商會議的舉行。在中國、越南、阿爾巴尼亞等七個黨拒絕參會的情況下，此次會議通過了關於越南事件的聲明及公報。號召各國共產黨人把注意力集中到反帝的迫切任務上來，支持越南的反帝鬥爭，聲援越南人民和越南勞動黨以及越南南方民族解放陣線。莫斯科三月會議對於蘇共來說是保住其在國際共運中領導地位的一個有力舉措，而對於中共來說，由於蘇聯黨率先在援越行動中打出了反帝、支援民族解放運動和人民革命的旗幟，從而使得自己陷入了極為被動、尷尬的境地。[4]正因為如此，中共對三月會

1 越方對有關召開關於印支問題新國際會議的意見（1965 年 2 月 18 日），外檔，109-02861-03，第 25 頁。

2 中國方面覆十八日電（1965 年 2 月 27 日），外檔，109-02861-03，第 29-30 頁。

3 向越轉達我對蘇關於新的國際會議的建議等情況（1965 年 2 月 28 日），外檔，109-02861-03，第 39 頁。

4 沈志華主編：《中蘇關係史綱 —— 1917-1991 年中蘇關係若干問題再探討》（增訂版），第 416 頁。

議立刻做出了激烈反應，並迅速開動宣傳機器同蘇共展開新一輪的意識形態鬥爭。在 3 月 23 日的《人民日報》上，中方指出，三月會議是「一個公開分裂國際共產主義運動的極其嚴重的步驟」，「國際共產主義運動的兩條路線的鬥爭，已經進入了一個新的階段」。[1] 中方相信，三月一日的分裂會議同之前蘇聯提出的支持越南的聯合聲明以及召開關於印支問題的國際會議的建議是蘇共新領導的一整套行動，其目的在於裝出反帝模樣，掩蓋其分裂面目，援助越南，以便插手越南，並進而同美國交易，這種做法同赫魯曉夫把導彈運進古巴實質上是一樣的。[2]

　　莫斯科三月會議是國際共產主義運動正式分裂的一個標誌，在此之後，中共帶領着國際共產主義運動中一批左派政黨同以蘇共為首的所謂修正主義派別正式分道揚鑣。但這一結果無疑將越南勞動黨置於極為困窘的處境之中。在抗美戰爭正需要來自中、蘇兩國合力援助的關鍵時刻，越勞卻又不得不面對兩個共產主義大黨徹底對立的現實。勞動黨中央政治局在對中共抨擊蘇共的宣言進行研究之後，於 3 月 17 日委派黃文歡向中方轉達意見。越方表示，對於 3 月 1 日會議，越勞同中共的態度是一致的，越南沒有派代表去參加，對會議發表的公報和支持越南反美的決議，越方都不予公佈。關於對蘇聯的看法，越勞認為，莫斯科執行的仍是修正主義的路線，在對內政策上幾乎沒有什麼改變，在對外政策上也沒有什麼很積極的東西，儘管在口頭上對南越反美鬥爭、亞非拉民族解放運動等問題表現得較為有利，但同時他們又在同美國拉關係。黃文歡向中方保證，越南勞動黨對於蘇共新領導的行為及其中暗藏的危險是看得到的，是很警惕的，是不會輕易相信他們的。越南勞動黨仍然認為，六中全會反對修正主義的路線，是正確的，仍需堅持這一路線，

1　《人民日報》，1965 年 3 月 23 日。

2　關於越南問題的外交通報：1965 年 3 月份外交通報（1965 年 3 月 5 日），外檔，106-01319-02，第 12-13 頁。

保持對內對外的反修鬥爭。但同時黃也談到，目前越南處於反美鬥爭的前哨，在南越進行着真刀真槍的戰爭，在北方也已經開始進行這樣的戰爭。即使蘇聯只是在口頭上表示支持，越方也要保持同他們的統戰關係，並且要在一定程度上表示歡迎。針對中國黨對蘇共的攻擊，越方也委婉地提出自己的意見：中國同志從中蘇關係的情況出發，並且中國在國際共運中所處的崗位與越南不同，中國黨的批評，「我們相信，是經過很仔細的考慮的。因此，總的說來，我們只看到有這樣一點，就是在文章中提法和用字都重，這一點意見，僅供考慮和參考。」[1]

越南勞動黨在 3 月 17 日的回覆顯示出河內希望表明自己在路線方針上仍選擇同中共站在一起，唯建議中國黨能夠在方式上不要顯得過於咄咄逼人，從而使得越勞的處境更加難堪。但從實際情況來看，中方並沒有去考慮越南黨的建議。相反的是，中共認為，「繼續揭露現代修正主義者的本來面目」是反帝鬥爭的必要條件。[2] 加之中國的外交路線在 1965 年下半年進一步向極左方向傾斜，在此之後，中、蘇之間在各種場合的激烈較量愈演愈烈，令越勞更加難以適從。在六月份召開的第四屆亞非團結會議和國際工會援越抗美會議上，根據越方人員的記述，在同蘇聯代表爭論派志願軍和購買武器問題時，中國代表團團長不但拍了桌子，還動不動就提出威脅，要在大會上展開爭論。阿爾巴尼亞代表發言時，蘇聯代表低着頭，兩手拄着桌子，非常難受，越方代表「看到這種情況兩根血管都要漲裂了」，但中國攝影師還到蘇代表團面前拍電影、拍照片。越代表認為，蘇方在此情況下本來可以走，但「為了越南人民的鬥爭，沒有走。」[3]

1　越南領導人黃文歡向我駐越大使朱其文通報越方對蘇聯共產黨中央及有關問題的看法（1965年 3 月 17 日），外檔，106-01303-03，第 89-91 頁。

2　《人民日報》，3 月 23 日。

3　孫光閱等就四屆亞團會和國際工會向河內記者作報告的情況（1965 年 7 月 2 日），外檔，109-02858-03，第 101 頁。

　　1965 年 4 月 3 日，蘇共中央及蘇聯部長會議分別致電中、越兩黨，提議舉行中、蘇、越三方代表的最高級會晤，以討論進一步維護越南民主共和國安全的措施。[1] 對於蘇共的這一提議，越勞方面表現出希望能夠落實此次會晤的願望，認為這一次蘇方可能會提出援助越南反美問題，也可能提出所謂「和談」問題，但不管談什麼，都是可以舉行會談的，可以通過會談了解蘇方的態度，因此越方建議中共同意舉行此次三黨會談並將會談地點選在北京。[2] 但中國黨顯然不打算在聯合行動問題上採取任何配合莫斯科的舉動。在 4 月 5 日，中共即向駐越使館發出電報，要求轉告越方在兩三天內派負責人到武漢或南寧當面商談此事。[3] 在隨後的 4 月 8 日、9 日兩天中，中國黨成功地「說服」了越勞黨改變了原先的態度轉而接受中方的立場。在 4 月 11 日給蘇共中央的回信中，中方毫不客氣地否定了舉行三方會晤的可能，稱中越之間早已就各重大問題取得一致意見，不需要再談，並挖苦蘇聯倒是很有必要同越南舉行雙邊會談，因為蘇方的援助實在太少。[4] 三日之後，中方進一步以極具火藥味的口氣批判蘇共凌駕一切的老子黨作風，稱三國最高級會晤的建議是貫徹蘇聯綏靖主義和大國沙文主義路線的一個重要步驟，是試圖將中、越捆綁在蘇美合作主宰世界的馬車上的露骨表現。[5] 至此，中方徹底否定了中蘇在越南問題上建立合作的最後一絲可能。

　　不可否認，中共強硬拒絕蘇共建議的目的，除了有抵制蘇聯插手印支事務的意圖外，還存在告誡越南勞動黨打消依賴蘇聯的念頭，促使其

1　蘇黨政領導人給我黨政領導人的信件（1965 年 4 月 4 日），外檔，109-03978-01，第 3-4 頁。

2　越方轉告關於蘇共建議舉行蘇、越、中三黨最高級會談事（1965 年 4 月 5 日），外檔，109-03978-06，第 42 頁。

3　中央關於請越領導同志來華商談蘇建議問題給朱大使電（1965 年 4 月 5 日），外檔，106-00860-01，第 27 頁。

4　我黨中央、國務院對蘇聯方面建議舉行中國、蘇聯、越南最高級會晤一事的覆函（1965 年 4 月 11 日），外檔，109-03978-03，第 11-12 頁。

5　給蘇共中央、蘇部長會議四月十七日來信的覆信（1965 年 7 月 14 日），外檔，109-03987-05，第 31、37 頁。

黨內所謂「健康力量」堅定立場的考慮。中國領導人已經不止一次提醒越勞警惕站在中越之間的修正主義者，並反覆告誡越方蘇聯的援助不真誠，目的在於控制越南、孤立中國。[1] 但來自中方的解釋和壓力並沒能阻止北越同蘇聯進一步接觸的步伐。4 月 10 日至 17 日，在以黎筍為首的越代表團對蘇聯進行的訪問中，越勞不僅進一步獲得了三億盧布的援助承諾，而且在抗美戰爭的一些根本性問題上同蘇共取得了一致意見。[2] 在此次會晤後形成的《越南、蘇聯聯合聲明》中，越方強調，蘇聯的國際主義與多方面的援助對於越南民主共和國來說有着重要意義，越黨和政府對蘇聯人民、蘇聯黨和政府「充滿兄弟情意和無產階級國際主義精神的巨大支持和援助表示衷心感謝。」[3]

在蘇越聯合聲明公佈之後，越方即大力進行宣傳。越廣播電台從十八日中午起連續多次播送這一聲明。十九日，河內各越文報紙紛紛破例停止休刊，在重要位置全文刊登了聯合聲明，並都就此發表社論。二十日，《人民報》又發表長篇評論，認為聯合聲明是個「歷史性的文件」，是「蘇聯人民和我國人民偉大一致的光輝表現」，評論還極高地評價了蘇聯的「支援」，特別突出蘇聯同越的反美救國路線是一致的，稱「強大的蘇聯、中國和整個社會主義陣營是我們越南人民的牢固的後盾。」同時《人民報》的社論還強調了當前社會主義陣營各國團結的重要性，認為「越南和蘇聯之間團結的加強以及社會主義陣營兄弟國家團結的加強，……是非常重要和十分迫切的。」[4]

通過越勞中央的一系列表態可以得出的一個結論是，4 月 17 日蘇越

1　沈志華主編：《中蘇關係史綱 —— 1917—1991 年中蘇關係若干問題再探討》（增訂版），第 421 頁。

2　越南傳達其黨政代表團訪問蘇聯和兩次途經中國情況（1965 年 5 月 11 日），外檔，106-00860-02，第 32 頁。

3　中共中央對外聯絡部編：《越南在蘇共新領導人上台後關於國際共運的言論資料彙編》，1966 年 4 月，第 59-60 頁。

4　告越方對越蘇聯合聲明反映情況（1965 年 4 月 21 日），外檔，109-02858-01，第 13-14 頁。

聲明的出現表明越南勞動黨在意識到無法調解國際共運內部矛盾的情況
下，已經決定要在中、蘇之間維持一個平衡的局面。當然，即便是這種
平衡也意味着北越正在偏離中國黨的路線方針。因此到四、五月間，中
共中央及有關部門陸續就越南問題的宣傳工作發出指示，要求熟悉和掌
握新的背景和動向，跟上形勢發展，主動進行對外鬥爭。[1] 在這種情況下，
中方對蘇聯攻擊的矛頭重點轉向蘇聯在越南和談問題上的活動，着力揭
露修正主義者怕戰求和、屈從美帝、出賣越南革命、孤立中國的醜惡嘴
臉。[2] 但隨即，蘇方開始在多個場合大談特談中國阻撓援越物資過境的問
題。東歐各國及古巴、蒙古、芬蘭等也紛紛在各自黨報中宣傳此事。蘇
共還在印尼等左派黨及羅馬尼亞黨面前稱中國阻撓蘇聯援越是害怕被美
國發現而招致麻煩和不利。到三月中旬，蘇聯亦開始通過印度、美國、
丹麥等國的報刊和通訊社散佈有關中國阻撓援越物資過境的消息。[3]

　　中蘇兩黨在和談及援越物資運輸問題上爭執實際上觸及到了北越統
一戰爭方針的根本利益，這也是河內方面最為擔心的。儘管越南勞動黨
方面極力進行辯護和批駁，稱中國一貫全力支持越南的鬥爭，所謂「中
國阻撓蘇援越武器過境」是西方電台廣播的消息，是帝國主義及其走狗
捏造的和卑鄙的挑撥陰謀。[4] 同時向中方承諾，越勞中央和政府認為，中國
人民在抗美救國戰爭給予了越南巨大而真誠的幫助，但有些援助國對這
方面了解不夠，沒看到中國所作的努力和付出的犧牲，一些國家對中國
有些不好的輿論，說中國阻礙運輸工作。越勞中央和政府將爭取有利機

1　介紹坦桑尼亞使館在越南問題上對外宣傳工作小結（1965 年 5 月 24 日），外檔，106-01271-
　　02，第 22 頁。
2　關於就越南問題對外進行宣傳的意見（1965 年 4 月 23 日），外檔，109-03618-09，第 87 頁。
3　蘇修在越南問題上假支持真出賣的情況（1965 年 5 月 21 日），外檔，109-03654-02，第
　　18-19 頁。
4　蘇聯污蔑中國阻礙其援助越南及有關情況大事記（1965 年 12 月 6 日），外檔，第 133 頁。

會向援越國家說明中國在援越運輸上所表現的熱情。[1] 但應當看到，中蘇之間的相互攻訐仍對北越產生了相當的負面影響。越南勞動黨十分清楚，中蘇之間在貨運問題上產生衝突的根源還是在於兩黨之間意識深處的分歧，而正是這種分歧使得一些原本可以協商解決的技術上的問題變得複雜不堪。蘇東國家的宣傳中的確充斥着許多不實的污衊中國的言論，但中國黨試圖阻止越勞向蘇聯尋求援助卻又是客觀存在的事實。[2]

11 月 11 日，中共的《人民日報》刊發題為《駁蘇共新領導的所謂「聯合行動」》的文章，再次宣稱在越南問題上絕不會同執行赫魯曉夫修正主義路線的蘇共新領導採取任何聯合行動。[3] 然而就像民主德國的《新德意志報》隨後刊發的文章所說的那樣，各共產黨和工人黨，特別是蘇共、越黨和中共就反美侵略的共同措施、就協調對越援助進行會談是迫切必要的。如果人民中國領導人覺得願意同蘇聯進行這樣的會談和採取具體的聯合行動，人們有理由預料美帝的干涉會立即失效。[4] 這種局面實際上也正是越南勞動黨所期望看到的，但遺憾的是中國黨始終不願為反帝鬥爭而擱置同蘇聯的路線分歧，在抗美救國戰爭的關鍵時刻，越方不免會認為中方的行為已不僅僅是「有理無情」了，而是「無理無情」。因而從 1965 年下半年開始，在越南領導幹部中已經陸續出現一些針對中國的異樣看法，一些人認為中國現在變了，中國反修，是因為同蘇有民族仇恨，是為了爭奪領導權。越勞黨內一批因修正主義傾向曾遭到批判的人向中央提出：蘇共新領導只少了一個赫魯曉夫，路線整個還是過去的一套，過去批蘇聯是修正主義，現在又說它不是修正主義，這說明過去的

1 中國越南關於援越物資運輸問題會談記錄（1965 年 11 月 23 日），外檔，106-00879-09，第 114-115 頁。
2 周恩來與范文同談話記錄（1965 年 10 月 9 日），*77 Conversations Between Chinese and Foreign Leaders on the Wars in Indochina, 1964-1977.*
3 《人民日報》，1965 年 11 月 11 日。
4 蘇聯污衊中國阻礙其援助越南及有關情況大事記（1965 年 12 月 6 日），外檔，109-02850-02，第 141-142 頁。

批判是錯的，要求平反。此外，在內部傳達的指示中，越方還提出外援都有各種各樣的複雜動機，因此要強調自力更生，不受他人支配。[1]同時，越勞亦開始強化黨內對「民族立場」的意識，提出「無產階級立場必須同民族利益聯繫在一起，沒有民族立場就不會有社會主義革命」。[2]

種種跡象表明，從 1965 年開始，越南勞動黨正在悄然改變自 1963 年以來在方針路線上向中國黨靠攏的趨勢。儘管中國仍被強調為援助越南的基本力量，但對華的排斥和抗拒心態已有隱隱抬頭之勢。例如越南《歷史研究》等刊物在這一時期連續登載的文章歷數過去越南民族反抗中國封建王朝的戰爭，宣傳中國封建統治者「侵略」越南的歷史，藉古諷今，意在含沙射影地指責中國黨在一些問題上對越勞施加的壓力。[3] 1965年 12 月，勞動黨三屆十二中全會討論研究的問題之一就是北越在當前複雜國際局勢下的立場。期間黎筍作了重要報告並作出指示，提出北越應當在中國與蘇聯之間保持獨立自主，並特別強調，儘管蘇聯和中國的革命為越南革命提供了很多經驗，但越南革命依然存在着其獨特性，這要求勞動黨必須以獨立自主的精神開闢適合自己實際和環境的道路。[4] 對比之前拒絕蘇聯黨保持中立的要求，堅持與中共並肩反修的態度，勞動黨的這一轉變已經是一個十分明確的信號，也即在對中國的離心力加大的同時，越南民主共和國正在進一步向蘇聯靠攏。

1966 年 1 月初，以蘇共中央書記謝列平（Shelepin）為首的代表團赴河內進行訪問。越各報都在一版重要位置刊登了蘇聯代表團的消息、名單、謝列平的照片和小傳、社論。期間，《人民報》發表社論，稱蘇代表

1　越南領導幹部對中、蘇的一些看法（1965 年 8 月 24 日），外檔，109-02858-01，第 47-48 頁。

2　黎筍等越南領導人在國內問題上的一些提法（1965 年 11 月 7 日），外檔，106-00882-02，第 55-56 頁。

3　郭明主編：《中越關係演變四十年》，第 102 頁。

4　"Bài nói của đồng chí Lê Duẩn Bí Thư nhất Ban Chấp hành Trung ương Đảng tại Hội nghị lần thứ 12 của Trung ương về phần khởi tiến lên, đem toàn lực của nhân dân hai miền đánh thắng đế quốc Mỹ và bè lũ tay sai" (12-1965), Văn kiện Đảng toàn tập (tập26), tr.583-585.

團時「偉大蘇聯人民的使者」，並以大量篇幅稱讚蘇聯對越南的援助，並將蘇對越的援助同中國提供的援助等同起來。更為重要的是，在雙方舉行會談的過程中，越方表示將接受邀請，派出代表團參加即將舉行的蘇共二十三大。[1] 在 1966 年 3 月，中共中央做出拒絕參加二十三大，同蘇共斷絕組織關係的決定的情況下，越勞的表態說明河內實際上已經拒絕了在反對現代修正主義的路線上繼續追循中國，北越逐漸向蘇聯靠攏的趨勢已不可避免。而在這種情況下，原先中、越、老黨在印支地區的合作局面也不可避免地趨於瓦解。

二、巴特寮的政治軍事形勢與河內對老撾人民黨控制的加強

自 1964 年 5 月美國在老撾發動空襲行動特別是 12 月底針對巴特寮及北越滲透活動的「滾桶」（BARREL ROLL）行動展開以來，美國實施空中打擊的範圍已經擴展至共產黨人控制下的幾乎全部根據地，同時在 1964 年底旱季到來之際，老撾王國政府軍也在苗族軍官王寶（Vang Pao）的特種部隊（共產黨方面稱之為土匪，實際上是一個多民族的混合武裝）的配合下對巴特寮各解放區不斷發動蠶食進攻。儘管在 1964 年初，約翰遜政府曾考慮過派遣跨境地面部隊進入老撾對北越滲透者實施更有效的打擊，但由於南越戰場的擴大需要暫時穩住老撾並維持其表面上的中立，加之老撾皇家軍隊的不堪一擊的戰鬥力，使得美國人在隨後放棄了這種想法。[2] 在這種情況下，對共產主義者懷有深深敵意的王寶及其招募的少數民族武裝成為美國及皇家老撾政府可供依賴的襲擾巴特寮的主力。

事實上，美國情報部門在 1959 年初即在王寶的協助下招募高地少數民族成立對抗巴特寮武裝和北越志願軍的特種部隊。自貢勒政變之後在

1　謝列平訪越情況（1966 年 1 月 7 日），外檔，109-03995-02，第 69 頁。

2　Office of Joint History Office of the Chairman of the Joint Chiefs of Staff, *History of the Joint Chiefs of Staff: the Joint Chiefs of Staff and the War in Vietnam, 1960-1968, Part II,* p351.

查爾平原及其周邊爆發的戰爭致使大量少數民族淪為難民。王寶利用美國的援助以及巴特寮在民族政策上的失誤得以迅速擴充了其手中的武裝力量。到 1964 年末，武裝土匪的活動已經給老撾共產黨人帶來十分現實的威脅。根據巴特寮方面的報告，王寶的部隊已經在桑怒省駐紮了三個裝備優良、富於山地叢林作戰經驗的地方主力營，另外還有十六個別動隊和大量民衛隊，控制了相當數量的民族頭人和封建骨幹分子，挾持了大批民眾。桑怒全省已經被其佔去了四分之一到三分之一的地方。[1] 為此，巴特寮不得不集中精力以應對匪患。10 月 19 日至 21 日，寮中央召開軍事幹部會議，集中討論桑怒地區清剿土匪問題，提出爭取在二至三年內，徹底肅清匪患，使桑怒省不再有敵軍陣地，把桑怒建設成為中央根據地，並和川壙、琅勃拉邦、豐沙里連接起來。

對於桑怒剿匪問題，中國駐桑怒工作組認為其中最為關鍵是寮方對桑怒土匪沒有進行全面的、階級的、本質的分析，沒有認識到桑怒剿匪鬥爭，實際是嚴重的、尖銳的階級鬥爭。所謂桑怒土匪是包括敵人正規部隊、別動隊和民衛隊在內，巴特寮過去沒有發動羣眾進行民主改革，不僅在敵佔區敵人的社會基礎原封未動，在解放區也有敵人的雄厚的社會基礎。相反，也正由於沒有發動羣眾，寮方也沒有階級力量可以依靠，這才是土匪長期不能消滅，敵人可以猖狂活動的主要原因。因此，老撾當前的全國鬥爭應該是以民族鬥爭為主，但在桑怒則主要是階級鬥爭。這一點問題，巴特寮方面還沒有意識到。他們所說的以政治鬥爭為基礎，以經濟為槓桿，僅僅是向羣眾作些宣傳工作，自上而下地由幹部選擇一些人，成立鄉村政權及愛國戰線組織，給受損害或生活苦的羣眾發放一些物資，再多也就是開商店、辦學校。既不強調發動最基層的羣眾，培養羣眾中的積極分子，開展對敵鬥爭，也不強調在發動羣眾運動

1　寮方剿匪問題（1964 年 10 月 24 日），外檔，106-01321-02，第 19-20 頁。

基礎上自下而上地建立革命政權及鄉村羣眾組織，只是籠統提出所謂民族政策、羣眾政策、戰利品政策、傷病員、烈士政策、瓦解敵軍政策等等。[1]

在這其中，尤其令中方工作組不滿的就是巴特寮的民族政策及瓦解敵軍政策。一個顯而易見的事實是，在寮中央根據地活動的土匪大部分都是苗族。長期以來，由於寮方民族政策沒有搞好，使苗族產生民族仇恨，同時寮方在發動羣眾生產、改善人民生活方面也做得不夠，對苗族又只籠統強調團結上層頭人，沒有強調如何通過團結頭人，爭取苗族羣眾。[2] 此外在瓦解敵軍方面，巴特寮部隊一向重視不夠，紀律較差，隨便抓人、殺人，隨便用槍威脅老百姓。抓住苗族之後，不問是否土匪就隨便殺掉。而對於這些違反紀律的問題，寮方上級一直沒有嚴肅處理過。加上敵方慣常利用小恩小惠收買苗族、挑起民族矛盾。所以地方上的匪情一直未斷，且日益嚴重。匪部不但襲擊解放區村，搶劫居民財產，進行反動宣傳和抓丁，有時甚至滲入桑怒市活動。[3]

儘管意識到老撾人民黨在武裝鬥爭的方針政策上存在着一些較為嚴重的問題，但中方顧問組仍持十分謹慎的態度，並沒有立刻着手施加影響。事實上，從進駐桑怒伊始，中國方面就已經注意到，老撾重大問題的解決，不是寮方中央單獨可以決定的，北越派駐的專家顧問在其中扮演着更為重要的角色。工作組做好調研工作的前提是首先要搞好越、老、中三方的關係。[4] 同時來自北京方面的指示也認為，對老工作必須認真貫徹既要積極，又要慎重的原則。提醒工作組要認識到，兩個國家、兩個黨，其間總是有界限的。各個國家的革命，主要靠各國人民自己的努

1　寮方剿匪問題（1964 年 10 月 24 日），外檔，106-01321-02，第 22-24 頁。

2　寮方在桑怒地區剿匪計劃（1964 年 11 月 26 日），外檔，106-01189-01，第 60-61 頁。

3　寮方剿匪問題（1964 年 10 月 24 日），外檔，106-01321-02，第 19 頁。

4　駐桑怒工作組三個月來與寮、越方同志接觸情況彙報（1964 年 5 月 9 日），外檔，106-00806-03，第 12 頁。

力和經驗。中國黨對兄弟黨的事業應該積極支援，但不可過分熱心，不能憑主觀願望辦事，更不能包辦代替。在此基礎上，在 1964 年 7 月河內中、越、老三黨會談中，周恩來提出由中越兩黨協助老撾黨進行社會調查，並建議人民黨在上中下寮和桑怒、川壙地區選擇幾個點進行社會調查和民主改革試點工作。中方認為進行社會調查和民主改革這項工作，只有依靠寮方自己的努力才能搞得好，駐桑怒工作組不宜直接插手。在試點過程中，工作組可派人進行協助，在如何進行社會調查和階級分析等問題上，幫助寮方出些主意，提供一些意見和經驗，供他們參考，但也只有在寮方提出要求、越方贊同的前提下，方可這樣做，決不強加於人。[1]

　　不過也正是在深入巴特寮內部和基層進行調查之後，中方發現，在老撾革命中存在着許多嚴重的根本性問題，這些問題若不及時解決，「勢必影響到老撾革命的繼續鞏固深入發展，不利於持久鬥爭，甚至在某種情況下老撾革命有遭受挫折的可能。」總的來看，老撾人民黨還未能把馬列主義普遍真理與老撾革命的具體實踐很好地結合起來。究其原因，是由於「老撾在歷史上長期動亂，長期處於外國統治之下」，近二十年來，老撾一直處於戰爭狀態，局勢變化劇烈，革命是跳躍式的發展，各解放區都曾經過幾次起伏，未打下較深厚的基礎；老撾革命「突出的鬥爭形式是激烈的武裝鬥爭和政治外交鬥爭」，工人階級力量微弱，領導革命的公開組織形式一直是統一戰線性質（從伊沙拉運動到愛國戰線黨），「這在客觀上和在一定程度上掩蓋了階級鬥爭的實質」；此外重要的一點是，老撾人民黨是從印度支那共產黨分出建立的，長期處於越南勞動黨的幫助和影響之下，一直缺乏獨當一面的鍛煉。「一切重大問題的決策來自河內，各種實際工作主要依靠越南顧問團的幫助，一方面，越南勞動

1　老撾工作組會議紀要（1964 年 8 月 31 日），外檔，106-00902-01，第 1-3 頁。

黨對推動老撾革命確實有重大貢獻，另一方面，在客觀上也限制了老撾同志主動創造性的發揮」。[1]

中國駐老使館的調研報告反映出中方已經注意到長期以來越南勞動黨的包辦和干預給巴特寮帶來的負面影響。事實上，河內三黨會談後，越老兩黨已經於川壙省組織了一個由越方主持的老撾社會情況調查組，同時在河內於八月召開的援老專家會議上，越方也決定，在寮國戰鬥部隊中初步進行階級教育」。[2]但通過和越方顧問團的接觸，中方發現，越方對於巴特寮地區的羣眾動員和民主改革，既無興趣，也無信心，而是更傾向於將這一工作交予中國顧問團負責。[3]另外一方面，中方駐老工作組也明顯感到，從七月份三黨會議後，寮方同中國顧問的關係已有了一些變化，特別是凱山頻頻主動與中方人員接觸。在八月份中國顧問向他彙報農村調查情況後，凱山即提出要研究全國政治動員計劃和桑怒八個鄉政治運動計劃，並希望中國同志多提意見。隨後又向中方介紹了桑怒剿匪的詳細計劃，並要中方給集訓幹部介紹發動羣眾剿匪經驗。同時，凱山還提出要輪流和工作組的同志有計劃地研究封建社會、資本主義社會、半封建本殖民地社會特點，城市和農村劃分階級的原則和具體方法，半封建半殖民地社會革命的性質、任務，及人民革命戰爭、人民軍隊的建設、人民戰爭的戰略戰術問題，政治工作問題等。他還表示希望中國同志能幫助他學習矛盾論、實踐論。在白天一般開會的情況下，凱山往往利用晚上時間到中方工作組駐地來進行學習研討，表現出濃厚的興趣。這些跡象被中方工作組認為在研究寮方政策動向等問題上，已有了比以前更為有利的條件，並提出應該很好利用這些已經產生的有利條件，把

1　駐老使館關於老解放區情況的調研報告（1964 年 7 月 26 日），外檔，106-00806-01，第 1-8 頁。
2　越南和寮方社會調查材料和介紹的情況（1964 年 11 月 20 日），外檔，106-00895-01，第 2 頁。
3　越南顧問團團長阮仲永對老撾問題的一些看法（1965 年 1 月 6 日），外檔，106-00896-01，第 6-7 頁。

工作不斷向前推進。[1]

　　正是由於老撾人民黨方面積極要求中方提供幫助，加之越南方面此時也需要中方在巴特寮部隊的政治工作方面提供協助，因而這些情況為中國駐老工作組開展對老黨工作提供了機遇。考慮到寮方正在積極準備桑怒地區的剿匪工作，從 1964 年底開始，中方駐桑怒工作組決定爭取機會在和寮中央的接觸中，介紹中國經驗的方法，提一些意見供寮方參考，以配合剿匪鬥爭。其中重點是建議寮方做好幹部、戰士的思想工作，例如不能亂拉民伕，不得剋扣和拿摸羣眾財物，不准酗酒、調戲婦女等等。這些都做到了，才可更有力地配合軍事進剿，擴大政治影響，爭取羣眾，一步一步取得勝利和鞏固起來。[2] 在 1965 年 2 月份，越南軍事顧問團也向中方提出請求，希望能協助巴特寮部隊開展政治工作，提些意見，供其參考。中方工作組隨即根據中國軍隊的經驗，按照林彪關於軍隊政治工作和建設方向的四個第一的原則和指示提出了意見提綱，並建議效仿解放軍在地方武裝中開展四好單位（獨立班、排、連）運動，加強地方武裝的建設和政治工作建設。[3]

　　從實際情況來看，巴特寮方面對於開展思想政治工作的效果是十分滿意的。到 1965 年 3 月，寮方戰鬥部隊對桑怒西部和川壙北部地區土匪進行的清剿戰役已完成第一、二階段的任務，斃、傷、俘敵四百七十餘名，解放大片地區，取得了較大的戰果。寮方在給中國工作組的通報中表示，通過此次勝利認識到，事先解決思想問題，幹部、戰士有克服困難的決心，是取得勝利的決定性的因素。從戰鬥一打響起，部隊就分別出羣眾和土匪，直到現在沒有亂打羣眾的現象。戰鬥結束後，部隊進

1　駐桑怒工作組對下段工作安排的意見（1964 年 11 月 27 日），外檔，106-00806-05，第 20-24 頁。
2　駐桑怒工作組對剿匪工作的看法（1964 年 12 月 29 日），外檔，106-00900-02，第 23 頁。
3　審批對越方建議草案的意見提綱（1965 年 2 月 17 日），外檔，106-00900-06，第 27-28 頁。

村時羣眾都跑開，表示不合作，但幹部、戰士還是徹底貫徹了中央的政策，以實際行動幫助羣眾，這是中國同志的貢獻。[1]

　　1965 年初剿匪鬥爭的實踐促使巴特寮的領導人更加傾向於學習中國革命的經驗。凱山已多次向中方提出，寮中央準備選擇一個鄉，作為整頓支部的試點，藉以取得整黨的經驗。但對於怎樣整黨，因為過去未搞過，沒有把握，所以希望工作組能夠介紹中國有關這方面的經驗，並能派人參加試點。[2] 同時，凱山還準備在全軍省、營黨委書記（政委）集訓時作政治工作報告。希望中國同志在政治思想工作方面，多多具體地談談，以幫助他準備好這個報告。在研究整軍問題告一段落之後，他將親自下一個連隊去搞調查研究，從實際出發，解決軍隊建設問題。[3] 就其個人來說，凱山還堅持學習毛澤東著作。他表示，老撾革命鬥爭的實踐證明了中國同志的觀點是正確的。但是有些問題還是搞不太清楚。因此仔細研讀馬列主義經典著作是很重要的，希望中國同志能夠幫助他確定學習《毛澤東著作選集》的方法和計劃，系統研究毛澤東主席的建軍指導思想、政治工作方向及階級教育等等問題。對於老黨領導人的這些要求，中國方面表示將予以積極支持，隨即安排國內提供毛選的越文版本並組織人員翻譯相關的學習材料。[4]

　　老撾人民黨中央在路線方針上向中國黨積極學習的趨勢是中國方面熱烈歡迎的。事實上，在同蘇聯共產黨爭奪印支反帝大旗的過程中，中共也迫切希望看到老黨成為左派隊伍中的一員。在越南勞動黨方面未表達異議的情況下，針對老撾人民黨內仍有一部分人在蘇修的「三假」欺騙宣傳和美帝的戰爭訛詐面前，受到不同程度的蒙蔽，產生了一些糊涂

1　諾哈談寮方在班班北剿匪及發動群眾的情況（1965 年 3 月 14 日），外檔，106-00897-03，第130-131 頁。
2　凱山同志提出要我介紹整黨工作經驗（1965 年 3 月 15 日），外檔，106-00900-04，第 97 頁。
3　與凱山同志研究軍隊建設問題的請示（1965 年 5 月 9 日），外檔，106-00898-07，第 74-75 頁。
4　凱山同志談學習毛著（1965 年 5 月 15 日），外檔，106-00898-02，第 109-113 頁。

觀念和三怕思想（怕捲入中蘇論戰與蘇聯關係搞壞了，不利於共同對敵；
怕越南戰爭擴大牽連老撾；怕越南自顧不暇，無力援助老撾）的情況，
從三月下旬開始，駐老工作組根據國內指示，結合當地的實際情況，積
極開展宣傳活動。具體方式包括：抓住一切機會廣泛地與各方人士接觸
交談。對其中有影響的個別人物，重點深談；利用小型宴請的機會進行
宣傳；以代表團名義在川壙地區發行「新聞電訊」；積極供給「老撾之聲」
電台有關援越抗美和越南人民反美鬥爭的稿件；舉行時事座談會。[1]

　　從中國黨的角度來說，對老黨施加影響的根本目的在於以中共的
政治理念和世界觀對其實施改造，使之在反帝反修的路線鬥爭中擺正姿
態。但是通過中國駐老工作組與中共之間形成的日益密切的互動，實際
上在無形中也在影響着老撾人民黨對越南勞動黨的態度。這其中一個明
顯的表現是在 1965 年 5 月中旬，寮中央軍委決定重建軍校和幹部培訓制
度。寮方認為以前的中高級幹部多去越南學習，學與用結合不起來，回
來有許多東西用不上。而且不少幹部出國學習回來後，思想落後。今後
調訓幹部的方針，應以在國內培訓為主，由中央負責同志任教，去軍校
教課。只有少數深造的幹部和教員，才送國外學習。同時，在巴特寮部
隊的建設和加強政治工作問題上，寮方也出現了越過越南顧問團，直接
同中國工作組接觸，徵求中方意見的現象。[2] 考慮到長期以來，由於越南勞
動黨對於老撾人民黨的約束和限制，寮方領導人對於越勞多少存在着不
滿和怨言，[3] 因此巴特寮方面利用中國黨的因素來抵消越南黨控制的意圖是
顯而易見的。而這種趨勢也勢必會引起越方的警覺。

　　除了抵制中國對巴特寮不斷加大的影響力外，1965 年印度支那政
治、軍事形勢的變化也是促使越南勞動黨收緊、加強對老撾人民黨控制

1　赫修下台和美帝擴大侵越戰爭以來此間各方人士思想動態和我宣傳情況之報告（1965 年 5 月
　　10 日），外檔，106-01250-04，第 86-90 頁。
2　目前寮方在建軍方面的動向（1965 年 5 月 18 日），外檔，106-00898-07，第 79 頁。
3　胡正清：《一個外交官的日記》，濟南：黃河出版社，1991 年版，第 96-98 頁。

力度的一個重要因素。1965 年 3 月 1 日，在柬埔寨金邊召開了印度支那人民大會，來自越南、柬埔寨、老撾的三十八個政黨和人民團體的代表聚集起來商討團結反帝、維護印支和平獨立的問題。儘管此次會議的召集人是西哈努克，但越南民主共和國對此次會議十分重視，派黃國越率祖國陣線代表團與會。越方認為，此次會議是自抗法戰爭結束以來越、老、柬三民族重新鞏固團結抗戰關係的一個重要政治事件。在美國已經把戰火燒至越南北方的情況下，越南再次成為印支抗美戰爭的中流砥柱，老撾及柬埔寨已經同越南南北戰場融為一體。[1] 隨後，在 3 月底的越南勞動黨三屆十一中全會上，越黨中央再次強調，老撾革命勝利是支援南方戰場勝利的重要條件，因此必須加大幫助老撾革命的力度。[2] 這也意味着勞動黨已確定將老撾的地位提升至與越南南北兩個戰場同樣的高度。

　　而此時在老撾戰場，1965 年 3 月中旬，華盛頓的軍事決策層做出決定，將老撾一分為二分別實施相應的空襲計劃。在九號公路以北地區，「滾桶」行動將繼續為老撾王國軍及王寶的部隊提供空中支援，在九號公路以南地區，新的代號為「鋼老虎」（STEEL TIGER）的行動將着力對老撾境內的共產黨運輸線實施打擊。[3] 儘管美機加強了對交通線以及中寮走廊的轟炸，王寶的匪部也在積極配合空襲對公路進行破襲，從而在交通運輸上給寮方帶來了不少困難，但巴特寮並沒有像北越那樣立刻進入大敵當前的全面動員狀態。

　　五月初，老撾人民黨召開一屆十三中全會，重點討論印支半島的敵我態勢和鬥爭形勢。[4] 會上，老黨中央認為，目前局部戰爭很可能會被限

1　Lê Đình Chinh, *Quan hệ đặc biệt hợp tác toàn diện Việt Nam-Lào trong giai đoạn 1954-2000*, tr.139-141.

2　"Nghị quyết Hội nghị Trung ương lần thứ 11 về tình hình và nhiệm vụ cấp bách trước mắt" (25-3-1965), *Văn kiện Đảng toàn tập* (tập26), tr.106.

3　U.S. Department of State, *Foreign Relations of United State (FRUS)*, 1964-1968, Vol.28, U.S. Government Printing Office, 1998, pp. 352-353.

4　"Hội nghị Trung ương Đảng Nhân dân Lào lần thứ 13" (5-1965), *Lịch sử quan hệ đặc biệt Việt Nam-Lào, Lào-Việt Nam, 1930-2007 : Biên niên sự kiện* (vol I), tr.643-644.

制在南越範圍內，美帝從老撾的查爾平原及琅勃拉邦插向奠邊府，直接進攻北越的可能性不大。寮方同樣認為老撾形勢直接受到南越形勢的影響，但其更擔心的是如果美國被迫從南越撤出，南越鬥爭取得了勝利，則老撾局勢將會隨之更加嚴重，美帝國主義將會加強泰國作為它捲土重來的軍事基地，把老撾下寮地區作為它既可退又可攻的軍事跳板。因此，老黨的總體態度是希望在今後一個較長的時期內能夠確保老撾的戰事不要出現升級的趨勢，並認為維持這種趨勢的可能性是存在的。一方面，老撾王國的軍事政治集團矛盾重重、不斷分化，右派部隊又很弱，但同時寮方的力量同樣有限，在過去的兩、三年間，雙方始終處於拉鋸對峙的狀態中，在這種情況下，敵人不存在將特種戰爭迅速升級為局部戰爭的迫切要求。另一方面，從實際情況來看，要把老撾的特種戰爭變成局部戰爭，還存在現實條件的限制。美國目前在打局部戰爭方面的最大困難不是在軍事上，而是在政治上，是在英法同盟國方面。此外，老撾同中國接壤，美國不得不要有所顧慮，一旦要打起來就會同中國交戰，這樣就不再只是老撾問題了。[1]

老黨不希望看到越南戰爭升級的局面在老撾境內重現的一個根本原因是懼怕局部戰爭帶來的沉重壓力，然而這種態度顯然是與越南勞動黨所強調的印度三國一體作戰的方針所格格不入的。更何況人民黨還想依賴中國作為遏制戰局擴大的重要因素。考慮到多個方面的情況，越南黨意識到有必要在思想上和行動上對老撾黨加以統一和約束。1965 年 6 月，根據越方的要求，老撾人民黨領導人凱山、蘇發努馮、馮維希等人悉數被招至河內參加與越勞領導人舉行的兩黨會談。越方召開此次會議的一個宗旨是要使老黨認識到老撾戰爭與越南戰爭的統一性，兩黨、兩國的團結合作是實現雙方民族解放的根基。因此在會議上，越勞中央決

---

1 諾哈談老撾局勢（1965 年 5 月 6 日），外檔，106-00898-06，第 63-67 頁。

定：1. 恢復過去越、寮聯軍的傳統。並且要改變以前越方當顧問，寮方自己去搞的局面，今後要加大越方參與的程度。2. 鞏固北寮解放區。準備在 2 — 3 年內把北寮根據地搞好，使之在政治、經濟和軍事上呈現出「國家」的模樣。3. 解決解放區的政治經濟問題和羣眾問題，逐步實施民主改革，發動羣眾，取消勞役剝削，發展生產，解決民族之間的壓迫和糾紛，消除封建迷信，給貧苦羣眾帶來些利益，達到團結一致，對付美帝和右派。為此，越南將加大向老派遣幹部的力度，並大力培養老撾自己的幹部。[1]

　　儘管有關六月越老兩黨會談的詳細情況還有待進一步考證，但可以肯定的是此次會談對於老撾人民黨的一些觀點和態度產生了直接影響。首先的一個表現就是老黨中央對當前的形勢進行了重新考慮。7 月 12 日，寮方在向中方通報越老會談的情況時一改原先對形勢的樂觀估計，提出不論南越的戰爭是特種戰爭還是局部戰爭，老撾都與之緊密相關，從下寮到查爾平原都將成為戰場，戰事也會更加激烈。寮方還表示，越老兩黨已經就這一局勢取得一致意見，準備應付最壞的情況。巴特寮將會要求越南同志進一步提供援助。[2]

　　此外，中國方面也已經察覺到，自凱山於 7 月 10 日從河內返回後，寮方對待一些問題的態度出現了變化。首先，按寮中央原訂的整黨計劃，主要是整頓農村支部，訓練支書，先搞試點。凱山也多次表示要親自抓整頓農村支部試點，並提出要中國工作組介紹整黨經驗並對整黨計劃提供意見，但自從河內回來後，凱山已不再提這個問題。其次，一些地區的民主改革運動已經停了下來。五月初，凱山去河內前即已佈置要求中方幫助他對運動進行總結，並研究下一階段對敵鬥爭計劃。待凱

---

1 "Đảng Lao động Việt Nam hội đàm với Đảng Nhân dân Lào"(22-6-1965), *Lịch sử quan hệ đặc biệt Việt Nam-Lào, Lào-Việt Nam, 1930-2007 : Biên niên sự kiện* (vol I), tr.647-648.

2 老撾馮維希同志同章漢夫副部長談老撾－越南兩黨中央會議情況（1965 年 7 月 12 日），外檔，106-01449-02，第 37-38 頁。

山從河內回來後，雖曾向工作組表示：要把運動堅持下去，各省都準備
搞一個試點，以便總結經驗，推廣全國。但中方呈遞給他的總結材料，
凱山一直未看。中方還曾建議在農村建立農村階級組織，寮方已同意建
立農民小組，工作隊也起草了章程，但現在也不再提了。同時，關於在
巴特寮部隊實施的試點改革也變得前景渺茫。中方負責人員要向凱山彙
報，凱山滿口答應要聽彙報，但一直未安排時間。另外，中國方面還注
意到，自河內會談之後，凱山藉口主辦整黨訓練班，住地較遠，已長時
間不再來工作組處參加學習研討。[1]

　　凱山刻意與中方工作組保持距離的做法與越老兩黨會談之前的態度
形成鮮明對比，這顯示出老黨領導人在河內的確受到了來自越南黨的壓
力從而不得不調整向中國黨靠攏的趨勢。對於寮方發生的變化，中國方
面顯然是十分不滿的，特別是駐老工作組之前開展的一系列工作無疑將
因此受到不小的影響。在此之後，中國駐桑怒工作組在其發往國內的報
告中開始出現大量針對越南顧問團的批評。中方認為，老撾革命之所以
不能很快向前發展，主要是沒有發動羣眾。而之所以對發動羣眾存在重
重顧慮，是和越南顧問團的認識和作法有很大的關係。越方認為反帝
即不能反封建，擔心前方打仗，後方反封建把羣眾搞亂了，重複越南土
改中所犯的錯誤，認為越南是打完仗後才進行土改，老撾也只能在戰爭
結束後才進行民主改革，怕反封建會破壞統一戰線，把反帝愛國統一戰
線看成是不分階級的全民的統一戰線。同時強調老撾社會特殊，階級分
化不明顯。說老撾農村沒有土地問題，只要肯勞動，到處都可以開田；
沒有田種的貧苦農民大部分都是好吃懶做的人；不承認老撾有階級問題，
只承認老撾有民族問題，說根據地建設的關鍵是解決民族問題，而民族
問題的解決又主要只能靠民族頭人。這些觀點實質上就是有意抹煞階級

1　凱山同志從河內回來後的動態（1965 年 8 月 13 日），外檔，106-00898-01，第 105-107 頁。

矛盾和迴避階級鬥爭。[1] 此外，中方還指責越顧問團在老撾幹部培養問題上也存在嚴重錯誤，只是通過開訓練班，組織老撾省、營以上幹部輪流到河內學習、聽課，很少接觸老撾革命實際，根本無法解決目前老撾幹部不能適應當前革命要求的具體問題。[2]

針對以上出現的各項問題，中方將批判的矛頭指向了越勞在處理同老撾黨黨際關係中的霸道作風，稱寮方的主要方針、政策都是在河內制訂的，許多文件也都是越顧問團幫助起草的。雖然寮方對許多根本性的問題的認識上也是模糊的，但他們還沒有一套固定的思想，特別是凱山還是願意研究問題並且在一定程度上是願意接受意見和改變原來的作法的。寮、越方之間也並不是沒有矛盾。但寮方存在的不同意見卻不能表現在他們中央的正式文件中，在總的方針路線方面還是不能不照越南黨的意思去做。這個根本性的問題得不到解決，老撾革命中的一切問題都是不容易解決的，革命是很難向前發展的，甚至會造成不可挽回的損失。[3]

由此，中共同越南勞動黨在 1965 年下半年在老撾人民黨的問題上發生爭執已經是無法避免的事實。而此時中國黨內「左傾」政治風向的興起以及越南勞動黨疏離中國黨意識的加強，分別進一步加劇了雙方爭執的趨勢。九月中旬，北京方面在發給駐老代表團的電報中指示，要求將積極宣傳毛澤東思想和中國對外政策的方針指向寮方各級幹部。着力幫助寮方幹部學習毛主席著作。當前主要是啟發他們學好林彪的《人民戰爭勝利萬歲》一文。中方將通過「新聞電訊」介紹國內老文廣播中有關主席思想的文章，並儘量提供老、泰、越文毛選，協助華僑辦好豐沙灣的「寮華書店」，同有關方面洽商組織自願參加的不定期學習毛著座談會

1　我駐桑怒工作組的兩個重要電報（1965 年 9 月 24 日），外檔，106-01323-02，第 11-13 頁。

2　關於老撾鞏固、建設根據地的幾個問題及我們的意見（1965 年 9 月 7 日），外檔，106-00901-01，第 31-32 頁。

3　我駐桑怒工作組的兩個重要電報（1965 年 9 月 24 日），外檔，106-01323-02，第 14-16 頁。

和時事座談會，以及放映電影等方法，進一步地促進寮方幹部學習毛著和時事政策的熱情。[1] 與之相應的是，越南方面則通過不斷加強越寮雙方在老撾戰場的協同作戰來鞏固對老撾黨的控制力。1965 年 10 月初，越南人民軍總參謀部相繼發出中、下寮及整個老撾戰場 1965 — 1966 年旱季軍事行動的計劃，在其中的基本作戰指導方針中尤其強調應充分發揮老撾武裝和政治力量以及越南志願部隊的角色，同時還特別提醒越南援老武裝力量在方針、路線、計劃上要遵循老方軍委和中央的意見，要考慮到政治、軍事、經濟三方面的因素。[2]

　　當然，儘管在努力排擠中國因素對老黨的影響，但越南方面依然支持巴特寮繼續爭取來自各共產主義政權的援助，擴大其政治影響。因此在十月初，以凱山為首的老撾人民黨代表團得以按計劃訪問北京，在彙報老撾革命形勢的同時向中方進一步尋求軍事援助。在 5 日舉行的會談中，鄧小平再次向凱山強調了階級分析對於贏得人民擁護，正確培養幹部和奪取戰爭勝利的重要意義。[3] 同時在有關老撾軍事鬥爭的會談中，中方領導人也暗示寮方，老撾的鬥爭和越南南方的鬥爭，是有機相連的，但軍事鬥爭也好，政治鬥爭也好，都要獨立自主。[4] 不過儘管期盼看到老黨能夠按照中共的理念對自身進行改造，使之成為成熟而正確的馬列主義政黨，但中國黨也十分清楚，越南與老撾革命緊密相聯的客觀性是很難改變的，同時印度支那戰場的形勢也不允許將中越之間在老撾黨問題上的分歧擴大下去。在凱山訪華期間，彭真在與其進行的談話就已經提出

1　年底前工作的初步安排（1965 年 9 月 16 日），外檔，106-00911-02，第 31-32 頁。

2　"Bộ Tổn Tham mưu Quân đội nhân dân Việt Nam ra chỉ thị hoạt động mùa khô năm 1965-1966 ở chiến trường Trung, Hạ Lào" (5-10-1965); "Bộ Tổng Tham mưu Quân đội nhân dân Việt Nam ra Chỉ thị động mùa khô năm 1965-1966 ở chiến trường Lào" (13-10-1965), Lịch sử quan hệ đặc biệt Việt Nam-Lào, Lào-Việt Nam, 1930-2007 : Biên niên sự kiện (vol I), tr.655-658.

3　權延赤，杜衛東：《共和國祕使》，呼和浩特：內蒙古人民出版社，2004 年版，第 177-179 頁。

4　老撾人民黨代表團介紹老撾軍事鬥爭情況記錄（1965 年 12 月 1 日），外檔，106-00898-04，第 30-31 頁。

中國工作組去留的問題，並請寮方決定什麼時候將中方顧問部分或全部撤回來。[1]12 月 11 日，毛澤東在上海虹橋招待所接見老方代表團時也告訴凱山，老撾的戰爭同越南的戰爭是有密切關係的，不僅老黨要向越南學習，整個東南亞的黨也要向越南學習。[2] 言下之意即是默認了越南勞動黨對老撾人民黨的領導角色。

　　1965 年 12 月 22 日，越南勞動黨中央執行委員會發佈指示，要求加強擁護老撾革命的宣傳工作，目的是要在越、老雙方內部以及國際上營造兩黨、兩政府緊密合作，共同投入抗美鬥爭的輿論氛圍。[3] 到 12 月的三屆十二中全會，黎筍在其發言中已明確指出，目前越南革命已經同老撾革命緊密結合在一起，美帝意圖將越南南、北方間的聯合割斷，中、下寮是最為關鍵的地區，因而援助老撾既是國際主義義務又是確保南方抗美戰爭維持下去的必然前提。[4] 由此開始，自 1964 年 7 月中、越、寮三黨會談後形成的以中國為核心的支持老撾革命的格局開始發生改變，在此之後，北越成為老撾革命形式上唯一的指導者，來自中國和蘇聯的援助仍只能通過越南黨的轉運和分配才能進入巴特寮手中。此時，由於美國陷身南越，對老撾暫時採取穩住局面的做法；老撾右派內部鬥爭劇烈，士氣低落，無力向巴特寮發動較大規模的進攻；寮方將主要精力放在了根據地建設、清剿土匪和整頓部隊的工作上，在軍事上採取守勢。因此，老撾戰場沒有較大的軍事較量，敵友雙方的軍事態勢基本上無變化。而這種僵持局面的持續實際上也更有利於北越在不需要中國干預的情況下在老撾戰場上實施局部進攻，整體防禦的戰術。

1　權延赤，杜衛東：《共和國祕使》，第 234 頁。

2　毛主席接見老撾人民黨代表團談話記錄（1965 年 12 月 11 日）。

3　"Chỉ thị của Ban Bí thư về việc đẩy mạnh công tác tuyên truyền ủng hộ cách mạng Lào" (22-12-1965), *Văn kiện Đảng toàn tập* (tập26), tr.477-479.

4　"Bài nói của đồng chí Lê Duẩn Bí Thư nhất Ban Chấp hành Trung ương Đảng tại Hội nghị lần thứ 12 của Trung ương về phấn khởi tiến lên, đem toàn lực của nhân dân hai miền đánh thắng đế quốc Mỹ và bè lũ tay sai" (12-1965), *Văn kiện Đảng toàn tập* (tập26), tr.579-580.

　　1966 年 10 月 27 日，越、寮兩黨在河內召開會議，正式確認在貫徹老撾革命由老撾人領導的原則以及在老撾人民黨領導下充分發揮自主精神的前提下，越老兩黨和兩國人民之間存在的「特殊關係」。[1] 此後在 1967 年 5 月同凱山進行的會談中，黎筍進一步表示，幫助老撾革命實質上就是幫助越南自身的革命，並決定在未來二至三年內從軍事、政治、經濟各個方面支持和鞏固巴特寮解放區的建設。[2] 7 月 13 日，在越老雙方共同發佈的公告中，越方領導人正式宣佈，越南已經掌握了老撾革命的發展規律，對形勢進行了正確分析，提出了正確的任務，越南具有建設解放區的經驗，在此基礎上，越南將為老撾的三年建設計劃提供援助。[3] 至是年 11 月 21 日，越南民主共和國總理府發出援助老撾建設的總動員通知，[4] 越南勞動黨已經確立了對巴特寮全方位的領導和控制。與之形成對比的是，由於在民主改革等問題上與越南駐老顧問團的分歧愈發嚴重，加之國內「文化大革命」波及到中方工作組，甚至引發了中越雙方人員在路線方針上的激烈衝突，1967 年元旦後，中共中央決定將駐桑怒工作組改為聯絡組，僅留若干人留守。至 1968 年 9 月，中方將聯絡組完全撤出，中國黨對老撾人民黨的影響已徹底被邊緣化，此後中國對巴特寮革命的參與僅限於提供築路防空等後勤支援。老撾共產黨人的活動也由此被完全納入越南勞動黨的軍事鬥爭軌道。

1　"Đoàn đại biểu Đảng Lao động Việt Nam hội đàm với Đoàn đại biểu Đảng Nhân dân Lào" (27-10-1966), *Lịch sử quan hệ đặc biệt Việt Nam-Lào, Lào-Việt Nam, 1930-2007 : Biên niên sự kiện* (vol I), tr.693.

2　"Đồng chí Lê Duẩn và đồng chí Cayxỏn Phômvihán hội đàm về tình hình cách mạng Lào" (18-5-1967), *Lịch sử quan hệ đặc biệt Việt Nam-Lào, Lào-Việt Nam, 1930-2007 : Biên niên sự kiện* (vol I), tr.706-707.

3　"Đồng chí Cayxỏn Phômvihán và đồng chí Lê Duẩn phát biểu về tình hình nhiệm vụ, chủ trương của cách mạng Lào và sự giúp đỡ của Việt Nam" (13-7-1967), *Lịch sử quan hệ đặc biệt Việt Nam-Lào, Lào-Việt Nam, 1930-2007 : Biên niên sự kiện* (vol I), tr.712-713.

4　"Thông tư của Phủ Thủ Tướng nước Việt Nam Dân Chủ Cộng Hòa về nhiệm vụ, tổ chức và chỉ đạo thực hiện viện trợ kinh tế, văn hoá cho cách mạng Lào" (21-11-1967), *Lịch sử quan hệ đặc biệt Việt Nam-Lào, Lào-Việt Nam, 1930-2007 : văn kiện* (vol III), tr.142-152.

三、西哈努克的「左轉」與柬共的活動

1965 年初，美國在印支半島中部越老柬跨界地區對共產黨運輸通道的空中打擊也在不斷耗盡西哈努克最後的耐心。在五月初美空軍對柬南部鸚鵡喙（Parrot's Beak）地區越共庇護所實施轟炸之後，西哈努克終於感到忍無可忍。加之四月份美國《新聞周刊》發表了一篇侮辱親王和王后的文章，怒不可遏的西哈努克遂於 5 月 3 日宣佈同美國斷絕外交關係。[1]

西哈努克做出同美國分道揚鑣的決定並非是衝動之舉，而是他長期以來左傾化的必然結果。自 1963 年 5 月初，劉少奇率領的中國代表團對柬埔寨進行訪問之後，金邊的親華氛圍日漸濃烈。當時以公開身份活動的一些柬共人員如符寧、侯榮等在對中國進行訪問後，根據中方的建議在金邊成立了柬埔寨－中國友好協會，旨在團結拉攏柬內部的親華親共人士。是年 11 月，在吳庭艷被南越政變軍官處決之後，西哈努克更加堅定了對美國的排斥和不信任感。在 21 日宣佈停止接受美國的軍事援後不久，也即在 12 月初，西哈努克在其廣播演說中宣稱正是藉助神力，使得吳庭艷、肯尼迪以及剛剛病逝的泰國軍政府總理沙力‧他那叻（Sarit Thanarat）一個接一個地到了另一個世界，並諷刺稱他們可以在地獄裏組建東南亞條約組織的軍事基地。這一發言引發了美國政府的強烈不滿，從而使美柬關係出現進一步惡化的趨勢。[2]到 1964 年 2 月，由於美國拒絕在有關柬埔寨中立地位的方案問題上做出讓步，這再次惹惱了西哈努克。3 月 11 日，柬政府組織了聲勢浩大的反美示威游行並演變為針對美國使館的暴力破壞活動。[3]

1　"Memorandum for the President", May.3.1965, Vol.III, Aug.1964-June1965. Lyndon B. Johnson National Security Files, 1963-1969, Asia and the Pacific.

2　U.S. Department of State, *Foreign Relations of United State (FRUS)*, 1961-1963, Vol.23, U.S. Government Printing Office, 1994, pp. 282-283.

3　U.S. Department of State, *Foreign Relations of United State (FRUS)*, 1964-1968, Vol.27, U.S. Government Printing Office, 2000, pp. 271-272.

　　對於西哈努克策動的反美運動，中國領導人表示了極大的讚許。3月31日在會見朗諾率領的柬王國軍事代表團時，毛澤東稱讚柬埔寨政府和人民十分堅強，敢於同帝國主義進行鬥爭，不接受美國的控制，令全世界矚目。[1] 而在 1964 年 8 月「東京灣事件」[2] 發生之後，西哈努克的反美熱情更加高漲。在 9 月 18 日下令驅逐美國駐金邊大使之後，西哈努克於月底再次抵達北京借參加中華人民共和國十五周年國慶的機會向中國尋求援助和安全保證。在這期間，中國領導人向西哈努克闡述了只要美國侵略柬埔寨，中國就要全力支援的承諾，並確認了相關的軍事、經濟援助。同時，周恩來還安排西哈努克同在京的越南南方民族解放陣線、越南民主共和國和老撾愛國戰線黨的代表舉行三國四方會談，意在鼓勵柬埔寨進一步融入印度支那抗美鬥爭的大局之中。西哈努克由此表示，同意越南南方民族解放陣線在金邊派駐代表團，承認越南南方民族解放陣線作為南越人民代表的合法性。[3] 除此之外，西哈努克所默許存在於柬領土境內的庇護所正在成為南方越共生存的關鍵。從 1965 至 1966 年間，越南南方解放軍在柬東北部境內大量構建營房、軍需倉庫、交通站、野戰醫院等設施，同時包括南方民族解放陣線及南方局中央的最高領導機關及各省、各區中央委員會的辦公機構都轉移至柬境內。[4]

　　對於西哈努克的爭取和團結，中國方面是不遺餘力的。自 1956 年起，十年來中國已向柬提供經濟援助共 17 筆，總額為一億七千七百一十七萬元（折合美元七千二百一十三萬），到 1964 年尚在執行之中的還有六筆，包括剛剛安排到位的磅湛棉紡織廠擴建、暹粒飛機場擴建和水泥廠擴建等項目。而考慮到柬在國際事務中所起的作用

1　中共中央文獻研究室編：《毛澤東年譜（1949 — 1976）》（第五卷），第 335 頁。

2　編注：1964 年 8 月北越和美國之間在東京灣海上發生的武裝衝突。

3　周恩來總理同西哈努克親王談話記錄（1964 年 9 月 28 日），外檔，204-01548-01，第 25-37 頁。

4　Ministry of Foreign Affairs of Democratic Kampuchea, *Black Paper:Facts and Evidence of the Acts of Aggression and Annexation of Vietnam against Kampuchea*, Phnom Penh, 1978. p18.

及其與中國的友好關係，為了進一步支持柬反帝鬥爭，幫助其解決財政經濟上的困難，根據西哈努克每次訪華都未空手回去的情況，中方決定除答應贈送磅湛王家大學實習工廠和實驗室、醫院等項目和物品外，此次再給予三千萬人民幣的無償援助，其中約五百萬美元為現款和商品，其餘部分為新的成套設備。[1]除物資支持外，必不可少的還有北京對西哈努克的聲援。在 1964 年 10 月發生三起美空軍轟炸柬埔寨村莊和南越部隊進入柬埔寨境內追擊越共武裝的事件後，劉少奇與周恩來聯名致電西哈努克，譴責美國和南越對柬犯下的罪行，11 月 3 日《人民日報》亦發表社論，支持柬捍衛國家主權和領土完整的正義鬥爭。[2]

　　在 1964 年的環境下，中國大力援助柬埔寨自然有拉攏西哈努克的意味，儘管西哈努克從來沒有發自內心地對越南共產黨人產生過好感。越共武裝在柬埔寨領土上的活動已經令其不勝其煩，但他又認為越南共產黨人必然會在南方取得最終的勝利，並取代極其令他厭惡的南越政府，從而給柬埔寨帶來實際的好處，更何況他相信各共產主義大國，特別是中國也能夠對北越人進行必要的約束。在 1964 年 9 月 28 日同周恩來的會談中，西哈努克的這種思維暴露無遺。一方面他表示相信將來越南南方民族解放陣線一定能夠解放和領導南越，成立政府，另一方面又試探性地向周表明希望能夠和越方達成更正式的，譬如文字方面的協議，以確保將來的共產黨政府能夠尊重柬埔寨領土完整、主權，承認柬埔寨的現有邊界包括一些西貢現在所要索取的沿海島嶼，從而為柬埔寨和越南今後的諒解奠定基礎。[3]與之相似的是，西哈努克最終做出同美國斷交的決定，同樣主要源於對自身利益的盤算。就像他在 1973 年時回憶的那樣，「如果我不斷絕同美國的外交關係，柬埔寨人民將會對我感到幻滅，還會

1　對柬提供新的經援的請示報告（1965 年 9 月 23 日），外檔，106-00917-06，第 111-112 頁。
2　《人民日報》，1964 年 11 月 3 日。
3　周恩來總理同西哈努克親王談話記錄（1964 年 9 月 28 日），外檔，204-01548-01，第 25-37 頁。

指責我已經成為親帝國主義的賣國賊。」[1] 從這一點來說，西哈努克同共產黨人的結盟顯然並不是出於天然的、發自內心的需要。

　　1965 年 1 月 6 日，西哈努克再次指責美、泰和南越政府意圖顛覆柬埔寨的中立地位。隨後在 3 月 1 日至 9 日於金邊舉行的印度支那人民大會上，西哈努克公開宣佈不能在侵略者（美國）和被侵略者（越南）之間、正義（越南人民爭取獨立的權利）和非正義（美國對越南實行新的殖民主義）之間保持中立。[2] 西哈努克的這一發言是自越南南方戰事爆發以來有關柬埔寨立場的最為清晰的一次表態，這種寧可放棄中立地位也要支持越南抗美鬥爭的行為顯示出西哈努克已確定將賭注壓在共產黨人一邊。

　　在此之後，西哈努克於九月底再次以參加國慶紀念活動為名趕往中國徵求中共領導人的意見。毛澤東在與其進行的會面中也再次對西哈努克的決定表示讚賞，稱柬埔寨已經用行動證明自己是反對美帝國主義的國家，並且是公開的，不是在暗地裏反對。[3] 應當說，柬埔寨與美國斷絕外交關係的現實的確令共產黨各國最終確信西哈努克是值得信賴和依賴的對象。由此，中、越共產黨人決定同西哈努克達成一項重要的祕密交易。1965 年 11 月，在朗諾率柬軍事代表團訪華期間，周恩來單獨提出，希望能通過柬埔寨向越南南方民族解放陣線提供一批糧食、食鹽和藥品，進一步還想提供一些武器和軍用物資。所有費用全部由中國負擔。大米由中方動用外匯向柬埔寨購買，從柬直接運往南越。食鹽和藥品由中方準備好，也經過柬轉運南越。在得到朗諾回國後的彙報後，西哈努克立即答覆表示同意協助經過柬埔寨向解放陣線提供物資。[4]

1　張錫鎮：《西哈努克家族》，第 149 頁。
2　張錫鎮：《西哈努克家族》，第 147 頁。
3　毛澤東接見西哈努克談話記錄（1965 年 9 月 29 日），外檔，106-01521-01，第 112 頁。
4　外交部《當代中國使節外交生涯》編委會：《當代中國使節外交生涯》（第五輯），北京：世界知識出版社，1997 年版，第 25-26 頁。

在糧食、藥品等運輸問題解決之後，到 1966 年 3 月，越南南方民族解放陣線向柬方試探性提出軍火過境問題，北越方面也一再要求中方設法通過柬埔寨把軍用物資運到南越去。為此，中國駐柬大使陳叔亮受命與西哈努克交涉。在經過幾天研究之後，西哈努克表示柬政府原則同意，同時指示運輸這批物資一定要迅速、利落、保密。在得此消息之後，中方認為柬同意援越武器過境是適時的大好事，周恩來指示必須盡一切可能，爭取將軍用物資不失時機地運過去。同時向越方建議授權越南和解放陣線駐柬代表同柬方商談此事，以期將此運輸線路固定下來。至 1967 年 6 月下旬，三批共 5671 噸貨物先後經輪船運抵磅遜港（也即後來的西哈努克港），隨後沿柬東部的公路網轉運至鸚鵡喙地區的南方目的地。[1]

被稱之為「西哈努克小道」的運輸線的開闢成為向越共運輸物資裝備又一條重要補給線。從 1966 年 1 月至 1969 年 3 月，共 10 批，總重量達 2.6 萬餘噸的各類武器彈藥、通訊器材、藥品和醫療器材以及副食品等皆是通過「西哈努克小道」運抵越南南方民族解放陣線手中。[2] 這其中，西哈努克無疑發揮了關鍵性作用。但很難說共產黨人藉此已將西哈努克視作了志同道合的盟友。事實上中、越雙方的領導人更願意將他看作是搖擺不定的政治投機者，並且共產黨人也清楚，西哈努克的親共態度在很大程度上是受到戴高樂政府的影響。就像 1967 年 4 月周恩來在北京同范文同進行的會談中所說的那樣，最重要的是要爭取西哈努克的同情。柬埔寨對法國的以來就如同老撾和南越對美國的以來一樣。因為法國不會放棄柬埔寨，後者也不會放棄中、越。如果柬埔寨與中國的關係惡化，法國在遠東的影響就會縮小，進而削弱法國在與美國關係問題上的影響

1　外交部《當代中國使節外交生涯》編委會：《當代中國使節外交生涯》（第五輯），第 26-27 頁。

2　外交部《當代中國使節外交生涯》編委會：《當代中國使節外交生涯》（第五輯），第 27 頁。

力。所以「給柬埔寨施加壓力能讓其同意我們（指中、越）的政策。」[1]允許北越借道柬埔寨支援南方越共的決定對柬埔寨及西哈努克的政府影響深遠，此舉不但激怒了美國政府及柬內部的右派力量，而且極大地刺激了共產主義力量在柬境內的活動，西哈努克已經無法阻止柬埔寨深深捲入印度支那戰爭的趨勢。

　　此時，在柬埔寨東部森林的密營中，「100 辦公室」的成員們也在關注着印支局勢的變動。自 1963 年以來，這些隱蔽起來的高棉共產主義者一直都在越南南方共產黨人的庇護下等待時機。在這期間，他們將大多數時間用來學習翻譯成高棉文的越勞中央文件，並安排一部分幹部參加越方的訓練班以研究越南革命的模式和組織結構。而隨着印支戰況的規模不斷擴大，蟄伏已久的柬勞中央開始出現重新恢復活動的跡象。1965 年初，「100 辦公室」召集在金邊、西北、西南和中部地區活動的幹部召開會議，傳達關於加強對羣眾特別是青年人及工人的動員以反對美帝國主義的指示。稍後，柬埔寨勞動黨中央常務委員會通過一項決議，提出在美帝國主義進一步擴大印支戰爭的情況下，同帝國主義之間的鬥爭必須使用暴力革命，也就是要用武裝力量來贏得勝利。[2]但柬勞中央的這種觀點並不符合越南共產黨人此時對柬埔寨形勢的判斷，特別是在已經同西哈努克建立合作關係的情況下，柬勞的武裝鬥爭意願顯然並不符合抗美救國戰爭的現實需要。因此越南南方民族解放陣線的幹部堅持認為，柬埔寨革命目前的主要任務是積蓄力量，而不是立刻投入武裝鬥爭，並拒絕了向柬勞提供武器彈藥的請求。[3]

1　周恩來與范文同談話記錄（1965 年 4 月 10 日），*77 Conversations Between Chinese and Foreign Leaders on the Wars in Indochina, 1964-1977*.

2　Steve Heder, *Cambodian Communism and the Vietnamese Model, Volme1. Imitation and Independence, 1930-1975*, p92.

3　Steve Heder, *Cambodian Communism and the Vietnamese Model, Volme1. Imitation and Independence, 1930-1975*, p92.

在這種情況下，柬勞中央領導人沙洛特紹決定親自去了解一下越南勞動黨領導人的真實意圖。為此他不惜跋山涉水，花了近兩個月的時間沿着胡志明小道的路線於 1965 年 7 月底步行至河內。出於統一印支三國抗美鬥爭及共產革命運動的目的，越南勞動黨此時已經對高棉共產主義革命做出了自己的規劃，河內首先想到是將自 1954 年以來留居河內的高棉籍幹部派回去，以重新整合柬境內的共產黨組織。按照這一計劃，首批原高棉人民革命黨的老黨員已於 1965 年被派往南越等待時機進入柬埔寨。但沙洛特紹的出現使得越南勞動黨處於一種矛盾的境地，河內不得不重新考慮是否有必要支持這位並不熟悉的柬共領袖。不過事實表明，越勞的領導人最終還是確認了沙洛特紹對柬埔寨共產主義革命的領導地位，這其中的一個重要原因是越南黨認識到長期脫離柬埔寨本土鬥爭的山玉明等人已不再熟悉柬國內情況，失去了革命的號召力。[1]

在河內期間，沙洛特紹與黎筍有過較長時間的接觸，同越南勞動黨方面舉行了多次會談，除黎筍外還與胡志明等其他中央政治局委員分別進行了接觸。但從最終的結果來看，越南黨方面的態度顯然令沙洛特紹十分失望。特別是在 7 月 29 日的會談中，黎筍告訴沙洛特紹，柬勞不要急於發動武裝鬥爭，應當繼續把精力放在農村革命根據地建設和民眾動員上，利用西哈努克的反美傾向擴展共產黨在鄉村地區和政府內部的影響，一旦越南革命取得勝利或是西哈努克政權遭到顛覆，柬共就可以在越南的軍事援助下奪取政權。根據越方的記錄，沙洛特紹在河內會談期間始終沒有對黎筍的建議提出異議，並表現得像學生一樣的謙卑。[2] 但從日後的情況來看，越勞的這一態度由此被沙洛特紹認定為是越南人意圖控制柬黨，反對柬黨獨立的重要證據。

1　越共中央書記黃松談柬共歷史（1983 年 6 月），柬埔寨國家檔案館（National Archives of Cambodia），Box.641-18101.

2　越共中央書記黃松談柬共歷史（1983 年 6 月），柬埔寨國家檔案館，Box.641-18101.

　　在河內的領導人最終拒絕向柬勞提供軍事援助之後，沙洛特紹決定把希望寄託在中共領導人身上。1965 年 12 月，在河內停留了數月之後，沙洛特紹踏上了前往中國的取經道路。此時正處在「文化大革命」爆發前夜的中國，政治氛圍正變得愈加緊張和詭異。對於這位此前知之甚少的共產黨領袖，中共的最高領袖並沒有予以接見。但沙洛特紹還是聆聽了中共黨內一些理論權威如陳伯達、康生、張春橋等人的教誨。同越南黨的觀點相似的地方在於，中共也不主張柬共立刻投入到武裝鬥爭的行列之中，但中方關於在意識形態和組織體系上為將來鬥爭轉型做好準備的指點令沙洛特紹頗受啟發。特別是在 1965 年 9 月林彪的《人民戰爭勝利萬歲》一文中，中共已經提出中國的革命理論同亞非拉反帝鬥爭實踐相結合的口號，並以越南作為最有說服力的例子向世界上其他地方的人民發出號召：「越南人民做到的事情，他們也是能夠做到的」。[1] 除此之外，中共的資深理論家們還特別向沙洛特紹強調了爭取和發動最廣大農民的重要性，並鼓勵柬埔寨的革命者將來要重現南越鬥爭的盛況。[2]

　　在接受了有關中國革命理論和實踐的洗禮之後，1966 年 2 月，沙洛特紹從中國回到河內並於八月底沿着來時的路線返回柬埔寨的密林中。在此之後，他採取了一系列調整行動。包括在十月間的一次中央委員會特別會議上，祕密決定將「柬埔寨勞動黨」改名為「柬埔寨共產黨」。同時，柬共中央也被遷至東北部的拉塔基里省山區。[3] 在新的駐地，沙洛特紹及其同事們開始嘗試着將「農村包圍城市」的理論付諸實踐。柬共中央決定柬埔寨全國劃分為五個大區，每個大區包括三到五省，各中央委員

1　林彪：《人民戰爭勝利萬歲 —— 紀念中國人民抗日戰爭勝利二十周年》，北京：人民出版社，1965 年版，第 48 頁。

2　Steve Heder, *Cambodian Communism and the Vietnamese Model, Volme1. Imitation and Independence, 1930-1975*, p97.

3　周德高、朱學淵：《我與中共和柬共 —— 柬埔寨共產黨興亡追記》，香港：田園書屋，2007 年版，第 121 頁。

分別被委派到各大區發動農民，建立根據地。同時在城市，柬共也利用國內的反美情緒鼓動工人和學生驅逐美帝國主義，在柬埔寨全國打碎封建統治者、反動官員和他們的僕從。[1] 這些跡象顯示出，沙洛特紹領導下的柬共組織已經確定了自己的目標是要乘着反帝鬥爭的浪潮奪取政權，而不是要服從越南勞動黨所謂的「大局」。

很快，柬埔寨政府的行動為柬埔寨共產黨人提供了一個機會。1967年3月，在朗諾出任新首相，西哈努克前往法國休假期間，柬政府在馬德望省三洛（Samlaut）附近徵用土地時，同當地農民發生激烈衝突，朗諾毫不手軟地進行了殘酷鎮壓，致使大量農民投靠或參加柬共組織。在共產黨人的宣傳動員下，形勢進一步惡化，暴動迅速蔓延至磅清揚（Kompong Chnnang）、磅湛等省份，直到西哈努克返回國內以後，迫使朗諾內閣下台，將馬德望省省長撤職，到六月底才將動亂最後平息下去。[2]

關於在馬德望省發生的大規模農民暴動，柬埔寨共產黨在其日後的黨史中拒絕承認曾參與其中，認為1967年的武裝起義是人民自發的，黨中央那時還沒有決定要在全國發動武裝起義。[3] 但中國方面對於此次暴亂的性質表現出相當的關注。在4月11日同范文同在北京舉行的會談中，周恩來急切地想確認柬埔寨共產黨人是否參與了馬德望省的事件，並懷疑中國通過柬埔寨運送給越南南方的武器被柬共截留分發給了柬境內的華人。周提醒范文同，中方已經得到消息，南方陣線的代表與柬埔寨的「人民派」（即柬共）有接觸。中方認為沒有必要在柬埔寨進行武裝鬥爭。在目前局勢下，越南的鬥爭勝利具有決定性意義。柬埔寨的鬥爭，即使是武裝鬥爭，目標也是局部的，即使取得了勝利也是局部勝利，沒有決定性意義，更不用說他們可能失敗。（柬共）應當懂得要把整體利益放在局

1　*Revolutionary Flag*, Special Issue, December1975- January 1976.
2　中共中央對外聯絡部編印：《各國共產黨概況》，第46頁。
3　波爾布特：《在柬埔寨共產黨正確領導下柬埔寨革命的偉大勝利》，第31頁。

部利益之上。然而，如果鬥爭是由（柬埔寨）人民發起的，情況就不一樣了。那樣，武裝鬥爭就是不可避免的。總之，如果越南的鬥爭取得了勝利，柬埔寨的鬥爭就有希望。（越共）要把這層關係向柬埔寨（柬共）講清楚。[1]

　　周恩來的上述談話反映出中共最為擔心的一個問題：柬共反對柬政府的任何舉動都有可能使得中、越爭取西哈努克及朗諾同情的努力付之東流，進而直接影響「西哈努克小道」的運作。中方認為，在馬德望事件發生之後，柬埔寨政府內部的形勢已經出現了變化，形成了一個官方內閣和一個影子內閣。所謂的影子內閣即一些對共產黨持懷疑態度的力量已經有理由宣傳：「柬埔寨受到了威脅，越南在馬德望開闢了戰場。現在必須對付兩條戰線的敵人：自由高棉和赤色分子。過去，柬埔寨只是與美帝國主義作戰，現在還要與共產帝國主義作戰。」一個典型的例子就是朗諾已經表示，由於形勢嚴峻，需要暫時停止幫助南方解放陣線，並終止了大米的運輸。[2] 當然，比中國更為惱火自然是北越。勞動黨方面隨即通過黨際渠道向柬共施壓，對其拒不配合南越戰場形勢的舉動進行了激烈批評和指責。[3] 同時，為鞏固西哈努克對南越戰場的支持以及安撫柬國內的輿論情緒，1967 年 6 月初，南方民族解放陣線及北越政府相繼發出聲明，表示將堅定不移地承認和保證尊重柬埔寨現有邊界內的領土完整和越南南方同柬埔寨之間的現有邊界。[4] 甚至作為交換條件，一批柬共領導

1　越南代表團與中國代表團的會談（1967 年 4 月 11 日），*77 Conversations Between Chinese and Foreign Leaders on the Wars in Indochina, 1964-1977*.

2　越南代表團與中國代表團的會談（1967 年 4 月 11 日），*77 Conversations Between Chinese and Foreign Leaders on the Wars in Indochina, 1964-1977*.

3　Ministry of Foreign Affairs of Democratic Kampuchea, *Black Paper: Facts and Evidence of the Acts of Aggression and Annexation of Vietnam against Kampuchea*, Phnom Penh, 1978. p26.

4　南方解放線發表聲明承認南方同柬之間現有的邊界（1967 年 6 月 9 日），第 2936 期，第 10 頁；越政府發表聲明承認和保證尊重柬目前邊界線內的領土完整（1967 年 6 月 13 日），《兄弟國家和兄弟黨報刊資料》，第 2940 期，第 16 頁。

人的名單和住址也被越方有意泄露給西哈努克。[1]

需要指出的是，西哈努克政府在 1967 年對共產黨人及左翼分子轉而保持警惕的另一個重要原因是中國的極左政治運動此時已經波及到了金邊。從三月份開始，中國駐金邊使館的人員在大街上散發柬文版《毛主席語錄》和有關「文革」的宣傳品，強迫行人佩戴毛澤東像章，並在新華社新聞稿上引用毛澤東語錄「凡是反動的東西，你不打，它就不倒」來影射西哈努克。[2] 同時，金邊的華文報刊也熱烈宣傳「文革」和毛澤東思想，刊登「毛主席語錄」，煽動華人對柬政府「造反」。各華人學校裏，出現大量毛澤東像章和紅寶書，學生們集會，高唱「毛主席語錄歌」和中國的革命歌曲，上街宣講共產主義革命，號召柬埔寨人民鬥爭柬政府。這些活動都得到了「柬 - 中友好協會」的大力支持，一時間，對西哈努克不滿的左派紛紛表示要團結在「柬 - 中友好協會」周圍。[3]

對於金邊出現的動亂，西哈努克十分惱怒，他在公開講話中稱，如果柬埔寨要成為共產黨國家的話，也要由高棉人民自己來做出選擇，但如果要用毛澤東思想來發動「高棉共產主義」是不可接受的。為了搞清楚情況，他派出外交大臣前往北京想聽一聽中方的解釋，但得到的回覆是要允許柬埔寨華僑有熱愛毛主席，熱愛社會主義，熱愛中華人民共和國的權利。[4] 大為惱火的西哈努克隨後在八月份採取了一系列行動，取締了金邊的「柬 - 中友好協會」，查封了親共的華文報刊和華校，除官方報刊外其餘一律暫時關閉，並於九月份宣佈撤回駐華使館人員。儘管在周恩來的勸說下，西哈努克最終打消了同中國斷交的念頭，[5] 但在這一過程中，

1　昆明軍區司令部情報部編：《越南概況》，1980 年 6 月，第 186 頁。
2　康矛召：《外交官回憶錄》，北京：中央文獻出版社，2000 年版，第 177 頁。
3　西哈努克著，王爱飛譯：《我所交往的世界領袖》，北京：中國文史出版社，1997 年版，第 163 頁。
4　西哈努克著，王爱飛譯：《我所交往的世界領袖》，第 163-164 頁。
5　康矛召：《外交官回憶錄》，第 178 頁。

左翼勢力給他留下了極為惡劣的印象，這促使西哈努克採取更嚴厲的手段清查和逮捕國內的赤色分子。包括符寧、侯榮、喬森潘等以公開身份活動的柬共人員亦紛紛潛逃。

　　1967 年激進分子在柬埔寨的活動促使西哈努克產生的另一個念頭，是有必要重新回歸到中立的政治姿態上來。能夠反映這一跡象的舉動就是 1967 年 10 月西哈努克主動邀請美國前總統肯尼迪的遺孀傑奎琳·肯尼迪（Jacqueline Kennedy）訪問金邊。但西哈努克試圖糾正自己與共產主義者過從甚密的努力並不能改變一個事實，那就是 1967 年的混亂形勢堅定了柬共領導人投入武裝鬥爭的信念。也正是在這一年，柬共的領袖沙洛特紹首次使用了另一個化名：波爾布特。是年九月，他親自撰寫黨史，總結了所謂九條歷史經驗，強調要把馬列主義運用到本國的革命實踐，用馬列主義關於階級和階級鬥爭、武裝奪取政權、獨立自主、自力更生的思想武裝全黨。[1] 這意味着柬共已經在效仿中國黨的基礎上確定了自己的路線理論框架，一個拒絕被納入北越統一戰爭框架，更為激進的左派力量由此開始成為影響印支局勢走向的重要因素。

---

[1]　中共中央對外聯絡部編印：《各國共產黨概況》，第 46 頁。

第五章　戰爭的印度支那化與越南重建印支三國統一戰線的意圖（1968 — 1972）

　　作為越南勞動黨高層調整軍事戰略方針的結果，1968 年春節及其後續攻勢給美國政府造成的心理上的壓力令河內感到振奮，但在軍事上付出的慘重代價也迫使北越不得不接受邊打邊談的局面。更令勞動黨領導人深感壓力的是，儘管尼克松（Richard Nixon）政府選擇了從印支半島脫身，但其所推行戰爭越南化方針依然阻礙着統一戰爭目標的實現並在逐步耗盡北越的國力和軍力。在這一過程中，越南勞動黨只能繼續鞏固老撾戰場從而為南越戰場的形勢爭取時間。此時，朗諾政變的發生為北越提供了一個將戰場擴展至柬埔寨，重建印度支那聯合抗戰陣線的良機。為了實現越、老、柬三國戰場重新統一，儘快驅逐美國力量的目標，越南勞動黨開始向柬埔寨共產黨人提供支持並擁護中國在處理柬埔寨危機中發揮主導作用。1971 年老撾戰場的勝利曾極大地鼓舞了越南勞動黨聯合印支三國共產黨人發動總攻的信心，但隨即中、蘇、美之間的戰略關係的互動對北越產生了深深的刺激，加之中國為加大對印度支那鬥爭形勢的影響，有意藉助西哈努克流亡政府培植與河內存在隔閡的柬埔寨共產黨，這些因素導致北越重建以越南為核心的印支反美聯合陣線的意圖遭遇挫折，並促使河內決定孤注一擲，將最後的全部力量投入到一次大規模的軍事行動中以打破談判活動的僵局，扭轉自身的被動局面。

第一節　戰爭越南化帶來的壓力及老撾戰場的鞏固措施

一、軍事總攻方案的實施及其影響

可以肯定的是，在得到了整個共產主義世界的鼎力支持以及老撾戰場的全面配合的情況下，北越對於南越戰場形勢的評估一度十分樂觀。1966 年 2 月，越勞中央召開會議，聽取剛從南方返回的政治局委員阮志清所作的戰場形勢報告。隨後越勞中央軍委提出，要求發展主動進攻和積極反擊的態勢，爭取在南方戰場出現決定性勝利。具體措施包括加強集中作戰，在重要方向發動主力部隊參加的中、大規模戰役；把游擊戰推向高層次，加強游擊隊、地方部隊和部分主力軍的配合作戰以及襲擊敵人後方設施和首腦機關。為此，中央軍委決定迅速發展和提高各種武裝力量，尤其是主力部隊的數量和質量。在 1966 年把南方集中部隊增加到 27 — 30 萬人，同時廣泛發展游擊隊，增強主力部隊的特種兵成分，大力發展特工、別動隊，建立用於襲擊交通線的部隊和在城市活動的「突擊部隊」。[1]

但隨着約翰遜政府在 1966 年初恢復對越南全境的空襲，加之美軍地面部隊採取所謂「破壞性進攻」（Spoiling Attack）的戰術展開對越共的覓殲行動。北越很快感受到軍事上的壓力。1966 年 6 月，越勞中央軍委決定投入主力師開闢九號公路－北廣治戰場，以吸引和拖住美軍，減輕南部平原戰場壓力。但在美軍的戰術空軍、重型火炮和海軍艦炮的打擊下，北越方面的這一目標並未實現，加之空襲中越共儲存的大量物資遭到摧毀，致使北越軍持續作戰的能力大大削弱，最終到七月底不得不退

---

[1]　越南國防部軍史研究院編：《越南人民軍歷史》（第二集），第 165-166 頁。

回北越境內。九號公路－北廣治的戰局幾乎是 1966 年整個南越戰場形勢的縮影。到 1966 年下半年，共產黨軍隊中出現的嚴重減員已經是不爭的事實上，特別是在一些主力部隊中，新補充的徵召兵已經達到近一半以上。並且美軍方還發現，北越的滲透活動在 1966 年的第三季度有了下降的趨勢，越共在地面發起的作戰次數和規模同年初相比都出現了明顯減少的跡象。從繳獲的越共方面的文件來看，1966 年戰爭的殘酷和艱苦以及巨大的人員傷亡使得共產黨軍隊的士氣出現了明顯波動。很多士兵存在畏懼美軍空襲和炮火的心理，甚至出現一些幹部和作戰單位迴避與敵作戰的現象，加之後勤補給無法跟上，相當多的軍人缺乏消滅敵人的信心和決心。這促使越軍政工幹部不得不加大工作力度，宣傳美軍的弱點和必敗的趨勢，使戰士們相信目前的犧牲是為了在 1967 年發動大規模的進攻並在 1968 年取得決定性勝利。[1]

　　除了戰場上巨大消耗之外，此時另一個無形的壓力來自於蘇聯政府在和談問題上的態度。從 1966 年初開始，蘇聯國內的宣傳部門就在頻頻提及通過和平談判解決越南問題的可能。[2] 並且在蘇聯關於各國黨和一切反帝力量採取「一致行動」的號召下，歐洲各國黨紛紛發佈聲明鼓吹和平解決越南問題。[3] 蘇聯政府之所以主張北越儘快同美方接觸，一方面是其擔心中國堅持鬥爭的路線和越南衝突的繼續兩者結合起來會造成最嚴重的危險，另一方面則是由於約翰遜政府做出的表示願意同莫斯科和好的

1　"*A Study Prospects for the Viet Cong*", Dec.1966, Vietnam Documents and Research Notes Series, Translation and Analysis of Significant Viet Cong/North Vietnamese Documents, University Publications of America.1991.

2　蘇刊宣傳解決最尖銳最迫切問題關鍵能在談判桌旁找到（1966 年 2 月 11 日），《兄弟國家和兄弟黨報刊資料》，第 2444 期，第 11 頁；蘇軍報宣傳能夠和平解決越南問題（1966 年 3 月 2 日），《兄弟國家和兄弟黨報刊資料》，第 2465 期，第 15 頁。

3　保黨報就援越周載文鼓吹共運一致行動和吹捧蘇援（1966 年 3 月 16 日），《兄弟國家和兄弟黨報刊資料》，第 2479 期，第 30 頁；法共希共恢復公報鼓吹和平解決越南問題（1966 年 3 月 18 日），《兄弟國家和兄弟黨報刊資料》，第 2482 期，第 26-27 頁；布達佩斯舉行聲援越南集會鼓吹支持一切有助於達成協議和談判的東西（1966 年 3 月 19 日），《兄弟國家和兄弟黨報刊資料》，第 2483 期，第 13 頁。

姿態，包括有機會簽訂制止擴散核武器條約以及對東歐的一系列和解步驟。但這些顯然都不是能夠說服北越的理由。在此期間，對於美國政府發出的幾乎所有和平倡議和信號，越南勞動黨及北越政府幾乎都予以忽視或直接拒絕。甚至在馬尼拉會議開幕伊始，越外交部門即發聲譴責其為美帝及其走狗的一次戰爭會議，顯示出美國意圖掩蓋其戰爭目的的卑鄙面目。[1] 北越拒絕進行和談的一個重要藉口是華盛頓拒絕承認越南南方民族解放陣線是越南南方人民的唯一代表，河內以此為證據堅稱「無條件討論」的建議只是掩蓋越南南北戰爭的煙幕。[2] 而北越的這種頑固態度特別是其堅持的理由顯然令蘇聯方面所感到惱火。

　　10 月下旬，蘇共在莫斯科召集其歐洲盟國及蒙古、古巴共同商討了為越南的和平會議掃清道路的步驟。九個共產黨國家就需要使北越對和平條件的立場軟化這一點取得了一致意見。其中第一個步驟是要說服河內相信，它堅持主張民族解放陣線為參加會議的南越唯一代表這一點是不現實的。這會為像美國堅持的那樣讓西貢政府參加會議開闢道路。第二個步驟是九國可以建議胡志明停止派遣北越軍隊去南方，這個行動可能促使美國停止轟炸北方。[3] 以上兩個步驟，對於勞動黨來說無疑都是難以接受的條件，特別是後者，幾乎等於是要讓北越的統一戰爭前功盡棄。而從實際情況來看，儘管越南勞動黨沒有遵從各兄弟黨的上述意見，但在和談問題上，北越的態度開始軟化。1967 年 1 月 5 日，北越駐法總代表梅文福（Mai Van Phuc）發表談話稱，假如美國在無條件地最後停止轟炸北越之後，提出同河內政府進行接觸的建議，那麼越方將對這個建

---

1 《人民日報》，1966 年 10 月 24 日。
2 《越南信使》說美拒絕承認南越解放陣綫表明它不願談判（1966 年 5 月 6 日），《兄弟國家和兄弟黨報刊資料》，第 2533 期，第 9 頁。
3 波人士透露蘇修企圖壓越不再堅持民解陣是南越唯一代表（1966 年 10 月 29 日），《兄弟國家和兄弟黨報刊資料》，第 2710 期，第 18 頁。

議加以考慮。[1] 梅的講話普遍被認為是河內的一種鬆動的姿態。而這一變化不能不說與蘇聯的軟硬兼施有關。因為就在 1966 年 10 月，蘇聯剛剛同越南民主共和國簽訂向其提供新的無償援助協定和貸款協定以幫助鞏固和加強北越的經濟和國防。而與此同時，毛澤東的政權正由於「文化大革命」而陷入嚴重內亂，而這很可能將直接影響北京對河內的援助。正是由於對中國的未來把握不定，北越不得不對和平試探採取一些隱蔽的態度。[2]

　　1967 年初越南勞動黨在談判問題上態度的轉變顯然並不意味着河內真的寄希望於同美國人之間的交涉可以解決戰場上的問題。黎筍在二月份給阮志清的信中已經指出，目前黨的政策就是要迫使美國在一些現實問題上低頭，中央在談判問題上的策略是要在政治上實現對敵人的優勢。而這種優勢的最終目標是要使敵我雙方在軍事上的態勢發生改變。所謂邊打邊談對於共產黨人來說，就是要利用談判來鞏固自己的軍事地位。[3]

　　同北越決策層對於戰局的預測相似，美國駐越最高軍事領導層同樣將 1967 年視為決定印支軍事形勢走向的關鍵一年。1966 年 11 月 7 日，援越司令部與總參謀部共同提交了 1967 年聯合作戰計劃。按照該作戰計劃，從 1967 年 1 月 8 日至 2 月 22 日，美軍事援越司令部在第二戰區先後發動代號為「錫達福爾斯」（CEDAR FALLS）和「章克申城」（JUNCTION CITY）的大規模軍事行動。根據美方的軍事戰報，這兩次攻勢都給予越共及北越軍出其不意的打擊。擊斃和俘虜了相當數量的敵

1　塔斯社報道越駐法代表團長梅文蒲關於越南問題的談話（1967 年 1 月 6 日），《兄弟國家和兄弟黨報刊資料》，第 2780 期，第 19 頁。

2　特勒宣傳越在觀望我文化大革命發展以決定其對「和談」態度（1967 年 1 月 12 日），《兄弟國家和兄弟黨報刊資料》，第 2786 期，第 20 頁。

3　"The position of North Vietnam on negotiations",Oct.1967, Vietnam Documents and Research Notes Series, Translation and Analysis of Significant Viet Cong/North Vietnamese Documents, University Publications of America.1991.

人，其中還包括若干越共的官員和政工幹部。摧毀了北越第四軍區的大
量地面地下工事，繳獲了越方儲存的一大批物資和文件。[1]能夠反映美方進
一步加大對北越軍事壓力的還有在二月至三月之間，經過約翰遜總統的
批准，「滾雷行動」的空襲範圍首次將河內與海防囊括其中。包括河內、
海防火力發電廠、太原鋼鐵廠等都被添加到行動目標的名單之中。[2]同時加
大打擊力度的還有代號為「海龍」（SEA DRAGON）海上封鎖行動，約
翰遜授權將佈置水雷封鎖航道以及用艦炮清除海岸目標的行動擴展至北
緯二十度。[3]

　　美軍在 1967 年旱季發動的針對越南南方的地面行動以及針對北越的
空襲都已達到自越美戰爭爆發以來的頂峰。這也意味着北越承受戰爭破
壞的壓力也達到了最高值。根據訪問河內的東歐人士的觀察，在美國不
斷的轟炸下，越南北方民眾的忍耐力已達到極限。所有基本的服務部門
幾乎都已停頓；城鎮和鄉村的家庭生活處於破裂的危險之中，大批工業
已經陷入停滯。儘管有共產主義各國的援助，但北越的生活水平已經降
低到從二戰結束以來的最低值。[4]

　　面對這樣一種局勢，此時越南勞動黨內關於戰爭形勢的判斷和意
見出現了明顯的分歧。以國防部長武元甲為代表的一批人民軍高級將官
認為直接同佔據火力優勢的美軍發生正面對抗會帶來極為慘重的傷亡，
因而他們更傾向於依靠游擊戰的形式來消耗西貢及美軍的力量。而在阮

1　"*The position of North Vietnam on negotiations*", Oct.1967, *Vietnam Documents and Research Notes Series, Translation and Analysis of Significant Viet Cong/North Vietnamese Documents*, University Publications of America.1991.

2　Summary of results of ROLLING THUNDER air operations against targets in North Vietnam authorized on 2/22/67.DDRS, Mar 23, 1967, Document Number: CK3100337708.

3　Memo to Secretary of Defense Robert S. McNamara on proposed extension of SEA DRAGON operating area and expanded employment of artillery and naval gunfire against targets in North Vietnam. DDRS, Jan 6, 1967, Document Number: CK3100115364.

4　英報說東歐外交官認為美轟炸蘇叛賣使越「內部分歧加劇」（1967 年 9 月 24 日），《兄弟國家和兄弟黨報刊資料》，第 3045 期，第 6 頁。

志清領導下的南部戰場軍委和司令部則堅持主動進攻，給予敵人迎頭痛擊，集中主力部隊作戰的方針。[1]同時，以黎筍為代表的另一批中央領導則堅信，通過拖延戰爭消耗美國的資源和耐心的策略已經取得成效，軍事上的沉重和政治上的孤立使得華盛頓舉步維艱，只要再加大力度，以一次大規模的軍事行動就可以讓美國人無法再堅持下去，並從南越撤軍，而場決定性的總攻戰役應當以南方各大中城市為目標在 1968 年年內展開。之所以要選擇以城市為中心發動攻勢，這反映出黎筍個人的判斷和傾向。在 1966 年 4 月訪問蘇聯時，他就曾向勃列日涅夫描述過人民軍主動進攻峴港和周萊的美軍基地並給予敵人大量殺傷的實例，並認為這一戰鬥表明在城市和要塞地區，不但可以和美國人交戰，而且可以讓他們吃敗仗。[2]

在這種情況下，為統一全軍對於下一步戰略形勢和時機的認識，1967 年 4 月，根據越南勞動黨中央政治局的決議，人民軍總參謀部派出大批工作組至各戰場了解情況，督促各戰場按照戰略進攻的規模進行人員和物資準備。同時包括阮志清在內的南方各戰場的領導、指揮員也被中央軍委召回河內彙報情況，參加制訂作戰計劃。[3]阮志清在抵達河內後即了解到勞動黨中央委員會與人民軍總參謀部之間的矛盾。儘管對於黎筍的方案存在疑慮，但鑒於同武元甲之間存在着更為明顯的分歧，因此阮志清並沒有完全否定黎筍的意見。他給作戰局的指示是應當繼續系統地研究和討論取得決定性勝利的戰略方向和目標。[4]

在此期間，北越內部的一些觀點和態度正在持續發生微妙的變化。首先是河內繼續維持着同莫斯科與北京之間的聯繫，客氣地聽取着雙方

1　越南國防部軍史研究院編：《越南人民軍歷史》（第二集），第 185 頁。

2　勃列日涅夫與黎筍會談記錄（1966 年 4 月 11 日），АПРФ，Ф.3，Оп.83，Д.284，Л.6-20.

3　越南國防部軍史研究院編：《越南人民軍歷史》（第二集），第 194 頁。

4　Lien-Hang T. Nguyen, *Hanoi's War: An International History of the War for Peace in Vietnam*, 2012, p98.

有關鬥爭與和談的意見，但實際上卻不為所動。隨着國內政治局勢的緊張，中國對於北越的影響和之前相比出現了進一步的削弱，特別是「文化大革命」所帶來的極左化傾向，加深了北京與河內之間的分歧。[1]同時，莫斯科方面影響河內的企圖也遭到了挫折。就在二月份，柯西金在同英國首相哈羅德・威爾遜（Harold Wilson）會面時還曾誇口稱可以「保證」河內政權將會來到談判桌前，但事實表明蘇聯的外交試探在北越那裏遭到了失敗。[2]在中、蘇兩國間保持某種程度的中立姿態的同時，北越的另一個舉動是大肆宣傳和強調越南可以並應當採取獨立的軍事戰略。包括在八九月間勞動黨方面集中宣傳十五世紀後黎朝抗明領袖阮廌（Nguyen Trai），稱其為「人民戰爭和游擊戰爭學說奠定了基礎」，強調越黨繼承了祖先和阮廌的軍事才能，又善於吸取各兄弟國家革命戰爭的好經驗，運用於當前的越南實際，從而制定非常正確的政治、軍事路線。[3]同時，北越還以較高規格組織慶祝俄國十月革命，宣傳越革命當以十月革命城市暴動道路為榜樣。稱越黨創造性地發展了暴力革命和武裝起義奪取政權的理論，強調越南南方「政治鬥爭和武裝鬥爭相結合」就是這種創造性的發展。[4]以上種種舉動，無不顯示出勞動黨內部在為抗美戰爭新軍事方針的推行營造聲勢。

很快，在經過近兩個月的爭執和討論之後，六月中，越勞中央政治局終於通過了一項戰略決定：要在持久戰方針的基礎上，在相當短的時間內（預定在 1968 年）爭取決定性的勝利。要實現這一目的，就要迫使

---

1 外交部東南亞司的報告：越南勞動黨對中國「文化大革命」的態度（1966 年 10 月 17 日），АВПРФ，ф.0100，оп.59，п.529，д.37，л.72-75.

2 特勒說蘇修在越「影響削弱」並惡意挑撥中越關係（1967 年 8 月 8 日），《兄弟國家和兄弟黨報刊資料》，第 2997 期，第 9-10 頁。

3 越黨報軍報突出宣傳封阮王朝將領阮廌逝世五二五周年（1967 年 9 月 20 日），《兄弟國家和兄弟黨報刊資料》，第 3041 期，第 21-30 頁。

4 越軍報說越黨創造性發展了暴力革命奪取政權的理論（1967 年 11 月 21 日），《兄弟國家和兄弟黨報刊資料》，第 3105 期，第 14-17 頁。

美國人在軍事上認輸，使南方的戰爭局面扭轉過來。[1] 政治局在給南方局中央的指示中稱，（下一步作戰方針）應當在南方各政治中心和各城鎮發動猛烈的政治、軍事攻勢，為總攻擊和總起義創造條件，其中最具決定意義的戰場是在西貢－堤岸和南部平原地區，而這些地區的工作是目前階段最為重要的戰略核心。[2]

　　以南方城市為中心的總攻戰略的出台表明以黎筍為首的越勞中央的意見佔據了上風。在這一過程中，出於排擠武元甲的需要，阮志清並沒有阻礙政治局做出上述決定，但仍有跡象表明，阮對於黎筍的方針同樣也表現出深深的疑慮。[3] 不過，這一情況隨着 7 月 6 日，返回南方的阮志清在美軍空襲中身亡而徹底發生轉變。在此之後，黎筍趁機將自己的親密戰友范雄推上南方中央局書記兼南部武裝力量政委的位置，同時在人民軍中，他的南部總奮起計劃也得到了文進勇等人的鼎力支持。這意味着黎筍已經儘可能地清除了越勞中央與南方局及人民軍之間存在的分歧，從而確保了接下來的戰爭總動員得以順利實施。

　　很快在七月份，越勞中央政治局和中央軍委聽取了總參謀部關於採取總攻擊、總奮起的方法把革命戰爭推向最高發展階段的計劃報告。確定集中軍事力量和政治力量，向各城市，重點是西貢、順化、峴港等敵人最為疏忽的地方，同時發動出其不意的進攻。使用強硬的主力拳頭逐一擊潰偽軍主力兵團，吸引和鉗制美軍在各叢林戰場的機動兵力，在三個戰略地區實行三路夾擊，消滅和瓦解美偽軍有生力量，打亂其戰略部署，打垮偽政權，從根本上改變戰場上的力量對比。[4]

　　根據該計劃報告，從七月底開始，有關南部總攻的準備工作全面展

1　越南國防部軍史研究院編：《越南人民軍歷史》（第二集），第 194 頁。

2　Nguyễn Thời Bưng, *Lịch Sử Nam Bộ kháng chiến, 1954-1975* (tập II), tr.575.

3　Lien-Hang T Nguyen, *Hanoi's War: An International History of the War for Peace in Vietnam*, pp 98-99

4　越南國防部軍史研究院編：《越南人民軍歷史》（第二集），第 194 頁。

開，越勞中央軍委舉辦了新形勢、新任務和以全殲美軍建制旅的諸兵種協同作戰為課題的培訓班，重點對各總局、軍區、軍種、兵種和機動兵團的中高級幹部進行培訓。同時由總參編寫的一些訓練教材如《連、營、團對堅固工事之敵的打法》《連長手冊》等紛紛下發給各兵種基層幹部以統一戰術思想。在交通運輸線上，559 運輸部隊新建了九個兵站，增添了五個營。從 1967 年 11 月初開始，559 部隊全線着手落實約 6.1 萬噸的 1967 — 1968 年旱季運輸計劃，為南方總攻的打響做好物資準備。[1]

在南方，根據中央政治局的指示，南方局中央也採取備戰措施，撤銷第七軍區和西貢－嘉定軍區，成立包括西貢和鄰近省份在內的「重點區」，由南方局中央副書記阮文靈直接負責。[2] 在其中的六個分區組織步兵「尖刀營」，以配合接應特工、別動隊攻佔西貢市內各主要目標。同時南部各主力部隊負責從西貢以北、西北和東面進攻和攔截美偽軍各師，掩護攻打市區各部隊的側後。在順化、峴港等其他城市，數百名黨員、幹部祕密潛入其中指導別動隊的準備工作，武器、糧食、醫藥等物資被祕密運入市內。到 1967 年底，戰略進攻的準備工作已基本就緒。集中的武裝力量增加至 27.8 萬人，戰鬥營增至 190 個。各種物資特別是武器裝備普遍得到加強，僅南部地區就接收了近五萬件步兵武器。[3]

1967 年 10 月，越勞中央政治局召開會議，進一步討論在南方發動總攻擊和總奮起的計劃。經過對形勢進行分析並聽取各戰場的彙報之後，越勞中央政治局最終確認可以提前實施計劃，為了讓敵人措手不及，政治局決定在 1968 年新春發起總攻。[4]1968 年 1 月初，越南勞動黨中央三屆

1　越南國防部軍史研究院編：《越南人民軍歷史》（第二集），第 195-196 頁。

2　Học Viện Chính Trị Quốc gia Hồ Chí Minh Viện Lịch sử Đảng, *Lịch sử Nam Bộ và Trung ương Cục Miền Nam (1954-1975)*, Hà Nội : Nhà xuất bản Chính trị quốc gia, 2002, tr.594.

3　越南國防部軍史研究院編：《越南人民軍歷史》（第二集），第 196-198 頁。

4　Học Viện Chính Trị Quốc gia Hồ Chí Minh Viện Lịch sử Đảng, *Lịch sử Nam Bộ và Trung ương Cục Miền Nam (1954-1975)*, tr.598.

十四中全會召開，黎筍在會上代表中央執委會做了重要報告。在大戰在即的情況下，此次中央全會的一個根本目的是對全黨、全軍做最後的動員，「把革命戰爭轉移到爭取決定性勝利的新時期」。越勞中央在對各方面的請況進行分析後認為，在美帝國主義南方「局部戰爭」遇挫，其國內矛盾突出，且面臨 1968 年總統大選的情況下，加之南越偽政府內外交困，民怨很深，因此總體形勢是有利於實現這個目標的。為此，黎筍還援引了蘇聯十月革命的例子稱世界上將只有兩個國家是通過總進攻和總起義取得勝利，那就是蘇聯和越南，歷史將銘記這一切。[1] 關於總攻的具體方案，中央決定把主力兵團在正面戰場的進攻與突擊部隊結合城市武裝起義作為兩個重要方向。南部東區和西貢－堤岸將作為最具決定性的戰場，九號公路－治天將是第二個決定性戰場。總攻的三個重點是西貢、順化和峴港。[2] 同時越勞中央強調，總起義與總進攻只是猛烈而複雜的戰略進攻中的一個過程和階段，最好的結局就是在關鍵性戰場取得大的勝利，在各大城市的進攻和起義取得成功並立穩腳跟、粉碎敵人的反擊，在此基礎上，迫使美帝國主義在南方認輸，停止對北方的一切戰爭行徑。[3]

　　1968 年 1 月 30 日凌晨，就在數千名南越官兵得以離開軍營享受假期之際，共產黨人在越南南方所有各大城市和市鎮同時發動蓄謀已久的戰略進攻，儘管阮文紹政府在數小時之前宣佈取消了南越全境的休戰狀態並要求所有官兵立刻返回崗位，但警報的發出依然稍顯遲緩。在此後的兩天中，大約 84000 名北越及越共武裝人員對南越的五個直轄市、三十六個省會和六十四個城鎮以及美軍的主要軍事基地展開了大規模的

1　"Bài phát biểu của đồng chí Lê Duẩn tại Hội nghị lần thứ 14 Ban Chấp hành Trung ương Đảng Lao Động Việt Nam" (1-1968), *Văn kiện Đảng toàn tập* (tập29), Hà Nội : Nhà xuất bản Chính trị quốc gia, 2004, tr.25.

2　"Nghị quyết Hội nghị lần thứ 14 của Trung ương Đảng về anh dũng tiến lên, thực hiện Tổng Công kích và Tổng Khởi nghĩa, giành thắng lợi quyết định cho sự nghiệp chống Mỹ, cứu nước" (1-1968), *Văn kiện Đảng toàn tập* (tập29), tr.55-56.

3　Nguyễn Thời Bưng, *Lịch Sử Nam Bộ kháng chiến, 1954-1975* (tập II), tr.578-579.

地面攻勢。同時越共的各滲透突擊隊在炮火的掩護下分別突入並攻佔了包括西貢在內的一些城市的重要據點。

由於其突襲性加之爆發於各城市中心，規模空前的 1968 年新春攻勢給美國及南越方面造成的損失是巨大的。根據統計，在一個月的戰鬥中，有超過 2100 名美軍士兵及 4000 名南越軍陣亡，數萬南越民眾傷亡，其中僅在順化就有 3000 餘民眾死在越共的炮火之下，流離失所者不計其數，西貢等城市中的相當部分遭到摧毀，南越經濟由此受到沉重打擊，農村地區實施的和解建設計劃也陷入停頓。[1]

但對於共產黨人來說，新春攻勢的結果同樣也遠談不上一場軍事上的勝利。北越軍主力在整個作戰過程中未能摧毀或殲滅任何一支美國或南越成建制部隊，越共的突擊武裝也未能守住各城市中攻下的據點，在南部大部分城鎮，越方只堅守一夜後便被迫撤出，在防守時間最長的順化，共產黨人也只堅持了 25 天。由於進攻城市任務需要負責滲透任務的特工、別動隊與外圍負責增援的「尖刀營」部隊的緊密配合，而實際上由於各種原因，所謂的內外接應在多數情況下未能實現，滲透部隊由此在城市中遭到美軍和南越軍的追殲，傷亡慘重。特別令共產黨人意想不到的是，西貢政府並沒有出現預想之中的迅速崩潰的情景，各大城市中的民眾也沒有對總起義給予任何響應或支持。南方局中央在 2 月 5 日的會議中已經不得不承認，總體來看，已經失去了完成中央交給的光榮任務的時機。[2]

這樣一種局面對於極力支持南方總攻計劃的越南黨中央領導人來說無疑是極為尷尬的。能否爭取到南方城市居民的支持也的確是共產黨人

1　越南高等軍事學院戰爭經驗總結委員會編：《越南抗美救國鬥爭軍事大事記》，昆明軍區司令部二部，1985 年 1 月，第 149 頁。

2　"Nghị quyết của Thường vụ Trung ương Cục và Quân uỷ miền Nam về quân sự đối với khu trọng điểm" (5-2-1968), *Văn kiện Đảng toàn tập* (tập29), tr.1270.

所擔心的一個問題。在 1 月 21 日總攻開始之前給范雄等人的密電中，越
勞中央政治局就曾要求特別注意爭取各城市中的中間力量，提出要盡力
爭取國民的同情和擁護，為此建議成立第二條名為「和平民主民族聯盟」
並宣傳在革命勝利之後南方將成立民主聯合的越南共和政府。[1] 在戰役打響
之後的 2 月 10 日，政治局在給南方局、第五聯區等的密電中再次強調，
不得將各部隊戰士的決心書予以公佈，南方的各武裝力量更要避免公開
宣稱接受北方黨的領導，而是要強調自己隸屬於南方民族解放陣線。[2] 但這
些措施並沒能幫助共產黨人爭取到來自大多數城市民眾的擁護。在隨後
的總結和反思中，南方局中央和第五聯區區委承認，總起義過程中出現
的根本性問題是由於中央對形勢的估計，尤其是對城市群眾力量的估計
犯了主觀主義的錯誤，低估了敵人的反應能力，目標定得過高，軍事攻
擊計劃草率，組織實施不夠嚴謹，各戰場之間的協同作戰，軍事進攻與
民眾起義的配合不夠默契。加之思想準備不夠，只考慮勝利的可能性，
缺乏對付困難的準備，因而在戰鬥不利、兵力受損時就產生悲觀、動搖
思想。[3]

　　就在美軍及南越當局在城市地區迅速組織反擊驅逐共產黨武裝力量
的同時，九號公路－溪山前線的殘酷戰事仍在持續。2 月 6 日，在對琅
威（Lang Vei）據點的進攻中，北越軍首次投入裝甲部隊，但其數次攻勢
均為美軍的支援火力所擊退。從 2 月 23 日開始，北越方面開始加大火力
投入，超過 1300 餘具各型火炮不斷打擊着溪山陣地。作為回應，美軍代

1　"Điện mật của Bộ Chính trị gởi Anh Bảy Cường, anh Năm công, anh Bảy Tiến", (21-1-1968), *Văn kiện Đảng toàn tập* (tập29), tr.162-163.

2　"Điện mật của Bộ Chính trị gởi Trung ương Cục, Khu uỷ V, Khu uỷ Trị-Thiên", (10-2-1968), *Văn kiện Đảng toàn tập* (tập29), tr.173.

3　"Báo cáo của Trung ương Cục Miền Nam tại hội nghị Trung ương Cục về kiểm điểm việc chấp hành Nghị quyết của Trung ương và Bộ Chính trị, đánh giá tình hình đề ra chủ trương lãnh đạo toàn Đảng, toàn quân, toàn dân tiến lên đánh bại giặc Mỹ xâm lược" (3-1968), *Văn Kiện Trung ương Cục Miền Nam giai đoạn 1946-1975* (tập12), tr.210-211.

號「飛馬」（PEGASUS）的行動亦對北越軍陣地展開更為猛烈的轟炸和炮擊。至三月份，北越部隊的攻勢終於減弱下來並開始逐漸撤離陣地。在此之後儘管溪山要塞附近仍有零星戰鬥，但嚴重的傷亡最終迫使共產黨人選擇放棄這一戰略目標轉而退入柬埔寨境內。

　　共產黨人在 1968 年新春發起的總攻擊和總奮起從軍事的角度來說顯然是一次代價昂貴的失敗嘗試。這不僅表現在五萬餘人的傷亡數字上，更嚴重的是隨着殘存的越共武裝人員撤往鄉村地區，緊隨其後的美軍及南越部隊得以填補越共留下的軍事真空地帶，重新控制原先共產黨人的活動區域。就這些情況來說，美越聯軍完全有資格宣稱自己在戰術上取得了可觀的勝利。但從一個更大的戰略的角度看，無論是對南方各城鎮的突襲還是對溪山要塞的進攻，戰爭都達到了越南勞動黨一直以來所強調的一個目的，就是在政治上迫使敵人做出讓步。春節攻勢的慘烈狀況深深地震撼了美國的政府決策層及公眾。電視畫面中西貢街頭殘破的建築和大量尸體以及海軍陸戰隊員在溪山陣地的掩體裏躲避炮火的窘境令很多人察覺到援越司令部和美國駐西貢使館有關戰爭形勢的樂觀報告完全是無稽之談。美軍方高層也由此意識到，只要有足夠的意願去承受犧牲，敵人完全具備發起大規模進攻的能力。[1]

　　面對這樣一種局面，約翰遜政府不得不重新考慮其在越南問題上的基本政策。共產黨人所表現出的令人震驚的戰鬥力使得一部分決策者及國會議員相信，戰爭失敗的結局已經注定，美國唯一能做的就是尋找到一個體面的方式從中脫身。3 月 31 日，約翰遜正式公開宣佈了他「希望通過談判立刻實現和平」的意願。作為朝着這個方向邁進的第一步，他決定單方面削減對北越的敵對行動，從是日晚開始，除仍有敵軍威脅性活動的非軍事區以外，美國的海空軍將停止針對北越的一切活動。除

1　Office of Joint History Office of the Chairman of the Joint Chiefs of Staff, *History of the Joint Chiefs of Staff: the Joint Chiefs of Staff and the War in Vietnam, 1960-1968, Part III*, pp.147-148.

和平議題外，約翰遜還宣佈，美國已準備好派出代表在任何地點和任何時間同北越討論如何終結這場骯髒的戰爭，為此他呼籲胡志明做出積極的響應。關於美國對南越的政策，約翰遜承諾將不會有絲毫改變，在未來五個月中，將繼續向印支半島派遣約 13500 名美國軍人。在講演的最後，約翰遜宣佈為促進國內的統一，避免戰爭帶來的分裂，他本人將不再尋求以民主黨候選人的身份參加競選下一屆總統。[1]

作為 1968 年共產黨人春節攻勢的一個最直接的結果，約翰遜總統在 3 月 31 日作出的決定標誌着美國尋求從印度支那脫身的開始。在 3 月 30 日晚，根據總統的要求，參聯會已經向太平洋司令部發出指令，要求從西貢時間四月一日早八時開始，將「滾雷行動」限制在北緯二十度以南。對於美方的以上舉動，北越政府在最初的幾天裏一直保持緘默。從越方的材料來看，河內的第一反應仍認為這是美國假停戰、真進攻陰謀的一部分。同時勞動黨把更多的精力放在了宣傳鼓動以及趁機搶修遭受轟炸破壞的各交通路線和工農業設施上。[2]

從四月中旬開始，北越集中力量通過非軍事區向南方運送大量人員和物資補給，在下寮以及被稱為「鍋柄」（panhandle）的狹長地帶，卡車運輸線幾乎晝夜不停。美軍對北緯 20 度以上的空中偵察結果也顯示，北越正在緊鑼密鼓地修復在「滾雷行動」中受損的線路，河內與海防之間及其通往南方的鐵路線業已恢復。4 月 18 日的偵察攝像表明，一艘蘇製大型疏浚船正在海防港作業，以試圖恢復停航近一年多的航道。除此之外，北方的各戰略要地附近，更多的米格機機場及薩姆導彈陣地也處於維修和建設的狀態之中。[3] 這些跡象顯示，春節攻勢儘管代價高昂，但由

1　Office of Joint History Office of the Chairman of the Joint Chiefs of Staff, *History of the Joint Chiefs of Staff: the Joint Chiefs of Staff and the War in Vietnam, 1960-1968, Part III*, pp.494-495.

2　"Điện của Ban Bí thư gửi các Khu, Thành, Tỉnh uỷ và đảng uỷ trực thuộc" (3-4-1968), *Văn kiện Đảng toàn tập* (tập29), tr.198-199.

3　Office of Joint History Office of the Chairman of the Joint Chiefs of Staff, *History of the Joint Chiefs of Staff: the Joint Chiefs of Staff and the War in Vietnam, 1960-1968, Part III*, p180.

此帶來的印支局勢的變化仍被黎筍等越勞中央領導視為通過軍事行動製造政治壓力迫使美國人屈服的一個成功的開頭。這也促使河內決定在南方繼續採取行動讓敵人背上沉重的軍事、政治負擔，迫使其做出更大讓步。就在 4 月份，越勞中央政治局做出了有關新方向、新任務的決議，要求各部隊總結新春總攻擊的經驗，補充兵員和武器裝備，鞏固戰鬥決心，為新一輪進攻做好準備。[1] 4 月 24 日，政治局會議確定將在五月份對南方各大城市、市鎮發動第二次進攻，同時在各農村地區打擊反撲之敵。[2]

而此時，美軍地面部隊及南越政府軍從三月中旬開始，發動代號為「決勝」（QUYET THANG）和「全勝」（TOAN THANG）的軍事行動。越方承認，這兩次掃蕩給在西貢附近活動的各部隊造成了許多困難和嚴重的人員損失。[3] 伴隨着地面進攻的同時，美海軍力量在北緯十九度線以下的行動也沒有減弱的趨勢，盟國飛機在五月份對各種公路、水道、車站和貨物倉庫的襲擊頻率比三月份高出近一倍，特別在下寮地區胡志明小道上空，每天有近 30 架次 B-52 在執行空襲任務。[4] 儘管總體形勢於己不利，但在黎筍的堅持下，1968 年 5 月 5 日凌晨 3 時 10 分，越共炮兵部隊再次向西貢市內開火，配合別動隊和尖刀營突入市內，拉開了第二次總進攻的序幕。

對於黎筍等執意要發動第二波總攻勢的決定，武元甲等人持堅決反對的態度，但由於此時在勞動黨內，黎筍主導下的清洗活動已經清除了大多數的武元甲的支持者，因而所謂的反對聲音大多被壓了下去。[5] 與此同時在國際上，中、蘇各社會主義國家同樣對於越南勞動黨領導人在 1968

1　越南國防部軍史研究院編：《越南人民軍歷史》（第二集），第 214 頁。

2　Nguyễn Thời Bưng, *Biên Niên Sử Kiện Lịch Sử Nam Bộ kháng chiến, 1954-1975*, tr.859.

3　越南國防部軍史研究院編：《越南人民軍歷史》（第二集），第 215 頁。

4　Office of Joint History Office of the Chairman of the Joint Chiefs of Staff, *History of the Joint Chiefs of Staff: the Joint Chiefs of Staff and the War in Vietnam, 1960-1968, Part III*, p177.

5　Lien-Hang T. Nguyen, *Hanoi's War: An International History of the War for Peace in Vietnam*, p119.

年所採取一系列方針心存不滿。特別是中國方面，無論是新春總攻勢還是同美國人擅自展開的談判，都令北京方面耿耿於懷。從 1968 年年初開始，中國方面不止一次提醒北越應當把精力放在規模性戰役上面，但河內對此充耳不聞。在六月底會見以范雄為首的越南南方代表團時，周恩來對於越勞以城市為中心發動總攻的做法直接提出了批評，稱儘管這些攻擊達到了牽制敵人的目的、有利於解放農村、調動城市的廣泛力量，但它們不是決定性的，蘇聯修正主義分子宣稱對西貢的進攻是真正的攻勢，他們認為對大城市發動閃電式的攻擊才是決定性的，使用農村包圍城市的策略和持久戰都是錯誤的。如果北越這麼做了，那麼美國會很高興，因為他們可以集中力量反擊，使北越遭受更大的打擊甚至導致革命的失敗。[1]

關於越南勞動黨決定同美國接觸談判的做法，中共更是感到難以接受。4 月 13 日，在同范文同的會談中，周恩來指出，越南民主共和國 4 月 3 日聲明讓全世界人民感到吃驚，因為這意味着越方輕易做出了妥協，這不僅妨礙了世界人民對越南鬥爭的支持，而且等於給約翰遜拉了選票，為美國政府玩弄兩面政策創造了條件。周認為產生這一情況的根本原因是由於越南黨缺乏同美國人談判的經驗。[2] 六天之後，在 19 日再次舉行的會談中，雙方爭執的程度進一步升級，周指責范文同，稱越方接受約翰遜關於在越南北方實行優先停止轟炸的建議，既不合時機，也不利。在約翰遜面臨最大困難的時候，越方接受其建議，使得世界人民感到失望，親美勢力感到高興，讓自己喪失了主動權。面對中國黨領導人的批評，范文同亦以帶有反駁意味的語調回應稱，中方提出的意見是建

1　周恩來與范雄會談記錄（1968 年 6 月 29 日），77 Conversations Between Chinese and Foreign Leaders on the Wars in Indochina, 1964-1977.
2　周恩來與范文同談話記錄（1968 年 4 月 13 日），77 Conversations Between Chinese and Foreign Leaders on the Wars in Indochina, 1964-1977.

設性的，越方會認真考慮，但畢竟是北越在與美國人戰鬥，越方會對自己的軍事和外交行動負責。[1]

　　緊接着，在 5 月 7 日晚，周恩來、陳毅等在北京會見春水時，再次對越方進行說教，以朝鮮的例子告誡北越不要對和談抱有幻想，要牢記戰場上得不到的東西，在談判中也不可能得到。並告知春水，中方認為越南黨答應得太快、太急了，可能使美國人形成越方急於要談的錯覺，從而對自己很不利。[2] 從實際情況來看，中國的勸告絲毫沒有影響越南民主共和國的既定談判方針。就在 5 月 2 日，北越通過萬象渠道向美國方面發出信號，建議將巴黎作為舉行談判的地點。儘管這一舉動同蘇聯政府的立場是相契合的，但也很難說莫斯科的確像北京所擔心的那樣能夠趁機對河內施加更大的政治影響。5 月 5 日越共武裝在南方的第二次總進攻即突顯出越南勞動黨中央並不打算完全按照莫斯科的意圖行事，越方在張羅談判事宜的同時所採取的軍事行動實際上令蘇聯相當失望。[3]

　　越南勞動黨中央的固執立場顯然是寄託了相當多的政治心理意圖，河內期望着在戰場上的持續施壓能夠增加自己在談判桌上的籌碼。但此時參戰的南方共產黨武裝所面臨的情況顯然要比春節攻勢時要惡劣得多。由於第一次進攻時，特工、別動隊損失過大，各分區的尖刀營損失了近半的兵力和裝備，此時尚未得到完全的補充。同時在美軍及南越部隊將大量兵力調回西貢組織嚴密防守和加強反擊的情況下，共產黨人的攻勢已經失去了突襲的效果。因而此次規模較小的「迷你春節攻勢」在付出巨大代價之後在軍事上仍一無所獲。除西貢外，對於順化等其他城

1　周恩來與范文同談話記錄（1968 年 4 月 19 日），*77 Conversations Between Chinese and Foreign Leaders on the Wars in Indochina, 1964-1977*.

2　周恩來、陳毅與春水談話記錄（1968 年 5 月 7 日），*77 Conversations Between Chinese and Foreign Leaders on the Wars in Indochina, 1964-1977*.

3　Lien-Hang T. Nguyen, *Hanoi's War: An International History of the War for Peace in Vietnam*, p118.

市的進攻在美軍的打擊下不得不被放棄。[1]

　　就在越共發動南方第二次總攻的同時，5 月 13 日，以巡迴大使哈里曼為首的美國代表團與以春水為首的北越代表團在巴黎舉行首次會談。從談判伊始，雙方在一些關鍵性問題上就發生了激烈衝突，互不相讓。從實際情況來看，黎筍仍然沒有放棄通過南方總攻一舉迫使美國讓步的設想。到六月中旬，隨着第二次總攻擊逐漸陷入頹勢，黎筍派遣自己的得力助手黎德壽出任北越巴黎談判代表團的特別顧問以確保接下來的談判交涉不會妨礙自己的軍事計劃。[2]在整個六月份和七月份，巴黎的談判都毫無突破的情況下，8 月中，越勞中央政治局召開會議對當前形勢進行評估，在聽取文進勇關於前兩次總攻結果的彙報之後，勞動黨中央決定動員南北方全黨、全軍、全民力量繼續加強總進攻、總起義，要全面加強軍事和政治攻勢，結合外交攻勢，實現城市、農村兩條戰線、主力兵團和城市武裝起義的結合。務必要實現所提出的戰略目標。[3]根據這一決議，從 8 月 17 日晚開始，共產黨人在越南南方的第三次總進攻打響。

　　此次進攻前後持續了近一個半月，同前兩次總攻相比，其規模小了許多。越共武裝及人民軍部隊重點突襲了西寧和邦美蜀的一些據點，並對西貢和峴港進行了炮擊。很有可能是吸取了之前人員傷亡慘重的教訓，在這期間，共產黨人已很少像之前那樣頻頻發動拚死進攻，但即便如此，第三次總攻勢仍以軍事上的失敗而告終。北越方面承認，由於沒有及時評估敵我的力量對比和戰爭發展態勢，沒有及時改變進攻方向，繼續對城市實施進攻，造成了農村的空虛。在敵人回撤時，又沒能意識

1　Bộ Quốc Phòng Viện Lịch sử Quân sự Việt Nam, *50 Năm Quân đội Nhân dân Việt Nam (Biên niên sự kiện)*, Hà Nội : Nhà xuất bản Quân đội Nhân dân, 1995, tr.247.

2　Lưu văn Lợi-Nguyễn Anh vũ, *Các cuộc thương lượng Lê Đức Thọ Kissinger tại Paris*, Hà Nội : Nhà xuất bản Công An Nhân dân,2002, tr.264

3　"Nghị quyết của Bộ Chính trị về tổng khởi nghĩa, tổng công kích ở miền Nam" (8-1968), *Văn kiện Đảng toàn tập* (tập29), tr.879-885.

到敵人的戰略措施，導致第二、三次總攻擊不再像第一次那樣有力和奏效。第五聯區和南部平原地區從 1968 年年中起遇到了困難。在南方的主力部隊在經過連續多次的激烈戰鬥後遭受了嚴重損失，戰鬥力明顯下降。[1] 而實際的情況顯然要比北越方面承認的更為嚴重，從 1968 年農曆春節到夏秋的各次進攻幾乎耗盡了越共的幾乎全部精銳。南方人民解放軍不得不主要依靠北方南下部隊來補充兵員，甚至於需要徵召婦女和青少年入伍。根據美方的觀察，在已確認的 58 個越方作戰單位中，有 46 個成建制部隊已完全由人民軍士兵取代，另外 9 支部隊的兵員中北越人的比例也超過了 50%。但即便北方仍在源源不斷地提供補充兵源，南方戰場上的慘重損失也令人民軍士兵的作戰素質、領導指揮能力和士氣出現嚴重下降。原先需要六至八個月的新兵訓練被縮短至三個甚至是一個月，因而重新休整之後的南方部隊的戰鬥力由此大受影響，戰場上丟棄武器，臨陣脫逃等現象不斷增加。[2]

　　在這種情況下，隨着九月底第三次總攻勢的停止，短時間內共產黨人在越南南方已經沒有任何力量再繼續支持任何大規模的軍事行動。越共武裝的活動頻率和規模從十月份開始呈急劇下降的趨勢。在戰場上的所有努力徹底失敗之後，越南勞動黨中央領導人最終不得不把更多的注意力轉向巴黎的談判會場。[3]

　　此時在談判桌前，從九月初開始（北）越美代表進入了祕密談判狀態。儘管雙方仍分歧嚴重，始終無法取得共識，但河內的領導人意識到，隨着年底美國大選的逼近，通過談判影響美國國內政治走向，促使美方選擇停炸和撤軍的可能性越來越大。10 月 3 日，越勞中央政治局給

1　越南國防部軍史研究院編：《越南人民軍歷史》（第二集），第 218 頁。
2　Office of Joint History Office of the Chairman of the Joint Chiefs of Staff, *History of the Joint Chiefs of Staff: the Joint Chiefs of Staff and the War in Vietnam, 1960-1968, Part III*, pp.217-218.
3　"Chỉ thị của Thường vụ Trung ương Cục Miền Nam về đẩy mạnh phong trào ba mặt giáp công tấn công địch" (31-10-1968), *Văn Kiện Trung ương Cục Miền Nam giai đoạn 1946-1975* (tập12), tr.794-795.

在巴黎的黎德壽和春水發去長電，稱不管十一月的總統大選結果如何，約翰遜都將採取逐步降低戰爭烈度的措施。因此政治局建議代表團充分利用美國內部的政策趨勢和矛盾，運用靈活戰術，迫使約翰遜政府接受四方會談（即美國、越南共和國、越南民主共和國、越南南方民族解放陣線）的方案，並要求西貢政府承認南方民族解放陣線的合法地位。[1]但一周之後，勞動黨中央所謂的靈活態度即發生了變化。在10月10日給南方局中央的密電中，河內對美國大選局勢及隨後可能給戰爭前景帶來的變化進行了預測，北越方面認為，共和黨候選人理查德‧尼克松（Richard Nixon）的立場要比民主黨候選人休伯特‧漢弗萊（Hubert Humphrey）更為強硬，但即便尼克松當選總統，他也會逐步採取退出的措施。因此無論是誰，新當選的美國總統都將不得不選擇從這場戰爭中脫身。[2]正是基於這種較為樂觀的判斷，因而越勞中央認為在談判中應當表現得更為強硬，從而為北越及南方民族解放陣線爭取更多的利益和發言權。為此，中央政治局告知南方局及黎德壽、春水應當為四方會談的舉行增添附加兩個先決條件：一是美國必須首先同南方民族解放陣線接觸並進行談判，二是西貢政權必須改變政策，也就是要停止對民族解放陣線的敵視行動，在越南南方實行民主，對聯合政府事宜持積極態度，承認和平中立路線並有誠意解決問題。[3]

　　勞動黨最高層指示的迅速轉變令在巴黎的北越代表團莫衷一是，特別是兩個先決條件的出現實質上等於堵住了和談可能存在的出路。為此，黎德壽決定於10月14日返回河內向黎筍等人當面求證。在歸國途中，黎分別在莫斯科和北京進行了停留，同蘇、中兩黨的相關人員進行

1　Lien-Hang T. Nguyen, *Hanoi's War: An International History of the War for Peace in Vietnam*, p124.

2　"Điện mật của Bộ Chính trị gửi Trung ương Cục" (10-10-1968), *Văn kiện Đảng toàn tập* (tập29), tr.942-945.

3　"Điện mật của Bộ Chính trị gửi Trung ương Cục" (10-10-1968), *Văn kiện Đảng toàn tập* (tập29), tr.947.

了交談。儘管同俄國人之間的接觸內容目前尚不得知，但中共最高領導人對（北）越美和談問題的態度則通過外長陳毅之口傳達出來。在此次談話中，中方流露出的批評和指責的口氣更加明顯，認為北越接受四方會談，等於承認傀儡政權的合法性，也意味着取消了民族解放陣線作為南方人民唯一合法代表的地位，這樣做只會給越南南方鬥爭造成更大損失，只會幫助約翰遜和漢弗萊的大選。陳毅指出，越勞黨在很短時間裏接受了蘇聯修正主義提出的妥協和投降的建議，所以中越兩黨兩國政府已經沒有什麼可談的了。對於陳毅的言論，黎德壽也予以回應稱，在這個問題上需要等等看，讓現實來進行判斷和回答，並似有所指地提醒陳毅，在 1954 年的日內瓦會議上北越就是聽了中國人的勸告才犯了錯誤。[1]

　　越南勞動黨領導人拒絕在和談問題上屈從於北京的意見顯示出河內正在以十分慎重的態度對待與美國人的此次接觸。黎德壽返回河內的一個重要目的也在於避免和談最終陷入絕境。在他抵達河內之後，勞動黨從 17 至 19 日連續召開會議進行討論，從 20 日中央政治局發給南方局的密電來看，在此之後勞動黨方面的態度明顯又緩和了下來。河內告訴在巴黎的談判人員以及南方局中央，只要美國同意無條件停止轟炸以及其他針對越南民主共和國的戰爭行為，四方會談就可以召開，同時美國與民解陣之間的接觸以及西貢政權相關政策的改變不再被強調作為四方會談的先決條件。[2] 在接到勞動黨中央的最新指示後，春水與哈里曼於 21 日再次舉行的祕密談判立刻產生了效果。通過此次會談，北越談判代表意在告知美方，越南民主共和國已同意不再為阮文紹政府參加四方會談製造障礙，為確保會談順利進行，四方應儘快召開預備會議。[3] 儘管針對停

1　陳毅與黎德壽談話記錄（1968 年 10 月 17 日），*77 Conversations Between Chinese and Foreign Leaders on the Wars in Indochina, 1964-1977*。

2　"Điện mật của Bộ Chính trị gửi Trung ương Cục" (20-10-1968), *Văn kiện Đảng toàn tập* (tập29), tr.962-965.

3　U.S. Department of State, *Foreign Relations of United State (FRUS)*, 1964-1968, Vol.7, U.S. Government Printing Office, 2003, pp.268-269.

止轟炸和召開擴大會議的日期問題，談判雙方在當日並未達成一致，但北越態度的軟化無疑是一個積極的信號。此後在蘇聯的調停斡旋之下，美（北）越雙方終於在 27 日達成協議：從東部時間 10 月 19 日晚開始停止轟炸並於 11 月 2 日開始在巴黎舉行新一階段的四方會談。10 月 31 日晚，也就在同河內之間的協議生效前 12 小時，約翰遜公開發表談話，命令從華盛頓時間 11 月 1 日早八點開始，停止一切針對北越的海陸空轟炸行動。同時約翰遜還表示，他相信這一舉措將引導和平解決越南的戰爭。

作為自五月份（北）越美和談開始以來取得的最重要的一個成果，華盛頓方面在 11 月 1 日宣佈全面停止對北方的戰爭行動對於北越來說意義巨大。特別是在越南勞動黨最高領導人的總進攻、總起義方針遭遇重大挫折，南方解放鬥爭陷入低谷的情況下，美軍的停火決定實際上在一定程度上幫助北越黨和政府緩解了內部壓力。越勞中央政治局從 10 月 31 日到 11 月 2 日連續向各區、省、市委發出密電，要求加強思想教育宣傳工作，使各級各部門認識到美國停炸北方是越南民主共和國取得的巨大勝利，是敵人的巨大失敗，應及時解決黨員、幹部、群眾中存在的思想認識問題，同時要趁着這一時機，各武裝力量應提高警惕，抓緊時間休整，鞏固堡壘陣地，繼續進行戰術、技術訓練，積極準備執行解放南方的任務。[1]

此外值得注意的是，美國停止對北越全境襲擊也促使越南勞動黨進一步向蘇聯靠攏。鑒於莫斯科在談判問題上的一貫態度及其在北越、美國之間的調和努力，越南勞動黨高層認為，蘇聯政府在這一過程中發揮了重要作用。在 12 月 1 日給蘇共中央政治局的密電中，越勞中央對於蘇聯在抗美救國戰爭中向越南提供的支持給予了高度評價，並特別指出越南黨和人民十分欣慰地看到蘇聯對越南黨目前的鬥爭方針給予的堅定支

1　"Điện mật của Ban Bí thư gửi các Khu, Thành và Tỉnh uỷ" (2-11-1968), *Văn kiện Đảng toàn tập* (tập29), tr.978-982.

持。[1] 相比之下，中國方面則在有意識地避免過多干涉北越的活動和決定，並採取一些實質性措施來表明自己的不同立場甚至是要拉開與河內的距離。

　　一個明顯的跡象是，至少在三月份以前，中國官方的宣傳部門還在大肆宣揚河內及民解陣的戰鬥，並強調越南同中國的關係是「脣齒相依」「血肉相連」。但在 3 月 31 日約翰遜發表和平演說，河內表示響應之後，中國國內有關越南戰爭的消息報道開始大幅減少。十二月初，中國人民解放軍總參謀長黃永勝訪問阿爾巴尼亞，阿方領導人針對越南和平談判問題，不僅斥責了蘇聯的修正主義，而且第一次直接地攻擊了北越。但中國方面卻對此完全迴避，除了報道了阿爾巴尼亞的主張外，一言未發。[2] 與此同時，中方還決定以美國業已停止轟炸北越為理由逐步撤出援越防空部隊。11 月 17 日，毛澤東在與途徑北京的范文同舉行的會談中已經提出，關於中國的援越部隊，請越方考慮一下，哪些可以留，哪些不要留，對越方有用的就留，現在沒有用的就撤，等到將來又有用了再去。[3] 此後從 1968 年底開始至 1970 年中，中國陸續分批撤回援越部隊。

　　北京方面的上述舉動顯示出中國領導人態度的微妙變化。當然，支持北越的一貫說辭沒有被放棄。在 12 月 20 日於北京舉行的慶祝越南南方民族解放陣線成立八周年的集會上，中方依舊指責美國「正在強化侵略戰爭」並提醒越南人民，蘇聯和美國一樣是他們「最危險的敵人」。但外界依然注意到，同以往這個日子中國的慶祝活動相比，此次大會的規模和氣氛都低調了許多，不但越方沒有派出代表團參加，而且周恩來的身影也沒有出現在會場上，慶祝講話改由地位較低的北京市革委會副主任

1　"Điện mật của Bộ Chính trị gửi Bộ Chính trị Ban Chấp hành Trung ương Đảng Cộng sản Liên Xô" (1-12-1968), *Văn kiện Đảng toàn tập* (tập29), tr.1013-1014.

2　日報妄評我對越南問題的態度（1969 年 1 月 3 日），《兄弟國家和兄弟黨報刊資料》，第 3515 期，第 22-23 頁。

3　中共中央文獻研究室、中國人民解放軍軍事科學院編：《建國以來毛澤東軍事文稿》下卷，北京：軍事科學出版社 2010 年版，第 345-348 頁。

吳德來作。甚至中方的宣傳機構也沒有專門刊載任何文章來紀念這個日子。[1] 有觀點認為，中國在越南問題上首次採取這種不明確表態，不那麼動感情，比較含蓄的態度表明，在巴黎和談、蘇聯入侵捷克斯洛伐克和尼克松當選美國總統等事件所引起的變動不定的國際局勢中，中國可能將會對西方採取一種注重實效的、不咄咄逼人的態度。至少在北越參加和談問題上，中國黨不再準備採取任何激烈的反對措施，對於北京來說，更重要的是如何調整自「文革」開始以來混亂不堪的外交關係，以改善自身的處境。[2]

　　但不管此時中國的態度如何，到 1968 年年底，邊打邊談、以打促談的原則已成為越南勞動黨所確定的新的鬥爭方針。特別是在尼克松於 11 月 5 日贏得美國總統大選之後，北越方面認為，華盛頓新的領導人並不打算迅速通過四方會議討論找到解決問題的方法，但目前又必須通過與尼克松政府的接觸來解決下一階段的問題並尋求停止戰爭，在這種情況下，施加外交壓力的意義顯得更加重要。[3] 在 12 月 12 日給南方局領導的密電中，河內指示應當積極迫使美國及偽政權同民族解放陣線接觸，其中巴黎的外交鬥爭將為軍事上的勝利增加條件，而加強南方的軍事和政治鬥爭則會增強外交戰場上的勝算。同時北越方面也認識到，美國在試圖從印支脫身的同時，也在加強西貢作為新殖民主義工具的作用，因此未來一段時間裏工作的重點之一是對偽政權和偽軍的分化瓦解。[4] 以上判斷和決定顯示，河內面對美國新政府的初步對策仍是要以軍事、政治鬥爭的

1　越通社報道吳德在首都群眾慶祝解陣成立八周年大會上講話（1969 年 12 月 24 日），《兄弟國家和兄弟黨報刊資料》，第 3505 期，第 1-2 頁。

2　法新社評我對越南問題的態度（1969 年 12 月 24 日），《兄弟國家和兄弟黨報刊資料》，第 3505 期，第 5-6 頁。

3　"Thông tri của Thường vụ Trung ương Cục Miền Nam về nhận định sơ bộ và kết quả bầu cử tổng thống Mỹ" (5-11-1968), *Văn Kiện Trung ương Cục Miền Nam giai đoạn 1946-1975* (tập12), tr.818-819.

4　"Điện mật của Bộ Chính trị gửi Anh Bảy Cường" (12-12-1968), *Văn kiện Đảng toàn tập* (tập29), tr.1168-1169.

壓力迫使尼克松政府在談判桌上做出實質性讓步，而一旦美軍退出印支半島，西貢政權的崩潰將僅僅是時間問題。

二、戰爭越南化對越南戰略方針的影響

從 1968 年底至 1969 年初，儘管針對整個越南北方的轟炸已經停止，但在美軍配合下在南越地區事實的地面軍事行動仍在進行當中，其重點是對南部平原農村地區進行掃蕩，覓殲處於隱蔽狀態之中的越共武裝。而此時的越南南方共產黨武裝力量遠未從 1968 年的嚴重損失中完全恢復過來，僅在西南區，就有超過一萬名越勞幹部和武裝人員被捕，逾三萬人陣亡，同時到 1969 年初，這一地區的越共游擊部隊也從四萬五千人劇烈下降到六千兩百人。[1] 而從南部各戰區的整體形勢來看，共產黨人在農村地區的各種武裝、政治鬥爭普遍都處於最低潮，解放區大大縮小，南方和各軍區的主力部隊只有一小部分能夠在平原敵後小塊根據地上站得住腳，大部分都不得不轉移到邊界地區或山區根據地。[2]

儘管軍事形勢對美方及南越政府十分有利並且白宮的新領袖已經作出了體面地退出戰爭的承諾，但在 1969 年 1 月 20 日正式就任總統之後，尼克松並沒有急於擺脫過去四年裏美國在越南問題上形成的沉重的政治、軍事負擔。正如他的國家安全事務特別助理亨利‧基辛格（Henry Kissinger）所言，任何一個政策制定者都必須照顧到美國的「威望」和「體面」，為了暫時緩和國內的艱難局勢，而對一個小國棄之不顧，是不道德的，同時也會破壞美國建立新的國際關係模式的努力。新一屆政府不得不既尊重反戰派的觀點，也得面對少數支持派的意見。[3]

1　Nguyễn Thời Bưng, *Lịch Sử Nam Bộ kháng chiến, 1954-1975* (tập II), tr.706.

2　越南國防部軍史研究院編：《越南人民軍歷史》（第二集），第 234 頁。

3　Henry Kissinger, *Ending the Vietnam War: A History of America's Involvement in and Extrication from the Vietnam War*, New York: Touchstone, 2003, p56.

　　而對於尼克松來說，當務之急是要弄清印支戰場的具體形勢並確定新政府的對越方針。因而在就任總統次日，尼克松即要求國防部、中情局、參聯會、援越司令部和駐西貢使館等各部門分別對越南局勢的不同方面進行系統全面的評估，從而為形成一致的對越決策奠定基礎。到三月下旬，各部門的意見在匯總到國家安全委員會後由基辛格統一形成國家安全調查備忘錄（NSSM）第一號。與此同時，尼克松還於三月初派遣他的國防部長梅爾文·萊爾德（Melvin Laird）前往南越進行實地考察以確定那裏的真實情況。一周之後，萊爾德向總統提交了包含一份備忘錄在內的報告，提出了旨從數量和質量上提升南越政府軍的現代化計劃，與之相映的還有削減五萬至七萬駐東南亞美軍的建議。萊爾德認為這樣做非但不會影響越南的安全形勢，而且可以促進南越政府的自立傾向並有利於使接下來在越南的行動得到國內公眾的支持。[1]

　　在國家安全調查備忘錄第一號的結論以及萊爾德報告的基礎上，3月28日，尼克松召開國家安全委員會會議系統評估對越南政策。在此次會議上，尼克松認可了談判接觸的策略及和所謂的撤軍方案，按照他的說法就是，只要北越願意從南越、老撾和柬埔寨撤回它的全部武裝人員，美國也將會從南越撤走全部作戰力量。如果北越在談判桌上拒絕就這個問題作出承諾，那麼美國將會尋求全面鞏固和加強南越政府軍，直到其有能力抗擊越共和北越軍隊。為此尼克松要求進一步研究同北越進行外交談判的問題，同時為戰爭的越南化準備一個詳細的時間表。[2]

　　就在尼克松政府的越南化政策開始進入實質性階段的同時，越南勞動黨方面依然寄希望於通過軍事壓力迫使美方加快從印支撤退的速度。

1　U.S. Department of State, *Foreign Relations of United State (FRUS)*, 1969-1976, Vol.6, U.S. Government Printing Office, 2006, pp. 110-120.
2　U.S. Department of State, *Foreign Relations of United State (FRUS)*, 1969-1976, Vol.6, U.S. Government Printing Office, 2006, pp.165-171.

從 1969 年初開始，南方局給各戰場的指示是要改進進攻方式，加強和鞏固農村地區的基礎革命，集中力量粉碎敵人的緊迫圍剿。[1] 為顯示形勢已經得到改善，振奮人心，同時也為了起到迷惑敵方的作用，在處境依然不利的情況下，從 2 月 23 日凌晨起，越共武裝再次對第一和第三戰區的各主要城鎮發起了一次全面進攻。

　　共產黨人於二月至三月間發動的總攻儘管聲勢較大，但力度遠不及 1968 年的春節攻勢。在付出相當大的代價之後，越共無論在軍事上還是心理上都沒能撼動南越政府及其軍隊，並沒有達到預期的目標。美國方面注意到，在三月中旬進攻停止之後的近三個月裏，越共沒能再發動任何形式的進攻，零散的偷襲行動也有了明顯下降的趨勢。美方分析認為，共產黨人正在利用停止空襲的時機，在四、五月份趁雨季到來之前抓緊時間進行休整和補給。[2] 從實際情況來看，越南勞動黨中央政治局的確在四月間發出指示，要挫敗敵人「戰爭越南化」計劃及企圖以優勢結束戰爭的陰謀，戰鬥到美國撤軍、偽政權垮台，並要求全力做好支援南方戰場的任務。同時根據越勞中央軍委的指示，人民軍總參謀部提出整頓部隊的方案，要求總部和各軍區主力步兵師、團將保證滿員和裝備齊全。為彌補部隊的嚴重減員問題，越方不惜解散組建不久的數個防空師和導彈團，並減少海軍和各軍區、各兵種、院校等單位的機關及勤雜人員的數量，然後將其補充到第四軍區南面和 559 戰略運輸線上，以增加直接參戰的兵員。同時勞動黨中央軍委和總司令部還決定再次調動大批齊裝滿員的部隊開赴南方。除在北方接受修整的各主力師團外，人民軍還抽調了 10 個特工營和 100 個特工排前往南部地區，以補給 1968 年以來受損的南方部隊。[3]

1　Nguyễn Thời Bưng, *Lịch Sử Nam Bộ kháng chiến, 1954-1975* (tập II), tr.711.

2　Office of Joint History Office of the Chairman of the Joint Chiefs of Staff, *History of the Joint Chiefs of Staff: the Joint Chiefs of Staff and the War in Vietnam, 1969-1970*, p42.

3　越南國防部軍史研究院編：《越南人民軍歷史》（第二集），第 237-238 頁。

　　關於北越祕密進行的戰爭準備，美國方面業已通過戰俘審訊及繳獲的文件了解到敵人即將在五至六月間發動一次夏季攻勢。並且在有關此次行動的指示中，共產黨方面明確提出要通過進攻美軍及南越軍據點、設施以及南越控制的人口稠密城市，增加美軍的傷亡來達到政治上的目的。[1] 果不其然，從 5 月 11 日夜開始，共產黨武裝再一次傾其所力在南方發動了一場全國範圍的地面進攻。同之前數次總進攻方式相同，此次越共人員亦分別對西貢、順化等大中城鎮進行炮擊，隨後在各地爆發了近兩百餘場戰鬥。但一個十分明顯的跡象是，南方共產黨部隊在這一次進攻中無疑已是強弩之末，其進攻高潮僅僅持續了數天。越方承認，由於連續作戰，加上 1968 年受到的損失未來得及鞏固，就地供應物資和來自北方的補給遇到很多困難，因此主力部隊未能有效殲滅敵人有生力量。[2] 而更為嚴重的是越共的夏季攻勢立刻遭到了早已有所準備的盟國軍隊的反擊。

　　事實上，幾乎就在越共發動全面攻勢同時，美軍及南越軍主力即在 B-52 及直升機的配合下展開針對越共根據地及運輸走廊的反覆掃蕩行動。此次反擊使得本已虛弱不堪的南方共產黨武裝幾乎陷入絕境。到 1969 年年底，美（南）越聯軍幾乎攻佔了越共在南部平原地區的全部解放區，其控制下的人口增加了一百萬，這導致越共在農村地區的力量迅速減弱，特別是就地補充兵員變得十分困難，加之就地供應走廊和戰略運輸線不斷遭到攻擊和破壞，其部隊的後勤供應遇到很大困難。到 1969 年 9 月，南方主力部隊的糧食庫存只剩下 2000 噸，部分幹部和士兵流露出悲觀情緒，害怕激烈戰鬥，不願駐守前線，甚至出現臨陣逃脫以及投降等現象。[3]

1　Office of Joint History Office of the Chairman of the Joint Chiefs of Staff, *History of the Joint Chiefs of Staff: the Joint Chiefs of Staff and the War in Vietnam, 1969-1970,* p43.
2　越南國防部軍史研究院編：《越南人民軍歷史》（第二集），第 242 頁。
3　越南國防部軍史研究院編：《越南人民軍歷史》（第二集），第 242-243 頁。

　　1969 年夏季總攻的失利對於越南勞動黨高層的影響是決定性的，此次進攻使得黎筍等人意識到，即便是面對退意已決的尼克松政府，想要通過軍事上的總進攻一舉迫使其在談判桌上做出重大讓步也是極為困難的。而這也促使北越領導人決定將戰略性進攻的方案暫時予以擱置，將更多的精力轉移到巴黎的談判會場上來，意圖通過積極的外交攻勢爭取實現對美國的政治輿論優勢。根據這樣一種考慮，在 5 月 8 日舉行的第 16 次四方會談上，越南南方民族解放陣線代表提出了解決越南問題的十項建議，包括承認越南的獨立主權、美國撤出全部軍隊和軍事人員、越南南方人民自己解決內部問題，拒絕外界干涉等等內容。[1] 儘管該方案中存在諸多苛刻的內容，但它畢竟是搶在美國之前首先公開了推動解決戰爭問題的建議，這無疑會引起美國國會及公眾輿論的注意並對美國政府產生壓力。同時，民解陣在談判中的主動姿態也是共產黨人在之前從未有過的，為此，越勞中央政治局還專門向各省、區、市委發出電文，要求及時解決幹部、人民在思想中存在的偏差，着重解釋此次外交上的主動進攻是為了配合戰場上的軍事政治鬥爭，中央將會既堅持原則，又靈活運用策略，絕不會出現對敵人做出過多讓步的情況。[2]

　　隨後，在 5 月 10 日，越南勞動黨中央召開三屆十六中全會，重點確定了外交戰線鬥爭的任務和方向。在此次中央全會上，政治局在其通過的決議中對當前印支戰場的形勢和敵我雙方的處境和戰略意圖進行了分析，認為敵人在侵略意志不斷消退的情況下拋出的「戰爭去美國化和越南化」的方針表明美國局部戰爭策略的完全破產，尼克松政府選擇從印支半島撤退的趨勢不可避免。越勞中央同時承認，在新的鬥爭階段裏，儘管已經在軍事、政治和外交領域取得了一些重大勝利，但也遇到了一

1　Nguyễn Thời Bưng, *Biên Niên Sử Kiện Lịch Sử Nam Bộ kháng chiến, 1954-1975*, tr.878.

2　"Điện của Ban Bí thư về vấn đề tiến công ngoại giao" (7-5-1969), *Văn kiện Đảng toàn tập* (tập 30), Hà Nội : Nhà xuất bản Chính trị quốc gia, 2004, tr.62-63.

些困難和阻礙。這一方面是由於敵人的頑固及其實力依然不小，另一方面則是由於自己仍存在一些弱點和缺點。總起義和總進攻只是南方革命戰爭最為激烈和複雜的一個階段，在敵人仍具有相當大的潛力的情況下，應當強化外交進攻和政治進攻的戰略意義。為此越勞黨中央提出，當前的主要任務是動員南北方全黨、全軍、全民在已取得的勝利的基礎上，繼續加強全面進攻（tien cong toan dien），而現階段的全面進攻必須將軍事、政治和外交攻勢放在同等重要的地位，其中特別要注意各大城市中的羣眾運動以及外交戰線上的鬥爭。[1]

　　第十六次中央全會所帶來的一個標誌性影響是，越南勞動黨在政治和外交領域開始表現出更加積極的活動趨勢，這樣做的意圖顯然是想通過佔據先機進而取得對南越政府的政治優勢和對美國的外交壓力。在此之後，共產黨人採取的另一個措施是，越南南方民族解放陣線6月6日召開會議，宣佈成立越南南方共和臨時革命政府。這樣做的一個重要目的就是要同西貢政府爭奪合法性資源，爭取南方中間派人士，特別是在各城市之中的運動力量。[2]

　　就在北越試圖加強在政治、外交方面的活動的同時，六月初，由參聯會制訂的關於戰爭越南化的初步計劃報告通過國防部遞交到了尼克松的手上。根據該計劃，從七月份開始，首批2萬至2萬5千名美軍將先行撤離，在整個1969年裏，需要從印支半島撤出的總人數將不少於5萬。[3] 在拿到這份計劃報告之後，尼克松尚未立刻做出決定，即於6月8日飛往中途島，在那裏同阮文紹舉行會談，討論戰爭進程問題。在此

1　"Nghị quyết của Bộ Chính trị về tình hình và nhiệm vụ" (10-5-1969), *Văn kiện Đảng toàn tập* (tập 30), tr.134-136.

2　"Điện của Ban Bí thư về việc thành lập Chính phủ Cách mạng lâm thời Cộng hoà miền Nam Việt Nam" (9-6-1969), *Văn kiện Đảng toàn tập* (tập 30), tr.189-190.

3　Office of Joint History Office of the Chairman of the Joint Chiefs of Staff, *History of the Joint Chiefs of Staff: the Joint Chiefs of Staff and the War in Vietnam, 1969-1970*, p68.

期間，阮文紹主動向尼克松表示，南越政府軍已經做好準備接替準備撤離的美軍。這一表態促使尼克松決心在八月底之前完成一個師大約二萬五千人的撤離計劃。[1]

對於阮文紹與尼克松在中途島的會晤，共產黨人更為關注的是美國人的撤軍承諾，他們認為這可能會加速美國和南越政權的失敗，但同時又對其中可能存在的陰謀感到不安，南方局中央在傳達的指示中特別強調，不能盲目相信敵人的失敗和自身的勝利會迅速到來，在軍事和外交方面仍需保持強硬姿態。[2] 而這也意味着越方不可能如美國人所願作出某些積極的姿態。由於在巴黎的談判始終毫無進展，加之洛奇的辭職，尼克松在七月中旬通過法國前駐越總代表讓・聖特尼（Jean Sainteny）向越方傳遞信息，希望能夠安排基辛格同春水從 8 月 4 日開始展開首輪祕密談判。同時為給基辛格的祕密談判提供輿論上的支持，從七月下旬到八月初，尼克松離境對多個亞歐國家進行訪問，也正是在此出訪過程中，7 月 25 日，尼克松在關島向記者闡述了美國在亞洲的新政策，也即除非關係到切身利益，美國將不再承擔亞洲國家的防務義務，各國需要依靠自己的力量來反抗侵略、保衛自己。這一被稱為「關島主義」或「尼克松主義」的新亞洲政策的出現標誌着自冷戰爆發以來數屆美國政府所極力堅持的在印支半島或者是整個東南亞預防多米諾骨牌效應的政策根基發生了動搖。以此為開端，華盛頓需要優先考慮的不再是國際共產主義席捲南下的威脅，而是如何儘快了結與印支共產黨人數十年來糾纏不清的戰爭。

而這一次出訪對於尼克松來說存在的另一個意義是，對共產主義世界的進一步了解促使他更加堅定了從國際戰略的角度來觀察和處理越南

1　U.S. Department of State, *Foreign Relations of United State (FRUS)*, 1969-1976, Vol.6, U.S. Government Printing Office, 2006, pp.248-252.

2　"Thông tri của Thường vụ Trung ương Cục Miền Nam về nhận định sơ bộ về cuộc gặp gỡ giữa Níchxơn và Thiệu tại Mít Uê ngày 8/6/1969" (11-6-1968), *Văn Kiện Trung ương Cục Miền Nam giai đoạn 1946-1975* (tập13), tr.336.

問題。在此之前，1969 年 3 月初，中蘇兩國軍隊在遠東的邊境地區發生了武裝衝突，從而使得兩國關係急劇惡化，迅速跌入完全破裂的狀態。儘管尼克松及其幕僚們認為，但華盛頓的主要領導人仍相信，中國的對外政策是擴張性的，對東亞特別是其鄰國仍具有威脅性。不過尼克松在他的亞歐之行中，從一些非共產黨國家如巴基斯坦、羅馬尼亞等國領導人那裏所聽到的是關於中國的完全不同的另一種評論，這些國家的領導人認為，共產黨中國並沒有威脅到它的任何鄰國，反倒是蘇聯在亞洲的擴張更加令人擔心。[1] 到八月中旬，隨着中國同蘇聯之間在新疆邊境地區再次發生流血衝突，美國政府最終確認了自己的看法。在 8 月 14 日的國家安全委員會會議上，尼克松首次提出，蘇聯是比中國更具侵略性的一方。[2]

　　促使尼克松政府從大戰略的角度思考解決越南問題的因素還有一個，那就是從中國方面傳遞出來的信息。在三月份中蘇邊界武裝衝突發生之後，中國黨和政府對於涉及自身安全利益的戰略形勢的思考出現重大調整，在中國人看來，蘇聯對自己所構成的現實威脅性已經超過了美國。[3] 相比較印支半島的戰事對中國南部安全的影響，蘇聯在北方邊境的屯兵和演習更加令北京感到不安。根據中共最高領導人的指示，軍方的一些元帥奉命對中國目前的國際戰略任務進行研究。到七月中旬，陳毅、葉劍英等人在提交的研究報告中指出，「中蘇矛盾大於中美矛盾，美蘇矛盾大於中蘇矛盾」，因而有必要主動利用美蘇矛盾，「進行針鋒相對的鬥爭，也包括用談判的方式進行鬥爭，」建議在對美關係上恢復中美大使級談判，或主動重新提出舉行中美部長級或更高級別的會談，協商解決

1　牛軍：《中國、印度支那戰爭與尼克松政府的東亞政策（1969 — 1973）》，《冷戰國際史研究》，2008 年 1 月第五輯，第 11-12 頁。

2　U.S. Department of State, *Foreign Relations of United State (FRUS)*, 1969-1976, Vol.17, U.S. Government Printing Office, 2006, pp.67-68.

3　沈志華主編：《中蘇關係史綱 ── 1917 — 1991 年中蘇關係若干問題再探討》（增訂版），第 439 頁。

中美之間的根本性問題。[1]

　　儘管北京方面並沒有將調整對美關係的設想立刻付諸實施，但在一些美國最為關心的關鍵性問題上，中方已經釋放出一些避免與美對抗的信號，這其中就包括對印支形勢的態度。九月間，羅馬尼亞領導人毛雷爾（Maurer）在參加胡志明葬禮途中訪問北京，期間周恩來明確告訴毛雷爾，中國已經同北越拉開了距離，無論北越是戰是和，中國均不干預，中國對於進行中的巴黎和談也沒有興趣，唯一在意的是台灣問題和中華人民共和國在聯合國的合法席位。[2] 很難說中國領導人的以上表述是否在第一時間傳遞到華盛頓的決策層那裏，但可以肯定的是，尼克松政府已經意識到，中美關係的緩和對於印支局勢不容忽視的影響作用，特別是當蘇聯已經取代中國成為北越最主要的援助者而莫斯科對河內的槓桿作用卻又不是這麼明顯的情況下，這其中的意義顯得更為重要。

　　於是可以看到，從七月份開始，美國頻繁地向中國做出和解的舉動，包括放寬中美人員往來和貿易限制，允許記者、國會議員訪華，以及表態不同意蘇聯建立亞洲集體安全體系的建議，不會參加孤立中國的任何安排等等。7 月 12 日，基辛格在同蘇聯駐美大使多勃雷寧進行的會談中明確表示，美國不反對改善與中國的關係並將準備採取「理智的步驟」接近中國，同時基辛格還敦促蘇方，為儘快結束越南衝突，蘇聯現在必須在調解中發揮更加積極的作用。[3]

　　在催促莫斯科向河內施壓的同時，美國方面實際上已經意識到，「蘇聯對巴黎談判的影響明顯小於蘇聯本應對河內和越南南方民族解放陣線擁有的影響，特別是作為越方的武器和經濟援助的主要提供者所擁

1　余萬里：《通向緩和的道路 —— 1968 — 1970 年中國對美政策的調整》，《當代中國史研究》1999 年第 3 期，第 34-36 頁。

2　中華人民共和國外交部外交史研究室編：《周恩來外交活動大事記：1949 — 1975》，第 538-539 頁。

3　多勃雷寧與基辛格談話備忘錄（1969 年 7 月 12 日），ЦХСД，ф.5，оп.61，д.558，л.92-105.

有的影響。」[1] 實際情況的確如此，到 1969 年下半年，越南勞動黨在其軍事外交的方針政策問題上進一步強調其獨立性和自主性。不僅是中國領導人的勸告已很難再打動北越政府，即便是蘇聯黨也無法再左右勞動黨領導人在談判等問題上的立場。在五月份的十六中全會上，黎筍在其所作的關於南方革命任務的報告中談到的一個重要問題是，應當牢記需要維護社會主義陣營內部的團結局面，但如果不夠獨立自主，就不會取得勝利。這是越勞中央和政治局的一個根本意見，特別在當前中蘇嚴重衝突的情況下，不要聽、不要做任何可能危及自身獨立的事情，任何人不說任何有害於蘇聯或中國的言論，保持自己思想的獨立性，如果不這樣做，就不能按照正確的方法結束戰爭。[2]

　　而從實際情況來看，越南勞動黨所謂的具有獨立性和自主性的軍事政治外交方針在 1969 年下半年並沒有表現出統一的意見，缺乏核心的指導綱領。在這一時期，越南勞動黨在南方的主要軍事策略是避免大規模正面交戰，將總起義和總進攻主要的作戰方式轉移到游擊戰上來。[3] 同時集中精力鞏固各主力部隊，將部分南方主力調至邊境軍事壓力較小的地區進行休養，另外將部分主力部隊分散到各地方部隊和游擊隊，作為維持地方游擊戰爭的骨幹。[4] 在政治上，則利用美國國內聲勢浩大的反戰活動以及在南越的一些美國反戰人士，依靠青年學生、勞工等在南方大城市特別是西貢－堤岸地區發動政治鬥爭，加強兵運工作，對抗、瓦解西貢政府。[5] 而在外交方面，共產黨人在巴黎的談判會場中所奉行的一個原則就

1　多勃雷寧與基辛格談話備忘錄（1969 年 7 月 12 日），ЦХСД，ф.5，оп.61，д558，л.92-105.

2　"Bài nói của đồng chí Lê Duẩn, Bí Thư thứ nhất Ban Chấp hành Trung ương Đảng, tại Hội nghị Trung ương lần thứ 16 về nhiệm vụ cách mạng miền Nam" (10-5-1969), *Văn kiện Đảng toàn tập* (tập 30), tr.155-156.

3　"Nghị quyết của Thường vụ Trung ương Cục về việc đẩy mạnh chiến tranh du kích trong tổng công kích, tổng khởi nghĩa" (30-10-1969), *Văn kiện Đảng toàn tập* (tập 30), tr.437-438.

4　Nguyễn Thời Bưng, *Lịch Sử Nam Bộ kháng chiến, 1954-1975* (tập II), tr.715.

5　"Điện của Ban Bí thư về viec phát động phong trào đấu tranh chính trị rộng lớn ở miền Nam", (24-10-1969), *Văn kiện Đảng toàn tập* (tập 30), tr.337-338.

是不主動對美國人的外交試探做積極回應，而是堅持己方原則，以「拖」促談，迫使美國逐步做出讓步。

　　出現這一狀況的主要原因很可能是由於南越戰場及巴黎會場上的僵局導致北越決策層疲於應對，舉棋不定。同時值得注意的還有，此時勞動黨內部權力結構的變動也直接影響着其決策層形成統一的觀點。9月2日，胡志明病逝於河內。勞動黨中央政治局的領袖們在推進統一戰爭這個問題上的分歧開始變得明顯起來。包括黎筍、范雄、范文同以及大部分軍方將領在內的高級幹部仍主張通過正規部隊作戰實現南北統一，也即把游擊戰同小規模常規戰鬥結合起來，使之勢頭越來越大，最後以奠邊府式的戰鬥而告終。而以長征為首的持久戰派則認為應當恢復較低級的戰爭，在時間上把戰爭拖長，把敵人拖垮，使其得不到發揮其優勢火力和機動性的機會。同時還有一派，以外長阮維楨為代表的包括黨和政府中的一批「少壯幹部」在內的力量贊成通過談判達成協議，作為實現統一的辦法。以上分歧儘管沒有在勞動黨內形成嚴重的對立和分裂，但北越在 1969 年下半年中表現出的戰略迷茫狀態卻是顯而易見的。特別是在這一時期，由於大量徵調勞動力前往南方作戰，加之農業管理和氣候上的問題，北越面臨着嚴重糧荒，食品配給量大大減少，同時電力、機械、冶金等重工業也由於煤炭的缺乏而遇到了嚴重困難。[1] 這一情況在勞動黨內也引起了諸多異議和批評的聲音。[2] 這種情況意味着，戰爭越南化非但沒有如同河內所預料的那樣在美軍撤出印支半島後即帶來勢如破竹的勝利，反而將北越的軍力和國力逐步拖向崩潰的邊緣。因而此時北越唯一能做的就是繼續維持在戰略上僅存的優勢 —— 包括在老撾運輸通道以及

1　外電外報說越改組一些部是同面臨的經濟困難問題有關（1969 年 12 月 14 日），《兄弟國家和兄弟黨報刊資料》，第 3868 期，第 21 頁。

2　英美報紙說長征最近批評報刊過多報道戰爭而忽視了北方建設（1969 年 10 月 31 日），《兄弟國家和兄弟黨報刊資料》，第 3822 期，第 6-8 頁。

同西哈努克政府的合作，以待形勢發生有利的轉變。

　　而此時，尼克松政府已於 9 月 15 日宣佈將在 12 月 15 日前從南越再撤軍 3 萬 5 千人，但越南共產黨人對此仍抱有深深的懷疑，堅持認為這是美國政府安撫國內反戰情緒以及世界輿論，為南越政權爭取鞏固時間而玩弄的把戲。[1] 在目睹着大約六萬名美國軍人在 1969 年底之前離開印支半島之際，勞動黨南方局中央發出警告：絕不能為尼克松的狡詐手段所蒙蔽，只有更為慘重的失敗才能讓美國斷絕在越南的念頭。[2] 而對於尼克松來說，他的越南新政策在整個 1969 年並沒有在談判桌上獲得對手的絲毫響應，這也迫使他只能採取另外一個方案，那就是繼續維持在印支半島的軍事行動，並加快向南越軍隊移交戰鬥任務的步伐。不過由於降低越南戰爭烈度的趨勢已經無法逆轉，因而尼克松的戰爭計劃開始更多地向老撾和柬埔寨地區傾斜。而由此帶來的戰爭的老撾化和高棉化事實上是給北越的戰略突破創造了條件。

三、越老合作下的老撾戰場形勢

　　隨着 1967 年越南勞動黨同老撾人民黨之間「特殊關係」的確立，根據越勞中央政治局的指示，北越開始在更廣領域和更深的層次上對老撾的共產主義者提供支持和幫助。[3] 根據 1967 年 7 月 19 日中央常務會議的決議，越南勞動黨認為，越南革命與老撾革命之間「密不可分」的關係已經形成，特別在目前抗美戰爭的特殊情況下顯得尤為重要，因而從經

1　"Thông tri của Thường vụ Trung ương Cục Miền Nam về một số nhận định về việc Mỹ rút thêm 35000 quân" (19-9-1969), *Văn Kiện Trung ương Cục Miền Nam giai đoạn 1946-1975* (tập13), tr.662.

2　"Thông tri của Thường vụ Trung ương Cục Miền Nam về nhận định về bài diễn văn ngày 8/12/1969 của Níchxơn về rút thêm 50000 quân" (18-12-1969), *Văn Kiện Trung ương Cục Miền Nam giai đoạn 1946-1975* (tập13), tr.919.

3　Lê Đình Chinh, *Quan hệ đặc biệt hợp tác toàn diện Việt Nam-Lào trong giai đoạn 1954-2000*, tr.146-147.

濟、文化、教育等方面全面改進、提高對友邦革命的支援。[1] 在此基礎上，北越更加強調老撾戰場對南越戰場的策應和輔助作用。特別是隨着越南勞動黨南方總起義、總進攻方針的確定，鞏固老撾境內共產黨人控制下的根據地，確保中、下寮地區南下運輸通道的安全成為北越的一個重要目標。

由此在 1967 年 12 月中旬，越南勞動黨中央軍委向西北軍區發出指令，要求伺機對盤踞在琅勃拉邦以北楠泊（Nam Bac）一線的老撾王國政府軍及王寶部隊發動進攻，以恢復和鞏固中寮解放區。[2]12 月 30 日，越勞中央軍委再次做出指示，提出在當前美國依然不斷加大在老撾的特種戰爭的情況下，需要看到老撾革命軍隊中依然存在一些問題，因而應當加強在軍事上對老撾革命的支持，具體來說工作的重點是要在軍事、政治、兵運等方面，從思想上幫助寮方樹立積極向敵進攻的意識。[3]

在經過近一個月的準備之後，1968 年 1 月 12 日，在北越投入的 316 主力步兵師抵達指定的作戰區域之後，越老聯軍針對楠泊之敵的戰鬥打響。由於得到了訓練有素，作戰經驗豐富的越南志願軍的援助，此次戰役進展順利。到 2 月 27 日戰役結束，老撾政府軍兩個機動主力團超過 3200 人被殲，楠泊地區全境落入共產黨人之手。楠泊戰役的結果對於老撾政府軍來說無疑是一次沉重的打擊。除損失大量人員及美援武器外，這還意味着老撾王國政府方面花費近兩年時間將第一、二軍區連接起來的努力以及在孟賽（Muong Sai）和楠泊方向取得的軍事進展全部付之東

---

1 "Thông tư của Phủ Thủ Tướng nước Việt Nam Dân Chủ Cộng Hòa về nhiệm vụ, tổ chức và chi đạo thực hiện viện trợ kinh tế, văn hoá cho cách mạng Lào" (21-11-1967), *Lịch sử quan hệ đặc biệt Việt Nam-Lào, Lào-Việt Nam, 1930-2007 : văn kiện* (vol III), tr.142-152.

2 "Quân ủy Trung ương chỉ thị cho Quân khu Tây Bắc về phương hướng, kế hoạch chiến dịch Nặm Bạc" (18-12-1967), *Lịch sử quan hệ đặc biệt Việt Nam-Lào, Lào-Việt Nam, 1930-2007 : Biên niên sự kiện* (vol I), tr.719-720.

3 "Thường trực Quân ủy Trung ương ra nghị quyết tăng cường giúp đỡ cách mạng Lào về quân sự" (30-12-1967), *Lịch sử quan hệ đặc biệt Việt Nam-Lào, Lào-Việt Nam, 1930-2007 : Biên niên sự kiện* (vol I), tr.720-721.

流。通過大量殲敵，共產黨人使得自己在琅勃拉邦的地位得到改善，並打破了王寶對中、北寮地區的襲擾。[1]

　　而對於共產黨人來說，二月份的楠泊戰役僅僅是 1968 年旱季作戰的一個開端。緊接着在 3 月至 4 月，北越志願軍配合巴特寮武裝又連續發動進攻，首先佔領了緊靠桑怒省的普雷山（Phou Pha Thi）並摧毀了美軍在那裏設置的一個航空雷達站，隨後又攻克霍辛車（Huoi Hin Xa）據點，打開了與楠泊連接的道路。共產黨人在中寮地區的這一系列攻勢甚至一直延續到雨季以後。隨後，按照越勞中央和越軍總參謀部的指示，援老志願軍和專家團進一步配合老撾人民解放軍通過剿匪、基礎建設等方式鞏固新控制的地區。[2]

　　越老聯軍在 1968 年上半年攻勢的迅猛發展一方面是河內投入主力部隊直接參戰的結果，另一方面則得益於此時越共在南越地區的總攻形勢的掩護 —— 美國人無法分心應對在老撾戰場的壓力。但可以確定的是，越南勞動黨並不打算投入更多的志願軍以支持巴特寮一鼓作氣顛覆萬象的政權。這無疑體現了越南勞動黨一貫的思維模式 —— 老撾革命必須以越南革命的勝利為前提，而目前更為重要的任務自然是南越的城市總起義。因而到八月初，在基本的作戰目標實現之後，特別是在中寮地區可能對根據地及運輸通道構成的威脅被清除之後，越老聯軍的攻勢逐漸停滯下來。

　　老撾戰場形勢深受南越戰況影響的另一個表現是，到九月初，隨着越共在八月總攻勢趨於失敗並向柬埔寨和老撾境內潰散，聯軍部隊也緊隨其後發起追殲反擊。在這種情況下，得到支持的王寶部隊亦趁勢準備

1　U.S. Department of State, *Foreign Relations of United State (FRUS)*, 1964-1968, Vol.28, U.S. Government Printing Office, 1998, pp. 649-650.

2　"Bộ Tổng Tham mưu Quân đội nhân dân Việt Nam ra chỉ thị về khôi phục vùng giải phóng Xiêng Khoảng" (8-6-1968), *Lịch sử quan hệ đặc biệt Việt Nam-Lào, Lào Việt Nam, 1930 2007 : Biên niên sự kiện* (vol I), tr.731.

再次發動反攻。[1] 同時，在 11 月 1 日美國方面停止對越南北方實施一切
形式的轟炸之後，為繼續維持對越共和人民軍的壓力，除了非軍事區以
外，約翰遜政府實際上賦予了軍方更大的自由權在老撾和南越地區展開
空襲行動。很快，從 11 月 15 日開始，聯軍部隊對中、下寮「鍋柄」地
區實施代號為「突擊隊狩獵」（COMMANDO HUNT）的空襲行動。由於
「滾雷行動」已經停止，因而美國援越司令部得以充分利用手頭幾乎所有
戰術飛機、武裝直升機和 B-52 對胡志明小道上的運輸線和兵站實施不間
斷轟炸。[2]「突擊隊狩獵」行動從 1968 年末一直延續到 1969 年中。在此期
間，下寮地區每天都遭受上百次轟炸，同時對老撾北部的轟炸也從每天
二十次飆升至兩百至三百次。[3]

　　1968 年 11 月 28 日，老撾人民黨中央在給各省、區委的指示中承
認，儘管美國停止對北越的轟炸對於巴特寮軍民來說是一個極大的鼓
舞，但這也意味着巴特寮同敵人之間的鬥爭形勢將變得更加惡劣。不過
即便如此，老黨中央依然指出，目前工作的首要目標依然是促進越南南
方抗美鬥爭的勝利，因為美國已經在越南遭遇失敗，那麼其侵略政策和
惡毒陰謀也必然會在老撾遭遇失敗。[4] 鑑於印支形勢在 1969 年以後發生的
變化，一月初，北越國防部及中央軍委同老撾黨中央軍委及最高指揮部
舉行會談，研究新階段的敵我形勢及任務。其中越方給予寮方的主要建
議是進一步鞏固解放區，集中力量應對敵人的兩個主要戰略力量（王寶
的苗族部隊和萬象的主力軍），要儘可能多解放一些重點區域，為擴大解

1　"Cục Tác chiến Bộ Tổng Tham mưu Quân đội nhân dân Việt Nam góp ý kiến với Đoàn 766 và Đoàn 959 về
　kế hoạch phản công địch lấn chiếm Phả Thí" (23-9-1968), *Lịch sử quan hệ đặc biệt Việt Nam-Lào, Lào-Việt
　Nam, 1930-2007 : Biên niên sự kiện* (vol I), tr.736-737.

2　Office of Joint History Office of the Chairman of the Joint Chiefs of Staff, *History of the Joint Chiefs of Staff:
　the Joint Chiefs of Staff and the War in Vietnam, 1960-1968, Part III,* Washington, DC,2009, pp.242-243.

3　格蘭特·埃文斯著，郭繼光等譯：《老撾史》，第 128-129 頁。

4　"Chỉ thị của Trung ương Đảng Nhân Dân Lào gửi các cấp Uỷ, Khu, Tỉnh trong toàn quốc về việc Mỹ phải
　đình chỉ vô điều kiện ném bom bắn phá toàn bộ lãnh thổ nước Việt Nam Dân chủ Cộng hòa" (28-11-1968),
　Lịch sử quan hệ đặc biệt Việt Nam-Lào, Lào-Việt Nam, 1930-2007 : văn kiện (vol III), tr.171-172.

放區創造條件。[1]

　　需要說明的是，北越支持和鼓勵巴特寮主動發起攻勢的情形在此前並不多見。在越老聯合作戰的大部分時間裏，越南黨更傾向於要求巴特寮固守已有的解放區，派往老撾境內協助作戰的越南志願軍往往也是人民軍中戰鬥力較弱的部分。[2]因而從 1968 年開始到 1969 年間，對老撾戰略方針的調整以及人民軍主力部隊的投入，顯示出北越對於老撾戰場的重視程度出現了提升，特別是當共產黨人在南越的總攻嚴重受挫，不得不進入休整階段的情況下，越南勞動黨顯然有意加強在寮國境內的活動以趁機從側翼加強對越南南方的壓力。

　　不過在 1969 年初，共產黨人需要首先應對的問題是敵人的反撲。從一月至三月初，越老聯軍都在努力抗擊老撾王國政府軍對普雷山的圍攻。到了三月中、下旬，對於巴特寮和北越志願軍來說，形勢開始變得不利。王寶的部隊在桑怒西南方向和 7 號公路對桑怒省形成合圍之勢。越軍總參謀部認為，如不及時採取措施，聯軍的活動很可能將陷入困境，迫使聯軍分兵應對。一旦王寶的「特種部隊」與王國軍實現匯合，將給越老聯軍造成更大的威脅。為此，越方指示西北軍區應當積極、主動、緊張地落實旱季作戰計劃，通過運動戰連續消滅敵人有生力量（主要為王寶苗族部隊），為此不惜讓出桑怒和川壙的一部分，待敵人佔領後，由地方部隊和游擊隊進行襲擾。[3]隨後在四月中旬，在共產黨人撤退之

1　"Quân uỷ Trung ương và Bộ Quộc phòng Việt Nam hội đàm với Quân uỷ Trung ương và Bộ Chỉ huy tối cao Lào" (1-1969), *Lịch sử quan hệ đặc biệt Việt Nam-Lào, Lào-Việt Nam, 1930-2007 : Biên niên sự kiện* (vol I), tr.743.

2　根據中國駐老工作組的觀察，長期以來，援老的越南部隊多是人民軍的三等部隊，往往是在勝利後編組起來的，其戰鬥力與指揮水平，大體相當於中國抗戰末期晉察冀邊區的部隊，巴特寮的主力一、二營大致也是這個水平，其他營則更差，約等於中共抗戰時期的縣大隊。關於軍事問題的調查材料（1965 年 3 月 27 日），外檔，106-00901-02，第 99-100 頁。

3　"Bộ Tổng Tham mưu Quân đội nhân dân Việt Nam chỉ đạo Quân khu Tây Bắc và Quân khu 4 hoạt động tác chiến ở Lào" (17-4-1969), *Lịch sử quan hệ đặc biệt Việt Nam-Lào, Lào-Việt Nam, 1930-2007 : Biên niên sự kiện* (vol I), tr.748-749.

後，王寶部隊遂進佔川壙省首府。

不過雙方圍繞查爾平原戰略要地的爭奪顯然遠未停止。在經過一段時間的準備之後，六月中旬，越老聯軍再次出擊，將佔據芒綏（Muong Sui）的王國軍驅逐出查爾平原。而這種拉鋸爭奪戰也使得北越方面意識到，巴特寮對於新解放區的控制能力還遠沒有達到理想的狀態，因而有必要重新考慮迅速擴大老撾解放區的方針。7 月 18 日，越勞中央軍委與巴特寮中央軍委召開會議，商談越南革命與老撾革命的形勢、存在的困難以及發展前景。越方的意見是，儘管連續進攻正在逐步取得勝利，但目標老撾戰場仍處在特種戰爭階段，因此不應一味強調使用軍事手段來實現最後的完全勝利，而應該緩和一些，將鞏固解放區作為更為重要的方面。而當前的主要任務就是將解放區按照國家規模進行建設，同時在軍事上集中力量對付王寶的「特種部隊」。[1]

而就在七月底，軍事形勢再次發生逆轉。老撾王國政府軍與王寶部隊集合了 23 個步兵營及 53 個獨立大隊，在一部分泰國僱傭軍和美軍特種部隊的配合下，向查爾平原－川壙地區的戰略要地發起進攻。面對老撾戰場上迄今為止敵軍發動的規模最大的攻勢，北越志願軍及巴特寮部隊的壓力極大。為此，越方除留下一個營和一個連配合寮方牽制敵軍外，不得不將大部分部隊撤出以避免與敵正面接觸。不過勞動黨及人民軍高層並不打算將已在查爾平原取得的戰略優勢拱手讓出。越方認為，敵軍的此次攻勢存在的一個重要意圖是威脅越南北方，吸引北越的一部分主力部隊，減少越北方對南方的支援。是一次充分體現了「尼克松主義」思路的軍事行動。[2]

為收復查爾平原，鞏固巴特寮解放區，特別是為了配合南越戰場仍

1　"Quân ủy Trung ương Việt Nam, Quân ủy Trung ương Lào hội đàm" (18-7-1969), *Lịch sử quan hệ đặc biệt Việt Nam-Lào, Lào-Việt Nam, 1930-2007 : Biên niên sự kiện* (vol I), tr.759-760.
2　越南國防部軍史研究院編：《越南人民軍歷史》（第二集），第 248-249 頁。

在繼續的進攻形勢。1969 年 9 月 12 日，越南勞動黨中央軍委指示國防部配合老撾人民解放軍總指揮部在查爾平原－川壙省發動代號為「139 戰役」的反攻。為務求此戰必勝，越老聯軍方面調集重兵參戰。越方先後投入 316、312 兩個主力步兵師和一個炮兵團、一個坦克連、六個特工工兵營以及義安省地方部隊營，同時再加上老撾部隊的十個營，統一由武元甲親自指揮。[1] 經過三個多月的開路、物資準備和展開戰役隊形後，1970 年 2 月 11 日，越南志願軍和巴特寮部隊向敵發起進攻。到 2 月 20 日，共產黨軍已全部控制了查爾平原並將政府軍趕出中央高地。25 日，老撾王國及王寶的部隊被迫放棄川壙市。到三月中旬，越老聯軍乘勝追擊，攻佔桑通（Sam Thong），對王寶部隊在龍鎮（Long Tieng）的基地構成直接威脅。

　　共產黨人在查爾平原的進攻迅速引起尼克松政府的注意。在北越發動攻勢的第二天，富馬即向美國政府提出請求派出 B-52 予以支援。2 月 16 日，尼克松下令授權 B-52 參與對老撾前線的轟炸行動 —— 延續肯尼迪政府以來的傳統，美軍在老撾的一切行動都是在祕密狀態下進行的。但總統的這一決定很快在 2 月 19 日的《紐約時報》上遭到披露，頓時引起輿論譁然。身着平民服裝的美國武裝人員支持老撾前線的說法被傳得沸沸揚揚，參議員們蜂擁而上指責政府對所謂「美國越陷越深」的情況知情不報，並要求公佈十月份在參議院小組委員會上聽取的有關美國捲入老撾事務的祕密證詞。[2] 儘管在國內引起了強烈的質疑聲音，但尼克松仍堅持認為不能讓老撾王國政府陷入混亂並且要穩定泰國政府的情緒，特別是泰國已經明確表示將派出志願軍支援龍鎮的王寶部隊。事實上到 1970 年間，由於苗族部隊的減員狀況已經相當嚴重，中央情報局不得不

1　越南國防部軍史研究院編：《越南人民軍歷史》（第二集），第 249 頁。

2　Henry Kissinger, *Ending the Vietnam War: A History of America's Involvement in and Extrication from the Vietnam War*, p124.

更多地依靠泰國僱傭軍來充實王寶的作戰力量。[1]

　　正是在泰國僱傭軍的支持下，到三月下旬，老撾王國政府軍再次集合起發動反攻的力量。3月31日，老撾政府軍奪回桑通，其機場也很快恢復使用，美軍飛機開始向王國軍運輸補給品。加之此時受天氣影響運輸交通受阻，越老聯軍遂從龍鎮地區撤退。儘管進攻勢頭遭到遏制，但對於共產黨人一方來說1970年春的查爾平原－川壙戰役依然意義重大。越南勞動黨中央軍委在4月3日的決議中指出，接下來援老工作的重點內容是，幫助巴特寮鞏固和防守查爾平原戰略區域，穩定人民生活、加強生產、鞏固武裝力量建設。[2] 以上指示表明北越決定再次放緩老撾戰場迅猛發展的步伐。這樣做既有防止美國加大干涉力度的考慮，同時也表明，北越確保南下運輸通道安全的戰略目標在此役中已經得到了實現。當然，此時北越對於整個印支戰場形勢的思考正在被另一個重要因素所吸引，那就是柬埔寨局勢的變動。

第二節　柬埔寨政變與越南在印支地區戰略方針的轉折

一、政變前夕的柬埔寨局勢

　　1968年初柬埔寨的內部形勢對於繼續努力維持中立路線的西哈努克來說依然困難重重。特別是在越南南方總起義的影響下，柬埔寨共產黨人的活動開始變得更加頻繁和激進。是年1月17日，從柬埔寨西北馬德

1　格蘭特·埃文斯著，郭繼光等譯：《老撾史》，第131頁。

2　"Thường trực Quân ủy Trung ương Việt Nam ra nghị quyết về nhiệm vụ giúp Lào ở khu vực Cánh đồng Chum-Xiêng Khoảng" (3-4-1970), *Lịch sử quan hệ đặc biệt Việt Nam-Lào, Lào-Việt Nam, 1930-2007 : Biên niên sự kiện* (vol I), tr.777.

望省維甲山一帶開始，柬共支持的武裝暴動在各大區相繼出現，到當年
5 月，全國 19 個省中已經有 17 個爆發了高棉共產主義者領導的游擊戰
爭。[1] 此次大範圍的暴動顯示出波爾布特、農謝等人對毛式的人民戰爭概
念的理解和應用。不過此時柬共的鬥爭離所謂農村包圍城市，進而奪取
政權的目標尚有距離。共產黨人的首要任務是擴大和加強自己所掌握的
武裝力量。而從 1968 年的形勢來看，大部分地區發生的暴動都是赤手空
拳的農民對地方警察所及政府軍的圍攻，柬共所面臨的最嚴重的問題是
武器裝備的嚴重短缺。在 1968 年的暴動中，除了西南大區奪取了近兩百
支槍械外，東部、北部、西北大區分別只繳獲了四五支槍。以整個東北
大區為例，其正規部隊只有七十個人，分成七個班，每班只配備三支手
槍，一兩顆手榴彈以及一些鳥槍和毒弩。[2]

　　為改變武器供應嚴重不足的情況，柬共曾試圖再次向越南勞動黨求
援。在 1968 年初，農謝曾應召同阮文靈舉行會談。其間，越方要求柬共
避免襲擊向南越運輸物資的通道，也不要在靠近越南的邊界地區發起暴
動。而對於農謝有關援助武器的請求，越方則以還需遵守日內瓦協議為
由予以拒絕。[3] 越勞方面的上述態度反映出其一貫所堅持的優先考慮越南南
方革命的立場，或者說此時越方還沒有意識到柬共對於推進印支局勢變
化可能起到的作用。

　　不過在這一時期，柬埔寨共產主義者的活動不可避免地引起了中國
方面的注意。特別是在 1968 年中，隨着中共對越南勞動黨的影響逐漸式
微，加之中國派駐巴特寮的工作組被迫撤出，失去了對老撾黨施加影響
的可能，因而柬埔寨國內出現的效仿中國革命模式的暴力鬥爭很快引起

1　中共中央對外聯絡部編印：《各國共產黨概況》，第 47 頁。

2　波爾布特：《在柬埔寨共產黨正確領導下柬埔寨革命的偉大勝利》，第 34 頁。

3　英薩利與孫浩大使談話記錄（1978 年 2 月 20 日），中共中央對外聯絡部二局編：《柬共領導
　同志重要言論選摘》，第 70 頁。

中方的關注。根據 1968 年 2 月中旬蘇聯駐金邊使館的情報顯示，在柬埔寨北部和西北部的幾個省中，中國人正在利用當地親毛和親河內的勢力，攻擊柬埔寨政府的經濟形勢，鼓動所謂的「紅色高棉」展開行動並為他們走私武器和創建武裝叛亂小組。[1] 同時，根據柬埔寨政府官員的證實，有跡象表明北京正在以向在馬德望省紡織廠工作的中國專家提供貨運為掩護，為柬埔寨境內共產黨的武裝叛亂供應自動步槍、榴彈發射筒和 81 毫米迫擊炮等武器。[2] 中國對於支持柬埔寨共產黨態度的變化還可以從 6 月 19 日周恩來同范雄的談話可以看出，在會談中，儘管周恩來否認中共同柬埔寨同志存在直接聯繫，但他仍提醒越方，柬埔寨同志抱怨說武裝鬥爭的時機已經成熟，但越南同志存在沙文主義態度，不想給他們幫助，對柬共同志採取這種不適當的態度，柬埔寨的革命者將怎麼看待你們？[3]

儘管中國方面已經流露出希望越勞能夠適時給柬埔寨共產黨提供援助的意願，但越南黨仍然拒絕考慮任何向柬埔寨共產黨人提供直接援助的可能。1969 年底，波爾布特率柬共代表團再次祕密訪問河內，請求提供援助。但仍遭北越方面的拒絕。黎筍明確告訴柬共領導人，武裝鬥爭是沒有必要的，柬埔寨的同志應當等待越南革命的完全勝利，到時候越方將一舉解放金邊。[4] 越南勞動黨拒不支持柬共的立場使得兩黨之間的間隙在 1969 年達到了頂峰，柬共也由此深深地埋下了對北越的警覺和抗拒心理。不過河內的冷落並沒能阻止柬共鬥爭勢頭的減弱，除了來自中國的

1　蘇聯駐金邊使館報告：中國方面在柬埔寨的顛覆活動（1968 年 2 月 19 日），РГАНИ（俄羅斯國家現代史檔案館），ф. 5, оп. 60, д. 365, л. 4.

2　蘇聯駐金邊使館報告：中國方面在柬埔寨的顛覆活動（1968 年 2 月 19 日），РГАНИ, ф. 5, оп. 60, д. 365, л. 10.

3　周恩來與范雄談話記錄（1968 年 6 月 19 日），*77 Conversations Between Chinese and Foreign Leaders on the Wars in Indochina, 1964-1977*.

4　Ministry of Foreign Affairs of Democratic Kampuchea, *Black Paper:Facts and Evidence of the Acts of Aggression and Annexation of Vietnam against Kampuchea*, Phnom Penh, 1978.p32.

部分援助，在 1968 — 1969 年間，越共在南方的挫敗對於柬共來說也是一個莫大的機會。在美（南）越聯軍的追擊下，潰逃進柬埔寨境內的越共武裝不得不放棄大量的後勤補給，據統計，大約有 2 萬 5 千件單兵武器及超過 1600 萬噸彈藥被遺棄在柬越邊境的土地上。[1] 這其中有相當部分流入了柬共武裝的手中，除此之外，由於美軍的轟炸而導致柬東部邊境地區產生的難民則為柬共的游擊部隊提供了足夠的兵員。由於存在這些條件，柬共在 1969 年經受住了西哈努克政權十八個營對臘塔基里省中央根據地的圍剿。根據柬共黨史的描述，在 1969 年柬共掌握的基幹部隊的數量已達到近四千人，其部隊建制及武器裝備都有了明顯改善，由於採取了以游擊戰為主的人民戰爭，敵人的圍剿無濟於事，只能被動捱打。[2]

　　隨着柬埔寨國內政治及安全形勢的惡化，留給西哈努克中立路線的活動空間越來越少，但親王依然還在努力掌控着政局。除了恢復朗諾對軍隊的指揮權，命其火速鎮壓左翼激進分子的暴動，西哈努克也急切希望華盛頓能夠了解自己的心聲。1968 年 1 月，美國駐印度大使，總統特使切斯特·鮑爾斯（Chester Bowles）祕密訪問金邊，意在勸說西哈努克意識到越共在柬埔寨境內的庇護所的危險性並試探其對美國採取打擊行動的反應。出乎美國人意料的是，西哈努克表示，如果美國需要在柬境內的無人區進行追蹤活動，他將不會反對。如果美國這麼做的話，將會有助於問題的解決。當然如果交戰發生在柬埔寨領土上的話，那麼雙方都是在侵犯柬埔寨的領土，不過越共和北越軍隊的罪過更大，如果美國為追捕越共而進入偏遠的無人區，那麼他將選擇視而不見。[3]

　　西哈努克所說的上述內容理所當然地被美國人解讀為他已經同意美

1　Steve Heder, *Cambodian Communism and the Vietnamese Model, Volume1. Imitation and Independence, 1930-1975*, p138.
2　波爾布特：《在柬埔寨共產黨正確領導下柬埔寨革命的偉大勝利》，第 34-36 頁。
3　U.S. Department of State, *Foreign Relations of United State (FRUS)*, 1964-1968, Vol.27, U.S. Government Printing Office, 2000, pp.507-510.

國對柬境內的越共庇護所採取軍事行動。儘管西哈努克在後來的回憶錄中否認了這一點，但希望越南共產黨人早日離開柬埔寨國境無疑是他長久以來的強烈願望。而從目前的情況來看，也只有美國政府有能力幫助他儘快實現這一目標。因而在鮑爾斯的訪問結束之後，西哈努克向美國方面釋放出更多期盼接觸的信號，除了通過法國、奧地利、印尼等渠道繼續發出暗示外，他還於 12 月初釋放了被柬方扣押的美國水兵，並在公開場合宣稱美國在東南亞的存在是對中國的野心的一個有效遏制，甚至在某些程度上有意調整了在領土爭端問題上對於南越和泰國的立場。[1] 在尼克松就任總統之後，針對西哈努克的示好行為，美國國務院認為這顯示出親王急切盼望着同美國恢復關係，不過美方同時也意識到，西哈努克的這些舉動並不意味着他已確信美國能夠贏得戰爭，而只不過是他兩頭下注的一貫表現。因而立刻恢復同柬埔寨的關係非但不能立刻改變戰爭形勢或遏制越共在柬境內的活動，而且會牽制美在柬邊境地區的軍事行動。國務院由此建議總統可採取措施逐步恢復雙方的外交關係。[2]

　　按照國務院的上述意見，從 1969 年 2 月開始，尼克松政府陸續對西哈努克政府做出一些較為積極的回應。在 14 日給西哈努克的信中，尼克松表示真誠希望美柬之間建立持久友好的關係，並終將找到持續改善和提升兩國關係的辦法。[3] 西哈努克為此大受鼓舞，於 3 月 12 日允諾釋放四名在柬境內抓獲的美國飛行員。同時在 3 月 18 日美軍針對越共營地的代號為「早餐行動」（OPERATION BREAKFAST）的祕密轟炸展開之後，西哈努克亦一反常態地保持沉默，甚至在 3 月 28 日的記者招待會上首次

1　Office of Joint History Office of the Chairman of the Joint Chiefs of Staff, *History of the Joint Chiefs of Staff: the Joint Chiefs of Staff and the War in Vietnam, 1969-1970*, p139.

2　Office of Joint History Office of the Chairman of the Joint Chiefs of Staff, *History of the Joint Chiefs of Staff: the Joint Chiefs of Staff and the War in Vietnam, 1969-1970*, p139.

3　Office of Joint History Office of the Chairman of the Joint Chiefs of Staff, *History of the Joint Chiefs of Staff: the Joint Chiefs of Staff and the War in Vietnam, 1969-1970*, p140.

明確承認了越共和北越軍隊在柬境內滲透活動的事實。[1] 於是，出現的一個奇怪現象是，在美軍的 B-52 向柬領土上傾泄炸彈的同時，柬埔寨的最高領導人依然在努力爭取同華盛頓之間達成諒解甚至是在為美國人的祕密轟炸提供某種形式的掩護和幫助。直至轟炸進行了近兩個月之後，西哈努克才在一次記者招待會上承認了轟炸的事實，但他否認有柬埔寨人的生命財產受到損害，因而他並不打算提出抗議。[2] 而在十月份，柬埔寨方面更是在西哈努克的授意下公開了有關北越和越共部隊佔領柬埔寨領土的地點，這實際上是在幫助美國人進行更精確的轟炸。[3] 在此之前的 6 月 10 日，西哈努克已經公開宣佈將重建與美國的外交關係。在七月初兩國關係正式恢復後，西哈努克即迫不及待地邀請尼克松訪問柬埔寨，以表明美柬關係的真正改善。

　　但正如周恩來對北越領導人所說的那樣，西哈努克正在「右」傾，不過這是他一貫「兩面做生意」的政策。[4] 可以證明這一點的是，西哈努克在頻頻向美國示好並公開抗議北越「侵略」柬埔寨主權的同時，他並沒有決心同共產黨人徹底翻臉。在 1969 年中，西哈努克不但將越南南方民族解放陣線駐金邊的外交機構升級為大使級，正式承認了越南南方臨時革命政府，而且還親自參加了九月份胡志明的葬禮。更為重要的是，北越在柬埔寨境內的活動也沒有受到來自柬埔寨政府的任何干擾。對於西哈努克的這種「配合」，越方曾給予相當高的評價，稱其保持了中立立場，擁護了越南人民的正義事業。[5] 但在柬埔寨國內，由於西哈努克不能

1　Office of Joint History Office of the Chairman of the Joint Chiefs of Staff, *History of the Joint Chiefs of Staff: the Joint Chiefs of Staff and the War in Vietnam, 1969-1970,* p140.

2　亨利‧基辛格：《白宮歲月 —— 基辛格回憶錄》第 1 冊，第 328-329 頁。

3　Henry Kissinger, *Ending the Vietnam War: A History of America's Involvement in and Extrication from the Vietnam War*, p128.

4　周恩來與范文同談話記錄（1969 年 4 月 20 日），*77 Conversations Between Chinese and Foreign Leaders on the Wars in Indochina, 1964-1977.*

5　Nguyễn Thời Bưng, *Biên Niên Sử Kiện Lịch Sử Nam Bộ kháng chiến, 1954-1975,* tr.879.

將越南人從柬埔寨領土上驅逐出去，加之暴力活動的蔓延，致使在 1968
至 1969 年間，柬埔寨國內的緊張狀況和憤懣情緒始終得不到緩解，對於
柬國內的右翼民族主義者來說，西哈努克的所謂平衡政策沒有給國家帶
來任何好處，反而使柬埔寨進一步捲入了越美戰爭。隨着 1969 年 8 月
13 日柬埔寨國民議會推舉朗諾出任首相兼國防部長，施里瑪達出任副首
相，西哈努克的統治已經變得岌岌可危。

二、朗諾政變的發生與各方的反應

1970 年 1 月 7 日，西哈努克攜夫人及賓努親王等隨行人員離開柬埔
寨，前往法國進行例行治療和修養。在此期間，施里瑪達開始推行經濟
改革，除了廢除國家對銀行經營和外貿的控制外，還要求將所有柬埔寨
瑞爾兌換成新發行貨幣。此舉意在打擊越共及北越軍隊使用大量偽造貨
幣在柬境內購買稻米物資或進行運輸工作。在此期間，施里瑪達曾與北
越方面進行交涉，意圖勸說在柬越南人離境。但他由此了解到西哈努克
在 1966 年同河內達成的祕密交易，也即通過支付報酬，西哈努克允許越
共和北越在在柬埔寨東部森林地區建立軍事基地並利用所謂「西哈努克
小道」轉運戰爭物資。這一消息的暴露導致 3 月 8 日至 9 日，在柴楨省
和波蘿勉省（Prey Veng）爆發了大規模民眾示威，要求越共離開柬埔寨，
在隨後的兩天裏，反對越共的情緒持續蔓延。3 月 11 日在金邊也爆發了
類似的游行，反對西哈努克的大中學生襲擊了越南民主共和國和越南南
方臨時革命政府的使館，大肆進行搶劫和破壞。[1]

緊接着在 3 月 12 日，朗諾代表政府宣佈撤銷西哈努克與北越之間達
成的祕密協定，並通牒越南南方臨時革命政府在三天內從柬埔寨領土上
撤走所有越共人員。3 月 18 日，柬埔寨國家議會和國民大會召開特別聯

1　張錫鎮：《西哈努克家族》，第 169 頁。

席會議，討論應對目前的國家危機。國會議員紛紛控告西哈努克對越共的縱容違背了 1954 年日內瓦協議規定的柬埔寨的中立地位，並認定西哈努克觸犯了法律。當日下午，國家議會和國民大會以全票通過罷免西哈努克的元首職務。3 月 19 日國家議會宣佈柬埔寨全國處於緊急狀態，決定成立新政府，由議會領袖鄭璜（Cheng Heng）出任國家元首，同時授予朗諾以全部政府權力。[1]

　　柬埔寨發生的重大變故立刻引起各方的高度關注。對於美國政府來說，西哈努克的下台以及由親西方領導人掌控政局無疑使其在印支半島的軍事、政治態勢出現了一個極大的改觀。在整個三月下旬，華盛頓的軍事部門都在討論如何利用這個難得的時機向新的柬埔寨政府提供顧問、情報和軍事行動上的支持。尼克松也着手指示參聯會、援越司令部儘快擬定一個在南越－柬埔寨邊境地區採取針對越共庇護所採取地面行動的計劃。[2] 希望同柬埔寨新政府加強合作的還有南越政府。在 3 月 21 日鄭璜宣佈柬埔寨政府軍將奉命清除柬境內的越共武裝後，南越政府即發佈聲明支持金邊政府，隨後兩國軍隊聯手對柬境內的越共據點實施打擊。在 3 月 27 日規模最大的一次進攻中，南越軍隊曾在美軍的空中掩護下突入柬埔寨境內兩公里襲擊越共的一處密營。[3]

　　對於金邊突發的政變，北京實際上事先已有察覺。[4] 因而在 3 月 18 日西哈努克被廢黜當日，中共最高領導人即已確定繼續將視其為柬埔寨的國家元首，以示對柬國內親美右派的反擊。當 3 月 19 日西哈努克一行從莫斯科飛抵北京時，周恩來、李先念等中共領導人親往機場迎接，並安

1　Office of Joint History Office of the Chairman of the Joint Chiefs of Staff, *History of the Joint Chiefs of Staff: the Joint Chiefs of Staff and the War in Vietnam, 1969-1970*, p143.

2　Office of Joint History Office of the Chairman of the Joint Chiefs of Staff, *History of the Joint Chiefs of Staff: the Joint Chiefs of Staff and the War in Vietnam, 1969-1970*, pp.144-145.

3　In a 4:30 p.m. telephone call, DDRS, Mar 27, 1970, Document Number: CK3100690147

4　康矛召：《外交官回憶錄》，第 182 頁。

排了高規格的包括有 41 個國家駐華使節和外交官員參加的歡迎儀式。[1]

在把西哈努克及其家人安排住進釣魚台國賓館五號樓後，周恩來迫不及待地詢問西哈努克接下來的打算。西哈努克立即表示，他不願流亡國外，決心進行抗美救國鬥爭，朗諾集團投靠美國、背叛祖國，是柬埔寨的叛徒。[2]西哈努克的這一回答正是此時中國最希望聽到的。自 1968 以來，中共對越南和老撾共產黨人的影響力不斷遭到削弱和排擠是一個不爭的事實，直到以中國式的革命道路為藍本的柬埔寨共產黨激進勢力的出現才使得北京看到重新影響印支革命走向的希望。但由於長期以來柬共本身勢單力薄且與越南勞動黨的聯繫更加直接，加之爭取西哈努克的需要，因而北京對柬埔寨共產黨的支持有限。而隨着西哈努克政權發生了重大變故特別是在西哈努克本人有意尋求中國庇護的情況下，中國在印度支那事務中的發言權大大加強，而將柬共推向前台的時機也已成熟。

在隨後的兩三天內，周恩來又前往西哈努克住處與之交談，周談了三個問題，一是關於印支三國聯合問題。中方建議柬埔寨應加強同越南、老撾的合作，共同對敵，建議三國領導人舉行一次首腦會議，討論聯合抗美的措施。二是關於國內組織的合作問題。周恩來表示，西哈努克在國外留住，很難指揮國內的軍事鬥爭，因而希望他能同國內各派力量，包括柬埔寨共產黨領導的力量團結一致，共同抗擊美軍。三是關於成立統一陣線和聯合政府問題。西哈努克表示同意在北京成立民族統一陣線和聯合政府，並希望中國給予大力幫助。[3]

在同西哈努克就一致合作問題取得共識之後，北京方面開始加緊佈置將這位流亡親王包裝成為印度支那抗美鬥爭的一個重要標誌。從西哈

1　張錫鎮：《西哈努克家族》，第 169 頁。

2　張青：《流亡中國五年間 —— 記二十世紀七十年代西哈努克在中國的生活》，《世界知識》，
　　2003 年第 2 期，第 54 頁。

3　張青：《流亡中國五年間 —— 記二十世紀七十年代西哈努克在中國的生活》，第 54-56 頁。

努克抵達中國的那一天起，中方就由外交部副部長韓念龍領導組建了所謂「外交部接待柬埔寨貴賓辦公室」（簡稱「柬辦」），全面掌握了對柬埔寨事務的處理以及對西哈努克一行人的控制。充分發揮各種宣傳媒體的作用，不斷向世界介紹親王的活動，為他樹立抗美救國領袖的形象。[1]另一方面，在更大的範圍上，中國還以掌控全局的姿態協調印支各方的活動。在此期間，范文同及波爾布特相繼被召至北京進行磋商。3 月 21日，周恩來在同范文同進行的會談中提到，「我們現在暫時支持西哈努克，看他如何行動。在我們真正支持他之前。我們還要看看他是不是真的要建立一個反美聯合陣線。但他很可能因為形勢而改變立場。不管怎樣，能越多取得他的同意就越好。如果西哈努克同意建立聯合陣線，柬埔寨的力量就會加強。」同時周還試圖從范文同那裏了解越方對於柬共同西哈努克合作的看法並表示應當首先聽聽柬埔寨同志的意見。[2]

范文同與西哈努克進行了會面，范表示願意同西哈努克合作，並承諾將給柬方派出幾千名最優秀的幹部。[3] 但西哈努克並沒有見到波爾布特，也不知道這位柬共最高領導人此時正在北京。在范文同返回河內之後，周恩來多次同波爾布特舉行祕密會談，勸說柬共應當從國家前途出發，拋棄前嫌，共同反對敵人，實現國家獨立和民族解放。回國之後，波爾布特立刻召開中央會議，並以「人民革命黨」的名義向西哈努克發來信函，表示願意同柬埔寨各派組織合作。[4]

柬埔寨共產黨人之所以同意與自己之前的對手結盟，其原因正如西哈努克後來所說的那樣，他們（指紅色高棉）已經意識到，「我對他們非常有用，因為要是沒有我，他們就得不到農民的支持，而在柬埔寨，沒

1　康矛召：《西哈努克在京軼事》，《中外期刊文萃》，1999 年第 16 期，第 58 頁。

2　周恩來與范文同談話記錄（1970 年 3 月 21 日），*77 Conversations Between Chinese and Foreign Leaders on the Wars in Indochina, 1964-1977*.

3　張錫鎮：《西哈努克家族》，第 177 頁。

4　張青：《流亡中國五年間 —— 記二十世紀七十年代西哈努克在中國的生活》，第 55 頁。

有農民的支持，你就不可能進行革命。」[1] 西哈努克並沒有誇大自己的影響力。3 月 23 日，他在北京通過中國國際廣播電台和新聞界宣佈自己的流亡政府「柬埔寨民族解放陣線」成立，並發表「告高棉同胞書」，號召柬埔寨民眾高舉反抗的旗幟，參加共產黨人在叢林中反對敵人的游擊戰。西哈努克的聲音引發了柬東北部及金邊地區大量民眾的響應，柬國內出現了支持西哈努克的大規模游行示威。[2] 同時在農村也有成千上萬尊崇皇室的農民拒絕擁護所謂獲得美國支持的朗諾政府，轉而試圖幫助西哈努克恢復權力，從而投向共產黨人的隊伍，柬埔寨共產黨的實力由此開始膨脹。

　　同中國較多地出於戰略利益的考慮而選擇繼續支持西哈努克相比，越南勞動黨在應對金邊發生的政變時首先需要面對的是南方戰場的軍事形勢受到的直接威脅。朗諾政府的出現不僅導致「西哈努克小道」的關閉，而且使得越共在柬埔寨東北部的後方面臨巨大壓力。一旦金邊政府的軍事控制力延伸至柬越邊境地區，那麼越南北方通往南部和中部南端戰場的各條供應線都將被切斷。而從另一個角度來看，柬埔寨形勢的變化對於北越在印支戰場的戰略方針的調整也是一個契機。在 1970 年一月底召開的越南勞動黨中央三屆十八中全會上，北越所確定的下一步軍事方針仍是以農村進攻為主，貫徹持久作戰方針，積蓄力量，伺機爭取決定性勝利，粉碎「戰爭越南化」的陰謀。[3] 但金邊發生的政變很快令河內的領導人意識到這是一個扭轉越南戰場被動局面的良機。

　　1970 年 2 月 14 日，越勞動黨機關報《人民報》於顯著位置刊登了黎筍的長篇社論，這篇題為《我們黨的一個重要文件》的文章主張在南越

1　西哈努克著，王爱飛譯：《我所交往的世界領袖》，第 234 頁。

2　周恩來與西哈努克親王會談記錄（1970 年 4 月 1 日），*77 Conversations Between Chinese and Foreign Leaders on the Wars in Indochina, 1964-1977.*

3　Nguyễn Thời Bưng, *Biên Niên Sử Kiện Lịch Sử Nam Bộ kháng chiến, 1954-1975*, tr.897.

採取「靈活的戰略」，意圖將戰鬥規模降級，一直到局勢比較有利為止。[1]
外界分析認為，黎筍的文章預示着北越正試圖在南越進行暫時的軍事降
級，但同時河內領導人並不打算放鬆對老、柬地區戰鬥的支持，這樣做
既可以保持對美國的壓力，又可減少越方的損失並不必冒多大影響美軍
撤走的風險。[2] 從這一點來看，柬埔寨政變後形成的局面正符合黎筍等人有
關將戰爭推向除南北越以外印支地區的設想。而為了儘快將這種設想付
諸實踐，3 月 20 日，在柬政變發生兩天后，越黨南方局即派出代表前往
柬共指揮部駐地，提出雙方聯合作戰的要求。考慮到當時波爾布特已動
身前往北京，因而柬共方面未予明確回應。[3]

　　3 月 27 日，在范文同從北京返回河內之後，越勞中央政治局迅速召
開會議對當前形勢進行分析，認為儘管金邊的政變的確給越方製造了困
難，但同時也為繼續在南方爭取勝利創造了一些可能。越方完全可以利
用這一機會鞏固和擴大柬埔寨－南越邊境地區的根據地，在印度支那形
成抗美民族統一戰線，繼續加強在南方的總起義－總進攻以爭取勝利，
同時還可以擴大在柬埔寨和老撾的政治、武裝鬥爭戰線。因此，勞動黨
中央建議，集中全力加強總進攻－總起義，爭取在 1970 年獲得對敵重大
勝利。注意鞏固和發展邊界地區，同時儘可能幫助友邦擴大軍事、政治
鬥爭和根據地，形成越老柬三國革命相互配合的統一戰線。[4] 會後，中央政
治局向南方局中央及第五軍區黨委發出指示，要求加強對敵進攻，擴大
邊界沿線的解放區，配合柬埔寨人民奮起反抗朗諾政權，一方面要援助

1　Báo Nhân Dân, 14-2-1970.

2　美報說黎筍文章提出的新力量是在南方實行軍事降級（1970 年 3 月 22 日），《兄弟國家和兄
弟黨報刊資料》，第 3972 期，第 3-4 頁。

3　英薩利與孫浩大使談話記錄（1978 年 2 月 20 日），中共中央對外聯絡部二局編：《柬共領導
同志重要言論選摘》，第 70-71 頁。

4　" Chi thị của Thường vụ Trung ương Cục Miền Nam về cuộc đảo chánh ở Campuchia và chủ trương của ta"
(27-3-1970), Văn Kiện Trung ương Cục Miền Nam giai đoạn 1946-1975 (tập14), tr.97-98.

友邦發展革命勢力，另一方面要解決越方在後勤方面的困難。[1] 4 月 4 日，政治局又指示南方解放軍司令部準備好部隊和作戰計劃，一旦友邦提出要求，就幫助其在與北越接壤的十個省份奮起奪權。[2]

　　隨後，南方局中央根據河內方面的意見主動與柬共方面聯絡，並提出在武裝力量建設等各方面予以幫扶的建議。[3] 根據柬共提出的在十天內幫助解放北部五省的要求，四月中旬，南方局及南部軍委成立東北軍區並集中了五個主力師和相應的特工、炮兵、後勤團在柬共武裝的配合下分別從西原和下寮兩個方向沿公路網突入柬埔寨境內。[4] 到四月下旬，越軍已切斷了柬東部及東南部省份通往邊境地區的公路。在柬埔寨國防軍節節敗退的情況下，到 4 月 19 日，北越軍隊已進抵據金邊只有 20 公里的地區，佔領了柬埔寨約四分之一的國土，並使其與南越解放區連成一片。[5]

　　在軍事行動鋪開的同時，共產黨人繼續利用西哈努克作為旗幟以擴大政治影響力。在中國的力促下，1970 年 4 月 24 日，越、老、柬三方代表在廣州珠島賓館舉行印支三國四方首腦會議。參加會議的包括越南總理范文同、南越民族解放陣線主席阮友壽、老撾愛國戰線主席蘇發努馮、柬埔寨民族統一陣線主席西哈努克、柬民族團結政府首相賓努。會上，周恩來提出五項建議，揭露美國擴大侵略越南的陰謀，呼籲印支三國相互尊重、加強團結、爭取和平獨立。三國代表分別發言，支持周恩來的主張，並在最後達成了《印支三國聯合聲明》。當晚，周恩來在宴會上發言稱，七億中國人民將是印支三國的堅強後盾，遼闊的中國領土是

1　越南國防部軍史研究院編：《越南人民軍歷史》（第二集），第 248-249 頁。

2　越南國防部軍史研究院編：《越南人民軍歷史》（第二集），第 249 頁。

3　" Chỉ thị của Thường vụ Trung ương Cục Miền Nam về một số quy định tạm thời về tổ chức bộ máy ban liên lạc giúp bạn" (17-4-1970), *Văn Kiện Trung ương Cục Miền Nam giai đoạn 1946-1975* (tập14), tr.166.

4　Nguyễn Thời Bưng, *Biên Niên Sử Kiện Lịch Sử Nam Bộ kháng chiến, 1954-1975*, tr.903-904.

5　Office of Joint History Office of the Chairman of the Joint Chiefs of Staff, *History of the Joint Chiefs of Staff: the Joint Chiefs of Staff and the War in Vietnam, 1969-1970*, p152.

印支三國的可靠後方。[1]

　　中方對於印支各方的盡力協調特別是周恩來的發言，突顯出中國意圖重新領導和推動印度支那革命鬥爭運動的強烈願望。在六月份同越南南方臨時革命政府領導人阮氏萍（Nguyen Thi Binh）進行的會談中，周恩來再次流露出這樣一種看法，他提出現在整個柬埔寨都已經成為革命的庇護所，接着整個印度支那都會變成那樣，更不用說還有最大的一個庇護所，就是中國。[2]緊接着，同樣是在中國的積極推動下，5月4日，柬埔寨流亡政府在北京組成，並在釣魚台賓館舉行了第一全體會議。經過討論通過了民族統一陣線的政治綱領，推舉西哈努克擔任陣線主席。隨後，民族統一陣線舉行會議，決定成立民族團結政府，推舉西哈努克繼任國家主席，賓努為內閣首相。值得注意的是，在十二名內閣成員中，喬森潘、符寧、胡榮等柬共人士赫赫在列，分別出任國防大臣、新聞宣傳大臣和內政大臣。[3]至此，原先一直以非法身份存在，屢遭打擊的柬埔寨共產黨，在中方的推舉和調解下，終於忝列為西哈努克流亡政府的重要成員。而為了避免被外界輿論指責為流亡政府或中國的傀儡，會議決定將團結政府分為兩部分，一部分設立在北京，負責外交事務，爭取外國支援，配合國內的政治和軍事戰略，另一部分設在柬國內解放區，負責國內的戰略和軍事鬥爭。[4]這樣一種分工，實際上是為了更好地利用西哈努克的政治資源，一方面使得柬埔寨共產黨得以打着西哈努克的旗號招募自己的隊伍，另一方面則把西哈努克同柬國內的武裝鬥爭隔離起來，從而使柬共壟斷了聯合政府中的軍事大權。

　　而從越南勞動黨的角度來看，河內對於中國在印支聯合反美陣線中

1　張青：《流亡中國五年間 —— 記二十世紀七十年代西哈努克在中國的生活》，第 55 頁。
2　周恩來與阮氏萍談話記錄（1970 年 6 月 17 日），77 Conversations Between Chinese and Foreign Leaders on the Wars in Indochina, 1964-1977.
3　西哈努克著，王爰飛譯：《我所交往的世界領袖》，第 205 頁。
4　張青：《流亡中國五年間 —— 記二十世紀七十年代西哈努克在中國的生活》，第 55 頁。

的意圖自然存在着牴觸情緒。同西哈努克在印支人民最高會議上特別感謝中國的強力支持相比，北越和巴特寮方面更強調的是印支三國間的緊密團結，關於中國的作用和影響則而三緘其口。[1] 儘管如此，考慮到中國將繼續為印支三國抗美力量提供援助，且北京已經掌握了西哈努克這面印支抗戰的旗幟，因而北越方面並沒有提出反對意見。事實上，勞動黨存在的另一個想法是通過越老柬共產黨人的傳統聯繫恢復對柬共的影響，特別是此時柬埔寨共產黨人在組織和力量上依然十分弱小，因而越黨認為有必要「將兄弟黨的任務當作自己的任務」，向柬埔寨革命提供「有效而富於經驗的領導層」，幫助柬共建立能夠與越方密切配合的戰場領導機關。[2] 在廣州的三國四方會議結束之後，波爾布特即返回柬埔寨東北部根據地，在途經河內時，北越領導人再次向柬共領導人提出合作建議，包括成立一個越柬聯軍司令部以及向柬共提供軍事顧問和武器裝備事宜。同時在勞動黨的安排下，留駐河內的原柬埔寨人民黨領導人也同波爾布特舉行會談，越勞要求派遣兩千名由河內培養的柬籍幹部返回柬埔寨參加「革命鬥爭」，以期恢復 1954 年之前同高棉共產黨人之間的同盟關係，並趁機加大對柬黨的影響。儘管波爾布特領導的柬共中央對河內始終心存戒備並且此時已經有能力抵制越方的控制意圖，但出於推進柬革命整體形勢的考慮，柬共方面最終接受了越南勞動黨的部分要求。[3]

在波爾布特返回根據地後，1970 年 9 月，柬埔寨共產黨中央在磅湛省召開第三次全國代表大會。大會確定了同西哈努克建立民族團結陣線、反對朗諾政權的方針，也對同越南勞動黨的合作問題進行了討論。

1　越黨報軍報發表社論歡呼印支人民最高級會議成功（1970 年 4 月 29 — 30 日），《兄弟國家和兄弟黨報刊資料》，第 4011-4012 期，第 14-20。

2　" Điện của Thường vụ Trung ương Cục Miền Nam về việc chuẩn bị giúp Campuchia thành lập bộ máy lãnh đạo, chỉ đạo hai chiến trường Campuchia và Việt Nam, chỉ đạo chiến trường miền Nam, điều động cán bộ và tổ chức các phân khu" (14-8-1970), *Văn Kiện Trung ương Cục Miền Nam giai đoạn 1946-1975* (tập14), tr.381-382.

3　越共中央書記黃松談柬共歷史（1983 年 6 月），柬埔寨國家檔案館，Box.641-18101.

會議最後確定不同北越建立聯合總司令部，而是堅持柬埔寨的武裝屬於柬共，柬埔寨的政權屬於流亡政府，越南黨無權插手。不過關於向柬共派遣軍事顧問團及柬籍幹部事宜，柬共中央決定予以接受。從 1970 年 11 月起，駐河內的柬籍幹部組成多個支隊陸續啟程，沿「胡志明小道」進入柬埔寨。不過這些完全越南化的高棉軍政幹部並沒有得到柬共方面的信任和重用。他們必須聲明已經脫離越共，而忠實於柬共和柬埔寨人民，同時還必須放棄原來的軍銜和職務，轉而服從柬共的安排。[1] 儘管同越南勞動黨之間存在着矛盾和衝突的潛在因素，但必須承認的是，越勞提供的指導依然是柬共力量迅速發展的一個重要原因。僅在北越出兵柬埔寨兩個月內，柬共掌握的武裝力量已經從十個游擊隊發展到九個營、八十個連共兩萬餘人，以及各鄉的上百個游擊中隊、小隊。[2] 由此，另一個改變柬埔寨戰場形勢的力量逐漸形成。

三、美國的軍事介入與越老柬聯合抗戰方針的提出

北越對於柬埔寨的大舉進攻很快結束了美國人在西哈努克下台後短暫出現的樂觀判斷，尼克松政府高層意識到，一旦朗諾政府倒台，即便西哈努克重新上台，也斷不會再像過去那樣竭力保持中立，不會在相互對立的各種勢力之間起到平衡作用，而是將會領導一個共產主義的政府。而一旦河內征服了柬埔寨，這將給南越帶來致命打擊，因為西貢還需要時間來鞏固和加強它的部隊，而美國也不得不儘可能延長對北越攻勢的遏制，這對於戰爭越南化的方針和美國的撤軍計劃來說都是極為不利的消息。[3] 而更加殘酷的現實就是，在北越人民軍的迅猛攻勢面前，柬埔

1　越共中央書記黃松談柬共歷史（1983 年 6 月），柬埔寨國家檔案館，Box.641-18101.

2　越南國防部軍史研究院編：《越南人民軍歷史》（第二集），第 248-249 頁。

3　Henry Kissinger, *Ending the Vietnam War: A History of America's Involvement in and Extrication from the Vietnam War*, p148.

寨政府軍幾無抵抗之力。4月20日，朗諾急切呼籲美國政府施以援手。儘管此時代號為「菜單」（MENU）的空襲行動仍在柬埔寨上空進行，但B-52並不能完全阻攔北越在地面的攻勢。因而尼克松總統不得不考慮採取地面行動以挽救岌岌可危的金邊政府。但此時另一個令華盛頓感到困擾的問題是有沒有必要出動美軍參與行動。就在4月20日，尼克松剛剛宣佈了在越南尋求和平的另一項舉措，那就是在未來12個月裏繼續撤出15萬美軍。[1] 在這樣一種背景下，決策層更傾向於單獨出動南越政府軍以援助朗諾政府。

但從實際情況來看，尼克松政府對於僅僅依靠南越政府軍是否能夠贏得戰爭並沒有十足的把握。從尼克松本人的角度來說，他對於此次援助柬埔寨的行動極為看重，在他看來一旦對朗諾政府的挽救失敗，即是在重複1961年豬灣的恥辱。因而尼克松極力要求參戰的南越軍指揮官務必保持旺盛的鬥志和求勝欲。但軍方的將領們十分懷疑南越軍是否具備這樣的素質，他們建議美軍的配合行動能夠克服南越軍在戰術上存在的一些缺陷。另一個令美國人放心不下的是南越政府軍同柬埔寨人之間存在的衝突。特別是由於朗諾政府曾殘酷對待在柬埔寨境內的越南人，因此美方十分擔心南越軍可能會採取一些報復手段。[2]

考慮到以上因素，到26日，尼克松最終敲定了美軍地面部隊參與對柬埔寨實施干涉的計劃：仍由南越政府軍獨立負責對鸚鵡喙地區的進攻，同時將由美（南）越聯軍進攻情況更為複雜的南方共產黨中央指揮部所在地 —— 魚鈎（Fishhook）地區。根據這一計劃。4月29日凌晨，南越第九裝甲師在美軍顧問的配合下跨過邊界進入鸚鵡喙地區，發起代號為

1　理查德·尼克松著，裘克安等譯：《尼克松回憶錄》（中冊），北京：商務印書館，1979年版，第108頁。

2　Office of Joint History Office of the Chairman of the Joint Chiefs of Staff, *History of the Joint Chiefs of Staff: the Joint Chiefs of Staff and the War in Vietnam, 1969-1970*, p157.

「全勝42」（TOAN THANG 42）的戰役，兩天之後，也就是5月1日凌晨，南越、美軍混合部隊約一萬餘人以「全勝43」（TOAN THANG 43）為代號攻入魚鈎突出部地區。期間，華盛頓時間4月30日晚，尼克松發表電視講話，宣佈了在柬埔寨的行動。總統聲稱，為了保護在南越的美軍士兵，為確保美國的撤軍計劃不受影響以及越南化的成功，必須做出上述決定。同時他還陳述了長期以來越共及北越軍對柬埔寨的侵犯以及最近兩周以來惡化的形勢。尼克松表示，美國面臨着三種選擇，要麼置之不理，要麼向柬方提供大規模的軍事援助，或者介入其中從而徹底清除越共和北越人用於威脅柬埔寨和南越的庇護所。而在當下，美國只能選擇第三種做法。不過，總統同樣強調的一點是，此次行動絕非入侵，一旦敵人被逐出柬埔寨的基地，美軍即會撤退。[1]

　　儘管尼克松試圖努力向美國公眾說明軍事干涉柬埔寨的必要性以求得支持和理解，但在美國國內反戰情緒高漲的背景下，出兵柬埔寨仍被反戰人士視為蓄意擴大戰爭和違反國際法的行為。在4月30日的電視講話公開之後，美國內的反戰運動立刻達到一個新的頂峰。不過儘管國內形勢對於尼克松政府在印度支那的軍事方針十分不利，但美軍及南越部隊在柬埔寨境內的軍事推進看上去要比預想順利得多。到5月5日，聯軍方面已經發現並摧毀了庇護所地區數個規模龐大的後勤倉庫，繳獲了越共藏匿的包括武器彈藥、車輛、稻米等在內的大量物資。但存在的問題是，除遭遇到一些輕微抵抗外，美軍及南越軍始終未能尋獲北越軍的主力部隊，有跡象表明共產黨人在聯軍到達之前就已迅速撤離。[2]人民軍在柬境內的部隊避免與美軍接觸表明北越出兵柬埔寨的初始目的不在於尋

1　Office of Joint History Office of the Chairman of the Joint Chiefs of Staff, *History of the Joint Chiefs of Staff: the Joint Chiefs of Staff and the War in Vietnam, 1969-1970,* pp.159-160.

2　Office of Joint History Office of the Chairman of the Joint Chiefs of Staff, *History of the Joint Chiefs of Staff: the Joint Chiefs of Staff and the War in Vietnam, 1969-1970,* p180.

求與美作戰。事實上，尼克松政府決定軍事干涉柬埔寨對於越南勞動黨來說是一個不小的震動。在此之前，華盛頓在實施「戰爭越南化」的過程中所採取的撤軍行動已經給北越留下了美國人決意降低戰爭規模的印象，但尼克松政府對柬埔寨的出兵使得河內再次意識到美國有能力和意志逆轉這一趨勢。而後勤保障方面出現的巨大損失也令共產黨人方面深感憂慮。[1]

因此越南勞動黨中央在 5 月 12 日的指示中提出，美國擴大對柬埔寨的入侵表明其仍不願放棄在越南南方的戰爭，並將會繼續支持傀儡爪牙進犯老撾解放區和使用空軍破壞北方的一些區域。因此在當前緊迫的新形勢下，越勞中央指出，當前各戰場行動的重點是防止敵人空軍對柬境內運輸通道上各兵站、交通線、橋樑等的破壞。為此越方要求暫時收縮兵力，預防敵人對越南南方和北方可能發動的攻勢和破壞。[2]

正是由於北越並不打算在柬埔寨戰場上消耗自己寶貴的有生力量，避免同聯軍發生正面作戰，因而美（南）越部隊的傷亡數字遠遠低於預期。這對於備受輿論壓力的尼克松來說無疑是極好的消息，他也可以由此公開展示柬埔寨的軍事行動所取得的巨大成功。在 5 月 30 日，總統向全國作電視報告，宣佈在柬埔寨的作戰行動是越南戰爭中最為成功的一次，在過去一個月裏，僅在柬埔寨繳獲的敵方武器、裝備、軍火和糧食幾乎就同 1969 年在整個越南戰場上所繳獲的相等。尼克松還認為，出兵柬埔寨產生的三個長遠影響是，解除了對駐越美軍的威脅、為戰爭的越南化爭取了時間，以及保證了美軍撤出南越的計劃不受影響。當然，更為現實的是，這也意味着美軍可以在 6 月 30 日之前完全撤出柬

1 " Chi thị của Thường vụ Trung ương Cục Miền Nam về báo cáo về tình hình hoạt động vũ trang địch đánh sang Campuchia, chủ trương của ta phối hợp với các bạn để đối phó và tấn công tiêu diệt địch" (6-5-1970), *Văn Kiện Trung ương Cục Miền Nam giai đoạn 1946-1975* (tập14), tr.223-224.

2 "Chỉ thị của Ban Bí thư về những công tác bách trong tình hình mới" (12-5-1970), *Văn kiện Đảng toàn tập* (tập31), Hà Nội : Nhà xuất bản Chính trị quốc gia, 2004, tr.202-204.

埔寨。[1]

尼克松對形勢的樂觀表述意在爭取公眾的支持，而在軍方看來，此次對柬埔寨的干涉在一些方面的確取得了成功，至少共產黨人需要花費六至九個月才能重建在密林中的基地並恢復物資供給，在此期間，其活動頻率將大大降低，這也為南越軍的鞏固和美軍的撤離爭取了時間。但從更為長遠的角度來看，由於共產黨軍及時撤回至柬越邊境深處，並繼續控制着柬東部湄公河流域及七號公路附近地區，因而其對朗諾政府的威脅並未解除。更為重要的是，越軍的進攻幫助柬共在十個省的農村地區建立起廣大的解放區，到 6 月底，柬埔寨國內有 61 個郡（總數為 102），400 萬人口（總人口為 700 萬）已處於柬埔寨共產黨的控制之下。[2]相反的是，金邊政府卻遭受了沉重打擊。聯軍的攻勢以及共產黨人在農村地區的活動使得柬埔寨在 1970 年上半年的稻米及橡膠產量大跌，通貨膨脹嚴重，國家的經濟和軍事形勢都處在危機四伏的邊緣。

不過，美國方面的分析認為，北越人在柬埔寨有兩個目標，一是重建基地和交通線以繼續維持供給南越和柬埔寨的戰場。二是要對朗諾政府施加更多的軍事和心理壓力以迫使其垮台，進而用共產黨政權取而代之。不過從短期來看，想要實現第二個目標並不容易，但在南越問題得不到解決的情況下，北越斷然不會放棄在柬埔寨的行動。[3]美方的這一分析的確反映出北越出兵柬埔寨背後的戰略性考慮，那就是要通過在印度支那其他戰場的活動以確保正處於休整狀態下越南南方戰場的鬥爭不受影響。

而從實際情況來看，越南勞動黨為南方統一戰爭所確定的戰略方針

1　理查德‧尼克松著，裴克安等譯：《尼克松回憶錄》（中冊），第 132 頁。

2　Nguyễn Thời Bưng, *Lịch Sử Nam Bộ kháng chiến, 1954-1975* (tập II), tr.731.

3　Office of Joint History Office of the Chairman of the Joint Chiefs of Staff, *History of the Joint Chiefs of Staff: the Joint Chiefs of Staff and the War in Vietnam, 1969-1970*, p197.

顯然並不僅限於柬埔寨。6 月 19 日，越勞中央政治局發佈指示，決定動員南北兩方全黨、全軍和全民繼續努力，與兄弟的老撾、柬埔寨軍民結成戰鬥聯盟，堅持和促進抗美救國戰爭，爭取節節勝利，進而奪取最後勝利。為實現這一目的，越方對各戰場角色和任務進行了劃分。其中越南南方戰場是印支三國人民抗美救國戰爭中最為關鍵的一個，南方戰場的勝利對於印支半島的整體形勢具有決定性意義，因此南方戰場的具體任務是堅持加強抗戰，集中力量破壞敵人「戰爭越南化」陰謀，同時利用敵人在柬埔寨戰場陷入泥潭的時機加強在九龍江（Song Cuu Long）（即湄公河）平原地區的活動以威脅西貢及其他城市。柬埔寨戰場是敵人在印支半島極為重要的一個環節，在那裏的任務是幫助和配合友邦，牢牢把握時機，發動連續進攻，推進柬埔寨革命的高潮。老撾戰場在中、下寮乃至整個印支戰場都具有十分重要位置，因此在那裏的任務是幫助、配合友邦，繼續擴大已經取得的勝利，堅決對敵發起進攻，推進寮國革命。最後，作為南方前線的大後方，柬埔寨、老撾革命的後方，越南北方的任務是加強全面鞏固，大力支援南方大前線和友邦各戰場。為此政治局決定集中建設強大的主力部隊作為三國戰場上的戰略機動力量，為打大規模的殲滅戰創造條件。[1]

越南勞動黨作出的上述指示標誌着北越在印支戰爭中的戰略性方針出現了一個大的調整。這也意味着 1954 年日內瓦協議形成之前越、柬、寮三方統一協調作戰的局面再次出現，高棉與寮國戰場對於南越戰場的重要意義也隨之得到進一步強調。在河內的戰爭藍圖上，印支三國合而為一的構想開始付諸實踐。有跡象表明，在 1970 年下半年，越南勞動黨的領導和幹部們更多地提及印度支那共產黨時期所謂建立「印度支那社

1　"Nghị quyết của Bộ Chính trị về tình hình mới ở bán đảo Đông Dương và nhiệm vụ mới của chúng ta" (19-6-1970), *Văn kiện Đảng toàn tập* (tập31), tr.217-225.

會主義聯邦」的設想。[1] 六月底，勞動黨中央在給南方局領導發出的電文中再次強調，在新的形勢下，特別是在美國從南越撤軍以及各偽政權不得不讓出一部分戰場（特別是中、下寮、西原以及柬埔寨西北地區）的情況下，應當將越南、柬埔寨、老撾看作統一的整體，使用統一的軍事戰略方針。[2]

　　作為對這一方針的落實，在五月份（北）越柬聯軍於柬埔寨境內同美（南）越聯軍周旋的同時，[3] 越南勞動黨中央軍委已經同老撾黨中央軍委舉行會談，就加強和堅持抗戰，粉碎戰爭越南化陰謀，實現老、柬、越各力量的合作與相互幫助達成協議。[4] 隨後，為配合柬埔寨戰場，同時也趁着美國人集中精力關注柬埔寨的局勢，越老聯軍發起下寮戰役，迅速攻佔阿速坡市。緊接着在六月初，越軍總參謀部制訂並落實向北挺進方案，佔領沙拉灣（Saravane），從而使得巴特寮解放區與北越治 - 天以西經過西原到南部東區的解放區及柬埔寨的解放區相連，並將貫穿於印度支那地區的戰略運輸線聯結起來，形成印度支那三國共產黨人革命根據地相互契合的局面。[5] 以下寮戰役為標誌，北越將印支三國戰場合為一體的跡象已經十分明顯，而在美軍退出印支半島的趨勢無法逆轉的情況下，這一局面也成為北越加快統一戰爭推進速度的一個重要條件。

1　蘇聯駐越南使館：越南勞動黨關於印度支那問題的政策決心（1971 年 5 月 21 日），РГАНИ, ф. 89, оп. 54, д. 10, л. 14.

2　"Điện của Bộ Chính trị về một số tình hình, nhiệm vụ mới trên chiến trường miền Nam và hai nước Lào, Campuchia" (27-6-1970), *Văn kiện Đảng toàn tập* (tập31), tr.251-253.

3　"Điện của Thường vụ Trung ương Cục Miền Nam về báo cáo và nhận định về tình hình chung và phương hướng trong mùa ở miền Nam và vấn đề Campuchia" (23-6-1970), *Văn Kiện Trung ương Cục Miền Nam giai đoạn 1946-1975* (tập14), tr.295.

4　"Quân uỷ Trung ương Việt Nam và Quân uỷ Trung ương Lào hội đàm" (5-1970), *Lịch sử quan hệ đặc biệt Việt Nam-Lào, Lào-Việt Nam, 1930-2007 : Biên niên sư kiên* (vol I), tr.779-780.

5　越南國防部軍史研究院編：《越南人民軍歷史》（第二集），第 252 頁。

第三節　東亞冷戰形勢的變化對越南印支政策的影響

一、1971 年印支戰場的形勢與前景

　　儘管在 1970 年北越共產黨人在整個印度支那的戰略方針已跳出了集中於南越戰場的視角，並且從整體上來看印支共產黨人的軍事鬥爭形勢正在逐步擺脫自 1968 年春節攻勢以來形成的不利局面，[1] 但事實上北越在柬埔寨和老撾兩國的活動以及對柬、寮兩國共產黨人的支持，其首要目標仍是保障對南越統一戰爭的進度特別是南下運輸通道的安全和通暢。雖然北越同美國在巴黎的外交接觸仍在持續，在 9 月 17 日的四方會談上，南方臨時革命政府代表團團長阮氏萍還提出了包括釋放戰俘在內的八項和平計劃，[2] 但總的來看，共產黨人並不打算急於從談判中獲得什麼，其外交活動的主要目標依然是為了配合戰場上的行動。

　　對於尼克松政府來說，1970 年在柬埔寨的行動已經至少把河內的後勤供應計劃拖延了十五個月，迫使其推遲了發動攻勢的準備。但這對於越南化政策的實施來說依然遠遠不夠。特別是在「西哈努克小道」及海上運輸通道相繼被切斷之後，種種跡象表明，從 1970 年下半年開始北越正在投入巨大精力和資源維護、擴大和重建僅剩的長山運輸線。在下寮戰役之後隨着運輸線繼續向西得到延伸，加之美（南）越空軍「突擊隊狩獵」行動持續對公路、倉庫、運輸車輛等實施不分晝夜的轟炸、破壞和布雷，1970 年 6 月，越勞中央軍委召開會議要求採取緊急措施，發展力量，鞏固戰略運輸線。隨後，在得到中國援助的情況下，對「胡志明

1　Lien-Hang T. Nguyen, *Hanoi's War: An International History of the War for Peace in Vietnam*, p200.

2　Nguyễn Thời Bưng, *Lịch Sử Nam Bộ kháng chiến, 1954-1975* (tập II), tr.909.

小道」的改建和擴建工作緊張開工。[1] 在下寮前線，越方給 559 部隊增配了兩個軍事專家團，為 559 運輸線增加了 40 多個汽車運輸、管道運送、高炮、工兵團營，以及大量的武器裝備和設施。並從旱季開始動員所有工兵、青年突擊隊和民工築路修路，形成沿長山西側的縱線路、上百公里的橫線路以及上千公里避開各種「危險地帶」的迂迴線路。同時處於修築中還有從河內至沙灣那吉以及九號公路北部的一千餘公里的輸油管線。1970 — 1971 年間，通過長山通道運往南部的物資總量超過十萬噸，另有 19.5 萬名增援部隊通過運輸線抵達各個戰場。[2]

　　北越通過老、柬戰場鞏固和加強後勤補給的舉動令美國人尤其感到不安，河內加強南方戰場的意圖和決心已經暴露無遺。尼克松幕僚層得出的結論是，要使越南化有成功的可能，就必須防止柬埔寨和老撾被共產黨人接管，並且要使得北越的後勤供應步驟放慢下來或者在可能的情況下，阻斷這一供應。[3] 遵照這樣一種思路，在 1970 年 12 月初，白宮已經構想出了三種可供選擇的措施：一、出動若干南越師進入老撾「鍋柄地帶」，在空中掩護下切斷胡志明小道；二、以南越部隊為主力，依靠美空軍支援，攻入柬埔寨，鏟除北越在柬境內的供給線及北越部隊；三、南越部隊以「隱蔽行動」的方式進入北越境內。[4] 經過再三權衡，軍方決策層決定採用第一種方案，儘管這一做法風險較高，但一旦戰役成功，至少還可以為美國及南越贏得兩年的時間，華盛頓和西貢方面也隨即就此達成了諒解。到 12 月中旬，援越司令部形成了攻佔車邦地區，摧毀越共後勤倉庫和設施並切斷南北交通線的計劃。該計劃分為四個步驟，預計持

1　李丹慧編：《中國與印度支那戰爭》，第 228 頁。

2　越南國防部軍史研究院編：《越南人民軍歷史》（第二集），第 255-258 頁。

3　Henry Kissinger, *Ending the Vietnam War: A History of America's Involvement in and Extrication from the Vietnam War*, pp.189-190.

4　Office of Joint History Office of the Chairman of the Joint Chiefs of Staff, *History of the Joint Chiefs of Staff: the Joint Chiefs of Staff and the War in Vietnam, 1971-1973,* Washington, DC,2007, p2.

續三個月時間。從戰術設計的角度來看，對車邦的進攻或許的確是解決問題的關鍵，但該計劃存在的根本性問題是美國人高估了南越軍隊獨立作戰的能力，同時也沒有對北越的戰略意圖進行充分的分析和判斷。

到 1971 年 2 月 8 日，隨着軍事行動進入第二階段，也即南越軍開始沿九號公路突入老撾，意圖直取車邦，代號「藍山 719」（LAM SON 719）的作戰正式展開。在此後幾天，南越部隊進軍順利，一切行動都在按照時間表執行，不過這樣的局面顯然無法持續太久，因為北越方面的戰爭準備也即將完成。事實上，在此次戰役中，意圖給對手以沉重一擊的並非僅是美（南）越一方，北越作戰意圖的形成及準備顯然要更早更充分。從 1970 年夏季開始，北越人民軍總參謀部就已開始擬訂作戰計劃，調整兵力部署，指導九號公路－南寮地區的部隊做好戰鬥準備，並祕密從廣南省機動數支部隊到九號公路地區，按編制配齊人員和武器，鞏固組織、學習政治和訓練新打法。1970 年 10 月，越勞中央軍委和總司令部決定成立包括 304、308、320 各主力步兵師在內的第 70 兵團，主力兵團的出現顯示出北越開始考慮以大戰役殲滅敵軍的可能。同時為進行戰役準備，人民軍總後勤局還成立了前線指揮機關，與 559 部隊建立戰役後勤供應線。到 1971 年 1 月，各戰役方向的物資儲存量已達到 6000 噸，足以保證 5 — 6 萬部隊進行 4 — 5 個月的戰鬥。此外，559 運輸線上還儲備了 3 萬多噸戰備物資，一旦需要，三個晚上就能將其運至各戰役地區。[1]

2 月初，幾乎就在南越軍隊七個步兵、空降兵、裝甲團分三路跨過老撾邊界的同時，越南勞動黨中央政治局和中央軍委也已經下定決心，利用南越軍士氣低迷，過度依賴空中支援，地形不熟的有利時機在九號公路開闢戰線，為此北越在九號公路－南寮前線傾其所有幾乎投入了所有

1　越南國防部軍史研究院編：《越南人民軍歷史》（第二集），第 265 頁。

的力量，集結了六萬餘人，包括五個師、兩個步兵團、八個炮兵團、三個工兵團、三個坦克營、六個高炮團、八個特工營以及後勤運輸隊等。[1]從 2 月 8 日雙方首次遭遇開始，南越部隊原先確定的「覓殲」作戰方針就被打亂，取而代之的是異常激烈的正面交火。儘管美軍的空中支援給人民軍造成相當嚴重的傷亡，但北越的猛烈攻勢也令南越方面付出較大代價。特別是在坦克和遠程火炮掩護下發動的步兵衝鋒，屢屢迫使南越軍放棄陣地。在這種情況下，南越軍固有的缺陷暴露出來，在前進了 8 至 12 英里之後，南越部隊以鞏固陣地和處理繳獲物資為由停止了攻勢，轉而挖掩體以求自保。事實上，直到軍事行動完全結束之後，美國方面才了解到，阮文紹曾命令他的指揮官在向西推進時要小心謹慎，並規定一旦傷亡超過三千，就立即停止一切軍事行動。[2]

到 2 月 22 日，阮文紹告知美方，有關軍事行動的第三階段，也即摧毀敵人的倉庫、設施的任務可以在未來三天內開始，一旦車邦地區被清理完畢，南越軍即可執行第四階段的任務 —— 撤退。[3]阮文紹急於退卻的心理暴露出南越部隊求戰求勝的心態已經盪然無存。到 3 月 8 日，艾布拉姆斯將軍在給參聯會的電報中承認，攻佔車邦地區後的南越軍儘管其士氣和信心都有所提升，但大部分南越指揮官認為他們的任務已經完成，應當儘快撤離。[4]白宮努力試圖扭轉這種與整個軍事行動背道而馳的看法，並使阮文紹意識到此時是南越部隊給予北越人震懾的最後一次機會。但無論是南越總統還是他的戰地指揮官都不想繼續在車邦再多呆上

1　"Điện của Thường vụ Trung ương Cục Miền Nam về quyết tâm mở mặt trận đường 9 của Trung ương theo đề nghị của Quân ủy Trung ương" (12-2-1971), *Văn Kiện Trung ương Cục Miền Nam giai đoạn 1946-1975* (tập15), tr.880.

2　Henry Kissinger, *Ending the Vietnam War: A History of America's Involvement in and Extrication from the Vietnam War*, p200.

3　Office of Joint History Office of the Chairman of the Joint Chiefs of Staff, *History of the Joint Chiefs of Staff: the Joint Chiefs of Staff and the War in Vietnam, 1971-1973,* p8.

4　Office of Joint History Office of the Chairman of the Joint Chiefs of Staff, *History of the Joint Chiefs of Staff: the Joint Chiefs of Staff and the War in Vietnam, 1971-1973,* p11.

哪怕一分鐘。從 3 月 17 日開始，南越軍在美軍的火力掩護下開始大規模撤退，在放棄了相當數量的重武器和車輛後，許多人徒步趕往撤離點。

　　從作戰目標的達成的來看，「藍山 719」的確算不上是完全的失敗。至少南越軍對於車邦的攻佔以及對北越後勤設施的破壞在一定程度上消耗了共產黨人儲存的補給，延緩了河內發動攻勢的日期。但無論是從士氣和公共輿論方面來說，美國及南越都為此深受打擊。4 月 7 日，尼克松在公開宣佈將再從南越撤出十萬餘美軍計劃的同時，不忘稱讚南越部隊在「藍山 719」戰役中有效抗擊了北越的軍事單位，在摧毀敵人後勤系統的任務上取得了比在柬埔寨戰役中更為輝煌的成果，從而證明了「越南化」方針的有效實施。[1] 但這些溢美之詞並不能消除外界對尼克松政府的懷疑。特別是當組織撤退時，電視鏡頭捕捉到一些驚慌失措的南越士兵爭前恐後地攀附上直升機的鏡頭，這些比尼克松的說辭更有說服力的畫面幾乎等於向全世界宣告了越南化政策的失敗。[2]

　　而對於越南共產黨人來說，「九號公路－南寮戰役」的意義顯然並不僅限於重新控制核心區域的車邦地區，南越軍對車邦的進攻非但沒能阻止河內在 1972 年的戰爭步伐，而且進一步堅定了北越人組織一次大規模攻勢的信心。隨着從車邦戰場迅速撤退，南越部隊在西原戰場和柬埔寨東北地區發動的配合作戰行動也被迫終止。這一系列戰役的結果極大地振奮了北越的信心。自 1968 年春節攻勢之後人民軍及南方人民解放軍武裝低迷的士氣為之一振，共產黨人將是役看作是自抗美戰爭以來發動並取得勝利，並以殲滅戰的形式消滅敵人的首次大規模反攻戰役，證明了北方軍民完全有力量在戰場上打敗美帝國主義「戰爭印度支那化」的戰

1　U.S. Department of State, *Foreign Relations of United State (FRUS)*, 1969-1976, Vol.7, U.S. Government Printing Office, 2000, pp. 530-532.

2　Lien-Hang T. Nguyen, *Hanoi's War: An International History of the War for Peace in Vietnam*, p203.

略。[1] 同時，南越部隊在戰場上暴露出來的在軍事組織中存在的很多弊病，如後備力量薄弱、無法承受過多的人員傷亡等問題也為北越方面所察覺。河內由此認識到，只要美軍地面部隊不會介入，依靠己方力量完全可以擊敗西貢政府的主力部隊。[2]

6月26日，越勞中央召開軍事會議對「九號公路－南寮戰役」取得的戰果進行評估。北越認為此次戰役的重要意義在於其產生的影響不僅局限於老撾戰場，而且已擴展至柬埔寨和老撾戰線，會議同時強調的另一項內容是，應當借軍事方面的勝利趨勢在政治鬥爭中加大壓力以應對南越即將於10月舉行的總統選舉。[3] 北越對南越選舉事宜的關注突出表現在黎筍從五月中旬開始頻頻向南方局發出的指示。期間，在給范雄等人的電報中，黎筍指出，「九號公路－南寮戰役」之後，美偽力量削弱已是不爭的事實，但由於己方力量尚且有限且存在一些不足和困難，還不能充分利用敵人的困境和弱點發動猛攻，因此當前爭取重大勝利還有兩個關鍵，也即南方農村的反掃蕩以及在城市的政治運動。從目前南方的形勢來看，將政治運動推向革命高潮有許多有利條件，一是美國正在持續撤兵，二是戰爭越南化的政策已經破產，三是美國國內及世界範圍內的反戰運動已經對美國的侵略政策形成了極大的壓力。在這種背景下，一方面是要通過動員集中羣眾力量發動以和平、獨立、民生、民主等為目標的公開的合法、半合法運動，並使其逐步具備羣眾性公開的政治暴力的性質，另一方面對於那些對阮文紹－阮高祺－陳善謙集團的偽總統及偽下院選舉心存不滿具有進步傾向的各階層及中立派，應當與之建立聯

1　越南國防部軍史研究院編：《越南人民軍歷史》（第二集），第270頁。

2　"Thông báo của Thường vụ Trung ương Cục Miền Nam về một số nét sa sút của ngụy binh sau thất bại của địch đầu mùa khô" (10-5-1971), *Văn Kiện Trung ương Cục Miền Nam giai đoạn 1946-1975* (tập15), tr.313-316.

3　Bộ Quốc Phòng Viện Lịch sử Quân sự Việt Nam, *50 Năm Quân đội Nhân dân Việt Nam (Biên niên sự kiện)*, tr.273.

合陣線，特別是各城市中被強迫服役的青年、學生、大學生對政治鬥爭具有強烈的熱情，應當好好運用各種運動、公開組織及報刊將其動員起來。[1] 在 6 月 24 日的另一封密電中，黎筍對於南方各省在西貢政府選舉之前的城市政治運動進一步給出詳細指示，提出四點要求：一、集中對羣眾進行宣傳動員，在發展大規模公開鬥爭的同時注意地下祕密力量的建設；二、迫使西貢反動政權做出讓步從而有利於革命運動爭取決定性勝利，比如聯名擁護推舉參加總統選舉，以實現和平終止戰爭，努力建立革命政府和統一戰線，其中楊文明將軍就是一個理想的聯合對象；三、應利用敵人的內部矛盾削弱敵人並加強革命的力量；四、要使城市及農村地區的政治鬥爭運動做到相互配合、相互支持。[2]

黎筍對於越南南方戰場政治鬥爭異乎尋常的關注似乎並不太符合這位篤信總起義和總進攻戰略方針的第一書記的思路。毫無疑問，河內十分願意看到阮文紹下台，甚至願意由更為溫和的楊文明取而代之，但對於勞動黨的最高領導人來說，無論是政治鬥爭還是外交鬥爭最終仍應當歸結到軍事鬥爭上，對南方政治形勢的利用同在巴黎的談判一樣都是在為策劃中的軍事行動創造有利條件。就在 1971 年 5 月，勞動黨中央政治局已召開會議，並做出決定要在南方戰場發展戰略進攻態勢，以挫敗美國的「戰爭越南化」戰略，奪取 1972 年的決定性勝利，迫使美國在失敗的態勢中通過談判結束戰爭。其中人民軍及南方各主力部隊在各重要戰略方向上將發動大的進攻戰役，並與民眾的奮起鬥爭相結合，破壞美（南）越在平原地區農村中實施的「綏靖」政策，促進城市鬥爭運動，徹

1　"Điện của đồng chí Lê Duẩn về tình hình miền Nam sau thắng lợi Đường 9-Nam Lào và phương châm đấu tranh của ta trong dịp bầu cử Tổng thống và Hạ nghị viện của chính quyền ngụy" (5-1971), *Văn kiện Đảng toàn tập* (tập32), Hà Nội : Nhà xuất bản Chính trị quốc gia, 2004, tr.323-324,327-328.

2　"Điện của đồng chí Lê Duẩn về phương công tác ở Sài Gòn và các tỉnh trong dịp bầu cử Tổng thống và Hạ nghị viện của chính quyền ngụy" (24-6-1971), *Văn kiện Đảng toàn tập* (tập32), tr.340-341.

底改變整個南方戰局。[1]

　　從勞動黨確定的以上戰略方案中不難看出，其基本思路依然是黎筍等人一直以來所堅持的總起義和總進攻方針。在 1968 年的嚴重挫敗之後，經過數年的休整恢復，勞動黨領導人終於認為在南方醞釀新攻勢的時機已經成熟。不過同 1968 年春節攻勢之前越方所做的準備相比，黎筍在 1971 年提出的關於政治鬥爭的指示顯示出勞動黨高層對於武裝鬥爭的態度已經變得更加審慎。從 6 月 13 日黎筍發給范雄等人的電報中可以了解到，為確保南方緊迫的政治、軍事任務不受影響，越勞中央政治局決定加強對南方工作的領導，督促南方局中央及各區及時彙報各項工作，並建議阮文靈留駐南方進行指導。[2] 到 6 月 29 日，黎筍就南方革命形勢和下一階段任務進一步向范雄等人及南方局做出明確指示，再次強調要從軍事、政治、外交三方面發動攻勢爭取勝利，主要目標是加強軍事活動，在 1971 年冬至 1972 年在整個印支戰場上擴大對敵鬥爭，其中要把越南南方作為進攻的主要方向。除此之外，還要加強工作粉碎掃蕩，爭取廣大農村關鍵地區的大部分人民，加強各城市政治鬥爭運動，使敵我之間的中立力量有利於己，從而爭取在整個南方戰場上佔據戰略上的主動。[3]

　　從另一方面來說，正是由於在南寮戰役之後，以黎筍為首的越南勞動黨中央決策層進一步堅定了積蓄力量，再次發動軍事進攻的決心，因而北越在政治、外交方面的鬥爭方針及態度亦變得更加直接和強硬。7 月 8 日，黎筍在給南方局領導的指示中指出要讓西貢政權直接感受到壓力，通過掌握羣眾運動規律，傳播解釋鬥爭的要求、目的和口號，從而吸引集合民眾發動公開鬥爭逐步形成反對阮文紹政權的組織，努力創造條件

1　越南國防部軍史研究院編：《越南人民軍歷史》（第二集），第 275 頁。

2　"Điện của đồng chí Lê Duẩn về tăng cường sự lãnh đạo của Thường vụ Trung ương Cục đối với nhiệm vụ quân sự, chính trị và Khu uỷ Sài Gòn-Gia Định" (24-6-1971), *Văn kiện Đảng toàn tập* (tập32), tr.332-333.

3　"Điện của đồng chí Lê Duẩn về tình hình cách mạng miền Nam và phương hướng, nhiệm vụ trong thời gian tới" (29-6-1971), *Văn kiện Đảng toàn tập* (tập32), tr.359-360.

使政治鬥爭運動發展成為革命的高潮。[1] 兩天之後，黎筍給在巴黎的黎德壽、春水發去電文，指示在同美國人進行談判時，應當將兩個要求作為談判的首要目標，一是要利用美國國內及參眾兩院的反戰壓力迫使尼克松從越南完全撤兵，二是要讓西貢傀儡政權下台，迫使美國人接受更換一個共產黨人在其中有發言權的新的政權。[2]，根據上述指示精神，在 7 月 12 日的會談上，黎德壽等人重提推翻西貢政權的要求，建議美國採取包括暗殺在內的一切手段清除掉阮文紹。這一情況使得雙方本已稍有起色的談判進程再次陷入停滯。

不過，儘管同越南共產黨人通過談判解決印度支那問題的前景看似依然遙遙無期，但華盛頓方面此時正在努力從更大的範圍上推動改善自己在東亞的戰略處境，雖然北京對於越、老共產黨人的影響力大不如前，但它依然是左右這一地區形勢走向的一個重要因素，況且中共本身也沒有放棄重新恢復對印度支那的共產主義運動進行引導的企圖，加之中美雙方都存在抵制和削弱莫斯科影響的意圖，因而尼克松政府不可避免地考慮利用中美之間的緩和及接觸作為槓桿來撬動印度支那的僵局，以幫助美國擺脫在印支半島的困境。

二、中美緩和對越南軍事方針的影響

1970 年 2 月 20 日，中美第 135 次大使級會談在華沙恢復。雙方都表達了希望改善關係的願望，從而使得會談出現了前所未有的緩和氣氛。但緊接着，隨着三月中旬朗諾政變的發生，特別是四月底美國出兵干涉柬埔寨的局勢，一時間使中國做出極其強烈的反應。北京的最高領導層

1　"Điện của đồng chí Lê Duẩn về khẩu hiệu đấu tranh và hình thức tập hợp quần chúng ở Sài Gòn trong dịp chính quyền ngụy bầu cử Tổng thống" (8-7-1971), *Văn kiện Đảng toàn tập* (tập32), tr.381.

2　"Điện của đồng chí Lê Duẩn về những yêu cầu trước mắt trong đấu tranh ngoại giao" (10-7-1971), *Văn kiện Đảng toàn tập* (tập32), tr.388-389.

不僅決定推遲原定於 5 月 20 日舉行的中美會談，並且毛澤東在當日還發表了著名的「五・二〇」宣言，表態支持國際反美革命鬥爭、印支人民高級會議和西哈努克流亡政府，同時在全國範圍內召集羣眾集會和示威游行。此舉一度使尼克松勃然大怒，下令將第七艦隊除在越南以外的艦隻在二十四小時內開進台灣海峽。[1]

　　從 1969 年以來中國對外戰略調整的方向來看，北京之所以要在 1970 年冒着中美緩和趨勢中斷的代價而再次強化對美國的攻擊態度，顯然不能將其簡單地解釋為中國一以貫之的反帝立場。正如之前所分析的那樣，柬埔寨的政變特別是西哈努克這杆大旗在北京的出現使得中共看到了重新恢復對印支革命進行指導和影響的希望。在四月底於廣州召開的印支三國四方首腦會議之後，中國已經主動將自身定義為整個印度支那的堅強後盾。如同蘇聯方面所分析的那樣，北京的圖謀是建立所謂「中國、朝鮮、越南、老撾和柬埔寨人民鬥爭統一戰線」，同印度支那各國人民鬥爭統一戰線一樣，在這個框架下，「中國利益傳導者以及與越南人抗衡着的角色都落在了西哈努克的身上。」[2]值得注意的是，儘管反帝依然是團結印支各國的公開口號，但實際上北京更加關注的是同印支各國各黨形成排斥莫斯科擴張活動的同盟，因此向美國發起的充滿意識形態色彩的輿論討伐並不意味着中國真的打算掀起反美鬥爭的新浪潮，就在兩個月之後，北京再次向華盛頓伸出橄欖枝，毛澤東做出邀請美國作家埃德加・斯諾夫婦訪華，參加 21 周年國慶慶典的決定。在 12 月同斯諾進行會談中，毛澤東請他向美國國內轉達中國歡迎尼克松訪華的態度，表示只要尼克松願意來，就願意與他談。[3]

1　亨利・基辛格：《白宮歲月 —— 基辛格回憶錄》第 3 冊，第 383-384 頁。

2　謝爾巴科夫「關於越南勞動黨解決印度支那問題的政策與蘇聯根據蘇共二十四大決議所面臨的任務」的政治信函（1971 年 5 月 21 日），沈志華主編：《蘇聯歷史檔案選編》，（第 31 卷），北京：社會科學文獻出版社，2002 年版，第 460 頁。

3　中華人民共和國外交部、中共中央文獻研究室編：《毛澤東外交文選》，北京：中央文獻出版社，1994 年版，第 592-594 頁。

　　從中國在 1970 年中的行動可以看出，北京在試圖重建對印支事務影響力的同時，亦絕不會放棄在大戰略調整方面已經付出的努力。而這兩個目標共同的落腳點都在於減輕蘇聯對中國的壓力。中國領導人已經意識到，美國持續的戰爭行動已經成為迫使北越加劇倒向蘇聯懷抱的重要因素，因此促進美國儘快撤出印支戰場，結束戰爭是更加有利於自身戰略安全的一個選擇。[1] 由此開始，北京對於河內再次表現得熱心起來並對北越選擇與美國談判的政策表示理解和支持。5 月 11 日在北京人民大會堂同黎筍舉行的會談中，毛澤東將之前中越之間存在的一些矛盾和不和歸結為朱其文領導下的中國駐越大使館執行大國沙文主義，只看別人缺點，不顧大局，稱朱為國民黨分子，以此安慰北越領導人。[2]9 月 17 日，周恩來在與范文同的會談中告訴越方，中國黨通過觀察認為，越勞黨已經從外交鬥爭中獲得了經驗，其中阮氏萍同志表現得十分犀利，而春水同志也表現得很好且十分幽默。周還認為這樣一種結果只能通過外交實踐獲得。[3] 在六天之後，毛澤東再次告訴范文同，外交鬥爭可以繼續下去並且越南同志做得很好。談判已經持續了兩年，中國同志一開始還有些擔心越方可能受騙，現在不再擔心了。[4]

　　在轉變態度支持北越同美國接觸的同時，中國依然需要通過支持越南共產黨人的軍事鬥爭來強化自己對印度支那共產主義革命的影響力。周恩來在 9 月 17 日的談話中就已告訴范文同，毛澤東同志經常提醒要體諒越方的難處。因此中方將基本滿足越方的要求，要為越方考慮到一些尚未提出的問題。從現在起，如果出現了新的困難，希望越方能告訴中

1　牛軍：《中國、印度支那戰爭與尼克松政府的東亞政策（1969 — 1973）》，第 16-17 頁。
2　毛澤東與黎筍談話記錄（1970 年 5 月 11 日），*77 Conversations Between Chinese and Foreign Leaders on the Wars in Indochina, 1964-1977.*
3　周恩來與范文同談話記錄（1970 年 9 月 19 日），*77 Conversations Between Chinese and Foreign Leaders on the Wars in Indochina, 1964-1977.*
4　毛澤東與范文同談話記錄（1970 年 9 月 23 日），*77 Conversations Between Chinese and Foreign Leaders on the Wars in Indochina, 1964-1977.*

國，中方將在力所能及的範圍內全力提供幫助。周還特別提及，越方所訂的幾種武器現在已經過時了，因而中方對其進行了改進，使它們更有效，更輕便。[1] 到 1970 年下半年，中國除了盡全力幫助北越改、擴建中央運輸通道外，還決定及時滿足北越鋪設輸油管線的要求，寧可推遲國內在建的輸油管線工程，把油管優先供給北越使用，確保了近千公里輸油管線在 1971 年安裝完畢。[2] 1971 年 3 月 3 日，中共中央政治局召開會議，確定了進一步加強援越的方針。周恩來提出，中國人民將不惜承擔最大的民族犧牲，全力支持越南人民的抗美救國戰爭。[3] 同月，北越副總理黎清毅在訪華期間，提出新增 12 個約合人民幣 1.5 億元的成套項目援助的要求。中方根據中央的指示精神決定在原則上予以滿足。[4]

　　值得注意的是，在對北越的抗美鬥爭予以鼎力支持以突顯自己是印支革命堅強後盾的同時，中國亦開始小心留意避免破壞對美緩和，集中精力應對蘇聯威脅的大局。1971 年 3 月初，周恩來在訪問河內期間再次提醒黎筍等人，要警惕蘇聯通過建立所謂的世界人民聯合陣線來控制北越等國的企圖。但對於范文同提出的由中國領頭召開一個世界人民大會，以反對尼克松主義，進一步孤立美國的建議，周卻未作積極響應，予以婉拒。[5] 中國領導人的這一態度十分清楚地反映出一個判斷：建立反蘇的聯合陣線要比建立反美的聯合陣線更加必要。考慮到此時在老撾境內的「藍山 719」行動尚未結束，因而中國方面的立場更加引人注目。特別是同 1970 年美國軍事干涉柬埔寨之後中國的激烈反應相比，北京對老撾事態的冷靜態度表明中國方面並不打算利用這一時機效仿在柬埔寨事變

1　周恩來與范文同談話記錄（1970 年 9 月 17 日），*77 Conversations Between Chinese and Foreign Leaders on the Wars in Indochina, 1964-1977*.

2　李丹慧編：《中國與印度支那戰爭》，第 228-229 頁。

3　中共中央文獻研究室編：《周恩來年譜》（下卷），第 441 頁。

4　李丹慧編：《中國與印度支那戰爭》，第 229 頁。

5　周恩來與黎筍、范文同談話記錄（1971 年 3 月 7 日），*77 Conversations Between Chinese and Foreign Leaders on the Wars in Indochina, 1964-1977*.

後採取的行動。況且同西哈努克及柬埔寨共產黨相比，已經與越南勞動黨建立特殊關係的巴特寮顯然並沒有給中方留下太多可供影響和爭取的空間，[1] 而這很有可能是影響中方判斷的一個重要因素。

當然，從另一個方面來看，中國此時對老撾戰局保持克制的原因還有中美之間的接觸即將進入實質性階段。就在四月份，北京的領導人借「乒乓外交」之機，向尼克松正式發出邀請。隨後，尼克松做出積極回應，並安排基辛格作為特使祕密來華為訪問做準備。儘管十分清楚橫亘在中美之間最大的障礙是台灣問題，但尼克松政府決意要向北京的領導人闡明，美國軍事力量在台灣的存在與整個東亞的緊張局勢有關，解決這一問題的前提是要促進整個地區局勢的緩和，以期藉助中國推進越南問題的解決。[2] 因此當基辛格於 7 月 9 日祕密飛抵北京同中國領導人展開對話之後，美方所提出的一個重要內容就是印支戰爭問題。在會場上，基辛格頻頻向周恩來說明尼克松政府希望從越南撤軍的願望及北越為談判製造的種種障礙，意在勸說北京向河內施壓以加速和平談判的進程。[3] 不過令美方稍感失望的是，中國方面並不打算介入美國與北越的談判，也不願在這個問題上給予河內任何暗示或壓力。事實上，中國人不得不考慮的一個問題是，中美之間的接觸必然會令北越心存芥蒂，在這種情況下，北京必須小心避免其他任何可能拉大北越對自己離心力的行為。況且中國領導人剛剛藉着對一些外交官員的批判委婉地向北越方面承認了自己犯下了大國主義的錯誤，因而此時中國斷不會像美國人所期望的那樣干涉北越的談判進程。

儘管拒絕在談判問題上影響北越政府的立場，但周恩來在會談時仍

---

1   Lien-Hang T. Nguyen, *Hanoi's War: An International History of the War for Peace in Vietnam*, p207.

2   U.S. Department of State, *Foreign Relations of United State (FRUS)*, 1969-1976, Vol.17, U.S. Government Printing Office, 2006, p249.

3   U.S. Department of State, *Foreign Relations of United State (FRUS)*, 1969-1976, Vol.17, U.S. Government Printing Office, 2006, pp.363-364.

向基辛格表示願意向越南朋友轉達會談的部分內容。[1] 7 月 13 日，就在送走基辛格的第二天，周恩來即祕密飛往河內，向越南勞動黨中央領導通報中美會談的情況。在同黎筍、范文同等人進行的會談中，周恩來首次向北越領導人介紹了尼克松政府同中國的接觸歷程以及邀請尼克松訪華的計劃，並強調北京支持河內堅持戰鬥的立場不會動搖。同時周還努力使勞動黨領導人相信，中國的政策是拒絕與美國人談論印支問題，並表示會把印支問題的解決放在更為重要的位置上，而台灣問題則遲早會得到解決，現在並不着急。[2]

　　周恩來河內之行的主要目的即是為了安撫北越，力圖使勞動黨領導人能夠理解中美接觸不會對北越的抗美鬥爭產生絲毫影響。同時也是向越方展示，中國沒有出賣任何原則，不像蘇聯那樣，公開不敢談，背後作買賣。為顯示誠意，中國在隨後進一步加大對北越的援助力度。9 月 27 日，雙方政府代表在河內簽訂 1972 年中國向越南提供經濟、軍事物資援助協定。包括此協議在內，在 1971 年中國與北越簽訂了七項無償援助協議，總額折合人民幣 36.14 億元。其中僅兩年之內的軍事援助，其總量就已超過了過去 20 年的總和。[3]

　　儘管如此，但中美之間推進緩和的舉動，特別是尼克松即將對中國展開的訪問依然令北越領導人感到震驚和難以接受。雖然中方沒有頤指氣使地讓河內感到難堪，但北京與華盛頓之間的「修好」本身就是對北越的一種心理壓力。在 7 月 20 日下發的通知中，勞動黨南方局中央一面要求做好安撫工作，使幹部、黨員、戰士們不要動搖對中國、蘇聯等社會主義國家的信心，一面若有所指地宣稱，只有越南勞動黨及全體軍

1　U.S. Department of State, *Foreign Relations of United State (FRUS)*, 1969-1976, Vol.17, U.S. Government Printing Office, 2006, p445.

2　Lien-Hang T. Nguyen, *Hanoi's War: An International History of the War for Peace in Vietnam*, p214.

3　李丹慧編：《中國與印度支那戰爭》，第 232-233 頁。

民才是解決越南問題的決定性力量，不會讓任何國家介入越南的內部事
務。[1]而蘇聯人的觀察在某種程度上也印證了這一點：在 1971 年前幾個月，
北京在印度支那的政策表現出明顯的緩和及某種程度的靈活，包括對越
南民主共和國提供的補充援助、進而間接地「支持」巴黎談判，以及周
恩來於三月份對河內進行的訪問。北京採取的這些步驟，曾使得北越人
產生了某些幻想，以為中國人可能開始在更大程度上為他們着想，考慮
他們在印度支那的利益。但是，「希望很快便由於北京領導人對美國的調
情而產生動搖。越南同志將此看作是在與中華人民共和國的關係中新的
磨擦的開始，是中國在印度支那事務中施壓的再起」。在這種情況下，越
方的策略是，在非原則問題上表現出與中國人達成妥協的姿態，而在「對
自己比較重大的事務中，首先是在協調越南及印支問題的事務中，避免
對中方做出讓步，以捍衞自己處理此類事務的獨立性。」[2]作為這一策略的
一個表現，11 月 22 日，正在中國訪問的范文同在與毛澤東的會見時曾要
求中國拒絕尼克松訪華，但遭到了中方領導人的拒絕。[3]儘管雙方在隨後發
表的聯合公報上再次強調了中國支持印支人民抗美救國戰爭「不可動搖
的既定方針」，但北越方面由此產生的不滿與失望可以想見。

　　事實表明，中國重建其在印度支那三國鬥爭運動中核心作用的隨着
尼克松的到訪同樣遭遇了衝擊。除柬埔寨抵抗運動領導人西哈努克對此
感到難以理解，頗有怨言之外，[4]北越也改變了自「三國四方會議」後默

1　"Thông tri của Thường vụ Trung ương Cục Miền Nam về nhận định và trương của ta đối với việc Nixon đến thăm Trung Quốc" (20-7-1971), *Văn Kiện Trung ương Cục Miền Nam giai đoạn 1946-1975* (tập15), tr.480-481.

2　謝爾巴科夫「關於越南勞動黨解決印度支那問題的政策與蘇聯根據蘇共二十四大決議所面臨的任務」的政治信函（1971 年 5 月 21 日），沈志華主編：《蘇聯歷史檔案選編》，（第 31 卷），第 460-461 頁。

3　李丹慧：《中美緩和與援越抗美 —— 中國外交戰略調整中的越南因素》，《黨的文獻》，2002年第 3 期，第 72 頁。

4　康矛召：《外交官回憶錄》，第 209-210 頁。甚至在柬埔寨共產黨領導人看來，中國也不應當接待尼克松。"Điện của Thường vụ Trung ương Cục Miền Nam về báo cáo về quan hệ ta với Campuchia, chủ trương quân sự của ta trên chiến trường miền Nam" (18-1-1972), *Văn Kiện Trung ương Cục Miền Nam giai đoạn 1946-1975* (tập16), tr.29.

認中國在印支事務中發揮主導性作用的態度。在 9 月 7 日同英薩利進行的一次談話中，黎德壽告訴對方，應當保持獨立的思想，促進國際團結和中蘇團結，如果介入中蘇衝突會使得形勢變得更加複雜，從而影響抗擊一個最大的帝國主義國家。[1] 這樣一個結論的得出顯然並不是偶然之發，因為就在 8 月 10 日，莫斯科為抵消中美緩和而給自己帶來的衝擊，也對尼克松發出邀請在來年春夏之際訪蘇。這一消息對於本已為尼克松訪華而感到憤懣不已的北越來說自然又是一次震動。從蘇聯的角度來看，自 1971 年 4 月蘇共二十四大之後，莫斯科對越南和整個印度支那形勢的關注達到前所未有的高度。蘇共中央總書記勃列日涅夫在向黨的代表大會所作的工作報告中，稱印度支那是世界政治最重要的「熱點」之一。而印度支那也被看作是蘇聯通向整個東南亞的一把鑰匙。對於俄國人來說，越南民主共和國已成為印度支那各國人民鬥爭中的主導力量以及蘇聯在這一地區唯一可以依靠的力量，因此蘇共二十四大確定的對越方針是更加積極主動和以長期合作為基礎的。[2] 但蘇聯對河內的高度重視並不意味着莫斯科的領導人會一味迎合北越政府對印支局勢的處理方式。事實上，蘇聯也認為同這個在東南亞地區的意識形態盟友的合作並不理想 —— 儘管向他們提供了相當大的軍事和經濟援助，但他們所採取的行動往往令蘇方感到意外，並將蘇聯置於困難的境地。[3] 而在中美蘇三國大的戰略框架下，應對中美攜手的棘手局面顯然要比配合北越的政治立場更為重要。而對於越南勞動黨來說，促進中蘇兩黨能夠採取聯合行動以支持抗美鬥爭仍是未曾放棄的目標，但中美之間的迅速靠攏使得北越的這一希望徹

1　黎德壽與英薩利談話記錄（1971 年 9 月 7 日），*77 Conversations Between Chinese and Foreign Leaders on the Wars in Indochina, 1964-1977*.

2　謝爾巴科夫「關於越南勞動黨解決印度支那問題的政策與蘇聯根據蘇共二十四大決議所面臨的任務」的政治信函（1971 年 5 月 21 日），沈志華主編：《蘇聯歷史檔案選編》，（第 31 卷），第 455-456 頁。

3　阿納托利・多勃雷寧著，肖敏等譯：《信賴 —— 多勃雷寧回憶錄》，北京：世界知識出版社，1997 年版，第 286 頁。

底破滅，一個殘酷的現實是，河內一直以來所宣稱的得到各社會主義兄弟國家鼎力支持的民族解放戰爭事實上根本無法左右各大國對各自戰略利益的追求。北越不得不考慮，1954 年日內瓦會議的情況是否會再次上演，越南革命是否會再次成為大國間外交妥協的犧牲品？

在這種氛圍之下，加之巴黎的談判已經陷入僵局，到 1971 年底，北越方面已經越來越相信中、蘇爭相與美國接觸的做法正在使得尼克松在印支戰場上的態度變得強硬，特別是 12 月初，尼克松祕密批准了在非軍事區以上，北緯二十度以南區域內針對北越防空設施、後勤設施及機場實施打擊的計劃，[1] 這進一步堅定了河內的判斷。至此，勞動黨領導人決定將注意力轉向戰場，把策劃已久的總攻勢付諸實施，再次試圖通過軍事上的決定性勝利一舉扭轉外交上的被動局面乃至整個印度支那的戰局。

三、印支三國共產黨人的軍事反攻

從 1971 年夏開始，越南勞動黨及北越政府對於 1972 年南方戰場戰略進攻計劃的準備和安排就已經展開。繼 5 月份勞動黨中央作出準備戰爭的決定之後，六月份，也就在河內軍事領導層總結「九號公路－南寮戰役」的同時，勞動黨中央軍委亦通過了 1972 年的作戰計劃。根據該計劃，北越將南部東區、西原、廣治－承天作為三個大的戰略主攻方向，每個方向上使用 2 － 4 個步兵師，加上其他兵種部隊，目標是殲滅南越軍有生力量，使其主力師喪失戰鬥力，恢復一些丟掉的解放區並擴大根據地，使北方各主力兵團得以返回南方控制戰場。[2]

為此，從 1971 年年中開始，越勞中央指示北方各主力部隊加緊訓練，補充兵員及武器裝備，南方解放軍各部則採取分隊輪訓、執行任務

---

1   Office of Joint History Office of the Chairman of the Joint Chiefs of Staff, *History of the Joint Chiefs of Staff: the Joint Chiefs of Staff and the War in Vietnam, 1971-1973*, pp.116-117.
2   越南國防部軍史研究院編：《越南人民軍歷史》（第二集），第 275 頁。

時穿插訓練的方法，爭取訓練時間。[1] 同時從 1971 年底，中央運輸通道沿線各部隊、地方政府亦加緊為戰略進攻進行各種準備，向南方輸送物資和通過管道輸送汽油。工兵部隊、青年突擊隊、各地民工也日夜施工，將交通運輸線沿長山山脈繼續向南延伸，並將戰役公路網向九號公路以北地區擴展。到 1971 年秋冬，參戰各主力步兵師、團以及裝甲、火炮、防空、機動運輸等約 20 個營和地方部隊 9 個營、44 個連陸續開赴前線。約 16.3 萬噸各類物資也分別運抵各戰場。[2]

　　當然，人員和作戰物資只是河內的戰爭準備的一個部分，按照黎筍的總進攻方針的要求，南方各城市的政治鬥爭也是不可或缺的。11 月 29 日，黎筍在給南方局各主要領導的電文中指出，1972 年將是革命戰爭走向進攻和奮起的巨大轉折點，在加強軍事戰線的同時，也必須意識到政治戰線的極端重要性，甚至是在革命的勝利中起着決定性作用。因此必須動員、組織各階層愛國羣眾以爭取民權民生，反抗壓迫、恐怖以及美偽政權，將其作為城市工作中的一個極其緊迫的任務。[3] 根據北方的指示，南方局中央於 12 月底發出指令，要求趁農曆春節到來之際發動羣眾，加強政治鬥爭和兵運工作，以動搖偽政權的統治基礎。[4]

　　儘管勞動黨最高領導人對於政治鬥爭的強調沒有改變，但很難說南方基層民眾的政治動員會對來年即將展開的軍事總攻起到多大的配合作用。同 1968 年的情況相比，1972 年的進攻並沒有多少保密性和突襲性可言，共產黨人也不再把所謂突擊隊和別動隊作為一個重要的制勝法寶以求在各大城市取得裏應外合的效果。河內已不屑於再採取把衝突偽裝成

1　"Điện của đồng chí Lê Duẩn về tình hình cách mạng miền Nam và phương hướng, nhiệm vụ trong thời gian tới" (29-6-1971), *Văn kiện Đảng toàn tập* (tập32), tr.361-362.

2　越南國防部軍史研究院編：《越南人民軍歷史》（第二集），第 275 頁。

3　"Điện của đồng chí Lê Duẩn về đánh giá tình hình phong trào đấu tranh chính trị ở Sài Gòn và nhiệm vụ năm 1972" (29 6 1971), *Văn kiện Đảng toàn tập* (tập32), tr.431-435.

4　Nguyễn Thời Bưng, *Biên Niên Sử Kiện Lịch Sử Nam Bộ kháng chiến, 1954-1975*, tr.929.

「人民戰爭」，把人民軍假扮成南方游擊隊的做法，而是孤注一擲投入北方的正規軍全力發動攻勢。

正因為如此，美國方面從 1971 年年底就已經注意到河內正在進行的大規模戰爭準備，並相信共產黨人的軍事攻勢很快即將到來。為掌握主動，尼克松政府於十二月向莫斯科和北京發出強硬照會，警告說如果北越發動攻勢，就會招致最嚴重的報復行動。對此，中國堅持了自己之前在印支事務及對美緩和問題上的平衡態度，沒有做出任何答覆。[1]1972 年1 月初，尼克松的國家安全事務副助理亞歷山大・黑格（Alexander Haig）先行抵達北京為美國總統的到訪鋪路。期間，周恩來向美國人明確闡述了中方的觀點，稱中國不會在外交戰略的調整中犧牲越南的利益，也即中國將繼續支持越南而不會加以干涉，同時周也表明了對中美高級別會談取得積極成果以及中美關係走向正常化的期盼。[2]中國人處理印支問題的上述立場在 2 月尼克松訪華期間再次得到強調。

不過中國方面同美國人談了什麼已不是北越此時所關注的內容。1 月12 日，黎德壽在給范雄等人的電文中指出，目前世界形勢正在發生深刻而複雜的變化，但在印度支那向老撾、柬埔寨、南越之敵發起的進攻將不受影響。各位同志應當密切關注形勢的變化，但不應只留意世界形勢的演變，特別是中國和尼克松之間即將展開的會面，而是應當關注戰場上的形勢演變。[3]在二月下旬尼克松訪華結束後不久，三月中旬，越南勞動黨中央召開三屆二十中全會，重點討論當前抗美救國戰爭形勢以及 1972年國家經濟計劃發展方向。其中在軍事方針上，勞動黨中央指出，目前尼克松政府正在施展一些陰險的方法和手段，包括削減在越南美軍數量

1　亨利・基辛格：《白宮歲月 —— 基辛格回憶錄》第 3 冊，第 401 頁。

2　中共中央文獻研究室編：《周恩來年譜》（下卷），第 506-507 頁。

3　"Điện của đồng chí Sáu Mạnh" (12-1-1972), *Văn kiện Đảng toàn tập* (tập33), Hà Nội : Nhà xuất bản Chính trị quốc gia, 2004, tr.1-2.

的同時又增加同盟國軍的數量以及試圖分化拉攏社會主義陣營等等。針
對敵人的戰略陰謀，越方及友邦已經十分正確地在越、老、柬三個重要
戰場上展開了反擊，其中越南戰場是最主要的。敵人在這些戰場上的主
力都是西貢的偽軍力量。據此，越方的主張和方法是加強越南南方戰場
抗戰的同時，有實力協助兩個友邦人民爭取偉大勝利。[1] 關於 1972 年的國
家經濟計劃，河內領導人提出，儘管北方經濟恢復和建設已經取得巨大
的成績，但在當下隨着南方攻勢即將展開，以及敵人對北方的轟炸威脅
加大，因此北方的社會主義建設應當暫時讓位於戰爭的需要，目前全民
生產與建設的一個主要目標是爭取抗美救國戰爭的偉大勝利。[2]

　　越勞中央三屆二十中全會顯示出河內已決定傾全力投入 1972 年的總
攻。勞動黨中央在此次會議上重點討論的兩個問題表明北越決心以印支
戰場一體化以及總體戰作為兩個主要方針放手一搏，以決定性勝利迫使
美國人做出最終的讓步。3 月 27 日，在大戰來臨之前，越勞政治局向南
方局發出最後的指示，再次強調從軍事、政治、外交三條戰線挫敗「戰爭
越南化」的目標。中央指出，儘管此次作戰不再冠之以「總進攻」的名
稱，但其實質上仍是一次覆蓋整個印支戰場的總攻勢。不過同 1968 年春
節攻勢相比，此次作戰在目的、要求、內容和規模上都有了很大提升。河
內再次強調，此次進攻的主要要求是破壞「戰爭越南化」的基礎，殲滅偽
軍大部分主力，解放大部分農村，加強政治鬥爭，鼓動城市羣眾，結合外
交戰線的鬥爭，迫使敵人認輸，答應越方爭取決定性勝利的各項要求。[3]

1　"Báo cáo của Bộ Chính trị tại Hội nghị Ban Chấp hành Trung ương Đảng lần thứ 20 về tình hình cuộc kháng chiến chống Mỹ, cứu nước và nhiệm vụ cần kíp của chúng ta" (27-1-1972), *Văn kiện Đảng toàn tập* (tập33), tr.16-18.

2　"Báo cáo của Bộ Chính trị tại Hội nghị Ban Chấp hành Trung ương Đảng lần thứ 20 về phương hướng, nhiệm vụ, kế hoạch nhà nước năm 1972 và số kiểm tra kế hoạch năm 1973" (27-1-1972), *Văn kiện Đảng toàn tập* (tập33), tr.78-79.

3　"Điện về chủ trương của Bộ Chính trị mở cuộc tổng tấn công trên ba mặt trận quân sự, chính trị, ngoại giao để làm thất bại chính sách 'Việt Nam hoá chiến tranh' của địch" (27-3-1972), *Văn kiện Đảng toàn tập* (tập33), tr.200.

　　河內當地時間 1972 年 3 月 31 日凌晨，越南勞動黨中央委員會發出戰爭動員令，稱「1972 年的歷史性戰役已經開始，同志們要發揚革命英雄主義精神，決戰決勝，積極、主動、堅決、靈活地進攻敵人，出色地完成一切戰鬥任務，堅決奪取抗美救國戰爭的巨大勝利，實現敬愛的胡主席的神聖遺囑！」[1]11 時，北越炮兵首先在廣治－承天戰場拉開戰略進攻的序幕，緊接着，三個人民軍主力師在裝甲部隊的掩護下，蜂擁越過非軍事區，其他部隊則沿着九號公路從老撾向南越北部發起進攻。

　　人民軍的兇猛攻勢確保了其在戰役開始階段的迅速進軍。特別是北部廣治－承天方向，北越軍的坦克及火炮力量的投入對南越部隊構成了最大的威脅。加之由於天氣狀況限制，空軍無法提供支援，因而南越方面被迫不斷後退。到 4 月 2 日，廣治省以北地區八個火力支援據點相繼淪陷，僅剩三個較為堅固的防禦陣地還掌握在南越人手中。[2]戰役的順利發展令河內的領導人更加堅定了勝利的希望。黎筍在 4 月 9 日給南方局中央的電報中指出，目前軍事進攻的開端十分順利，在多個方向上取得較大勝利，農村地區進攻和奮起的範圍也大大擴展。在美偽陷入被動的形勢下，應趁機加大羣眾動員力度和城市政治鬥爭的運動。[3]

　　在北越大舉進攻的同時，尼克松政府正忙於準備莫斯科之行以便同俄國人討價還價，求得在限制戰略武器談判中佔據上風。而一旦此時越南戰場形勢遭到北越的逆轉，這不僅是對「越南化」方針的沉重打擊，而且會直接導致尼克松重塑全球戰略的計劃完全泡湯，包括「中國牌」在內的籌碼都將大為失色。因此在北越發起攻勢的第二天，尼克松立刻做出強烈反應，要求參聯會在兩天內擬定對非軍事區 25 英里內的北越領

1　"Thư của Ban Chấp hành Trung ương Đảng" (31-3-1972), *Văn kiện Đảng toàn tập* (tập33),tr.220-221.

2　Office of Joint History Office of the Chairman of the Joint Chiefs of Staff, *History of the Joint Chiefs of Staff: the Joint Chiefs of Staff and the War in Vietnam, 1971-1973,* p154.

3　"Điện của đồng chí Lê Duẩn về phong trào đấu tranh chính trị ở thành phố" (9-4-1972), *Văn kiện Đảng toàn tập* (tập33), tr.223-224.

土實施轟炸的計劃，針對海防港的布雷計劃也被提上日程。在尼克松的強烈要求下，參聯會於 4 日下令強化戰備，約 20 架 B-52 和 8 架加油機分別被部署至關島和沖繩，南越和泰國也分別增加部署了兩個和三個空軍戰術中隊。4 月 6 日，尼克松做出決定，立即動用 B-52 對非軍事區以北包括河內及海防在內的軍事目標實施打擊。[1]

在實施軍事反擊的同時，尼克松政府需要注意的還有北京和莫斯科兩個共產黨大國的反應。在 4 月 3 日當天，美方分別通過不同的渠道向中、蘇兩國傳遞信息，表達對中、蘇支持北越的不滿，在試探兩國態度的同時意在要求中、蘇向北越施壓。不過從中、蘇方面傳遞回的消息很快讓美國人意識到，莫斯科和北京都不打算急於表現出同河內一致的立場，儘管從意識形態的角度來說，必須保持與北越的團結姿態，但無論是中國人還是俄國人都明白一點，「為了一個任性的盟友，不值得去冒風險破壞與美國的關係」。[2]

此時，在南越戰場上，美軍的空中打擊未能有效遲緩人民軍的進攻步伐。4 月中旬，南越政府軍在廣治嘗試發起反擊以試圖奪回失去的陣地，但進展十分有限。4 月 12 日，越南勞動黨中央政治局致電參戰各軍區、部隊，稱在過去十天的戰鬥中，偽軍暴露出了很大弱點，其外圍防禦工事已基本遭到摧毀，一大部分有生力量遭到殲滅。這些情況證明，偽軍主力完全無法與我軍主力相抗衡，因此我軍主力完全有可能摧毀敵人的整個防禦工事體系，完全有能力殲滅南方偽政府的大部分主力部隊，進而為解放廣大農村地區和發動城市政治鬥爭創造了條件。在敵人慌亂不堪的情況下，投降、兵變、反戰都是有可能的，應當加以利用爭

1　"Điện của đồng chí Lê Duẩn về phong trào đấu tranh chính trị ở thành phố" (9-4-1972), *Văn kiện Đảng toàn tập* (tập33), tr.224.

2　Henry Kissinger, *Ending the Vietnam War: A History of America's Involvement in and Extrication from the Vietnam War*, p246.

取更大的勝利。[1]

　　受到戰爭樂觀前景的鼓勵，4 月 18 日，政治局再次給南方局、第五區、廣治－承天區以及春水發出電文，指示要動員北方一切可能的力量支援南方，決心實現已經確立的戰略意圖。儘管敵人有可能對北方發起大規模突襲，但越方將積極準備應對這一情況，並將在已有勝利的基礎上克服一切困難以爭取最後的勝利。在外交上，政治局將繼續聯合蘇聯、中國等各社會主義兄弟國家加強團結以有利於抗美救國戰爭，而對於巴黎的會談，中央的意見是應當繼續維持，以利於爭取國際輿論並配合外交方面的鬥爭。[2] 4 月 26 日，黎筍電告范雄、黃文泰（Hoang Van Thai）等人，戰場形勢發展到目前，我軍主力部隊已完全具備殲滅偽軍主力的能力，因此我方應充分利用主力部隊的機動實現消滅偽軍大建制單位解放重要地區的目標，除此之外，東南面部隊的任務是對西貢構成嚴重威脅，配合其周圍農村地區加強攻勢，徹底破壞敵人的「平定」計劃。[3]

　　幾乎就在黎筍發出上述指示同時，4 月 27 日，經過近 16 天準備的人民軍再次發動新的攻勢。308、304、324 三個主力步兵師在坦克和炮兵的配合向從西面對廣治首府地區發動猛攻。南越政府軍不得不於 5 月 1 日放棄廣治城，向南撤退。廣治失守對於南越方面來說是一個不小的打擊。在美國人看來，廣治防線的崩潰同「藍山 719」戰役的結果類似，主要應當歸結於南越軍在指揮和對局勢的掌控上的缺陷，以及缺乏戰鬥精神。但無論是尼克松、基辛格還是美軍軍方高層都不得不接受一個沒人

1　"Điện của Bộ Chính trị gửi Trung ương Cục, Quân uỷ Miền, Khu uỷ và Quân khu uỷ Trị-Thiên, Khu V, Đảng uỷ B3" (12-4-1972), *Văn kiện Đảng toàn tập* (tập33), tr.226-227.

2　"Điện về chủ trương của Bộ Chính trị đối phó với việc địch tăng cường đánh phá miền Bắc" (18-4-1972), *Văn kiện Đảng toàn tập* (tập33), tr.240-241.

3　"Điện của đồng chí Lê Duẩn gửi Anh Bảy và anh Mười Khang" (26-4-1972), *Văn kiện Đảng toàn tập* (tập33), tr.243-244.

願意承認的現實，那就是「越南化」政策沒有能夠達到預期的目標。[1] 就在 4 月 26 日，尼克松剛剛宣佈再從南越撤出兩萬人，在印支半島僅剩不到七萬基幹美軍部隊的情況下，唯一能夠挽救南越的只有美軍的空中力量了。

在 5 月 2 日同北越在巴黎舉行的第十三次祕密會談無果而終之後，尼克松終於下定決心遏制北越的進攻勢頭。5 月 8 日晚，總統向全國宣告，美軍將根據指令在北越聲稱的領土、領海範圍內採取適當的行動封鎖一切運輸通道。鐵路、公路、海路等將最大限度地遭到切斷。其中布雷和空襲任務的代號分別為「零錢」（POCKET MONEY）和「後衛球員」（LINEBACKER）。就在尼克松的講話結束後兩分鐘，越南當地時間 5 月 9 日凌晨，美軍飛機在海防港的水道上佈下了首批 36 枚水雷。

來自北京和莫斯科的反應表明尼克松的軍事行動並沒有激起共產主義世界一致抗敵的情形，事實上，無論是中國還是蘇聯都表現得相當安靜，儘管官方的宣傳工具依然對美國有所批評，但和以前充滿攻擊和仇視的語氣相比，要溫和了許多。[2] 此時，中國政府仍繼續維持着對北越的援助，在 5 月 13、14 日同春水進行的會談中，周恩來同意在鐵路修復、開闢海上隱蔽航線、增加武器裝備以及掃除水雷等問題上給予北越方面幫助。[3] 但同時北京也通過其在巴黎的外交機構向美方傳達了自己的觀點：兩國關係沒有受到尼克松的軍事行動的影響。[4] 莫斯科在這個時候也陷入了兩難的境地：一方面它想阻止美國的轟炸，另一方面它又要着手準備同尼

1　Office of Joint History Office of the Chairman of the Joint Chiefs of Staff, *History of the Joint Chiefs of Staff: the Joint Chiefs of Staff and the War in Vietnam, 1971-1973*, p158.

2　Henry Kissinger, *Ending the Vietnam War: A History of America's Involvement in and Extrication from the Vietnam War*, pp.282-284.

3　李丹慧編：《中國與印度支那戰爭》，第 236-237 頁。

4　Henry Kissinger, *Ending the Vietnam War: A History of America's Involvement in and Extrication from the Vietnam War*, p282.

克松舉行的最高級會談。[1] 在三國制衡的戰略框架下，中國和蘇聯顯然都不願為迎合北越發動的戰爭而將美國推到對方那一邊。

可是對於河內來說，尼克松政府所玩弄的三角外交的把戲還不是影響其戰場形勢的直接原因。隨着 B-52 加入到廣治戰場，軍事態勢開始發生變化。美軍艦炮與空中火力的加強使得人民軍的後勤物質保障在五月份遇到了嚴重困難，實際完成的運輸量只達到計劃的 30%。與此同時，北越軍在西原戰場的昆嵩（Kontum）及南部東區安祿戰場（An Loc）的進攻相繼失利，在付出沉重代價後未能攻取目標。[2] 此時，在南越軍方面，隨着廣治的失守，阮文紹撤銷了第一軍區司令黃春覽（Hoang Xuan Lam）的職務，轉由更有作戰經驗的吳光長（Ngo Quang Truong）取代。吳到任之後，即着手重組從廣治戰場上敗退下來的南越部隊。到 5 月 5 日，逐步穩住陣腳的南越軍開始嘗試發動反攻，並在美空軍的支持下逐步取得進展。從五月下旬到六月，儘管廣治－承天戰場形勢並沒有重大變化，但顯而易見的是，共產黨人的攻勢的確得到了遏制，北越在戰役最初階段取得的優勢正在慢慢流失。[3]

南方戰場的攻勢陷入停頓只是問題的一個方面，美空軍對於越南北方的轟炸與封鎖才是令河內意識到形勢嚴峻的主要原因。儘管在蘇聯的援助下，越南北方防空能力日臻加強，且在年初即已進行全民戰爭總動員，但隨着美軍空中打擊行動的開始，北越方面依然感到壓力很大。越方承認，由於敵人戰爭升級快、火力猛，採用了許多新式武器和技術裝備，致使北方各部隊和個地方均遭受了嚴重損失。幾乎所有重要鐵路、公路橋樑均被炸毀，公路運輸遇到困難，沿海和內河運輸被中斷。而北

1　阿納托利‧多勃雷寧著，肖敏等譯：《信賴 —— 多勃雷寧回憶錄》，第 285 頁。

2　越南國防部軍史研究院編：《越南人民軍歷史》（第二集），第 284-287 頁。

3　Office of Joint History Office of the Chairman of the Joint Chiefs of Staff, *History of the Joint Chiefs of Staff: the Joint Chiefs of Staff and the War in Vietnam, 1971-1973,* pp.171-172.

越防空火力對於美方戰機特別是 B-52 幾乎束手無策，很難將其擊落。[1] 6 月 1 日，勞動黨中央政治局發出指示，在當前戰爭已經劇烈蔓延至北方國土的情況下，北方的各項活動應當儘快實現轉換，使得生產和戰鬥符合戰時需要。在繼續支持南方展開戰略進攻，打敗美帝的破壞性戰爭的同時，要牢固保衛北方，抓緊把一切活動轉入戰時狀態，擴大武裝力量，打破敵人封鎖，集中力量搞好支援南方戰場的交通運輸這一頭號任務。[2]

　　勞動黨關於將主要精力投向保衛北方的指示顯示出河內傾全力在南方實現決定性勝利的方針出現了動搖。這也標誌着勞動黨領導層不得不以一種隱晦的方式承認 1972 年旱季攻勢沒有能夠取得預期的目標。黎筍所期望看到的在殲滅南越軍主力後所引發的西貢政權在政治上出現的危機以及在農村和城市地區發生的連鎖反應並沒有變成現實，反倒是裝備着蘇式武器的人民軍主力部隊再次遭遇了極為慘重的損失。同 1968 年的春節攻勢相比，在幾乎付出了相同代價的同時，但卻未能迫使美國人再次屈從於心理上的壓力，進而使得約翰遜的遭遇在尼克松身上重演，反倒是筋疲力盡的北越人不得不主動選擇重新坐回談判桌前。

　　不過，從勞動黨所確定的戰略方針來看，1971 — 1972 年間印支戰場上的整體軍事形勢並非一如越南南方戰場那樣令人沮喪。北越留駐柬埔寨和老撾境內的軍隊分別有效阻擋了金邊及萬象政府的攻勢。1971 年 10 月 20 日，朗諾政府出動 50 個主力營發動代號為「真臘 2 號」（Chen La 2）的戰役，目標是掃蕩金邊與磅通省（Kompong Thom）、暹粒省之間的六號公路沿線，打破越共對磅通省的包圍。但從十月底雙方在磅通省境內展開的激戰結果來看，朗諾的部隊儼然無法同越共南方主力部隊相

1　越南國防部軍史研究院編：《越南人民軍歷史》（第二集），第 291 頁。

2　"Nghị quyết của Bộ Chính trị về chuyển hướng và đẩy mạnh mọi mặt công tác ở miền Bắc để tiếp tục đánh thắng giặc Mỹ xâm lược" (1-6-1972), *Văn kiện Đảng toàn tập* (tập33), tr.298-299.

抗衡。到 12 月初，隨着防線遭到越共的突破，柬軍在付出傷亡近三千餘人的代價之後被迫後撤，隨後越共完全控制了磅通、巴萊（Ba Rai）以及通往磅通省的主要公路。[1]

「真臘 2 號」行動的失敗並不令人意外，根據美國方面的評估，柬埔寨政府軍中只有 35% 左右的士兵接受過軍事訓練並可以投入作戰，其火炮及空中支援很不完善，令人滿意的通訊機運輸系統幾乎不存在。[2] 加之華盛頓所能向朗諾提供的軍事援助極為有限（美國國會把每年對柬埔寨的援助經費總額限制在 2.5 至 3 億美元，這只有援助南越的 2%），因此柬軍在越共主力部隊面前表現出的劣勢十分明顯。而此次戰役對於柬埔寨戰場形勢的影響也是巨大的，在此之後，朗諾部隊已無力再發起針對越共和柬共的軍事圍剿，被迫據守主要城市。而越共則從 1972 年 3 月份開始頻頻出擊，襲擾柬軍基地及其控制下的城市，或對孤立柬軍實施伏擊。在越方的支持下，柬共的武裝力量和解放區迅速擴大，到 1972 年底，共產黨人已經控制了柬埔寨境內近 80% 的農村地區，柬共武裝甚至已經滲透進入金邊周圍的鄉村和高地。[3]

在老撾戰場，自 1970 年春查爾平原－川壙戰役結束之後，北越及巴特寮始終沒有放棄完全控制查爾平原的戰略目標，共產黨人與老撾王國政府軍及王寶部隊的小規模交戰持續不斷。隨着北越在 1971 年夏確定了 1972 年總攻計劃，河內也要求巴特寮方面採取行動及時配合越南戰場形勢的發展。1971 年 6 月 1 日，老撾人民黨中央通過決議，確定了未來三年主要工作和任務方針：即要堅持持久鬥爭，動員全黨、全軍、全民提高自力更生的精神，在各方面發揮主動對敵進攻，保衛和發展勝利，伺

1　Nguyễn Thời Bưng, *Biên Niên Sử Kiện Lịch Sử Nam Bộ kháng chiến, 1954-1975*, tr.927.

2　Office of Joint History Office of the Chairman of the Joint Chiefs of Staff, *History of the Joint Chiefs of Staff: the Joint Chiefs of Staff and the War in Vietnam, 1971-1973*, pp.28-29.

3　Tuyết Đào biên tập, *Tìm hiểu đất nước Campuchia anh hùng*, Hà Nội, Nxb. Bản Khoa Học Xã Hội, 1979, tr.107-108.

機有重點地鞏固和擴大解放區，加強內部、各民族以及越、老、束三國的團結，堅決戰勝美帝，實現三國革命的完全勝利。[1] 6 月 12 日，越南勞動黨中央軍委就 1971 年雨季及 1971 — 1972 年旱季老撾戰場的任務作出指示，提出主要目標是加強對敵進攻，殲敵有生力量，鞏固波羅芬高地，解放桑通 - 龍鎮，威脅直通萬象的 13 號公路。[2]

　　根據這一指示，到 8 月初，北越及巴特寮方面已經確定了在南寮發動戰役的計劃，至八月下旬，越軍總參謀部發出指令要求整修公路、準備物資、加緊訓練部隊，做好戰役的後勤支援保障工作。經過近三個月的準備之後，12 月 28 日，越老聯軍發動了代號為「Z 戰役」的攻勢。北越方面為此役投入兩個步兵師、兩個步兵團以及六個炮兵、坦克營。開戰兩日之後，越老部隊即突破王國政府軍及泰國僱傭軍的防線，迫使其放棄在查爾平原的陣地撤回桑通和龍鎮，北越及巴特寮方面趁機攻佔桑通、龍鎮北部地區。1971 年 12 月對查爾平原的完全收復令越老方面受到極大鼓舞。1972 年 1 月 30 日，越勞中央軍委對戰役前線發出指示，要求立刻進入戰役的第二階段，實現對龍鎮至南俄（Nam Ngum）地區的完全解放，逐步鞏固、牢牢控制查爾平原 - 龍鎮解放區，使之成為老撾革命牢固的根據地。[3] 但由於王國政府軍及王寶部隊在龍鎮地區迅速轉入據守狀態，共產黨人方面很快發現自己的攻勢開始受挫。人民軍總參謀部在 3 月 26 日對「Z 戰役」形勢進行分析後承認，由於己方作戰力量有限，加之未能連續進攻，使得敵人得以重新鞏固，控制了龍鎮，並得以實施

1　"Trung ương Đảng Nhân dân Lào ra nghị quyết đánh giá tình hình hợp tác với Việt Nam" (1-6-1971), *Lịch sử quan hệ đặc biệt Việt Nam-Lào, Lào-Việt Nam, 1930-2007 : Biên niên sự kiện* (vol I), tr.814-815.

2　"Quân ủy Trung ương Việt Nam ra nghị quyết về nhiệm vụ ở chiến trường Lào trong mùa mưa 1971 và mùa khô 1971-1972" (12-6-1971), *Lịch sử quan hệ đặc biệt Việt Nam-Lào, Lào-Việt Nam, 1930-2007 : Biên niên sự kiện* (vol I), tr.815-816.

3　"Quân ủy Trung ương Việt Nam chỉ đạo Đảng ủy Mặt trận Cánh đồng Chum- Loòng Chẹng thực hiện nhiệm vụ bước 2 của chiến dịch" (30-1-1972), *Lịch sử quan hệ đặc biệt Việt Nam-Lào, Lào-Việt Nam, 1930-2007 : Biên niên sự kiện* (vol I), tr.845.

反擊，奪回一些丟失的地區。[1] 在這種情況下，加上敵人的雨季攻勢即將到來，越老聯軍遂於 4 月 1 日決定組織查爾平原－川壙防禦戰役，修建防禦陣地，打擊敵軍蠶食進攻，保衛解放區，同時也要牽制敵機動兵力，為其他戰場的活動創造有利條件。[2]

　　儘管越老聯軍在 1971 — 1972 旱季攻勢之後未能再向王國政府軍發起任何大規模攻勢，也未能按計劃攻佔龍鎮進而逼近萬象，對王國政府構成直接威脅。但通過此役，共產黨人實現了對查爾平原的牢牢控制依然可以算得上是在戰略上取得了優勢。正因為佔據查爾平原，特別是其中的波羅芬高地，可以俯瞰下寮地區各軍事要塞和重鎮，有效遏制住敵軍向北進犯的動向，也即等於掌握了整個老撾戰場的主動權，因此北越及巴特寮視「Ｚ 戰役」第一階段的成果具有極大的戰略意義，並要求將查爾平原建設成為一個戰略據點和牢牢控制的根據地。[3] 越老方面在此後集中力量防守查爾平原，從五月下旬到十一月初連續數次成功擊退了萬象政權的部隊以及王寶的泰國僱傭軍的進攻，這表明共產黨人已經成功地在老撾戰場上維持住了一個有利的局面。事實上，這也為巴特寮接下來戰略方針的轉變提供了一個牢固的基礎。

　　應當承認，1971 — 1972 年間共產黨人在老、柬戰場上的表現的確在一定程度上挽回了南越戰場作戰失利的被動局面。北越在繼續控制着穿越老、柬，連接南、北越的滲透通道的同時，老、柬兩國的共產主義力量也在越美戰爭走向尾聲的過程中發展壯大。這些情況的存在意味着儘

1　"Bộ Tổng Tham mưu Quân đội nhân dân Việt Nam chấn chỉnh và chỉ đạo hoạt động tác chiến Chiến dịch Z tại Lào" (26-3-1972), *Lịch sử quan hệ đặc biệt Việt Nam-Lào, Lào-Việt Nam, 1930-2007 : Biên niên sự kiện* (vol I), tr.851.

2　"Quân uỷ Trung ương Việt Nam và Quân uỷ Trung ương Lào quyết định tổ chức chiến dịch phòng ngự Cánh đồng Chum-Xiêng Khoảng" (1-4-1972), *Lịch sử quan hệ đặc biệt Việt Nam-Lào, Lào-Việt Nam, 1930-2007 : Biên niên sự kiện* (vol I), tr.853-854.

3　"Quân uỷ Trung ương Việt Nam và Quân uỷ Trung ương Lào quyết định tổ chức chiến dịch phòng ngự Cánh đồng Chum-Xiêng Khoảng" (1-4-1972), *Lịch sử quan hệ đặc biệt Việt Nam-Lào, Lào-Việt Nam, 1930-2007 : Biên niên sự kiện* (vol I), tr.854.

管河內在南越的戰爭計劃遭受了嚴重的挫折，但共產黨人的力量在印度支那三國得到鞏固和強化的趨勢已經十分明顯，特別是當美國人已無心再為遏制戰略的實施而流血犧牲的情況下，奪取最後的勝利僅僅只是時間問題。而這一形勢則進一步強化了北越領導人引導印支三國共產黨人重現聯合抗戰局面的目標。1972 年 5 月，北越《人民軍隊》雜誌發表題為《學習偉大的胡伯伯的教導，發揚愛國主義和無產階級國際主義精神》的文章，着重談論「真正的愛國主義和崇高的無產階級國際主義緊密結合」問題，提出在當前帝國主義竭力利用國際共運中的不和，拉攏一個國家反對另一個國家，妄圖削弱社會主義陣營和世界革命運動力量的情況下，北越必須承擔起恢復和捍衛國際主義原則的任務。[1] 而具體來說，一直以來勞動黨所宣稱的最主要的一個國際義務就是支持老、束地區的鬥爭活動。由此可以判斷，受到國際共運及戰爭形勢的影響，在印支戰爭即將走向終結的時刻，北越勞動黨重新確立其在印支共運中核心地位的意圖也隨之不斷加強。

1　越《人民軍隊》雜志談有關無產階級國際主義問題（1970 年 6 月 22 日），《兄弟國家和兄弟黨報刊資料》，第 4800 期，第 3 頁。

第六章　三國共產黨人的勝利與越南 對印支國家關係的主張 （1972 — 1978）

　　隨着 1972 年旱季攻勢的失利以及尼克松政府從聖誕節開始對越南北方實施規模空前的轟炸，越南勞動黨的最高領導人終於意識到，只有先讓美國人撤出印支半島，才能以較小的代價實現統一戰爭的目標。這促使了北越在隨後的談判中放低姿態，推動了巴黎協定的簽署。但無論是北越還是南越都沒有打算去認真遵守這一協定。在平息了內部的爭執之後，勞動黨中央於 1973 年年中確定了武力統一南方的方針。北越向中國提出了規模更大的援助要求，但出於戰略調整的考慮加之國力的限制，中國並沒有完全予以滿足，這使得本已疏遠的中越之間進一步加劇。在此背景下，北越期盼通過鞏固印支三國「特殊關係」來配合統一戰爭的意願變得更加強烈，其中巴特寮在接受勞動黨建議的情況下根據形勢的變化同王國政府組成第三次聯合政府，而同北越保持距離的柬埔寨共產黨人則拒絕同朗諾政府進行和解。此時，受到國內政治運動的影響加上對國際局勢的判斷，中國逐漸放棄了同美國聯手推動柬埔寨停火談判的意圖，其最高領導人最終決定向柬共提供鼎力支持。在美軍完全退出印支半島的情況下，印支三國共產黨人奪取最終的勝利已成定勢。然而，完成領土統一的越南未能如其所願重建印支三國間的新秩序，區別於越老關係的強化，越柬關係急轉直下，中越之間也隨之進一步走向對抗。

第一節　巴黎協定後的印度支那形勢

一、北越武力統一方針的確立

1972 年 5 月中旬，就在北越的攻勢停止下來之後不久，仍在巴黎的黎德壽於 12 日向美國方面傳遞出信息表示願意無條件恢復談判。而到了六月份，美（北）越雙方都已明確表現出希望恢復談判的意向。在 6 月 12 日，身處河內的春水表示將儘快返回巴黎談判會場的同時，美方亦於 6 月 23 日對北越做出回覆，同意在 7 月 13 日恢復全體會議，並於 7 月 19 日舉行祕密會談。[1]

河內之所以對於談判活動表現出積極的態度，很大程度上是受到戰場形勢的影響。但同時來自蘇、中兩國的告誡對於北越來說也不無壓力。6 月 14 日至 16 日，就在尼克松結束同莫斯科的領導人舉行的最高級會晤後不久，蘇聯最高蘇維埃主席團主席波德戈爾內（Nikolai Podgorny）訪問河內，目的在於勸說勞動黨領導人重返談判桌前。根據勃列日涅夫向尼克松的通報，河內的領袖以「認真的態度」聽取了波德戈爾內對美國談判立場的解釋，他們準備以務實的態度恢復談判，而不會只堅持討論自己的建議。[2] 鑒於美、蘇雙方在五月份舉行的限制戰略武器的談判取得了重大進展，一時之間美、蘇之間緩和的氣氛得到加強，[3] 中國不由得提高了警惕，認識到必須儘快促使美國擺脫印支戰爭，以推動中美兩國關係的發展，避免美國這個天秤傾向莫斯科一邊。7 月 12 日，在北京同黎德壽舉行的會談中，周恩來先是作了自我批評，表示中國黨之前不應反對

1　Henry Kissinger, *Ending the Vietnam War: A History of America's Involvement in and Extrication from the Vietnam War*, p295.

2　Henry Kissinger, *Ending the Vietnam War: A History of America's Involvement in and Extrication from the Vietnam War*, p240

3　阿納托利·多勃雷寧著，肖敏等譯：《信賴 —— 多勃雷寧回憶錄》，第 296 頁。

北越同美國人進行談判，隨後以中國革命的經驗勸說越方在談判中應採取靈活態度，不一定非要堅持把阮文紹搞掉，而是可以直接與其談判。[1] 八月份，當范文同來雲南昆明休假時，周恩來再次派人向其轉達了毛澤東關於目前越南形勢的建議：關於美越談判，軍事和政治問題是不能分開的，在南方成立聯合政府是對的，先讓美國人把軍隊全部撤走，成立聯合政府可以直接與阮文紹談判，談不成再打。總之就是需要用談判來爭取休整的時間。[2]

從隨後北越談判代表在巴黎會談中的表現來看，河內的確在阮文紹政權的問題上做出了讓步，同意將其接納進入聯合政府之中。[3] 但越南勞動黨對於中、蘇兩黨在談判問題上的施壓顯然存在着怨氣，正像黎筍在給南方局等部門的電報中所說的那樣，事實就是美國政府正在利用中蘇之間的矛盾以及兩大國內部的情況變化來謀求緩和以企圖有利於尼克松實施他的「越南化」戰略。[4] 不過河內的領導人仍不得不接受這樣的現實。因為從七月份到九月份，南越軍隊的反攻所形成的壓力越來越大。特別是七月初發動的旨在奪回廣治市的「藍山72」（LAM SON 72）戰役，使得共產黨人在旱季攻勢中剛剛奪取的戰果再次變得岌岌可危。儘管北越方面先後向廣治前線投入兩個步兵師，但在美軍空中火力和艦炮的轟擊下，傷亡極其嚴重，每個戰鬥營只剩下 50 — 60 人。在 9 月 7 日南越軍發起總攻之後，駐守廣治的人民軍幾乎已到彈盡援絕的地步。至 16 日，北越部隊被迫撤出廣治市。

1　周恩來與黎德壽談話記錄（1972 年 7 月 12 日），*77 Conversations Between Chinese and Foreign Leaders on the Wars in Indochina, 1964-1977*.

2　李丹慧：《中美緩和與援越抗美 —— 中國外交戰略調整中的越南因素》，第 75 頁。

3　"Điện của đồng chí Phạm Hùng về một số nhận xét về cục diện giữa ta và địch sau cuộc gặp riêng giữa đồng chí Lê Đức Thọ, Xuân Thủy với Kissinger ngày 1/8/1972" (10-8-1972), *Văn Kiện Trung ương Cục Miền Nam giai đoạn 1946-1975* (tập16), tr.438.

4　"Điện của đồng chí Lê Duẩn về những công tác bách ở miền Nam" (28-9-1972), *Văn kiện Đảng toàn tập* (tập33), tr.354.

　　廣治戰場的敗績成為最終促使北越領導人調整戰略思路的重要原因。特別是由於美軍提供的火力支援成為壓制人民軍在戰場上活動的主要因素，因此勞動黨領導層不得不承認一點，要想在軍事上佔據上風，必須首先讓美國人離開印支半島。在丟掉廣治城後不久，黎筍首次向他在政治局中的各位同志表示，必須集中精力解決首要目標，那就是迫使美國人完全撤走，只有實現了這個首要目標，才能創造條件實現第二步目標，摧毀西貢的傀儡政權。[1] 在 9 月 28 日給南方局、第五區區委、治－天區委的電報中，第一書記的指示顯示出越勞中央正在採取一個新的戰略方針。河內的領導人認為自七月份恢復談判以來，美國做出的讓步很小，一直在拖延談判，其目的就是要在美國總統大選之際維持目前的局面，繼續支持偽政權。因此，黎筍指出，要利用選舉的形勢向美國施壓，迫使其在選舉前達成協議，結束戰爭，完全退出越南，甚至是作出更多讓步。[2]

　　事實上，根據基辛格的回憶，美國人的確打算利用此時戰爭中最有利的位置同北越討價還價，[3] 因為能讓河內做出讓步的機會實在太少了。而為了能夠儘快在談判桌上實現同美國達成協議，河內顯然需要繼續放低自己的姿態。到 10 月 8 日，在同基辛格再次舉行的祕密談判中，黎德壽提出，雙方簽訂一份協議，以解決雙方在撤軍、戰俘、停火等方面的軍事問題，在這項協議簽訂後，立即實現停火，而政治方面的問題，不應當讓它來拖延談判的進行。同時，黎德壽也不再提出在停火之前必須組建民族和解與和睦國家委員會的要求，甚至放棄了整個聯合政府的概念，這實質上等於北越方面已經默認了西貢政府的合理存在，並且黎德

1　Lien-Hang T. Nguyen, *Hanoi's War: An International History of the War for Peace in Vietnam*, p260.

2　"Điện của đồng chí Lê Duẩn về những công tác bách ở miền Nam" (28-9-1972), *Văn kiện Đảng toàn tập* (tập33), tr.358-359.

3　Henry Kissinger, *Ending the Vietnam War: A History of America's Involvement in and Extrication from the Vietnam War*, pp.319-320.

壽也不再堅持將美國停止對南越的軍事援助作為解決越南問題的一個絕對的先決條件，而是同意美國繼續為西貢「替換武器裝備」，這表明共產黨人已經默認了美國對南越經濟和軍事援助的合法化。[1]

　　儘管黎德壽的方案中完全沒有涉及北越從南方撤軍的任何內容，華盛頓依然對初步協議結果的達成感到十分滿意。10 月 12 日，基辛格等人返回華盛頓，向總統彙報談判的情況。基辛格告訴尼克松，已經達成的協議是目前來說所能期望的最好的結果，至少阮文紹沒有被要求流亡國外，且停火協議即將生效。[2] 不過事實表明，南越政府的立場離接受協議相差甚遠。就在 10 月 12 日，阮文紹公開發表聲明，反對關於在南越組建聯合政府的協定，阮聲稱，歷史證明，同共產黨人組成聯盟即意味着死亡。而南越給出的最好的回應就是取得軍事上的勝利。為此，阮文紹召回了在巴黎的談判代表以及在華盛頓和倫敦的大使商討形勢的發展前景。[3] 在 10 月 22 日同基辛格進行的會談中，阮文紹拒絕了美國人同北越達成的整個協議。他告訴基辛格，任何可以接受的協議的先決條件是，北越撤出在南越境內的全部軍隊，完全確保非軍事區的地位以及南越完全的自決權。[4]

　　阮文紹對於美（北）越協議的拒絕使得原先尚存希望的基辛格等人產生了深深的挫敗感，更嚴重的是，這也直接影響到了美國同北越方面關於在 10 月 31 日之前最終確定協議的約定。對於越南勞動黨來說，為了同美國人達成可以迅速促使其停火撤軍的協議，已經做出了相當大

1　Henry Kissinger, *Ending the Vietnam War: A History of America's Involvement in and Extrication from the Vietnam War*, p328.

2　U.S. Department of State, *Foreign Relations of United State (FRUS)*, 1969-1976, Vol.9, U.S. Government Printing Office, 2010, pp.121-122.

3　Office of Joint History Office of the Chairman of the Joint Chiefs of Staff, *History of the Joint Chiefs of Staff: the Joint Chiefs of Staff and the War in Vietnam, 1971-1973,* p272.

4　U.S. Department of State, *Foreign Relations of United State (FRUS)*, 1969-1976, Vol.9, U.S. Government Printing Office, 2010, p239..

的讓步，因此接下來的目標就是在美國大選之前迅速推進使問題得到解決。從 10 月 10 日勞動黨中央發給第五區領導人的電報中可以看出，河內已經要求把美軍完全撤離視為當前所能爭取的最大勝利，在此目標實現之後繼續按照三哥（即黎筍）9 月 28 日電報的指示精神逐步爭取政治上的勝利。[1] 共產黨人的急切心理還表現在當美國人有意拖延 10 月 31 日簽署協議的計劃時，北越仍不斷在戰俘交換及武器裝備更換問題上做出讓步，同時在老撾和柬埔寨問題上，河內在巴黎的談判代表也做出承諾，在越南實行停火三十天之內，老撾就能實行停火，在釋放美軍在越南戰俘的同時也會釋放被關押在老撾的美軍戰俘。至於柬埔寨，北越方面表示他們對紅色高棉的影響力較小，不過北越人也保證，一旦越南和老撾的戰爭停止，那麼在柬埔寨的戰爭也就沒有再繼續下去的理由。[2]

應當說，此時北越對於在 10 月 31 日之前簽署協定仍抱有很高的期望，南方局中央甚至在 10 月 23 日已下發關於在協定簽署後相關工作的指示，[3] 但河內很快意識到華盛頓並不打算按計劃行事。特別是 22、23 日晚，基辛格連續向北越發電指出，目前遇到了一些困難，包括西貢的牴觸立場以及北越要求談判的速度過快等等，因此美方建議在巴黎再舉行一次祕密會談，在此之前基辛格將不會造訪河內。為表示誠意，尼克松政府下令海空軍於越南當地時間 23 日早七時停止對北緯二十度以北地區的襲擊。[4] 但北越對於美方的這一舉動毫不領情，河內更關注的是談判進程問題。在對基辛格 23 日電報的回覆中，北越發出了威脅：如果美國繼續利用各種藉口拖延談判，推遲簽訂協定，越南戰爭必將繼續下去，美

1　"Điện của Ban Bí thư về vấn đề chính trị ở miền Nam" (10-10-1972), *Văn kiện Đảng toàn tập* (tập33), tr.383.

2　Lưu văn Lợi-Nguyễn Anh vũ, *Các cuộc thương lượng Lê Đức Thọ Kissinger tại Paris*, tr.515.

3　"Thông tri của Thường vụ Trung ương Cục Miền Nam về chuẩn bị hình thành những tổ chức mới để đấu tranh với địch thực hiện Hiệp định ngừng chiến lập lại hòa bình ở miền Nam Việt Nam" (23-10-1972), *Văn Kiện Trung ương Cục Miền Nam giai đoạn 1946-1975 (tập16)*, tr.591-593.

4　Lưu văn Lợi-Nguyễn Anh vũ, *Các cuộc thương lượng Lê Đức Thọ Kissinger tại Paris*, tr.528.

方必須對它造成的一切後果負全部責任。緊接着在 10 月 26 日，河內的廣播電台公開了北越與美國祕密達成的停火協議，歷數了其中的條款和在十月底前完成協議簽署的時間表，最重要的是河內還披露了基辛格於 20、22 日發給范文同的電報，以揭露美國為維持西貢傀儡政權而拖延談判的陰謀。[1]

　　河內將尚處於祕密狀態的停火協議以及美國人的外交活動的細節公之於眾，其目的自然是向華盛頓施加輿論壓力，特別是要在 11 月 7 日的總統大選之前給尼克松製造麻煩。但 11 月 8 日的大選結果顯示，尼克松依然在 50 個州中贏得了 49 個州的支持，得以連任總統。根據黎筍 9 月 28 日提出的關於無論何時都不能讓越南的革命事業服從於美國各資本集團的選舉結果的指示精神，[2]北越方面旋於 11 月 4 日做出答覆，表示可以從 14 日起重開談判。（後在北越的要求下改在 11 月 20 日）

　　儘管同意重新和美國人坐下來繼續商討停火協議，但北越人的態度發生了很大變化。在 20 日的談判開始後，基辛格注意到，黎德壽拒絕了美方大部分關於對協議進行修改的要求，並且他開始提出自己的修改意見，甚至是收回了北越曾經做出的一些極為重要的讓步。[3]美方意識到，由於不再受美國總統大選期限的壓力，河內準備拖延談判。急不可耐的尼克松隨後發電指示基辛格，除非北越願意採取合理的態度，否則應當中斷談判，而美國將不得不恢復軍事行動，直到北越人願意談判為止。[4]

　　北越之所以要在 11 月下旬重新開始的談判中始終堅持強硬的態度，個中原因或許可以從 11 月 26 日越南勞動黨中央書記處的指示中略窺

1　亨利·基辛格：《白宮歲月 —— 基辛格回憶錄》第 4 冊，第 441-442 頁。

2　"Điện của đồng chí Lê Duẩn về những công tác bách ở miền Nam" (28-9-1972), *Văn kiện Đảng toàn tập* (tập33), tr.356.

3　Henry Kissinger, *Ending the Vietnam War: A History of America's Involvement in and Extrication from the Vietnam War*, p390.

4　理查德·尼克松著，裘克安等譯：《尼克松回憶錄》（下冊），第 450 頁。

一二。在這份有關巴黎談判的緊迫工作的指示中，河內的黨中央指出，美國的基本陰謀就是要迫使北方在一些原則性問題上做出讓步，從而加強西貢偽政權的力量。如果美國願意解決問題，那麼就應當在已經討論過後的協議文本的基礎上進行談判，如果美國人要對內容進行修改，那麼就是要把戰爭繼續下去，那麼越南人民只有繼續站在直至取得完全勝利。[1]北越的這一觀點充分體現了在 10 月 31 日協議計劃落空之後，河內對於美國的極度不信任感。

但即便如此，面對尼克松政府再次發動的規模空前的轟炸行動，勞動黨的領導人也必須慎重考慮是否要把談判繼續拖延下去。從 12 月 18 日開始的，代號為「後衛球員 2 號」（LINEBACKER II）的空襲行動，也即通常所說的「聖誕節轟炸」很快對北越的產生了震懾作用。河內甚至還向蘇聯人發出請求，希望蘇方能利用自己全部威信和影響，向美國施加壓力，使其停止戰爭升級的新行動，立即回到今年 12 月 18 日以前所存在的狀態，通過談判解決所遺留的問題、儘快地簽署協定。[2]26 日，也就是 B-52 轟炸最猛烈的那天，北越政府向美國發出信號，表示願意在停止轟炸後立即恢復技術性會談並提議由基辛格與黎德壽於 1973 年 1 月 8 日在巴黎見面。作為回應，尼克松提出，技術性會談必須在 1 月 2 日恢復。不到 24 小時，河內即做出回覆表示同意，這一速度令美國人都感到吃驚。

美國的轟炸行動也在蘇、中兩國引起一些微小的反應，但兩個共產主義大國關注的重點仍是停戰協議的儘快達成而不是河內遭受襲擊的事實。12 月 28 日，多勃雷寧向美方的通報是，蘇聯領導層認為在戰爭的最

1　"Thông tri của Ban Bí thư về cuộc gặp giữa ta và Mỹ ở Pari và những công việc cấp bách" (27-11-1972), *Văn kiện Đảng toàn tập* (tập33), tr.396.
2　謝爾巴科夫關於黃文進通報美越談判情況給蘇聯政府的報告（1972 年 12 月 27 日），沈志華主編：《蘇聯歷史檔案選編》（第 30 卷），第 174 頁。

後階段，美國應當表現出更大的靈活性，首先要做的是立即停止轟炸北越，這有助於雙方放棄拖延戰術，從而迅速地界和平協議。[1]29 日，毛澤東在同阮氏萍進行的談話中提到，如果巴黎談判成功，不僅越南南方，而且北方都將同美國實現關係正常化。[2] 時隔一日，周恩來也告訴長征，尼克松是真的想離開（越南）的，因此，這次應當好好（與他們）談判，目的就是要達成一個協定。[3] 蘇、中兩國的態度實際上是告訴北越，當務之急不是把同美國人的對抗持續下去，而是必須儘快尋求外交談判的突破。12 月 30 日，在關於抗美救國戰場當前形勢的通報中，勞動黨中央書記處的陳述是，美國空軍的入侵行動在越南軍民的抗擊下遭到沉重打擊，在新的失敗面前，美國不得不提出展開談判的請求。在對美國的新戰爭進行譴責的同時，越方要求將形勢恢復到 12 月 18 日之前。考慮到美國已經承諾從 12 月 30 日停止對北緯 20 度以上地區進行轟炸，因此越方同意黎德壽與基辛格恢復雙方談判。[4]

　　不管河內如何試圖掩飾美國的轟炸所帶來的壓力，出現的明顯的變化是從 1 月 9 日的會談開始，北越的談判代表表現出了更多合作的態度和達成諒解的意願。在非軍事區地位等問題上，黎德壽的態度軟化了下來，美方的方案終於得到了接受。[5] 在同共產黨人就和平協議的基本問題達成一致的同時，尼克松政府還需要說服頑固的西貢領導人。1 月 14 日，黑格受命前往西貢向阮文紹說明協議情況，順便帶去了尼克松的最後通牒：如果有必要的話，即使沒有阮文紹參加，美國也將同北越簽約。在

1　阿納托利·多勃雷寧著，肖敏等譯：《信賴 —— 多勃雷寧回憶錄》，第 304 頁。

2　毛澤東與阮氏萍談話記錄（1972 年 12 月 29 日），*77 Conversations Between Chinese and Foreign Leaders on the Wars in Indochina, 1964-1977.*

3　周恩來與長征的談話記錄（1972 年 12 月 31 日），*77 Conversations Between Chinese and Foreign Leaders on the Wars in Indochina, 1964-1977.*

4　"Thông báo của Ban Bí thư về tình hình trước mắt của cuộc đấu tranh chống Mỹ, cứu nước" (30-12-1972), *Văn kiện Đảng toàn tập* (tập33), tr.405-406.

5　亨利·基辛格：《白宮歲月 —— 基辛格回憶錄》第 4 冊，第 523-525 頁。

華盛頓的壓力下，1月21日，西貢領導人最終表示了屈服。[1]在1月23日對釋放戰俘以及美國向北越提供無償援助用於重建的問題進行確認之後，27日，越南民主共和國外交部長阮維楨、越南南方共和臨時革命政府外交部長阮氏萍、越南共和國外交部長陳文林、美國國務卿威廉·羅傑斯代表各自政府簽署「關於在越南結束戰爭、恢復和平的協定」（也即巴黎協定）以及附屬的三個議定書，越美戰爭由此正式宣告結束。

然而，1月27日巴黎協定的簽署並沒能立刻給南、北越帶來和平，在美軍撤離的60天裏，南越地區的戰鬥從未停止。從阮文紹的角度來說，巴黎和平協定是在美國人的壓力下勉強接受的，其中為美軍的撤離規定了詳細的時間表，但關於在南方的北越軍隊和越共武裝的撤離問題卻隻字未提。共產黨軍隊及其根據地在南方的存在對於西貢政府來說是最為現實的威脅，因此阮文紹根本不打算去遵守和執行巴黎協定的相關條款。在一次廣播講話中，他宣稱，戰爭將繼續下去，共產黨人將不允許被進入相持，在任何地方碰到他們就要將其消滅。概括起來，阮文紹的方針即是「四不」：不談判、不放棄地盤、不讓共產黨人和中立主義分子活動。[2]事實上，就在巴黎的和平協議達成不久，1973年初，阮文紹政權已經提出被稱作「李常傑計劃」（Ke hoach Ly Thuong Kiet 1973-1975）的五大戰略措施，也即以蠶食和綏靖計劃作為中心措施，以建設強大軍隊和政權作為支柱，破壞關於越南問題的巴黎協定中不利於越南共和國的條款，在經濟上包圍封鎖共產黨人，依靠美國在東南亞的海空軍，保持威懾力量。在此計劃基礎上，南越政府加緊進行「擴展領土」戰役和「插旗」戰役。從一月底到三月底，西貢政權所採取的違反巴黎協定的事件，包括蠶食行軍、炮擊、出動飛機進行轟炸和掃射等等多達七萬餘

1　亨利·基辛格：《白宮歲月 —— 基辛格回憶錄》第4冊，第530-531頁。
2　張如磉著，強明等譯：《與河內分道揚鑣 —— 一個越南官員的回憶錄》，北京：世界知識出版社，1989年版，第209頁。

起，到 1973 年 10 月止，南越政府在整個南方增設據點 1180 個，比 1973 年 1 月 28 日以前多控制 7253 個村莊。[1]

在阮文紹政府不斷採取措施破壞巴黎協定的同時，河內同樣也沒有打算去嚴格遵循和平協定的條款。根據美方四月底通報的情況，自 1 月 28 日停火以來，北越有一萬五千名名軍人和約四千名其他特種小分隊人員開始向南越方向滲透。同時在 3 月 6 日至 4 月 26 日期間，北越人繼續從北越向老撾、柬埔寨和南越運送大量的軍事裝備和儲備品。從停火之時起到 1973 年 4 月 26 日止，經非軍事區運往南越的軍事物資約 3 萬噸。在這期間，從北越到老撾有一萬八千輛軍用卡車在執行運輸任務，而且到南越越過非軍事區早已超過 7000 次。另有約 400 輛裝甲車、至少 300 門重炮，包括 3 組 130 毫米野戰炮、以及一個薩姆 -2 導彈團非法進入南越。[2] 按照北越方面自己的統計數據，從 1973 年 1 月到 9 月，從北方向南方運送的物資達到 14 萬噸，比 1972 年增加 3 倍，其中有 8 萬噸軍用物資和供給新解放區的 4.5 萬噸物資。此外，還有一萬噸武器儲備在長山沿線的倉庫中。包括兩個步兵師、兩個炮兵團、一個高炮師、一個裝甲團、一個工兵團和各個新兵補充團約十萬多名軍人也於 1973 年從北方行軍進入南方各戰場。[3]

需要指出的是，至少在 1973 年上半年，北越向南方的運輸活動仍是在貫穿於整個抗美戰爭的南下滲透方針的延續。河內暫時還沒有明確武力統一南方的方針。這一方面是由於北越人民軍尚未從 1972 年旱季攻勢的失敗中恢復過來，幹部、戰士都已筋疲力盡，消耗了的兵員來不及補充，每個主力營往往只剩 200 人，糧食彈藥日益減少，短時間內尚無能

1　陳文茶著，嚴誼譯：《三十年戰爭的終結》，北京：世界知識出版社，1984 年版，第 27-28 頁。
2　基辛格關於北越違反協定轉交多勃雷寧的通報（不早於 1973 年 5 月 9 日），沈志華主編：《蘇聯歷史檔案選編》（第 30 卷），第 176-177 頁。
3　越南國防部軍史研究院編：《越南人民軍歷史》（第二集），第 328 頁。

力去支撐一場大規模戰爭。[1] 另一方面則是由於南方局及南方共和臨時革命政府同河內的北方領導幹部在路線問題上發生了嚴重分歧。

在 1972 年底，巴黎協議尚未達成之前，黎筍便已就協議公佈之後的各項任務做出指示。從該指示看來，此時河內的最高領導人對於巴黎協議的作用期待很高，認為它是保障南方人民民主權益、實現民族和解的重要機制，提出了南方人民民族民主革命的基本條件。因此勞動黨中央關於接下來工作重點的主要意見是要以宣傳為主，在動員羣眾形成強大政治力量的同時，也要對偽政權和偽軍加大政治攻勢，根據地和武裝力量的建設的重要性反而被置於相對次要的位置。[2]

勞動黨中央的這一態度在很大程度上影響了南方共產黨人對形勢的判斷。因此 1973 年 1 月 19 日南方局中央在其 02 號工作指示中指出，在革命的新階段，我們的主張是動員全黨、全軍、全民在「和平、民主、衣食和民族和解」口號的基礎上加強政治鬥爭，執行協定，瓦解和削弱偽政權和偽軍，佔領農村，在此基礎上建立政權 …… [3] 除了來自河內的指導意見，此時在南方共產黨內部，有關側重政治路線的方針也得到了相當多的支持意見。很多南方幹部認為，巴黎協定提供了一條取得政權的合法的政治道路，如果阮文紹敢於不遵守協定的精神和條文，那就可以使用手頭的武器在國內進行動員並在國際上孤立他。而在政治上實施聯合與協調一致的方案可以引起那些失去信心和厭戰的南越人及西方輿論的重視，進而可以利用這點來爭取那些城市資產階級，甚至爭取到西貢的軍事和政府機構中人員的支持。[4]

1　陳文茶著，嚴誼譯：《三十年戰爭的終結》，第 47 頁。

2　"Điện của đồng chí Lê Duẩn về chỉ đạo một số nhiệm vụ sau khi Hiệp định Pari được công bố" (1972), *Văn kiện Đảng toàn tập* (tập33), tr.410-411.

3　"Chỉ thị của Thường vụ Trung ương Cục Miền Nam về chủ trương và công tác cấp bách khi có giải pháp chính trị và ngừng chiến" (19-1-1973), *Văn Kiện Trung ương Cục Miền Nam giai đoạn 1946-1975* (tập17), tr.58.

4　張如磉著，強明等譯：《與河內分道揚鑣 —— 一個越南官員的回憶錄》，第 204-205 頁。

　　但南方黨的觀點遭到了一些北方幹部的強烈批評，他們認為同傀儡政權密切勾結並從他們的政策中受益的「民族資產階級」不應是和解政策的對象。對此持贊成態度的還有一批在 1954 年後集結到北方並被重新派往南方的幹部，這些人的親友多在後來的戰爭中遭到西貢政府的清算，因而急於報仇雪恨的心情使得他們也堅決反對同西貢實行所謂的政治聯合。儘管如此，在民族解放陣線中，由民族主義知識分子領導的大多數南方游擊隊仍堅決贊成和解，他們認為阮文紹政府由於內部腐敗，基本上失去了生產的能力，最終將會滅亡，而長期的戰爭已經給南、北地區造成了嚴重創傷，如果不實施和解，這些創傷將會繼續惡化，給國家和民族帶來難以承受的後果。[1]

　　因此在 1973 年上半年，政治鬥爭依然是南方局及南方臨時革命政府領導人強調的重點。並且從 2 月至 5 月，勞動黨南方局的確發起了所謂的政治攻勢，包括掀起了一場全國範圍的宣傳活動，通過印發傳單、河內電台的廣播以及在大中學校的演講來宣傳和解與協調政策，同時在解放區則實施公共援助計劃，分配土地、農業設施和供給品，重建工程項目，以爭取羣眾對臨時革命政府的支持。即便已經意識到西貢正在實施其綏靖蠶食陰謀，南方局中央仍決定採取不偏不倚的方針：既要採取軍事行動，同敵人針鋒相對，也應當嚴格堅持巴黎協定的精神，把協定看成是對付敵軍的新武器。[2] 在其於三月底發佈的 03 號指示中，儘管出現了一些威脅對西貢政權實施懲罰的語句，但總體來說，南方局中央的領導人仍強調建設與休整的重要性和對巴黎協定的利用，[3] 就像范雄在 4 月 10 日有關目前南方形勢的指導意見裏所說的那樣，在敵人陰謀破壞協定的

1　張如磉著，強明等譯：《與河內分道揚鑣 ── 一個越南官員的回憶錄》，第 205-207 頁。
2　張如磉著，強明等譯：《與河內分道揚鑣 ── 一個越南官員的回憶錄》，第 210-211 頁。
3　"Chỉ thị của Thường vụ Trung ương Cục Miền Nam về nhiệm vụ trước mắt và một số công tác cấp bách sau 60 ngày thi hành Hiệp định" (27-3-1973), *Văn Kiện Trung ương Cục Miền Nam giai đoạn 1946-1975* (tập17), tr.160-161.

情況下，「我們的鬥爭方針依然是，將政治、武裝、法理三方面鬥爭緊密結合起來，以政治鬥爭為基礎，武裝鬥爭為後盾，還要充分利用巴黎協定的一些法理疏漏，使形勢發展有利於自己。」[1]

但隨着形勢的發展，特別是勞動黨中央認為，在敵人頑固蓄意進行破壞的情況下，由於一部分南方黨組織抱有一些幻想、等待、被動，一些高級領導幹部在傳達中央決議時竟然提出劃分界限、劃分地區的主張，一些部隊、地方在對待敵人時表現猶豫、右傾，這直接導致在對付敵人的綏靖蠶食計劃時顯得慌亂和被動，致使敵人在戰場上的一些地方贏得了主動權。[2]因此河內意識到必須扭轉這一情況，統一對敵鬥爭的思想。

1973 年四月底至五月初，越勞中央召開政治局擴大會議，南方各戰場的領導人悉數被召至河內參會。此次會議的宗旨是對形勢進行重新評估，估計南北雙方的力量對比，為越南南方新的戰略方向指明道路。在聽取第五軍區和西南軍區的情況彙報後，中央作出的決議認為，根據形勢演變的可能，南方革命的道路是暴力革命的道路。會議同時強化了各戰場相互配合支持的要求，提出要牢牢把握南方革命的進攻戰略和時機。此次政治局會議的結論隨後成為勞動黨三屆二十一中全會關於新階段南方革命任務決議的基礎。[3]

經過五月份政治局擴大會議激烈爭吵，勞動黨中央終於實現了對南方黨組織的意見統一。正是根據此次會議的結論，南方局明確了絕不進行分界劃區的主張，而是要在敵我犬牙交錯的三種地區（解放區、敵我爭奪區、敵佔區）牢牢把握南部傳統的人民戰爭，鞏固和提高武裝力量特別是主力部隊的戰鬥力，同時堅決對敵實施反擊和主動進攻，牢固保

1　Nguyễn Thời Bưng, *Biên Niên Sử Kiện Lịch Sử Nam Bộ kháng chiến, 1954-1975*, tr.963-964.

2　越南國防部軍史研究院編：《越南人民軍歷史》（第二集），第 328 頁。

3　Nguyễn Thời Bưng, *Lịch Sử Nam Bộ kháng chiến, 1954-1975*(tập II), tr.839.

持各地區上的兵力部署。[1]

　　在南部各武裝力量於 1973 年年中陸續在廣治－承天、南部東區、西原等地擺出主動進攻姿態的同時，美國方面也在努力採取措施促使河內能夠給予和平協定最起碼的尊重。這其中就包括五月份基辛格與黎德壽在巴黎再次舉行的旨在解決巴黎協定遭到破壞的會面。但即便尼克松有心遏制北越的行動，此時美國國內的政治形勢已很難給予他充分的支持。在 1973 年 4 月底，由於認為北越嚴重違反了巴黎協定條款，以及根據被遣返的美軍戰俘所述說的遭遇北越虐待的證詞，美國國會以 88 票對 3 票通過比爾德修正案，規定除非得到國會授權，禁止對任何黨派進行直接或間接的援助。[2] 這意味着通過向河內提供經濟援助來制衡其行為的希望徹底落空。在 6 月 30 日，由於擔心美國可能對柬埔寨繼續採取空襲行動，國會通過立法確認從 8 月 15 日起切斷對印度支那境內外一些軍事行動的資金援助，從而禁止美軍作戰力量介入北越、南越、老撾及柬埔寨境內甚至是海岸線範圍內的一切行動。[3] 當然，對於尼克松政府衝擊最大的還是水門事件。基辛格注意到，尼克松已經不能把精力和思緒集中到越南問題上來了，他不得不忙於應對層出不窮的聽證會並飽受電話的困擾。[4] 水門事件對於尼克松政府的影響同樣也在吸引着越南共產主義者的注意，在這一時期，共產黨人格外留意收集美國的消息，通過定期的通報和來自河內的無線電報道，以及每日收聽英國廣播電台和美國之音的廣播來了解時局的發展。北越意識到尼克松政府正明顯地陷入混亂，西貢

1　Nguyễn Thời Bưng, *Lịch Sử Nam Bộ kháng chiến, 1954-1975*(tập II), tr.839.

2　Henry Kissinger, *Ending the Vietnam War: A History of America's Involvement in and Extrication from the Vietnam War*, p469.

3　Office of Joint History Office of the Chairman of the Joint Chiefs of Staff, *History of the Joint Chiefs of Staff: the Joint Chiefs of Staff and the War in Vietnam, 1971-1973*, pp.355-356.

4　Henry Kissinger, *Ending the Vietnam War: A History of America's Involvement in and Extrication from the Vietnam War*, p468.

部隊所期待援助的希望正變得愈發渺茫，[1] 在相信美國重新返回印度支那的可能性越來越小的情況下，河內決心調整統一方針也是情理之中的事情。

1973 年 7 月，越南勞動黨三屆二十一中全會召開。此次會議通過的「完成南方人民民主民族革命，奪取抗美戰爭全面勝利」的決定顯示出北越統一戰爭的指導性方針發生了根本性轉變。二十一中全會再次肯定了南方革命的道路是暴力革命的道路，提出在當前形勢下應牢牢把握時機，以及戰略進攻、靈活指導的路線，進一步推進南方革命。關於當前南方革命的任務，會議指出，應當在政治、軍事、外交三方面進行鬥爭，對於敵人的戰爭行動，應當堅決進攻和反擊，牢牢掌握和發揮主動，打敗敵人的行軍侵佔，創造條件擴大解放區。同時，應加強指導，強化政治鬥爭，逐步推進城市革命高潮，並於農村地區的各鬥爭力量緊密結合起來。[2]

三屆二十一中全會最重要的意義在於其對軍事鬥爭意義的強調，由此開始，越南勞動黨決心將實現統一的目標寄託於大規模戰役的發動，並開始制訂詳盡的軍事作戰計劃。七月份，在黎筍的直接指導下，以黃文泰領銜的人民軍總參謀部開始制訂南方解放的戰略計劃。十月份及十二月份，政治局及中央軍委分別召集南北方各戰場骨幹人員開會統一戰略決心，最終通過了南方解放戰略方案。該項計劃決心在 1975 — 1976 兩年之內實現南方解放的目標。其中在 1975 年的任務是集中跨區域主力部隊發動若干次進攻和奮起，嚴重削弱敵軍力量，為 1976 年的總進攻－總起義創造條件；而 1976 年的目標是發動總起義－總進攻，大戰、速戰、消滅敵主力師團，予以西貢致命打擊，爭取全面勝利。[3]

從日後北越解放戰爭推進的速度來看，勞動黨中央制訂的上述作戰

1 張如磉著，強明等譯：《與河內分道揚鑣 —— 一個越南官員的回憶錄》，第 211-212 頁。
2 Nguyễn Thời Bưng, *Biên Niên Sử Kiện Lịch Sử Nam Bộ kháng chiến, 1954-1975*, tr.971-972.
3 Nguyễn Thời Bưng, *Biên Niên Sử Kiện Lịch Sử Nam Bộ kháng chiến, 1954-1975*, tr.972-973.

計劃還是略顯保守了，不過在當下，根據河內做出的指示，南方黨組織已迅速將中央全會決議付諸實施。9 月 6 日至 18 日，南方局中央召開第12 次會議，研究觀察北方指示精神以及新階段南部和南方中部戰場的任務、方針。同一月中旬及三月底發佈的 02、03 號指示相比，此次會議形成的第 12 號決議有了明顯改變，再次指明「南方革命的路線是暴力革命的路線」，軍事作戰意識尤其得到了強化，提出在新階段全面加強力量建設，制訂符合武裝力量特點、政治變動方向、進攻活動方向的作戰計劃，從軍事、政治、思想、組織全方面建設革命根據地和解放區。[1] 隨後B2 戰場[2] 主要軍政負責人開始商討制訂 1973 — 1974 年旱季軍事作戰計劃的具體措施，包括就地鞏固和整頓各種武裝力量，清除西貢軍隊從 1 月28 日以來在各地修建的據點等等。[3] 10 月初，勞動黨中央政治局再次召開會議，重新分析了力量對比並相應調整戰略，此次會議通過的第 21 號決議指出：目前敵我力量對比比以往任何時候都有利，在當前還不具備發動大規模反攻的條件下，對敵鬥爭不應過份地限制在僅僅進行「爭奪民眾、蠶食土地」方面。而是要主動地、逐步地奪回西貢部隊在協議簽訂前後強佔去的土地，並把進攻的目標指向一些關鍵的戰略區域，特別是生產稻米的湄公河三角洲地區。[4] 作為勞動黨中央二十一中全會在戰術上的具體化，第 21 號決議的出台實際上為 1973 — 1974 年的有限反攻作戰拉開了序幕。

　　正因為河內從 1973 年年中開始確定了武力統一南越的方針，加之北越計劃從 1974 年開始推進北方恢復重建任務，因此急需中、蘇兩國能夠

1　"Nghị quyết hội nghị lần thứ 12 của Trung ương Cục Miền Nam" (12-1973), *Văn Kiện Trung ương Cục Miền Nam giai đoạn 1946-1975* (tập17), tr.441-447.

2　抗美戰爭時期勞動黨將北緯 17 度以南的越南南方劃分為四個戰場：B1 戰場即第五聯區，B2戰場指最南端的嘉義省至金甌角、崑崙島等地，B3 戰場即西原地區，B4 戰場為廣治省和承天省。

3　陳文茶著，嚴誼譯：《三十年戰爭的終結》，第 75 頁。

4　張如磉著，強明等譯：《與河內分道揚鑣 —— 一個越南官員的回憶錄》，第 212 頁。

再施援手。1973 年 6 月 4 日至 11 日，由黎筍、范文同率領的勞動黨代表團對北京進行訪問，主要目的是獲得中共在援助問題上的承諾。此時的中國領導人，對於巴黎協定的簽署，特別是美軍撤離印支半島的結果是十分滿意的。毛澤東在 6 月 5 日同北越領導人進行的會談中表示，「你們打敗了美帝國主義。世界人民和中國人民都感謝你們。[1] 不過毛又提醒黎筍等人說，越南還沒有最後勝利。分兩步走，並一步走美國人不會答應的。問題是阮文紹政府手裏還有幾十萬軍隊。哪怕休息半年也好，停戰，如果有一年，那就更好了，可以恢復士氣人心，恢復疲勞。[2] 同日，周恩來在與黎筍等人的談話中也提到，在巴黎會談後的一段時期內，印度支那國家應該利用時間修生養息，加強武裝力量。簡單的說，就是要爭取時間，準備長期作戰。[3] 中共領導人上述談話無疑是在提醒北越領導人不要過度強調軍事手段的重要性，以避免引起美國重返印度支那的情況，當然，從另一個角度來說，也是在委婉地勸告勞動黨，不要將接下來鬥爭和建設的攤子鋪得太大，從而增加中國的負擔。因為就在北越黨政代表團啟程之前，越方已通過中國駐越使館轉交了一份 1974 年的援助要求清單，包括經援、軍援和現匯在內總值為 81 億元。這一數字對於此時「文革」尚未結束、國民經濟瀕臨崩潰邊緣的中國來說，是一個極為沉重的負擔。為此，周恩來不得不向北越人進行解釋，這個計劃太大，也不切實際，不僅中方做不到，也不符合北越的急需。經過磋商，最終援助金額被確定為 25 億元（包括 1.3 億美元在內）。[4]

儘管從中國獲得了一大筆援助，但對於中方削減援助數額的做法，北越領導人顯然是心存不滿的。在 6 月 6 日同周恩來進行的會談中，黎

1 雲水：《出使七國紀實：將軍大使王幼平》，北京：世界知識出版社，1996 年版，第 141 頁。
2 中共中央文獻研究室編：《毛澤東年譜(1949 — 1976)》（第六卷），第 481 頁。
3 周恩來與黎筍、范文同、黎清毅的談話記錄（1973 年 6 月 5 日），77 *Conversations Between Chinese and Foreign Leaders on the Wars in Indochina, 1964-1977.*
4 中共中央文獻研究室編：《周恩來年譜》（下卷），第 598 頁。

筍等人對此不無怨言。而周恩來則明確告訴越方，至少在未來五年內，中國還將繼續幫助越南，但五年之後數量可能將會減少。[1] 在訪華結束後一個月，7 月 9 日至 16 日，黎筍與范文同再次率代表團訪問。在同勃列日涅夫的會談中，雙方決定將兩黨關係提升到新的層次，加強在經濟、技術方面的合作，發展兩國科學、文化機構之間的密切合作。蘇聯決定在 1973 — 1976 年間為北越培養八千名技術工人，[2] 並將過去向越南提供的貸款改為無償援助，並答應從 1973 到 1975 年向越南提供 10.7 億美元的援助。[3] 在莫斯科拋出更有誘惑力的援助清單的情況下，北越疏遠中國的趨勢已經不可避免。

二、老撾第三次聯合政府的建立與越老「特殊關係」的加強

就在北越－巴特寮聯軍發動 1971 — 1972 年旱季攻勢的同時，老撾人民黨於 1972 年 2 月 3 日在桑怒省召開第二次全國代表大會。總書記凱山提出了新的政治綱領，其中明確指出，老撾社會有兩大矛盾，即老撾全民族與美帝國主義之間的矛盾，各族人民同買辦官僚、軍閥、資本家和封建主之間的矛盾。兩者相互關聯，相互影響，而當前必須集中解決第一個矛盾。綱領還規定，在完成民族民主革命之後，老撾將不經過資本主義發展道路直接進入社會主義。而當前的主要任務和政治目標是「高舉民族民主革命旗幟，團結一切革命力量和愛國力量，與越南、柬埔寨人民緊密團結，發展各方面的革命力量，推動捍衛、鞏固和擴大解放區的鬥爭，加強推進敵佔區人民的鬥爭運動。」[4] 大會同時決定把人民黨更名

1　周恩來與黎筍、范文同、黎清毅的談話記錄（1973 年 6 月 6 日），*77 Conversations Between Chinese and Foreign Leaders on the Wars in Indochina, 1964-1977*。

2　Nguyễn Thị Hồng Vân, *Quan hệ Việt Nam-Liên Xô, 1917-1991: những sự kiện lịch sử*, tr.303-304.

3　郭明主編：《中越關係演變四十年》，第 103 頁。

4　"Cương lĩnh Chính trị của Đảng Nhân dân Lào tại Đại Hội đại biểu toàn quốc Lần thứ II" (17-11-1971), *Lịch sử quan hệ đặc biệt Việt Nam-Lào, Lào-Việt Nam, 1930-2007 : văn kiện* (vol III), tr.251-257.

為「老撾人民革命黨」並產生了包括凱山、蘇發努馮、富米・馮維希等人在內的七人政治局。

老撾人民黨二大是老撾共產主義革命運動中的一個重大事件，特別是「老撾人民革命黨」的出現，標誌着長期以來處於祕密狀態，以老撾愛國陣線黨作為掩護而存在的共產主義者們開始光明正大地承認自己的身份，並已將奪取全國政權，建立共產主義體制列入了鬥爭的日程。當然，能夠實現這一目標的前提是越南的抗美鬥爭取得完全的勝利，因此老撾的共產黨人必須強調越、老、柬三國革命的一致性和互助性。5 月 25 日，老撾人民革命黨中央政治局在對國內外形勢進行分析的基礎上提出一些重要的工作決議。特別是在堅持和加強抗美救國戰爭的基礎上，老撾黨認為應當決心努力發揚自力更生的精神，充分利用各種力量、各地方、各民族、各部門加強軍事活動，在敵後區鞏固發展羣眾基礎，爭取革命的重大勝利，而最為重要的是要同越南、柬埔寨人民緊密配合，促使「尼克松學說」的完全破產。[1]

在此之後，從 5 月 25 日至 11 月 15 日，北越志願軍與老撾人民解放軍集中精力組織查爾平原防禦戰，以確保戰略要地不會重新落入王國政府手中。不過就在這一期間，7 月 2 日，人民革命黨以愛國戰線的名義致電萬象政府，建議雙方通過談判解決老撾的內部問題。當然，這已經不是巴特寮方面首次釋放政治解決老撾問題的信號，在 1970 年 3 月，老撾愛國陣線黨即提出了所謂五點解決辦法，建議按照 1962 年日內瓦協議的規定解決老撾內政問題並實行和平中立的外交政策。此後，在 1971 年 4 月和 6 月，愛國陣線方面亦分別提出只要立即停火，即可舉行政治協商的建議。但全部為富馬政府所拒絕。[2] 而到了 1972 年的下半年，隨着老撾

1　"Bộ Chính trị Ban Chấp hành Trung ương Đảng Nhân dân cách mạng Lào quyết định một số công tác quan trọng trước mắt" (25-5-1972), *Lịch sử quan hệ đặc biệt Việt Nam-Lào, Lào-Việt Nam, 1930-2007 : Biên niên sự kiện* (vol I), tr.858.

2　阮煌：《印度支那轉折的一年》，河內：越南外文出版社，1974 年版，第 106-107 頁。

境內以及整個印支半島政治、軍事形勢發生了顯著的變化，萬象政府已不得不重新考慮與共產黨人展開對話的必要性。由於此時老撾王國經濟狀況不斷惡化，內部政治傾軋嚴重，加之巴特寮對查爾平原的控制已迫使王國政府處於劣勢的戰略地位，更重要的是，美國與北越之間通過對話解決戰爭問題的意願愈發強烈，因此富馬政府自然必須慎重對待巴特寮方面的談判提議。到 7 月 24 日，富馬發表聲明，同意以五點辦法為談判基礎進行接觸。到 10 月 17 日，以政治局委員奔·西巴色將軍為首的愛國戰線代表團同富馬政府在萬象舉行首次會談。

　　從目前掌握的材料來看，老撾黨主動提出同萬象進行政治接觸很有可能是河內意志的體現或者至少得到了勞動黨方面的同意。考慮到北越在 1972 年旱季攻勢中頹勢已顯，如果老撾局勢能夠取得突破，那麼對於在南越軍事進攻中受挫的河內來說也不失為戰略上的補償，因而除了在軍事上繼續防守查爾平原外，政治方面的攻勢也顯得十分必要。北越對巴特寮在談判問題上的支持首先體現在十月中兩黨在河內舉行的會談上。其間，黎筍向老黨通報了美越巴黎談判的形勢，凱山則通報了老撾在政治、軍事、經濟各方面的形勢演變情況。在隨後的談話中，黎筍談到，老撾與越南兩國革命是歷史上前所未有的新問題，兩國都要爭取實現國家的統一，目前統一的條件已經具備，應當決心去實現。[1] 勞動黨領導人的上述發言實質上是鼓勵老撾黨應充分利用當前的談判時機爭取同萬象政府達成某種協定，鑒於北越此時正滿懷期望地等待 10 月 31 日同美國達成停火協議，倘若巴特寮也能夠在談判中取得突破，那麼這無疑將成為河內與美國人討價還價的籌碼。黎德壽向基辛格提出的只要在越南實行停火，那麼三十天之內老撾就能實行停火的承諾即體現了這一點。

1　"Cục Tình báo cáo Bộ Tổng Tham mưu Quân đội nhân dân Việt Nam về tình hình địch ở Lào quý III năm 1972" (7-10-1972), *Lịch sử quan hệ đặc biệt Việt Nam-Lào, Lào-Việt Nam, 1930-2007 : Biên niên sự kiện* (vol I), tr.865.

　　但隨着談判的正式展開，巴特寮方與王國政府之間的分歧立刻暴露出來。寮方所堅持的兩個最主要的立場是，美國、泰兩國軍事力量必須停止對老撾的一切軍事介入，以及在選舉之後必須建立新的民族聯合政府及政府聯合委員會。而萬象方面則要求將侵入老領土的北越及柬共武裝人員定義為侵略者，提出要想結束戰爭，北越人必須撤走，老撾參戰雙方的部隊必須撤回到 1962 年停火條款規定的地方。同時，富馬方面還認為，目前的萬象政府就是 1962 年的臨時民族聯合政府，愛國戰線的人雖然已離開萬象，但他們的部長席位仍舊保留着，只要寮方的兩位部長和兩位副部長重返萬象，三方民族聯合政府即可恢復。[1]

　　由於雙方在各自的原則問題上各不相讓，同時由於北越在 10 月 31 日與美國達成協議的希望破滅，因而老撾的談判事宜也隨之停頓下來。在此期間，富米·馮維希作為全權代表蘇發努馮親王的特別顧問加入談判，但會談情況仍未有明顯起色。

　　情況的轉機出現在 1973 年巴黎協定簽署之後。在此前後，越南勞動黨中央與老撾人民革命黨中央再次於河內舉行會談。其中關於老撾目前的形勢，越方認為，越、老目前面臨的基本問題相似。雖然老撾的一些情況是越南所不具備的，比如富馬及其反動集團還是希望和平的，而阮文紹集團則頑固拒絕和平。老撾革命者掌握着一大片解放區並且之前有組成聯合政府的經驗，而這些條件在越南南方都不具備。但越南和巴特寮都應當爭取持久的和平。只有實現和平，才能去爭取人民。和平意味着我強敵弱，「我們可以停止軍事進攻，但絕不會允許敵人向我們發動軍事進攻。」[2]

　　越老兩黨在一月份的會談進一步顯示出河內希望巴特寮儘快落實談

1　阮煌：《印度支那轉折的一年》，第 109 頁。

2　"Đảng Lao động Việt Nam và Đảng Nhân dân cách mạng Lào hội đàm" (1-1973), *Lịch sử quan hệ đặc biệt Việt Nam-Lào, Lào-Việt Nam, 1930-2007 : Biên niên sự kiện* (vol I), tr.872-873.

判事宜的意圖。無論是從對美國人做出的承諾來說，還是從越、老革命的特殊關聯性來看，在北越已經簽署停火協議的情況下，巴特寮拖延談判的可能性越來越小。而在另一方面，巴黎協定的出現對於富馬政府來說同樣也是一個不小的壓力。2月9日，在基辛格取道萬象前往河內的途中，同富馬舉行了會談。萬象的領導人十分明顯地流露出對談判陷入停滯的焦慮，他們不得不請求基辛格在到了河內之後向北越人施壓，進而迫使巴特寮加快談判的速度。富馬等人的這種焦慮來自於他們相信，在南越戰場的軍事行動停止之後，如果談判仍無進展，那麼北越就可以把在南越的部隊調入老撾參戰，而這一局面對於王國政府來說無疑是災難性的。[1]

　　而對於美國政府而言，在越南戰場的停火協議已經簽署的情況下，如果能在老撾也同共產黨人取得某種形式的諒解，那自然是值得歡迎的一件事。但美國人很快意識到另一個問題，巴黎協定有關老撾和柬埔寨的規定對於北越來說毫無約束力可言。按照協定第20條的規定，各方應尊重老撾和柬埔寨的中立。一切外國勢力應停止在老撾和柬埔寨的所有軍事行動，並撤離駐紮在那裏的所有部隊、軍事顧問以及武器裝備、軍用物資等。但是當基辛格於2月10日抵達河內並與勞動黨領導人舉行會談時，他所聽到的卻是北越對巴黎協定第20條的直接否定。共產黨人提出他們所理解的撤軍義務只有在老撾和柬埔寨實現停火，建立新政府後才會履行。基辛格相信，北越人的真實目的是要等到巴特寮及柬埔寨共產黨取得全面勝利之後才會撤軍。[2]

　　儘管對於北越的「欺詐行徑」極為惱怒，但尼克松政府已很難再有

1　Summary of a meeting between Laotian Prime Minister Souvanna Phouma and Henry Kissinger regarding the effect of U.S.-North Vietnamese negotiations upon the security of Laos. Feb 9, 1973. DDRS. Document Number: CK3100509312.

2　Henry Kissinger, *Ending the Vietnam War: A History of America's Involvement in and Extrication from the Vietnam War*, pp.443-444.

合適的辦法來阻止共產黨人在老撾的策略。因為急於從越南戰場脫身的
緣故，美國在巴黎協定中做出了相當大的讓步，由此導致協定本身存在
的諸多漏洞致使北越可以肆無忌憚地繼續維持其在老、柬、南越的軍事
存在和戰略方針。而在內外壓力之下的美國政府卻不得不極為小心地在
印支地區繼續執行一些極為有限的行動。2 月 22 日，為緩解富馬政府的
軍事壓力，尼克松下令出動駐泰國的 B-52 對南寮地區以及川壙北部北越
軍的一些集結地實施轟炸。這次行動再次飽受輿論的指責壓力，因為就
在不到二十四小時前，巴特寮的代表剛剛同萬象政府達成了《關於在老
撾恢復和平和實現民族和睦的協議》（也即萬象協議），宣告了臨時民族
聯合政府和民族政治聯合委員會的成立。

　　同巴黎協定相似，萬象協議的條款內容從總體上來說是有利於共產
黨人的。巴特寮在之前提出的談判條件基本上得到了落實。特別是協議
明確指出要排除美國對老撾的一切干涉和介入，由其組織、訓練的「特
種部隊」必須解散，其軍事基地、據點和設施必須拆除。同時協定還規
定了目前的萬象談判是兩方談判，而不是 1961、1962 年的三方談判，雙
方將在聯合政府中保持名額相等的代表，一方為萬象政府代表，一方為
包括老撾愛國戰線和愛國中立人士的愛國力量。外加由雙方協商選定的
兩名贊成和平、獨立、民主的人士。[1] 在此基礎上使萬象和琅勃拉邦兩個城
市中立化，分別作為臨時民族聯合政府和政治聯合委員會的駐地。這一
規定實則是為了確保共產黨人能夠在兩個中立化城市中與王國政府平分
權力，避免類似於貢勒的所謂的中立派的倒戈而處於政治上的劣勢。此
外，在愛國陣線代表的堅持下，協定還確認了在老撾暫時存在着兩個地
區。在通過普選成立正式的民族聯合政府和實現國家統一之前，雙方管
轄各自的地區。[2]

1　阮煌：《印度支那轉折的一年》，第 111 頁。
2　阮煌：《印度支那轉折的一年》，第 112 頁。

從以上萬象協議的相關內容中不難看出，巴特寮在戰略上佔據了主動。共產黨人得以在繼續保持自身獨立性的前提下，實現了對萬象政府的權力分享。而巴特寮唯一做出的較大讓步就是寮方同意所有外國軍隊和軍事人員，包括隱藏在外國駐老使館和領事館內的軍事人員，必須全部撤出老撾領土。這種承諾看似解決了富馬政府最為擔心的問題，但實際上到了北越那裏顯然只是一句空話。就在萬象協定簽訂後不久，3月1日至2日，北越國防部及勞動黨中央軍委相繼就新階段援助老撾革命工作的方針做出指示，要求尊重萬象協定，不主動發起進攻，但在解放區遭遇侵略的情況下要堅決消滅敵人，注意使用軍事壓力同政治鬥爭相結合的方法。同時駐老撾的越南專家及志願軍將繼續留駐，幫助老撾建設武裝力量，鞏固解放區，繼續做好戰爭準備。[1]

緊接着在四月份，老撾人民革命黨中央正式向越南勞動黨中央提出請求，希望越南黨和政府在 1973 年能夠繼續向老撾派遣專家，繼續在各領域部門提供必要的援助，這實際上是在形式上給予北越更加充分的理由保留在老撾一切人員和設施。[2] 當然，河內也十分清楚，此時如果真的按照萬象協議的規定撤出北越在老撾境內的援老力量，巴特寮還遠不能自立。在 6 月 6 日西部幹事委員會的報告中，北越人清楚地說明了這一點：雖然取得了一些勝利，但巴特寮依然存在着許多困難，幹部、戰士等畏戰情緒依然存在，目前最大的困難就是幹部隊伍又小又弱，很難滿足新階段鬥爭的需要，一旦越南力量撤出，巴特寮很難維持革命的

1　"Thị hành Hiệp định Viêng Chăn ở Lào về mặt quân sự" (1-3-1973), *Lịch sử quan hệ đặc biệt Việt Nam-Lào, Lào-Việt Nam, 1930-2007 : Biên niên sự kiện* (vol I), tr.877-878;"Quân ủy Trung ương Việt Nam ra nghị quyết giúp Lào trong tình hình mới" (2-3-1973), *Lịch sử quan hệ đặc biệt Việt Nam-Lào, Lào-Việt Nam, 1930-2007 : Biên niên sự kiện* (vol I), tr.879-880.

2　"Ban Chấp hành Trung ương Đảng Nhân dân cách mạng Lào gửi điện tới Ban Chấp hành Trung ương Đảng Lao động Việt Nam" (4-1973), *Lịch sử quan hệ đặc biệt Việt Nam-Lào, Lào-Việt Nam, 1930-2007 : Biên niên sự kiện* (vol I), tr.881.

成果。[1]

　　九月中旬，巴特寮代表與萬象政府代表就萬象及琅勃拉邦兩城市中立化問題舉行磋商。經過激烈爭執，巴特寮方決定降低條件，縮小駐紮兩城市武裝力量的數量，以避免萬象政府內部的右派力量對富馬施加過多壓力，進而導致萬象協議流產。[2]寮方的這一舉措保證了組建第三次聯合政府的趨勢到 1973 年底繼續維持了下去。在確認了巴特寮同萬象政府再次合作的局勢逐步穩定下來之後，1973 年 12 月 10 日至 11 日，越南勞動黨高級代表團同老撾人民革命黨代表團在海防舉行會談，雙方經過討論認為，目前階段老撾革命決定性的問題是鞏固、建設解放區，要牢固掌握武裝力量，結合利用聯合政府，加強在各中立城市及對方管理區的政治鬥爭。為落實巴黎協定及萬象協議創造勝利條件，應當將越南志願軍各部隊單位部署在後方，以協助保衛穩固解放區，防止敵人的偷襲進攻。同時將老撾解放部隊佈置在前線，繼續與敵接觸，形成壓力，為羣眾鬥爭創造條件。[3]這種安排十分清楚地表明巴特寮下一步的行動方針已經同北越最終的統一目標緊緊捆綁在了一起。

　　事實上，就在此之前的 11 月 2 日至 6 日，以黎筍為團長的北越黨政代表團對老撾解放區進行了訪問並同老黨領導人進行了會談。期間，黎筍明確指出，之所以像越、老這樣的小黨和經濟基礎較弱的小國能夠共同選擇馬列主義的道路，即是因為兩黨都將奪取政權作為目標，更是源於雙方民族之間的特殊性質。為了進一步加強團結、密切合作，像保護自己的眼珠一樣維護兩個民族之間的團結友誼，黎筍提出，兩黨應當時刻保持對對方的忠誠，對無產階級國際主義的忠誠，應牢記雙方永處在

1　"Ban Công tác miền Tây báo cáo tình hình Hạ Lào từ khi có Hiệp định Viêng Chăn" (6-6-1973), *Lịch sử quan hệ đặc biệt Việt Nam-Lào, Lào-Việt Nam, 1930-2007 : Biên niên sự kiện* (vol I), tr.886.

2　Macalister Brown, *Apprentice Revolutionaries: The Communist Movement In Laos, 1930-1985*, pp.105-106.

3　"Đoàn đại biểu cấp cao Đảng Lao động Việt Nam và Đảng Nhân dân cách mạng Lào hội đàm" (10-12-1973), *Lịch sử quan hệ đặc biệt Việt Nam-Lào, Lào-Việt Nam, 1930-2007 : Biên niên sự kiện* (vol I), tr.897-898.

一個大家庭中的深刻意義，要接受兩黨之間不存在所謂外交的事實。[1] 黎的上述講話再清楚不過地反映出北越黨此時強化控制巴特寮的意圖。特別是其中「特殊關係」論調的重現以及「同屬一個大家庭」的提法無不令人聯想到蘇聯黨的「有限主權論」和「社會主義大家庭」的觀點。

對於北越領導人的講話，巴特寮方面也積極做出了回應。1974 年 1 月 20 日，在老撾人民解放軍建軍 25 周年的講話上，凱山指出，為了抵抗敵人，印度支那三國人民革命不能不結成政治上和軍事上的聯盟，這是特殊的戰鬥聯盟。在這種特殊的戰鬥聯盟關係中，老撾革命和越南革命之間，老撾軍民和越南軍民之間的戰鬥聯盟，又是更加特殊的。[2] 而這無疑表明老撾黨領導人已經完全接受了越南黨領導人所的倡導的印支國家關係模式。

三、柬埔寨停火談判的嘗試與柬共倒向中國的趨勢

就在巴特寮同北越之間緊密合作，鞏固雙方「特殊關係」的同時，柬埔寨共產黨卻愈發表現出對河內的疏離傾向。儘管自朗諾政變以來在柬埔寨境內的越共武裝都是作為柬共武裝力量的重要盟友而存在，並在反擊柬政府軍的進攻中發揮着關鍵性作用，但河內在 1971 年左右就已經察覺到柬共限制、排斥越南人的傾向。根據後來越方一些說法，波爾布特－英薩利集團當時還沒有公開表示反對北越，但在暗中採取各種破壞措施和行動，包括限制柬共及柬民眾同越共部隊接觸，解散由越南人組建的武裝部隊，下令不許向越方售糧，不許讓出房子給越方住宿，甚至搶奪越方槍支彈藥，綁架殺害越方幹部士兵等等。[3] 而對於地方上越柬之間

1　"Phát biểu của đồng chí Lê Duẩn, Bí Thư Nhất Ban Chấp hành Trung ương Đảng Lao Động Việt Nam tại buổi Hội đàm giữa Đảng Lao Động Việt Nam và Đảng Nhân dân cách mạng Lào" (3-11-1973), *Lịch sử quan hệ đặc biệt Việt Nam-Lào, Lào-Việt Nam, 1930-2007 : văn kiện* (vol III), tr.319-320.

2　秦欽峙、孫曉明等編：《老撾戰後大事記（1945 年 8 月 — 1984 年 12 月）》，第 116 頁。

3　越南國防部軍史研究院編：《越南人民軍歷史》（第二集），第 272 頁。

出現的一些不和跡象，越方在內部傳達的解釋中將一部分原因歸結為相互間對於一些困難沒有感同身受，沒能正確執行中央指示，另外就是敵人的離間陰謀。[1] 但這足以顯示出，隨着 1972 年以後對朗諾政府作戰優勢的加大以及柬共實力的膨脹，越南勞動黨對以波爾布特為首的柬共領導層本已極為有限的影響力也在迅速消失。特別是當越方試圖以印度支那戰場一體化的說辭來強化越柬協作關係的時候，[2] 柬共領導人對於同美國人及朗諾政府進行談判或達成協議非但沒有流露出任何興趣，反而是表現出明顯的排斥。

1973 年 1 月 24 日至 26 日，越方委派范雄同波爾布特會談，重點向柬共方面通報基辛格與黎德壽會談以及即將簽署協議的情況，並向波爾布特遞交了一份越文協議文本。對此，柬共方面指出，1954 年的《日內瓦協議》沒有為柬埔寨革命帶來半點益處，因而對於今天的談判，柬方不得不謹慎。波爾布特告訴范雄，柬共會尊重越南同志對自身事務做出的決定，但柬共自己將絕不停火，直至取得最終的勝利。此番談話引起了越方的極度不滿，范雄甚至為此威脅柬共領導人稱美國人的戰略轟炸機可以在 72 小時內摧毀柬共的軍事力量。[3]

1973 年 2 月 2 日，就在巴黎協定簽署一周之後，柬埔寨共產黨的電台廣播了一份官方聲明，拒絕了任何實施單方面停火的可能。聲明指出，柬埔寨的國家和人民有責任繼續同美國侵略者及叛國者朗諾和施里瑪達作鬥爭，而不會同美帝國主義進行任何談判。柬共在其中還指責了

1　"Thông tri của Thường vụ Trung ương Cục Miền Nam về việc tăng cường hơn nữa tình đoàn kết chiến đấu và quan hệ hợp tác hữu nghị Việt Nam-Campuchia" (28-8-1972), *Văn Kiện Trung ương Cục Miền Nam giai đoạn 1946-1975* (tập16), tr.463-464.

2　"Thông báo của Thường vụ Trung ương Cục Miền Nam về mối quan hệ hợp tác đoàn kết chiến đấu Việt Nam-Campuchia" (20-12-1972), *Văn Kiện Trung ương Cục Miền Nam giai đoạn 1946-1975* (tập16), tr.668-669.

3　Ministry of Foreign Affairs of Democratic Kampuchea, *Black Paper:Facts and Evidence of the Acts of Aggression and Annexation of Vietnam against Kampuchea*, Phnom Penh, 1978. pp.69-70.

河內簽署的巴黎協定，稱之為是一種背叛。當日，柬共中央下令繼續戰鬥，任何政治談判或者同柬政府之間的妥協都被取消，同時西哈努克也不會同美國或別的任何人談判。[1]

　　柬共對談判問題的排斥及其強硬態度自然引發了美國的擔憂，紅色高棉的攻勢不但使得朗諾的政權岌岌可危，而且很有可能會波及已經處於停火狀態的南越及老撾。2 月中旬，基辛格飛抵北京，試圖從中共領導人那裏尋找解決柬埔寨問題的突破口。在 16 日同周恩來進行的談話中，基辛格告訴中國領導人，美國對柬埔寨沒有任何企圖，也沒有必要在那裏建立基地，外國武裝人員必須無條件撤出柬埔寨和老撾。美方認為，應當在柬埔寨舉行政治協商，邀請所有的政治勢力出席。只要能夠停火，就可以協調出一個讓西哈努克擔當重要角色的政治局面。周恩來表示，中國會把美方的意見轉達給西哈努克，但中方不會同朗諾建立聯繫，不管中國、西哈努克還是高棉抵抗力量都不會同朗諾舉行談判。基辛格即刻提出，美方不會堅持讓朗諾參與到通過談判產生的政府中來，只要他代表的軍隊能在其中。[2]

　　在此次談話中，令基辛格印象深刻的是周恩來所說的一句話：一個完全「紅色的」柬埔寨會產生更大的問題。聯想到在 1972 年 6 月，周恩來就曾經說過，在老撾和柬埔寨問題上，中國更傾向於產生有「資產階級因素」參與其中的政府，並讓傳統的統治者成為國家首腦，因而基辛格有理由相信，中國更願意將西哈努克作為領袖推向前台，同時北京對河內在整個印度支那的霸權意圖也產生了疑慮。[3]

1　Henry Kissinger, *Ending the Vietnam War: A History of America's Involvement in and Extrication from the Vietnam War*, p474.

2　"February 1973 Talks: Summary, Cambodia Peking Trip", Nov. 1973, Asia Office Files of Henry A. Kissinger, Richard M. Nixon National Security Files, 1969-1974.

3　Henry Kissinger, *Ending the Vietnam War: A History of America's Involvement in and Extrication from the Vietnam War*, p475.

不管怎樣，美國政府此時在一個問題上同中國人取得了一致，那就是基辛格與周恩來都希望看到能夠出現一個在西哈努克統治下的獨立的柬埔寨。三月下旬，基辛格召集華盛頓特別行動小組召開了一系列會議，以研究如何培植好讓西哈努克重新返回金邊執政的根基。美國人認為，應當勸說朗諾擴充其政府基礎，繼而安排他辭職出國進行健康治療，並讓其弟朗農（Lon Non）前往美國上軍校，以此撇開西哈努克最為痛恨的對象。[1] 與此同時，中國政府方面，在周恩來的安排下，西哈努克夫婦於 3 月初在英薩利的陪同下前往柬埔寨境內柬共控制的解放區進行視察。中國方面之所以要支持西哈努克此行，除了要在國際社會製造影響，顯示柬埔寨抵抗力量的實力及其民眾基礎外，顯然還隱含了進一步強化西哈努克領袖地位和身份，為其以後恢復政治權力鋪墊道路的目的。

但正如基辛格所分析的那樣，即便西哈努克對北京和華盛頓的解決方案很感興趣，但他更清楚，紅色高棉肯定不會同意這樣的結果。而由於共產黨人是西哈努克現在唯一的基礎，因此他只能將抗爭堅持到底。[2] 事實證明的確如此，剛剛從解放區返回北京後，西哈努克即表達了要與民族統一戰線領導人團結一致的決心，在 4 月 14 日召開的記者招待會上，西哈努克盛讚與紅色高棉領導人的密切合作，並強調柬埔寨絕不接受停火，與美國的談判，只能談美國不干涉柬埔寨的問題，而決不能談停火問題，停火即意味着國家的分裂和朗諾統治區的存在，這是十分危險的。[3] 顯而易見的是，西哈努克所堅持的這一立場實際上就是柬埔寨共產黨的態度。因為從二月份以來，柬共的武裝力量在北越後勤和炮兵的支

1　Henry Kissinger, *Ending the Vietnam War: A History of America's Involvement in and Extrication from the Vietnam War*, p477.

2　Henry Kissinger, *Ending the Vietnam War: A History of America's Involvement in and Extrication from the Vietnam War*, p477.

3　《人民日報》，1973 年 4 月 14 日。

持下發動了旱季攻勢。對此美國不得不做出反應，以轟炸來避免自由柬埔寨的迅速陷落。

　　對於美國的空襲行動，中國政府一如既往地予以了譴責。不過在 5 月 18 日，周恩來在約見剛剛就任的美國駐華聯絡處代表戴維·布魯斯（David Bruce）時，明確向美方傳達了中方在柬埔寨問題上的立場。周提到，解決柬埔寨問題的唯一途徑是有關各方認真執行巴黎協議第 20 條的補充條款，並認為，儘管中美之間觀點有所不同，但雙方有共同的目標，即在柬埔寨實現和平、中立和獨立。[1] 周恩來發出的這一信號給予了美國人相當大的鼓舞。5 月 27 日，基辛格與中國駐聯合國代表黃華會談，向其告知，美國和中國的利益是一致的，兩國都不想使印度支那處於河內及其保護國蘇聯的統治下，為此，美方準備在柬埔寨停止轟炸，也準備撤走在那裏的顧問團，並且還準備安排朗諾到美國接受治療。以此換取停火 —— 在九十天內安排西哈努克同朗諾集團的其他人進行談判，美國不反對西哈努克親王返回柬埔寨。[2] 黃華答應將迅速向北京方面報告。6 月 4 日，來自北京的電報表明了中方的態度：因為西哈努克還在非洲和歐洲訪問，所以中國不能代表柬埔寨和美國展開對話，當然，中方願意轉述美方的建議，促成美國同西哈努克之間進行直接對話。[3]

　　中國方面的答覆顯示出北京領導人的矛盾心態：中國人既迫切希望同美國合作促使柬埔寨儘快實現停火，但同時又要顧及柬埔寨共產黨人的態度。7 月 6 日，周恩來在為出訪歸來的西哈努克舉行的宴會上曾就談判問題試探其態度，西哈努克給出的答案是，不，高棉人民絕不能接受

1　普里西拉·羅伯茨編輯，張穎譯：《戴維·布魯斯的北京日記 1973 — 1974》，北京：中央文獻出版社，2006 年版，第 71 頁。

2　"US-PRC Exchanges since February, Cambodia Peking Trip", Nov. 1973, Asia Office Files of Henry A. Kissinger, Richard M. Nixon National Security Files, 1969-1974.

3　Henry Kissinger, *Ending the Vietnam War: A History of America's Involvement in and Extrication from the Vietnam War*, p483.

「美國式的和平」。[1]

　　西哈努克的立場令周恩來深感無可奈何。為了對柬共領導人進行勸說，同時又不損害柬共與中共之間的關係，周還曾設想由越南勞動黨方面出面做這項工作。8 月 16 日，周恩來在會見到訪的范文同時說，美國想解決柬埔寨問題，並準備與西哈努克或他的代表會談，同時他們想讓柬埔寨民族聯合陣線的代表同朗諾集團會談。只要美國繼續實施轟炸，會談就不可能進行。但此時美國想從柬埔寨撤走，如果能夠贏得朗諾集團中一些人的同情，我們就會處於有利的地位，如果不利用這些機會是不明智的。[2]10 月 8 日至 10 日，在會見黎清毅的過程中，周恩來再次提及柬埔寨問題，他告訴黎清毅，西哈努克反對談判，柬埔寨民族聯合陣線的內部派別也反對，他們都想把戰鬥再延長一段時間。周恩來希望北越能夠幫助中方勸說柬方考慮談判的可能。因為中方跟他們說了很多關於戰鬥的事，並鼓勵他們去打，所以不太好開口。[3]

　　而對於河內的領導人來說，想要對此時的柬埔寨共產黨人施加影響已經是十分困難的事情了。范文同在訪華期間就向中方領導人抱怨過，稱柬共拒絕同北越攜手合作，不僅清洗了由河內訓練出來的柬籍武裝力量，而且拒絕接受任何越南專家顧問。[4]1973 年 4 月，黎筍在同蘇聯駐北越的大使進行的談話中坦承河內對柬共沒有實際的控制權。黎筍指出，柬黨的部分組織設在北京，同北越相比，即便是中國駐河內的使館也與

1　諾羅敦‧西哈努克口授，W.G. 貝卻敵整理：《西哈努克回憶錄 —— 我同中央情報局的鬥爭》，第 290-291 頁。

2　周恩來與范文同會談記錄（1973 年 8 月 16 日），*77 Conversations Between Chinese and Foreign Leaders on the Wars in Indochina, 1964-1977.*

3　周恩來與黎清毅談話記錄（1973 年 10 月 8 日至 10 日），*77 Conversations Between Chinese and Foreign Leaders on the Wars in Indochina, 1964-1977.*

4　Ministry of Foreign Affairs of Democratic Kampuchea, *Black Paper:Facts and Evidence of the Acts of Aggression and Annexation of Vietnam against Kampuchea*, Phnom Penh, 1978. pp.61-62.

柬共有更多的接觸。[1] 在 4 月 14 日同蘇聯大使進行的另一次會談中，范文同也提到目前給予柬埔寨朋友的支持和幫助正在下降，規模已經縮小。不過范同時也向蘇聯人暗示，柬埔寨問題的背後存在着一些（中國的）計劃，其目的是想製造印度支那人民之間的不和，不過北越有足夠的能力去抵制這些計劃。[2]

　　而在六、七月份，基辛格等人一直在翹首企盼從中國那邊傳來促成談判的好消息。但在這期間，形勢顯得愈發不利。水門事件的發酵正在削弱尼克松政府處理柬埔寨問題的能力和意願，同時，儘管轟炸行動成功地遏制住了柬共發動的旱季攻勢，但美國國會的耐心顯然已被耗盡。在六月初參議院通過決議，完全切斷了在印度支那的所有軍事行動經費之後，在月底，國會亦通過法案，規定美軍從是年 8 月 15 日起停止在柬埔寨的轟炸任務，並禁止美軍參與印度支那地區的其他任何軍事行動。更令美國人失望的是，北京對於捲入柬埔寨談判問題的態度正變得越來越猶豫。直至 7 月 18 日，從北京傳來的信號顯示，中國方面拒絕了繼續向西哈努克轉述美方建議的要求，轉而開始重申紅色高棉的立場。[3] 這表明中國已放棄了推進柬埔寨停火談判的企圖，而是選擇站在了柬埔寨共產黨人一邊。

　　在基辛格看來，柬埔寨談判計劃的流產在很大程度上是由於美國國內的政治混亂狀況所致，而中方外交官員隨後給出的解釋是柬埔寨問題過於複雜，因而中國需要避免介入其中。[4] 但另一個不容忽視的事實是很有

1　蘇聯駐越南使館：越南勞動黨中央書記黎筍與蘇聯大使談話記錄（1973 年 4 月 19 日），РГАНИ, ф. 5, оп. 66, д. 782, л. 78.

2　蘇聯駐越南使館：越南勞動黨中央政治局委員兼總理范文同與蘇聯大使談話記錄（1973 年 4 月 14 日），РГАНИ, ф. 5, оп. 66, д. 782, л. 80.

3　Henry Kissinger, *Ending the Vietnam War: A History of America's Involvement in and Extrication from the Vietnam War*, p483.

4　"Current US-PRC positions and talking points, Cambodia Peking Trip", Nov. 1973, Asia Office Files of Henry A. Kissinger, Richard M. Nixon National Security Files, 1969-1974.

可能此時周恩來在政治上遭遇的打擊迫使他中斷了促進談判的努力。到
1973 年下半年，中國國內「批林批孔」運動的矛頭已逐步轉向周恩來，
毛澤東對於周恩來採取的一些「限制革命」的做法愈發感到不滿。因而
周所主持的一些外交工作成為「文革」極左派攻擊的重點。1973 年 11
月，根據毛澤東的提議，中共中央政治局召開會議批判周恩來，批周的
理由就是毛認為周恩來在與基辛格的談判中犯了右的錯誤，被美國的原
子彈嚇破了膽，是「喪權辱國」，「投降主義」。[1] 在這種情況下，與美國商
議繼續推動柬埔寨停火談判顯然已不現實。加之周恩來此時健康狀況已
經惡化，到 1974 年初，中共同柬埔寨共產黨之間的聯絡和接觸開始更多
地直接體現毛澤東的意志。

　　1974 年 4 月，毛澤東在北京會見了英薩利、喬森潘、西哈努克。在
會談中，毛澤東告訴英薩利和喬森潘，要採取團結西哈努克和努賓兩位
親王，排斥朗諾的方針，同時也告訴西哈努克不要打倒柬共，而是要各
自承認分別代表不同的黨，兩黨聯合起來打倒朗諾。對此，西哈努克表
示，自己一直在真心實意地幫助柬埔寨共產黨人，同時他又有些無奈地
說：「戰爭結束以後，即使我願意打倒柬埔寨共產黨人，也不可能了，因
為軍隊和政府都不在我手裏。我什麼都沒有了。」關於柬共的鬥爭和方
向，毛澤東還對英薩利等做出指點：要形成一個拳頭，大概十萬正規軍
就可以打到並佔領金邊，打到大城市，同時還要減租減息，給農民分土
地，團結富農及一部分中小地主。[2] 在此次談話之後，中國對柬共的援助大
大提升。源源不斷的武器裝備和援助資金沿胡志明小道運往柬埔寨，到
1974 年，在該線路上承擔向柬共運輸任務的車輛已達到 1500 輛，中國對
柬埔寨抵抗武裝的援助額迅速攀升至數億元人民幣。[3] 得到中國鼎力支持的

1　中共中央文獻研究室編：《毛澤東年譜 (1949 — 1976)》（第六卷），第 507-508 頁。
2　中共中央文獻研究室編：《毛澤東年譜 (1949 — 1976)》（第六卷），第 526 頁。
3　張青：《流亡中國五年間 —— 記二十世紀七十年代西哈努克在中國的生活》，第 56 頁。

柬埔寨共產黨由此從 1973 年旱季總攻的失利中迅速恢復過來，在此基礎上，波爾布特等人離奪取政權的目標越來越近。

第二節　共產黨人在印度支那的勝利

一、紅色高棉對金邊的攻佔

　　1974 年對於柬埔寨共產黨來說是關鍵性的轉折一年。就在六月底召開的中央會議上，柬共中央委員會根據戰局的發展和敵我力量對比，決定發動解放金邊和全國的大決戰，在短時間內推翻朗諾政府，奪取全國勝利。[1] 柬共做出這一戰略性決定自然離不開中國的援助和支持，同時，這也與波爾布特等人在 1974 年主動修補同越南勞動黨之間的關係，積極爭取到北越援助不無關係。蘇聯人已經注意到，越柬共產黨人之間的關係在此期間有了明顯提升。[2] 來自越南方面的情況也表明，這一時期越柬共產黨在南部叢林地區的合作關係確實有了進一步提升，包括柬共從根據地向越南南方解放軍運輸糧食、食品、牛肉，而越方則向柬共營地提供汽油、藥品、食鹽等物資。[3] 同時南方局中央在對於紅色高棉提出的軍事協助請求也是儘可能給予滿足。[4] 當然，關於柬越兩黨在 1974 年有所靠攏的趨勢還有一種解釋是，正在緊張籌備對西貢發動進攻的北越也需要柬埔寨戰場發揮一些牽制作用。但不管怎樣，在 1974 年秋，紅色高棉開始從北

1　中共中央對外聯絡部編印：《各國共產黨概況》，第 48 頁。

2　蘇聯駐越南使館：1974 年政治報告（1974 年 12 月），РГАНИ, ф. 5, on. 67, д. 655, л. 49.

3　"Thông tri của Thường vụ Trung ương Cục Miền Nam về vấn đề quan hệ kinh tế giữa Việt Nam và Khu 203 Capuchia" (3-8-1974), *Văn Kiện Trung ương Cục Miền Nam giai đoạn 1946-1975* (tập17), tr.188-189.

4　"Thông tri của Thường vụ Trung ương Cục Miền Nam về việc phối hợp với bạn Campuchia quét bọn phản động, gián điệp ở biên giới hai nước Việt Nam-Campuchia" (13-5-1974), *Văn Kiện Trung ương Cục Miền Nam giai đoạn 1946-1975* (tập17), tr.94.

越獲得大量包括武器、彈藥在內的援助物資的事實是顯而易見的。[1]

　　根據柬共高層確定的作戰方針，柬共基幹部隊及游擊隊發動襲擊的重要目標是朗諾政府控制的戰略交通線，到 1974 年，共產黨武裝已經切斷和控制了一至七號全部戰略公路，同時柬政府的水上交通線，包括最重要的湄公河下游航道也屢遭到柬共的襲擊。[2] 處於被圍困狀態下的金邊及各省會城市相繼陷入困境，各類物資補給只能依靠美國的空運以及南越政府通過湄公河的航運來提供。

　　與此同時在美國，水門事件也在走向終結。7 月 30 日，美國國會通過了彈劾總統的議案，8 月 9 日尼克松被迫宣佈辭職。隨後，副總統傑拉爾德·福特（Gerald Ford）匆匆接任總統職位。但此時留給美國政府處理柬埔寨局勢的時間和餘地已經不多了。1975 年 1 月 1 日，柬民族團結政府副首相喬森潘發表新年賀信，號召敵佔區全體居民和外國僑民更緊密地團結一致，更有力地同美帝和朗諾集團作鬥爭，為推翻金邊賣國政權而奮鬥。同日，柬共武裝對金邊周圍的防線發動進攻，並切斷金邊外圍三條主要公路，揭開了旱季決戰的序幕。[3] 對此，北越方面極力表示反對，認為沒有越軍的幫助，柬共解放金邊困難很大，並建議在西貢解放後再派兵幫柬攻打金邊。[4] 而根據美方的情報估計，紅色高棉為是役投入了不少於 14 萬人的總兵力。儘管這些柬共武裝缺乏重炮、裝甲部隊以及規範的後勤供應系統，但其步兵裝備的輕武器、迫擊炮、無後座力炮等十分齊全，特別是中國製造的 107 毫米火箭炮成為使用最為廣泛、威力最大的裝備。[5] 在朗諾的 4 萬守軍堅持抵抗的情況下，柬共方面決定繼續對金

1　Henry Kissinger, *Ending the Vietnam War: A History of America's Involvement in and Extrication from the Vietnam War*, p515.

2　波爾布特：《在柬埔寨共產黨正確領導下柬埔寨革命的偉大勝利》，第 40 頁。

3　中共中央對外聯絡部編：《國際共運大事記（1975）》，1976 年 8 月，第 62 頁。

4　昆明軍區司令部情報部編：《越南概況》，第 187 頁。

5　Prospects for Cambodia through August 1975, Feb.13, 1975, NIE 57-1-75.

邊實施圍困。1 月 26 日，在最後一支南越的彈藥運輸船隊經湄公河抵達金邊之後，紅色高棉通過大量布雷徹底封鎖了湄公河航道。此時金邊的所有補給只能依賴空運，其儲備物資只能再維持三個月。

　　在這種情況下，1 月 29 日，白宮召開內閣會議討論南越及柬埔寨的形勢問題。決策層認為，如果繼續減少對柬埔寨的援助，金邊很可能會在 3 至 4 月間淪陷。福特為此要求美國國會將對朗諾的軍事援助的最高限額提高到 2 億美元，同時總統相信，如果拋棄了對金邊政府的承諾，美國的公信力無疑將受到沉重打擊。[1]2 月 26 日，美國駐柬大使約翰·迪安（John Dean）在給國務院的電報中描述，目前金邊軍民及領導層士氣都極為低落，目前人們都把美國政府空運至波成東機場的援助物資看作是唯一支撐他們信念的希望。同時迪安呼籲政府繼續爭取國會的資金支持以確保履行對柬政府及人民的義務。[2]

　　而時間已經所剩不多了。到三月初，波成東機場已經處於柬共武裝力量的炮火範圍之內，柬政府軍的陣地在不斷縮小。3 月 12 日，白宮再次召開內閣會議最後一次討論柬埔寨的局勢。會議認為，如果美國不能立刻給予援助，金邊將在一個月之後陷入彈盡援絕的狀態。美國必須幫助柬政府撐過目前的旱季，堅持到六月份雨季的到來，談判的時機可能會在那時出現。福特為此最後一次請求國會批准對金邊的緊急援助。[3]但國會在 12、13 日的投票結果將最後的希望推入了絕境：關於進一步向柬埔寨提供軍事援助的建議在參眾兩院分別遭到了否決。至此，福特政府在柬埔寨問題上已經很難再有所作為。

1　U.S. Department of State, *Foreign Relations of United State (FRUS)*, 1969-1976, Vol.10, U.S. Government Printing Office, 2010, pp.622-623.

2　U.S. Department of State, *Foreign Relations of United State (FRUS)*, 1969-1976, Vol.10, U.S. Government Printing Office, 2010, pp.644-646.

3　"The White House Cabinet Meeting Minutes", March 12, 1975, Box4, James E.Connor Files, Gerald R.Ford Library.

隨着大勢已去，3 月 17 日，美國駐金邊大使館開始撤退外交人員。4 月 1 日朗諾宣佈辭職，流亡海外。以總理隆波烈（Long Boret）為首的七人組成的「柬埔寨最高委員會」承擔政府職責，繼續維持國家的運轉。4 月 16 日，最後一批美國駐柬外交人員及金邊政府的官員搭乘直升機撤離。但包括施里瑪達、隆波烈、朗農在內的一批內閣成員決心繼續留下，同政權共存亡。在當日下午的白宮內閣會議上，基辛格宣讀了施里瑪達留給迪安大使的信。在信中，施里瑪達感謝美國的撤離建議，但表示他不能怯懦地離開柬埔寨，而是寧可選擇在深愛的祖國中死去。施里瑪達提到，他未曾想到美國會輕易拋棄柬埔寨，而他所犯的錯誤就是深信了美國。[1]

4 月 17 日凌晨 7 時左右，金邊政府單方面宣佈停止戰鬥。兩個小時之後，紅色高棉的部隊開入了金邊的街道，高棉共和國就此終結，政權落入柬埔寨共產黨人之手。18 日，柬共武裝佔領茶膠、磅同、磅清揚三個省會和西哈努克港，至 19 日，柬全部國土悉數為紅色高棉所控制。4 月 25 日，柬特別國民大會召開，確認西哈努克仍是柬民族團結政府國家元首和民族統一陣線主席。此後至 1976 年 1 月 5 日，隨着新憲法大綱的正式頒佈，柬埔寨王國民族團結政府正式為民主柬埔寨所取代，4 月 11 日，民柬第一次全國代表大會召開，接受西哈努克和民族團結政府的辭呈，波爾布特出任政府總理，喬森潘當選國家主席團主席，紅色高棉政權正式建立。

面對柬共奪取政權的事實，越南方面心情複雜。在 1975 年 4 月 17 日當天，河內及南方臨時革命政府分別致電西哈努克和喬森潘，祝賀柬埔寨人民抗美救國戰鬥完全勝利。次日，越《人民報》亦發表社論，慶祝柬軍民解放金邊的巨大勝利。但事實上，越黨領導人之前曾多次強

---

1 "The White House Cabinet Meeting Minutes", April 16,1975, Box4, James E.Connor Files, Gerald R Ford Library.

調，柬埔寨革命想要在 1975 年取勝困難很大，沒有越軍的幫助，柬不可能解放，最好先解放越南，然後再來解放柬埔寨。[1] 根據英薩利的回憶，在 4 月 17 日中午獲悉金邊解放的消息後，越方一度還不相信，到晚上六點才予以確認並給柬共駐河內特使送去一個花籃。[2] 此後直至 24 日，越黨政領導人長征和范文同才到柬駐越使館表示祝賀。[3] 北越人的微妙心態由此可見一斑。

二、北越統一南方

　　儘管通過暴力革命統一越南南方的戰略方針在 1973 年下半年已經得到越南勞動黨中央的認可，但北越尚未能確定發動總攻的具體時間。河內依然需要進行充分的戰爭動員和準備。在美軍空襲破壞的影響已經不復存在的情況下，這項工作的進展也顯得更加從容不迫。在 1973 至 1974 年間，共產黨人在越南北方再次動員了 15 萬青年參軍入伍，許多戰鬥部隊編額滿員。約 6.8 萬名新兵、八千名技術幹部和上萬名青年突擊隊員進入南方戰場。大批武器和油料以及糧食也被運至前線各部隊和後勤基地，其數量達到了 1972 年的九倍。[4] 在進行物資、兵員準備的同時，北越還需要一個發動攻勢的有利時機。1974 年 3 月，勞動黨中央軍委召開全體會議，總結了 1973 年的軍事形勢，並確定了當前武裝力量的主要任務是：把握戰略時機，按大規模作戰要求積極做好全面準備，加緊武裝力量建設，特別是要健全戰略預備機動主力，動員人力、物力支援南方前

1　英薩利與孫浩大使談話記錄（1978 年 2 月 20 日），中共中央對外聯絡部二局編：《柬共領導同志重要言論選摘》，第 72 頁。
2　英薩利與孫浩大使談話記錄（1978 年 2 月 20 日），中共中央對外聯絡部二局編：《柬共領導同志重要言論選摘》，第 72 頁。
3　中共中央對外聯絡部編：《國際共運大事記（1975）》，1976 年 8 月，第 26 頁。
4　越南國防部軍史研究院編：《越南人民軍歷史》（第二集），第 339 頁。

線，準備戰場，一旦時機到來立即進行大的戰鬥。[1]

　　勞動黨中央軍委的上述指示表明，儘管對於武力解放南方抱定了決心，但北越領導層對於迅速推進戰爭還沒有十足的把握。4月25日，黎筍在向黨內高級幹部傳達中央軍委關於國際形勢的決議時，再次強調了耐心的重要性，黎的主要觀點就是，在美偽依然相互勾結，西貢政權的態度依然囂張跋扈的情況下，目前南方革命鬥爭仍是複雜而艱難的，應當爭取時間使得力量對比出現有利於己方的形勢，進而爭取全面的勝利。[2] 不過在7月20日至21日，黎筍召集副總參謀長黃文泰以及黎仲迅（Le Trong Tan）商討軍事戰略計劃問題的過程中，勞動黨領導人又表現出某種程度的急迫心理。期間，黃文泰向黎筍遞交了武元甲關於當前形勢的一些意見報告。在對報告進行討論後，黎筍針對當前戰略計劃的一些問題提出看法，黎筍認為從目前的戰略時機看，特別是世界和東南亞的形勢來看，一旦出現戰略時機，應當在一到兩個月內準備總起義和總進攻。第一書記提出，應當爭取在1975年實現決定性勝利，而不應拖至1977年。「越快越好，時間拖得越久，形勢可能會變得更複雜。」[3] 黎筍的上述觀點反映出勞動黨領導人心中的一個憂慮，那就是美國可能還有重新干涉南越戰局的可能，應當搶在形勢變化之前解放南方。由此，關於將總攻計劃提前的考慮逐漸形成。7月28日至8月4日召開的南方局中央第13次會議即提出革命很有可能在1974 — 1975年雨季和旱季取得重大勝利的結論，並決定以此作為1975年的奮鬥目標。[4]

　　很快，北越就意識到，美國返回印度支那的可能性大大降低了。在8

1　越南國防部軍史研究院編：《越南人民軍歷史》（第二集），第330頁。

2　"Bài nói của đồng chí Lê Duẩn, Bí Thư Thứ nhất Ban Chấp hành Trung ương Đảng, tại Hội nghị phổ biến nghị quyết của Quân uỷ Trung ương cho cán bộ cao cấp" (25-4-1974), *Văn kiện Đảng toàn tập* (tập35), Hà Nội : Nhà xuất bản Chính trị quốc gia, 2004, tr.48-49.

3　Nguyễn Thời Bưng, *Lịch Sử Nam Bộ kháng chiến, 1954-1975*(tập II), tr.885.

4　Nguyễn Thời Bưng, *Lịch Sử Nam Bộ kháng chiến, 1954-1975*(tập II), tr.880-881.

月 9 日尼克松宣佈辭去總統職務之後，13 日，勞動黨中央政治局即發出指示，稱尼克松辭職的直接原因是水門事件，但背後的原因是在越南戰場上的失敗。這一局面的出現只會給美帝國主義增加矛盾和困難，而對於越南南、北人民來說則是爭取勝利的大好時機，因此應當在政治、軍事、外交加強工作，為爭取決定性勝利創造條件。[1] 水門事件的結果對於北越的鼓舞是十分明顯的。正如文進勇後來所說的那樣，政治醜聞的糾紛折騰着整個美國，並把極端反動的總統尼克松拉下了台，美國國內面臨的政治、經濟、社會問題以及美國對傀儡政府援助的不斷下降，這些都顯示美國在撤出南方後，變得更加困難和狼狽。[2]

　　而對於白宮的領導人來說，政治上的亂局恐怕還不是影響其對越南政策的主要因素。國會對援助阮文紹政府的抵制心態才是掣肘美國政府的關鍵。在 1973 財政年度，美國向南越提供了 22.7 億美元的援助。而在 1974 財政年度，尼克松政府提出的 16 億美元的撥款申請，國會卻將其削減至 11 億。至於 1975 年的預算，國會進一步拒絕了尼克松 10 億美元的要求，而是將數額限定在 7 億美元。對南越援助的大幅下降直接導致南越部隊被迫減少其軍事行動的次數並縮緊其武裝力量結構。大量的南越空軍飛機不得不停飛或削減了一半的飛行時間。為彌補援助資金不足的困境，美國政府只得儘可能充分利用手頭所掌握的資源，甚至儘量動用儲存在沖繩和日本的軍用物資，以降低和節約運輸的成本。[3] 8 月 9 日，即將接任總統職務的福特向阮文紹傳遞信息，向其保證美國方面的經濟、軍事援助都將是充足的。[4] 但美國人在字面上的安慰並不能對形勢起到絲毫

1　"Nghị quyết của Bộ Chính trị về việc Níchxơn phải từ chức Tổng thống Hoa Kỳ và một số công tác cần kíp của Đảng" (13-8-1974), *Văn kiện Đảng toàn tập* (tập35), tr.119-120.

2　文進勇：《春季大捷》，昆明：昆明軍區司令部二部，1979 年 10 月。第 15 頁。

3　Office of Joint History Office of the Chairman of the Joint Chiefs of Staff, *History of the Joint Chiefs of Staff: the Joint Chiefs of Staff and the War in Vietnam, 1971-1973,* pp.356-357.

4　U.S. Department of State, *Foreign Relations of United State (FRUS)*, 1969-1976, Vol.10, U.S. Government Printing Office, 2010, p540.

扭轉作用。而此時，北越方面有關對南方的軍事進攻方案正在變得愈發
清晰。

9 月 30 日至 10 月 8 日，勞動黨中央在河內召開會議，研究 1975 —
1976 年軍事任務。政治局分析認為，美軍既然已經撤出，要重新回來
並不容易。即使美國做某種程度上的干涉也扭轉不了局勢。因此這是
發動最後總進攻和總奮起的有利時機。應當將革命戰爭推向最高潮，
殲滅和瓦解全部偽軍，攻佔西貢及其他所有城市，推翻從中央到地方的
偽政權，完全解放南方。[1] 同時此次會議還討論確定了由總參謀部制訂的
1975 — 1976 年的戰略方針，決定分兩部來實現戰略目標。其中第一步，
也就是在 1975 年期間，集中力量發動較大規模軍事進攻，殲滅敵軍一部
分關鍵性有生力量，進一步擴大解放區。在鞏固 1975 年間戰役成果後，
在 1976 年實施第二步計劃，即發起總進攻和總起義，實現南方全部解
放。[2]

在此次會議結束後兩天，10 月 10 日，黎筍給南方局領導范雄等人發
去一封信，就南方作戰的具體方案給出了一些建議。黎筍認為，雖然美
國的失敗已成定局且實力被削弱，但需要認識到，美國依然有很大的潛
力和毒惡的目的。因此無論何時都不能主觀認為敵人已經「精疲力竭」。
越方雖然在連續取得勝利並且力量在不斷增強，但仍存在許多困難。除
此之外，目前來自社會主義陣營的援助已經不再充足和及時，在這樣的
環境下，應當注意穩中求勝，而這也是簽署巴黎協議的一個原因。黎筍
由此得出兩個重要結論：一、經過近二十年的戰鬥，目前實現民族解放
的完全勝利的時機已經成熟，二、根據目前的戰略時機來看，美國重新
回來的可能性很小，不過應當承認，如果美國人發現無法扭轉目前的形

1　Bộ Quốc Phòng Viện Lịch sử Quân sự Việt Nam, *50 Năm Quân đội Nhân dân Việt Nam (Biên niên sự kiện)*,
　　tr.306-307.

2　Nguyễn Thời Bưng, *Biên Niên Sử Kiện Lịch Sử Nam Bộ kháng chiến, 1954-1975*,tr.991.

勢，他們還有可能再次介入越南的事務，即便如此勝利也終屬越方。[1]

黎筍所給出的以上更為謹慎的建議事實上成為南方武裝力量在接下來組織作戰的一個基本方針。根據黎的指示，南方局、B2 戰場軍委決定不再採取 1968、1972 年總攻時那種在同一日發起進攻的方式，而是更強調各部在戰場上的協調配合。南方軍事指揮部由此提出「一口一口吃掉敵人以及連續幾口吃掉敵人」的主張，建議當前不應當連續作戰，以防止美國做出過大反應，只有當革命已取得戰略性勝利的前景時，才可以「連續五六口吃掉」敵人。[2]1974 年 12 月 8 日至 1975 年 1 月 7 日，勞動黨中央政治局召開第二階段會議討論抗美救國戰爭的形勢和任務。此次會議的最終決議也成為北越拉開 1975 年總反攻的宣言：勞動黨中央要求，牢牢把握歷史時機，擴大對敵全面連續作戰，在一些決定性戰役，結束抗美戰爭，完成南方民族民主革命。[3]就在此次會議召開的同時，南部軍委和司令部決定在福隆省（Phuoc Long）14 號公路地區首先發動戰役，為 1975 年的進攻做試探性準備。從 1974 年 12 月 31 日開始，歷時七天作戰，北越軍於 1975 年 1 月 6 日佔領福隆省省長官邸，取得全勝。

福隆省是北越在南方完全攻佔的第一個省，因而此次戰役勝利極大地鞏固了勞動黨的信心。特別是使其認識到了南越虛弱的防守能力以及美國無法介入干涉的事實，促使北越進一步堅定了向中央高地發起進攻，對西貢施加更大壓力的戰略意圖。

在北越的攻勢逼迫下，1975 年 1 月 25 日，阮文紹寫信給福特，請求美國加大援助的力度並盡一切可能維護巴黎協定。[4]1 月 28 日，福特、基辛

1　"Thư của đồng chí Lê Duẩn gửi đồng chí Phạm Hùng về kết luận của Hội nghị Bộ Chính trị" (10-10-1974), *Văn kiện Đảng toàn tập* (tập35), tr.171-175.

2　Nguyễn Thời Bưng, *Lịch Sử Nam Bộ kháng chiến, 1954-1975*(tập II),tr.889.

3　Nguyễn Thời Bưng, *Biên Niên Sử Kiện Lịch Sử Nam Bộ kháng chiến, 1954-1975*, tr.995-996.

4　U.S. Department of State, *Foreign Relations of United State (FRUS)*, 1969-1976, Vol.10, U.S. Government Printing Office, 2010, p612.

格等人與國會兩黨領袖召開會議，希望能夠說服國會在 1975 年財政預算中增加 3 億美元用於援助南越。但國會議員並不理會不斷惡化的軍事形勢，拒絕向南越提供進一步支持。會談無果而終。[1] 到 3 月 12 日，國會代表們徹底否決了福特政府增補援助的要求。而就在前一天，北越發動的西原戰役取得重大突破，多樂省（Darlac）首府邦美蜀淪入人民軍之手，同時連接芽莊（Nha Trang）和波萊古的 21 號、19 號海岸公路也相繼被切斷。

邦美蜀戰場的結果對於北越和南越都產生了深刻影響。邦美蜀的順利得手極大地刺激了勞動黨領導人加快戰爭步伐的傾向。黎筍在得知勝利的消息後立刻指出，以前準備用兩年，現在解放了福隆、邦美蜀，是不是可以快一點，將此作為總進攻和總奮起的開端？[2] 3 月 18 日，越南勞動黨中央政治局認為，目前已經取得具有戰略意義的巨大勝利，標誌着整個戰局有了新的發展，而美偽集團進一步崩潰。因此中央決心在 1975 年內完成解放南方的計劃。[3] 與之相應的是，阮文紹在意識到奪回邦美蜀無望之後，於 3 月 20 日下令放棄中部高地的昆嵩、波萊古、多樂、富本（Phu Bon）諸省以及第一戰區的廣治和承天省大部，南越各部隊被要求撤退至北部海岸地區及第三、第四戰區進行防守。但戰意全無的南越軍很難再被重新組織起來，加之北越軍沿海岸線推進的速度極快，到三月底，順化、峴港的南越守軍先後不戰而降，從昆嵩、波來古撤出的部隊也遭到人民軍的分割圍殲，六萬人中只有兩萬人最終突圍。至此，北越及越共已控制了南越近三分之二的領土並在不斷增加對西貢的威脅。[4]

1　U.S. Department of State, *Foreign Relations of United State (FRUS)*, 1969-1976, Vol.10, U.S. Government Printing Office, 2010, pp.618-622.

2　陳文茶著，嚴誼譯：《三十年戰爭的終結》，第 202 頁。

3　Bộ Quốc Phòng Viện Lịch sử Quân sự Việt Nam, *50 Năm Quân đội Nhân dân Việt Nam (Biên niên sự kiện)*, tr.311.

4　Office of Joint History Office of the Chairman of the Joint Chiefs of Staff, *History of the Joint Chiefs of Staff: the Joint Chiefs of Staff and the War in Vietnam, 1971-1973*, p360.

　　南越政府難以遏止的潰敗令福特政府幾乎無所適從。四月初，福特派遣陸軍參謀總長弗雷德・韋安德（Fred Weyand）將軍訪問南越以了解那裏的具體情況。在返回之後，韋安德得出的唯一結論是，越南共和國迫切需要緊急援助。4 月 10 日，福特最後一次向國會提請撥款 10 億美元用於阻止南越軍事的崩潰，從而為尋找政治解決問題的途徑爭取時間。但這一要求依然遭到拒絕。至此，福特政府的決策層已基本確定了放棄南越的意見。[1]

　　3 月 31 日，越南勞動黨中央政治局召開會議，在聽取各戰場軍事情況的彙報之後提出，向敵人老巢發動總進攻和總奮起的戰略時機已經成熟，為完成南方人民民主民族革命，實現祖國和平統一的最後戰略決戰已經開始。中央決定在四月份發動解放西貢的總進攻和總奮起。當前的任務是加強西貢西部的力量，實現分割包圍，完全切斷 4 號公路，進逼西貢，組織好強大的合成兵種部隊，一旦時機到來，立即攻佔市中心最重要目標。[2] 4 月 14 日，中央政治局決定將解放西貢的戰役命名為胡志明戰役，並將其定義為旨在結束戰爭的大規模諸兵種協同進攻戰役和歷史性戰略決戰戰役。[3]

　　4 月 21 日，隨着北越軍攻佔春祿（Xuan Loc），通往西貢的大門洞開。同日，阮文紹宣佈辭職。在他的辭職演說中，阮文紹稱巴黎協定是美國強加給南越的，並將南越政府崩潰的責任歸於美國未能向其及時提供援助。[4]之後，隨着陳文香短暫接權，楊文明於 4 月 28 日繼任總統。同

1　Office of Joint History Office of the Chairman of the Joint Chiefs of Staff, *History of the Joint Chiefs of Staff: the Joint Chiefs of Staff and the War in Vietnam, 1971-1973*, p361.

2　Bộ Quốc Phòng Viện Lịch sử Quân sự Việt Nam, *50 Năm Quân đội Nhân dân Việt Nam (Biên niên sự kiện)*, tr.312-313.

3　Bộ Quốc Phòng Viện Lịch sử Quân sự Việt Nam, *50 Năm Quân đội Nhân dân Việt Nam (Biên niên sự kiện)*, tr.313.

4　U.S. Department of State, *Foreign Relations of United State (FRUS)*, 1969-1976, Vol.10, U.S. Government Printing Office, 2010, pp.867-868

日晚，北越的前線戰役司令部向近 27 萬作戰人員下達命令，於 29 日凌晨發動全線總攻。

　　也就在華盛頓時間 4 月 29 日，福特總統發出指令，要求從南越緊急撤離所有最後留守的美方人員，在近 18 個小時的行動中，共有 1400 名美國人和 5600 名南越人得到轉移。[1] 在 4 月 30 日上午 7 時 53 分最後十一名美海軍陸戰隊員及南越副總統阮高祺登上直升機撤離後兩個小時，北越的坦克衝進了南越總統府獨立宮。隨後楊文明被迫通過廣播宣佈無條件投降。越南共和國的命運就此畫上了句號。到 5 月 1 日，隨着南部其餘省份全部處於南方人民解放武裝力量的控制之下，越南南北完全實現統一。

三、老撾政權的易幟

　　同柬埔寨與越南共產黨人積極準備用暴力革命的方式奪取政權的情況有所不同，巴特寮的革命者在 1974 年已經在以政權分享者的身份執行對國家的管理。在 4 月 5 日成立的民族聯合臨時政府中，老撾人民革命黨的主要領導人包括凱山在內都獲得了相應的內閣席位（凱山因為擔心人身安全拒絕留在萬象）。蘇發努馮親王則被委任為位於琅勃拉邦的國民政治協商委員會的主席。儘管從表面上看，巴特寮與皇家老撾的政治力量實現了攜手共事的局面，甚至雙方的軍警人員也得以在萬象和琅勃拉邦的街道上共同執行巡邏任務，但雙方在一些關鍵性問題上的矛盾顯然依舊存在。

　　這其中一個重要的方面表現在，由右派人士西蘇克・納占巴塞（Sisouk Champassak）掌控的國防部拒絕同巴特寮的官員分享老撾皇家

1　Office of Joint History Office of the Chairman of the Joint Chiefs of Staff, *History of the Joint Chiefs of Staff: the Joint Chiefs of Staff and the War in Vietnam, 1971-1973,* p360.

軍隊的信息，這也意味着巴特寮不可能同皇家老撾的軍事部門進行任何形式的合作。同時，在外交政策方面，雙方的分歧也是顯而易見的。當巴特寮的內閣成員要求承認越南南方臨時革命政府以及在柬埔寨境內的革命者，拒絕接受西貢及金邊政府時，這立刻遭到了萬象官員的強烈抵制。而皇家老撾的代表則始終在指責北越拒不撤走老撾境內的武裝人員，這一點恰恰是巴特寮所極力否認的。[1] 因此，一個客觀存在的事實是，萬象政府從來不可能是共產黨人真正的合作者，巴特寮的唯一盟友只有北越。

對於老撾人民革命黨來說，聯合執政也從來就不是它的最終目標。從老撾黨於 1974 年 3 月中旬發佈的決議可以看出，共產黨人根本不認為自己與萬象同屬一個政府，而是仍堅持目前在老撾存在三個區域（解放區、對方暫控區、中立區）和三個政權。而巴特寮的任務是保衛和加強解放區各項建設工作，強化在對方暫控區的工作以及民運和統戰工作，並要注意在萬象協定規定的範圍內進行活動和鬥爭。[2] 可以看出，在這一時期，巴特寮的確把主要精力放在了擴大政治基礎，特別是在皇家老撾控制區強化其影響的工作上。可以說明這一點的還有蘇發努馮於 5 月 25 日在政治協商委員會上提出的「十八項政治綱領」。包括給各部族人民提供依靠，各武裝力量保衛和平和民族和諧，實現自由、民主及民族統一等等。[3] 可以肯定的是，這一套綱領沒有流露出半點革命意識形態的色彩，這足以顯示出巴特寮儘可能籠絡支持者的意圖。並且種種跡象表明，從 1974 年下半年開始，共產黨人正在利用手頭的資源瓦解對手的影響力。

---

1 Macalister Brown, *Apprentice Revolutionaries: The Communist Movement In Laos, 1930-1985*, p107.

2 "Ban Chấp hành Trung ương Đảng Nhân dân cách mạng Lào ra nghị quyết đánh giá thắng lợi của cuộc kháng chiến chống Mỹ, cứu nước và đề ra nhiệm vụ cho cách mạng Lào trong giai đoạn mới" (13-3-1974), *Lịch sử quan hệ đặc biệt Việt Nam-Lào, Lào-Việt Nam, 1930-2007 : Biên niên sự kiện* (vol I), tr.904-905.

3 "Hội đồng liên hiệp chính trị quốc gia Lào thống nhất Cương lĩnh 18 điểm", (25-5-1974), *Lịch sử quan hệ đặc biệt Việt Nam-Lào, Lào-Việt Nam, 1930-2007 : Biên niên sự kiện* (vol I), tr.914.

特別是富馬因心臟不適於七月份飛往巴黎治療之後，老撾國內的社會形勢開始惡化。包括在七、八月間，一些受巴特寮控制的勞動者組織因為對經濟狀況的不滿而多次發動罷工，受泰國學生運動的影響，學生也在秋季加入到游行示威的隊伍中來，要求懲治政府官員的腐敗行為。[1] 不滿的情緒還蔓延到皇家老撾的警察和武裝部隊中，由於薪金得不到及時發放，軍人的士氣很低，在巴特寮的暗中支持下在一些地區還出現了各種叛亂、倒戈行為。[2]

巴特寮之所以能夠集中精力同萬象集團爭奪政治影響力，很大程度上還得益於北越提供的軍事保障。儘管巴特寮和北越矢口否認，但此時駐老撾的越南志願軍仍有兩萬人之眾。這一力量的存在足以確保共產黨人在聯合政府的地位，同時對於王寶的殘餘部隊也是一種威懾。來自北越的支持以及越南革命勝利在望的前景促使老撾人民革命黨的領導人進一步強化越、寮兩國革命的特殊關係和意義。在 5 月中旬的老撾全國會議上，凱山再次強調，老撾革命與越南革命之間的緊密關係是不可分割的。這是一個在歷史過程中已經得到維護和培植的事實。[3] 正因為如此，在進入 1975 年之後，隨着北越統一戰爭的順利推進，巴特寮的領導人認為老撾革命的新形勢也已到來，只要北越提供相應的軍事援助，實現全國範圍內的奪權並不困難。特別是在 1 月 4 日，甘蒙省農潑縣（Noong Boc）的巴特寮力量已通過起義的手段勝利奪取了政權，這更加堅定了人民革命黨高層相信老撾國內革命形勢已經成熟的判斷。[4]

不過凱山等人關於迅速打開老撾革命新局面的計劃並沒有得到北越

---

1 格蘭特·埃文斯著，郭繼光等譯：《老撾史》，第 150 頁。

2 Macalister Brown, *Apprentice Revolutionaries: The Communist Movement In Laos, 1930-1985*, p116.

3 "Đồng chí Cayxỏn Phômvihản phát biểu tại Hội nghị toàn quốc Lào" (13-5-1974), *Lịch sử quan hệ đặc biệt Việt Nam-Lào, Lào-Việt Nam, 1930-2007 : Biên niên sự kiện* (vol I), tr.913.

4 "Nhân dân huyện Noỏng Bốc nổi dậy đấu tranh", (4-1-1975), *Lịch sử quan hệ đặc biệt Việt Nam-Lào, Lào-Việt Nam, 1930-2007 : Biên niên sự kiện* (vol I), tr.929-930.

的支持。越南勞動黨一貫堅持的老撾革命服從於越南革命的主張並沒有改變，況且對南越的戰爭正處於決戰的關鍵時刻。因而在四月底，越南勞動黨中央軍委向老撾黨中央轉達了黎筍同志的指導意見，指出，關於老撾黨方面的建議，越方認為起義和武裝進攻都是正確的。不過越方的觀點是，可以做好時刻援助老撾的準備，但目前還應當以老撾同志自己的行動為主，越南處在後方，時刻準備在形勢複雜的情況下施以援手。關於向老撾革命提供炮兵、車輛等物資、技術援助的要求，越方表示同意，但應當給予準備的時間並且要根據南越戰場形勢演變來具體決定。關於幫助老撾對一些目標如桑通－龍鎮發動進攻的要求，儘管政治局已經同意，但人民軍依然需要時間進行準備。[1]

北越方面的這一回覆實際是委婉地否定了老撾黨希望通過武裝鬥爭迅速實現全面奪權的計劃。當然，從此時印度支那局勢的實際情況來看，老撾共產黨人的確沒有使用武力接管政權的必要。在三月底、四月初越老聯軍將王寶的殘餘部隊驅逐出薩拉蒲空後，老撾境內對巴特寮構成軍事威脅的力量已經不復存在。按照美國駐萬象使館的觀察，在金邊和西貢相繼淪入共產黨之手後，巴特寮幾乎完全可以在不使用武力的情況下順利實現其軍事政治目標。[2]

在聽取越南黨的意見的情況下，5月5日，老撾人民革命黨中央政治局召開擴大會議，討論當前勝利發展形勢和任務。老黨認為，在柬埔寨和越南人民相繼獲得勝利的情況下，老撾革命的時機已經到來，革命力量已經壓倒了反革命集團，因此中央決定立刻發動羣眾起義廢除舊政權，解散舊軍隊，以完全實現全國範圍內的民族民主革命。在具體主張

1　"Thường vụ Quân ủy Trung ương họp bàn về vấn đề Lào" (24-4-1975), *Lịch sử quan hệ đặc biệt Việt Nam-Lào, Lào-Việt Nam, 1930-2007 : Biên niên sự kiện* (vol I), tr.932-933.

2　U.S. Department of State, *Foreign Relations of United State (FRUS)*, 1969-1976, Vol.E-12, U.S. Government Printing Office, 2010, Document66.

中，人民革命黨強調，要利用政治、軍事的力量結合兵運和法理鬥爭，迫使舊政權和舊軍隊瓦解，然後成立和保衛由黨領導的從中央到地方的革命政權。[1]

根據人民革命黨中央會議精神，5月8日，老撾人民解放軍最高指揮部下達指令，要求各部隊單位進佔各城市中的要害位置以保衛和協助人民建立新政權的鬥爭。[2] 同時，在巴特寮的支持下，大批城市民眾涌上街頭要求右翼的部長全部下台。隨後，西蘇克・納占巴塞首先被撤職並遭流放，緊接着，由於擔心即將到來的清算，數千名萬象的政府官員、軍事將領、商界人士紛紛攜帶家眷財政渡過湄公河逃往泰國境內。[3] 面對萬象等地出現的混亂局勢，儘管已經意識到一個巴特寮主導下的政府很可能對美不利，但美國駐萬象的使館仍提出不加干涉，靜待事態發展的建議。[4] 五月下旬，老撾解放軍部隊開始進駐湄公河沿岸城市，並向王寶部隊控制的最後幾個城市發起進攻。在意識到形勢已經無法挽回後，王寶被迫帶領上千名苗族士兵及家屬選擇逃亡。基辛格曾通過駐老使館向富馬轉交信函，意在表明儘管目前對老撾的援助項目不得不中斷，並且駐老撾的使館也不得不縮小其規模，但未來美國仍願意在這個問題上同老撾的新政府磋商。[5] 但很快巴特寮在全國範圍內掀起的反美情緒顛覆了美國人的想法。五月底至六月初，大量參加游行示威活動的民眾聚集在萬象的美國大使館門前，並佔領了美國國際開發署在萬象和琅勃拉邦的分部，要求

1　"Bộ Chính trị Ban Chấp hành Trung ương Đảng Nhân dân cách mạng Lào họp hội nghị mở rộng" (5-5-1975), *Lịch sử quan hệ đặc biệt Việt Nam-Lào, Lào-Việt Nam, 1930-2007 : Biên niên sự kiện* (vol I), tr.934-935.

2　"Quân giải phóng nhân dân Lào tiến công chiếm một số địa bàn quan trọng, tạo thế chia cắt trên từng hướng chiến lược" (18-5-1975), *Lịch sử quan hệ đặc biệt Việt Nam-Lào, Lào-Việt Nam, 1930-2007 : Biên niên sự kiện* (vol I), tr.936.

3　Macalister Brown, *Apprentice Revolutionaries: The Communist Movement In Laos, 1930-1985*, p118.

4　U.S. Department of State, *Foreign Relations of United State (FRUS)*, 1969-1976, Vol.E-12, U.S. Government Printing Office, 2010, Document69.

5　U.S. Department of State, *Foreign Relations of United State (FRUS)*, 1969-1976, Vol.E-12, U.S. Government Printing Office, 2010, Document72.

美國人結束在老撾境內的一切活動。[1] 在 6 月 13 日發給駐萬象使館的電報中，基辛格要求立刻停止所有援助老撾的項目計劃，並將各援助機構的美方人員全部撤離。[2]

在巴特寮迫不及待地接管各地政權的同時，越南駐老志願部隊及專家團也在配合其鞏固、維持對各新解放區的控制。包括穩定生活、治安，特別是在少數民族政策方面還要協助寮方處理王寶留下的大量苗族人員。[3]7 月 10 日至 11 日，越、老兩黨代表在西貢舉行會談。在此期間，老黨領導人向越方彙報了老撾革命的演變形勢並介紹了一些主張和計劃。凱山計劃在 1975 年下半年完成省、縣基層政權選舉工作，並在 1976 年三至四月開始國會選舉，成立由人民革命黨完全控制的政府。同時凱山還提到，黨內有些同志希望繼續維持聯合政府並繼續由富馬出面主持。在聽完凱山的彙報後，黎筍代表北越方面提出一些看法。北越認為，老撾革命已經在各省取得了政權，舊軍隊已經不復存在，因此不需要再改組政府，可以由革命派直接擔任政府委員會的首腦，讓富馬擔任委員會的名譽主席。關於在 1976 年初舉行總選舉一事，黎筍認為時間上有些遲緩，不利於防止革命遭到反擊、破壞。[4]

從越、老兩黨的此次會談的內容不難看出，在越南統一戰爭大局已定的情況下，勞動黨開始催促老黨加快行動步伐，以求儘可能迅速地先將政權牢牢掌握在手中。接下來，一切政權組建工作開始提速。8 月 23 日，在萬象舉行了有 20 萬人參加的游行活動，慶祝萬象市的完全解放

1　格蘭特·埃文斯著，郭繼光等譯：《老撾史》，第 151 頁。

2　U.S. Department of State, *Foreign Relations of United State (FRUS)*, 1969-1976, Vol.E-12, U.S. Government Printing Office, 2010, Document77.

3　"Đoàn 959 tổ chức giúp cách mạng Lào tiếp quản, ổn định đời sống nhân dân, giữ gìn trật tự an ninh trong vùng mới giải phóng" (2-6-1975), *Lịch sử quan hệ đặc biệt Việt Nam-Lào, Lào-Việt Nam, 1930-2007 : Biên niên sự kiện* (vol I), tr.937-938.

4　"Đảng Lao động Việt Nam và Đảng Nhân dân cách mạng Lào hội đàm" (10-7-1975), *Lịch sử quan hệ đặc biệt Việt Nam-Lào, Lào-Việt Nam, 1930-2007 : Biên niên sự kiện* (vol I), tr.939-940.

和革命政權的建立。11 月 21 日至 23 日，省、縣、鄉三級行政委員會及
人民委員會選舉開始。11 月 25 日，蘇發努馮在桑怒召開臨時民族聯合
政府和政治聯合委員會聯席會議，通過取消舊制度，建立人民民主共和
國新制度的決議。[1]29 日，西薩旺·瓦達納（Sisavang Vatthana）國王宣
佈退位。同日在萬象有三萬人集會慶祝君主制的結束和人民共和制度的
建立。12 月 1 日，全國人民代表大會在萬象召開，大會決定接受國王退
位，隨後通過建立人民民主共和國的決議。由此老撾最終也投入共產主
義的懷抱。

第三節　越南與老、柬關係的分化

一、越老「特殊關係」的強化

　　隨着老撾人民民主共和國的建立，越南勞動黨在 1975 年不僅實現了
南北越統一於河內政權的目標，而且完成了從戰爭爆發伊始即確定下的
支持老撾及柬埔寨實現獨立解放的國際主義義務。而這兩項任務對於勞
動黨的領導人來說幾乎是同等重要的，儘管在整個戰爭期間，後者在更
多時候需要服從於前者，但隨着抗美戰爭的全面結束，河內的執政者迫切
地需要將業已取得的勝利結果鞏固下去。因而除了加速南方的社會主義
改造，恢復北方工農業生產，醫治戰爭創傷外，統一後的越南民主共和國
的另一項重要工作就是確保印度支那的三個共產主義政權實現緊密聯合。

　　1976 年 4 月，統一之後的越南全國國會舉行選舉，確定將越南民
主共和國與南方共和臨時革命政府統一為越南社會主義共和國。12 月中
旬，越南黨於河內召開第四次全國代表大會，重點研究在完成民族解放

1　蔡文樅編譯：《老撾人民革命黨簡史》，《東南亞研究》，1991 年第 1 期，第 77 頁。

及衞國戰爭任務的情況下，和平建設社會主義的路線問題。在此次會議上，越南勞動黨正式更名為越南共產黨，顯示出結束戰爭狀態後越黨鞏固自身核心領導地位的意圖。會議期間，當選為總書記的黎筍作了重要的政治報告，其中在有關黨的國際任務和對外政策方面，越南黨領導人明確提出要盡全力維護和發展越南人民同老撾人民及柬埔寨人民之間的特殊關係，加強越南同兩個兄弟國家間的戰鬥團結、相互信任和各方面的長期合作及幫助，「使在民族解放鬥爭事業中曾經緊密聯結的三個國家在建設和保衞各自的祖國、為各自國家的獨立和繁榮的視野中永遠緊密聯結在一起。」越南共產黨四大提出的上述觀點是一個鮮明的信號，河內方面的用意已十分明確：即便印支三國共產黨人已經完成各自的民族、民主革命，以越南為主導，老撾、柬埔寨從屬之的「特殊關係」局面仍然有必要繼續維持下去。

　　越南領導人作出這樣一個判斷自然是有其根據的。就在 1976 年 2 月 5 日至 11 日，以總書記凱山·豐威漢為首的老撾人民革命黨代表團對河內進行友好訪問。凱山在阮愛國黨校的講話中對過去三十年來，越南黨和政府向老撾革命提供的支援表示誠摯感謝，並強調越老兩黨之間的緊密合作是從胡志明創立印度支那共產黨那天起就已經確立了。今後老撾人民革命黨將在繼承印度支那共產黨的光榮事業的基礎上領導和組織老撾的革命勝利。[2] 在此次會談後兩黨發佈的聯合聲明中，雙方領導人表示十分高興和自豪地看到越老兩黨兩國人民之間緊密相聯的特殊關係不斷得到發展和鞏固，表示這種特殊關係已經把越南和老撾聯繫在一起，要「教

1　"Báo cáo chính trị của Ban Chấp hành Trung ương Đảng tại Đại hội đại biểu toàn quốc lần thứ IV do đồng chí Lê Duẩn trình bày" (14-12-1976), *Văn kiện Đảng toàn tập* (tập37), Hà Nội : Nhà xuất bản Chính trị quốc gia, 2004, tr.586-587.

2　"Phát biểu của đồng chí Cayxỏn Phômvihản, Tổng Bí Thư Ban Chấp hành Trung ương Đảng Nhân Dân Cách Mạng Lào tại buổi thăm Trường Đảng Cao Cấp Nguyễn Ái Quốc" (9-2-1976), *Lịch sử quan hệ đặc biệt Việt Nam-Lào, Lào-Việt Nam, 1930-2007 : văn kiện* (vol IV), tr.35-38.

育現在的一代及世世代代的子孫都要尊敬和保衛這種特殊的越老關係。」
雙方決定將成立越老經濟和文化合作混合委員會，相互支持對方維護民
族獨立的事業和建設事業。[1]

　　1976 年 4 月 30 日，越南勞動黨中央政治局頒行有關新階段加強與老
撾革命團結、協助及合作的決議。要求越南國家及各人民團體努力與老
方建設和鞏固友好合作關係，加強對老撾人民革命黨的幫扶，交流革命
路線主張方面的經驗並幫助培養培訓老方幹部隊伍，以滿足其日益提升
的要求。為此，越南政府將努力根據老方的要求在資金、專家、技術及
勞動力方面提供協助並爭取與老方在經濟、文化和軍事方面進行合作，
包括建設道路、機場、國防基礎、國土資源開採，並同老方在貿易、文
化、通訊方面進行交流，此外雙方在各種國際活動和外交鬥爭中也要密
切協助共同保衛兩國的獨立主權。越黨政治局還要求越全體幹部、黨員
以及全國軍民應提高無產階級國際主義精神，深入貫徹並努力奮鬥落實
黨國家和人民對於老撾革命的崇高的國際主義任務，將其視為與對越南
國家及革命的義務緊密相連且極其重要的一部分。[2]

　　作為對該項決議的落實，8 月 29 日至 9 月 1 日，越副總理黎清毅率
政府代表團訪問萬象，與老政府代表團舉行了會談，雙方簽訂了 1976 —
1977 年越南向老撾提供無償援助和無息貸款的協定，經濟、文化、科學
技術合作協定，建立老越經濟、文化和科技合作委員會的協定，貿易協
定及兩國間的過境運輸協定等。[3] 通過這些協定，依託經濟文化合作委員

1　"Tuyên bố chung Việt Nam-Lào", (11-2-1976), *Lịch sử quan hệ đặc biệt Việt Nam-Lào, Lào-Việt Nam, 1930-2007 : văn kiện* (vol IV), tr.48-49.

2　"Nghị quyết của Bộ Chính trị Trung ương Đảng Lao Động Việt Nam về tăng cường đoàn kết, giúp đỡ và hợp tác với cách mạng Lào trong giai đoạn mới" (30-4-1976), *Lịch sử quan hệ đặc biệt Việt Nam-Lào, Lào-Việt Nam, 1930-2007 : văn kiện* (vol IV), tr.63-78.

3　"Chính phủ nước Cộng hòa Dân chủ Nhân dân Lào và Chính phủ nước Cộng hòa xã hội chủ nghĩa Việt Nam ký Hiệp định về hợp tác kinh tế, văn hóa và khoa học-kỹ thuật" (31-8-1976), *Lịch sử quan hệ đặc biệt Việt Nam-Lào, Lào-Việt Nam, 1930-2007 : Biên niên sự kiện* (vol II), tr.10-11.

會，老撾的經濟建設計劃和重大決策悉數由越南的決定。此外雙方還商定，老方所需援助儘可能由越方提供，如需向第三國提出，應先同越方商議，由越顧問審定要求援助的清單，同時將老撾傳統的經泰國的出海口改經越南峴港，從而牢牢把持了老撾的農林、工業、交通運輸、外貿等經濟命脈。[1]

　　在政治上，以加強與老撾革命的團結幫扶為名義，越南共產黨中央決定成立「C 工作黨幹事委員會」專門負責對老工作，指導老方制定路線方針，綜合彙報老方情況，對向老方各領導機關派出的越南顧問進行管理。這些越南顧問分成三十六各小組分別進入老撾政府各部、委，直接協助老方部長制定各項計劃和檢查各項工作實施情況，實則在政策制定、人事安排方面掌握相當大的權力。[2]在軍事安全上，從 1976 年底開始，越南以「幫助老撾剿匪」為名，重新向老增派大批部隊，主要任務是運輸援老物資，修繕保養公路，訓練老軍及清剿老撾境內反政府武裝，[3]並派出大量包括警衛、內衛、公安、政治保衛領域的專家進入老撾安全力量各機關，指導相應工作甚至是直接負責凱山等老方領導人的安全。[4]

　　值得注意的是，越老之間加強上述全面合作的背景是兩黨兩國向蘇聯緊密靠攏的趨勢。1976 年 2 月下旬至 3 月初，越老兩黨分別派出由黎筍和凱山·豐威漢率領的代表團出席蘇共二十五大，高度讚揚蘇聯在勃列日涅夫為首的蘇共中央的領導下為開闢人類的美好理想取得的輝煌成就，以及為保衛歐洲和世界和平發揮的巨大作用。[5]緊接着，在 4 月下旬和 10 月初，凱山又率黨政代表團兩次訪蘇，蘇聯答應在 1976 — 1980 年向

1　昆明軍區司令部情報部編：《老撾概況》，1980 年 12 月，第 120 頁。

2　"Quyết định của Ban Bí thư về tổ chức và nhân sự Ban cán sự Đảng về công tác giúp Lào" (16-5-1977), *Văn kiện Đảng toàn tập* (tập38), Hà Nội : Nhà xuất bản Chính trị quốc gia, 2005, tr.99-100.

3　昆明軍區司令部情報部編：《老撾概況》，第 120 頁。

4　"Đoàn đại biểu Bộ Nội vụ Lào thăm Việt Nam" (8-3-1977), *Lịch sử quan hệ đặc biệt Việt Nam-Lào, Lào-Việt Nam, 1930-2007 : Biên niên sự kiện* (vol II), tr.28.

5　中共中央對外聯絡部編：《國際共運大事記（1976）》，1977 年 11 月，第 17、34 頁。

老撾提供 3200 萬盧布的無息貸款和 5900 萬盧布的軍援，雙方還簽訂了一系列文化科學技術、貿易及換貨支付協定。作為回應，老黨表示支持蘇聯的對外政治路線，贊同蘇聯關於「緩和」「制止軍備競賽和實行裁軍」的主張，特別是附和了蘇聯方面有關「亞洲集體安全體系」的主張。[1]

而越南方面對蘇聯的響應則更加積極。1975 年 10 月 27 日至 30 日，黎筍率越黨政代表團訪蘇，蘇方承諾在越南「二五」計劃期間（1976 — 1980）提供二十五億美元的貸款。越方則表示支持蘇「以一切辦法鞏固國際和平與安全，使緩和成為不可逆轉的進程的外交活動」。[2] 此後，有關在東南亞搞「新形式的區域合作」「希望區域內所有國家擺脫外來勢力干涉」「為東南亞人的東南亞而奮鬥」的論調被越南官方屢屢提及。意在排擠美國在區域內勢力，削弱中國影響力，瓦解東盟，其實質上是蘇聯的「亞洲集體安全體系」倡議的變種。[3] 更何況，1976 年蘇聯還以裝備越海空軍和向越提供潛艇為調解，換取了在海防修建潛艇維修基地的權利，標誌着蘇聯已初步獲得在越南的軍事立足點。[4]

對於越南和老撾抱團依附蘇聯的一系列舉動，中國方面的顧慮日漸加深。自 1970 年代初，印支三國的抗美鬥爭趨於尾聲之際，出於對蘇聯「插手整個印支事務，孤立包圍我國」的警惕，[5] 中國一直在努力勸說越南不要迎合「越蘇合流」的趨勢。1975 年 9 月下旬，在接待以黎筍為首的越南黨政代表團時，中方領導人就曾一方面敦促越方儘快解決陸地邊界糾紛此類影響兩國關係的現實問題，另一方面則敲打越方要意識到追隨超級大國霸權主義的危險，直言「反對超級大國的霸權主義是各國人民

1 中共中央對外聯絡部編：《國際共運大事記（1976）》，第 36、41 頁。
2 中共中央對外聯絡部編：《國際共運大事記（1975）》，第 45 頁。
3 昆明軍區司令部情報部編：《越南概況》，第 184 頁。
4 昆明軍區司令部情報部編：《越南概況》，第 185 頁。
5 新華社國際部資料組編：《蘇修策劃「亞洲集體安全體系」（二）》，1974 年 4 月，第 1-2 頁。

面臨的重大任務」，試圖說服越方與蘇聯保持一定距離。[1] 但越方始終不為所動，並通過一系列活動強化了中國有關越南已「全盤肯定蘇內外政策路線」的印象。1977 年 2 月至 5 月初，越南副總理兼國防部長武元甲先後三次訪蘇，尋求軍援。經會談，蘇聯同意為越培訓海軍人員，並提供 5600 萬美元幫助越南建立海軍基地，越方則同意蘇聯艦隊進入金蘭灣。[2] 由此釋放出的信號，加之同一時期越方在中越邊境地區製造的「武裝挑釁事件」急劇增長，使中國作出了「越逐漸墮落成蘇修的馬前卒和應聲蟲」的判斷。[3]

由此，越老之間不斷強化的密切合作也不可避免地被中國看作是在為蘇聯向東南亞地區進行擴張和建立反華據點的整體戰略提供支持。特別是 1977 年 7 月中，黎筍率越南黨政高級代表團訪問老撾，雙方簽訂《聯合聲明》《越老友好合作條約》《邊界劃定協議》和《1978 — 1980 年援助和貸款協定》等四個文件，將作為「一種寶貴的傳統，堅不可摧的力量和各自國家革命發展規律」的越老「特殊關係」以法律文件和條約的形式確定下來，使之合法化、永久化。[4] 這也使得中國有理由進一步確認，以凱山為首的老撾領導集團，已經徹底屈從於越南的壓力，越老兩黨的關係已經成為「老子黨」與「兒子黨」的關係，越老兩國的關係已成為「宗主國」與「殖民地」的關係。[5] 從而為老撾追隨越南，越老共同追隨蘇聯，「充當蘇聯全球霸權主義和越南地區霸權主義的幫兇」做好了準備。[6]

1　廉正保主編：《中華人民共和國外交大事記》（第 4 卷），北京：世界知識出版社，2003 年版，第 206、212 頁。

2　成都軍區司令部情報部編：《越南軍事大事記》，1990 年 12 月，第 114 頁。

3　昆明軍區司令部情報部編：《越南概況》，第 183 頁。

4　"Nước Cộng hòa xã hội chủ nghĩa Việt Nam và nước Cộng hòa Dân chủ Nhân dân Lào ký Hiệp ước Hữu nghị và Hợp tác" (18-7-1977), *Lịch sử quan hệ đặc biệt Việt Nam-Lào, Lào-Việt Nam, 1930-2007 : Biên niên sự kiện* (vol II), tr.44-46.

5　昆明軍區司令部情報部編：《越南概況》，第 189 頁。

6　昆明軍區司令部情報部編：《老撾概況》，第 119 頁。

二、越柬關係的惡化

在越老雙方不遺餘力地從形式到內容鞏固所謂「特殊關係」的同時，越柬之間從柬共奪取政權之日開始即暴露出種種不快和衝突。在 1975 年 4 月 17 日攻佔金邊後不久，柬共即向越南方面提出要求尚在柬埔寨境內庇護所的越共人員需在 5 月底，最晚不超過 6 月底全部撤走。對於柬共的要求，越方反覆推諉，或堅稱爭議地區屬於越南領土，拒不撤走。到 5 月底，在從貢布省（Kmpot）到臘塔納基里省的邊界線上，柬越軍隊發生多起衝突和交火事件。[1] 與此同時，柬越在富國島（Phu Quoc）、土珠島（Tho Chu）、威島（Koh Wai）等南部沿海島嶼地區也爆發了武裝衝突。[2]

1975 年 6 月 11 日至 14 日，柬共中央書記波爾布特、副書記農謝、常委喬森潘等人祕密抵達河內，試圖就威島事件等一些緊迫的問題同越南黨進行磋商，包括兩黨在相互尊重獨立、主權和領土完整和互不干涉內政的基礎簽訂一個友好條約並在 1967 年北越及南方民族解放陣線承認柬領土主權的基礎上找到解決邊界糾紛的辦法。[3] 但越南方面所關心的顯然主要不是這些問題，河內更需要聽到金邊的同志像老撾黨那樣就所謂的「特殊關係」做出承諾。7 月 27 日至 29 日，黎筍率越黨代表團對柬進行友好訪問，為拉攏柬共就範，越南決定歸還之前由越軍佔據的威島等地，並主動向柬方提出「實行共同的外交政策和經濟政策」，效仿蘇聯的「經互會」籌劃「印度支那經濟合作計劃」，並許諾將向民柬提供四億美元的外援。[4]

但越方的意圖並沒有得到柬共領導人的任何響應。此次會談也沒有

1　Ministry of Foreign Affairs of Democratic Kampuchea, *Black Paper:Facts and Evidence of the Acts of Aggression and Annexation of Vietnam against Kampuchea*, Phnom Penh, 1978. pp.73-74.

2　成都軍區司令部情報部編：《越南軍事大事記》，第 105 頁。

3　Ministry of Foreign Affairs of Democratic Kampuchea, *Black Paper:Facts and Evidence of the Acts of Aggression and Annexation of Vietnam against Kampuchea*, Phnom Penh, 1978. p75.

4　張錫鎮：《西哈努克家族》，第 256 頁。

達成任何實質性成果。雖然期間波爾布特依然對「兄弟的越南南、北人民」在 1975 年旱季最後的總攻中所提供的幫助表示了誠摯的感謝，並承認沒有這些幫助，柬共很難取得最後的勝利。並表達了鞏固越柬兩黨、兩國人民的戰鬥團結、兄弟情誼的願望。[1] 但柬共領導人更關心的是如何讓河內承認抗美戰爭期間西哈努克與越南南方民族解放陣線達成的邊界領土協議，在此基礎上儘快解決雙方邊界衝突。[2] 1976 年 5 月 3 日至 20 日，應柬方要求，越南政府派出由副外長潘賢（Phan Hien）率領的代表團赴金邊舉行首次邊界領土談判。關於陸界，越方提出以法國在 1954 年之前出版的十萬分之一地圖作為劃界基礎，柬方則強調可作為劃界參考資料，一詞之差，未能談下去。海島及海界方面，越方又主張不能遵循法國人劃的分界，認為那是殖民主義的產物，應當按中間線來劃分，因而談判無果，宣告暫停。儘管雙方同意今後繼續維持邊界現狀，但事實上此後越柬海陸邊界衝突加劇的趨勢絲毫沒有緩解。[3]

　　與越柬之間齟齬不斷的局面相比，中柬之間的合作在這一時期得到進一步強化。1975 年 6 月 18 日至 7 月 18 日，以波爾布特為團長，英薩利為副團長的柬共中央代表團祕密訪問北京。在從中國獲得了近十億美元的援助承諾之後，是年八月，中國軍方又派出規模龐大的軍事專家代表團前往柬埔寨研究當地形勢並草擬軍事援助計劃。[4] 1976 年 2 至 3 月間，中方再次派出以副總參謀長王尚榮為首的軍事代表團以及以外貿部部長李強為首的經濟貿易代表團分別訪問金邊、暹粒、磅湛港等地，同民柬簽署提供軍事、經濟援助的協議。[5] 自四月份中方領導人張春橋祕密訪

1　Báo Nhân Dân, 29-7-1976.

2　波爾布特與華國鋒主席第一次會談記錄（1977 年 9 月 29 日），中共中央對外聯絡部二局編：《柬共領導同志重要言論選摘》，第 60 頁。

3　中共中央對外聯絡部編：《國際共運大事記（1976）》，第 50-51 頁。

4　Andrew Mertha, *Brothers in Arms, Chinese Aid to the Khmer Rouge, 1975-1979*, Cornell University Press, 2014, p5.

5　中共中央對外聯絡部編：《國際共運大事記（1976）》，第 47-48 頁。

問金邊之後，中國加快援助民柬速度。至六月，由中方援助的一條武器裝備生產線、空軍的防空雷達和機場設施、海軍的護衛艇及魚雷艇、以及包括一個坦克團、一個通訊團、三個炮兵團和陸軍工兵連的完整設備在內的首批物資陸續轉交柬方。同時中國還承擔起為民柬培訓軍事幹部和實習生的任務。[1] 10 月 18 日至 11 月 18 日，波爾布特率柬共中央代表團祕密訪華，同華國鋒、李先念等舉行兩黨會談，進一步明確獲得了來自中共新領導人的支持。[2]

　　對於民柬向中國的急速靠攏，越南方面自然心中不快。按照范文同的說法，這是「越南種樹，中國摘果」。[3] 加上柬共始終拒絕接受越黨關於「特殊關係」的安排，因而越柬兩黨關係惡化的趨勢不可避免。事實上，自 1976 年 6 月雙方於河內舉行的首次邊界領土問題談判破裂之後，越南黨領導人已經意識到，只要波爾布特等人繼續控制着柬埔寨共產黨的最高領導權，維持越柬之間的「特殊關係」只能是一句空話。特別是金邊方面對河內採取的防備措施，導致越方對於柬共內部的情況幾乎一無所知，進而引發了越南領導人的強烈不滿。黎筍在 1976 年 11 月同蘇聯大使的談話中就已表示，只要剝奪了波爾布特及英薩利的權力，柬埔寨的一切事情就好辦了，高棉人遲早要同越南站在一起，他們沒有別的選擇。[4] 由此可以看到，為了將柬埔寨重新拉回印支三國「特殊關係」框架內，越方已經動了清除柬共領導人的念頭。與此同時，波爾布特也在黨、政、軍內以有人要謀害領袖為名針對與越南有密切聯繫的人員展開

1　中國軍隊副總參謀長王尚榮與宋成談話摘要（1976 年 6 月 2 日），柬埔寨國家檔案館，Box.8-2-5-05。

2　中共中央對外聯絡部編：《國際共運大事記（1976）》，第 54 頁。

3　英薩利與孫浩大使談話記錄（1978 年 2 月 20 日），中共中央對外聯絡部二局編：《柬共領導同志重要言論選摘》，第 72 頁。

4　蘇聯駐越南使館：越南勞動黨中央第一書記黎筍與蘇聯大使談話記錄（1976 年 11 月 16 日），РГАНИ, ф. 5, оп. 69, д. 2314, л. 113.

了大範圍的清洗。[1] 至此，越柬兩黨兩國之間的矛盾已經上升為無法調和的敵對狀態。

從 1976 年底開始，柬越雙方在陸地和海上的衝突不斷升級，到 1977 年 4 月初，越軍在越柬邊界南段持續施壓，通過拉鐵絲網埋界樁蠶食柬領土，炮擊柬境內目標進行恫嚇，意圖挑起武裝衝突。4 月底，柬軍發起反擊，對越南安江省朱篤（Chau Doc）至堅江省江城（Giang Thanh）一線越軍哨所、據點發起進攻。1977 年 5 月 18 日和 23 日，越共中央軍委和政治局先後召開會議，作出關於越柬邊界問題的決議，決定增加對柬的軍事壓力，迫其就範。會後，越國防部長武元甲、總參謀長文進勇相繼抵南方視察戰況；人民軍總參謀部及有關軍區開始着手制定和完善對柬作戰方案，組建邊界團，以取代原邊防公安部隊並在南方重設空軍前指。繼 5 月 8 日對朱篤對面的柬軍實施報復之後，越軍根據「掌握好時機，打過邊界幾十公里，乾脆利索對柬進行懲罰」的方針，從 6 月到 12 月，先後出動約 10 個師對柬軍發起一系列師、團規模進攻，重點進攻鸚鵡嘴和魚鈎地區，一度佔領整個越柬邊境地區，深入柬境內最深達 60 餘公里，後在柬軍反擊下並考慮國際輿論的壓力於 1978 年 1 月撤回越境。[2]

在越柬邊境交火正酣之際，1977 年 9 月底，波爾布特、英薩利等率柬黨政代表團對中國進行正式訪問，意在對外宣示來自中國的支持進而對越南施壓。在 29 日與華國鋒、鄧小平等中國領導人舉行的會談中，柬共領導人強調越南一直以來都試圖以「印支三國合作」的名義通過吞併老、柬構築在東南亞的霸權，與蘇聯相互勾結進行戰略準備，並表示民柬將繼續牢固保衛邊界。對此，中方領導人認為，從戰略的角度來看，越南已經成為蘇聯的爪牙，中越關係也已經變壞，東南亞各國都應對越

1　Ministry of Foreign Affairs of Democratic Kampuchea, *Black Paper:Facts and Evidence of the Acts of Aggression and Annexation of Vietnam against Kampuchea*, Phnom Penh, 1978. pp.76-77.

2　成都軍區司令部情報部編：《越南軍事大事記》，第 115-116 頁。

南保持警惕，並承諾將再向柬方提供十萬人的武器裝備。[1]

中國對民柬的全力支持顯示出外界對於越柬武裝衝突性質的判斷正在發生變化。特別是 1977 年 9 月 12 日，越南與老撾簽訂軍事協定，宣稱兩國軍隊將共同保衛兩國領土和印支半島領土，標誌着越老雙方建立了事實上的軍事聯盟。[2] 聯繫越南在越柬邊界上咄咄逼人的姿態，中國有理由相信，越南在全面控制老撾之後，對柬埔寨也在加強誘壓，其目的，「是要憑藉軍事優勢，不僅逼柬接受它的領土要求，更主要的是壓柬改變路線，推翻柬黨現領導，將來置於越的控制之下，組成以越為盟主的『大印度支那聯邦』」。而這些行徑的背後都離不開蘇聯的慫恿和支持，一個明顯的證據就是越柬衝突發生後，蘇聯東歐國家公然表示支持越南的「正義行動」，並利用該事件大作文章，攻擊中柬相互勾結，擴大中越裂痕。[3] 與之相應的是，越南方面也遙相呼應，外交交涉逐步升級，一再指責中國「偏袒」柬方，「不利於越柬問題的解決和中越友好」，將越柬衝突與中越邊境出現的「不正常現象」聯繫起來，稱中國在中越邊境「增兵」「挖工事」「把炮口對準越南」，影射中國是民柬「後台」。[4]

基於上述事實，加上 1978 年上半年越南大肆驅趕華僑，公開反華、排華，使中越關係急劇惡化，中方判定，越黨已背叛了馬列主義和無產階級國際主義，徹底墮落成立了修正主義的黨，1978 年 6 月 7 日，中共中央轉發外交、中聯兩部《關於我在對越鬥爭中注意掌握的問題的請示》，將中越關係惡化的根本誘因歸結為「以黎筍為首的領導集團追隨蘇修，走上修正主義道路」，「搞大印支聯邦，效勞蘇修的全球戰略，背

1　波爾布特與華國鋒主席第一次會談記錄（1977 年 9 月 29 日），中共中央對外聯絡部二局編：《柬共領導同志重要言論選摘》，第 60-61 頁。
2　成都軍區司令部情報部編：《越南軍事大事記》，第 116 頁。
3　中國外交部對越柬武裝衝突的初步看法（1978 年 1 月 27 日），四川省檔案館，建川 1/9/366，第 39-40 頁。
4　中國外交部關於對越交涉情況（1978 年 2 月 9 日），四川省檔案館，建川 1/9/366，第 43-44 頁。

叛無產階級國際主義」，強調「中越關係有可能更趨緊張，甚至全面破裂」。《請示》進而將對越鬥爭定性為「一場嚴肅的政治鬥爭，是國際反修、反霸鬥爭的組成部分」，提出對越應針鋒相對、「堅決打擊黎筍集團追隨蘇修的行徑」。對越南的鬥爭，已成為國際反修、反霸鬥爭的一個組成部分。在此之前，中國政府在 1978 年 5 月 12 日、30 日先後以外交部和政府名義向越方發出照會，表示嚴正抗議，並宣佈決定撤銷七十五個，價值十五億六千餘萬元的援越項目，轉用於安置難僑生產生活。[1]

　　中國的上述舉動自然進一步加劇了越方的仇華心理。到 1970 年代後期，中越在戰略層面的分歧此時已經達到了頂峰，在越南決策層看來，「毛主義集團」遵循的「三個世界」理論「旨在抹殺無產階級和資產階級之間的界線，取消社會主義陣營、反對民族解放運動、在全世界實現大民族主義和霸權主義」，這一理論與越南黨對世界形勢的分析是根本對立的，由於無法將越南拉入其全球戰略軌道，因而中國「越來越明目張膽地、殘暴地對越南實行敵視政策」。[2]因此越共中央政治局認為，越柬邊界的爭執絕不僅僅是邊界的小衝突，實際上背後隱藏着中國反對越南、謀取霸權的陰謀。越柬戰爭的實質是同「追隨毛主義的反動集團」進行的鬥爭。[3]

　　1978 年 6 月，越南共產黨召開四屆四中全會，明確目前越基本和長遠的敵人仍是美帝，但中國和柬埔寨已成為越的直接敵人，中柬兩國軍隊已成為越軍的直接作戰對象。[4]在此次會議之後，越共中央決心迅速奪取西南邊界的政治和軍事上的勝利，在逐步擴大侵柬的同時，加緊進行對華作戰準備，將一批生產（經建）師改編為步兵師，同時調整兵力部署，

1　中國外交部關於通報越南反華、排華和我在對越鬥爭中注意掌握的問題的請示（1978 年 6 月 7 日），甘肅省檔案館，91/012/0103，第 86-87 頁。
2　黎德壽在接見北方退休的少數民族幹部時的講話（1978 年 8 月 6 日），總參謀部情報部：《自衛還擊作戰繳獲文件選編》第 7 號。
3　關於西南邊界戰爭及粉碎柬反動集團的勝利（1979 年 1 月），總參謀部情報部：《自衛還擊作戰繳獲文件選編》第 4 號。
4　成都軍區司令部情報部編：《越南軍事大事記》，第 120 頁。

組織部隊進行各種針對性訓練。6 月 10 日，越國防部令全軍即日起進入
高度戒備狀態，緊急進行第二、三次徵兵，同時進行戰時動員。7 月 8
日，越軍總政治局下發部隊《關於新的形勢和任務的教育提綱》。將中國
稱為「最危險的敵人」，提出其對華作戰方針是：發揮綜合力量，進行全
民戰爭，持久作戰；依靠自身力量為主，鞏固與老撾的戰鬥聯盟，大力
爭取蘇聯等國的援助，以小勝大，以質勝量。[1] 與此同時，根據越黨中央書
記處的相關指示實行全民軍事化，建設戰鬥村、鄉防禦陣地，在縣一級
建成廣泛、牢固的防守態勢，能夠挫敗敵人 5 — 7 萬人的進攻。[2]

　　在西南邊境上，從 6 月份起，越軍先後出動五個多師的兵力佔領柬
領土多地，並與柬軍激戰數月。同時利用柬共內部清洗所引發的不滿，
散發傳單，安排投降人員喊話，派遣工作隊進行聯絡，接納、組織了一
批反對波爾布特 - 英薩利的柬方人士，於 1978 年 12 月 2 日在柬邊境省
份桔井（Krong Kracheh）倫縣成立包括前紅色高棉軍政人員韓桑林（Heng
Samrin）、洪森（Hun Sen）、謝辛（Chea Sim）等在內的柬埔寨救國民
族團結戰線，並組建抗擊紅色高棉的軍事力量。[3]

　　至此，越南決策層確定已具備足夠的條件對柬埔寨的革命實施直接
「幫助」。在其看來，此舉性質不同於一個社會主義國家幫助一個殖民地
國家解放自己的國土，也不同於一個社會主義國家幫助一個民主國家解
放自己的國土，「而是一個社會主義國家幫助真正的革命力量打敗假馬列
主義集團的一次革命」，在此之前世界上只有一次先例，也就是 1968 年
蘇聯對捷克的「幫助」。[4]

1　成都軍區司令部情報部編：《越南軍事大事記》，第 121 頁。
2　成都軍區司令部情報部編：《越南軍事大事記》，第 122 頁。
3　關於西南邊界戰爭及粉碎柬反動集團的勝利（1979 年 1 月），總參謀部情報部：《自衛還擊作
　　戰繳獲文件選編》第 4 號。
4　關於西南邊界戰爭及粉碎柬反動集團的勝利（1979 年 1 月），總參謀部情報部：《自衛還擊作
　　戰繳獲文件選編》第 4 號。

　　1978 年 11 月 3 日，越南與蘇聯簽訂具有軍事結盟性質的《蘇越友好合作條約》，規定締約雙方中的任何一方一旦遭到進攻或受到進攻威脅，雙方將立刻交換意見以消除這種威脅，並採取相應的有效措施以保障兩國的和平和安全。[1] 此後，蘇聯加緊對越進行軍事援助，蘇軍事顧問團也於年內正式進駐越南，蘇聯軍艦、軍機亦進駐金蘭灣等基地。蘇聯的支持進一步鼓動了越南的軍事冒險行徑，越南高層相信，越南的軍事技術裝備將由此得到發展，在越南正面臨外部敵人威脅的情況下，蘇越條約將為保衛國家作出至關重要的貢獻。[2] 也正是自恃有該條約的存在，越南領導人宣稱，即便中越開戰，進入越南領土作戰的中國軍隊也不會很多，因此，不僅要「堅決果斷地打敗北京集團」，還要明確「同蘇聯團結必須是堅定的」，發揮老撾和柬埔寨的力量，「保持越南、蘇聯、老撾和柬埔寨之間的戰鬥友誼」。[3]

1　"Hiệp ước Hữu nghị và Hợp tác giữa nước Cộng hòa Xã hội chủ nghĩa Việt Nam và Liên bang Cộng hòa Xã hội chủ nghĩa Xô-viết" (3-11-1978), Bộ Ngoại giao Cộng hòa Xã hội chủ nghĩa Việt Nam, *Việt Nam-Liên Xô 30 năm quan hệ (1950-1980): văn kiện và tài liệu*, Hà Nội: Nhà xuất bản Ngoại giao, 1983,tr.584-585.

2　關於越蘇條約（1979 年 1 月 17 日），總參謀部情報部：《自衛還擊作戰繳獲文件選編》第 3 號。

3　黎筍對軍隊在新階段中黨和政治工作的指示（1979 年 1 月 19 日），總參謀部情報部：《自衛還擊作戰繳獲文件選編》第 3 號。

第七章 越柬戰爭的爆發與越南地區政策的嬗變（1979 — 1991）

　　1978 年底越柬戰爭的爆發是越南試圖按照自己的意願重塑印支地區格局的一次軍事冒險。這其中最大的風險不是來自與民主柬埔寨的對抗，而是來自中國的干涉。但河內方面不僅沒有努力規避這個風險，而且還主動在戰略上將民柬和中國劃入自己的對立面。越南決策者的這一做法是源於多方面的考慮，其中來自蘇聯的支持為其提供了最大的底氣。從侵柬戰爭的結果來看，越南自統一之後極力謀求的印度支那三國間關係的新秩序最終得以落實，但為之付出的代價就是中越之間徹底完成了從友到敵的認知和實踐轉換。為了儘可能遏制越南以及蘇聯對印支半島的控制力，中國聯合其他對越蘇合流憂心忡忡的東南亞國家以及一些域外大國對越南及其扶植的金邊政府實行外交孤立，對紅色高棉等抗越力量進行全力支持，同時在中越邊境地區採取軍事行動並維持對越南的軍事壓力。由於柬埔寨境內的戰事持續存在，中越邊境地區的軍事衝突短期內又難以消弭，越南在印支半島南北承壓的局面始終得不到改善，從而極大地牽制了其國民經濟發展。到 1980 年代初，隨着冷戰形勢的發展，蘇聯開始出現戰略收縮的跡象，其領導人也放出期望中蘇關係緩和的信號。但中國始終堅持，中蘇關係的正常化必須以越南從柬埔寨撤軍為前提條件之一，而蘇聯對此持迴避態度，並強調中越應當首先實現關係的正常化。這種僵局也決定了在一段時間內印度支那的對抗局面難有改觀。隨着 1986 年下半年，越南領導層發生更迭，其黨內革新派的主張開始逐漸佔據上風，在軍事、政治、外交諸多方面頻頻向中國釋放善意。

不過由於柬埔寨問題十分複雜，牽涉面廣，中國提出的前提條件依舊難以為越南完全接受。1988 年開始，由於蘇聯新領導人決心採取切實行動推動中蘇關係的改善並要求河內方面加速柬埔寨問題的解決，越南在內外壓力之下並基於國際形勢的變化，逐步調整了地區安全戰略，宣佈了從柬埔寨完全撤軍的計劃，同時以多種渠道與中國方面接觸，最終在 1990 年的成都會談上獲取了中國領導人將柬埔寨問題與中越關係改善同步推進的承諾，從而為最終中越關係的正常化和柬埔寨問題的解決開闢了道路。

第一節　越柬戰爭的後果和影響

一、越南侵柬與中越戰爭的爆發

1978 年 12 月下旬，在擊退了民柬軍隊對西寧地區的進攻之後，越南方面認為條件和時機已經成熟，12 月 25 日，越軍以 18 個步兵師又 15 個團（旅）在航空兵支援下分七路突入柬埔寨。戰役中，越軍投入 6 個裝甲團（旅），各型坦克、裝甲車 600 餘輛，與步兵結合編成若干突擊集羣，在航空火力、空降及特工的配合下實施高速突擊。面對越軍的閃電式武裝入侵，民柬方面開始仍對自己抵禦越軍的能力估計過高，將幾乎全部主力（21 個中央師）擺在九百公里長的柬越邊界線上與越軍硬拚，致使越軍到 1979 年 1 月 1 日全面突破第一線，隨後長驅直入於 1979 年 1 月 7 日 12 點 30 分攻佔金邊，接着繼續向西發展，至 1 月 14 日佔領整個柬埔寨，基本完成軍事方面的任務。根據越方統計，共殲滅柬軍 17 個師，並繳獲槍炮、車輛、飛機等一大批武器裝備，其中有一些甚至是剛剛運抵磅遜港的中國援助物資。[1]

1　關於西南邊界戰爭及粉碎柬反動集團的勝利（1979 年 1 月），總參謀部情報部：《自衛還擊作戰繳獲文件選編》第 4 號。

　　對柬作戰的迅速推進使越南極為振奮。河內方面認為，此次勝利一則將高棉人民從波爾布特反動集團推行的滅種政策中解救出來，二則保衛了馬列主義的純潔性，是挫敗「北京反動集團全球戰略」的一個重要組成部分。而更重要的是從基本和長遠的觀點來看，是役保障了越南西南方向的安寧，鞏固了印支半島和東南亞的和平。[1] 言下之意即是，通過武力使柬埔寨走上「正途」，恢復印支三國「特殊團結關係」的目標由此達到。為了鞏固這一勝利果實，在 1 月 8 日攻佔金邊次日，以韓桑林為主席的柬埔寨人民革命委員會宣告成立，剛剛組建的柬埔寨人民革命黨中央成為新政權的最高行政機構，10 日，柬埔寨人民共和國宣告成立。越南方面十分清楚，由侵柬越軍一手扶植起來韓桑林政權十分虛弱，柬國內局面仍極其複雜。紅色高棉軍隊大部被擊潰之後，柬共中央已陸續轉入柬泰邊境的山區，並在收攏部隊，號召民眾堅持抗越鬥爭，韓桑林政權此時亦迫切需要來自越南各方面的幫扶，因此，在軍事上繼續推進，在經濟社會方面幫助柬進行重建是擺在越南面前的一個現實問題。[2]

　　事實上，在發動侵柬戰爭之前，越南從 1978 年上半年即開始為顛覆民柬政權的後續工作着手進行準備。1978 年 4 月 21 日，越共中央軍委決定成立負責柬埔寨事務的「Z 工作委員會」（代號 10 委員會）以及對柬援助機構。到 12 月 12 日，越中央軍委決定成立援助柬埔寨革命的軍事專家團（番號為 478 團），初期隸屬於負責政治顧問工作的 B68 委員會，此外還包括專門負責經濟文化工作的 A40 顧問團。[3] 其中 478 軍事專家團在 1979 年 1 月 24 日西南邊境軍事行動結束後從 B68 委員會中獨立出來，接受越中央軍委和國防部的直接領導，由越南駐柬志願軍直接指

1　關於西南邊界戰爭及粉碎柬反動集團的勝利（1979 年 1 月），總參謀部情報部：《自衛還擊作戰繳獲文件選編》第 4 號。

2　關於目前形勢（1979 年 1 月 18 日），總參謀部情報部：《自衛還擊作戰繳獲文件選編》第 2 號。

3　Chu Văn Lộc, *Đoàn chuyên gia quân sự 478 trong thực hiện nhiệm vụ quốc tế ở Campuchia (1978-1988)*, Hà Nội: Nhà Xuất Bản Quân Đội Nhân Dân, 2018, tr.22-23.

導，主要負責與在柬活動的各越軍單位配合開展行動，幫助親越柬軍進行武裝力量建設、訓練，培養幹部，提高戰鬥力。[1]由越黨中央負責的 B68 委員會下轄組織、宣訓、機要、陣線、廣電等各專家小組從整體上對親越柬政府進行政治幫扶，A40 顧問團則負責向柬國內提供糧食、食品、生產工具等救濟物資，協助恢復財政金融，工農林業生產以及衞生、教育、交通運輸等事業。此外還有負責內衞、公安等領域的 K79 顧問小組。[2]1979 年 2 月 16 日，越南與韓桑林政府簽訂為期 25 年的越柬《和平友好合作條約》，將越南對柬埔寨人民共和國的援助職責明確化，同時條約規定，越柬兩國的安全密切相關，雙方將竭盡全力，保證在各方面以一切必要的形式維護兩國安全，以對付「帝國主義和國際反動勢力的一切陰謀和破壞活動」。[3]

　　這裏，有關應對外部壓力的條款表述顯示出越南正在緊張關注着自己在柬埔寨的軍事行動可能招致的外界激烈反應。從實際情況來看，越南侵柬戰爭爆發後，蘇東各國以及老撾、古巴等國分別表示了對越南武力介入「挽救柬埔寨革命」的支持和聲援，唯有羅馬尼亞及朝鮮表達了反對意見。各民族主義及不結盟國家多保持中立，既不支持也未譴責，美日等西方國家一般表示反對，要求越南立刻從柬埔寨撤軍，東盟各國則震動極大，一致譴責越南侵柬，不承認韓桑林政權，要求日本等國停止對越經援，並在聯合國會議上提議越南從柬撤軍。為了共同應對越南可能造成的威脅，東盟各國採取了依靠美日，藉助中國，聯合自強，協調一致的行動，美日也加強了對東盟國家的軍事經濟援助，以提高其抗

1　Chu Văn Lộc, *Đoàn chuyên gia quân sự 478 trong thực hiện nhiệm vụ quốc tế ở Campuchia (1978-1988)*, tr.24.

2　Lê Đình Chinh, *Quan hệ đặc biệt Việt Nam- Campuchia (1930-2020)*, Hà Nội: Nhà Xuất Bản Thông tin và Truyền thông, 2020, tr.333-334.

3　成都軍區司令部情報部編：《越南軍事大事記》，第 126 頁。

衡越南的能力。[1]

　　當然，作出激烈反應的還有中國。對於越南大舉進攻柬埔寨，中國方面是早有預判的。1978 年 11 月 5 日至 9 日，在蘇越條約簽訂後不久，中共中央副主席汪東興率黨政代表團訪問柬埔寨，目的即是了解一旦越南有所動作，民柬能否在軍事上頂住。柬共方面通報了與越南軍事衝突的情況，波爾布特告訴中方，柬埔寨有辦法打退越軍的進攻，如果越軍敢大舉入侵，只要戰略戰術機動靈活，越軍將會被人民戰爭和游擊戰爭分散殲滅，逐步把它打敗。[2] 面對柬共領導人的自信保證，中國方面態度謹慎。1978 年 12 月 8 日，中共中央軍委下達《關於牽制越南支援柬埔寨的軍事行動問題》的命令，具體明確了廣州軍區、昆明軍區、空軍海軍及其他軍區有關部隊的作戰任務。同時，對華北、東北、西北地區的戰備做了相應的部署。中國決策層決定採取的作戰方針是：集中絕對優勢兵力，進入越北淺近縱深地區，速戰速決，速殲速回，以 15 — 20 天時間，力爭殲滅越軍 3 — 5 個師的兵力，摧毀越軍在中越邊界地區的防禦體系和軍事設施。[3] 此後，中國在雲南、廣西方向和北部灣海區，先後調集了 9 個軍，共 29 個步兵師、2 個地炮師、5 個高炮師、8 個航空師、3 個艦艇支隊、11 個地空導彈營以及相應的特種兵部隊，共約 68 萬餘人做好對越作戰準備。[4]12 月 25 日，在越侵柬戰爭已經全面打響的情況下，《人民日報》發表社論，以極其嚴厲的措辭對越南的地區霸權主義野心進行抨擊，警告越南中國的忍耐和克制是有限的，並發出了「勿謂言之不欲」戰爭信號。[5]

1　昆明軍區司令部情報部編：《越南概況》，第 192-193 頁。
2　黃群：《六十年中越關係之見證 —— 一個中國外交官的手記》，香港：天地圖書有限公司，2014 年，第 133-135 頁。
3　成都軍區史編審委員會：《中國人民解放軍成都軍區史》（第 1 卷），內部發行，2001 年，第547 頁。
4　雲南省公安邊防總隊：《中國公安邊防》（雲南卷‧下冊），內部發行，1998 年，第 930 頁。
5　《人民日報》，1978 年 3 月 23 日。

　　1978 年 12 月 30 日，越人民軍總參謀部召開緊急會議，強調在越軍發起柬埔寨戰役之後，北部中越邊境將會有大的衝突。為此，令北部地區部隊即日起進入戒備，以防中國偷襲。至 1979 年 1 月，越北地區作戰部隊已增至 1 個陸軍軍部，17 個步兵師，以及 3 個防空師、1 個航空師。其中在中越邊境一線的部隊的 8 個步兵師及若干地方部隊已進入一級戰備狀態。[1] 越南方面之所以甘冒中國軍事打擊的風險執意出兵柬埔寨並不懼升級中越邊境劍拔弩張的局勢，除了有蘇聯作其靠山的因素之外，還與其對形勢的樂觀判斷有關。根據越南決策層的看法，「文革」之後的中國內部不和，軍隊現代化水平還不如越南，與周邊國家在邊界問題上多存在衝突，國內還有台灣問題的牽制，加上中國富有指揮經驗的將帥隊伍剩下的都是老人，因此中國要大打，只會加速自身的失敗。[2] 更何況，柬埔寨戰場的勝利已經讓越南佔據先機和優勢，特別是民主柬埔寨的迅速潰敗以及柬埔寨人民革命委員會和柬埔寨人民共和國政府的成立，出乎中國的意料，導致中國方面對於波爾布特等柬共力量的信心產生懷疑，並趨於冷淡。[3]

　　應該說，河內領導人關於中國與越柬戰爭形勢的某些觀察是合乎實際的。1979 年 1 月 9 日，柬共中央常委、原民柬政府負責外交事務的副總理英薩利訪問北京向中國尋求緊急援救。在 13 日的會談中，中國國務院副總理鄧小平明確告訴英薩利，柬共的國內清洗政策造成了嚴重的消極影響，使柬共在世界輿論中處境被動，削弱了自己對抗越南的能力。為了扭轉這一局面，中國認為有必要讓西哈努克擔任國家元首，讓其在國際舞台上發揮作用，以改善柬抗越力量的形象。[4] 而事實上，中國方面

1　成都軍區司令部情報部編：《越南軍事大事記》，第 124-125 頁。
2　關於目前形勢（1979 年 1 月 18 日），總參謀部情報部：《自衛還擊作戰繳獲文件選編》第 2 號。
3　關於西南邊界戰爭及粉碎柬反動集團的勝利（1979 年 1 月），總參謀部情報部：《自衛還擊作戰繳獲文件選編》第 4 號。
4　中國國家副總理鄧小平與英薩利談話記錄（1979 年 1 月 13 日），柬埔寨國家檔案館，Box.8-2-5-18。

已經在這樣做了。在 1 月 5 日越軍攻佔金邊前夕，應中國方面的要求，自柬共掌握政權後長期被軟禁在皇宮內的西哈努克被送往北京。根據安排，西哈努克於 1 月 8 日舉行記者招待會，表示他將應波爾布特的請求，去紐約要求聯合國大會通過一項譴責越南的決議，並要求聯合國派兵干涉柬埔寨局勢。當然，西哈努克也藉機表達了對紅色高棉的一系列極左政策的譴責，在談及自身遭遇時甚至潸然淚下，但他依然堅稱在抗越問題上會支持波爾布特政府。[1] 西哈努克看似矛盾的表現也正是此時中國的相關態度的一個縮影。正如在鄧小平與英薩利談話時所表現的那樣，中國領導人在流露出對柬共的失望的同時，亦強調在援柬抗越問題上不會動搖，包括將通過泰國政府繼續向柬共提供電台和資金援助等。[2]

　　1979 年 1 月 29 日起，鄧小平啟程訪問美國。在 30 日與吉米·卡特總統（Jimmy Carter）的第三次會談結束之後，鄧小平在白宮玫瑰園向外界宣告：中國人民將堅定不移地站在柬埔寨一邊反對越南侵略者，甚至不惜承擔必要的犧牲。在 31 日同美國新聞工作者共進午餐時，鄧小平進一步號召各國應聯合起來，共同應對蘇聯霸權主義，首先就是要對東方的古巴 —— 越南給予必要的教訓，在這一點上，「中國人講話是算數的」。[3] 兩周之後，2 月 17 日拂曉，中國對越作戰打響。至 3 月 5 日中方宣佈作戰達到預期目的，中國軍隊已全面突破封土 — 孟康和高平 — 諒山越軍邊境一線防線，攻克老街、高平、諒山 3 個省會以及封土、柑塘、孟康、東溪、同登等 17 個縣市，在對中越邊境地區越軍實施殲滅性打擊的同時，還摧毀了越軍在北部地區針對中國構建的大量軍事設施。

　　同一天，在 3 月 5 日，越南國家主席孫德勝發佈全國總動員令，要求一切法定適齡公民都要按計劃加入各種武裝力量，並動員一切必要的

1　張錫鎮：《西哈努克家族》，第 264 頁。
2　中國國家副總理鄧小平與英薩利談話記錄（1979 年 1 月 13 日），柬埔寨國家檔案館，Box.8-2-5-18。
3　《人民日報》，1979 年 2 月 2 日。

人力、物力、財力以保證對「大國霸權擴張主義者」的作戰需要。3 月 9 日，越國防部及內務部制定十點措施，進一步實行「全民軍事化」。3 月 11 日，越南共產黨中央書記處發出「關於動員和組織全體人民準備戰鬥，保衛祖國」的第 67 號指示。越軍總參謀部根據指示精神命令全軍部隊進入「最高戰備狀態」，並加快擴軍步伐。1979 年 2 月下旬至年底，即組建了 2 個軍區（特區）、4 個軍部、9 個步兵師、1 個航空師和 2 個防空師等部隊，總兵力迅速增至 120 萬人。[1]

　　在戰火燒至越南境內之際，蘇聯東歐國家一如既往地表達了對中國的譴責和對越南的支持。3 月 1 日和 2 日，蘇聯部長會議主席柯西金及蘇共中央書記勃列日涅夫相繼發表講話，聲稱蘇聯將盡一切可能，憑藉其威信和影響緩和緊張局勢，制止中國對越南的武裝入侵。[2]不過從 3 月 6 日起，中國軍隊已奉命採取交替掩護，邊回撤，邊搜剿的方針，至 3 月 16 日全部撤回國境。對於中國迅捷撤軍的做法，越南官方在公開場合將此宣傳為越軍民團結抵抗的結果，而事實上越高層在戰前即已預料到，出於內外因素的考慮，中國的作戰方針將採取速戰速決，不敢拖延戰爭。[3]但即便如此，在 1979 年 3 月 12 日越共中央軍委召開的總結與中國作戰情況的常委會議上，與會的部分越軍高層依然認為，在此次戰爭中，越軍在戰前實際上未能真正掌握中國的軍事意圖，以至倉促應戰。[4]

　　具體來說，在戰前，越方高層已確定，中國在着力建立兩條軍事

1　成都軍區司令部情報部編：《越南軍事大事記》，第 128 頁。

2　"Trích bài phát biểu của đồng chí A. N. Cô-xư-ghin, Ủy viên Bộ Chính trị Ban Chấp hành Trung ương Đảng Cộng sản Liên Xô, Chủ tịch Hội đồng Bộ trưởng Liên Xô, trong cuộc gặp gỡ cử tri khu bầu cử Mát-xcơ-va" (1-3-1979); "Trích bài phát biểu của đồng chí L. I. Brê-giơ-nép, Tổng Bí thư Ban Chấp hành Trung ương Đảng Cộng sản Liên Xô, Chủ tịch Đoàn Chủ tịch Xô-viết tối cao Liên Xô, trong cuộc gặp gỡ cử tri ở khu bầu cử Bau-man thành phố Mát-xcơ-va" (2-3-1979)Bộ Ngoại giao Cộng hòa Xã hội chủ nghĩa Việt Nam, *Việt Nam-Liên Xô 30 năm quan hệ (1950-1980):văn kiện và tài liệu*, tr.611-614.

3　對中國軍事行動的估計及對策（1978 年 8、9 月），總參謀部情報部：《自衛反擊作戰繳獲文件選編》第 8 號。

4　成都軍區司令部情報部編：《越南軍事大事記》，第 128 頁。

戰線，一條是北方中越邊界，一條是西南越柬邊界，而後者才是中國戰略意圖的着力點：通過支持柬埔寨抗越，使越南勞民傷財，無法建設國家，從而衰弱下去，同時在越南南方煽動華人、天主教徒、少數民族製造混亂，在老撾北方五省施加壓力，援助老撾苗族土匪，給老撾製造困難，從整體上對越南在印度支那的活動空間進行圍堵進而實現其全球反蘇的戰略佈局。基於這些考慮，越方領導層認為，中國出動大軍進行突然襲擊的可能性不大，估計中國不可能通過大打侵佔越南，但中國很有可能躲在越老柬三國國內反動派的背後進行操縱，而事實上中國也已經在這麼做了。[1] 因此越南將印度支那劃分為四個戰場，即北部戰場 —— 峴港以北越南北部地區，簡稱 A 戰場；南部戰場 —— 峴港以南的越南南部地區，簡稱 B 戰場；西部戰場 —— 老撾戰場，簡稱 C 戰場；西南戰場 —— 柬埔寨戰場，簡稱 K 戰場。其中 A、C 兩個戰場構成北線，B、K 兩個戰場構成南線，越方選擇的戰略是「南攻北防」，即在西南線採取戰略攻勢，首先解決柬埔寨問題，在北線採取戰略守勢，戰時以「地方人民戰爭」堅守邊界為後方爭取時間，儘量避免南北兩線同時作戰的不利局面，力求穩定北線，積極發展和鞏固柬埔寨戰場的軍事成果，待控制整個印度支那後，集中印支三國全部力量與中國抗衡。[2]

　　然而事實表明，中國在北線的軍事打擊力度遠遠超過越方預期。本着殺雞用牛刀的辦法，在作戰期間中越兵力時常維持在五比一、六比一甚至是七比一，這也決定了在越北各地構建所謂「基層反侵略軍事堡壘」的方針難以奏效。在 28 天的時間裏，越軍有 35 個公安屯被拔除，一些由生產師和架子師臨時增編派往前線的部隊也遭到了打擊和重創，人員損失慘重，丟失了大量的武器裝備和物資。[3] 而在越北地區面對巨大軍事

1　黎德壽在接見北方退休的少數民族幹部時的講話（1978 年 8 月 6 日），總參謀部情報部：《自衛還擊作戰繳獲文件選編》第 7 號。
2　軍事科學院外國軍事研究部：《越南軍事基本情況》，軍事科學出版社，1993 年，第 14 頁。
3　雲南省公安邊防總隊：《中國公安邊防》（雲南卷．下冊），第 931 頁。

壓力的同時，越方以重兵防守的老撾、柬埔寨戰線卻未見大的動靜。中國並未如越南所設想的那樣在印度支那發起對越「總體戰爭」，這尤令越方感到意外。值得注意的是，在 3 月 16 日有關中越邊境作戰情況報告會的講話中，中國領導人鄧小平談到必須要軍事打擊越南的三大理由，分別是要建立國際反霸統一戰線，搞四個現代化建設以及對解放軍進行鍛煉，完全沒有涉及到所謂援助柬埔寨革命的相關說辭。[1] 這顯示出中國高層對出兵越北的實際考慮與越南的預判存在着明顯差異。當然，鄧小平在談話中也提到，在仗打完之後，柬埔寨問題依然要高調提出，以此作為同越南進行談判的籌碼。[2] 這也意味着中國在接下來有意要借重柬埔寨局勢繼續對越南在印度支那的活動進行牽制。

二、越南佔領柬埔寨後的處境和方針

面對中越邊境戰爭爆發後的現實態勢，越南方面有關印度支那的整體戰略佈局也在進行調整。在 1979 年 3 月 12 日的越共中央軍委會議上，針對下一步的任務，越軍高層提出要增強北方軍區部隊，以便有一支能有效防禦並能進行反攻、進攻以取得勝利的足夠力量。[3] 此後，越軍主力開始向北部戰場集中，並重點加強一線防禦，其總兵力的 60% 以上陸續部署至北部戰場，其中包括 63% 的陸軍，70% 的防空軍和 50% 的海空軍。[4] 1979 年 3 月 20 日，隨着中越戰爭爆發後第一批援助越南的蘇聯專家和海員抵達越南，根據《蘇越友好合作條約》向越南輸送的各類援助亦接踵而至。[5] 據統計，1979 年全年蘇聯向越南提供的武器達到了 1978 年的四倍。在中國軍事壓力迫在眉睫的情況下，蘇出動大型運輸機為越空

1　鄧小平在中越邊境作戰情況報告會上的講話（1979 年 3 月 16 日）。
2　鄧小平在中越邊境作戰情況報告會上的講話（1979 年 3 月 16 日）。
3　成都軍區司令部情報部編：《越南軍事大事記》，第 128 頁。
4　軍事科學院外國軍事研究部：《越南軍事基本情況》，第 15 頁。
5　Nguyễn Thị Hồng Vân, *Quan hệ Việt Nam-Liên Xô, 1917-1991: những sự kiện lịch sử*, tr.367-368.

運緊急軍事物資，還派遣 120 餘艘遠洋輪船為越運輸了 13 萬噸武器裝備和彈藥補給，包括上百架轟炸機和米格戰鬥機，數百輛坦克和軍用車輛以及遠程火箭等新式武器。此外蘇聯還在河內、海防、錦普等地為越建立地對空導彈基地，在金蘭灣、峴港等地修築雷達監聽站竊聽中國軍事活動，不斷派遣偵察機和艦隊到南海活動，為越南助威。[1] 伴隨着蘇聯援助的陸續到位，在中國軍隊已悉數退回的情況下，越南軍政要員亦開始宣稱要堅持寸土不讓，在邊境一線決戰，一線取勝的戰略方針，甚至提出一旦再次爆發戰爭，「就在邊界內外積極主動進攻敵人」。[2]1979 年下半年，原隸屬於內務部的越武裝公安部隊改編為邊防部隊，作為越軍的一個獨立兵種直屬總參，並在北部地區以省屬地方團和經濟部隊為基礎新建和改建了大量作戰部隊，就地組合成地方兵團，以此作為阻擋中國可能再次入侵的屏障。[3] 同時，在蘇聯顧問的指導下，越軍在邊境省份亦展開作戰演習，模擬抗擊中國的進攻。[4]

　　除了全力加強中越邊境一線的防務，越南亦通過強化同老撾的協調來鞏固北線。從 1978 年越柬衝突爆發伊始，老撾即追隨越南不斷抨擊中國「犯了機會主義錯誤」。1978 年 7 月，老撾黨領導人凱山等在慶祝《越老友好條約》簽訂一周年之際，公開表態支持越南反華，影射中國為「國際反動勢力」，並在隨後稱中國黨已經變成修正主義的黨，中國已不是社會主義國家，表示要調整對華政策。[5]1979 年中越戰爭爆發之後，老撾政府於 2 月 18 日發表聲明，稱中國是「對一個社會主義國家獨立和主權的侵犯」，指責中國「和美國勾結危害本地區的和平與穩定」，「與泰國合

1　越對蘇的依附和越蘇之間的一些矛盾（1979 年 12 月 27 日），中共中央對外聯絡部編：《世界共運》第 33 期，第 1 頁。
2　軍事科學院外國軍事研究部：《越南軍事基本情況》，第 15 頁。
3　軍事科學院外國軍事研究部：《越南軍事基本情況》，第 27 頁。
4　成都軍區司令部情報部編：《越南軍事大事記》，第 132 頁。
5　昆明軍區司令部情報部編：《老撾概況》，第 122 頁。

謀破壞老撾」等。並在此後強行關閉中國駐孟賽代辦處，停止新華社萬象分社的工作，強令中國暫停援老築路工程停工，撤出中國工程技術人員。[1]

　　1979 年 3 月 24 日，越老兩黨中央政治局在河內舉行會談。期間，黎筍代表越南共產黨對老撾在越柬戰爭期間給予的支持和配合表示感謝，這其中就包括老撾方面曾在向越南提供了有關柬埔寨的一些內部情報。凱山等老方領導人亦表示，老撾將越南在柬埔寨取得的勝利視為自己的勝利，只有老撾保持強大、獨立，越南才能實現穩定、繁榮。[2] 而為了緩解老撾對自身安全的擔憂，預防中國可能對上寮地區的打擊，3 月 30 日，越南國防部發佈命令，成立駐老志願軍 379 野戰兵團開赴上寮南塔、孟新等地參加剿匪行動並進行駐防。[3] 由此使越北和老撾上寮地區的北部戰線合為一體。

　　在南線，面對柬埔寨抗越武裝鬥爭的持續存在以及東盟各國對越擴張政策所持的強硬立場，越南的主要目標是爭取擴大和鞏固對柬抗越力量的軍事優勢，強化各級親越柬政權，以軍事、政治、經濟和治安的總體攻勢迫使國際社會接受柬埔寨的現狀。1979 年 5 月，在柬泰邊境梅萊山區（Phnom Malai）營地駐紮的柬共中央召開緊急會議，制定新的戰略戰術，強調在敵強我弱的情況下，開展以游擊戰為主的持久戰爭。儘管越軍控制了各口岸，給柬共的生存造成很大困難，但在中國的協調下，利用泰國和東盟其他國家對越南的抗拒心態，柬共剩餘的二、三萬游擊隊主力依然能夠持續獲得來自國際上的物質援助，在長達 690 公里的山

1　雲南省公安邊防總隊：《中國公安邊防》（雲南卷・下冊），第 1067 頁。

2　"Bộ Chính trị Ban Chấp hành Trung ương Đảng Cộng sản Việt Nam hội đàm với Bộ Chính trị Ban Chấp hành Trunog ương Đảng Nhân dân cách mạng Lào" (24-3-1979), *Lịch sử quan hệ đặc biệt Việt Nam-Lào, Lào-Việt Nam, 1930-2007 : Biên niên sự kiện* (vol II), tr.112-113.

3　"Bộ Quốc phòng Việt Nam ra quyết định thành lập Mặt trận 379" (30-3-1979), *Lịch sử quan hệ đặc biệt Việt Nam-Lào, Lào-Việt Nam, 1930-2007 : Biên niên sự kiện* (vol II), tr.115.

巒重疊的原始森林中活動，使越軍難以進行完全封鎖和清剿。[1]同時柬共還加強外交活動，多次在一些重大國際會議上控訴越南侵柬罪行，鞏固自身在國際上的合法地位。1979 年 9 月，聯合國第 34 屆大會投票決定維持民主柬埔寨在聯合國的席位，實則否認了韓桑林政府的合法地位，並在11 月以三分之二的多數票通過第 22 號決議，要求河內政府從柬埔寨全部撤軍。[2]這些情況對於想要在柬埔寨極力維護現有局面的越南政府來說自然形成了不可忽視的內外壓力。

　　1979 年 3 月，鑒於韓桑林政權的武裝力量在圍剿紅色高棉游擊隊的過程中表現不佳，也為了提升其在柬民眾中的自立形象，越共中央軍委認為幫助柬方進行系統的武裝力量建設已經十分必要。根據中央指導意見，越 478 軍事專家團與各駐柬越軍單位配合對韓桑林政權的柬軍進行訓練和裝備，到 1979 年 4 月，已建起 1 萬 1 千餘人的裝備較為齊全的第一兵團。同時，越西南各軍區也承擔對口支援任務，幫助柬各省建立起總數達 3 萬人的地方民兵。相應的各類後勤、通信技術、衛生、車輛以及軍事幹部的培訓學校也紛紛建立，一大批被越南人認為是忠誠、可靠的柬籍幹部得以進入其中接受訓練，另外還有相當一批人員被送往越南或蘇聯學習。[3]在集中幫助金邊政府建設武裝力量的同時，1979 年 5 月 15日，越共中央書記處發佈指示，要求動員全國力量，包括越南人民軍各單位，各級專家團、各類工作組乃至越南各省分工負責援助友邦，以幫助金邊鞏固政權、保衛解放區。[4]這其中除了提供糧種、牲畜和農具，組織

1　中共中央對外聯絡部編印：《各國共產黨概況》，第 51 頁。

2　民主柬埔寨總理府關於內閣會議的新聞公報（1980 年 6 月 10 日），成都軍區政治部聯絡部、雲南省社科院東南亞研究所：《柬埔寨問題資料選編（1975 — 1986）》（上），1987 年，第330 頁。

3　Chu Văn Lộc, *Đoàn chuyên gia quân sự 478 trong thực hiện nhiệm vụ quốc tế ở Campuchia (1978-1988)*, tr.34-43.

4　"Chỉ thị của Ban Bí thư về tổ chức lực lượng giúp Bạn K" (15-5-1979), *Văn kiện Đảng toàn tập* (tập 40), Hà Nội : Nhà xuất bản Chính trị quốc gia, 2005, tr.152-154.

駐柬越軍參與開墾，安撫民眾生產生活外，[1] 還有一項很重要的內容就是派出由政工、公安、軍事人員組成的宣教隊，幫助韓桑林政權建立基層革命組織和各種部門及羣眾組織如青年團、婦女聯合會、知識分子組織和佛教協會。在具體做法上包括將柬人民革命黨的組織延伸到最基層；建立治安機構，將各村寨劃分為小區；在越軍據點周圍建立農村民兵組織等等。[2] 到 1979 年 10 月，根據越方的統計，僅在紅色高棉活動最為頻繁的泰柬邊境地區如暹粒、馬德望等省，越軍第 479 前線指揮部即已幫助金邊政府在 59 個縣市、455 個鄉社和 4729 個村建立起政權，並為柬方組織訓練了 12000 餘名基層幹部，掌控了 98 萬餘人口。[3]

　　在國際上，越南一方面在柬埔寨問題上努力為自己和金邊政府拓展活動空間，通過頻繁出訪意圖對東盟各國「各個擊破」，以換取韓桑林政權的合法性得到承認，另一方面則力促金邊與莫斯科的合作，爭取來自蘇聯的援助。在越南的努力和協助下，僅在 1979 年，蘇聯即向柬埔寨人民共和國政府提供了 8500 萬美元的無償援助，另外食品、油料、化肥、紡織品、藥品等也陸續運抵磅湛和金邊。蘇聯的顧問和技術專家也大量出現於磅湛港、波成東機場、柬蘇醫院等場所。[4] 當然，所有這一切最終還是要服務於一個目標，那就是要坐實印支三國終究如越南所願構建起特殊合作關係的現狀。

　　1980 年 1 月 5 日，越老柬三國在金邊舉行第一次外長會議並發表了聯合公報。該公報對中國的「大民族擴張主義和大國霸權主義」進行了

1　Vũ Đình Quyền, *Chiến Thắng biên giới tây-nam Việt Nam và dấu ấn Quân Tình Nguyện Việt Nam đối với cách mạng Campuchia*, Hà Nội: Nhà Xuất bản Văn hóa- Thông tin, 2014, tr.136.

2　越南對東埔寨的軍事占領（1985 年 7－9 月），成都軍區政治部聯絡部、雲南省社科院東南亞研究所：《柬埔寨問題資料選編（1975－1986）》（下），第 264 頁。

3　Chu Văn Lộc, *Đoàn chuyên gia quân sự 478 trong thực hiện nhiệm vụ quốc tế ở Campuchia (1978-1988)*, tr.58-59.

4　蘇聯在過去四年中向韓桑林政權提供援助的情況（1983 年 2 月 9 日），成都軍區政治部聯絡部、雲南省社科院東南亞研究所：《柬埔寨問題資料選編（1975－1986）》（下），第 118-119 頁。

意料之中的攻擊，宣稱蘇聯是世界革命和和平的牢固堡壘，是三國人民最可信賴的靠山，呼籲同東南亞各國建立長期友好合作的關係。而更重要的是，公報表示越老柬三國決心加強三個民族之間的戰鬥團結、偉大友誼和相互幫助的合作關係，為此，三國認為越南人民軍在柬埔寨國土和老撾國土上駐紮是十分必要的，是對印支半島兄弟民族應盡的國際主義義務，誰都無權干涉。[1] 值得注意的是，公報為避免給外界留下越南意圖支配印支蓄謀已久的口實，特別強調所謂的印度支那聯邦問題同法屬印度支那的結束一樣已變為了歷史。

　　但不管越南官方如何修飾，外界已經注意到，伴隨着對柬埔寨人民共和國進行的幫扶，越南在柬推行的各項控制和同化政策也是顯而易見的。在公開場合，越南方面着力渲染越柬「特殊關係」的重要性和必然性，一方面通過與金邊政府除在柬各地的駐軍簽訂各類協定，使這種「特殊關係」法律化、系統化和具體化，另一方面在佔領區大力宣傳越柬「特殊關係」來自共同的民族「意識淵源」，並有悠久的「歷史傳統」，試圖將韓桑林一派塑造成「正統」的「柬埔寨人民革命黨」，是當年印度支那共產黨在柬埔寨的「續脈」，「繼承着印度支那共產黨的偉大事業」；同時突顯越南對柬埔寨的「貢獻」和「恩情」，宣稱越南在抗法戰爭時期為柬埔寨爭得了「獨立」，在抗美戰爭時期為柬埔寨贏得了「解放」，在 1979 年 1 月 7 日以後終結了波爾布特政權的種族滅絕政策，帶來了柬人民的「第二次解放」，以此「教育」柬埔寨人「認識和理解」越南的「友誼」，「樹立」對越南的「感恩戴德」思想。[2]

　　而在現實中，越南專家控制了金邊政府所有重要部門，如外交部、

---

[1]　中共中央對外聯絡部二局：《越南、老撾、柬偽十次外長會議簡況》（1985 年 7 月 4 日），第 1-2 頁。

[2]　越南在柬埔寨怎樣進行思想同化，成都軍區政治部聯絡部、雲南省社科院東南亞研究所：《柬埔寨問題資料選編（1975 — 1986）》（下），第 15-17 頁。

國防部、宣傳部、交通運輸和郵電、通訊、報刊等，在柬官方報刊和通訊社中，絕大多數工作人員是熟悉柬語的越南人，宣傳報道必須由越南人審查和翻譯，甚至柬政府發給駐外使館的電報均需送往胡志明市或河內發出。為了培養「具有越南頭腦」的柬埔寨人，使其能夠「心甘情願地接受越南的思想意識」，越南政府特別設立政治學校，分期分批對金邊政府人員進行輪訓，韓桑林政權的高級軍政人員幾乎都經歷過「參觀學習」或輪訓。[1] 中級幹部中，也有一部分輪流到胡志明市的政治思想訓練班學習，縣以下的地方行政幹部，則全部要就地分批參加越南顧問舉辦的政治訓練班。[2] 除此之外，越南在柬控制區還推行越南語學習，教育政策和教學內容越南化，越南人向柬移民以及越柬通婚等等措施。

　　關於上述舉措的效果，至少從公開的表現來看，似乎是令越南人滿意的。譬如在回答外界有關「越人民軍駐紮柬埔寨是否會干涉柬埔寨的獨立和主權」的問題時，金邊政府上至中央委員，下至鄉村幹部都會異口同聲地表示越軍「是根據柬埔寨人民的需要和柬埔寨政府的要求而來的」。[3] 但事實上，對於相當一批柬埔寨人，特別是對知識分子和政治精英來說，越南人的控制同紅色高棉的殘酷統治一樣令人無法接受。他們痛恨越南人利用佔領柬埔寨之際在貿易、邊界、領海等問題上攫取利益，同時對金邊政府領導人聽命於越南以及爭權奪利、貪污腐化的現象也深惡痛絕。[4] 在這種情況下，柬國內外的民族抵抗運動開始發生變化。

　　1979 年 9 月 6 日，為團結一切愛國力量，共同抗擊越南，柬共公佈

1　"Quyết định của Ban Bí thư về thành lập Trường Chính trị đặc biệt K" (30-12-1979), *Văn kiện Đảng toàn tập* (tập 40), tr.518-519.

2　越南在柬埔寨怎樣進行思想同化，成都軍區政治部聯絡部、雲南省社科院東南亞研究所：《柬埔寨問題資料選編（1975 — 1986）》（下），第 19 頁。

3　越南在柬埔寨怎樣進行思想同化，成都軍區政治部聯絡部、雲南省社科院東南亞研究所：《柬埔寨問題資料選編（1975 — 1986）》（下），第 15-16 頁。

4　中共中央對外聯絡部二局：《柬難民致信西哈努克揭露越在柬罪行》（1986 年 11 月 12 日），第 3-4 頁。

愛國、民主、民族大團結陣線政治綱領，提出在內政外交等方面的新的路線方針，但由於紅色高棉執政時期留下的陰影難以散去，外界對此評價不高。在 10 月中旬越軍集中幾個師的兵力對柬西部、西北部柬共部隊和首腦機關發動第二次旱季攻勢後，國際上對柬局勢持觀望態度，對民柬殘餘力量缺乏信心，擔心其被消滅，在此形勢下，西方國家希望政治解決柬埔寨問題的思想抬頭，英國在 11 月上旬就決定撤銷對民柬流亡政府承認，引發一些東盟國家的擔憂。12 月上旬，泰國、新加坡直接表示希望波爾布特能退居二線，由喬森潘出任總理，以期改善民柬對外形象。在徵求中國方面的意見之後，柬共中央於 12 月下旬召開會議，作出了調整民主柬埔寨政府的重大決定，由喬森潘出任政府總理，同時還宣佈終止 1976 年的憲法，以團結陣線政治綱領為臨時基本法，希望籍此爭取改善國際處境和發展抗越統一戰線。[1]

　　不過對於像西哈努克這樣對紅色高棉依然耿耿於懷的人來說，同東共攜手依然是個難以接受的選擇。在此之前，他曾多次拒絕喬森潘的邀請，堅決不與柬共合作。但隨着 1981 年初，東盟國家考慮到民柬有可能會丟掉在聯合國的席位，因而有必要支持另一個柬埔寨抵抗組織 —— 集合了前朗諾政權、韓桑林政權以及柬共叛逃者的「高棉人民解放全國陣線」的主席宋雙（Son Sann）來主持抗越大局，西哈努克的態度開始發生變化。[2]1981 年 2 月 8 日，身在朝鮮平壤的西哈努克宣佈，同意與包括柬共在內的一切反對金邊親越政權的各派組成聯合抗越陣線和民族聯合政府，並由他出任國家元首和陣線主席。對此，柬共和宋雙派先後表示贊同。[3]

1　關於柬埔寨形勢和民柬政府調整問題的通報（1979 年 12 月 25 日），福建省檔案館，222-12-287，第 117-121 頁。

2　張錫鎮：《西哈努克家族》，第 281 頁。

3　新華通訊社：《柬埔寨各方出現聯合抗越新趨勢》，《國際內參》（1981 年 3 月 11 日，第 18 期），第 1 頁。

　　柬埔寨各派抗越力量的聯合是一個新的趨勢。儘管各方在有關合作的一些具體問題上仍存在較大分歧，甚至直到次年也就是 1982 年 6 月，三方才在馬來西亞吉隆坡最後達成建立民主柬埔寨聯合政府的協議，但這對於越南來說已經是一個值得警惕的信號。特別是在 1979 — 1980 年的兩次旱季攻勢中，越軍集中優勢兵力，速戰速決，消滅民柬游擊隊的意圖被證明難以實現，而駐柬越軍的處境卻顯得愈發捉襟見肘。1980 年越南國內因自然災害等因素導致糧食緊張，越政府甚至向聯合國糧農組織提出要 40 萬噸糧食的緊急援助，而在民柬游擊隊的襲擾下，駐柬越軍的後勤供應更是困難，生活很苦，口糧不足，有的部隊每天只供應兩碗米飯。再加上防守任務重，作戰環境惡劣，部隊逃兵現象十分嚴重。[1]另外，1980 年 6 月，越軍在圍剿民柬游擊隊時進入泰國領土縱深地區，曾與泰國邊防部隊發生衝突，進一步加重了東盟各國對越南的疑慮和擔心，引發廣泛譴責，導致越南在國際輿論環境中十分被動。[2]

　　因此，在 1980 — 1981 年的第三個旱季，隨着民柬的武裝力量挺過了最艱難的時刻，逐步站穩了腳跟，加上西哈努克及宋雙控制的隊伍也開始投入對越戰鬥，越南曾一度有意識地進行軍事收縮，將工作的重點放在整頓柬國內秩序、恢復生產，以及保衛金邊政府的大選工作上。但到了 1981 年 5 月初，由於中越圍繞邊境地區的法卡山和扣林山騎線點發生爭奪，北方形勢再次緊張，越北地區各部隊也進入高等級戒備，越南在印支戰場兩條戰線的防守姿態也發生變化。1981 年 5 月 3 日，越南軍方召開第一屆邊防工作會議，接替武元甲出任國防部長的文進勇到會講話，要求邊防部隊務必完成保衛國家主權、維護邊界和沿海治安的任

1　新華通訊社：《越軍在柬戰場戰略有變化》，《國際內參》（1981 年 4 月 15 日，第 28 期），第1-2 頁。

2　東盟外長會議關於譴責越侵泰的聲明（1980 年 6 月 25 日），成都軍區政治部聯絡部、雲南省社科院東南亞研究所：《柬埔寨問題資料選編（1975 — 1986）》（上），第 362-363 頁。

務。[1]會後，在北部陸地邊界上，越南各邊防單位增設了大量用於收集邊
境情報的觀察台，維修和新構築了上千個工事、陣地和交通壕，部隊的
武器裝備也得到更新，大口徑火炮和防空導彈出現在中越邊界線附近，
同時越邊境地區還在加強民兵訓練工作，建立安全防線，以對抗中國的
「心理戰」「間諜戰」。[2]在對外宣傳上，越南也動作頻頻，黎筍及外長阮基
石（Nguyen Co Thach）多次發表講話，稱中國在邊境「加強武裝挑釁行
為」，「製造緊張局勢」，越外交部亦發出照會和聲明，黨報、軍報、電
台和通訊社接也連發表攻擊中國的報道。[3]

在南線，越南在柬埔寨的軍事活動亦再次活躍起來。1981 年 5 月 8
日，越共中央軍委決定成立越南志願軍駐柬司令部，以便對在柬埔寨的
越南各武裝力量進行統一領導指揮，提高戰鬥效果。6 月 6 日，番號為
719 的司令部正式成立，由越國防部副部長黎德英（Le Duc Anh）擔任
司令。[4]而為了進一步對金邊政府武裝力量進行扶植，同時也是為了更好控
制、協調越柬兩軍的行動，6 月 11 日在金邊，雙方又簽訂了《越柬軍事
合作互助協定》，將越南同金邊政府間的軍事義務職責明確下來。[5]在此基
礎上，到 10 月底越方將大量汽油、武器、藥品等後勤保障物資運送至柬
埔寨東北、西北、西南邊境各省各單位並使金邊的武裝力量動員增編至 5
萬餘人。從 11 月開始，隨着柬埔寨戰場進入第三個旱季，越軍根據「祕
密迅速，大膽深入，迂迴包抄」的作戰方針，重點對柬泰邊境地區民柬

1 成都軍區司令部情報部編：《越南軍事大事記》，第 138 頁。
2 新華通訊社：《越南當局加強北部邊境的軍事部署》，《國際內參》（1981 年 7 月 8 日，第 52 期），第 8-10 頁。
3 新華通訊社：《越南當局最近為何又猖狂進行反華宣傳》，《國際內參》（1981 年 7 月 8 日，第 52 期），第 11 頁。
4 Chu Văn Lộc, *Đoàn chuyên gia quân sự 478 trong thực hiện nhiệm vụ quốc tế ở Campuchia (1978-1988)*, tr.39.
5 Chu Văn Lộc, *Đoàn chuyên gia quân sự 478 trong thực hiện nhiệm vụ quốc tế ở Campuchia (1978-1988)*, tr.41-42.

領導機關和後方基地展開進攻。[1]

　　從結果來看，越南人在 1981 — 1982 年雨季末期及旱季初期發動的攻勢較之前規模更大，雙方戰鬥甚為激烈，越軍投入大量蘇製重型武器，民柬以少抗多，頗為吃緊，但最終逐次擊退越軍掃蕩。現實表明，由於戰術機動得當，游擊隊力量始終難以被越軍吃掉，但民柬方面依賴外援生活和作戰的局面未有本質變化，缺乏重武器，兵力不足導致民柬武裝力量要拔掉越軍據點或圍殲排以上越軍尚存困難。戰場上出現了一個誰也消滅不了誰的局面，顯示出雙方都在被戰爭的長期性和艱巨性所困圍。[2]

　　而在國際上，各方圍繞柬埔寨問題的看法和立場也日趨複雜。由於歷史積怨和成見未能消除，彼此疑慮很深，柬國內三派抗越力量的聯合前景始終崎嶇波折。1981 年 12 月，柬共中央為徹底改善民柬形象，提高民柬在各反對派中的可信任程度，宣佈解散柬埔寨共產黨。儘管為聯合抗越作了很大努力，但事實上民柬依舊擔心聯合後的西哈努克及宋雙力量壯大會給自己帶來麻煩。而宋雙則試圖竭力削弱民柬，排擠西哈努克，獨攬大權。至於西哈努克，他多年來仇恨民柬，與宋雙也積怨頗深，因而一心想要在聯合政府中掌握大部分權力，重新統治將來的柬埔寨。而此時在東盟國家內部，相關意見分歧愈發明顯。如泰國和新加坡仍堅持認為蘇越合作是東南亞的主要威脅，在當前西哈努克和宋雙尚無真正力量的情況下，仍需藉助民柬來頂住越南，迫使越南從柬撤軍，以柬埔寨作為防範蘇越的緩衝國，而印尼、馬來西亞則認為印支形勢的緊張是中蘇爭奪的結果，蘇聯距離較遠，對東盟威脅不大，而中國是主要威脅，遂主張對越南妥協，希望宋雙掌權後與韓桑林政權合作，限制並

1　成都軍區司令部情報部編：《越南軍事大事記》，第 138 頁。
2　新華通訊社：《對 1981 年柬埔寨戰局的一點看法》，《國際內參》（1982 年 2 月 3 日，第 9 期），第 12 頁。

擠掉民柬。[1]

　　東盟國家間的分歧對於柬三派之間的聯合自然是有影響的。更兼此時西方國家在柬埔寨問題上的態度紛紛出現後退，認為目前越南處境日窘，越蘇矛盾有所發展，如果對越南採取「緩和」政策，或許可以將其從蘇聯的懷抱中拉出來，從而削弱蘇聯在印支的影響，並有利於西方各國重返印支。據此，法國在 1981 年 12 月與越南簽訂了兩億法郎的財政議定書和領事協定，日本也準備恢復在越南佔領金邊後停止的經濟援助，甚至美國也在同越南進行接觸。[2]

　　針對一些東盟和西方國家出現的妥協傾向，越南自然不會錯過釋放信號的時機。1982 年 2 月 17 日，越、老、柬第五次外長會議在萬象舉行。會議結束後的聯合公報除了一如既往地強調印支三國之間的關係和合作外，還表示願與泰國討論有關穩定柬泰邊界局勢的任何建議，並首次提出在接觸之後，越南和柬埔寨將商定從柬部分撤軍的事宜。另外值得注意的是公報在攻擊中美對印支三國的威脅的同時，還宣稱願同中國恢復正常關係，要求中國就簽署和平共處條約的建議作出回答。[3]

　　對於越南提出的建議，中國在公開場合自然是嗤之以鼻，將其稱之為「玩弄騙局」，「竭力挑撥東盟國家與中國的關係」。1982 年 2 月下旬，中國國務院總理趙紫陽在北京接待喬森潘率領的民柬代表團時，一如既往地對越南進行了譴責並重申中國政府和人民將繼續支持柬埔寨的抗越鬥爭直至最後的勝利。[4] 不過通過其他一些跡象，中國亦察覺到，越南在 1982 年的確作出不少要和中國緩和關係的姿態。包括 4 月 14 日向中

1　當前柬埔寨抗越鬥爭形勢（1982 年 3 月），成都軍區政治部聯絡部、雲南省社科院東南亞研究所：《柬埔寨問題資料選編（1975 — 1986）》（下），第 54 頁。

2　當前柬埔寨抗越鬥爭形勢（1982 年 3 月），成都軍區政治部聯絡部、雲南省社科院東南亞研究所：《柬埔寨問題資料選編（1975 — 1986）》（下），第 55 頁。

3　中共中央對外聯絡部二局：《越南、老撾、柬偽十次外長會議簡況》（1985 年 7 月 4 日），第 5 頁。

4　《人民日報》，1982 年 2 月 22 日。

方提交一份備忘錄，重申支持中國對台灣問題的立場，5 月和 7 月，以越中友協的名義兩次對中國部分地區遭受水災表示慰問，到 9 月份，越方還曾照會中國外交部，表示願與中國在任何級別、任何地方進行接觸，以便為恢復第三輪談判作些準備工作。另外，同一時期，越報刊在反華宣傳方面也有了一些變化，其基調雖沒有變，但對中國和中國領導人攻擊的數量、力度都明顯減少了，對北部邊境衝突的報道也大大下降。[1]

　　越南方面的這些動作雖小，但實則是其對自身戰略和策略利益考慮的反映。特別是在越國內經濟困難，問題重重的境況之下尤為引人注目。1982 年 3 月 27 日至 31 日，越南共產黨召開第五次全國代表大會，黎筍在做政治報告時，史無前例地代表中央作了「嚴格的自我批評」，承認越南經濟面臨「許多尖銳的問題」，未能完成四大確定的目標，導致人民的吃穿用度等基本問題仍未得到解決。[2] 加之在越黨內部特別是高級幹部中存在着對黨的路線的不同看法，廣大幹羣對於抗中反華多流露出妥協、厭倦思想，內外人心浮動，[3] 在這種情況下，越南方面有意在對蘇關係不變，繼續佔領柬埔寨的前提下打開與西方及東盟的經濟關係局面，而這條道路上處處都會碰到中國的影響和壓力，因此，如果中越關係能有所鬆動，對越各方面是極為有利的。[4]

　　另一個不可忽視的因素是來自蘇聯的影響。1982 年 3 月 24 日，勃列日涅夫在中亞塔什幹的一次授勳大會上闡述蘇聯對亞洲政策時，表示

1　新華通訊社：《越作出許多同我緩和關係的姿態》，《國際內參》（1982 年 8 月 29 日，第 68 期），第 6-7 頁。

2　"Báo cáo chính trị của Ban Chấp Hành Trung ương Đảng, tại Đại Hội đại biểu toàn quốc lần thứ V do đồng chí Lê Duẩn, Tổng Bí thư Ban Chấp hành Trung ương Đảng trình bày" (27-3-1982), *Văn kiện Đảng toàn tập* (tập 43), Hà Nội : Nhà xuất bản Chính trị quốc gia, 2005, tr.47-49.

3　"Báo cá về xây dựng Đảng của Ban Chấp hành Trung ương Đảng tại Đại hội đại biểu toàn quốc lần thứ V do đồng chí Lê Đức Thọ, Uỷ viên Bộ Chính trị Ban Chấp hành Trung ương Đảng trình bày" (27-3-1982), *Văn kiện Đảng toàn tập* (tập 43), tr.260-261.

4　新華通訊社：《越作出許多同我緩和關係的姿態》，《國際內參》（1982 年 8 月 29 日，第 68 期），第 8 頁。

有意調整對華政策，釋放出希望改善中蘇關係的信號。[1]蘇聯的這一舉動對於越南來說顯然有些措手不及，因為就在 3 月 27 日的越共五大上，黎筍在其政治報告中仍用了相當大的篇幅公開攻擊中國是「最直接、最危險的敵人」，稱越南正面臨着中國從軍事、政治、經濟、文化等方面以許多不同的力量和手段進行的破壞性戰爭，同時還面臨着中國大規模戰爭的威脅。[2]這些表述顯然是與蘇聯不合拍的，以至於越報刊在 3 月 26 日刊登勃列日涅夫講話時，還刪去了蘇聯領導人承認中國是社會主義制度和支持中國解決台灣問題的內容。[3]而同樣是在五大的政治報告中，越南依傍蘇聯，發展印支三國「特殊關係」的路線也得到了進一步強化。如蘇聯被說成是「最強大、最可靠的盟友」，同蘇聯的合作被認為是越南「對外政策的基石」，這與越共四大的表述相比，蘇聯被拔得更高。同時越南與老、柬關係的提法也大大前進了一步，印支三國被形容為「生死攸關」的「戰鬥聯盟」，越南將決心盡自己的「國際主義義務」。[4]

　　從越共五大報告有關對外關係的相關表述中可以看出，越南對於「越蘇戰略合作關係」決定性地位的定性沒有絲毫疑問，這也意味着越南的地區戰略目標必須建立在取得蘇聯的支持的基礎之上，特別是自越柬戰爭爆發以來，蘇聯的援助已經成為越南維繫柬埔寨戰局和其國內捉襟見肘的經濟局面的前提。但「越蘇戰略合作關係」顯然並不是對等的，越南對於蘇聯的依賴程度要遠甚於蘇聯對越南的需要，當蘇聯認為有必要從全球戰略利益的角度對外交政策進行調整時，越南亦不得不進行一定

1　沈志華主編：《中蘇關係史綱 —— 1917 — 1991 年中蘇關係若干問題再探討》（增訂版），第 467-469 頁。

2　成都軍區司令部情報部編：《越南軍事大事記》，第 143 頁。

3　新華通訊社：《越作出許多同我緩和關係的姿態》，《國際內參》（1982 年 8 月 29 日，第 68 期），第 8 頁。

4　"Báo cáo chính trị của Ban Chấp Hành Trung ương Đảng, tại Đại Hội đại biểu toàn quốc lần thứ V do đồng chí Lê Duẩn, Tổng Bí thư Ban Chấp hành Trung ương Đảng trình bày" (27-3-1982), *Văn kiện Đảng toàn tập* (tập 43), tr.142-143.

的迎合。對於這一點，越南也十分清楚，其外長阮基石即承認，越蘇在一些問題上「也肯定有不一致的方面。我們需要為地區性的緩和而努力，而蘇聯必須為世界範圍的緩和而努力，這有細緻的差別。」[1] 而這種差別也導致了越南對於蘇聯外交政策的變化，特別是中蘇之間出現的一些緩和跡象極為敏感和關注。

1982 年 8 月 10 日，也即中美「八一七」公報簽訂前一周，中國通過外交渠道第一次正式向蘇聯方面提出解決所謂「三大障礙」的問題，並建議蘇方先從勸說越南從柬埔寨撤軍做起。[2] 對此，越南方面十分關注，並在隨後向蘇聯通報了自己在柬埔寨和中越關係問題上的立場。為顯示對蘇聯的配合，越南還表示將會就相關問題同中國直接談判。[3] 而在此之前，7 月 6 日至 7 日在胡志明市召開的越老柬第六次外長會議已公開宣稱，越柬已商定先走一步，決定從柬撤出一些軍隊。並會根據泰柬邊境情況和泰國的反應，考慮今後繼續從柬撤軍。[4] 7 月 14 日，越南首次宣佈從柬埔寨部分撤軍共 2 萬餘人。[5]

越南的撤軍舉動自然同樣具有向外界展示緩和姿態的意圖，但這並不表示河內方面在柬埔寨的政策即將發生重大轉變。因為在這個問題上，來自蘇聯的支持看上去依舊是堅挺的。自 1982 年 10 月 5 日中蘇副部長級特使會談在北京舉行以來，面對中方提出的有關蘇聯應採取實際措施消除對中國的安全威脅的要求，特別是首先要停止支持越南侵略柬埔寨，勸說越南從柬撤軍的建議，蘇聯一方始終堅持中蘇關係的正常化

1 《參考消息》，1983 年 11 月 29 日。

2 沈志華主編：《中蘇關係史綱 —— 1917 — 1991 年中蘇關係若干問題再探討》（增訂版），第483 頁。

3 Bộ Ngoại giao, *Ngoại giao Việt Nam 1945 – 2000*, Hà Nội : Nhà xuất bản Chính trị quốc gia-Sự thật, 2020, tr.313.

4 中共中央對外聯絡部二局：《越南、老撾、柬偽十次外長會議簡況》（1985 年 7 月 4 日），第6 頁。

5 成都軍區司令部情報部編：《越南軍事大事記》，第 145 頁。

不應當涉及「第三國」，不願鬆口，致使雙方的協商最終無果而終。[1] 值得
注意的是，在中蘇接觸的同時，10 月 4 日至 8 日，由長征率領的越南黨
政代表團在莫斯科同蘇聯最高領導人勃列日涅夫舉行會談並重申了相互
間的信任和支持。[2] 這也進一步印證了越南繼續維持在柬埔寨軍事存在的
底氣所在。

　　而另一個令越南難以在短時期間從柬埔寨抽身的因素則是來柬國內
形勢的變化。自 1982 年 6 月柬抗越力量三方領導人 —— 西哈努克、喬
森潘和宋雙正式宣佈成立民主柬埔寨聯合政府後，在一段時間裏出現了
柬各方力量團結抗越的局面。特別是利用聯合政府的旗幟，柬三方從國
際上陸續爭取到來自美國、中國等處的援助，抗越力量活動日趨頻繁。
在 1982 年 11 月開始的第四次旱季攻勢中，越軍曾集中力量重點進攻柬
西部邊境地區民柬營地，先後攻佔宋雙、民柬和西哈努克部隊的營地和
基地。但收效依然甚微，抗越武裝趁越軍在柬內地兵力薄弱之際，投入
近三分之一的主力跳出柬泰邊境進入馬德望、暹粒、菩薩省西部平原地
區開展游擊活動，拔除據點，破襲交通線，甚至在一些地方建立了游擊
區，形成「兩個區域，兩個政權，兩支軍隊」共存的現象。[3] 這對於越南來
說委實是一個十分尷尬的局面。因為就在 1983 年 2 月下旬，印度支那三
國高級會議在萬象召開。越老柬三國領導人匯集於此，意在向外界宣示
三國間「固有的團結情誼、戰鬥聯盟和全面合作傳統」並無絲毫動搖，
而是得到了進一步的強化鞏固。[4] 特別是此次會議還專門發表了《關於在柬
埔寨的越南志願軍的聲明》，承諾每年都將撤回一部分駐柬越軍，直至最

1　錢其琛：《外交十記》，北京：世界知識出版社，2003 年，第 11 頁。

2　Nguyễn Thị Hồng Vân, *Quan hệ Việt Nam-Liên Xô, 1917-1991: những sự kiện lịch sử,* tr.413.

3　Chu Văn Lộc, *Đoàn chuyên gia quân sự 478 trong thực hiện nhiệm vụ quốc tế ở Campuchia (1978-1988),* tr.71-72.

4　"Hội nghị Cấp cao ba nước Đông Dương" (22-2-1983), *Lịch sử quan hệ đặc biệt Việt Nam-Lào, Lào-Việt Nam, 1930-2007 : Biên niên sự kiện* (vol II), tr.234.

後在條件成熟時會撤出所有在柬埔寨的越南軍隊。[1] 其中透露出的安撫國際輿論的意味十分明顯。

但外界對於越南的一系列動作反應冷淡。在 3 月份先後舉行的不結盟國家外長會議和東盟國家外長會議上，與會各國重申了要求從柬埔寨撤出一切外國軍隊，尊重柬埔寨主權、獨立和領土完整的主張。[2] 正是在這樣一種背景下，儘管一再堅稱「中國的威脅」是影響從柬埔寨撤軍的根本因素，越南在柬埔寨的軍事行動也不得不有所克制。在 4 月底柬埔寨戰場進入雨季後，越軍陸續從柬泰邊境一線收縮兵力，加強對城鎮、據點的防守。1983 年 4 月，越共中央政治局發佈決議，強調在當前新階段加強與老、柬的全面團結合作具有比任何時候都更加重要的意義，並提出了在三國互助合作中應落實的各項具體任務。[3] 這突顯出越南決策層在軍事行動未能完全奏效的情況下，通過進一步強化印度支那三國特殊關係新秩序以抵禦內外壓力的想法。

第二節　冷戰格局盡頭的調整

一、印支三國新秩序的動搖

1983 年 11 月，柬埔寨戰場進入第五個旱季。駐柬越軍起初仍主要進行小規模清剿作戰，以小制小，尋殲民柬小股武裝。但在進入 1984 年之後，越軍行動明顯升級，繼 3 月起集中兵力突襲西部邊境地區民柬後勤

1　關於在柬埔寨的越南志願軍的聲明（1983 年 2 月 23 日），成都軍區政治部聯絡部、雲南省社科院東南亞研究所：《柬埔寨問題資料選編（1975 — 1986）》（下），第 122 頁。

2　關於在柬埔寨的越南志願軍的聲明（1983 年 2 月 23 日），成都軍區政治部聯絡部、雲南省社科院東南亞研究所：《柬埔寨問題資料選編（1975 — 1986）》（下），第 122 頁。

3　"Nghị quyết của Bộ Chính Trị về tăng cường đoàn kết, hợp tác toàn diện với Lao và Campuchia trong giai đoạn mới" (11-4-1983), *Văn kiện Đảng toàn tập* (tập44), Hà Nội : Nhà xuất bản Chính trị quốc gia, 2006, tr.82-84.

基地和運輸通道後，還對宋雙總部和民柬控制的馬亨山發動進攻。此外越軍在 3、4 月間還首次出動空軍支援地面作戰。[1] 一系列跡象預示着越南在柬埔寨的軍事行動的思路正在發生變化，而導致這種變化出現的原因即是對於越南來說更加緊迫的內外處境。

一方面，在 1984 年上半年，柬國內抵抗力量繼續將戰局推向中部地區，洞里薩湖周圍四省以及外圍的磅士卑（Kampong Speu）、戈公（Kaoh Kong）等省份都出現抗越武裝力量的活動，民柬控制的國民軍甚至深入到柬腹地伸展至金邊周圍，打亂了越軍想把抵抗力量逼迫並殲滅於柬泰邊境的戰略部署。[2] 另一方面，自 1983 年下半年以來，越南在外交領域的被動局面並無改觀。特別是第 38 屆聯大再次以 105 票對 23 票的壓倒多數通過決議，要求越南從柬埔寨撤軍。對此，越南採取了避開聯大體系的做法，在 1983 年聯大上不再提出韓桑林政權代表柬埔寨的提案，轉而在會外試圖尋求外交突破，其孤立狀況可見一斑。此外，大國關係在這一時期的持續調整也不可避免地對越南施加了一定的心理壓力。

從 1983 年秋開始，中美關係在經歷了一段時期由於華盛頓方面執意向台灣出售武器而導致的動盪之後，重新出現升溫。1984 年上半年，兩國領導人實現互訪，使兩國關係在一段時間內相對穩定下來。[3] 同一時期，中國與蘇聯、東歐國家關係改善和發展的趨勢仍在持續，相互間的接觸越來越多，並釋放出更多積極的信號。1983 年 8 月，蘇聯新領導人安德羅波夫（Vladimirovich Andropov）在接受《真理報》採訪時認為，中蘇關係「出現了某種積極的趨勢」，在表述上對中蘇之間「三大障礙」涉及第三國的內容進行了調整，也即從「不要涉及第三國」改為「不要損害

1　成都軍區司令部情報部編：《越南軍事大事記》，第 145 頁。

2　1984 年是柬埔寨局勢發展重要的一年（1985 年 1 月 5 日），成都軍區政治部聯絡部、雲南省社科院東南亞研究所：《柬埔寨問題資料選編（1975 — 1986）》（下），第 191 頁。

3　陶文釗：《中美關係史（1972 — 2000）》，上海：上海人民出版社，2004 年版，第 160-167 頁。

第三國的利益」，並為中國領導人所察覺。[1]這一變化雖然細微，但卻反映出蘇聯新領導人在蘇聯擴張性對外政策已走到盡頭的情況下，有意嘗試改變日益被動的戰略處境。[2]此外，在 1984 年 4 至 5 月間，為繼續對越南在印支地區的擴張活動進行懲罰，並為中國境內邊民的生產、生活清除威脅，中國軍隊先後在中越邊境老山、者陰山、八里河東山地區實施堅守防禦作戰，奪取上述地點的騎線點，並在 7 月份擊退了越軍的大規模反撲。[3]由此使得越南在北方面臨的軍事壓力再次升級。

面對上述情況，越南方面不可避免地對地區形勢作出更加嚴峻的判斷。越共中央認為：進入 1984 年以後，「國際反動力量及帝國主義與各種敵對勢力相互勾結」，對越南實施更加嚴厲的包圍、孤立。這些敵人的手段就是利用「柬埔寨問題」作為工具對抗越南的革命事業，企圖限制蘇聯在東南亞的影響並藉此鼓動老撾人和柬埔寨人反對越南。從世界、地區和柬埔寨國內實際情況出發，在未來三到五年裏，越南將完成從柬埔寨撤出所有志願軍和專家顧問，集中精力在越老柬三國戰略聯盟的框架下保衛和建設祖國。本着幫助柬埔寨既是越南的民族任務，又是越南黨的國際義務，柬埔寨革命與越南革命息息相關的立場，當前首要的任務就是粉碎柬國內的反動力量和散兵游勇，特別是波爾布特集團的殘兵。[4]

遵照這一指導思想，自 1984 年 5 月柬埔寨戰場進入雨季始，越軍吸取了六年多來作戰的經驗教訓，制定了一套以正規戰為主，游擊戰為輔的新的作戰方案。具體措施包括：在雨季一反過去收縮據點、整頓待戰的做法，通過連續作戰，保住運輸線，將大量火炮、坦克和彈藥運至

1　中央文獻研究室編：《鄧小平年譜》第五卷，第 234 頁。

2　沈志華主編：《中蘇關係史綱 —— 1917 — 1991 年中蘇關係若干問題再探討》（增訂版），第 497-498 頁。

3　成都軍區司令部情報部編：《越南軍事大事記》，第 151-152 頁。

4　Chu Văn Lộc, *Đoàn chuyên gia quân sự 478 trong thực hiện nhiệm vụ quốc tế ở Campuchia (1978-1988)*, tr.86-89.

柬埔寨西部地區，同時繼 1979 年上半年增兵六萬人之後第二次大規模增調部隊約四萬人，使總兵力達到十九萬。另外在作戰時採用集中兵力重點進攻的戰術，首先依靠重武器沿柬泰邊境向抵抗力量營地發動全面進攻，然後封鎖柬泰邊境，切斷通往抵抗力量的所有運輸補給線。[1]

　　1984 — 1985 年的旱季攻勢是越南發動侵柬戰爭以來最為猛烈的一次。其目的在於掃蕩柬國內抵抗力量設在柬泰邊界的指揮機關，企圖將在柬內地作戰的部隊吸引到邊境地區加以殲滅，同時封鎖抵抗力量在柬泰邊境地區的國際援助通道，阻止民柬部隊深入內地作戰。另外，在國際上亦可動搖民柬聯合政府在聯合國的地位，破壞聯合政府三派的團結，削弱東盟國家對民柬聯合政府的支持。[2] 從結果來看，越軍的作戰能力和後方支援在此次旱季作戰中表現不錯，在軍事上佔據了主動，實現了六年多來所未達到的奪取柬泰邊境的目的。民柬和宋雙方面，事先估計太樂觀，遭遇了不小的挫折。其中宋雙的營地幾乎全部丟失，民柬除少數地區外，包括梅萊山總部在內的大部分營地失守，西哈努克的部隊也被迫撤離總部。之後，越軍並未像往年那樣將營地燒毀後退去，而是派兵駐守下來，使抗越三派與其根據地分離，失去後方支持。威脅並阻礙了抗越力量從邊界向內地的軍事運輸。儘管通道未被封死，但運輸時間要比之前長三分之一以上，還需派兵保護通道，牽制了一部分兵力。[3]

　　此外，越南的軍事攻勢也為其在國際上挺直腰桿提供了支持，1985 年 1 月 17 至 18 日，越、老、柬第十次外長會議於胡志明市舉行。越外長阮基石在致開幕詞時稱，柬埔寨局勢不可逆轉，再過若干年柬埔寨問

1　新華通訊社：《柬埔寨戰場旱季作戰形勢分析》，《內參選編》（1985 年 5 月 8 日，第 10 期），第 29 頁。

2　新華通訊社：《柬埔寨戰場旱季作戰形勢分析》，《內參選編》（1985 年 5 月 8 日，第 10 期），第 29 頁。

3　1985 年的柬埔寨戰局和越南的陰謀（1986 年 1 月 2 日），成都軍區政治部聯絡部、雲南省社科院東南亞研究所：《柬埔寨問題資料選編（1975 — 1986）》（下），第 239 頁。

題將不復存在，並提出了以排除紅色高棉為核心內容的一攬子解決柬埔寨問題的「五點建議」，其主旨是要求在越撤軍的同時，必須確保波爾布特及其同夥被排除在柬政府權力核心之外，表現出的態度相當強硬。[1]隨後，在 4 月 3 日至 6 日，蘇聯副外長賈丕才（Capitsa）在對包括越南在內的東南亞國家進行訪問時，為越南提出的解決柬問題的主張大唱讚歌，[2] 在此背景下，不少國家如印尼、澳大利亞等對民柬聯合政府的前途和地位產生悲觀情緒，認為民柬聯合政府在本國已無立足之地。甚至一向堅定支持民柬的泰國也受此輿論影響，妥協主張泛起。[3]

　　1985 年 4 月，越共中央召開特別會議，對柬埔寨戰場和國內外形勢進行全面評估，確定外交與軍事配合，加速軍事解決柬問題的行動方針。決定要在第六個旱季攻勢（1984 年 11 月—1985 年 4 月）得手的基礎上，趁熱打鐵，鞏固柬泰邊境封鎖線，同時要在內地進行中小規模的清剿，重點清剿洞里薩湖沿岸和桔井、磅湛交界地區。[4] 越軍下一步行動方向的調整反映出柬埔寨戰局的焦點正在發生變化。從實際情況來看，在越軍大舉進攻後，民柬國民軍主動撤民毀營，宋雙派和西哈努克派也採取以退為進的對策，所以民柬三派所屬營地的居民和兵力損失並不大。而柬泰邊境地區的丟失，反而促使柬抗越力量橫下心來深入內地，集中兵力於內地作戰。到旱季作戰末期，柬抗越力量已將其二分之一的兵力投入洞里薩湖沿岸及湄公河以東等內地戰場，同時三派的大型居民營地也在聯合國的救濟和泰軍的護衛下撤往泰國境內。[5]

1　中共中央對外聯絡部二局：《越南、老撾、柬偽十次外長會議簡況》（1985 年 7 月 4 日），第 9 頁。

2　Nguyễn Thị Hồng Vân, *Quan hệ Việt Nam-Liên Xô, 1917-1991: những sự kiện lịch sử*, tr.452.

3　新華通訊社：《東埔寨戰場旱季作戰形勢分析》，《內參選編》（1985 年 5 月 8 日，第 10 期），第 31 頁。

4　成都軍區司令部情報部編：《越南軍事大事記》，第 156 頁。

5　1985 年的東埔寨戰局和越南的陰謀（1986 年 1 月 2 日），成都軍區政治部聯絡部、雲南省社科院東南亞研究所：《東埔寨問題資料選編（1975—1986）》（下），第 240-241 頁。

　　對此，從 1985 年 5 月柬埔寨戰場進入雨季起，越軍在旱季攻佔柬泰邊境全部民柬營地的基礎上，開始實施所謂的「K-5 防禦計劃」，徵用近十萬名柬埔寨民工在 720 公里長柬泰邊境構築一條由地雷、鐵絲網、壕溝等障礙組成的封鎖線，封鎖民柬通道，鞏固旱季戰果。同時繼續加強對內地民柬武裝的清剿。[1] 從整體形勢來看，到 1985 年下半年，越軍不但繼續控制着柬內地各城市和重要交通線，而且還佔據了柬泰邊境各重要據點，分散在廣大農村和山林的抗越力量儘管活動空間較大，但由於運輸困難，只能小規模出擊，處境較為困難。而為了封鎖柬泰邊境地區，越軍也不得不將全部 12 個師中的 9 個以及金邊政府軍隊 6 個師中的 5 個用於把守邊境沿線要點，導致其兵力更加分散，從而極大地影響了在上丁、桔井、磅湛等內地的圍剿活動。因此雙方在事實上仍處於對峙僵持的局面。[2]

　　而國際上對於越南的此次旱季作戰作出的反應也並非都是河內所樂見的。在越軍已推進至柬泰邊境之際，越南對泰國構成的直接威脅，已引起東盟、西方國家乃至聯合國的嚴重關切。泰國及部分東盟國家已發表聲明要從軍事上支持民柬的抗越鬥爭，並呼籲國際社會向柬埔寨抗越各方提供武器裝備。美國里根（Ronald Reagan）政府亦開始改變態度，公開支持民柬聯合政府中宋雙派和西哈努克派的抗越鬥爭，並決定增加對泰國的武器援助計劃。1985 年 3 月，美國眾議院通過決議，計劃通過泰國向柬埔寨非共派抵抗力量提供 500 萬美元的武器。此後，里根總統又批准了向柬埔寨提供價值 800 萬美元的非殺傷性裝備（包括服裝、藥品、食品、通信設備和情報資料）的新計劃。[3] 至於中國，則一如既往地表

1　成都軍區司令部情報部編：《越南軍事大事記》，第 151-152 頁。
2　成都軍區司令部情報部編：《越南軍事大事記》，第 158 頁。
3　新華通訊社：《美國在第三世界支持「反叛力量」的新戰略》，《內參選編》（1985 年 10 月 2 日，第 31 期），第 32 頁。

達了對柬埔寨抗越鬥爭的堅定支持，[1] 按照中方領導人的說法，民柬「哪怕只剩下 1000 人，也要支持它」。[2] 此外，在當年的第三十屆聯大上，投票贊成要求越南從柬埔寨撤軍的決議的國家達到了 114 個，為七年來最多的一次，投反對票的為 21 個國家，為歷年最少，由此可見越南的軍事行動正在使自己在國際上進一步趨於孤立。

　　但即便如此，對於越南來說，在柬埔寨的軍事行動的升級依然是必要的。特別是考慮到此時中蘇關係「正常化」的前提條件正在進一步聚焦於柬埔寨問題，越南方面有理由相信：在柬埔寨的內地和邊境要堅持進行鬥爭，克服一切複雜困難和壓力，才能鞏固和發展已有的形勢。[3]1985 年 3 月，戈爾巴喬夫（Mikhail Sergeyevich Gorbachev）在當選蘇共中央總書記伊始，即向外界表示，蘇聯希望同中國的關係能有重大改善，「只要雙方都願意，這是完全可能的。」[4] 一個月之後，鄧小平在與英國前首相希思（Edward Heath）會談時提到，消除中蘇關係間三大障礙，蘇聯人比較容易做而無任何損失的是，讓越南人從柬埔寨撤出去。[5] 這裏，中國領導人再一次重複了自 1982 年以來的觀點：他們似乎相信蘇聯應當可以對河內加以約束。但事實上，無論是從意願還是能力上來說，莫斯科在柬埔寨問題上的態度都十分勉強。一方面，自勃列日涅夫以來的蘇聯決策層特別是軍方領導人並不願意輕易放棄在印度支那取得的陣地，[6] 另一方面，種種跡象表明，越南對蘇聯並不完全信賴，特別是在改善中蘇關係問題上，蘇聯的很多活動是越過越南展開的，只是在受到越南抵制之後，蘇

1　中央文獻研究室編：《鄧小平年譜》第五卷，第 396 頁。

2　中共中央對外聯絡部編：《中聯部老部領導談黨的對外工作》，《關於柬埔寨問題和中柬兩黨關係》，2004 年 4 月，第 92 頁。

3　Chu Văn Lộc, *Đoàn chuyên gia quân sự 478 trong thực hiện nhiệm vụ quốc tế ở Campuchia (1978-1988)*, tr.116.

4　《參考資料》，1985 年 3 月 12 日。

5　中央文獻研究室編：《鄧小平年譜》第五卷，第 339 頁。

6　蘇共中央政治局會議記錄：關於擴大對華貿易及國際局勢的討論（1983 年 5 月 31 日），РГАНИ，ф.89，оп.42，д.53，л.1-14.

方才作出一些讓步。[1] 因此，即便是對中蘇關係正常化抱有誠意的戈爾巴喬夫，也很難通過督促越南解決柬埔寨問題來向中國示好。

不過這位蘇聯新領導人也並非完全沒有對河內方面進行引導。1985年6月26日至7月1日，黎筍率越黨政代表團訪問蘇聯，期間，戈爾巴喬夫除了同意向越南增加經濟援助和優惠貸款並推遲償還債務外，還與越南領導人就與中國的關係進行了會談，在會後雙方的《聯合宣言》中，蘇越領導人都表示希望同中國實現關係的正常化。[2] 此後，在8月15日至16日於金邊舉行的第十一次印支三國外長會議上，越南對外界宣稱，旨在實現越中兩國關係正常化的談判「時機已經到來」，提出了有關柬埔寨問題全面政治解決的五點立場，同時通報越南最遲會在1990年甚至更早一些從柬埔寨全部撤軍，柬埔寨人民共和國將隨時準備同除波爾布特以外的高棉各派別、個人或集團對話。[3] 儘管中國仍將越南的這些言論斥責為玩弄伎倆，欺騙國際輿論，但實事求是地說，無論是設定撤軍時間表，還是擺出願意同柬抗越力量進行接觸的姿態，都顯示出越南在柬埔寨問題上的一些立場正在軟化，而由此可能給中越關係帶來的彌合契機自然是符合蘇聯的意願的。

1985年10月9日，中國領導人鄧小平在會見羅馬尼亞共產黨總書記齊奧塞斯庫（Nicolae Ceausescu）時，請他給戈爾巴喬夫帶個口信：如果蘇聯同中國達成諒解，越南從柬埔寨撤軍，而且能夠辦到，鄧本人或者總書記胡耀邦願意同戈爾巴喬夫會面，甚至可以破例去莫斯科。[4] 中國領導人的這一表態實質上是把中蘇關係的正常化與蘇聯勸說越南從柬埔寨撤軍直接掛鈎，其背景是中國的國家安全和發展戰略在這一時期發生的

1　總參謀部情報部編：《日本外務省專職調查員報告：越南近況》，1985年8月，第23-24頁。
2　《參考資料》，1985年6月30日。
3　劉文利著，中國現代國際關係研究院譯，《越南外交50年（1945—1995）》下，2007年，未刊，第394頁。
4　中央文獻研究室編：《鄧小平年譜》第五卷，第384頁。

巨大變化：來自北方的蘇聯的安全威脅已趨於解除，而南方印度支那地區的衝突已成為可能干擾其改革和現代化建設的掣肘之患。對於中國領導人傳遞過來的信號，戈爾巴喬夫作出的回應是迅速的，但具體就柬埔寨問題的解決而言，蘇聯方面依舊存在顧慮，沒有下定決心走出關鍵一步。[1] 因此，至少在 1986 年年中之前，蘇聯做到了頂着中蘇關係正常化遲遲無法突破的壓力，在柬埔寨問題上最大限度地為越南提供了庇護。這也可以說明為什麼在 1986 年 3 月，民柬聯合政府三方提出政治解決柬埔寨問題的「八項建議」後，越南依然有底氣可以頂住國際輿論的批評，以不承認民柬聯合政府為由拒絕予以接受。[2] 但這種看似強硬的姿態並不能改變國際形勢的變動給印支國家間關係帶來的深刻影響。從 1985 年下半年開始，越南已同意金邊政府派遣代表與西哈努克方面商談未來的政治合作事宜，這表明越南曾極力維護的具有強烈排他性的越柬關係秩序正在鬆動。[3] 此外，越南與老撾之間的關係模式在這一時期發生了一些微妙的變化。

　　自 1982 年底中蘇副外長展開磋商，老撾黨內外亦開始湧動借中蘇關係改善帶動中老關係改善的情緒。在注意到中蘇兩國政治關係雖未有實質性進展，而兩國間的經貿、科技、文教合作與來往都有了較大的恢復和發展，且東歐各國的黨政領導人紛紛訪華，同中國改善和發展關係，老撾領導人也認為同中國改善關係的「時機」已經到來，一些老撾官員在同中國使館人員的交談中曾多次表示希望中國能「抓住機會」。[4] 1985 年 12 月 2 日，老撾黨和政府領導人凱山·豐威漢在慶祝共和國建立 10 周年

1　沈志華主編：《中蘇關係史綱 —— 1917 — 1991 年中蘇關係若干問題再探討》（增訂版），第 510-515 頁。
2　民柬聯合政府提出八點建議後的反應（1986 年 3 月 31 日），成都軍區政治部聯絡部、雲南省社科院東南亞研究所：《柬埔寨問題資料選編（1975 — 1986）》（下），第 289-291 頁。
3　劉文利著，中國現代國際關係研究院譯，《越南外交 50 年（1945 — 1995）》下，第 366 頁。
4　中共中央對外聯絡部：《老撾黨執政後的中老關係》，1986 年 12 月 31 日，第 2 頁。

的大會上講話，不再攻擊中國，而是「誠摯地感謝」中國對老撾抗美救國鬥爭的支持和援助，並表示「希望在和平共處五項原則基礎上恢復老撾和中國的政策關係」。[1]

　　老撾之所以在這一時期以一種較為積極主動的姿態頻頻向中國示好，從根本上來說是其自身需要的驅動。建國十年來，老撾的政局雖趨於穩定，經濟建設也取得了一些成績，但由於深受越南控制，各方面均不能自主，其內部的不滿情緒一度較為強烈，一些對老撾黨親越反華政策有不滿言行的幹部相繼被逮捕、撤換、送往河內「學習」或逃往國外。特別是 1982 年 4 月老撾黨三大前後，對中央、地方各黨政部門的領導班子進行了一次大改組，並不斷進行「老越特殊關係」的思想灌輸，但黨內外的不滿情緒和反抗行動依舊廣泛存在，一些國內的反政府武裝組織還有零星的活動，外逃事件仍時有發生。[2] 在經濟上，由於政策時緊時鬆，加上經濟基礎薄弱、嚴重缺乏資金、原料、技術和人才等原因，仍面臨許多困難和問題。財政入不敷出，連年出現赤字，外貿逆差嚴重，生活用品和生產資料絕大部分依賴蘇、越等國的外援和進口，商品短缺、物價上漲，市場供應始終沒有好轉。民眾對此意見很大，私下裏常說「大哥（蘇聯）離得太遠了，三哥（越南）太窮了，都靠不住，最終還得靠二哥（中國）」。[3] 因此老撾在改善與中國關係問題上的主動姿態正反映出其尋求改善國際處境和經濟狀況的急切心態。

　　當然，老撾方面與中國的主動接觸應當是得到了越南的認可，並且在越老「特殊關係」依舊存在的框架之下，老撾對於同中國的接觸依舊是小心翼翼，其領導人在私下裏就表示過，改善中老兩國關係同地區形勢有關，「要慢慢來」。[4] 但老撾在越南之前嘗試與中國復合本身就是一個

1　雲南省公安邊防總隊：《中國公安邊防》（雲南卷·下冊），第 1067 頁。

2　中共中央對外聯絡部二局：《老撾黨執政的十年》，1986 年 3 月 31 日，第 2 頁。

3　中共中央對外聯絡部：《老撾黨執政後的中老關係》，1986 年 12 月 31 日，第 3 頁。

4　中共中央對外聯絡部：《老撾黨執政後的中老關係》，1986 年 12 月 31 日，第 2 頁。

重要的信號，這既表明了印支國家已經普遍認識到順應和配合中蘇關係改善國際大趨勢的必要性，也反映出越南的地區戰略困境：河內方面自然希望老撾能夠繼續與其「同舟共濟」，但又不得不給未陷入柬埔寨戰爭泥潭的老撾留下一些活動的餘地，甚至還要考慮以老撾作為為之與中國牽線搭橋的工具。這樣一來，越老之間所謂的堅如磐石的「特殊關係」框架將不得不重新接納中國因素的影響，以越南為主導的印支國家間新秩序的動搖已不可避免。

二、革新與新思維

　　1986 年 7 月 10 日，越南最高領導人黎筍因病在河內去世。其繼任者長征面對的最為緊迫的挑戰是黎筍十多年經濟工作留下的沉重負擔。在黎筍逝世前三天舉行的學習越黨六大政治報告草案的幹部會議上，長征在發言中認為過去十年的經濟工作犯下了「很嚴重」的錯誤，包括在經濟結構佈局上忽視農業，偏重於大型重工業，貪大圖快，超出國家經濟能力；對非社會主義經濟成分的改造操之過急；物價、工資、貨幣改革造成嚴重後果；使用外援不當，浪費現象嚴重，十年來蘇聯成百億盧布的援助沒有發揮應有的作用。這些錯誤使得越南經濟比例嚴重失調，生產力受到束縛，社會產品十分匱乏，物價飛漲，通貨膨脹，市場混亂，人民生活日益困難，成百萬人失業。對此，長征強調，要從過去的錯誤中吸取教訓，今後要在經濟思想、工作方法、人事制度等方面進行一系列改革，越南只有堅持改革才有出路。[1]長征的上述講話內容使外界覺察到在越共六大即將召開之前，越南領導層中推動變革的意願正在湧動。不過對於越南黨中央的路線，長征還沒有打算從根本上進行修正。在出席

---

[1] "Bài nói của đồng chí Trường Chinh tại Hội Nghị cán bộ nghiên cứu dự thảo báo cáo chính trị sẽ trình Đại Hội Đại Biểu Toàn Quốc Lần thứ VI của Đảng" (10-7-1986), *Văn kiện Đảng toàn tập* (tập47), Hà Nội : Nhà xuất bản Chính trị quốc gia, 2006, tr.139-153.

各級黨代會時，他一再肯定越共「四大」「五大」的路線是正確的。特別是在對外政策方面，長征上台後，越共繼續強調越蘇的「戰鬥團結」和「完全一致」，宣稱同蘇聯的全面合作是越對外政策的「基石」，仍攻擊中國是「擴張霸權主義」，並在政治解決柬問題上執意排除波爾布特，拒絕民柬「八點建議」。[1]。

1986 年 7 月 28 日，戈爾巴喬夫在海參崴授勛大會上發表講話，除了談國內問題外，主要講了蘇聯對亞太地區形勢的分析和政策，其中着重講了蘇中關係，提出了一些新的說法，作出了願改善蘇中關係的姿態。在談及「三大障礙」問題時，蘇聯領導人作了某些鬆動的表態，除了蘇蒙關係和阿富汗問題外，戈爾巴喬夫稱柬埔寨問題「取決於中越關係正常化」，是「兩國政府和領導人的主權事務」，解決問題「現在是良好時機」，蘇聯「只能對此表示關心」，沒有再提「不損害第三國利益」的說辭。[2]

海參崴講話是蘇聯迫於國內外形勢調整外交政策的一個重要信號。自八十年代初以來，蘇聯在其全球戰略中表現的愈發力不從心，1986 年 2 月的蘇共二十七大以後，蘇聯的經濟改革進行得不順利，國際上蘇美之間的軍備競賽也使得蘇聯國內「大炮和黃油」的矛盾越來越尖銳，戈爾巴喬夫希望改善蘇聯在國際上的處境，使其有利於國內的改革，其中緩和與中國的關係，以增強對付美國的地位，並借中國的改革成就推動蘇國內的改革成為戈氏考慮的一個重點。儘管在中國看來，戈爾巴喬夫的講話依舊把韓桑林政權同越南一起列入蘇聯的「朋友」之列，同時又把柬埔寨問題說得似乎與蘇聯無關，這表明蘇聯還不願放棄南下戰略，其中帶有很大的試探性。[3] 但也應看到蘇聯領導人已表現出在柬埔寨問題上不

1　中共中央對外聯絡部：《長征上台以來幹了些什麼》，1986 年 11 月 15 日，第 2-3 頁。

2　戈爾巴喬夫在給海參崴市授勛大會上的講話（1986 年 7 月 30 日），成都軍區政治部聯絡部、雲南省社科院東南亞研究所：《柬埔寨問題資料選編（1975 — 1986）》（下），第 295-296 頁。

3　新華通訊社：《戈爾巴喬夫海參崴講話初析》，《內參選編》（1986 年 8 月 20 日，第 34 期），第 25-26 頁。

願再向越南提供庇護的傾向，甚至是有意向外界表明已將解決問題的主
動權拋給了越南，這意味着河內方面在改善中越關係問題上將感受到更
大的壓力。

受此影響，在 1986 年下半年，越南的對華關係姿態進一步放低，長
征、阮文靈等越方領導人在多次講話中宣稱中越兩國有着共同利益，「隨
時準備在任何地方、任何時間、任何級別」同中國恢復談判，以「找出
雙方都能接受的辦法」，解決一切爭端。此外，越領導人和報刊指名攻擊
中國較前也有所減少，宣傳收發也有所改變。對劉伯承、葉劍英等中共
元老的逝世和魯迅周年紀念，越方都發表簡訊或紀念文章。同時還向中
國作出一些「和解」「友好」的姿態，設法增加同中方的接觸。在中國國
慶節前後，越南還主動歸還了一批被扣押的中國漁民，兩次建議在中越
邊境停止敵對行動。越黨報在頭版顯著位置全文刊載長征致中國國慶賀
電。此外，越南還積極爭取參加在華召開的國際會議和亞乒賽。[1]

對於越南的一系列示好舉動，中國堅持在越侵柬立場未變的情況
下，拒不給予積極響應。而對於老撾方面一再進行的試探，中國則作出
了相對積極的反應。1986 年 8 月中旬舉行的第十三次印支三國外長會議
公報對老撾提出的關於在五項原則基礎上同中國關係實現正常化的建議
表示歡迎，很快中國外交部發言人也作了相應的表示，希望共同努力，
使中老友好合作關係早日得到恢復和發展。[2] 隨後在 10 月 4 日，老撾外交
部約見中國駐老撾大使館臨時代辦，遞交備忘錄，提出就兩國關係正常
化問題舉行副外長級會晤。同年 11 月，老撾人民革命黨召開「四大」，
提出了「希望老中關係正常化」的主張。12 月 20 日至 25 日，中老兩國
副外長在萬象正式舉行會談。[3] 而之所以對越南和老撾採取區別對待的方

1　中共中央對外聯絡部：《長征上台以來幹了些什麼》，1986 年 11 月 15 日，第 2-3 頁。

2　雲南省公安邊防總隊：《中國公安邊防》（雲南卷 · 下冊），第 1067 頁。

3　新華通訊社：《從劉述卿訪問老撾看中老關係》，《內參選編》（1987 年 2 月 18 日，第 6 期），
　　第 26-27 頁。

針，一方面是由兩國對華關係的客觀現實差異決定的，另一方面也不免
包含了中國藉此分化越、老，加劇越南焦慮心態的目的。事實上，中國
在此時早已察覺並抓住了越方的急切心理。在與中方會談過程中，老撾
方面就曾委婉地替越南詢問過：「為什麼中國可以同蘇聯談，可以同美國
談，而不同越南談？」[1]此外，越南還曾嘗試通過蘇聯在蘇中第九輪政治談
判中向中方傳話，希望恢復越中談判，但依舊被中國回絕。[2]這些無不顯示
出越南在對華交涉過程中所處的相對被動的地位，並不斷刺激着越南決
策層逐步作出調整。

　　1986 年 12 月 15 日至 18 日，越南共產黨第六次全國代表大會在河
內舉行。此次大會是越南共產黨歷史上的一次重大事件，首先是越共領
導班子發生了很大變化。一些力主改革的人物走上主要領導崗位，接替
長征擔任中央總書記的阮文靈以及政治局前五名中的武志公、杜梅（Do
Muoi）、武文傑（Vo Van Kiet），一直主管或分管經濟，有實際工作經
驗，較講求實際，力主改革。而黎筍的親信如文進勇、素友（To Huu）、
朱輝珺沒有進入中央政治局，黎德壽宣佈引退，這也意味着越共中央支
持聯蘇反華、侵柬政策的力量受到很大削弱。從越共「六大」的政治報
告來看，對國內經濟問題的分析比較中肯，改變了「五大」以來優先發
展重工業的路線，從過去的好高騖遠、貪大圖快，變得比較接近實際，
提出「集中人力物力，努力實現糧食、食品、日用品和出口產品的計劃
目標」，「重新安排生產結構，對投資結構作重大調整」。[3]

　　在對外政策方面，越黨「六大」報告沒有出現根本性變化，但在措
辭上較「五大」更靈活一些。如其中重申越南要「繼續全力加強」同蘇

1　新華通訊社：《訪問老撾散記》，《內參選編》（1987 年 2 月 18 日，第 6 期），第 29 頁。
2　劉文利著，中國現代國際關係研究院譯，《越南外交 50 年（1945 — 1995）》下，第 395 頁。
3　"Báo cáo chính trị của Ban Chấp hành Trung ương Đảng Cộng sản Việt Nam tại Đại hội đại biểu toàn quốc
　lần thứ VI của Đảng" (15-12-1986), Văn kiện Đảng toàn tập (tập47), tr.714-715.

聯的「戰鬥團結」；「鞏固和發展」與老、柬的「特殊聯盟」。對中國不再
進行點名攻擊，且一再呼籲要同中國進行「談判」。另外值得注意的是，
一些堅持肯定越南對外政策的人物在「六大」上得到了提升，如外長阮
基石從上屆的政治局候補委員升至本屆政治局的第八位，並且他在「六
大」上也進行了發言，認為此次代表大會的政治報告「肯定了我黨的正
確對外路線」[1] 由此可見，越共「六大」在對外政策上的主張相對於經濟改
革的步伐來說要謹慎的多，而這一局面也反映出越黨內部改革派與保守
派之間存在的矛盾與妥協。

　　越共「六大」閉幕之後，在經濟改革逐步展開的同時，越南的外交
政策的確也在繼續沿着保守派的思路得以執行。在對華關係上，採取哀
兵政策，不斷宣傳越南在改善關係上的「誠意」，並通過羅馬尼亞領導人
繼續向中國傳話，希望進行祕密對話；對中越邊境地區的軍事衝突，有
意加以渲染，在國際上爭取對越南的同情，在柬埔寨問題上亦不斷向西
哈努克傳話，作出要和民柬政府接觸的姿態，以便向外界顯示自己的靈
活姿態。但實際上，越南外交的基本立場並無改變，雖然「六大」後其
領導人講話和報刊文章點名反華明顯減少，但影射攻擊依然不斷，對柬
埔寨問題，仍堅持排斥紅色高棉的主張。這種死硬的姿態在阮基石被任
命為部長會議副主席，被賦予更大權力後表現的更加明顯。[2]1987 年 3 月
上旬，蘇聯外長謝瓦爾德納澤（Eduard Shevardnaje）曾對河內進行過訪
問，一則向越南解釋蘇聯的亞太戰略意圖，二則試探越南從柬撤軍的條
件是否有鬆動的可能。但迅即招致越南外交部的回應稱：印支地區問題
應由地區人民解決，外部不得干涉。[3] 其頑固性由此可見一斑。

1　新華通訊社：《越南共產黨六大初析》，《內參選編》（1987 年 1 月 21 日，第 3 期），第 29 頁。
2　新華通訊社：《越南共產黨六大後政策動向》，《內參選編》（1987 年 4 月 8 日，第 12 期），第
　　24 頁。
3　新華通訊社：《謝瓦爾德納澤在河內的試探活動碰壁》，《內參選編》（1987 年 4 月 8 日，第 13
　　期），第 25-26 頁。

　　與此同時，越南高層仍將改善外部環境的突破點壓在中國身上。
1987 年 1 月，越共中央召集外交和軍方相關部門研究了改善越中關係、
緩和邊境緊張形勢問題，認為在今後一個較長時期內，中國對越採取大
規模軍事行動的可能性不大。基於這種判斷，越共中央於 3 月發出指
示，要求越中邊境作戰部隊自 3 月 22 日起後撤，保留正常的邊防武裝；
允許中越戰爭時期搬遷到內地的邊民回到邊境地區居住耕種；允許中國
邊民到越南探親訪友，允許越南難民返回越南。根據該指示，從 3 月底
開始，除老山等主戰場外，其餘地段越軍正規部隊主動後撤了 3 至 30 公
里，基本上停止了對中方的軍事行動，對中國軍隊和邊民開槍開炮事件
大大減少。此外，越方在邊境地區的文件、廣播以及宣傳中，均開始突
出強調越中友好，敢於重談抗美戰爭時期中國援越情況，反覆散佈越中
即將「和解」的論調，甚至通過邊民傳話、帶信及其他方式力圖與中國
地方基層有關部門建立對話渠道，「以下促上」，促使雙方關係鬆動。[1] 接
着，在 4 月初召開的六屆二中全會上，越共中央又通過了包括裁減軍隊
員額、削減軍費開支的計劃，擬從 1987 年到 1990 年將軍隊現有員額裁
減三分之一，並將國防費用逐年壓縮 10%。要求軍隊服從國家經濟建設
大局，邊訓練邊生產。[2]

　　越軍從北部邊境一線的後撤及相應的一系列動作是越方主動調整
中越邊境政策的結果。這其中既包含減輕或消除邊境地區軍事壓力，免
受兩面作戰之苦，緩解邊境地區的經濟困境的意圖，也存在爭取政治主
動，試探中國態度的考慮。儘管已經注意到越方的這些新的動向，但基
於越南尚未改變侵柬反華政策，也未放棄建立「印支聯邦」既定戰略的
判斷，中共中央仍指示要求繼續貫徹「以壓促變」的方針，不與越南談

1　雲南國際問題研究所、雲南省東南亞研究所：《從中越邊境形勢的變化看越南當局的戰略意
　　圖 —— 關於 1987 年中越邊境（雲南段）情況的調查報告》，1988 年 1 月，第 2-5 頁。
2　總參謀部情報部編：《印支形勢座談會材料選編》，1987 年 12 月，第 10 頁。

判改善兩國關係，同時在邊境地區保持一定的軍事壓力。[1] 甚至對於已退居二線的越共元老范文同寫信給鄧小平希望談判的要求也未予理睬。[2]

這裏所謂的「以壓促變」表明中國有足夠的耐心在對越南持續惡化的國內經濟社會局勢和孤立的國際處境進行觀察和等待。在越共「六大」召開之際，越南經濟已面臨崩潰的邊緣，在實施一系列新的經濟方針近十個月之後，成效仍不明顯，流通分配領域的嚴重失控並未得到有效控制，糧食產量比計劃指標減產 100 多萬噸，影響了其他經濟活動，使許多重要的經濟指標無法實現。通貨膨脹率已達 700% 以上，大米、豬肉等日常生活必需品的價格已上漲 20 — 30 倍。廣大民眾特別是靠薪金度日的中下層幹部、職工和部隊生活水平已處於 1954 年以來的最低點。[3]

越南的經濟革新方針步履艱難、收效甚微，原因是多方面的，但繼續對柬實施軍事佔領和與中國關係的不正常顯然是關鍵性的因素。曠日持久的兩線作戰，需要越南每年負擔 20 多億美元（約佔財政支出的40%）的軍費開支，儘管已着手對軍隊進行裁減，但其基本的體制結構和戰略態勢並無大的變化，且裁減後仍保持 80 萬人的員額，經濟包袱依然沉重。擺在越南領導人面前的一個現實就是，不從柬埔寨撤軍，就不能擺脫中國對其施加的軍事壓力以及由此產生的心理壓力，就不能安心發展經濟，恢復經濟的計劃就要落空。另外，不撤軍就不能改善其在國際上的形象，就不能從美、日西方國家獲得恢復經濟急需的資金和技術。這一點在蘇聯對越援助方式發生變化的情況下顯得尤為重要。

1987 年 5 月底，阮文靈對蘇聯進行就任以來的首次訪問，蘇越簽訂合作加工生產的四個協定，雙方強調蘇越經濟關係將遵循「互利原則」從過去的低息或無息貸款援助形式逐步全部轉為雙方聯營生產、合作加

1　總參謀部情報部編：《印支形勢座談會材料選編》，1987 年 12 月，第 3 頁。

2　劉文利著，中國現代國際關係研究院譯，《越南外交 50 年（1945 — 1995）》下，第 395 頁。

3　總參謀部情報部編：《印支形勢座談會材料選編》，1987 年 12 月，第 9 頁。

工和補償產品的形式，也即由蘇聯出資金、技術設備，越南出勞動力和原料資源，產品全部或部分供應蘇聯。這一變化顯示出蘇聯在無償援越問題上正在變得愈發力不從心且對越方大量浪費蘇援心存不滿。[1] 由此開始，蘇聯對越南的原油、汽油、水泥、肥料、鋼材等無償物資援助逐步削減，這也意味着越南所能倚重的最大靠山已出現鬆動的跡象。[2]

　　除此之外，這一時期蘇、越針對柬埔寨問題的一些互動也頗值得玩味。在阮文靈訪蘇之後發佈的越蘇聯合聲明中，既未提排除紅色高棉，也未提越南撤軍問題，顯示出雙方在這個問題上未取得一致的看法。越黨報在發表聯合聲明的同時，專門發表了一篇題為《永遠鏟除波爾布特種族滅絕制度》的社論，措辭十分尖銳，明顯反映了越方對於聯合聲明的不滿。[3] 這種不滿表明圍繞紅色高棉地位安排這一橫亘已久的問題，蘇越存在不同的判斷標準。對於蘇聯來說，無論是排除紅色高棉還是越南撤軍，最後都是着眼於中越直至中蘇關係的正常化，但越南從地區既得戰略利益出發，堅持要把排除紅色高棉作為撤軍的先決條件，從而堵死了談判的道路，這並不符合蘇聯的現實利益。更何況，有跡象表明，在與蘇聯、東歐集團的接觸中，越南在柬埔寨問題上的立場尤為強硬，多次強調越南撤軍必須與中國就紅色高棉的安排達成協議，使柬問題的政治解決有把握時方能實行；必須保證在越南撤軍的同時，中國停止支持紅色高棉。甚至在其內部會議上聲稱，在柬問題上的基本立場不會改變，不怕國際輿論和兄弟國家的壓力。[4] 此類舉動自然帶有明顯的捆綁蘇聯的意圖，意欲通過牽制中蘇關係改善的進度借蘇聯之手逼迫中國就範。

1　新華通訊社：《阮文靈訪蘇在經濟上的得失》，《內參選編》（1987 年 7 月 1 日，第 25 期），第 32 頁。

2　中共中央對外聯絡部編：《中聯部老部領導談黨的對外工作》，《中越關係從「同志加兄弟」、對抗到正常化的一些重要情況》，2004 年 4 月，第 170 頁。

3　總參謀部情報部編：《印支形勢座談會材料選編》，1987 年 12 月，第 5 頁。

4　總參謀部情報部編：《印支形勢座談會材料選編》，1987 年 12 月，第 12 頁。

　　因此在 1987 年 5 月中旬，蘇聯副外長羅高壽（Igor Rogachev）在中蘇第十輪政治會談中果然以柬埔寨未來政治安排中是否排除紅色高棉為條件對中國進行了試探。[1] 至於中方的態度，鄧小平在 5 月 11 日委託訪華的聯合國祕書長德奎利亞爾向越南方面傳遞信息時已經表態：未來中國將支持以西哈努克親王為首的聯合政府，不希望紅色高棉掌權。[2] 中國領導人的上述建議是在考慮到紅色高棉在國際上形象不佳，無論現在或將來都不能為國際社會所接受的現實所做出的一種妥協，但中方仍堅持紅色高棉必須作為一派參與柬聯合政府，這與越南一貫秉持的方針依然存在差異。

　　不過，越南在排斥紅色高棉問題上的口徑在 1987 年下半年還是發生了些許變化。特別是在 7 月份越南與東盟集團代表印度尼西亞在胡志明市就政治解決柬埔寨問題舉行會晤並簽署聯合聲明之後，越當局在與東盟和法國、意大利等西方國家外交人士的談話中，不再說柬局勢不可逆轉，而是接過民柬「八點建議」關於未來柬埔寨制度為「獨立、中立、不結盟」的提法，打着「民族和解」的旗幟，同意讓柬成為一個獨立的不結盟國家，紅色高棉可以作為未來四方聯合政府的一方，但堅持波爾布特本人及其親信要排除在民族和解之外。[3]

　　越南政府的這一新的表述反映了其意欲緩解國際輿論壓力的急切心態，不過這種「讓步」的背後也存在越南基於柬局勢作出的判斷。經過近十年的苦心經營之後，越南已經幫助韓桑林政權在柬建立了比較穩固的統治，到 1987 年底，金邊政府已按越軍模式初步建立起相對完備的武裝力量體制，主力部隊編為 6 個步兵師，全軍總兵力達到 8 萬餘人。而三派抗越武裝雖然號稱有 10 萬人，但相互間依然存在較大矛盾，同朲異

1　《參考資料》，1987 年 5 月 14 日。

2　《人民日報》，1989 年 5 月 12 日。

3　總參謀部情報部編：《印支形勢座談會材料選編》，1987 年 12 月，第 12 頁。

夢，難以在行動上密切配合。1987 年 5 月初，西哈努克就以其控制下的武裝力量遭紅色高棉部隊襲擊為由宣佈暫停履行民柬政府主席職務，並表示願與韓桑林或洪森會晤，實際上是想以個人身份參加政治解決柬問題的活動，撈取資本。[1] 這種情況下，貌合神離的各派抗越武裝雖然依舊在堅持活動，但已很難對金邊政府的統治構成多大威脅。

另外，在柬埔寨戰場進入第九個旱季（1987 年 11 月至 1988 年 4 月）之際，駐柬越軍已改變以「消滅敵有生力量，爭奪並控制邊境主動權」為主的方針，轉而強調加強金邊政府武裝力量和基層政權建設，並將柬泰邊境地區防務交給柬軍，既緩解越軍困境，又在實戰中提高柬軍作戰水平，使之能儘快獨立擔當起防務。[2] 為了加緊推進「戰爭高棉化」的步驟，除了繼續從柬部分撤軍外，越共中央還決定將部分部隊編入柬軍，使用柬軍的番號、代號，着柬軍服，但仍由越方指揮。[3] 這樣既可以製造減少駐柬越軍的假像，又可在越撤軍後，保證韓桑林政權能控制局勢，鞏固「越柬聯盟」。甚至一旦出現金邊受到威脅的狀況，越軍還可以隨時「應邀」重返柬埔寨戰場。同一時間，駐老撾的越軍也開始從北部中老邊境撤至越奠邊府地區，一些作戰部隊相繼被調回國，駐老越軍司令部隨後也被撤銷。[4] 這一切表明，越南對於在其西部建立起的安全屏障（即對柬埔寨和老撾的控制）已經做好相當的準備，這也為其在柬埔寨問題上相關態度的「軟化」提供了一種信心上的支持。繼 1987 年 12 月初，在越南的支持下，金邊政府以總理洪森為代表與西哈努克在法國舉行會晤之後，12 月 22 日，越南又委託蘇聯向中國轉達了關於安排金邊方面與紅色高棉領導人喬森潘和農謝舉行會晤的建議，儘管未得到中國的任何響應，[5] 但這一

1　張錫鎮：《西哈努克家族》，第 301 頁。
2　成都軍區司令部情報部編：《越南軍事大事記》，第 167 頁。
3　總參謀部情報部編：《印支形勢座談會材料選編》，1987 年 12 月，第 32 頁。
4　成都軍區司令部情報部編：《越南軍事大事記》，第 167 頁。
5　劉文利著，中國現代國際關係研究院譯，《越南外交 50 年（1945 — 1995）》下，第 395-396 頁。

舉動較之前無疑又進了一步，顯示出越南曾經的僵硬立場已出現鬆動的可能。

三、柬埔寨戰爭的終結與中越關係的正常化

　　1988 年 3 月 14 日，針對中國在南中國海島礁設立海洋觀測站，越南海軍試圖加以干涉，其三艘艦船在南沙海域同中國海軍交火，遭受重創，隨後越南在相關海域頻繁活動，考察、搶佔無人島礁，進行插旗，同時在南沙海域劃分出五個作戰區域進行備戰，[1] 並通過各外交途徑對中國提出密集抗議，一時間雙方的對抗氛圍再次提升。但值得注意的是，此時在北方中越陸地邊界方向，越南軍隊的換防交接工作照常進行，部隊警戒程度未變，並未進入臨戰狀態。[2] 這一非同尋常的現象反映出越南自 1987 年開始的軍事戰略調整已付諸實施。自西南、北部邊境戰爭爆發以來，越南軍事戰略的重點一直在北方，兵力部署相當不平衡，北重南輕。「六大」之後，越南決策層認為，今後較長一段時間裏北部邊境一線發生大規模戰事的可能性較小，但南部潛在危險日益增加，尤其在海上（南海、暹羅灣）爆發武裝衝突的可能性增加，因此，收縮北部地區軍事力量勢在必行，同時要從柬埔寨和老撾盡快脫身，加強中南部和沿海地區的軍事實力，採取南北均衡部署，將海空軍大部投放到中南部地區，集中力量在海上與中國進行抗爭。[3] 在這一目標的驅動下，越南在 1988 年表現出更加積極的推動柬埔寨問題得以解決的意願。

　　1988 年 5 月 26 日，越南向外界宣佈第七次從柬埔寨撤軍。此次撤出的部隊包括駐柬越軍司令部、顧問團、各主力師以及若干勤務支援和地方部隊，共五萬人。這是 1981 年開始部分撤軍以來越南宣佈撤出人數

1　成都軍區司令部情報部編：《越南軍事大事記》，第 169 頁。
2　成都軍區司令部情報部編：《越南軍事大事記》，第 169 頁。
3　軍事科學院外國軍事研究部：《越南軍事基本情況》，第 16 頁。

最多的一次撤軍行動，上述越軍各單位隨後於 6 月 30 日開始回撤，迄 12 月底完成。對於仍在柬境內的五個越軍主力師，越方承諾，將於 1990 年底之前全部撤出。[1] 考慮到在此之前，越南已經從老撾撤出二萬五千名軍人，加上給出了比較明確的從柬完全撤軍的時間表，因而外界普遍作出了較為積極的反應，東盟、美國相繼表示歡迎，蘇聯政府也於 29 日發表聲明，稱越南的撤軍決定是「重大的建設性貢獻」，蘇聯已準備好同相關國家尋求解決柬埔寨問題的建設性辦法。[2]

　　蘇聯的積極姿態反映出在阿富汗問題得到協議解決之後，莫斯科方面已經有足夠的精力和意願轉身處理柬埔寨的相關事務。儘管中國依舊懷疑越南的撤軍動作是「故伎重演」，[3] 但 6 月上旬蘇聯主動提出希望中蘇召開專門會議討論柬埔寨問題的建議確是一個積極的信號，這表明蘇聯終於願意放下身段，不再以旁觀者的身份對待柬埔寨問題。在中國感受到蘇聯確實希望早日卸掉柬埔寨問題這個包袱，推動中蘇關係改善之際，[4] 外界也逐步發現，中國正在更清晰地表明自己的立場：中方已經告訴紅色高棉的領導人，不支持他們作為單獨掌權的派別，因為國際社會不會承認他們；同時還向美、日等西方國家作出承諾，波爾布特將不會出現在今後柬埔寨的任何政府中，為此中國已同意接受波爾布特和其他願意離開柬埔寨的紅色高棉領導人作為永久性的國賓。[5]

　　中國的一系列表態在某種程度上為 8 月 27 至 31 日中蘇於莫斯科舉行的有關柬埔寨問題的副外長級會談營造了較好的氛圍，從會晤的結果來看，雙方的分歧已不再糾結於紅色高棉的政治安排，而是聚焦在越南

1　成都軍區司令部情報部編：《越南軍事大事記》，第 169 頁。

2　《參考資料》，1988 年 5 月 30 日。

3　《人民日報》，1988 年 6 月 3 日。

4　錢其琛：《外交十記》，第 28 頁。

5　中共中央對外聯絡部：《柬埔寨：解圍的前景》，1988 年 6 月 27 日，第 2 頁。

能否在 1989 年即撤出所有駐柬軍隊的問題上。[1] 儘管蘇聯依舊不願為越南提前撤軍向中方作出承諾，但中國拋棄波爾布特這樣一個長期以來阻塞柬埔寨問題得到解決的因素，甚至承認，在柬埔寨問題的過程中需要考慮到越南利益的必要性，足以使蘇、越意識到取得突破的時機已經到來。[2]

　　作為對中國態度鬆動的示好，1988 年 7 月 15 日，越外長阮基石向中方提出緩和緊張關係的一系列措施建議，如停止在陸地邊界、海島的武裝行動，為邊民相互探親創造條件，停止敵對宣傳，隨時可以舉行任何級別和形式的會談等等，並於同日單方面開放了一些邊境口岸，允許邊民往來互市。在當年 10 月 1 日給中國的國慶賀電中，越方開始重新承認中國為「社會主義國家」，並於當年年底對越共「五大」憲法的前言部分進行修改，刪除了將中國視為「最直接和最危險的敵人」此類話語。[3] 蘇聯方面也在極力促成中越之間的接觸，9 月 16 日，戈爾巴喬夫發表講話，第一次提出，希望中越之間通過直接談判解決柬埔寨問題。此後不久，中國同意派遣外長錢其琛於 12 月 1 至 3 日前往莫斯科，為中蘇首腦會晤進行準備，同時力求與蘇聯在越南撤軍時間表問題上達成一致以敦促越方落實。從結果來看，中蘇雙方就柬埔寨問題以《共同記錄》的方式達成內部諒解，其核心內容是：中蘇雙方主張儘早公正合理地政治解決柬埔寨問題，雙方希望越南軍隊在儘可能短的時間裏，也即 1989 年下半年，最遲不超過 1989 年底從柬埔寨全部撤走，並將各盡所能促使上述目標的實現。[4] 很快，在此次會晤結束後不久，越南外交部於 12 月 15 日向中國駐越使館遞交信函，建議於 1989 年 3 月前在北京舉行兩國外長會晤。

1　沈志華主編：《中蘇關係史綱 —— 1917 — 1991 年中蘇關係若干問題再探討》（增訂版），第521 頁。
2　外交部亞洲司的報告：印度支那各國與中國對柬埔寨問題的態度（1988 年 5 月 4 日），ГАРФ（俄羅斯聯邦國家檔案館），ф.10026，оп.4，д.2802，л.166-180.
3　劉文利著，中國現代國際關係研究院譯，《越南外交 50 年（1945 — 1995）》下，第 397 頁。
4　錢其琛：《外交十記》，第 32-33 頁。

這一次，中國方面終於作出了響應，於 23 日答覆同意越方於近期派遣一名副外長赴華就解決柬埔寨問題舉行內部磋商。[1]

1989 年 1 月 6 日，經過越共中央政治局會議討論之後，越南政府發表聲明稱，如果各方達成了柬埔寨問題的政治解決辦法，越南將於 1989 年 9 月前全部撤軍。[2] 一周之後，越南副外長丁儒廉（Dinh Nho Liem）啟程赴北京，中越雙方於 18 日就柬埔寨問題首次舉行會談。從結果來看，在此次接觸中，中越圍繞撤軍時限問題已不存在大的異議，但越南重申了 1 月 6 日聲明中的「三停」（即停止援助民柬、停止向紅色高棉提供庇護所，停止干涉柬政治進程）條件，提出越撤軍後柬國內的政治安排是柬埔寨的內部問題，應由柬埔寨各方去討論解決，不應由越中雙方討論，與此同時，越方還一再要求重點討論中越關係正常化問題。對此中方有不同意見，認為作為當事國的越南以及與柬埔寨問題有直接關係的中國不能置身事外，應當有明確的主張，並強調應首先解決柬埔寨問題，才能為中越關係的正常化創造條件。[3]

中越之間的此次政府級談判，在某些方面取得了一致，可以說在中越關係的改善過程中是突破性的一步。但就柬埔寨問題而言，越南的立場實則體現了阮基石一派在柬政治安排上避免為中國所主導，極力維護越既得利益的訴求。越南外交部門對這一底線的死硬堅持，導致蘇聯方面在隨後都不得不向中國承認柬埔寨問題十分複雜，自己難以施加影響。[4] 這也決定了中越雙方不可能單單依靠外交渠道在短期內達成顯著共識。當然，按照越方的說法，是中國在此次談判中再次對越南施加了壓力，一時間雙方圍繞一系列問題的溝通也隨之陷入停滯。[5]

1　李家忠：《中越關係正常化前夕的兩國副外長磋商》，《黨史博覽》，2015 年 11 月，第 38 頁。
2　劉文利著，中國現代國際關係研究院譯，《越南外交 50 年（1945 — 1995）》下，第 369 頁。
3　李家忠：《中越關係正常化前夕的兩國副外長磋商》，《黨史博覽》，2015 年 11 月，第 40 頁。
4　錢其琛：《外交十記》，第 32-33 頁。
5　劉文利著，中國現代國際關係研究院譯，《越南外交 50 年（1945 — 1995）》下，第 397 頁。

　　儘管在 1989 年初的中越會談中沒有取得突破，但對於越共中央的決策層來說，國際形勢的變化和越南的處境決定了戰略方針的轉變已無迴旋的餘地。3 月下旬，越黨召開六屆六中全會，大會決議認為，當前國際形勢的特點是對話與對抗並存，合作與鬥爭同在。必須看到現實的鬥爭在形式上有了很大變化，對話與合作就是這種鬥爭的一種新形勢。因此必須把握鬥爭的新發展，調整鬥爭策略，爭取緩和時機，推進經濟建設。越南正在轉變對外戰略指導方向，逐步創造新的有利的可能性，以發展同鄰國及世界其他各國的合作關係。為此，越南將堅持推動越中關係正常化、恢復兩國人民友好關係，儘可能實現在 1989 年從柬埔寨提前全部撤軍。[1]

　　越共六屆六中全會的相關決議表明在其領導層中，改革派的意見依舊佔據上風，保守派的勢力儘管還存在相當大的影響，但各種客觀現實已對其相關主張產生了相當大的牽制。1989 年 3 月 19 日，洪森以柬政府部長會議主席的身份祕密訪問河內，同阮文靈、杜梅、阮基石等六名越共政治局委員舉行會談，力陳金邊已有「足夠的自衛能力」，要求越南在 9 月底之前全部撤軍，並提出可以向柬抵抗力量作出的兩點讓步 —— 改變金邊政權的「國號」「國旗」「國歌」和擴大「民族和解委員會」的權力。[2] 這顯示出即便是金邊政權對於越南踟躕不前的狀態也已心生倦意。同時，蘇聯方面為了使中蘇 5 月份的首腦會晤取得成功，也在做越南的工作，持續向越施加壓力，要求越南如期從柬撤軍，以消除蘇中關係正常化的障礙。另外美國等西方國家也在外圍不斷放出話來，許諾給西哈努克及宋雙兩派提供軍援，令河內和金邊甚感緊張。[3]

1　"Nghị Quyết hội nghị lần thứ sáu Ban Chấp hành Trung ương Đảng Khoá VI" (29-3-1989), *Văn kiện Đảng toàn tập* (tập49), Hà Nội：Nhà xuất bản Chính trị quốc gia, 2006, tr.996-997.
2　新華通訊社：《越南宣布從柬全部撤軍的背景和意圖》，《內參選編》（1989 年 5 月 17 日，第 19 期），第 27 頁。
3　新華通訊社：《越南宣布從柬全部撤軍的背景和意圖》，《內參選編》（1989 年 5 月 17 日，第 19 期），第 28 頁。

在上述背景下，4 月 5 日，越南方面宣佈即使柬埔寨問題沒有得到政治解決，也將於 9 月 30 日前從柬埔寨撤出全部駐軍約 5 萬人。其中 5 至 7 月撤出共 2.4 萬人，9 月 21 日至 26 日的「最後階段」撤出四個戰場司令部及剩餘部隊，共 2.6 萬人。[1] 越南在 4 月 5 日發表的撤軍聲明既是現實壓力作用的結果，也存在爭取政治、外交主動的意圖。一方面隨着完全撤軍的落實，越南同西方國家修復關係、爭取援助投資的主要障礙就將逐步消失，另一方面，搶在即將舉行的中蘇首腦會晤之前採取「主動行動」，表面上是給蘇聯一個台階，也向中國作了「讓步」，但實質上是抵制中蘇首腦會晤的影響，向東盟和西方國家顯示越南的「獨立性」，不屈從於中蘇的壓力。值得注意的是在此次聲明中，越南仍保留了些許尾巴：繼續要求停止外國干涉和軍援，宣稱中國等國家如不遵守停止軍援民柬的承諾，需承擔未來柬爆發內戰的責任，試圖將「球」踢給中國。[2] 而此種言論無疑只會令中國對越撤軍的真實性繼續存疑並完全無助於中越關係的持續改善。

但無論越南相關的決策者如何固執己見，印支地區及更大範圍內緩和的趨勢已不可逆轉。1989 年 5 月 15 日至 18 日，戈爾巴喬夫如期對中國進行正式訪問，蘇聯在越南之前重新與中國建立起正常的國家關係。受中蘇關係正常化的鼓舞，1989 年 10 月，凱山·豐威漢率老撾黨政代表團對中國進行國事訪問，與鄧小平等中國領導人會面，成為印支三國中首個與中國恢復關係的國家。這些情況不可避免地加重了越南的緊迫感。在當年 7 月 2 日至 4 日訪問老撾的過程中，越南領導人阮文靈就曾表示過，完全贊同老中恢復和發展友好合作關係，並表達了對越中關係也能通過談判得到恢復的願望。[3]

1　成都軍區司令部情報部編：《越南軍事大事記》，第 173 頁。

2　新華通訊社：《越南宣布從柬全部撤軍的背景和意圖》，《內參選編》（1989 年 5 月 17 日，第 19 期），第 28 頁。

3　雲南省公安邊防總隊：《中國公安邊防》（雲南卷·下冊），第 1070 頁。

　　也正是在此次訪問老撾期間，阮文靈委託凱山在訪華時向中國領導人帶話，說明越南對中國的態度已有了轉變，希望中國能夠邀請他訪華。在聽了凱山的轉述後，鄧小平表示希望阮文靈能夠當機立斷，把柬埔寨問題一刀斬斷，越南必須從柬埔寨乾乾淨淨、徹徹底底地撤出軍隊，這是改善中越關係的前提條件。此外，鄧小平還特別提醒，阮基石這個人愛搞小動作。[1] 中國領導人囑咐凱山轉告阮文靈的上述意見表明，中國深刻懷疑越南並未從柬真正撤軍。這種懷疑一方面來自於相關的情報研判，另一方面則在很大程度上與越領導人在公開場合依舊強硬的發言和表態有關。譬如在 7 月 31 日於巴黎召開的與柬埔寨問題相關國家及柬四方部長級國際會議上，越外長阮基石即始終強烈反對紅色高棉具有四方政府一派的資格，認為這是要使波爾布特集團合法化，同時使「民柬」一方獲得四分之三的權力。[2] 由此導致會議鬥爭激烈，最後未能取得任何實質性突破。而中國領導人對阮基石的點名，則反映出中方對阮及其把控的越外交系統已經不報希望，同時也是在暗示越最高領導人無論是柬埔寨問題，還是實現中越關係正常化，都要避開這一障礙。

　　結束訪華之後，凱山在回國途中於河內進行了短暫停留，向阮文靈轉達了鄧小平的問候和意見。儘管中國領導人並未如阮文靈所願向其發出訪問邀請，但話語中顯然已經向越方挑明了抓住時機的重要性。更何況，彼時東歐各社會主義國家出現的劇變形勢以及蘇聯國內政局的動盪跡象已經進一步加劇了越南的危機感。從 1989 年下半年起，東歐國家已經停止了對越南的經援，蘇聯也單方面終止了與越南簽訂的大批經濟合同，彼時在越南黨內外公開要求「民主、自由」，取消共產黨領導的聲音大量出現，一些宗教派別和前南越政權人士也在暗中活動，不斷製造反

1　李家忠：《成都祕密會晤內幕：中越關係實現正常化的前奏曲》，《黨史縱橫》，2006 年 1 月，第 23 頁。
2　張錫鎮：《西哈努克家族》，第 322 頁。

政府事端。[1] 在 1990 年 3 月底舉行的六屆八中全會上，越共中央承認蘇東形勢的變化已經給越南經濟、社會、思想、安全等方面造成了衝擊，並提出當前的緊迫任務之一是盡早實現與中國關係的正常化。[2]

　　經過一段時間的醞釀和準備，1990 年 6 月 5 日，阮文靈約見中國駐越大使張德維，阮基石等在座。期間，阮文靈談到，如果沒有中國的援助，越南不可能打敗美帝。這十幾年越南比抗戰時更艱苦，日子更難過，應該說是越南對中國做了一些不好的事情，做錯了就要改正，這方面的事請中國同志諒解。當前更重要的是要搞好現在和將來的兩國關係，特別是在蘇聯、東歐形勢演變複雜嚴峻的情況下，越南需要中國這樣的大國大黨的支持。關於柬埔寨問題，阮文靈說，越中可以從內部合作推動和平解決，排除紅色高棉的想法是不現實的。另外阮還表示很想同中國最高領導同志見見面直接談談。[3]

　　對於阮文靈的上述講話，中國國內在進行研究後認為在柬埔寨金邊政權和抵抗力量三派聯合問題解決之前，安排中越兩國領導人會晤的時機尚未成熟，遂未作反應。兩個月之後，8 月 13 日，阮文靈委託出走北京的黃文歡的兒子黃日新（Hoang Nhat Tan）再次向張德維轉達口信，稱「殷切希望」能夠在其主持的越共六屆中央任期內能恢復越中關係，至於柬埔寨問題這個障礙之所以長期沒能解決，是「因為阮基石外長常常把事情搞偏了，因此兩國領導人有必要直接、深入地，以便消除所有的誤會，並排除越南外交部這部機器造成的干擾」。口信還說，為了使討論進行得扎實牢靠，回國後更便於說服越共中央和政治局集體，部長會議主

1　新華通訊社：《越南政局基本穩定但形勢仍十分嚴峻》，《内參選編》（1991 年 7 月 8 日，第 26 期），第 31 頁。

2　"Nghị Quyết hội nghị lần thứ tám Ban Chấp hành Trung ương Đảng Khoá VI về tình hình các nước xã hội chủ nghĩa, sự phá hoại của chủ nghĩa đế quốc và nhiệm vụ cấp bách của Đảng ta" (27-3-1990), *Văn kiện Đảng toàn tập* (tập50), Hà Nội : Nhà xuất bản Chính trị quốc gia, 2007, tr.73-83.

3　李家忠：《成都祕密會晤內幕：中越關係實現正常化的前奏曲》，《黨史縱橫》，2006 年 1 月，第 23 頁。

義杜梅、中央顧問范文同和阮文靈將一同前往中國。[1]

8 月 16 日，在聽取黃日新轉達的口信後，中國駐越使館報國內並建議給予積極考慮。中國外交部指示張德維與阮文靈單獨會見，予以核實。張德維通過越國防部長黎德英的親自安排，繞過越南外交部在保密地點單獨會見了阮文靈，阮確認黃日新傳遞的口信內容是準確的。8 月 28 日，中國外交部通知駐越使館，答覆越方，歡迎阮文靈 9 月來訪，就柬埔寨問題和中越關係進行會談。因亞運會臨近，北京不便保密，會談地點安排在四川成都。同一日，在越共六屆九中全會上，阮文靈等中央領導對柬埔寨問題進行了廣泛討論，認為越出兵柬埔寨，付出了本國人民難以承受的巨大代價。為早日放棄柬埔寨這個包袱，越黨中央表示願意接受由聯合國安理會五大常任理事國達成的框架協議，成立柬埔寨全國最高委員會作為過渡時期柬最高權力機關並委託聯合國進行監督核查，組織自由公正的選舉。[2]

1990 年 9 月 3 日，阮文靈一行飛抵南寧轉成都。中共中央總書記江澤民、總理李鵬等在成都金牛賓館迎候。中越雙方領導人隨即進行了兩次會談。其中 9 月 3 日首先着重商談了越南撤軍後，柬埔寨臨時權力機構最高委員會的權力分配方案。中方的意見是該委員會由 13 名代表組成，除西哈努克任主席外，金邊政府佔據 6 席，抵抗力量三方各佔 2 席，總共 6 席。對此，阮文靈表示可以接受，但杜梅、范文同認為西哈努克本人也屬於抵抗力量，這樣對金邊來說既不公平也不合理。後在阮文靈的勸說下，杜、范二人到 4 日早上才接受中方的意見。[3] 關於兩國關係，江澤民回顧了過去十幾年的歷史後說，隨着柬問題的解決，兩國關

1　中共中央對外聯絡部編：《中聯部老部領導談黨的對外工作》，《中越關係從「同志加兄弟」、對抗到正常化的一些重要情況》，第 171 頁。
2　雲南省公安邊防總隊：《中國公安邊防》（雲南卷‧下冊），第 882 頁。
3　李家忠：《成都秘密會晤內幕：中越關係實現正常化的前奏曲》，《黨史縱橫》，2006 年 1 月，第 26 頁。

係正常化的進程可以開始，並表示如果武元甲確想來北京參加亞運會，中方可以邀請。阮文靈則表示了不爭論的姿態，他說兩國關係暫時破裂，令人十分痛心。至於當初越南為什麼要派部隊去柬，今天就不談了。[1]

在雙方商議起草《中越關於政治解決柬埔寨問題會談紀要》的過程中，杜梅建議把「改進中越關係」的內容寫進文本。江澤民表示可以增加一條，寫上「在柬問題全面、公正、合理的解決後，逐步改善兩國關係，進而實現正常化」。范文同繼而建議把在柬問題「解決後」改為「隨着柬問題的解決」，並要求將「逐步恢復兩黨關係」寫進紀要。中方領導人表示同意。最後，中越雙方共同簽署了有八點共識的《中越關於政治解決柬埔寨問題和兩國關係正常化的會談紀要》。[2]

成都會談是中越關係的轉折點。其中最為關鍵的是，雙方圍繞相當長一段時間來爭執不下的一個問題 —— 柬埔寨問題的解決與中越關係正常化孰先孰後，最終達成了同步推進的妥協。從越南的角度來說，中國同意開啟兩國關係的複合自然是一個重大的成果，不過在柬埔寨問題上接受中國主張的四方聯合局面不免也是一種讓步。就前者而言，由於兩國不正常關係已持續很長時間，又曾刀兵相見，所以在實現正常化之前，在民眾中做一些思想準備是必要的。而對於後者，如何協調、勸說越黨內的保守力量也是一項艱巨的工作。特別是在越共「七大」即將到來之際，尤顯緊迫。因此在成都會議之後的一段時間裏，中越關係正常化的步伐並沒有緊緊跟上。

1991 年 6 月 24 日至 27 日，越共「七大」召開。此次大會對革新事業開啟以來的各項工作進行了總結，並明確了在內外環境極其複雜，

1　中共中央對外聯絡部編：《中聯部老部領導談黨的對外工作》，《中越關係從「同志加兄弟」、對抗到正常化的一些重要情況》，第 171 頁。
2　中共中央對外聯絡部編：《中聯部老部領導談黨的對外工作》，《中越關係從「同志加兄弟」、對抗到正常化的一些重要情況》，第 172 頁。

經濟社會危機依舊環伺的情況下，越南的社會主義過渡時期國家建設綱領。在人事安排方面，阮文靈以健康原因為由堅持退下，由杜梅接任總書記。此舉意還有一層意圖，即使得其他幾位上了年紀的在改革問題上持保守態度的領導如阮基石再無留任的理由，從而為接下來各項政策的調整掃清來自決策層的障礙。此外，在地區和對外政策方面，「七大」的表述也出現了前所未有的變化：在越蘇關係方面，雖然還強調要繼續加強越蘇兩國的團結與合作，但有意迴避了越蘇兩黨之間的關係，也不再把發展越蘇關係作為其對外政策的基石，而是強調要改革合作方式，強調互利互惠原則。顯示出越南有意在政治上拉開與蘇聯的距離，在經濟上也不再依賴蘇聯，越蘇關係已由盟友關係轉變為一般的國與國之間的關係。在印支國家關係方面，「七大」報告雖然繼續號召鞏固、發展與老撾、柬埔寨的特殊團結友好關係，但放棄了在老、柬履行國際主義義務的提法，提出要在平等及相互尊重獨立、主權和正當利益的基礎上改革合作方式，講求合作效果，特別指出要在尊重柬埔寨主權和聯合國憲章的基礎上儘早實現柬埔寨問題的全面政治解決。這些表述也顯示出，越南對老、柬的控制趨向放鬆，其中國家間關係的正常要素正在回歸。至於中越關係，越共「七大」決定，把改善與中國的關係放在首位，逐步擴大越中之間的合作。[1]

　　在「七大」會議召開之前，越共曾考慮邀請中共代表團參加，但經反覆斟酌，怕有難處，沒有邀請。中共中央經過考慮，鑒於柬埔寨最高委員會已開始運轉，加之越共中央在中共建黨70周年之際發來了賀電，因而決定以江澤民的名義發電祝賀杜梅當選總書記。對此，越方十分感激，表示將派遣特使來華通報「七大」情況，並建議兩黨儘快派出工作

1　"Báo cáo chính trị của Ban Chấp hành Trung ương (Khoá fVI) tại Đại Hội đại biểu toàn quốc lần thứ VII " (6-1991), *Văn kiện Đảng toàn tập* (tập51), Hà Nội : Nhà xuất bản Chính trị quốc gia, 2007, tr.118-119.

組，就兩黨兩國關係正常化的步驟進行內部協商。[1]

　　7月28日至8月2日，越共中央派遣第二號人物，政治局委員、中央書記處書記黎德英率代表團訪華。7月29日，中共中央政治局常委喬石同黎德英等舉行會談。黎德英談了「七大」籌備和召開過程中越黨內的不同看法和鬥爭，介紹了越共「七大」確定的目標和方針以及相關人事變動。此外，黎德英還通報了對改善兩黨、兩國關係的具體建議，特別是希望中國邀請杜梅、武文傑年內訪華。31日，江澤民會見黎德英一行，表示中共中央政治局常委歡迎杜梅在年內合適的時候來華正式訪問。[2]

　　1991年9月9日，越南新任外交部長阮孟琴（Nguyen Manh Cam）開始對中國進行正式訪問，中國外長錢其琛與其就柬埔寨問題、中越關係及共同關心的國際問題交換了意見，雙方表示將採取切實步驟，逐步實現兩國關係正常化。10月23日，在中斷了26個月之後，柬埔寨問題部長級會議於巴黎復會。19個國家的外交部長和柬埔寨各方代表簽署了全面政治解決柬埔寨問題的四個文件，標誌着延續13年之久的越柬戰爭正式宣告結束。巴黎協定的簽署，大體上實現了中國提出的越南在國際核查下從柬撤軍；組成以西哈努克為首的過渡權力機構；確保紅色高棉有一席之地的目標。而得益於中國根據形勢變化調整對越政策，恢復與越南的磋商，推動越南做金邊政府的工作，越南在最後解決階段上也付出了應有的努力，使政治解決柬埔寨問題取得了突破性進展。[3]

　　兩周之後，也就是1991年11月5日至10日，越共中央總書記杜梅和部長會議主席武文傑率高級代表團對華進行正式訪問。兩黨總書記圍

1　中共中央對外聯絡部編：《中聯部老部領導談黨的對外工作》，《中越關係從「同志加兄弟」、對抗到正常化的一些重要情況》，第173頁。
2　中共中央對外聯絡部編：《中聯部老部領導談黨的對外工作》，《中越關係從「同志加兄弟」、對抗到正常化的一些重要情況》，第174頁。
3　新華通訊社：《柬埔寨問題終於解決》，《內參選編》（1991年11月6日，第44期），第23-24頁。

繞國際形勢、西方「和平演變」、國際共運和蘇聯國內局勢交換了看法，
還各自介紹了國內情況。兩國總理比較坦率、具體地談了援助、債務、
領土、華僑等問題。中方領導人對中越關係的歷程進行了回顧，指出這
是一次「結束過去、開創未來」的會晤，實現兩黨、兩國關係正常化的
條件已經成熟，越方領導人表示贊同。[1] 中越高級會晤，標誌着兩國關係已
經實現了正常化。但雙方都認識到，儘管相互間仍以同志相稱，但雙邊
關係已不可能再回到 20 世紀 50、60 年代的水平。[2] 當同盟和戰爭都不再是
決策者的選項，新的地區格局和國家間關係模式將注定要隨着後冷戰時
代的到來而成為主流。

1　中共中央對外聯絡部編：《中聯部老部領導談黨的對外工作》，《中越關係從「同志加兄弟」、
　對抗到正常化的一些重要情況》，第 175 頁。
2　劉文利著，中國現代國際關係研究院譯，《越南外交 50 年（1945 — 1995）》下，第 402 頁。

結　語

　　在 1991 年有關柬埔寨問題的政治解決方案明確之後，冷戰給印度支那半島留下的最後的懸而未決的遺產也終於迎來化解的契機。儘管由於紅色高棉內部存在意見分歧，拒絕參加全國大選，柬埔寨國內完全和平的實現尚需時日，但對越南而言，自戰後以來在印度支那半島上綿延不休的戰爭已徹底宣告結束，伴隨着中越關係的正常化以及同東盟各國關係的修復，越南國家和民族新的歷史進程已然開啟。不過面對印支地區的現實政治格局，越南依然抱有十分複雜的情感：越、老、柬「三個具有悠久歷史的民族在抗擊共同敵人的革命烈火中經受住考驗的特殊關係」依舊被其宣揚為「寶貴的歷史財富」和「極為重要的資源」，只是這其中所蘊含的排他性意味在後冷戰時期的歷史背景下已不可避免地趨於淡化。

　　回溯 20 世紀印度支那地區的共產主義革命以及國際關係格局的變動歷程，不難發現，越南共產黨人所念念不忘的印度支那作為一個獨立整體的概念是從印支共產黨誕生那天起被確定下來的。這一情況的出現遠早於印度支那戰爭以及冷戰對抗的出現。儘管最初確定的目標是印支三國分別實現民族獨立和解放，但越南黨的領導地位及其相對較強的實力決定了老、柬必須首先配合越南革命鬥爭的需要。從本質上來說，印度支那共產黨人在戰後初期的抗法鬥爭仍是以民族解放和國家統一為目標，除了領導者的共產黨人的身份外，其與冷戰爆發後的陣營對抗並沒有太大關係。印支三黨合作的首要目標是實現越南的民族民主革命，完成國家統一。

　　但在這一過程中，隨着中國革命在大陸取得勝利，加之美國政府

決意遏制共產主義南下的趨勢，印支共產黨人抗法鬥爭的性質開始發生變化。特別是越盟的領導人做出向中華人民共和國靠攏並尋求援助的決定，這意味着國際共產主義因素開始滲透進入印支共領導的民族解放戰爭中。不過儘管印支戰爭國際化的趨勢不斷加強且印支共產黨人已經倒向國際共產主義陣營，但此時印支共運的既定模式並沒有改變，印支共二大分別建黨的決議也只是形式上的調整，三黨合作支援越南戰場的局面依然維持。

對印度支那三黨合作局面造成的衝擊發生在 1954 年日內瓦會議之後，正是在中、蘇國際共產主義力量介入的情況下，越、老、柬共產黨人接受了和平協議。但由此付出的代價是顯而易見的，越南勞動黨不得不將其在南方的武裝力量撤出，暫時放棄國家統一的方案，老撾共產黨人則承諾將交出其控制下的根據地及武裝力量，並同中立派人士組成了一個並不牢固的政府，至於高棉人民黨則出現了重大分裂並在西哈努克政府的打壓下趨於消失。至此，為了越南北方政權的生存及鞏固，老、柬共產黨人只能被迫做出讓步。當然，從統一越南的戰略利益出發，北越還是儘量地保留住了巴特寮的一些力量，而高棉黨則遭到了完全的拋棄。

不過日內瓦會議後印支半島形成的局面顯然是極不穩定的。隨着冷戰局勢的持續緊張，美國政府急於鞏固印支半島的非共產黨政權，這導致共產黨人的處境更加險惡。在所謂的「和平政治」的環境中，越南勞動黨在南方的組織遭到極為殘酷的鎮壓，巴特寮也一再遭到打擊和排擠並釀成了一系列嚴重的政治、軍事危機，而高棉人民黨的殘餘力量也一再成為西哈努克威權統治下的犧牲品。在這種背景下，印度支那的共產主義運動開始出現變化，老撾危機的結果特別是 1962 年日內瓦協議遭到破壞的現實徹底打消了越南勞動黨領導人利用政治、外交手段解決南越問題的目標，強化了河內武力統一南方以及與老撾共產黨人恢復緊密合

作關係的意圖，而越南對西哈努克中立政策的利用則導致柬埔寨的共產主義運動出現異化，一批對越、老、柬合作體制持排斥立場的共產黨人開始佔據柬共的領導位置。因而在相當長的一段時間裏，在原先印支三黨合作的框架下，越南勞動黨只能繼續維持越、老之間尚存的合作關係。

對於北越領導人來說，此時影響其決策思維的另一個重要因素是國際共產主義運動中出現的重大變故和嚴重分裂，中、蘇之間在意識形態上的矛盾與衝突以及在援越問題上的競爭不僅刺激了北越領導人保持中立和獨立決策的傾向，而且使越南勞動黨感受到來自中國方面對越、老特殊關係產生的壓力。特別是在蘇共二十二大之後，出於對抗蘇聯的需要，中國黨加緊對越、老兩黨施加影響。儘管有所戒備，但為了爭取援助以應對肯尼迪政府在越南南方強化「特種戰爭」的局面，越南勞動黨依然接受了中共的領導地位。不過這一狀況在蘇聯政府發生權力更迭以及美國政府決定全面介入印度支那戰場之後很快出現了轉變。在向中蘇雙方繼續爭取援助的同時，越南勞動黨在戰爭決策問題上不再依附於兩個社會主義大國，並重新加強對老撾人民黨的控制。為了達到通過印支戰爭的擴大化來拖垮美國戰爭意志的目的，除了加緊在老撾戰場的軍事行動外，越南勞動黨領導人決定同美國進行外交接觸的同時在越南南方採取主動進攻的軍事方針。

1968 年春節的總奮起和總進攻在心理上對美國人所產生的震懾正是北越領導人所期望看到的，儘管南方共產黨人為此付出了極為高昂的代價。但美國政府在決定從印支半島退出的同時，卻仍未放鬆對越南化政策的軍事支持，這導致北越支持南方戰爭的潛力一步步趨於枯竭，並迫使河內不得不把目光重新投向老撾戰場。此時，在柬埔寨發生的政變成為北越扭轉戰略被動局面的巨大契機，這促使勞動黨決定重建印度支那聯合抗戰陣線，以實現越、老、柬三國戰場的重新統一。然而越南黨的以上考慮需要面對的阻力是中國對西哈努克的控制以及柬共對北越由來

已久的警惕。在聯合抗美的現實需要面前，北越決定恢復對柬埔寨共產黨人的支持並默認了中國在其間發揮的關鍵性作用。但很快中、美、蘇之間三角關係的互動再次令北越感到震動。為打破外交上的被動及巴黎談判的僵局，越南勞動黨於 1972 年再次發動規模空前的旱季攻勢，從而加速了美國從印支半島撤出的進程。同時勞動黨也堅定了對老、柬履行「國際主義義務」的信念，其鞏固印支三國「特殊關係」的意圖在不斷加強。

在巴黎協定簽署之後，北越內部經過短時間的分歧，於 1973 年中確定了武力統一南方的方針。此時，老撾共產黨人接受北越的指導同王國政府再次組成聯合政府，而柬共同勞動黨之間的關係則愈發疏遠，柬方不僅拒絕聽從北越關於舉行談判的建議，堅持用武力推翻朗諾政府，而且開始迅速倒向中國。隨着美國的軍事力量陸續撤出印支半島，共產黨人的總攻也進入了最後的階段。到 1975 年，柬、越、老三國共產黨人分別實現了奪取政權和國家統一的目標。但對於越南共產黨來說，印支三國間的「特殊關係」未能如願得以完全恢復始終是無法接受的。而在得到中國支持的情況下，柬共領導人亦決心不屈從於河內的意志。由此，在印支半島硝煙尚未散盡的情況下，越柬之間的矛盾上升為軍事衝突的趨勢已不可避免。

1978 年底越南對紅色高棉的全面軍事進攻是繼美國退出之後，印度支那局勢再次發生劇烈變動的一個開端。由此帶來的結果不僅是柬埔寨政權發生更迭，更重要的是中國緣此以遏制越南重新整合印度支那的戰略意圖為由直接介入地區衝突。隨着越南對柬埔寨的閃擊演變成曠日持久的消耗戰，大國及地區國際關係格局也圍繞柬埔寨問題發生分化和對立。這從內外兩個方面對越南的國家處境和發展戰略構成巨大壓力，並促成越南黨內調整革新的傾向不斷增長。冷戰對抗格局的瓦解和新國際關係秩序的建構為越南決策層下決心解決柬埔寨問題奠定了基礎，而中

越關係正常化的實現和柬埔寨政治和解局面的敲定也意味着越南以漫長的戰爭為代價所換取的印度支那的排他性格局已經出現鬆動。

通過以上的分析和梳理，不難得出這樣幾條結論：其一，在戰後的抗法和抗美戰爭過程中，越南共產黨人逐漸意識到印支地區整體戰爭政策對於實現越南獨立、統一的重要意義。因此在此期間，越南不斷強調自身抗戰與老、柬兩個戰場的配合，特別是老撾、柬埔寨地區對越南南方戰場的輔助作用。當越南在南方的軍事方針遇挫的時候，老、柬戰場往往是越南扭轉戰局的關鍵。但在越南勞動黨的軍事戰略中，老、柬的地位顯然是不同的。老撾對於越南的軍事價值自抗法戰爭後期就已經被勞動黨領導人所確定下來，這也是在 1954 年日內瓦會議上，勞動黨決定保住巴特寮，放棄柬埔寨人民黨的重要原因。隨後在抗美戰爭期間，越南始終把維持巴特寮根據地及老撾運送通道視作支持南方抗戰的重要保證，因而在老撾境內的軍事和外交鬥爭都必須遵循越南的軍事利益不受損失這一前提。在柬埔寨，依靠西哈努克奉行的左傾路線，越南得以利用柬境內的庇護所及運輸通道，因而河內曾屢次壓制柬共反抗王國政府的行動。直至朗諾政變的發生，西哈努克小道及庇護所受到直接威脅，勞動黨才重新考慮恢復對柬共的支持。越南黨對待老、柬共產黨人的不同態度直接導致了日後越老、越柬關係發展的不同結局。因而可以說，越南在印度支那構建的整體戰對於最終實現自身的獨立和南北統一起到了關鍵性作用，但同時又為新的矛盾的爆發埋下了伏筆。

其二，以越南為核心，越、老、柬三方合作為基礎的印支三黨的關係格局與戰後通常意義上的共產主義陣營和集團有着明顯的差別，其根本目標是求得自身的民族獨立和解放。維繫越、老、柬三黨關係的不是表面上的意識形態旗幟，而是爭取戰爭勝利，奪取政權的現實需要。從某種意義上來說，三國共產黨人結成的更像是一個軍事同盟而並非意識形態化的政治聯盟。在這其中，越南勞動黨的基本態度就是三黨間的相

互配合應當優先保障和支援越南的軍事方針以應對共同的外部敵人。因此可以注意到的一個現象是，在印支戰爭推進的各個階段，但凡越南需要在軍事上採取行動的時刻，印支三國共產黨人多能表現出合作姿態，而一旦進入政治或外交鬥爭的環節，三黨合作的結構往往就要受到影響和衝擊。從這個角度說，在美國力量從印支半島退出之後，新的矛盾及戰爭因素的出現無疑同印支共運內部結構的固有特徵有着密切關係。

其三，儘管意識形態因素在越、老、柬三國共產黨人合作的基礎中並不佔關鍵性地位，但冷戰陣營對抗的背景對於形塑戰後越南的印度支那觀十分關鍵。從越南黨的角度出發考慮，倒向中、蘇為首的社會主義陣營，首要目的是爭取援助以鞏固北方政權，支援南方軍事鬥爭，而國際共運中的意識形態衝突及路線之爭並不是其最為關注的問題。但從實際情況來看，越勞意圖主導的印支協同局面很難在意識形態及路線方針問題上完全擺脫國際共產主義力量的影響。在影響印度支那戰爭形勢走向的一些關鍵性階段中，從 1954 年日內瓦會議到 1962 年老撾危機，從巴黎談判到 1970 年柬埔寨政變，無不顯示出這樣一種狀況。為了確保戰爭的勝利，越南在一段時間裏曾不得不在路線問題上選擇站隊，並在一些戰略方針問題上屈從於大國大黨的意見和態度。而這種情況實際上是進一步強化了越南領導人以更加現實的態度和強硬的立場來維護其在印度支那的政策，並強化其控制老撾及柬埔寨共產黨人的意圖。

其四，從表面上看，共同的意識形態旗幟是冷戰時期印度支那各國共產黨人維繫認同的紐帶，但實質上鞏固印支緊密關係的理論依據另有一套說法，這就是所謂「特殊關係」的論點。這裏所謂的「特殊」，根據越南黨的定義，一方面是指歷史上越、棉、老三國在政治、經濟、文化方面存在的天然的密切交流以及共同被殖民奴役的經歷，另一方面則是指三國共產黨人從接受馬列主義意識形態開始即確定下來的三國一體的鬥爭模式。需要指出的是，越方所宣稱的「特殊關係」是不存在所謂「越

南革命優先性」的說法的，其給出的解釋是由於老、柬共產主義運動力量薄弱而越南黨的組織和基礎較為完備，因而越黨必須承擔起支援老、柬的國際主義義務，越南革命的利益同老、柬革命的利益是一致。而從印度支那戰爭整個進程的實際情況來看，這一託詞恰恰反映出越、老、柬三黨地位上的不平等，越南的利益顯然並不等同於印度支那三國的利益。「特殊關係」實際上表達的是越南黨和政府基於現實國家利益的觀點。只不過它借用了共產主義意識形態的說法，使之貫穿於戰爭始終，並在實踐中表現為力主在以蘇聯為首的社會主義陣營之下構建出一個以越南為首的具有排他性的印支三國小集團。這也為越南的侵柬軍事行動和對中國的敵視判斷提供了理論支持，其思維模式甚至延續至今日。

　　總之，在戰後持續四十餘年的時間裏中，越南共產黨人始終未把視線局限於本國，其軍事戰略體現出對整個印度支那地區的通盤考慮。特別是在冷戰對抗的背景之下，國際共產主義力量對印支半島的關注既為越南提供了支撐戰爭的物資基礎，也在一定程度上影響着越南在印支地區的戰略方針的實施。在充分爭取利用外部援助的同時，越南也始終不忘協調操控印支各戰場為己所用的目標，這也確保了能夠在一些關鍵節點上扭轉客觀上的劣勢並加速最終勝利的到來。但在贏得抗美戰爭勝利，實現南北統一之後，越南對印度支那一體化關係模式的一味強調和追求卻給自己造就了一系列棘手的局面，使得越南不得不進一步依賴蘇東集團，陷入與中國的對抗並將自己固化在印支框架之下，從而錯失了像新加坡等東南亞國家那樣擁抱外部市場的騰飛時機。從這個角度來說，伴隨着冷戰和印度支那地區熱戰的結束，印支國家間的特殊關係模式此時已經成為越南國家發展的桎梏，而只有擺脫這樣一種地緣政治關係的束縛，才能從根本上改變自身定位，為越南的外向型改革提供堅實和持久的保障。

參考文獻

一、原始檔案資料

中英文文獻集與材料彙編

中共中央對外聯絡部編:《各國共產黨概況》

中共中央對外聯絡部編:《國際情況簡報》

中共中央對外聯絡部編:《各國共產黨動向》

中共中央對外聯絡部編:《資本主義各國馬列主義黨和組織概況》。

中共中央對外聯絡部編:《國際共運大事記》

中共中央對外聯絡部編:《兄弟國家和兄弟黨報刊資料》《國際共運參考資料》

中共中央對外聯絡部編:《越南在蘇共新領導人上台後關於國際共運的言論資料彙編》

中共中央對外聯絡部二局編:《東共領導同志重要言論選摘》

中共中央對外聯絡部編:《世界共運》

中共中央對外聯絡部編:《中聯部老部領導談黨的對外工作》

中共中央對外聯絡部辦公廳編:《中央聯絡部資料》

新華通訊社編:《國際內參》

新華通訊社編:《內參選編》

雲南省東南亞研究所、昆明軍區政治部聯絡部編:《現代中越關係史資料選編》

總參謀部情報部:《自衛還擊作戰繳獲文件選編》

成都軍區司令部情報部編:《越南軍事大事記》

昆明軍區司令部情報部編:《越南概況》

軍事科學院外國軍事研究部:《越南軍事基本情況》

昆明軍區司令部情報部編:《老撾概況》

成都軍區政治部聯絡部、雲南省社科院東南亞研究所:《柬埔寨問題資料選編（1975—1986）》

沈志華執行總編：《蘇聯歷史檔案選編》，北京：社會科學文獻出版社，2002

中華人民共和國外交部檔案館編：《中華人民共和國外交檔案選編（第一集）1954 年日內瓦會議》；《中華人民共和國外交檔案選編（第二集）中國代表團出席 1955 年亞非會議》，北京：世界知識出版社，2006，2007

沈志華主編：《俄羅斯解密檔案選編：中蘇關係（1945 — 1991）》，北京：東方出版中心，2015

77 Conversations between Chinese and Foreign Leaders on the Wars in Indochina, 1964-1977, Washington: Woodrow Wilson International Center,1998.

Foreign Relations of the United States(FRUS), selected volumes, 1948-76, U.S. Government Printing Office.

越南文文獻集與材料彙編

Bộ Ngoại giao Cộng hòa Xã hội chủ nghĩa Việt Nam, *Việt Nam-Liên Xô 30 năm quan hệ (1950-1980) :văn kiện và tài liệu*, Hà Nội: Nhà xuất bản Ngoại giao, 1983. (《越南－蘇聯三十年（1950 — 1980）：文件與材料》，河內：外交出版社，1983）

Ban Chấp Hành Trung ương Đảng Cộng Sản Việt Nam Văn Phòng, *Văn kiện Đảng về kháng chiến chống thực dân Pháp 1945-1954 (tập1-2)*, Hà Nội : Nhà xuất bản Sự thật, 1988. (《抗法戰爭黨的文件 1945 — 1954》（1 — 2 冊），河內：真理出版社，1988）

Ban Chấp Hành Trung ương Đảng Cộng Sản Việt Nam Văn Phòng, *Văn kiện Đảng toàn tập (tập1-50)*, Hà Nội : Nhà xuất bản Chính trị quốc gia, 1998-2005. (《越南共產黨文獻全集》（1 — 50 冊），河內：國家政治出版社，1998 — 2005）

Ban Chấp Hành Trung ương Đảng Cộng Sản Việt Nam Văn Phòng, *Văn kiện Đảng về chống Mỹ, cứu nước 1954-1975 (tập1-2)*, Hà Nội : Nhà xuất bản Chính trị quốc gia-Sự thật, 2012. (《抗美救國戰爭黨的文件》（1 — 2 冊），河內：國家政治真理出版社，2012）

Ban Chấp Hành Trung ương Đảng Cộng Sản Việt Nam Văn Phòng, *Văn Kiện Trung ương Cục Miền Nam giai đoạn 1946-1975 (tập1-18)*, Hà Nội : Nhà xuất bản Chính trị quốc gia-Sự thật, 2020. (《南方局中央文件》（1 — 18 冊），河內：國家政治真理出版社，2018）

Ban Chấp Hành Trung ương Đảng Cộng Sản Việt Nam, *Lịch sử quan hệ đặc biệt Việt Nam-Lào, Lào-Việt Nam, 1930-2007 : văn kiện, vol1-5*, Hà Nội : Nhà xuất bản Chính trị quốc gia-Sự thật, 2011-2012.（《越南－老撾特別關係歷史，1930－2007：文件集》（1－5冊），河內：國家政治出版社，2011－2012

Ban Chấp Hành Trung ương Đảng Cộng Sản Việt Nam, *Lịch sử quan hệ đặc biệt Việt Nam-Lào, Lào-Việt Nam, 1930-2007 : Biên niên sự kiện, vol1-2*, Hà Nội : Nhà xuất bản Chính trị quốc gia-Sự thật, 2011-2012.（《越南－老撾特別關係歷史，1930－2007：編年大事記》（1－2冊），河內：國家政治出版社，2011－2012）

Nguyễn Thời Bưng biên soạn, *Lịch Sử Nam Bộ kháng chiến, 1954-1975 tập1-2*, Hà Nội : Nhà xuất bản Chính trị quốc gia-Sự thật, 2011.（《南部抗戰史，1954－1975》（1－2冊），河內：國家政治出版社，2011）

Nguyễn Thời Bưng biên soạn, *Biên Niên Sử Kiện Lịch Sử Nam Bộ kháng chiến, 1954-1975*, Hà Nội : Nhà xuất bản Chính trị quốc gia-Sự thật, 2011.（《南部抗戰歷史，1954－1975，編年大事記》，河內：國家政治出版社，2011）

數據庫與縮微膠捲

Declassified Documents Reference System (DDRS)

Documents of the National Security Council (1947-1977) Washington, D.C.: University Publications of America, 1980. First supplement, 1981(Microform)

The John F. Kennedy National Security Files (Microform)

The Lyndon B. Johnson National Security Files, 1963-1969 (Microform)

The Richard M. Nixon National Security Files, 1969-1974 (Microform)

哈佛大學 Lamont 圖書館俄國縮微膠捲檔案

Vietnam Documents and Research Notes Series, Translation and Analysis of Significant Viet Cong/North Vietnamese Documents, University Publications of America.1991

檔案館

中國外交部檔案館（Chinese Foreign Ministry Archives）

美國國家檔案館（National Archives at College Park, MD）

越南第三國家檔案中心（Trung tâm Lưu trữ quốc gia III）

柬埔寨國家檔案館（National Archives of Cambodia）

報刊

《人民日報》

《人民報》（*Nhân Dân*）

《學習》（*Học Tập*）

《人民軍隊報》（*Quân Đội Nhân Dân*）

二、中文文獻著作（含譯著）

越南共產黨中央宣教部、黨史研究委員會編：《越南勞動黨三十年來的鬥爭》（第一冊），河內：越南外文出版社，1960

黎筍：《關於我們黨的國際任務的若干問題：1963 年 12 月在越南勞動黨九中全會上的講話》，河內：越南外文出版社，1964

黎筍：《我黨國際任務中的若干問題：在越南勞動黨三屆九中全會上的講話》，北京：人民出版社，1964

黎筍：《關於越南社會主義革命（1、2）》，河內：越南外文出版社，1965

黎筍：《越南革命的基本問題和主要任務》，河內：越南外文出版社，1970

越南中央黨史研究委員會編：《黨的四十年活動》，河內：越南外文出版社，1970

陳輝燎：《越南人民抗法八十年史》，第二卷，下冊，北京：三聯出版社，1973

阮煌：《印度支那轉折的一年》，河內：越南外文出版社，1974

威廉・威斯特摩蘭著，洪科譯：《一個軍人的報告（上、下）》，北京：三聯書店出版社，1977

理查德・尼克松著，伍任譯：《尼克松回憶錄》（上、中、下冊），北京：商務印書館，1978

廣西壯族自治區革命委員會外事辦公室編：《中越關係資料彙編》，南寧：廣西壯族自治區革命委員會外事辦公室，1979

諾羅敦・西哈努克口授，W.G. 貝卻敵整理：《西哈努克回憶錄 —— 我同中央情報局的鬥爭》，北京：商務印書館，1979

文進勇：《春季大捷》，昆明：昆明軍區司令部二部，1979

亨利・基辛格著，陳瑤華、方輝盛譯：《白宮歲月 —— 基辛格回憶錄》，北京：世界知識出版社，1980

廣西社會科學院東南亞研究所編：《中越關係大事記》，南寧：廣西社會科

學院東南亞研究所，1980

　　小阿瑟·M·施萊辛格著，仲宜譯：《一千天：約翰·菲·肯尼迪在白宮》，北京：三聯書店出版社，1981

　　馬克斯韋爾·泰勒著，伍文雄譯：《劍與犁：泰勒回憶錄》，北京：商務印書館，1981

　　越軍總政治局軍史研究委員會編：《越南人民軍歷史》（第一集），昆明：昆明軍區司令部二部，1983

　　陳文茶著，嚴誼譯：《三十年戰爭的終結》，北京：世界知識出版社，1984

　　郭明等：《現代中越關係資料選編：1949.10 — 1978》，北京：時事出版社，1986

　　黃國安等編：《中越關係史簡編》，南寧：廣西人民出版社，1986

　　成都軍區政治部聯絡部、雲南省社科院東南亞研究所：《柬埔寨問題資料選編：1975 — 1986》，1987

　　黃文歡：《滄海一粟 —— 黃文歡革命回憶錄》，北京：解放軍出版社，1987

　　諾羅敦·西哈努克：《西哈努克回憶錄 —— 甜蜜與辛酸的回憶》，哈爾濱：黑龍江人民出版社，1987

　　張如磉著，強明等譯：《與河內分道揚鑣 —— 一個越南官員的回憶錄》，北京：世界知識出版社，1989

　　周恩來：《周恩來外交文選》，北京：中央文獻出版社，1990

　　越南國防部軍史研究院編：《越南人民軍歷史》（第二集），南寧：廣西人民出版社，1991

　　胡正清：《一個外交官的日記》，濟南：黃河出版社，1991

　　郭明：《中越關係演變四十年》，南寧：廣西人民出版社，1992

　　中華人民共和國外交部外交史研究室編：《周恩來外交活動大事記：1949 — 1975》，北京：世界知識出版社，1993

　　劉天野：《李天祐將軍傳》，北京：解放軍出版社，1993

　　闞力：《中越戰爭十年》，成都：四川大學出版社，1993

　　中共中央文獻研究室編：《毛澤東外交文選》，北京：中央文獻出版社，1994

　　劉樹發主編：《陳毅年譜》，北京：人民出版社，1995

　　童小鵬：《風雨四十年》（第二部），北京：中央文獻出版社,1996

　　張錫鎮：《西哈努克家族》，北京：社會科學文獻出版社，1996

　　中共中央文獻研究室編：《劉少奇年譜》，北京：中央文獻出版社，1996

西哈努克著，王爰飛譯：《我所交往的世界領袖》，北京：中國文史出版社，1997

阿納托利‧多勃雷寧著，肖敏等譯：《信賴 —— 多勃雷寧回憶錄》，北京：世界知識出版社，1997

雲南省公安邊防總隊：《中國公安邊防》（雲南卷‧下冊），內部發行，1998

中共中央文獻研究室編：《周恩來年譜》，北京：中央文獻出版社，1998

中共中央文獻研究室編：《周恩來傳》，北京：中央文獻出版社，1998

中共中央文獻研究室、中央檔案館編：《建國以來毛澤東文稿》，北京：中央文獻出版社，1987 — 1998

康矛召：《外交官回憶錄》，北京：中央文獻出版社，2000

李丹慧等編：《中國與印度支那戰爭》，香港：天地圖書有限公司，2000

成都軍區史編審委員會：《中國人民解放軍成都軍區史》（第 1 卷），內部發行，2001

錢其琛：《外交十記》，北京：世界知識出版社，2003

陶文釗：《中美關係史（1972 — 2000）》，上海：上海人民出版社，2004

中共中央文獻研究室、中央檔案館編：《建國以來劉少奇文稿》，北京：中央文獻出版社，2005 — 2008

中共中央文獻研究室、中央檔案館編：《建國以來周恩來文稿》，北京：中央文獻出版社，2007 — 2008

普里西拉‧羅伯茨編輯，張穎譯：《戴維‧布魯斯的北京日記 1973 — 1974》，北京：中央文獻出版社，2006

劉文利著，中國現代國際關係研究院譯，《越南外交 50 年（1945 — 1995）》，未刊，2007

周德高：《我與中共和柬共》，香港：田園書屋，2007

德懷特‧D‧艾森豪威爾著，樊迪、靜海等譯：《艾森豪威爾回憶錄》（二），上海：東方出版社，2007

楊明偉、陳揚勇：《周恩來外交風雲》，北京：解放軍文藝出版社，2009

沈志華主編：《中蘇關係史綱 —— 1917 — 1991 年中蘇關係若干問題再探討》（增訂版），北京：社會科學文獻出版社，2011

潘一寧：《中美在印度支那的對抗 —— 越南戰爭的國際關係史（1949 — 1973）》，廣州：中山大學出版社，2011

格蘭特‧埃文斯著，郭繼光等譯：《老撾史》，上海：東方出版中心，2011

中共中央文獻研究室編：《毛澤東年譜：一八四九 —— 一九七六》，北京：

中央文獻出版社，2013

　　楊冬燕：《羅斯托：越南戰爭的幕後推手》，北京：北京大學出版社，2014

　　黃羣：《六十年中越關係之見證 —— 一個中國外交官的手記》，香港：天地圖書有限公司，2014 年

　　《楊成武年譜》編寫組：《楊成武年譜》，北京：解放軍出版社，2014

　　中央文獻研究室編：《鄧小平年譜》，北京：中央文獻出版社，2020

三、中文期刊論文

　　奔・吉爾南：《高棉共產主義的起源（續一）》，《印支研究》，1984 年第 2 期

　　蔡文樅編譯：《老撾人民革命黨簡史》，《東南亞研究》，1991 年第 1 期

　　時殷弘：《美國與吳庭艷獨裁政權的確立》，《歷史研究》，1991 年第 6 期

　　杜成君，張維克：《共產國際與印度支那共產黨》，《青島大學師範學院學報》，1997 年第 1 期。

　　余萬里：《通向緩和的道路 —— 1968 — 1970 年中國對美政策的調整》，《當代中國史研究》1999 年第 3 期

　　周星夫：《援越幫助土改的歲月》，《春秋》，2000 年第 3 期

　　丹童：《西哈努克、波爾布特與中國》，《黨史文匯》，2000 年第 1 期

　　尤洪波：冷戰期間蘇聯對東南亞的政策，東南亞，2001 年第 3 期

　　張青：《流亡中國五年間 —— 記二十世紀七十年代西哈努克在中國的生活》，《世界知識》，2003 年第 2 期

　　李家忠：《成都祕密會晤內幕：中越關係實現正常化的前奏曲》，《黨史縱橫》，2006 年 1 月

　　韋宗友：《論日內瓦會議後美國與柬埔寨關係的演變（1954 — 1960）》，《東南亞研究》，2006 年第 2 期

　　汪堂峰：《羅斯福政府印度支那政策評析（1941 — 1945）》，《世界歷史》，2007 年第 4 期

　　劉蓮芬：1960 — 1962 年老撾危機與美泰關係，東南亞研究，2008 年第 1 期

　　牛軍：《中國、印度支那戰爭與尼克松政府的東亞政策（1969 — 1973）》，《冷戰國際史研究》2008 年 1 月第五輯

　　溫榮剛：《美國干涉與老撾 1955 年選舉》，《南洋問題研究》，2011 年第 1 期

　　沈志華：《毛澤東與東方情報局：亞洲革命領導權的轉移》，《華東師範大學學報》，2011 年第 6 期

翟強：《中柬「特殊關係」的形成（1954 — 1965）》，《南洋問題研究》，2013 年第 1 期

李丹慧：《日內瓦會議上中國解決印支問題方針再探討》，《中共黨史研究》，2013 年第 8 期

李丹慧：《關於 1950 — 1970 年代中越關係的幾個問題（上、下）── 對越南談越中關係文件的評析》，《江淮文史》，2014 年第 1、3 期

四、外文研究著作

Ban Liên Lạc CCB-TNQ Việt Nam ở Campuchia thời kỳ 1945-1954, *Quân Tình Nguyện Việt Nam ở Campuchia thời kỳ 1945-1954*, TP. Hồ Chí Minh: Nhà xuất bản Mũi Cà Mau, 2000

Nguyễn Đình Liêm chủ biên, *Quan hệ Việt Nam-Trung Quốc : những sự kiện 1945-1960*, Hà Nội : Nhà xuất bản Khoa học xã hội, 2003.

Nguyễn Phúc Luân, *Ngoại giao Việt Nam: từ Việt Bắc đến hiệp định Geneva*, Hà Nội: Nhà xuất bản Công an nhân dân, 2004.

Nguyễn Đình Liêm chủ biên, *Quan hệ Việt Nam-Trung Quốc : những sự kiện 1961-1970*, Hà Nội : Nhà xuất bản Khoa học xã hội, 2006.

Lê Đình Chinh, *Quan hệ đặc biệt hợp tác toàn diện Việt Nam-Lào trong giai đoạn 1954-2000*, Hà Nội : Nhà xuất bản Chính trị quốc gia, 2007.

Nguyễn Thị Hồng Vân, *Quan hệ Viét Nam-Liên Xô, 1917-1991: những sự kiện lịch sử*, Hà Nội: Nhà xuất bản Từ điển bách khoa, 2010.

Vũ Đình Quyền, *Chiến Thắng biên giới tây-nam Việt Nam và dấu ấn Quân Tình Nguyện Việt Nam đối với cách mạng Campuchia*, Hà Nội: Nhà Xuất bản Văn hóa-Thông tin, 2014.

Chu Văn Lộc, *Đoàn chuyên gia quân sự 478 trong thực hiện nhiệm vụ quốc tế ở Campuchia (1978-1988)*, Hà Nội: Nhà Xuất Bản Quân Đội Nhân Dân, 2018.

Bộ Ngoại giao, *Ngoại giao Việt Nam 1945 – 2000*, Hà Nội : Nhà xuất bản Chính trị quốc gia-Sự thật, 2020.

Lê Đình Chinh, *Quan hệ đặc biệt Việt Nam- Campuchia (1930-2020)*, Hà Nội: Nhà Xuất Bản Thông tin và Truyền thông, 2020.

Office of Joint History Office of the Chairman of the Joint Chiefs of Staff, *History of the Joint Chiefs of Staff: the Joint Chiefs of Staff and the first Indochina*

War, 1947-1954, Washington, DC, 2004.

Office of Joint History Office of the Chairman of the Joint Chiefs of Staff, *History of the Joint Chiefs of Staff: the Joint Chiefs of Staff and the Prelude to the War in Vietnam, 1954-1959*, Washington, DC, 2007.

Office of Joint History Office of the Chairman of the Joint Chiefs of Staff, *History of the Joint Chiefs of Staff: the Joint Chiefs of Staff and the War in Vietnam, 1960-1968, Part I*, Washington, DC, 2011.

Office of Joint History Office of the Chairman of the Joint Chiefs of Staff, *History of the Joint Chiefs of Staff: the Joint Chiefs of Staff and the War in Vietnam, 1960-1968, Part II*, Washington, DC, 2012.

Office of Joint History Office of the Chairman of the Joint Chiefs of Staff, *History of the Joint Chiefs of Staff: the Joint Chiefs of Staff and the War in Vietnam, 1960-1968, Part III*, Washington, DC, 2009.

Office of Joint History Office of the Chairman of the Joint Chiefs of Staff, *History of the Joint Chiefs of Staff: the Joint Chiefs of Staff and the War in Vietnam, 1969-1970*, Washington, DC, 2002.

Office of Joint History Office of the Chairman of the Joint Chiefs of Staff, *History of the Joint Chiefs of Staff: the Joint Chiefs of Staff and the War in Vietnam, 1971-1973*, Washington, DC, 2007.

Pierre Asselin, *Hanoi's Road to the Vietnam War, 1954-1965*, London: University of California Press, 2013.

Lien-Hang T. Nguyen, *Hanoi's War: An International History of the War for Peace in Vietnam*, Chapel Hill: The University of North Carolina Press, 2012.

Richardson Sophie, *China, Cambodia, and the five principles of peaceful coexistence*, New York, Columbia University Press, 2010.

Peter Lowe, *Contending with nationalism and communism: British policy towards Southeast Asia,1945-65*, N.Y. Palgrave Macmillan,2009.

James S. Olson, Randy Roberts, *Where the Domino Fell, America and Vietnam, 1945-1995*, Blackwell Publishing, 2008.

Mari Olsen, *Changing Alliances: Soviet-Vietnam Relations and the Role of China, 1949-1964*, New York : Routledge, 2006.

Nicholas Tarling, *Britain, Southeast Asia and the onset of the Cold War, 1945-1950*, Cambridge University Press, 2006.

Steve Heder, *Cambodian Communism and the Vietnamese Model, Volme1.*

Imitation and Independence, 1930-1975, Whiet Lotus, Bangkok, 2004.

Arthur J. Dommen, *The Indochinese experience of the French and the Americans: nationalism and communism in Cambodia, Laos, and Vietnam,* Indiana University Press, 2001.

David E. Kaiser, *American tragedy: Kennedy, Johnson, and the origins of the Vietnam War*, Cambridge, Mass.: Belknap Press of Harvard University Press, 2000.

Christopher E. Goscha, *Thailand and the Southeast Asian networks of the Vietnamese revolution*, Richmond: Curzon Press,1999.

Stephen J. Morris, *Why Vietnam invaded Cambodia : political culture and the causes of war,* Stanford University Press, 1999.

R. A. Longmire, *Soviet Relations with South-East Asia: An Historical Survey,* Chapman and Hall, 1989.

Macalister Brown, *Apprentice Revolutionaries: The Communist Movement In Laos, 1930-1985*, Hoover Institution Press, Stanford University, Stanford, California, 1986

Phillip B. Davidson, *Vietnam at War—The History: 1946-1975*, London: Sidgwich & Jackson Publishers, 1988.

John H. Esterline, Mae H. Esterline, *"How the dominoes fell": Southeast Asia in perspective,* Hamilton Press, 1986.

Ben Kierman, *How Pol Pot came to power: a history of communism in Kampuchea, 1930-1975,* Verso,1985.

Lim Joo-Jock, Vani S, *Armed Communist movements in Southeast Asia,* New York: St. Martin's Press,1984.

Wifred G. Burchett, *The China-Cambodia-Vietnam triangle,* Vanguard Books: Zed Press,1981.

Van der Kroef, Justus Maria, *Communism in South-east Asia* ,London: Macmillan, 1981.

Joseph Jermiah Zasloff, *Communist Indochina and U.S. foreign policy : postwar realities,* Westview Press, 1978.

Timothy Michael Carney, *Communist Party power in Kampuchea (Cambodia): documents and discussion*, Cornell University, 1977.

Jay Taylor, *China and Southeast Asia: Peking's relations with revolutionary movements,* Praeger, 1976.

Joseph J. Zasloff, *Communism in Indochina: new perspectives*, Lexington, Mass, 1975.

「冷戰年代的世界與中國」叢書

對抗與革命：

冷戰與越南的印支戰爭（1945—1991）

沈志華　主編　游覽　著

責任編輯　李茜娜
裝幀設計　鄭喆儀
排　　版　賴豔萍
印　　務　劉漢舉

出版　　開明書店
　　　　香港北角英皇道 499 號北角工業大廈一樓 B
　　　　電話：（852）2137 2338　　傳真：（852）2713 8202
　　　　電子郵件：info@chunghwabook.com.hk
　　　　網址：http://www.chunghwabook.com.hk

發行　　香港聯合書刊物流有限公司
　　　　香港新界荃灣德士古道 220-248 號
　　　　荃灣工業中心 16 樓
　　　　電話：（852）2150 2100　　傳真：（852）2407 3062
　　　　電子郵件：info@suplogistics.com.hk

印刷　　美雅印刷製本有限公司
　　　　香港觀塘榮業街 6 號 海濱工業大廈 4 樓 A 室

版次　　2024 年 7 月初版
　　　　© 2024 開明書店

規格　　16 開（240mm×160mm）

ISBN　　978-962-459-358-7